高等学校教材

汽轮机原理

重庆大学 沈士一　西安交通大学　庄贺庆
东南大学 康　松　华北电力学院　庞立云　合编

中国电力出版社
CHINA ELECTRIC POWER PRESS

内 容 提 要

本书对“汽轮机原理”课程的三大部分内容，即汽轮机热力工作原理、汽轮机零件强度和汽轮机调节都作了介绍，主要内容有汽轮机级的工作原理、多级汽轮机、汽轮机变工况特性、凝汽设备、汽轮机零件强度及汽轮机调节。并结合大型汽轮机的运行特点，介绍了有关内容 。

本书为高等学校热能动力类专业本科“汽轮机原理”课程的基本教材，也可供有关专业的师生与工程技术人员参考。

图书在版编目（CIP）数据

汽轮机原理/沈士一等编. —北京：中国电力出版社，1992.6（2025.1 重印）

高等学校教材

ISBN 978-7-80125-445-0

Ⅰ.汽…　Ⅱ.沈…　Ⅲ.蒸汽透平-理论-高等学校-教材　Ⅳ.TK261

中国版本图书馆 CIP 数据核字（97）第 15910 号

中国电力出版社出版、发行

（北京市东城区北京站西街 19 号　100005　http://www.cepp.sgcc.com.cn）

北京雁林吉兆印刷有限公司印刷

各地新华书店经售

*

1992 年 6 月第一版　　2025 年 1 月北京第二十七次印刷

787 毫米×1092 毫米　16 开本　24.75 印张　565 千字　2 插页

定价 **50.00** 元

前　　言

本书是根据1988年高等学校热能动力类专业教学委员会汽轮机教学组张家界会议上拟定及1989年吉林扩大会议上审定的《汽轮机原理》教材（新编本）的编写大纲编写的。

全书除绪论外共分六章：汽轮机级的工作原理、多级汽轮机、汽轮机的变工况特性、汽轮机的凝汽设备、汽轮机零件的强度校核及汽轮机调节系统。

本书对“汽轮机原理”课程的三大部分内容，即汽轮机的热力工作原理、汽轮机的零件强度和汽轮机的调节都作了必要的介绍，符合专业教学委员会制定的“汽轮机原理”课程的基本要求。同时，根据我国改革开放以来电力工业的迅速发展，扼要介绍了有关大型机组的内容，如汽轮机级的模化与模拟设计，小容积流量工况与叶片颤振，轴系扭振，汽轮机主要部件的热应力及寿命管理的基本概念诸问题。此外，还在绪论中介绍了汽轮机发展历史和目前国内外汽轮机工业概况。由于另有《汽轮机习题集》和《汽轮机课程设计参考资料》与本书配套，所以该部分内容本书从略。

本书除了作为热能动力类专业本科学生的教材外，还可供从事汽轮机技术工作和研究工作的工程技术人员参考。

本书绪论和第一章由华北电力学院庞立云编写，第二、六章由东南大学康松编写，第三、四章由重庆大学沈士一编写，第五章由西安交通大学庄贺庆编写，全书由沈士一统稿，沈士一在统稿中做了大量细致的工作。

全书承华北电力学院张保衡教授主审。

限于编者水平，书中难免出现缺点和不足之处，望读者批评指正。

编　者

1991年6月

目　　录

绪　论

一、汽轮机装置在国民经济中的地位

经济的发展，社会的进步，都是以现代高度电气化为前提的。电力工业是现代化国家的基本工业之一，电力生产量是一个国家经济发展水平的重要指标之一。在现代电力工业中，火力发电在数量上比重最大，其次是水电和核电。在火力发电厂和核电站中，绝大多数都是以汽轮机拖动发电机来生产电能的，汽轮发电机组为人类提供了80％左右的电能，所以汽轮机是现代化国家中重要的动力机械设备。

汽轮机又名"蒸汽透平"，是将蒸汽的热能转换成机械功的一种旋转式原动机。它比其它类型原动机具有单机功率大、热经济性高、运行安全可靠、单位功率制造成本低等一系列优点，所以它不仅是现代火力发电和核动力工业中所普遍采用的发动机，而且还广泛应用于冶金、化工、船运等部门，直接拖动各种泵、风机、压缩机和航舶的螺旋桨等。汽轮机的排汽或中间抽汽可用来满足生产和生活上供热的需要，这种用于热能和电能联合生产的热电式汽轮机，具有更高的热经济性，对节约能源具有重要意义。

二、汽轮机发展概述

1883年瑞典工程师拉伐尔（Laval）创造出第一台轴流式汽轮机，这是一台3.7kW 的单级冲动式汽轮机，转速高达26000r/min，相应的轮周速度为475m/s。在这台汽轮机中，拉伐尔解决了等强度轮盘、挠性轴和缩放喷嘴等较为复杂的汽轮机技术问题。

1884～1894年，英国工程师巴森斯(C.A.Parsons)相继创造出了轴流式多级反动式汽轮机、辐流式汽轮机和背压式汽轮机。

1900年前后，美国工程师寇蒂斯（Curtis）创造出了现在通常所谓的寇蒂斯(复速级)单级汽轮机。

与此同时，法国工程师拉透（Rateau）和瑞士工程师崔利（Zoelly）分别在拉伐尔单级汽轮机的基础上应用了分级的原理，制造出了多级冲动式汽轮机。

这样，在前后十几年里基本形成了汽轮机的两种基本类型，即多级冲动式汽轮机和多级反动式汽轮机。

为了满足其它工业部门对蒸汽的需要，在1903年至1907年间，出现了热能、电能联合生产的汽轮机，即背压式及调节抽汽式汽轮机。

1920年左右，随着蒸汽动力装置循环的改进，出现了给水回热式汽轮机。这种汽轮机的应用不但使整个装置的热效率有较大的提高，而且也提高了汽轮机本身的相对内效率，更重要的是为提高汽轮机单机功率创造了条件。因此，从那时起，给水回热式汽轮机几乎完全代替了原来的纯凝汽式汽轮机，而且一直被应用到现在。随着蒸汽参数的提高和单机功率的增加，抽汽级数也愈来愈多。

1925年，出现了第一台中间再热式汽轮机，这种汽轮机及其装置的主要优点是相对效率和绝对效率都比较高，而且能在更大程度上满足提高单机功率的要求，同时减少了末级的蒸汽湿度。

1912年瑞典的容斯特罗姆兄弟创造了具有两个反向转子的辐流式汽轮机，这种汽轮机的缺点是单机功率不能做得很大。1930年德国西门子公司将辐流式高压级与普通的任何一种轴流式低压级结合起来，制成一种能应用较高蒸汽参数的汽轮机。

至此，今天所能见到的电站汽轮机的主要类型差不多已经齐备。

本世纪40年代以后，尤其是最近20几年来，汽轮机发展特别迅速。现代汽轮机发展的基本方向是以增大单机功率为中心线索的。增大单机功率能减少单位功率的材料消耗和制造工时，如200MW汽轮机单位功率的制造工时仅为100MW汽轮机的63%，增大单机功率后适宜采用较高的蒸汽参数，可提高机组的热经济性，节约电厂占地面积，减少机组运行人员，从而降低电站建设投资和运行费用。

自70年代以来，工业发达国家汽轮机的制造水平普遍进入百万级。双轴汽轮机一度发展较快，最大单机功率达到1300MW。但由于双轴汽轮机制造成本高、占地面积大、管道系统复杂、建厂投资大等原因，在长叶片等主要技术问题得到解决以后，又开始建造大功率单轴机组。1980年苏联制造的1200MW单轴汽轮机投入运行，这是世界上到目前为止火电站中最大的单轴机组。该汽轮机转速为3000r/min，五缸六排汽，新汽压力为23.5MPa，新汽温度为540℃，一次中间再热，再热温度为540℃，末级叶片长度为1200mm，材料为钛合金。

单机功率的增大和蒸汽初参数的提高，必然导致汽轮机热力系统、自动调节系统、保护系统以及监测和控制系统的进一步复杂化。

当今世界上，汽轮机的主要制造企业有：美国的通用电气公司（General Electric Co.简称GE），生产冲动式汽轮机，年生产能力约为20000MW，占美国生产汽轮机总容量的2/3，是世界上最大的汽轮机制造企业。美国的西屋电气公司（Westing House Electric Co.简称WH），生产反动式汽轮机，年生产能力约为10000MW。加拿大、意大利和日本等国均有与GE和WH有从属关系或专利关系的汽轮机制造企业。瑞士的勃朗·鲍维利公司（Brown Boveri Co.简称BBC）是一家国际性跨国公司，在联邦德国、法国和瑞典都有子公司，生产反动式汽轮机，产品主要销于国际市场，年生产能力在10000MW左右。法国的阿尔斯通-大西洋公司（Alsthon-Atlantague Co.简称AA），既生产冲动式也生产反动式汽轮机，垄断了法国大型发电设备的生产，年生产能力可达10000MW。苏联的列宁格勒金属工厂（Ленинградскцй Металлический Завод，简称ЛМЗ），是苏联生产汽轮机的最大工厂，它主要生产200～1200MW凝汽式汽轮机和60～200MW供热式汽轮机。日本的利用GE专利生产冲动式汽轮机的株式会社日立制造所（简称日立）和东京芝浦电气株式会社（简称东芝），利用WH专利生产反动式汽轮机的三菱株式会社（简称三菱），年生产能力均为4000～5000MW。

我国自1955年制造第一台中压6MW汽轮机以来，在以后的30几年时间里，已经走完了从中压机组到亚临界600MW机组的全部过程，特别是近10几年内，发展较快。这预示着我国将制造出更大功率等级的汽轮机，逐步赶上世界先进水平。

我国生产汽轮机的主要工厂有哈尔滨汽轮机厂、上海汽轮机厂和东方汽轮机厂。除了这三个大型工厂以外，还有北京重型电机厂、青岛汽轮机厂和武汉汽轮机厂等中小型汽轮机厂,还有以生产工业汽轮机为主的杭州汽轮机厂和以生产燃气轮机为主的南京汽轮机厂。

三、汽轮机的分类和型号

汽轮机历史较久，用途广泛，类型繁多，可以从不同的角度将汽轮机进行分类，如表0.1所示。

表 0.1　　汽轮机的分类

分类	类型	简要说明
按工作原理	冲动式汽轮机	由冲动级组成，蒸汽主要在喷嘴中膨胀，在动叶栅中只有少量膨胀
	反动式汽轮机	由反动级组成，蒸汽在喷嘴和动叶中膨胀程度相同。由于反动级不能做成部分进汽，故调节级采用单列冲动级或复速级
按热力特性	凝汽式汽轮机	排汽在高度真空状态下进入凝汽器凝结成水。有些小汽轮机没有回热系统，称为纯凝汽式汽轮机
	背压式汽轮机	排汽直接用于供热，没有凝汽器。当排汽作为其它中低压汽轮机的工作蒸汽时，称为前置式汽轮机
	调节抽汽式汽轮机	从汽轮机某级后抽出一定压力的部分蒸汽对外供热，其余排汽仍进入凝汽器。由于热用户对供热蒸汽压力有一定要求，需要对抽汽供热压力进行自动调节，故称为调节抽汽。根据供热需要，有一次调节抽汽和两次调节抽汽
	抽汽背压式汽轮机	具有调节抽汽的背压式汽轮机
	中间再热式汽轮机	进入汽轮机的蒸汽膨胀到某一压力后，被全部抽出送往锅炉的再热器进行再热，再返回汽轮机继续膨胀作功
	混压式汽轮机	利用其它来源的蒸汽引入汽轮机相应的中间级，与原来的蒸汽一起工作。通常用于工业生产的流程中，作为蒸汽热能的综合利用
按汽流方向	轴流式汽轮机	组成汽轮机的各级叶栅沿轴向依次排列，汽流方向的总趋势是轴向的，绝大多数汽轮机都是轴流式汽轮机
	辐流式汽轮机	组成汽轮机的各级叶栅沿半径方向依次排列，汽流方向的总趋势是沿半径方向的
按用途	电站汽轮机	用于拖动发电机，汽轮发电机组需按供电频率定转速运行，故也称为定转速汽轮机，主要采用凝汽式汽轮机。也采用同时供热供电的（抽汽式、背压式）汽轮机，通常称它们为热电汽轮机或供热式汽轮机
	工业汽轮机	用于拖动风机、水泵等转动机械，其运行速度经常是变动的，也称为变转速汽轮机
	船用汽轮机	用于船舶推进动力装置，驱动螺旋桨。为适应倒车的需要，其转动方向是可变的
	凝汽式供暖汽轮机	在中低压缸连通管上加装蝶阀来调节供暖抽汽量，抽汽压力不像调节抽汽式汽轮机那样维持规定的数值，而是随流量大小基本上按直线规律变化的
按进汽参数	低压汽轮机	新蒸汽压力小于1.5MPa
	中压汽轮机	新蒸汽压力为 2 ~4MPa

续表

分类	类型	简要说明
按进汽参数	高压汽轮机	新蒸汽压力为 6 ～10MPa
	超高压汽轮机	新蒸汽压力为12～14MPa
	亚临界汽轮机	新蒸汽压力为16～18MPa
	超临界汽轮机	新蒸汽压力超过22.2MPa
按功率	大功率汽轮机	现在国内有关会议和文件中，大功率汽轮机常指200MW以上的汽轮机
	小功率汽轮机	按我国目前状况，为25MW以下的汽轮机[2]

此外，汽轮机还可以按汽缸数目（单缸、双缸、多缸）、按排列方式（单轴、双轴）等来分类。

汽轮机的种类很多，为了便于使用，常采用一定的符号来表示汽轮机的基本特征（蒸汽参数、热力特性和功率等），这种符号组称为汽轮机的型号。

国产汽轮机的型号表示方法是：

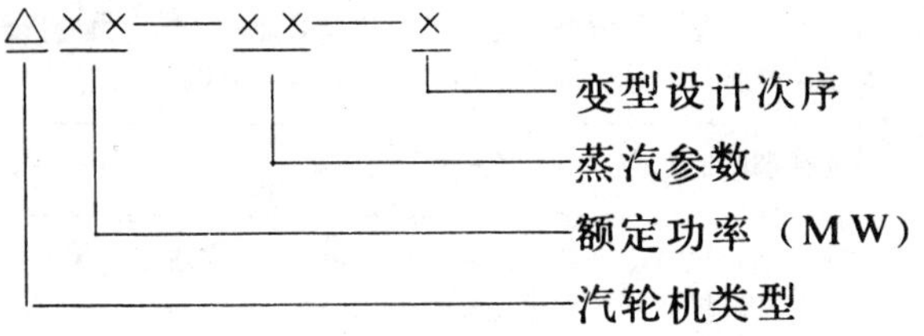

我国目前制造的汽轮机类型采用汉语拼音来表示，如表0.2所示。蒸汽参数用数字来表示，如表0.3所示。

表 0.2 国产汽轮机类型的代号

代号	类型	代号	类型
N	凝汽式	CB	抽汽背压式
B	背压式	H	船用
C	一次调节抽汽式	Y	移动式
CC	两次调节抽汽式		

四、本书的内容及研究方法

各类汽轮机中，以大功率、等转速为突出特点的电站汽轮机，无论从应用的广泛程度上，还是从体现汽轮机原理的典型性上，或者从发展水平的先进性上，都可以作为汽轮机的主要类型来看待。所以本课程以电站汽轮机为主要研究对象，这不仅对其它类型的汽轮机具有代表性，而且对热能动力类专业来说也有实用性。

冲动式汽轮机和反动式汽轮机在电站中都获得了广泛应用。这两种类型汽轮机的差异不仅表现在工作原理上，而且表现在结构上，前者为隔板型，后者为转鼓型，这就是轴流

表 0.3 汽轮机型号中参数的表示方法

汽轮机类型	蒸汽参数表示方法	示例
凝汽式	-主蒸汽压力/主蒸汽温度-	N50-8.82/535
中间再热式	-主蒸汽压力/主蒸汽温度/中间再热温度-	N300-16.7/537/537
一次调节抽汽式	-主蒸汽压力/调节抽汽压力-	C50-8.82/0.118
两次调节抽汽式	-主蒸汽压力/高压抽汽压力/低压抽汽压力-	CC25-8.82/0.98/0.118
背压式	-主蒸汽压力/背压-	B50-8.82/0.98
抽汽背压式	-主蒸汽压力/抽汽压力/背压-	CB25-8.82/0.98/0.118

式汽轮机的基本类型。

隔板型汽轮机如书末附图 1 所示，动叶片嵌装在轮盘的外缘上，喷嘴装在隔板上，隔板的外缘嵌入汽缸内壁或隔板套的相应槽道内。隔板的内壁与轴颈之间装有汽封，这是汽轮机中固定部件和转动部件之间常用的一种密封零件，它们也用来作为转子前后端的外部轴封。虽然这种结构并不能保证完全密封，但当圆周速度很大和温度很高时，通常只能采用这种不直接接触的密封形式。

转鼓型汽轮机如书末附图 2 所示，动叶片直接嵌装在鼓形转子的外缘上，喷嘴装在汽缸内部圆周的表面上或持环上，它没有轮盘和隔板。叶片的一端可以是自由的，叶片与汽缸或喷嘴叶栅与转子之间形成很小的间隙，也可以在叶片端部附加一条围带，用以形成汽封。

一个世纪以来的实践证明，冲动式和反动式汽轮机没有相互取代的可能性，而是沿着各自的道路在发展。所以在本课程中讨论它们共同遵守的规律的同时，也注意到各自的特性。

本书将讨论汽轮机的工作原理，凝汽设备的工作，汽轮机调节，以及汽轮机主要零部件的强度和寿命。

对于汽轮机工作原理的研究总是从级开始的。汽轮机的工作以级的工作为基础，但并不是这些级的简单组合，所以还要进一步研究整机的工作原理。汽轮机工作时会遇到各种不同的工作条件，所以还必须研究在不同条件下工作时的特性，亦即变工况问题。实质上，汽轮机工作原理主要研究通流特性和通流能力问题，能量转换和效率问题，变工况问题。这三个问题彼此之间有着密切的联系，如能量转换和效率在相当大的程度上决定着通流部分的流动效率，而流动效率直接影响着通流能力；变工况特性既在能量转换和通流能力问题上也在流动效率上表现出来。只有在详细地研究每个问题的基础上，才能具体地理解它们之间的关系。

由于电站汽轮机大多采用凝汽式汽轮机，所以凝汽设备也就成了电站汽轮机装置的一个重要组成部分，它的工作直接影响到整个装置的经济性和安全性。因此在研究了汽轮机的工作原理之后，要讨论凝汽设备的工作。

电站汽轮机是在高温、高压、高转速条件下工作的大型动力设备，一旦发生重大事故，对人身及设备所造成的直接危害将是十分严重的；因事故而被迫停机、停电期间，给发电厂本身及电用户带来的经济损失也是十分严重的。可见汽轮机的安全运行具有特别重要的意义，设计时必须保证汽轮机的主要零部件安全地工作和有足够长的寿命。在汽轮机的运行条件改变时，必须对一些有关的零件进行强度及振动校核，因此本书要研究汽轮机主要零部件的强度和振动问题。

电能是不能大量储存的，用户的耗电量又是随时变化的，发电厂必须根据用户的需要随时改变自己的电能生产量。另外，各种用电设备对供电的质量即电能的频率和电压都有一定的要求。这两者均与汽轮机的转速有关，所以当外界负荷改变时，要通过转速调节系统及时改变汽轮机的进汽量，使汽轮机发出的功率与外界负荷相适应，同时维持汽轮机的转速在允许的范围内变化，以保证输出电能的质量。为了保证安全运行，汽轮机还装设各种保护装置。所以汽轮机的转速调节和保护装置也是本书的主要研究内容之一。

汽轮机原理这门课程的突出特点是，每个方面的问题所依据的基本理论不同，例如：在研究汽轮机的工作原理时主要涉及到工程热力学和流体力学方面的问题；研究零部件的强度主要以理论力学和材料力学为基础；调节问题在很大程度上与自动调节原理有关。虽然每个侧面都有各自的特点和研究方法，但这些方面的研究又是互相联系、彼此影响的。

本书的内容与发电厂的生产实际有着密切的联系，它具有较强的实践性，因此，除重视掌握基本理论和基本知识外，还必须充分注意理论结合实际。

第一章 汽轮机级的工作原理

第一节 概 述

汽轮机本体中作功汽流的通道称为汽轮机的通流部分，它包括主汽门、调节汽门、导管、进汽室、各级喷嘴和动叶及汽轮机的排汽管。现代电站汽轮机均为多级汽轮机，由若干级组成。由一列喷嘴叶栅和其后紧邻的一列动叶栅构成的工作单元称为汽轮机的级。因为汽轮机的热功转换是在各个级内进行的，所以研究级的工作原理是掌握整个汽轮机工作原理的基础。

一、级的工作过程

图1.1.1为某一冲动式汽轮机级的示意图。喷嘴叶片安装在隔板体上，动叶片安装在叶轮的外缘上。喷嘴前截面用0-0表示，喷嘴叶栅和动叶栅之间的截面用1-1表示，动叶后截面用2-2表示。这三个截面通常称为级的特征截面或计算截面。各截面上的汽流参数分别注以下标0、1和2，如p_0、p_1和p_2分别表示喷嘴前、喷嘴后和动叶后的蒸汽压力。

在喷嘴通道内，蒸汽由压力p_0膨胀到p_1，温度由t_0下降到t_1，汽流速度相应地由c_0上升到c_1。可见，蒸汽从喷嘴的进口到出口实现了由热能向动能的转换。

高速流动的蒸汽由喷嘴出口进入动叶时，给予动叶以冲动力F_i。通常汽流在动叶槽道中继续膨胀，并转变方向，当汽流离开动叶槽道时，它给叶片以反动力F_r（见图1.1.2），这两个力的合力，推动动叶带动叶轮和轴旋转，作出机械功。

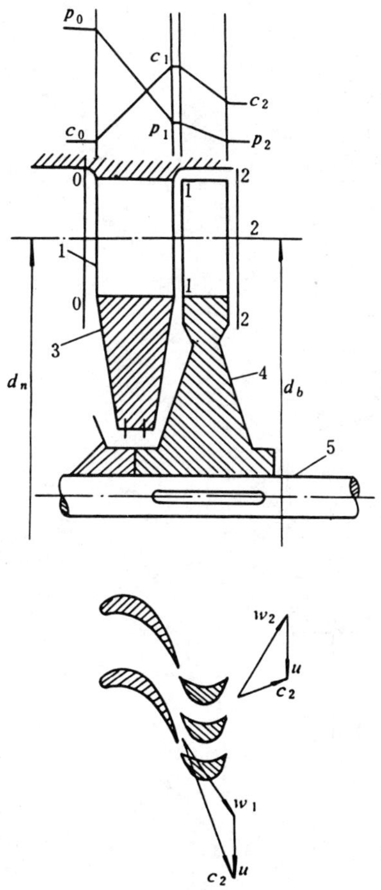

图 1.1.1 汽轮机级的示意图

1—喷嘴；2—动叶片；3—隔板；4—叶轮；5—轴

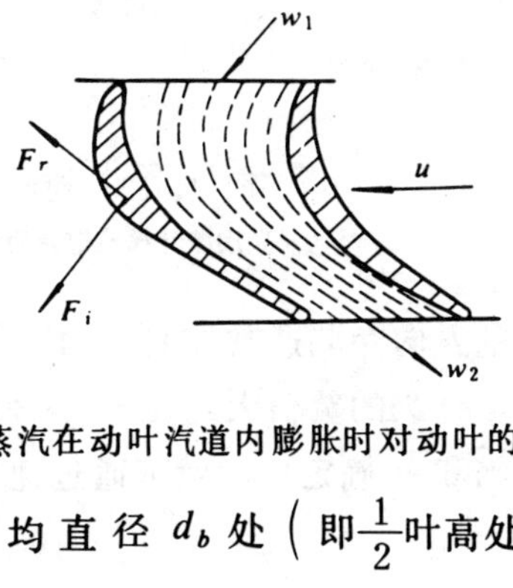

图 1.1.2 蒸汽在动叶汽道内膨胀时对动叶的作用力

动叶以转速n绕汽轮机轴旋转，用$\vec{u}$表示动叶平均直径d_b处（即$\frac{1}{2}$叶高处，见图

1.1.1）的圆周速度，其大小为

$$u=\frac{\pi d_b n}{60} \tag{1.1.1}$$

其方向为动叶运动的圆周方向。由于动叶以圆周速度$\vec{u}$运动，所以，以$\vec{c}_1$表示的喷嘴出口汽流的绝对速度，是以相对速度$\vec{w}_1$进入动叶的。$\vec{c}_1$、$\vec{u}$与$\vec{w}_1$构成动叶进口速度三角形，如图1.1.3（a）所示，即

$$\vec{w}_1=\vec{c}_1-\vec{u} \tag{1.1.2}$$

汽流以相对速度$\vec{w}_2$离开动叶，由于动叶以圆周速度$\vec{u}$运动，所以动叶出口汽流的绝对速度是$\vec{c}_2$。$\vec{w}_2$、$\vec{u}$与$\vec{c}_2$构成动叶出口速度三角形，如图1.1.3（a）所示，即

$$\vec{c}_2=\vec{w}_2+\vec{u} \tag{1.1.3}$$

图中β表示叶轮旋转平面与相对汽流速度的夹角，α表示叶轮旋转平面与绝对汽流速度的夹角。下标1代表动叶进口，下标2代表动叶出口。为实用方便，常将动叶栅进出口汽流速度三角形绘在一起，如图1.1.3（b）所示。

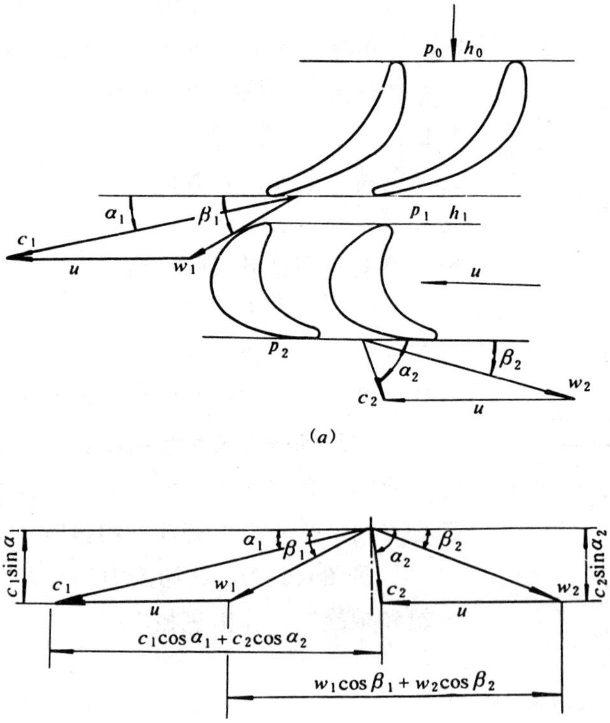

图 1.1.3 动叶栅进出口汽流速度三角形

（a）动静叶栅汽道示意图；（b）顶点靠拢的速度三角形

$\vec{c}_1$的方向角α_1通常在11°～17°范围内选取。$\vec{w}_2$的方向角为β_2，对于冲动级，β_2约比β_1小2°～4°，β_2的数值大约在20°～30°之间。关于$\vec{c}_1$和$\vec{w}_2$的数值确定，将在本章第二节中讨论。当$\vec{c}_1$和$\vec{w}_2$确定后，就可通过速度三角形的关系求得$\vec{w}_1$和$\vec{c}_2$，即

$$w_1=\sqrt{c_1^2+u^2-2uc_1\cos\alpha_1} \tag{1.1.4}$$

$$\beta_1 = \arcsin\frac{c_1\sin\alpha_1}{w_1} = \arctan\frac{c_1\sin\alpha_1}{c_1\cos\alpha_1 - u} \tag{1.1.5}$$

$$c_2 = \sqrt{w_2^2 + u^2 - 2uw_2\cos\beta_2} \tag{1.1.6}$$

$$\alpha_2 = \arcsin\frac{w_2\sin\beta_2}{c_2} = \arctan\frac{w_2\sin\beta_2}{w_2\cos\beta_2 - u} \tag{1.1.7}$$

$\vec{w}_1$和$\vec{c}_2$也可以通过按比例线段绘制速度三角形求得。

以上分析了蒸汽在级内的流动过程。下面从热力学的观点介绍蒸汽在级内的热力膨胀过程。h-s图上级的热力过程线如图1.1.4所示。

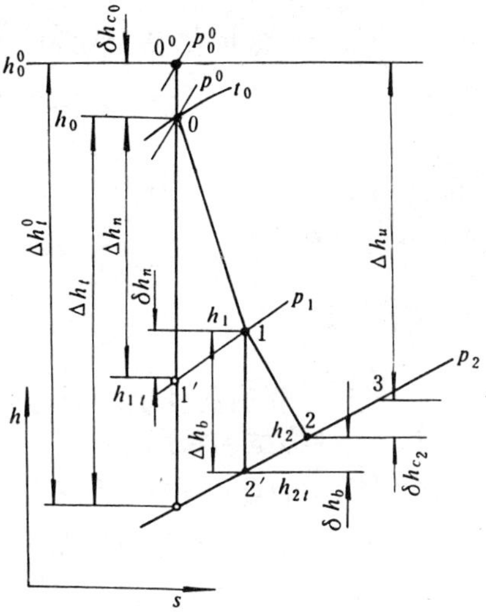

图 1.1.4 喷嘴及动叶的热力过程

因为图中点 0 表示蒸汽在喷嘴前的状态，点0^0表示汽流在喷嘴前的滞止状态，即假设喷嘴进口初速c_0滞止为零的状态，故点0^0与点 0 的比焓差等于喷嘴前汽流速度c_0所具有的动能，用δh_{c_0}表示，则

$$\delta h_{c_0} = \frac{c_0^2}{2} \tag{1.1.8}$$

图中点0^0的蒸汽压力p_0^0表示喷嘴前的滞止压力，点 0 的蒸汽压力p_0表示喷嘴前压力。如果蒸汽在喷嘴内由p_0至p_1的膨胀过程是等比熵的，则这个过程在图中用线段01′表示，喷嘴的等比熵比焓降用Δh_n表示。但实际上，具有粘性的蒸汽在喷嘴内的膨胀过程是有损失的，因此，在绝热的条件下，蒸汽在膨胀过程中比熵将增加，此时喷嘴出口的汽流状态如点 1 所示，实际的热力过程用线段01表示。喷嘴出口汽流的实际比焓值h_1与理想比焓值h_{1t}之差即是喷嘴中的能量损失，用δh_n表示。δh_{c_0}、Δh_n和δh_n见图1.1.4。

在动叶通道内，蒸汽从压力p_1膨胀到p_2。若是等比熵过程，则用线段12′表示，动叶中的等比熵比焓降用Δh_b表示。动叶内的实际过程也是有损失的，比熵是增加的，其过程如线段12所示。动叶出口实际比焓值h_2与理想比焓值h_{2t}之差即为动叶内的能量损失，用δh_b表示。

汽流离开动叶通道时具有一定的速度c_2，这个速度对应的动能在该级内已不能转换为机械功，因而对该级来说是一种能量损失，称为余速损失，用δh_{c_2}表示。Δh_b、δh_b和δh_{c_2}均见图1.1.4。余速损失可用下式表示：

$$\delta h_{c_2} = \frac{c_2^2}{2} \tag{1.1.9}$$

若用Δh_t^0表示级的滞止理想比焓降，则$\Delta h_t^0 = \Delta h_t + \delta h_{c_0}$。1kg蒸汽在级的动叶栅上转换为机械功的有效比焓降称为轮周有效比焓降，以Δh_u表示，则

$$\Delta h_u = \Delta h_t^0 - \delta h_n - \delta h_b - \delta h_{c_2} \tag{1.1.10}$$

式中，喷嘴损失δh_n、动叶损失δh_b和余速损失δh_{c_2}之和称为轮周损失。

应当指出，级中的流动过程和热力膨胀过程只是分析问题的角度不同，前者是用流体力学的观点，后者是用热力学的观点，通过分析，以便理解级的作功原理和能量损失的物理本质，并展示出能量转换的数量关系。在以后的讨论中，将进一步了解到这两种过程是有机地结合的。

二、级的反动度

级的反动度Ω是表示蒸汽在动叶通道内膨胀程度大小的指标。级的平均直径处$\left(即\frac{1}{2}\right.$叶高处$\left.\right)$的反动度用$\Omega_m$表示，其表达式为

$$\Omega_m=\frac{\Delta h_b}{\Delta h_t^0}\approx\frac{\Delta h_b}{\Delta h_n^0+\Delta h_b} \quad (1.1.11)$$

[17]

由于 h-s 图上等压线沿比熵增方向发散，故严格地说 $(\Delta h_n^0+\Delta h_b)>\Delta h_t^0$，但由于喷嘴损失$\delta h_n$很小，在实用中常认为$\Delta h_n^0+\Delta h_b=\Delta h_t^0$。显然

$$\Delta h_b=\Omega_m\Delta h_t^0 \quad (1.1.12)$$

$$\Delta h_n^0=(1-\Omega_m)\Delta h_t^0 \quad (1.1.13)$$

式中　Δh_n^0——喷嘴的滞止理想比焓降，$\Delta h_n^0=\Delta h_n+\delta h_{c_0}$。

三、级的类型和特点

对轴流式汽轮机来说，所采用的轴流级按照级内蒸汽能量转换的特点，可分为纯冲动级、冲动级、反动级和复速级等几种。

1.纯冲动级

反动度$\Omega_m=0$的级称为纯冲动级。它的特点是蒸汽只在喷嘴中膨胀，在动叶栅中不膨胀而只改变流动方向，故动叶栅中蒸汽进出口压力相等，即$p_1=p_2$，$\Delta h_b=0$，$\Delta h_n^0=\Delta h_t^0$。这种级的动叶上，既受到喷嘴出口高速汽流的冲动力，又受到汽流在动叶槽道中转向后流出时的反动力，但没有蒸汽膨胀加速对动叶的反动力。由于这种级的动叶中流动效率低，损失大，故已不再采用。

2.反动级

反动级是指蒸汽在喷嘴和动叶中理想比焓降相等的级，即$\Delta h_n=\Delta h_b=0.5\Delta h_t$。由于蒸汽在动叶栅中的膨胀程度较大，故动叶栅内的流动效率比冲动级高，但动叶顶部漏汽量也常比冲动级大。这种级的结构及其压力和速度的变化如图1.1.5所示，其动叶上既受到冲动力，又受到汽流在动叶中膨胀加速及转向后流出时的反动力。

3.冲动级

冲动级介于纯冲动级和反动级之间，通常取$\Omega_m=0.05\sim0.30$。显然，蒸汽的膨胀大部分发生在喷嘴中，只有少部分发生在动叶中，$p_1>p_2$，$\Delta h_n>\Delta h_b$。这种级的结构及其压力和速度的变化如图1.1.1所示。由于它的能量转换既有冲动级的特点，又有反动级的因素，故应称之为带反动度的冲动级，习惯上称为冲动级，其动叶上的受力类型与反动级相同，但受力大小不同。

4.复速级

由固定的喷嘴叶栅、导向叶栅和安装在同一叶轮上的两列动叶栅所组成的级称为复速

级，又称双列速度级，如图1.1.6所示。复速级的喷嘴出口流速很高，高速汽流流经第一列动叶作功后余速c_2很大，具有余速c_2的汽流进入导向叶栅，其方向改变成与第二列动叶进汽方向一致后，再流经第二列动叶作功，所以这种级实际上是单列冲动级的一种延伸。因为第二列动叶是利用第一列动叶排汽余速c_2的动能继续作功的，因而称为速度级。

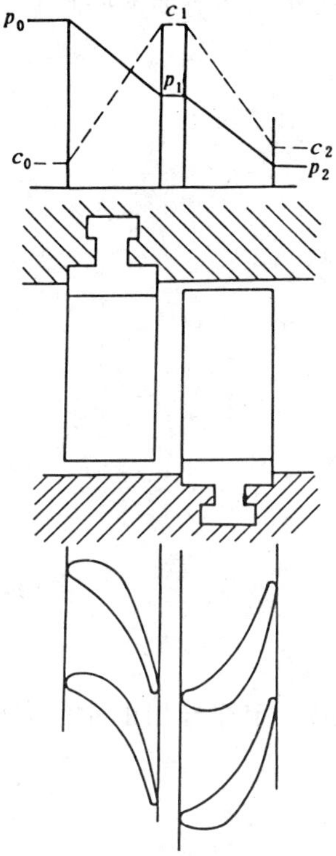

图 1.1.5 反动级示意图

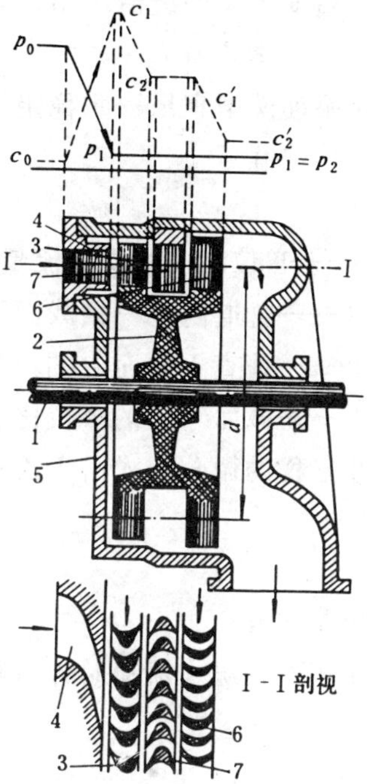

图 1.1.6 复速级单级汽轮机示意图

1—轴；2—叶轮；3—第一列动叶栅；4—喷嘴；
5—汽缸；6—第二列动叶栅；7—导向叶栅
—— 蒸汽压力；---- 蒸汽的绝对速度

四、级的简化一元流动模型和基本方程式

（一）简化的一元流动模型

实际上，蒸汽在级的叶栅通道中的流动是粘性可压缩流体在弯曲通道内的三元不稳定流动，流动情况是非常复杂的。为了突出主要矛盾，揭示流动的内在规律，通常作如下几点简化假设：

（1）流动是稳定的　即在所考虑的时间内通过叶栅任一截面的流量和蒸汽参数均不随时间变化。当汽轮机功率和蒸汽初参数基本不变时，可以近似地认为是稳定流动。

（2）流动是绝热的　即在叶栅中蒸汽与外界没有热交换。由于蒸汽通过叶栅的时间极短，且叶栅一般成组布置，相邻叶片的情况相同，彼此之间没有热交换，蒸汽向外界的散热量与总热能相比很小，故可以视为绝热过程。

（3）流动是一元的　认为叶栅中汽流参数只沿流动方向变化，而在与流动方向相垂直的截面上汽流参数不变。

（4）工质是理想气体　这样可以应用理想气体方程。在提出实用计算公式时，再考虑蒸汽粘性的影响。

可见，简化的流动模型乃是一元稳定等比熵流动的模型。

实践证明，利用这种一元流动简化模型，不但可以阐明汽轮机的通流特性、能量转换和变工况特性的本质，而且对于叶栅相对高度较小的级的设计亦可获得满意的效果。但对叶栅相对高度较大的级需应用二元或三元流动模型来分析。

（二）基本方程式

简化流动模型宜用一元稳定等比熵流动的基本方程。

1.连续方程

$$Gv = Ac \qquad (1.1.14)$$

式中　G——单位时间的质量流量，kg/s；

A——通道内任一横截面面积，m^2；

c——垂直于截面A的蒸汽速度，m/s；

v——截面A上的蒸汽比容，m^3/kg。

连续方程的微分形式由于流量G不变，故可由上式得

$$\frac{dA}{A} + \frac{dc}{c} - \frac{dv}{v} = 0 \qquad (1.1.15)$$

2.能量方程

因为蒸汽在级中流动时伴有热现象，所以引用由热力学第一定律导出的能量方程：

$$h_0 + \frac{c_0^2}{2} = h_1 + \frac{c_1^2}{2} + W \qquad (1.1.16)$$

式中　h_0, h_1——分别为蒸汽进入和流出系统的比焓值，J/kg；

c_0, c_1——分别为蒸汽进入和流出系统的速度，m/s；

W——1kg工质对外界所作的机械功，J/kg。

理论分析时，常用到能量方程的微分形式：

$$c\,dc + v\,dp = 0 \qquad (1.1.17)$$

上式不仅可从能量方程中得到，而且可由理想流体一元稳定流动的欧拉方程得到，称为运动方程；亦可根据牛顿第二定律速度变化和作用力的关系得到，称为动量方程。

3.状态或过程方程

理想气体的状态方程为

$$pv = RT \qquad (1.1.18)$$

式中　p——绝对压力，Pa；

T——热力学温度，K；

R——气体常数，对于蒸汽$R = 461.5$J/(kg·K)。

当蒸汽等比熵膨胀时，等比熵过程方程为

$$pv^{\kappa} = 常数 \qquad (1.1.19)$$

式中，κ为定熵指数。对于过热蒸汽$\kappa = 1.3$；对于湿蒸汽，$\kappa = 1.035 + 0.1x$，其中x是膨胀过程

初态的蒸汽干度。

状态方程和等比熵过程方程中，只能有一个是独立方程，因为由状态方程可以导出各种过程方程。等比熵过程方程是喷嘴和动叶中常用的方程。

综上所述，一元稳定等比熵流动只有三个独立的基本方程。它们是研究喷嘴、动叶、级乃至整机的工作特性的基本方程式。

第二节　蒸汽在喷嘴和动叶通道中的流动过程

在第一节中介绍了级的工作过程。本节主要分析蒸汽流经喷嘴和动叶通道过程中，对级的工作特性有重要影响的通流特性、通流能力和流动效率问题。

一、蒸汽在喷嘴中的膨胀过程

（一）喷嘴出口汽流速度

蒸汽在喷嘴通道中的理想膨胀过程如图1.1.4中的线段01′所示。当喷嘴前的蒸汽参数及初速c_0为已知时，则

$$h_0^0 = h_0 + \frac{c_0^2}{2} = h_0 + \delta h_{c_0} \tag{1.2.1}$$

将式（1.2.1)代入式（1.1.16)，因为喷嘴是固定的，不对外做功，$w=0$，则喷嘴理想出口速度c_{1t}为

$$c_{1t} = \sqrt{2(h_0 - h_{1t}) + c_0^2} = \sqrt{2(h_0^0 - h_{1t})} = \sqrt{2\Delta h_n + c_0^2} = \sqrt{2\Delta h_n^0}$$

理想气体在等比熵膨胀过程中的比焓差可表示为

$$h_0^0 - h_{1t} = \frac{\kappa}{\kappa-1} R(T_0^0 - T_{1t}) = \frac{\kappa}{\kappa-1}(p_0^0 v_0^0 - p_1 v_{1t}) \tag{1.2.3}$$

将式（1.2.3）代入式（1.2.2）得

$$c_{1t} = \sqrt{\frac{2\kappa}{\kappa-1} p_0^0 v_0^0 \left[1 - \left(\frac{p_1}{p_0^0}\right)^{\frac{\kappa-1}{\kappa}}\right]} \tag{1.2.4}$$

或

$$c_{1t} = \sqrt{\frac{2\kappa}{\kappa-1} p_0^0 v_0^0 \left(1 - \varepsilon_n^{\frac{\kappa-1}{\kappa}}\right)} \tag{1.2.5}$$

式中，$\varepsilon_n = p_1 / p_0^0$，称为喷嘴压比，即喷嘴后的压力与喷嘴前的滞止压力之比。

式（1.2.2）用于喷嘴的计算，它表示喷嘴汽流理想速度的大小取决于喷嘴的滞止理想比焓降。式（1.2.5)常用于理论分析，它表明影响喷嘴出口速度的因素。在给定蒸汽性质和初态的情况下，c_{1t}仅是压比的单值函数。

在喷嘴的实际流动过程中，蒸汽粘性所产生的摩擦等损失使蒸汽出口速度由c_{1t}减小为c_1，即

$$c_1 = \varphi c_{1t} = \varphi\sqrt{2\Delta h_n^0} \tag{1.2.6}$$

式中，φ称为喷嘴速度系数。由它可求出实际流动过程中的喷嘴动能损失，即喷嘴损失，

其值为

$$\delta h_n = \frac{c_{1t}^2}{2} - \frac{c_1^2}{2} = (1-\varphi^2)\frac{c_{1t}^2}{2} = (1-\varphi^2)\Delta h_n^0 \tag{1.2.7}$$

影响喷嘴速度系数 φ 的因素多（如喷嘴高度、叶型、汽道形状、压比及表面粗糙度等）而复杂，很难用理论计算精确求得，一般由试验确定。φ 与叶片高度 l_n 关系密切，故实验数据常绘制为 φ 随 l_n 的变化曲线，如图1.2.1所示。

由图可见，当喷嘴高度 $l_n>100$mm时，φ值基本上不再随 l_n 而变化；当 $l_n<12\sim15$mm时，φ 值剧烈下降。因此在设计时，为了减少喷嘴损失，应尽量使 $l_n>15$mm。图中上面一条是喷嘴宽度 B_n 为55mm的曲线，下面一条是 B_n 为80mm的曲线，可见，在强度允许的条件下应采用宽度较小的喷嘴。式（1.2.7）中，$\varphi^2\Delta h_n^0=\frac{c_1^2}{2}$是喷嘴实际出口动能，因此 φ^2 也称为喷嘴效率。

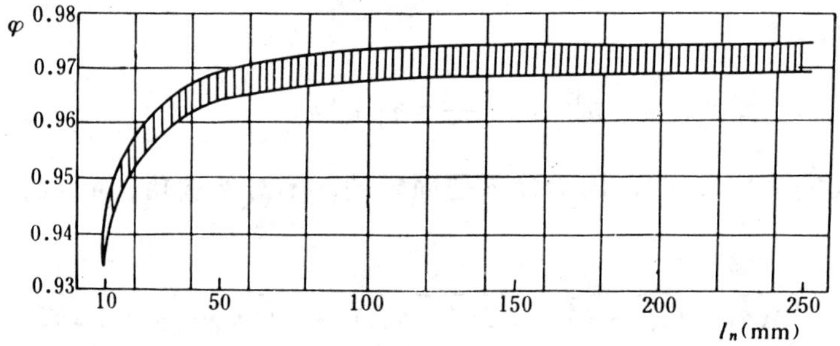

图 1.2.1 渐缩喷嘴速度系数φ随叶片高度 l_n 的变化曲线

喷嘴速度系数 φ 值一般在0.92～0.98之间。对于渐缩喷嘴，常把其中与叶片高度有关的损失抽出来另用经验公式计算（详见本章第五节），这时取 $\varphi=0.97$。

由于喷嘴中的实际膨胀过程有损失（如图1.1.4所示），即是沿着有损失的绝热过程线01膨胀的，所以实际过程是一个多变过程而不是等比熵过程。多变过程方程为

$$pv^n = 常数 \tag{1.2.8}$$

式中，多变过程指数 n 是小于定熵指数 κ 但大于1的一个数值。当 $n=\kappa$ 时，01过程线就与等比熵过程线01′重合；当 $n=1$ 时，蒸汽在喷嘴中的流动成了等温过程，01线接近水平的等比焓线。由此可见，n 与 κ 之间的关系必与喷嘴效率 φ^2 有关，因 φ^2 的大小决定了01线在 h-s 图上的实际位置。

对于给定的喷嘴，φ 可视为定值。在这样的条件下，由热力学基本关系式可以推导出 n 与 φ^2 和 κ 的关系为

$$n = \frac{\kappa}{\kappa + \varphi^2(1-\kappa)} \tag{1.2.9}$$

由上式可知，当 $\varphi^2=1$ 时，$n=\kappa$；$\varphi^2<1$ 时，$n<\kappa$。图1.2.2表示 n 与 φ^2 的关系曲线，在 φ 的实用范围内，它基本上是直线规律的。

（二）喷嘴中蒸汽参数、流速与等比熵比焓降之间的关系

当蒸汽流量 G 不变时，在图1.1.4的喷嘴等比熵过程线01′上选取若干中间状态点，查得这些点的蒸汽比焓值 h、压力 p、比容 v，按式（1.2.2)算出这些状态点的流速 c_1，按连续方程 $A=Gv/c_1$ 算出这些状态点的通流面积 A，然后以等比熵比焓降 $\Delta h_x=h_0^0-h$ 为横坐标，画出蒸汽参数、流速与等比熵比焓降之间的关系，如图1.2.3所示。由图可见，当等比熵比焓降 Δh_x 达到临界值 Δh_c 时，喷嘴通道截面积为最小，此处是临界截面，临界截面积以 A_c 表示，此处的蒸汽流速等于当地音速。由于喷嘴内沿汽流方向的流通各截面处蒸汽温度逐渐降低，故音速 $a=\sqrt{\kappa RT}$ 也逐渐降低，如图中曲线 a 所示。由工程热力学可知，当 $\Delta h_x<\Delta h_c$ 时，喷嘴通道截面是渐缩的，当 $\Delta h_x>\Delta h_c$ 时，喷嘴通道截面是渐扩的，喷嘴截面积的变化规律如曲线 A 所示。由图还可看出，蒸汽压力 p 沿喷嘴流道是逐渐降低的；汽流速度 c_1 是逐渐增大的；蒸汽比容 v 是逐渐增大的；在亚临界区域，即在喷嘴的渐缩段，c_1 的增大较 v 的增大快得多，在超音速区域，即渐扩段，c_1 较 v 增大得慢。

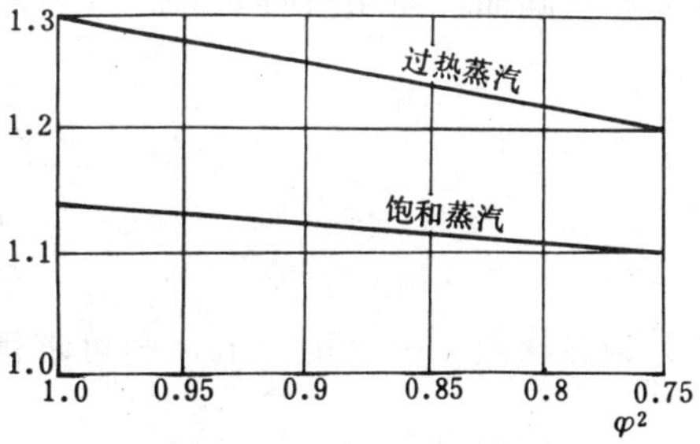

图 1.2.2 n随φ^2而变化的规律

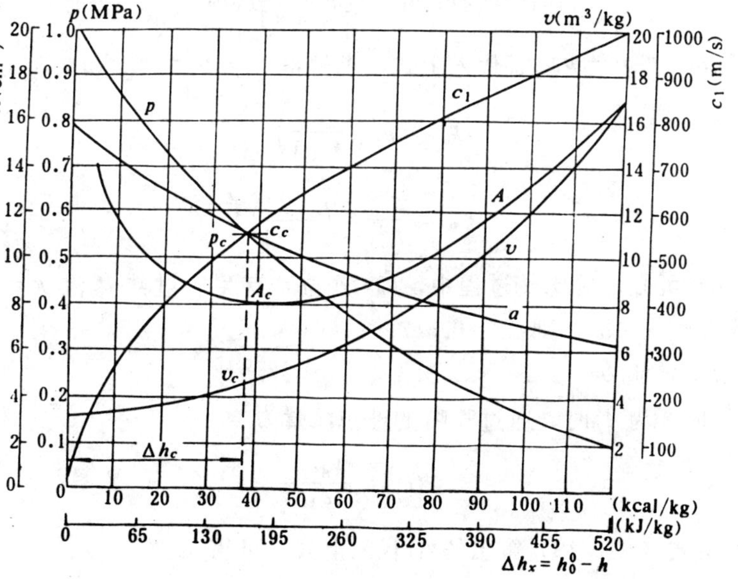

图 1.2.3 蒸汽参数、流速与等比熵比焓降之间的关系

（三）喷嘴中汽流的临界状态

汽流速度等于当地音速时的状态称为临界状态。临界状态下的所有参数称为临界参数。临界参数的特性对研究级的工作过程有重要意义，其中最主要的是临界速度 c_{1c}、临界压比 ε_{nc}、临界截面积 A_c 和临界流量 G_{tc}。

1. 临界速度c_{1c}

音速计算式为

$$a=\sqrt{\kappa pv}=\sqrt{\kappa RT} \tag{1.2.10}$$

对于任一截面，能量方程$h^0=h+c_1^2/2$可写为

$$\frac{\kappa}{\kappa-1}p_0^0v_0^0=\frac{\kappa}{\kappa-1}pv+\frac{c_1^2}{2} \tag{1.2.11}$$

或

$$\frac{\kappa}{\kappa-1}p_0^0v_0^0=\frac{a^2}{\kappa-1}+\frac{c_1^2}{2} \tag{1.2.12}$$

对于临界截面，$c_1=a=c_{1c}$，则可求得临界速度：

$$c_{1c}=\sqrt{\frac{2\kappa}{\kappa+1}p_0^0v_0^0} \tag{1.2.13}$$

由式（1.2.13）可知，在κ值确定后，c_{1c}只与蒸汽滞止初参数有关，而与流动过程中有无损失以及损失的大小无关。图1.2.4的h-s图中画出了等临界速度线[17]，也是等pv线，或等比焓线。由于$\Delta h_{nc}^0=c_{1c}^2/2$，不论流动中有无损失或损失大小，只要$p_0^0$、$v_0^0$不变，则$c_{1c}$不变，故$\Delta h_{nc}^0$也就不变，如图所示。

2. 临界压力p_{1c}和临界压比ε_{nc}

由式（1.2.10）和式（1.2.13）得

$$c_{1c}=\sqrt{\kappa p_{1c}v_{1c}}=\sqrt{\frac{2\kappa}{\kappa+1}p_0^0v_0^0} \tag{1.2.14}$$

将等比熵过程方程$p_0^0(v_0^0)^\kappa=p_{1c}v_{1c}^\kappa$代入上式，求解得

$$p_{1c}=p_0^0\left(\frac{2}{\kappa+1}\right)^{\frac{\kappa}{\kappa-1}} \tag{1.2.15}$$

则

$$\varepsilon_{nc}=\frac{p_{1c}}{p_0^0}=\left(\frac{2}{\kappa+1}\right)^{\frac{\kappa}{\kappa-1}} \tag{1.2.16}$$

由式（1.2.16）可知，等比熵过程中，ε_{nc}只与κ有关。过热蒸汽$\kappa=1.3$，则$\varepsilon_{nc}=0.546$；干饱和蒸汽$\kappa=1.135$，则$\varepsilon_{nc}=0.577$。

（四）喷嘴的通流能力

当喷嘴出口截面积为A_n时，通过喷嘴的理想流量为

$$G_{nt}=\frac{A_nc_{1t}}{v_{1t}} \tag{1.2.17}$$

将式（1.2.4）和由式（1.1.19）解出的v_{1t}代入上式，可得

$$G_{nt}=\frac{A_n}{v_{1t}}\sqrt{\frac{2\kappa}{\kappa-1}p_0^0v_0^0\left[1-\left(\frac{p_1}{p_0^0}\right)^{\frac{\kappa-1}{\kappa}}\right]} \tag{1.2.18}$$

或

$$G_{nt}=A_n\sqrt{\frac{2\kappa}{\kappa-1}\frac{p_0^0}{v_0^0}\left(\varepsilon_n^{2/\kappa}-\varepsilon_n^{\frac{\kappa+1}{\kappa}}\right)} \tag{1.2.19}$$

式（1.2.19）表明喷嘴的通流能力与蒸汽滞止初参数、蒸汽性质、喷嘴出口面积和压比有关。在蒸汽性质、滞止初参数和出口面积A_n一定的情况下，喷嘴的通流能力只取决于喷嘴压比，即$G_{nt}=f(\varepsilon_n)$，如图1.2.5中曲线0BC所示。

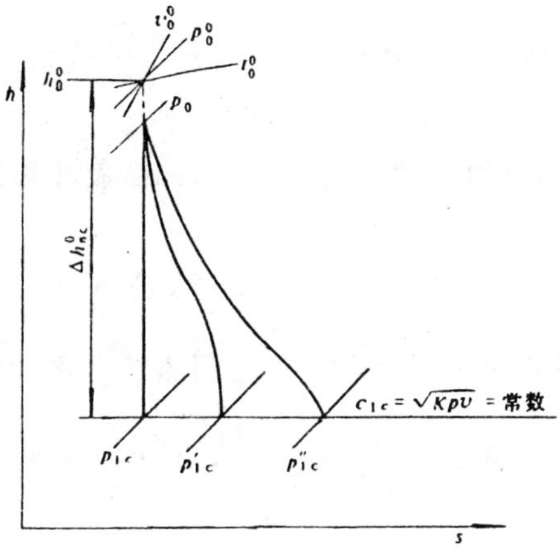

图 1.2.4　喷嘴的等临界速度线

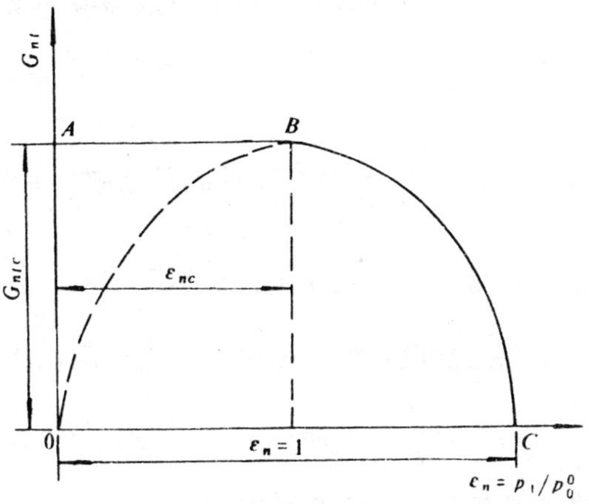

图 1.2.5　渐缩喷嘴的流量与压比的关系曲线

通过最大流量时的压比可以通过对函数式（1.2.19）求极值得到，即令$\partial G_{nt}/\partial\varepsilon_n=0$，解得

$$\varepsilon_n=\left(\frac{2}{\kappa+1}\right)^{\frac{\kappa}{\kappa-1}}=\varepsilon_{nc} \tag{1.2.20}$$

可见，喷嘴通过最大流量时的压比就是临界压比ε_{nc}，因此，最大流量就是临界流量。

将式（1.2.20）代入式（1.2.19），即得喷嘴理想临界流量表达式：

$$G_{ntc}=A_n\sqrt{\kappa\left(\frac{2}{\kappa+1}\right)^{\frac{\kappa+1}{\kappa-1}}\frac{p_0^0}{v_0^0}} \tag{1.2.21}$$

将$\kappa=1.3$及$\kappa=1.135$分别代入上式，得

过热蒸汽
$$G_{ntc}=0.6673A_n\sqrt{\frac{p_0^0}{v_0^0}} \tag{1.2.22}$$

饱和蒸汽
$$G_{ntc}=0.6356A_n\sqrt{\frac{p_0^0}{v_0^0}} \tag{1.2.23}$$

式（1.2.22）和式（1.2.23）中，p_0^0的单位是 Pa ，v_0^0的单位是m^3/kg，A_n的单位是m^2，G_{ntc}的单位是kg/s。

可见，喷嘴出口面积和蒸汽性质确定后，临界流量只与滞止初参数有关。

图1.2.5中的虚线0B只适用于缩放喷嘴的各种设计工况（见第三章第一节），对于直轴渐缩喷嘴（没有斜切部分）是不适用的，因为试验表明，直轴渐缩喷嘴在$\varepsilon_n\leqslant\varepsilon_{nc}$时，出口流速为临界速度，流量始终保持临界流量不变，如图中BA线所示。这是因为$\varepsilon_n=\varepsilon_{nc}$时，

出口汽流已达音速，此后继续降低背压p_1，由临界压力p_c到p_1的膨胀是在喷嘴后实现的，不可能改变喷嘴出口截面的临界状态，所以流量仍然保持临界流量不变。直轴渐缩喷嘴的流量与压比的关系如曲线ABC所示。

由于蒸汽流动过程有损失，故喷嘴的实际流量为

$$G_n=\frac{A_n c_1}{v_1}=\frac{A_n \varphi c_{1t}}{v_1}=\varphi\frac{v_{1t}}{v_1}G_{nt}=\mu_n G_{nt} \tag{1.2.24}$$

式中，$\mu_n=\varphi\frac{v_{1t}}{v_1}$称为喷嘴的流量系数，它是喷嘴的实际流量与理想流量之比。就非等熵绝热过程来说，由于流动损失加热了蒸汽，故$v_1>v_{1t}$，即$\frac{v_{1t}}{v_1}<1$，那么应该是$\mu_n<\varphi$。但由于蒸汽过热度、湿度、进口压力、压比、反动度以及速度系数等许多因素都会影响比值$\frac{v_{1t}}{v_1}$，因此此比值可能小于1、等于1或大于1。正是这种复杂的关系，使μ_n很难用理论方法准确计算，通常用试验方法求得，如图1.2.6所示。

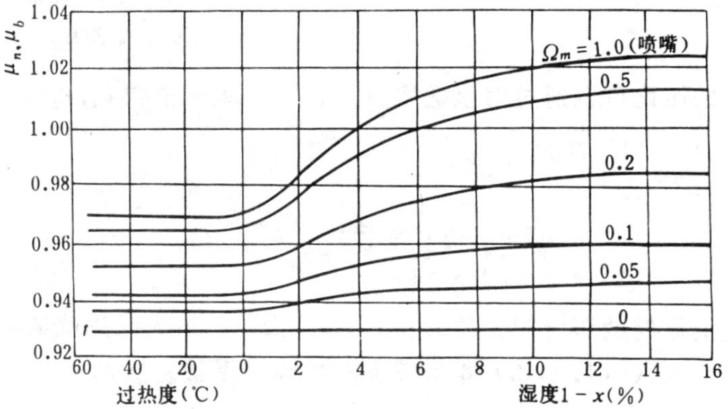

图 1.2.6 喷嘴和动叶的流量系数

当喷嘴在过热区工作时，由于喷嘴损失所引起的比容变化较小，故$v_1\approx v_{1t}$，因而图中所示的流量系数近似等于速度系数，即$\mu_n\approx\varphi=0.97$。

当喷嘴在湿蒸汽区工作时，由于蒸汽通过喷嘴的时间极短，有一部分应凝结的饱和蒸汽来不及凝结，出现了凝结滞后的过饱和现象，即大部分蒸汽没有获得这一部分蒸汽凝结时应放出的汽化潜热，故整个蒸汽温度较低，使蒸汽的实际比容v_1反而小于理想比容v_{1t}，即$\frac{v_{1t}}{v_1}>1$，于是实际流量大于理想流量，如图1.2.6所示，$\mu_n=1.02$。

当蒸汽在喷嘴中流动有过饱和现象时，如图1.2.7所示，喷嘴进口蒸汽虽已处于湿蒸汽区（$x_0=0.98$），但它还是过饱和蒸汽，按过热蒸汽的膨胀规律进行膨胀。在蒸汽膨胀到湿度大约为3.5%时，喷嘴内部中段某截面上会发生突跃，突然出现水分凝结，突跃前后有一个明显的压力升高，如图中的a、b两点所示。在突跃后，由b点到出口，蒸汽是湿蒸汽状态，按湿蒸汽的膨胀规律进行膨胀[6]。

考虑流量系数之后，计算实际临界流量的公式为$G_{nc}=\mu_n G_{ntc}$，即

过热蒸汽（$\mu_n=0.97$）

$$G_{nc}=0.6473A_n\sqrt{\frac{p_0^0}{v_0^0}} \tag{1.2.25}$$

饱和蒸汽（$\mu_n=1.02$）

$$G_{nc}=0.6483A_n\sqrt{\frac{p_0^0}{v_0}} \tag{1.2.26}$$

实际上，无论是过热蒸汽还是饱和蒸汽，都可采用下式计算：

$$G_{nc}=0.648A_n\sqrt{\frac{p_0^0}{v_0^0}} \tag{1.2.27}$$

式（1.2.27）中各变量的单位与式（1.2.22）和式（1.2.23）相同。

必须指出，用上述公式计算流量时，不论是渐缩喷嘴还是缩放喷嘴，都必须先判断喷喷喉部是否在临界状态下工作，然后才能确定选用式（1.2.19）或式（1.2.27）。为了计算方便，引入流量比，即彭台门系数β:

$$\beta=\frac{G_n}{G_{nc}}=\frac{A_n\sqrt{\frac{2\kappa}{\kappa-1}\frac{p_0^0}{v_0^0}\left(\varepsilon_n^{2/\kappa}-\varepsilon_n^{\frac{\kappa+1}{\kappa}}\right)}}{A_n\sqrt{\kappa\left(\frac{2}{\kappa+1}\right)^{\frac{\kappa+1}{\kappa-1}}\frac{p_0^0}{v_0^0}}}=\sqrt{\frac{\frac{2}{\kappa-1}\left(\varepsilon_n^{2/\kappa}-\varepsilon_n^{\frac{\kappa+1}{\kappa}}\right)}{\left(\frac{2}{\kappa+1}\right)^{\frac{\kappa+1}{\kappa-1}}}} \tag{1.2.28}$$

可见β只与ε_n和κ有关。κ确定后，亚临界时β值只与ε_n有关；临界状态时$\beta=1$，与ε_n无关。

渐缩喷嘴流过过热蒸汽时，β与压比ε_n的关系如图1.2.8所示。实际计算时，根据ε_n先在图中查出β值，然后利用下式计算G_n:

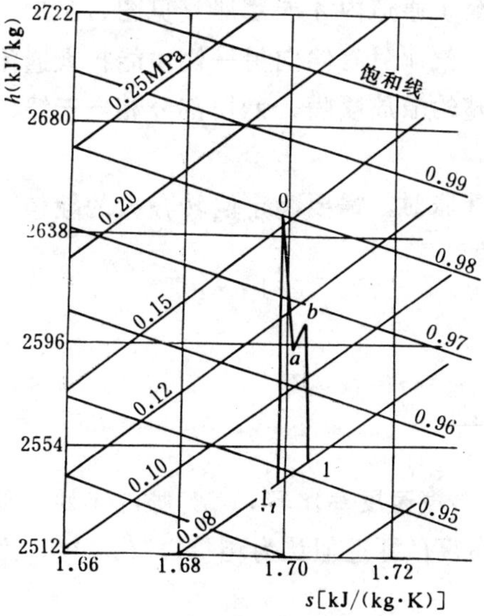

图 1.2.7 湿蒸汽喷嘴流动过程

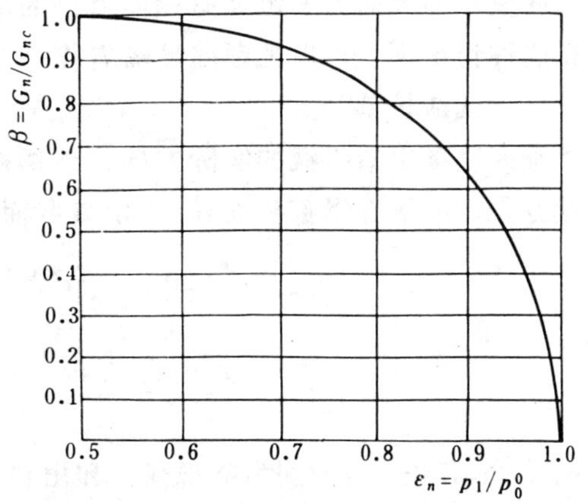

图 1.2.8 渐缩喷嘴的β曲线
（$\kappa=1.3$）

$$G_n=\beta G_{nc}=0.648\beta A_n\sqrt{\frac{p_0^0}{v_0^0}} \qquad (1.2.29)$$

这样，计算喷嘴流量时，就不用事先判断流动状态了。

二、蒸汽在喷嘴斜切部分内的膨胀

为了保证喷嘴出口汽流进入动叶时有良好的方向,在喷嘴的出口处都制成一段斜切部分 ABC，如图1.2.9所示。

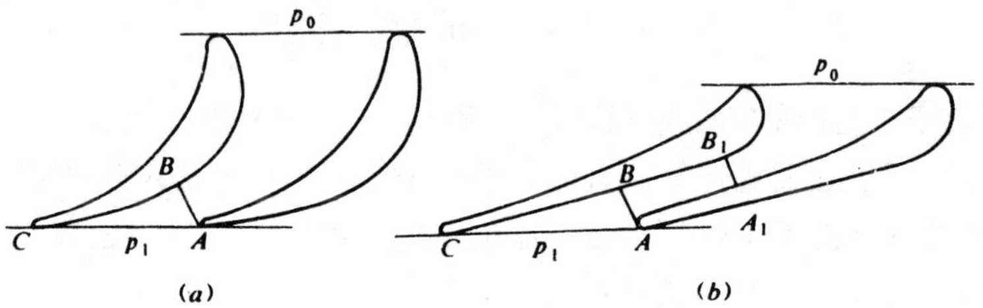

图 1.2.9 带有斜切部分的喷嘴

（a）渐缩喷嘴；（b）缩放喷嘴

对于渐缩喷嘴，当背压 $p_1 \geqslant p_{1c}$时，喷嘴出口截面AC上的汽流速度和方向与喉部截面AB相同，斜切部分不发生膨胀，只起导向作用。

当 $p_{1d}<p_1<p_{1c}$，汽流膨胀至喉部截面AB时，其压力等于临界压力p_{1c}，速度为临界速度。由于叶栅后的压力p_1小于临界压力p_{1c},大于极限膨胀压力p_{1d}，故蒸汽在斜切部分ABC的前面部分，如ABD中继续膨胀，压力降低，速度增加为c_1'，超过临界速度，同时汽流的方向偏转一个角度δ_1，如图1.2.10(a) 所示，δ_1称为喷嘴汽流偏转角。这时，斜切部分的ADC区域只起导向作用，不发生膨胀，汽流速度和方向均不变。

汽流方向偏转的根本原因在于：AB截面之后继续膨胀的汽流是超音速汽流，超音速汽流膨胀时，比容的增大比流速的增大要快，必须在渐扩通道内才能膨胀（见图1.2.3)，在喷嘴高度变化不大而另一侧又有壁面阻挡的情况下，汽流只有偏向另一侧才能扩大通流面积。在这种情况下，可以把渐缩喷嘴看作一个不完整的缩放喷嘴，斜切部分相当于缩放喷嘴喉部之后的渐扩部分。

为了确定喷嘴出口汽流的实际方向，斜切部分有膨胀时，需要确定偏转角δ_1的数值。根据连续方程，喷嘴在喉部截面A_{nc}和出口截面A_n上有：

$$G_{nc}=\frac{A_{nc}c_{1c}}{v_{1c}}=\frac{l_n\sin\alpha_1 t_n c_{1c}}{v_{1c}}$$

$$G_n=\frac{A_n c_1}{v_1}=\frac{l_n'\sin(\alpha_1+\delta_1)t_n c_1}{v_1}$$

式中，c_{1c}、v_{1c}和c_1、v_1分别为喉部截面和出口截面的蒸汽速度与比容；t_n为喷嘴节距，如图1.2.10(a) 所示。喷嘴喉部截面高度l_n与出口截面高度l_n'可近似认为相等,即$l_n\approx l_n'$，由于以上两式中$G_{nc}=G_n$，故可得

$$\sin(\alpha_1+\delta_1)\approx\frac{v_1 c_{1c}}{v_{1c}c_1}\sin\alpha_1 \qquad (1.2.30)$$

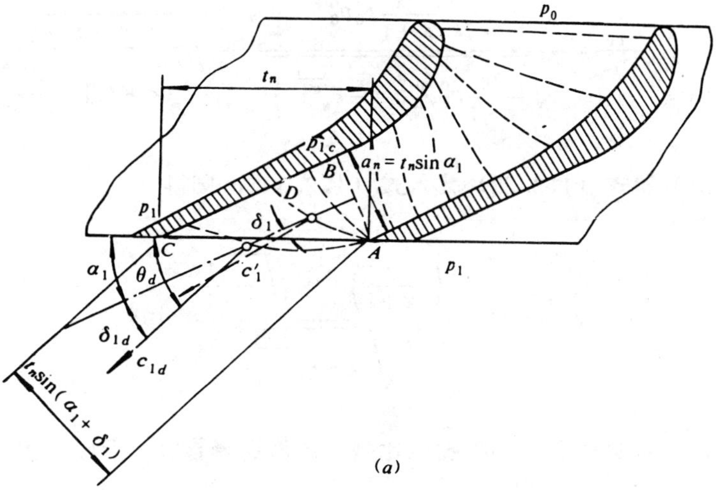

(*a*)

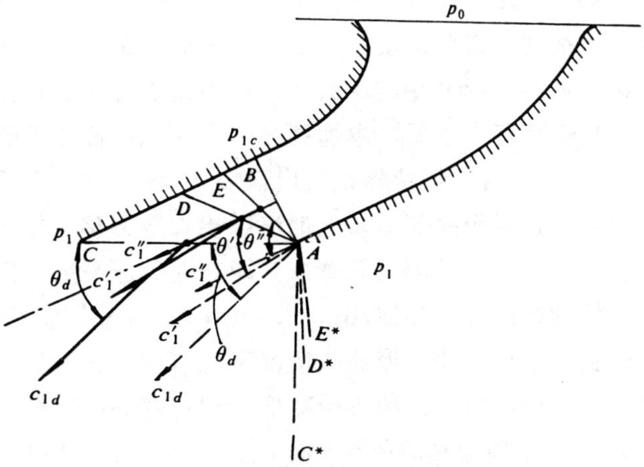

(*b*)

图 1.2.10 蒸汽在斜切部分的膨胀与偏转

（*a*）蒸汽在斜切部分的实际膨胀与偏转[3,17]；

（*b*）无摩擦、绝热、均匀流动时的马赫线和假想马赫锥

式（1.2.30）称为贝尔公式，常用来计算偏转角δ_1的数值。

对于缩放喷嘴，其现象也相似。当喷嘴背压低于出口截面AB的设计压力p_1时，蒸汽在斜切部分ABC内就要发生膨胀和偏转。利用式（1.2.30）计算偏转角时，c_{1c}和v_{1c}应以缩放喷嘴设计工况下出口截面的速度和比容代入，而c_1和v_1应以偏转后出口处的速度和比容代入。

假设斜切部分为等比熵流动，根据基本方程式有

$$\frac{v_1}{v_{1c}}=\left(\frac{p_{1c}}{p_1}\right)^{\frac{1}{\kappa}}=\left(\frac{\varepsilon_{nc}}{\varepsilon_n}\right)^{\frac{1}{\kappa}}=\left(\frac{2}{\kappa+1}\right)^{\frac{1}{\kappa-1}}\varepsilon_n^{-\frac{1}{\kappa}} \tag{1.2.31}$$

$$\frac{c_{1c}}{c_1}=\frac{\sqrt{\frac{2\kappa}{\kappa+1}p_0^0 v_0^0}}{\sqrt{\frac{2\kappa}{\kappa-1}p_0^0 v_0^0\left(1-\varepsilon_n^{\frac{\kappa-1}{\kappa}}\right)}}=\sqrt{\frac{\kappa-1}{(\kappa+1)\left(1-\varepsilon_n^{\frac{\kappa-1}{\kappa}}\right)}} \tag{1.2.32}$$

将式（1.2.31）和式（1.2.32）代入式（1.2.30），则得

$$\sin(\alpha_1+\delta_1)\approx\frac{\left(\frac{2}{\kappa+1}\right)^{\frac{1}{\kappa-1}}\sqrt{\frac{\kappa-1}{\kappa+1}}}{\varepsilon_n^{\frac{1}{\kappa}}\sqrt{1-\varepsilon_n^{\frac{\kappa-1}{\kappa}}}}\sin\alpha_1 \tag{1.2.33}$$

由式（1.2.33）可见，若已知喷嘴压比ε_n、蒸汽定熵指数κ及喷嘴出口角α_1，就可算出偏转角δ_1。

根据一元等比熵超音速气流流过直角壁的概念，因汽流在点A的压力从p_{1c}突然降到p_1，故在点A产生了汽流扰动，这个扰动在运动介质中以音速传播，并以扰动中心为原点引射出一束特性线，如图1.2.10(a)中的虚线所示。汽流通过这些特性线后压力降低，速度增加，方向偏转。而且喷嘴背压越低，参加膨胀工作的斜切部分就越大，最后一根特性线就越接近出口边AC。直至最后一根特性线与出口边AC重合时，斜切部分的膨胀能力就被全部利用完，即斜切部分达到极限膨胀，这时喷嘴出口压力称为极限膨胀压力。若再降低喷嘴背压p_1，就会引起斜切部分后的突然膨胀，即产生膨胀不足，使喷嘴损失增加。

斜切部分中的特性线也称马赫线，图1.2.10(a)所示为有摩擦的实际流动中的马赫线，是弯曲的。在无摩擦、绝热、均匀流动的情况下，斜切部分的每条马赫线都是直线，如图1.2.10(b)所示。随着喷嘴背压p_1的不断降低，斜切部分的膨胀区域由ABE增至ABD、最后增至ABC；喷嘴出口速度由超音速的实线c_1''增至c_1'，最后增至c_{1d}；汽流的偏转角也不断增大，最后增至θ_d。为了看清斜切部分内的以A为顶点的半边马赫锥的变化情况，在图1.2.10(b)中把实线c_1''、c_1'和c_{1d}平移到点A，画成虚线，则c_1''、c_1'和c_{1d}平分各自的马赫锥的锥顶角，根据这一道理，再用虚线画出AE^*、AD^*和AC^*等实际上并不存在的喷嘴外的另外半边马赫锥的马赫线。这样可以清楚地看出各马赫锥的马赫角也由θ''减为θ'，最后减为θ_d(AE^*、AD^*、AC^*间距离比AE、AD、AC的近是因为c_1偏转越来越大)。

在极限膨胀下，出口边AC与最后一根特性线（即马赫线）重合，它与汽流方向的夹角为马赫角θ_d（见图1.2.10,a与b)，即$\alpha_1+\delta_{1d}=\theta_d$。由马赫角$\theta_d$与马赫数$Ma$的关系得

$$\sin(\alpha_1+\delta_{1d})=\sin\theta_d=\frac{1}{Ma}=\frac{a_{1d}}{c_{1d}} \tag{1.2.34}$$

将极限膨胀下的喷嘴出口参数c_{1d}、v_{1d}代入式（1.2.30）的c_1与v_1处得

$$\sin(\alpha_1+\delta_{1d})\approx\frac{v_{1d}c_{1c}}{v_{1c}c_{1d}}\sin\alpha_1=\frac{a_{1d}}{c_{1d}}$$

即
$$\sin\alpha_1 \approx \frac{a_{1d} v_{1c}}{c_{1c} v_{1d}} \tag{1.2.35}$$

式中，a_{1d}、v_{1d}分别为蒸汽在极限压力下的音速与比容。

由于
$$\frac{v_{1c}}{v_{1d}} = \left(\frac{p_{1d}}{p_{1c}}\right)^{\frac{1}{\kappa}} = \varepsilon_{nd}^{\frac{1}{\kappa}}\varepsilon_{nc}^{-\frac{1}{\kappa}}$$

$$\frac{a_{1d}}{c_{1c}} = \frac{\sqrt{\kappa p_{1d} v_{1d}}}{\sqrt{\frac{2\kappa}{\kappa+1} p_0^0 v_0^0}} = \sqrt{\frac{\kappa+1}{2}\varepsilon_{nd}^{\frac{\kappa-1}{\kappa}}}$$

则
$$\sin\alpha_1 \approx \varepsilon_{nd}^{\frac{1}{\kappa}}\varepsilon_{nc}^{-\frac{1}{\kappa}}\sqrt{\frac{\kappa+1}{2}\varepsilon_{nd}^{\frac{\kappa-1}{\kappa}}}$$

于是
$$\varepsilon_{nd} = \frac{p_{1d}}{p_0^0} = \left(\frac{2}{\kappa+1}\right)^{\frac{\kappa}{\kappa-1}} (\sin\alpha_1)^{\frac{2\kappa}{\kappa+1}} = \varepsilon_{nc}(\sin\alpha_1)^{\frac{2\kappa}{\kappa+1}} \tag{1.2.36}$$

$$p_{1d} = \varepsilon_{nc}(\sin\alpha_1)^{\frac{2\kappa}{\kappa+1}} p_0^0 \tag{1.2.37}$$

由式（1.2.36）和式（1.2.37）就可算出极限压比和极限压力。以ε_{nd}和δ_{1d}代替式（1.2.33）中的ε_n和δ_1，就可求得相应的最大偏转角δ_{1d}。当$\alpha_1 = 20°$，$\kappa = 1.3$时，算得$\varepsilon_{nd} = 0.162$，$\delta_{1d} = 12.5°$。图1.2.11画出了$\alpha_1 = 20°$时不同ε_n下斜切部分出口汽流速度大小和方向的变化情况，包括$\varepsilon_n < \varepsilon_{nd}$时在斜切部分外的等比熵膨胀。渐缩喷嘴的实用压比一般在0.45以上[6]，所以斜切部分的膨胀程度远小于极限膨胀，相应的偏转角也只有1°～2°。在多数情况下这种微小的汽流偏转对级的整个工作影响不大，然而采用渐缩喷嘴代替缩放喷嘴，却提高了流动效率，并带来了设计和制造方面的便利，降低了成本。

蒸汽在喷嘴斜切部分中膨胀时的偏转和极限压力等概念与公式，对动叶栅来说同样是适用的。

三、蒸汽在动叶通道中的流动过程和通流能力

动叶通道的形状与喷嘴相似。动叶与喷嘴的不同之处是动叶本身以圆周速度$\vec{u}$运动。只要把喷嘴的蒸汽参数换为动叶栅的相对参数，那么，有关喷嘴的结论都可以用在动叶上。因此，这里只需讨论蒸汽在动叶通道中流动的特殊问题。

设蒸汽在动叶通道内为等比熵流动，把动叶的相对参数等代入式（1.2.2），得动叶栅出口汽流的理想相对速度为

$$w_{2t} = \sqrt{2\Delta h_b + w_1^2} = \sqrt{2\Omega_m \Delta h_t^0 + w_1^2} = \sqrt{2\Delta h_b^0} \tag{1.2.38}$$

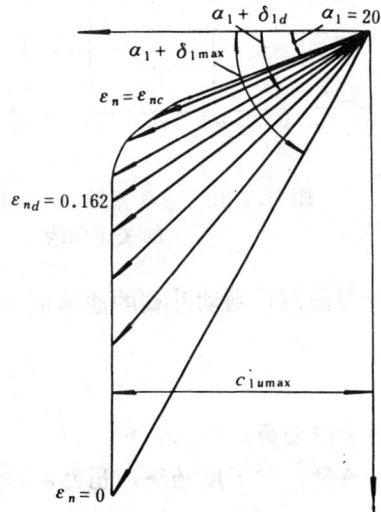

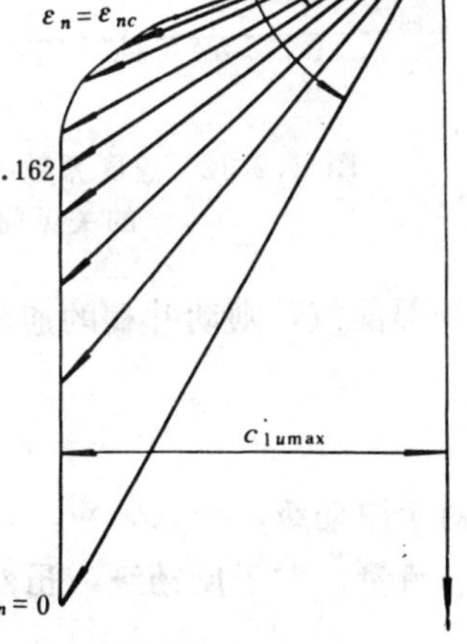

图 1.2.11 蒸汽在斜切部分等比熵膨胀时不同压比下的汽流速度和偏转角[17]

式中 Δh_b——动叶栅的理想比焓降，$\Delta h_b = h_1 - h_{2t} = \Omega_m \Delta h_t^0$，J/kg；

$\frac{w_1^2}{2}$——动叶栅进口处蒸汽相对进口速度的动能，J/kg；

Δh_b^0——动叶栅的滞止理想比焓降，$\Delta h_b^0 = \Delta h_b + \frac{w_1^2}{2}$，J/kg。

与喷嘴相似，用动叶速度系数 ψ 来计算动叶栅出口汽流的实际相对速度：

$$w_2 = \psi w_{2t} = \psi \sqrt{2\Delta h_b^0} \tag{1.2.39}$$

那么，动叶栅中的能量损失为

$$\delta h_b = \frac{w_{2t}^2}{2} - \frac{w_2^2}{2} = (1-\psi^2)\frac{w_{2t}^2}{2} = (1-\psi^2)\Delta h_b^0 \tag{1.2.40}$$

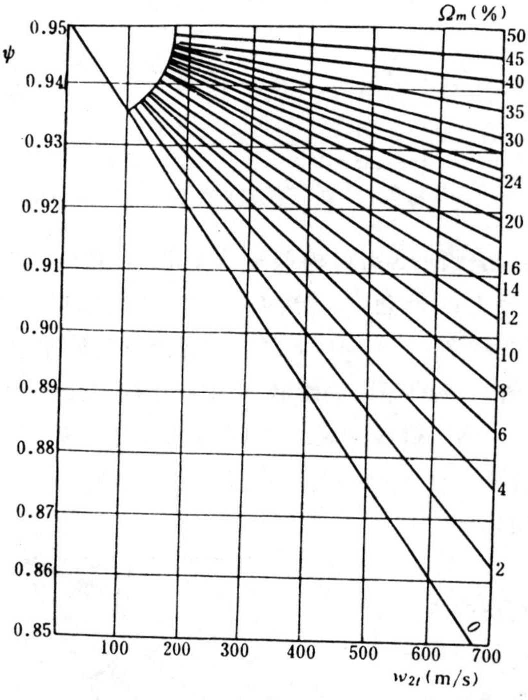

图 1.2.12 速度系数 ψ 与 Ω_m 和 w_{2t} 的关系曲线

反动级动叶叶型与喷嘴叶型相同，因此动叶损失和流动效率也与喷嘴基本相同，$\psi=\varphi$。对于冲动级，特别是反动度较小时，ψ 值显著低于 φ 值。与 φ 类似，ψ 也与许多因素有关，特别是叶高 l_b、相对速度 w_{2t} 和反动度 Ω_m 对 ψ 的影响最大。在叶高损失另行计算时，ψ 值可由图1.2.12中的曲线查得。ψ 值一般在0.85～0.95的范围内。

在冲动级中，与喷嘴汽流相比，动叶汽流的主要特点在于初速 w_1 虽然比喷嘴的初速 c_0 大许多，但它的膨胀程度比喷嘴小许多，因此汽流加速不多，即 w_2 比 w_1 增加较少。在反动级动叶中，$\Delta h_b = 0.5\Delta h_t$，$w_2$ 稍小于 $2w_1$。在纯冲动级中，因为 $\Delta h_b = 0$，且 $\psi<1$，所以 $w_2 < w_1$。因此，一般情况下动叶通道不需要用缩放形的。

若动叶根部不吸汽不漏汽，且忽略动叶顶部漏汽，则动叶栅的通流能力与喷嘴叶栅的通流能力相等，即

$$G_b = \frac{A_b \psi w_{2t}}{v_2} = G_n = \frac{A_n \varphi c_{1t}}{v_1} \tag{1.2.41}$$

对于冲动级，$\psi<\varphi$，$w_{2t}<c_{1t}$，$v_1<v_2$，所以式（1.2.41）表明 A_b 必须大于 A_n 才能通过同一流量。对于反动级，虽然 $\psi=\varphi$，$w_{2t}=c_{1t}$，但 $v_1<v_2$，所以 A_b 还是需要比 A_n 略大一些。

严格来说，动叶流量应由喷嘴流量扣除动叶顶部的漏汽量 ΔG_t，由于 ΔG_t 相对 G_b 来说较小，故简化计算时可忽略不计。

由动叶实际流量计算动叶出口面积时，要用到动叶流量系数μ_b，即

$$A_b=\frac{v_2G_b}{w_2}=\frac{v_{2t}v_2G_b}{v_{2t}\psi w_{2t}}=\frac{v_{2t}G_b}{\dfrac{v_{2t}}{v_2}\psi w_{2t}}=\frac{G_bv_{2t}}{\mu_b w_{2t}} \tag{1.2.42}$$

式中，$\mu_b=\psi\dfrac{v_{2t}}{v_2}$，称为动叶流量系数，由图1.2.6查得。

第三节　级的轮周功率和轮周效率

级的轮周功虽然是由蒸汽对动叶的冲动力和反动力作功而得到的，但动叶栅进口的高速汽流是通过流过喷嘴中蒸汽的热能转换得到的，所以，动叶栅发出的轮周功体现了全级的能量转换过程。衡量这个能量转换过程完善程度的指标是轮周效率。减小轮周损失、提高轮周效率，是提高级乃至汽轮机整体效率的基础。

一、蒸汽作用在动叶栅上的力和轮周功率

分析蒸汽在动叶栅内转换的机械功，关键是求得蒸汽作用在动叶栅上的力。

由图1.3.1可见，蒸汽通过动叶通道时，汽流相对速度圆周方向的分量由正方向的$w_1\cos\beta_1$变到反方向的 $w_2\cos\beta_2$，也就是动叶通道内汽流动量在圆周方向发生了变化。这种变化说明叶片对工质施加了作用力。动叶通道内汽流动量的变化等于汽道作用在该汽流上的冲量。设汽流通过动叶通道的时间为$\delta\tau$，质量为δm，动叶作用在汽流上的力为F'_u，则汽流在圆周正方向的动量方程为

$$\delta\tau F'_u=\delta m(w_{2u}-w_{1u})=\delta m(-w_2\cos\beta_2-w_1\cos\beta_1)$$

或

$$F'_u=\frac{\delta m}{\delta\tau}(-w_2\cos\beta_2-w_1\cos\beta_1)$$

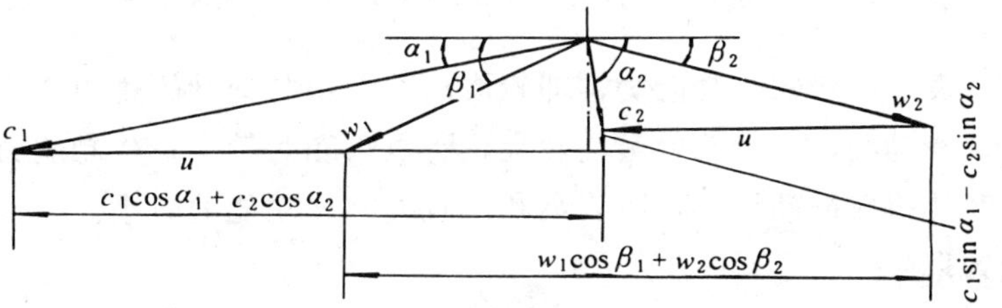

图 1.3.1　动叶栅中汽流速度的变化

根据作用力与反作用力的关系，汽流对动叶的作用力F_u为

$$F_u=-F'_u=\frac{\delta m}{\delta\tau}(w_1\cos\beta_1+w_2\cos\beta_2) \tag{1.3.1}$$

令G为单位时间内通过动叶通道的蒸汽量，则$\dfrac{\delta m}{\delta\tau}=G$。同时由速度三角形可见：$w_1\cos\beta_1=c_1\cos\alpha_1-u$；$w_2\cos\beta_2=c_2\cos\alpha_2+u$，所以轮周力亦可用下式表示：

$$F_u=G(w_1\cos\beta_1+w_2\cos\beta_2) \tag{1.3.2}$$

或 $$F_u = G(c_1\cos\alpha_1 + c_2\cos\alpha_2) \tag{1.3.3}$$

动叶前后的蒸汽静压差（$p_1 - p_2$）所形成的作用力F_p，其方向与轴向平行，所以在圆周方向的分力为零。因此，使动叶旋转作功的力就是汽流作用力在圆周方向的分量F_u。

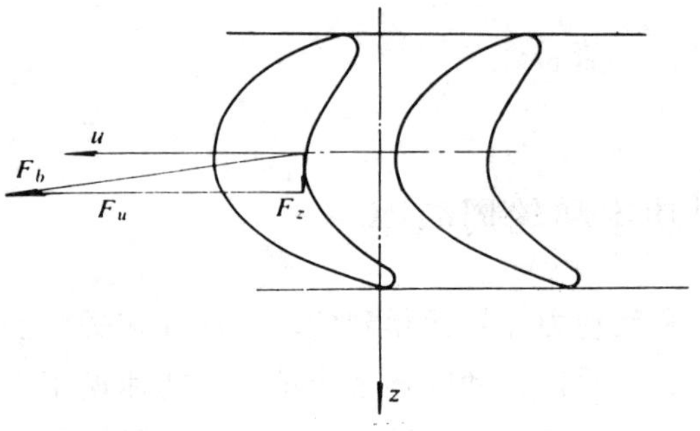

图 1.3.2 蒸汽对动叶的作用力

与此同时，汽流在轴向的动量变化（图1.3.1）也将对动叶产生一个轴向作用力$F_a = G(c_1\sin\alpha_1 - c_2\sin\alpha_2)$。可见，蒸汽对动叶的轴向作用力$F_z$是由汽流作用力的轴向分量$F_a$和蒸汽静压差作用力$F_p$两部分组成的。若以$A_z$表示全级动叶通道的轴向投影面积，则有

$$F_z = F_a + F_p = G(c_1\sin\alpha_1 - c_2\sin\alpha_2) + A_z(p_1 - p_2) \tag{1.3.4}$$

因此，蒸汽对动叶的总作用力F_b（图1.3.2）为

$$F_b = \sqrt{F_u^2 + F_z^2} \tag{1.3.5}$$

单位时间内蒸汽推动叶轮旋转所作出的机械功称为轮周功率。对于电站汽轮机，在稳定工况下动叶做匀速圆周运动，蒸汽作用力F_u推动一列动叶栅匀速转动所做出的轮周功率P_u为

$$\begin{aligned} P_u &= F_u u = Gu(w_1\cos\beta_1 + w_2\cos\beta_2) \\ &= Gu(c_1\cos\alpha_1 + c_2\cos\alpha_2) \end{aligned} \tag{1.3.6}$$

若用G通除式（1.3.6），则得到1kg蒸汽所产生的轮周功W_u，W_u等于级的轮周有效比焓降Δh_u，这可用类似于从式（1.3.10）到式（1.3.11）的推导中证明。

$$W_u = \frac{P_u}{G} = u(w_1\cos\beta_1 + w_2\cos\beta_2) = u(c_1\cos\alpha_1 + c_2\cos\alpha_2) \tag{1.3.7}$$

式（1.3.7）表示，级的作功能力，即轮周功的大小与动叶的进出汽流角β_1和β_2有关。一般来说，对于冲动级，由于动叶转折较大，所以β_1和β_2较小，作功能力较大；而对于反动级，由于动叶转折较冲动级小，所以β_1和β_2较大，作功能力较小。

二、轮周效率

1kg蒸汽所作出的轮周功W_u与蒸汽在该级所消耗的理想能量E_0之比称为级的轮周效率，以η_u表示，即

$$\eta_u = \frac{W_u}{E_0} \tag{1.3.8}$$

在多级汽轮机中，本级余速动能可被下一级部分或全部利用，其利用程度用余速利用系数μ来表示，μ_0表示本级利用上一级余速动能的份额，本级喷嘴进口的初速动能$\delta h_{c_0} = \mu_0(\delta h_{c_2})_{abv}$，$(\delta h_{c_2})_{abv}$是上一级的余速动能；$\mu_1$表示本级余速动能被下一级所利用的份额。考虑余速利用后，本级理想能量E_0应是本级滞止理想比焓降Δh_t^0减去被下一级利用的余速动能$\mu_1\delta h_{c_2}$，因为$\mu_1\delta h_{c_2}$成了下一级喷嘴的进口初速动能，并没有在本级消耗掉。如果不减

去$\mu_1\delta h_{c_2}$，那么$\mu_1\delta h_{c_2}$将既算在本级E_0内，又算在下级E_0内，这就重复了。因此

$$E_0=\delta h_{c_0}+\Delta h_t-\mu_1\delta h_{c_2}=\Delta h_t^0-\mu_1\delta h_{c_2} \tag{1.3.9}$$

当只考虑轮周损失，不考虑级内其它损失时，余速全被利用后的热力过程线如图1.3.3所示，其中2°点表示下级蒸汽进口的滞止状态。

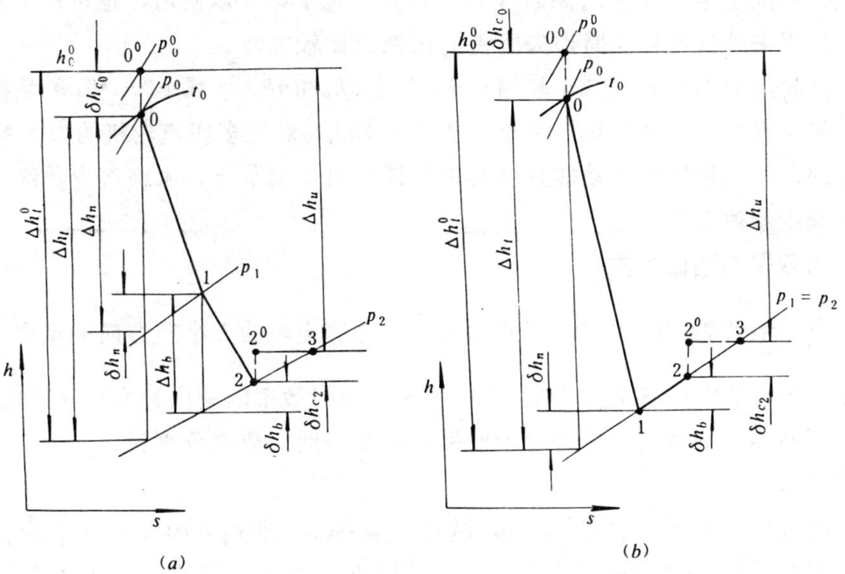

图 1.3.3　h-s图中汽轮机级的热力过程

（a）冲动级；（b）纯冲动级

若令$c_a=\sqrt{2\Delta h_t^0}$（c_a是假想Δh_t^0都在喷嘴中等比熵膨胀的速度，称为级的假想速度）[27]，则$\Delta h_t^0=c_a^2/2$，$E_0=c_a^2/2-\mu_1 c_2^2/2$，代入式（1.3.8），于是轮周效率可用汽流速度的形式表示为

$$\eta_u=\frac{u\,(c_1\cos\alpha_1+c_2\cos\alpha_2)}{(c_a^2-\mu_1 c_2^2)/2}=\frac{2u\,(c_1\cos\alpha_1+c_2\cos\alpha_2)}{c_a^2-\mu_1 c_2^2} \tag{1.3.10}$$

对动叶进出口速度三角形用余弦定律，上式分子变为

$$uc_1\cos\alpha_1+uc_2\cos\alpha_2=\frac{1}{2}(c_1^2+u^2-w_1^2)+\frac{1}{2}(w_2^2-c_2^2-u^2)$$

$$=\frac{c_1^2}{2}-\frac{w_1^2}{2}+\frac{w_2^2}{2}-\frac{c_2^2}{2}$$

$$=\frac{c_{1t}^2}{2}+\left(\frac{w_{2t}^2}{2}-\frac{w_1^2}{2}\right)-\left(\frac{c_{1t}^2}{2}-\frac{c_1^2}{2}\right)-\left(\frac{w_{2t}^2}{2}-\frac{w_2^2}{2}\right)-\frac{c_2^2}{2}$$

$$=\Delta h_n^0+\Delta h_b-\delta h_n-\delta h_b-\delta h_{c_2}=\Delta h_t^0-\delta h_n-\delta h_b-\delta h_{c_2}$$

代入式（1.3.10）可得以能量平衡的方式表示的轮周效率：

$$\eta_u=\frac{\Delta h_u}{E_0}=\frac{\Delta h_t^0-\delta h_n-\delta h_b-\delta h_{c_2}}{E_0} \tag{1.3.11}$$

或

$$\eta_u=(E_0-\mu_1\delta h_{c_2}-\delta h_n-\delta h_b-\delta h_{c_2})/E_0=1-\zeta_n-\zeta_b-(1-\mu_1)\zeta_{c_2} \tag{1.3.12}$$

式中，$\zeta_n=\frac{\delta h_n}{E_0}$，称为级的喷嘴损失系数；$\zeta_b=\frac{\delta h_b}{E_0}$，称为级的动叶损失系数；$\zeta_{c_2}=\frac{\delta h_{c_2}}{E_0}$，称为余速损失系数。

上面四个轮周效率表达式中，以速度形式表达的式（1.3.10）一般用来分析级的轮周效率和速比之间的关系。在级的热力计算中，几个式子都可以使用，也可用来互相校核。式（1.3.12）用来分析各种轮周损失所占的比例，比较方便。

为了提高轮周效率，必须减小轮周损失δh_n、δh_b和δh_{c_2}。减小δh_n和δh_b是提高流动效率的问题，将在本章第四节讨论。关于余速动能δh_{c_2}，对于多级汽轮机的大多数级，余速是可以利用的，被利用的余速动能并没有损失掉；对于调节级、末级等少数级，余速不能被利用，应减少余速损失。

三、轮周效率与速比的关系

令$x_1=\frac{u}{c_1}$，x_1称为速比。实践证明，速比x_1是决定c_2的大小和方向的重要参数，因而速比x_1对轮周效率的大小有重要影响。对应于最高轮周效率的速比称为最佳速比，以$(x_1)_{op}$表示。由于不同类型的级出现最大轮周效率的速比不同，故应分别讨论。

1. 纯冲动级

在纯冲动级中，由于反动度$\Omega_m=0$，所以$w_{2t}=w_1$，即$w_2=\psi w_{2t}=\psi w_1$，$c_a=c_{1t}$。假设不利用上一级余速，本级余速也不被下一级利用，$\mu_0=\mu_1=0$，于是式（1.3.10）可表示为

$$\eta_u=\frac{2u\,(c_1\cos\alpha_1+c_2\cos\alpha_2)}{c_{1t}^2}=\frac{2u\,(w_1\cos\beta_1+w_2\cos\beta_2)}{c_{1t}^2}$$

$$=\frac{2u}{c_{1t}^2}w_1\cos\beta_1\left(1+\psi\frac{\cos\beta_2}{\cos\beta_1}\right) \tag{1.3.13}$$

由速度三角形知$w_1\cos\beta_1=c_1\cos\alpha_1-u$；另外$c_1=\varphi c_{1t}$，$x_1=\frac{u}{c_1}$，将这些关系代入上式，整理后得

$$\eta_u=2\varphi^2x_1(\cos\alpha_1-x_1)\left(1+\psi\frac{\cos\beta_2}{\cos\beta_1}\right) \tag{1.3.14}$$

由式（1.3.14）可知，速度系数φ和ψ越大，轮周效率也就越高，因此应尽量改善叶栅的气动特性以提高速度系数φ和ψ。适当减小α_1和β_2也可以提高轮周效率，但过分减小α_1和β_2，由于汽道的弯曲程度增大，流动恶化，φ和ψ值便下降，反而使轮周效率降低。叶型一经选定，φ和ψ、α_1和β_2的数值亦基本确定，这样，轮周效率只随速比x_1的变化而变化。所以最佳速比可以通过对函数式（1.3.14）求极值的方法得到，即

$$\frac{\partial\eta_u}{\partial x_1}=2\varphi^2\left(1+\psi\frac{\cos\beta_2}{\cos\beta_1}\right)(\cos\alpha_1-2x_1)=0$$

由于$2\varphi^2\left(1+\psi\frac{\cos\beta_2}{\cos\beta_1}\right)\neq0$，所以只有$\cos\alpha_1-2x_1=0$，于是

$$(x_1)_{op}=\frac{\cos\alpha_1}{2} \tag{1.3.15}$$

将式（1.3.14）中η_u与x_1的关系画在图1.3.4中，得η_u-x_1曲线，称为轮周效率曲线。在其上方加画了轮周损失随x_1变化的曲线。由图可见，级的喷嘴损失系数ζ_n不随x_1变化；级的动叶损失系数ζ_b随x_1增大而减小；余速损失系数ζ_{c_2}变化最大。

设φ、ψ都一定。若级的理想滞止比焓降不变，对于纯冲动级来说也就是喷嘴滞止理想比焓降和c_1均不变，以改变圆周速度u达到改变速比x_1，则由式（1.2.7）可见，喷嘴损失δh_n不变，于是级的喷嘴损失系数ζ_n的分子、分母都不变，故ζ_n不变。纯冲级的$w_{2t}=w_1$，u增大使x_1增大时，由图1.3.5可见，w_1减小，由式（1.2.40）可知，δh_b减小，使级的动叶损失系数ζ_b随x_1增大而减小。在余速不被利用，即$\mu_1=0$的前提下，由式（1.3.12）可知，图1.3.4中曲线ab和η_u之间表示余速损失系数ζ_{c_2}，因为$\zeta_{c_2}=1-\eta_u-\zeta_n-\zeta_b$。由图1.3.4中可以看到，随$x_1$的变化，余速损失系数$\zeta_{c_2}$的变化最为剧烈，而且最大的轮周效率$\eta_u$是在余速损失最小时获得的。用速度三角形可以说明这点的物理意义。在纯冲动级中，$\beta_1=\beta_2$，设$\psi=1$，则$w_1=w_{2t}=w_2$，若c_1的大小和方向不变，改变速度三角形的圆周速度u，则可得到三种不同情况，如图1.3.5所示。显然，只有$\alpha_2=90°$，即轴向排汽时，c_2最小，亦即余速损失达最小值，$\alpha_2<90°$和$\alpha_2>90°$时c_2均较大。这样，从图1.3.5（b）中也可求得$c_1\cos\alpha_1=2u$，即$(x_1)_{op}=\frac{1}{2}\cos\alpha_1$。

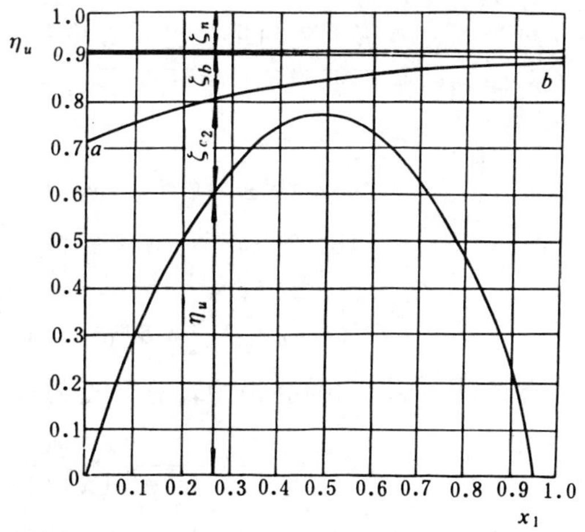

图 1.3.4　纯冲动级轮周效率曲线

用x_1表示速比，虽然物理意义比较明显，但在设计和实验研究中，c_1为未知量，且喷嘴与动叶之间的间隙很小，c_1不易测得。为了实用上的方便，常用$x_a=\frac{u}{c_a}$来代替x_1，$c_a=\sqrt{2\Delta h_t^0}$，是假想全级滞止理想比焓降都在喷嘴中等比熵膨胀的假想出口速度，因此x_a称为

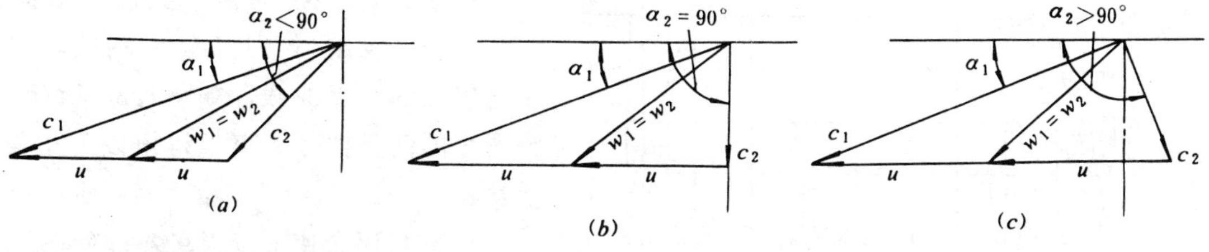

图 1.3.5　不同速比下纯冲动级的速度三角形

（a）$\alpha_2<90°$；（b）$\alpha_2=90°$；（c）$\alpha_2>90°$

假想速比[27]。用x_a代替x_1，仅仅引起数值上的变化，而对速比的物理意义并无本质上的影响。在数值上两者之间的关系为

$$x_a=\frac{u}{c_a}=\frac{u}{\sqrt{2\Delta h_t^0}}=\frac{u\varphi\sqrt{1-\Omega_m}}{\varphi\sqrt{1-\Omega_m}\sqrt{2\Delta h_t^0}}=x_1\varphi\sqrt{1-\Omega_m} \tag{1.3.16}$$

对于纯冲动级$\Omega_m=0$，则$x_a=\varphi x_1$，其最佳速比$(x_a)_{op}$为

$$(x_a)_{op}=\varphi(x_1)_{op}=\frac{\varphi\cos a_1}{2} \tag{1.3.17}$$

若$\varphi=0.97$，$a_1=11°\sim20°$，则$(x_a)_{op}=0.45\sim0.48$。

以上讨论的都是级后余速动能不能被利用的情况。如单级汽轮机、多级汽轮机的末级和调节级均属于此，但是，对多级汽轮机的其它各级，其余速动能可能全部或部分地被下一级利用，即$0<\mu_1\leqslant1$。在这种情况下，轮周效率和速比之间的关系也将发生变化。现以纯冲动级为例，分析余速利用对轮周效率和最佳速比的影响。

在纯冲动级中，$\beta_2=\beta_1$，又$c_1=\varphi c_{1t}=\varphi c_a$，$w_2=\psi w_1$，根据速度三角形有

$$c_2^2=c_{2z}^2+c_{2u}^2$$

$$c_{2z}=w_{2z}=\varphi w_{1z}=\psi c_1\sin a_1=\varphi\psi c_a\sin a_1$$

$$c_{2u}=w_{2u}-u=\psi w_{1u}-u=\psi(\varphi c_a\cos a_1-u)-u$$

于是

$$c_2^2=\varphi^2\psi^2c_a^2\sin^2a_1+[\varphi\psi c_a\cos a_1-u(1+\psi)]^2$$

$$=\varphi^2\psi^2c_a^2+u^2(1+\psi)^2-2uc_a\varphi\psi(1+\psi)\cos a_1$$

将上式代入式（1.3.10）分母中，分子变为式（1.3.14），整理后得

$$\eta_u=\frac{2x_a(\varphi\cos a_1-x_a)(1+\psi)}{1-\mu_1[\varphi^2\psi^2+x_a^2(1+\psi)^2-2x_a\varphi\psi(1+\psi)\cos a_1]} \tag{1.3.18}$$

为了求出余速被下一级利用时的最佳速比$(x_a)_{op}$，将式（1.3.18）对x_a求一阶偏导数，并令其等于零，即$\frac{\partial\eta_u}{\partial x_a}=0$，略去繁琐的求偏导数的计算过程，经整理后得

$$(x_a)_{op}=K-\sqrt{K(K-\varphi\cos a_1)} \tag{1.3.19}$$

其中
$$K=\frac{1-\mu_1\varphi^2\psi^2}{\mu_1\varphi(1-\psi^2)\cos a_1}$$

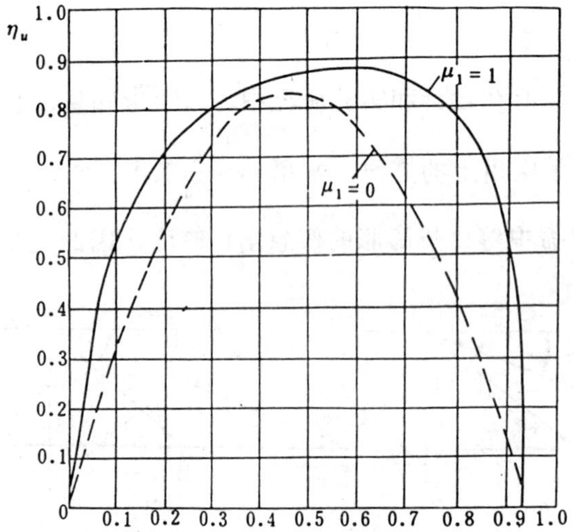

图 1.3.6 余速利用对轮周效率和最佳速比的影响

取φ、ψ、a_1为常用数值，根据式（1.3.18）绘出$\mu_1=1$和$\mu_1=0$时的轮周效率与速比的关系曲线，如图1.3.6所示。由此图中的两条曲线，可以得出以下几条重要结论：

1）利用余速可以提高级的轮周效率。在式（1.3.18）中，当φ、ψ、x_a、a_1取一般数值时，其分母小于1，说明$\mu_1=1$

比$\mu_1 = 0$时的轮周效率高。从轮周效率表达式（1.3.11）来看，在有效功Δh_u不变的情况下，余速利用使本级理想能量E_0减小了，所以轮周效率η_u提高了。基于这一点，在多级汽轮机设计时，总是尽量充分利用各级余速。

2）余速利用使速比x_a在实用范围内对轮周效率的影响减弱了，即图1.3.6中的曲线顶部有一个较大的平坦区。这是因为x_a对η_u的影响主要是通过对δh_{c_2}的影响表现出来的，x_a偏离最佳值后，余速损失增加，致使轮周效率下降。现在，既然余速被利用了，x_a对η_u的影响也就自然减弱了。所以可以利用余速时，不一定要求各级的α_2接近90°。当α_2偏向小于90°的方向时，可以增加级的有效功。

根据轮周效率曲线顶部比较平坦的特点，在汽轮机的设计中，稍微降低一点效率便可较大地降低速比x_a，在级的直径（即u）一定时，降低x_a将使c_a和Δh_t^0增大，使级的作功能力增加。

3）余速利用使$(x_a)_{op}$相对于余速不利用时增大了。计算表明，当$\varphi = 0.96$、$\psi = 0.90$及$\alpha_1 = 14°$时，对于$\mu_1 = 1$的纯冲动级，$(x_a)_{op} = 0.585$；同样条件下，$\mu_1 = 0$时，$(x_a)_{op} = 0.466$。

4）余速利用使轮周效率曲线失去了相对于最高效率点的基本对称性，η_u的最大值偏向于x_a大的一侧。这是因为三项轮周损失中，喷嘴损失不随x_a变化，余速又被利用，故这时的效率曲线主要取决于动叶损失随x_a的变化规律。

2. 反动级

在反动级中，喷嘴和动叶中的理想比焓降相等，$\Delta h_n = \Delta h_b = 0.5\Delta h_t$，所以，其反动度的实际数值为

$$\Omega_m = \frac{\Delta h_b}{\Delta h_t^0} = \frac{\Delta h_b}{\Delta h_t}\ \frac{\Delta h_t}{\Delta h_t^0} = 0.5\frac{\Delta h_t}{\Delta h_t^0} \qquad (1.3.20)$$

式中，Δh_t、Δh_t^0是级的理想比焓降与滞止理想比焓降。由于反动级的余速一般是被全部利用的，$\mu_0 = \mu_1 = 1$，则$\Delta h_t^0 > \Delta h_t$，所以反动级的反动度$\Omega_m$通常略小于0.5。

由于反动级中静叶和动叶的理想比焓降相等，$\Delta h_n = \Delta h_b$，所以蒸汽在静、动叶中的流动情况基本相同。为了简化叶片制造工艺，静叶和动叶采用同一叶型，如图1.3.7（a）所示。这样的静叶片和动叶片互称镜面映射叶片，静动叶速度系数和汽流角相同，即$\varphi = \psi$，$\alpha_1 = \beta_2$。如果$c_0 = w_1$，则由$c_1 = \varphi\sqrt{2\Delta h_n + c_0^2}$和$w_2 = \psi\sqrt{2\Delta h_b + w_1^2}$，得$c_1 = w_2$（由于$\Delta h_b = \Delta h_n$，即使$c_0$与$w_1$不完全相等，也

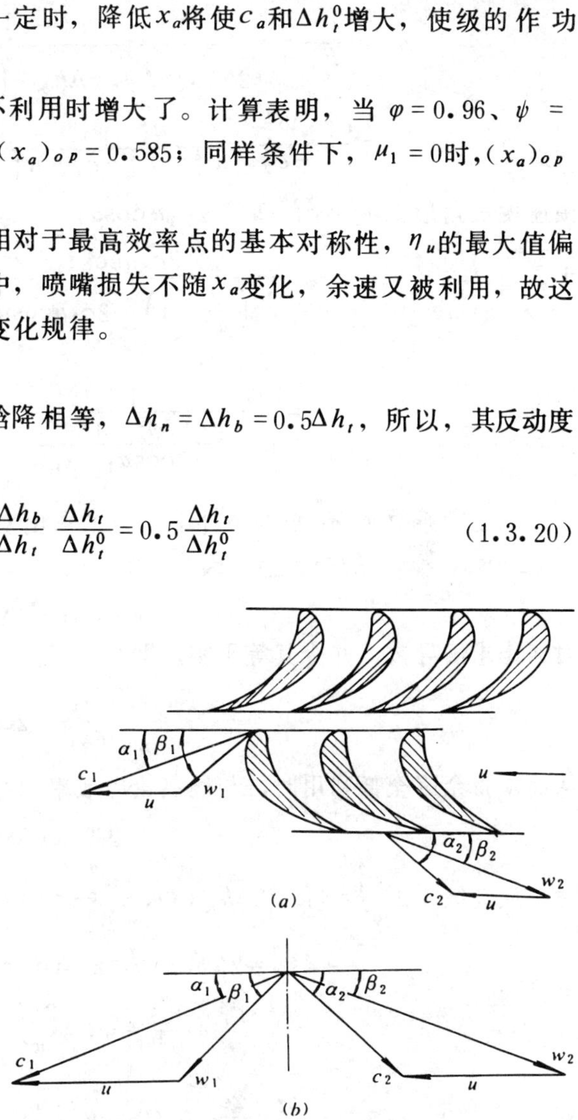

图 1.3.7 反动级的叶栅汽道与速度三角形

（a）叶栅汽道；（b）速度三角形

会使$c_1 \approx w_2$）,加上动叶进出口速度三角形中的u相等，那么两速度三角形全等,于是$\beta_1 = \alpha_2$，$c_2 = w_1$。然而,$c_0 = w_1$能否成立呢?因为相邻两级的平均直径和速比一般变化很小，相邻两级的理想比焓降基本相等，且相邻两级的叶型一般变化不大或完全一样，所以相邻两级的余速c_2基本相等。而余速利用系数$\mu_0 = \mu_1 = 1$，因此,本级的$\Delta h_{c_0} = \mu_0 (\delta h_{c_2})_{abb}$等于本级余速动能$\delta h_{c_2}$，那么，$c_0 = c_2 = w_1$基本上是能够成立的，从而得到$c_1 = w_2$、$\beta_1 = \alpha_2$、$c_2 = w_1$关系,动叶进出口速度三角形完全对称，见图1.3.7（b）。

现在用解析法求反动级的轮周效率η_u与速比的关系。考虑到反动级中$\alpha_1 = \beta_2$、$w_2 = c_1$、$\varphi = \psi$、$w_1 = c_2$，$\mu_1 = 1$，且$w_u = \Delta h_t^0 - \delta h_n - \delta h_b - \delta h_{c_2} = (\Delta h_n^0 - \delta h_n) + (\Delta h_b^0 - \delta h_b) - 2\delta h_{c_2} = c_1^2/2 + w_2^2/2 - c_2^2 = c_1^2/2 + c_1^2/2 - c_2^2 c_1^2 - c_2^2$，则

$$\eta_u = \frac{w_u}{E_0} = \frac{c_1^2 - c_2^2}{(2\Delta h_{c_0} + \Delta h_n + \Delta h_b) - \left(\mu_1 \dfrac{c_2^2}{2} + \dfrac{c_0^2}{2}\right)} = \frac{c_1^2 - c_2^2}{2h_n^0 - 2\dfrac{c_2^2}{2}}$$

$$= \frac{c_1^2 - w_1^2}{c_{1t}^2 - c_2^2} = \frac{c_1^2 - w_1^2}{c_{1t}^2 - c_1^2 + c_1^2 - w_1^2}$$

由速度三角形知$w_1^2 = c_1^2 + u^2 - 2c_1 u\cos\alpha_1$

于是
$$\eta_u = \frac{2c_1 u\cos\alpha_1 - u^2}{c_1^2\left(\dfrac{1}{\varphi^2} - 1\right) + 2c_1 u\cos\alpha_1 - u^2} = \frac{x_1(2\cos\alpha_1 - x_1)}{\left(\dfrac{1}{\varphi^2} - 1\right) + x_1(2\cos\alpha_1 - x_1)}$$

$$= \frac{1}{1 + \dfrac{1/\varphi^2 - 1}{x_1(2\cos\alpha_1 - x_1)}} \tag{1.3.21}$$

在速度系数φ不变的条件下，为了求出对应最高轮周效率的最佳速比，只需求出$x_1(2\cos\alpha_1 - x_1)$的极大值，因此令

$$y = x_1(2\cos\alpha_1 - x_1)$$

对速比求偏导数，并令其等于零，即

$$\frac{\partial y}{\partial x_1} = 2\cos\alpha_1 - 2x_1 = 0$$

从而求得余速全部利用时，与最高轮周效率相对应的反动级的最佳速比$(x_1)_{op}$为

$$(x_1)_{op} = \cos\alpha_1 \tag{1.3.22}$$

对于反动级，因$\dfrac{c_1^2}{\varphi^2} = c_{1t}^2 = 2\Delta h_n + c_0^2$，$\dfrac{w_2^2}{\psi^2} = 2\Delta h_b + w_1^2$，且$\Delta h_n = \Delta h_b$，$c_0 = w_1$，所以

$$c_a^2 = 2\Delta h_t + c_0^2 = 2(\Delta h_n + \Delta h_b) + c_0^2$$

$$= \frac{c_1^2}{\varphi^2} + \frac{w_2^2}{\psi^2} - w_1^2 = \frac{2c_1^2}{\varphi^2} - w_1^2$$

即
$$c_a^2 = \frac{2c_1^2}{\varphi^2} - (c_1^2 + u^2 - 2c_1 u\cos\alpha_1)$$

$$= c_1^2\left[x_1(2\cos\alpha_1 - x_1) + \frac{2}{\varphi^2} - 1\right] \tag{1.3.23}$$

这样就可建立反动级的假想速比x_a与速比x_1的关系：

$$x_a=\frac{x_1}{\sqrt{x_1(2\cos\alpha_1-x_1)+\frac{2}{\varphi^2}-1}} \tag{1.3.24}$$

将式（1.3.22）代入式（1.3.24），即得（x_a）$_{op}$的表达式：

$$(x_a)_{op}=\frac{\cos\alpha_1}{\sqrt{\cos^2\alpha_1+\frac{2}{\varphi^2}-1}} \tag{1.3.25}$$

反动级的轮周效率与速比的关系表示在图1.3.8上。图中曲线 $\eta_u=f(x_1)$ 是根据式（1.3.21）绘制的，其中$\alpha_1=20°$，$\varphi=\psi=0.93$，依此求得（x_a）$_{op}=0.635$，（x_1）$_{op}=0.94$。由图可知，反动级的轮周效率在最大值附近变化比较平稳，所以速比在一定范围内偏离最佳值，不会引起效率的明显下降，这是余速能够利用的级的共有特点。此外，反动级的最佳速比要较冲动级的大，所以圆周速度相同时，反动级所能承担的比焓降，亦即它的做功能力比冲动级小。因此，当圆周速度和初终参数相同时，反动式汽轮机的级数要比冲动式的多些。

图1.3.8中的$x_a=f'(x_1)$曲线是以式（1.3.24）的关系画出的，它的横坐标是x_1。

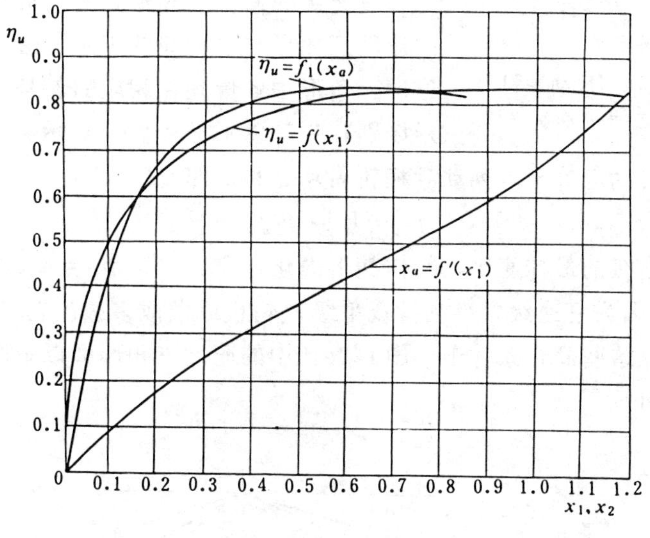

图 1.3.8　反动级轮周效率与速比x_1和x_a的关系

3.冲动级

冲动级的反动度一般在0.05～0.30之间，对于余速可被利用的冲动级，根据速度三角形和这种级的特点，由式（1.3.10）可推导出它的轮周效率的表达式：

$$\eta_u=\frac{2x_a(\varphi\sqrt{1-\Omega_m}\cos\alpha_1+\psi\Phi\cos\beta_2-x_a)}{1-\mu_1(\psi^2\Phi^2-2x_a\psi\Phi\cos\beta_2+x_a^2)} \tag{1.3.26}$$

其中 $\Phi=w_{2t}/c_a=\sqrt{\Omega_m+\varphi^2(1-\Omega_m)+x_a^2-2\varphi x_a\sqrt{1-\Omega_m}\cos\alpha_1}$

由式（1.3.26）可见，如果 φ、ψ、α_1、β_2、μ_1取为定值，则η_u是x_a和Ω_m的函数，给定一个Ω_m值就可画出一条$\eta_u = f(x_a)$的曲线。由前面的讨论可以肯定，若这种冲动级的反动度由 0 变至接近0.5，则最佳速比 $(x_a)_{op}$只能在0.585～0.635［$(x_1)_{op}$在0.61～0.94］的范围内变动　图1.3.9给出了一定的φ、ψ和α_1时的最佳速比$(x_1)_{op}$与反动度Ω_m和余速利用系数μ_1之间的关系曲线。当 φ、ψ、α_1为其它数值时，其曲线规律仍不变。由图可见，冲动级的最佳速比和反动度同向变化，且与余速的利用程度有关，余速利用系数越小，最佳速比随反动度而变化的程度越大。

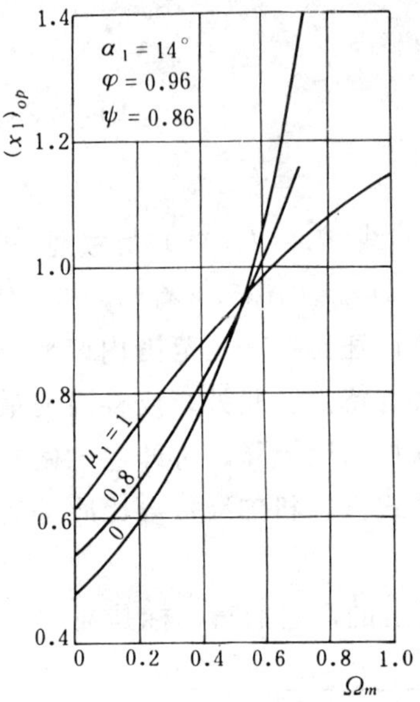

图 1.3.9　最佳速比与反动度和余速利用系数之间的关系

对于余速不能被利用的冲动级，即$\mu_1 = 0$，由式（1.3.26）可以方便地得出其轮周效率的表达式：

$$\eta_u = 2x_a(\varphi\sqrt{1-\Omega_m}\ \cos\alpha_1 + \psi\Phi\cos\beta_2 - x_a) \tag{1.3.27}$$

由图1.3.9可以看出，这时最佳速比随反动度的增加而增大的程度最剧烈。

四、复速级

复速级的速度三角形如图1.3.10所示。第一列动叶的速度三角形与单列级的表示方法一样；第二列动叶的速度三角形中各量均在相应的符号上加一上标“′”，以示区别；导叶以下标“gb”表示。

复速级的轮周功应等于两列动叶栅轮周功之和，即

$$W_u = W_u^{\mathrm{I}} + W_u^{\mathrm{II}} \tag{1.3.28}$$

为了分析复速级的最佳速比，特作如下简化：$\Omega_m = 0$，$\beta_1 = \beta_2$，$\alpha_2 = \alpha_1'$，$\beta_1' = \beta_2'$，$\psi = \psi_{gb} = \psi' = 1$。因为复速级常单独做成单级汽轮机或做成多级汽轮机的调节级，故余速利用系数$\mu_1 = 0$。在这些简化条件下，图1.3.10中的速度三角形可以画成图1.3.11所示的形式。由图可以看出：

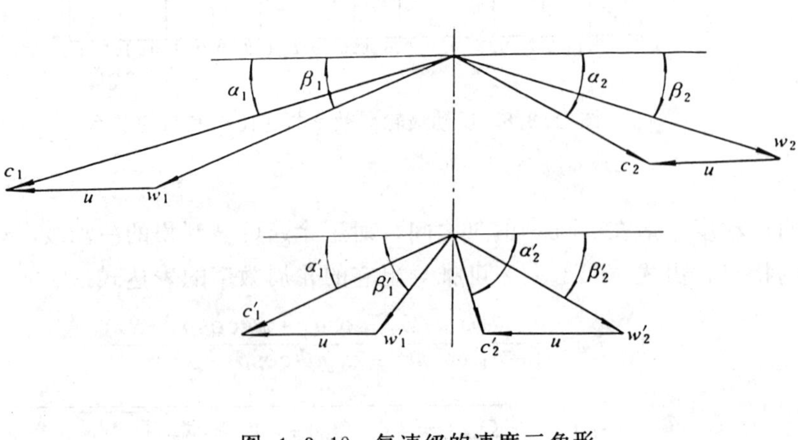

图 1.3.10　复速级的速度三角形

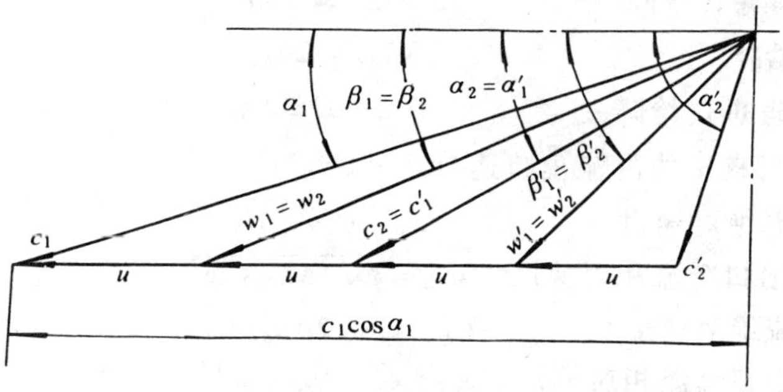

图 1.3.11 简化的复速级速度三角形

$$c_2\cos\alpha_2=c_1\cos\alpha_1-2u$$

$$c'_1\cos\alpha'_1=c_1\cos\alpha_1-2u$$

$$c'_2\cos\alpha'_2=c_1\cos\alpha_1-4u$$

于是

$$W_u=4u\,(c_1\cos\alpha_1-2u) \tag{1.3.29}$$

根据轮周效率的定义，得

$$\eta_u=\frac{W_u}{E_0}=\frac{8u\,(c_1\cos\alpha_1-2u)}{c_{1t}^2}=8\varphi^2x_1\,(\cos\alpha_1-2x_1) \tag{1.3.30}$$

或

$$\eta_u=8x_a(\varphi\cos\alpha_1-2x_a) \tag{1.3.31}$$

对x_1求一阶偏导数，并令其等于零，则可得

$$\frac{\partial\eta_u}{\partial x_1}=8\varphi^2\,(\cos\alpha_1-4x_1)=0$$

于是

$$(x_1)_{op}=\frac{1}{4}\cos\alpha_1 \tag{1.3.32}$$

同理

$$(x_a)_{op}=\frac{1}{4}\varphi\cos\alpha_1 \tag{1.3.32a}$$

从图1.3.11中也可以看出，当$(x_1)_{op}=\frac{1}{4}\cos\alpha_1$，即$c_1\cos\alpha_1=4u$时，第二列动叶排汽速度$c'_2$的方向等于90°，即轴向排汽，此时复速级的余速损失最小。

上面讨论了轮周功和最佳速比。下面讨论复速级的流动损失和轮周效率的计算。为了改善叶栅通道中的流动状况，在复速级的动叶和导叶中都采用了少量的反动度，以提高复速级的效率，但因复速级一般都处于部分进汽状态，过大的反动度会明显地增加级的漏汽损失，故反动度的选择必须适当，其关系曲线如图 1.3.12所示，图上三个数表示第一列动叶、导叶、第二列动叶的Ω_m。

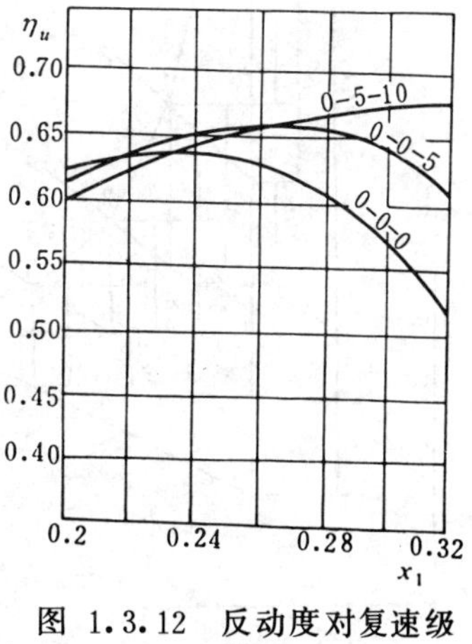

图 1.3.12 反动度对复速级效率的影响

根据选择的反动度,可求得各列叶栅内的理想比焓降：

喷嘴理想比焓降

$$\Delta h_n=(1-\Omega_m-\Omega_{gb}-\Omega'_m)\Delta h_t \tag{1.3.33}$$

第一列动叶理想比焓降 $\Delta h_b = \Omega_m \Delta h_t$ （1.3.34）

导叶理想比焓降 $\Delta h_{gb} = \Omega_{gb} \Delta h_t$ （1.3.35）

第二列动叶理想比焓降 $\Delta h'_b = \Omega'_m \Delta h_t$ （1.3.36）

从而可求得各列叶栅中的汽流出口速度：

喷嘴出口汽流绝对速度 $c_1 = \varphi \sqrt{2\Delta h_n}$ （1.3.37）

第一列动叶出口汽流相对速度 $w_2 = \psi \sqrt{2\Delta h_b + w^2}$ （1.3.38）

导叶出口汽流绝对速度 $c'_1 = \psi_{gb} \sqrt{2\Delta h_{gb} + c_2^2}$ （1.3.39）

第二列动叶出口汽流相对速度 $w_2 = \psi' \sqrt{2h'_b + w'^2_1}$ （1.3.40）

这样，即可画出复速级的速度三角形。根据速度三角形便可计算各列叶栅中的能量损失：

喷嘴损失 $\delta h_n = \frac{c_1^2}{2}\left(\frac{1}{\varphi^2} - 1\right)$ （1.3.41）

第一列动叶损失 $\delta h_b = \frac{w_2^2}{2}\left(\frac{1}{\psi^2} - 1\right)$ （1.3.42）

导叶损失 $\delta h_{gb} = \frac{c_1'^2}{2}\left(\frac{1}{\psi_{gb}^2} - 1\right)$ （1.3.43）

第二列动叶损失 $\delta h'_b = \frac{w_2'^2}{2}\left(\frac{1}{\psi'^2} - 1\right)$ （1.3.44）

余速损失 $\delta h_{c_2} = \frac{c_2'^2}{2}$ （1.3.45）

式中，ψ_{gb}与ψ'分别为导叶和第二列动叶的速度系数，它们的数值与动叶速度系数ψ一样，可从图1.2.12中查得。

按照等比熵比焓降和损失，在$h-s$图上绘得复速级的热力过程线，如图1.3.13所示。由图可知，复速级的轮周有效比焓降Δh_u和轮周效率η_u分别是

$$\Delta h_u = \Delta h_t - \delta h_n - \delta h_b - \delta h_{gb} - \delta h'_b - \delta h_{c_2}$$ （1.3.46）

$$\eta_u = \frac{\Delta h_u}{\Delta h_t}$$ （1.3.47）

或 $$\eta_u = 1 - \zeta_n - \zeta_b - \zeta_{gb} - \zeta'_b - \zeta_{c_2}$$ （1.3.48）

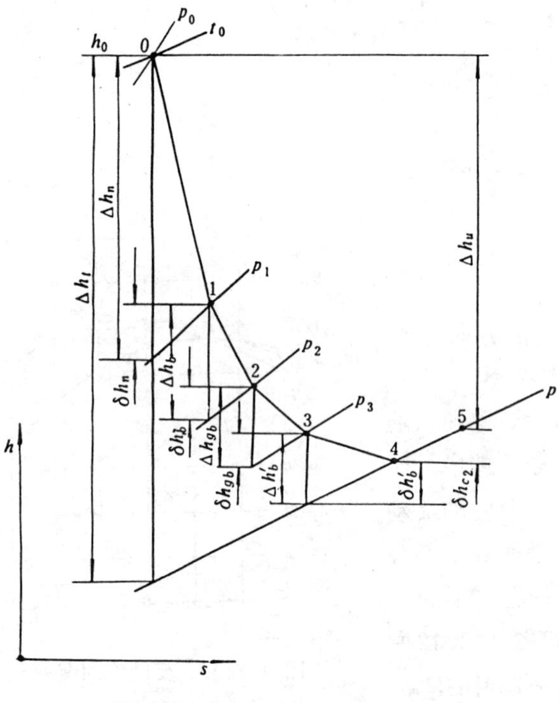

图 1.3.13 具有反动度的复速级的热力过程线

式中，$\zeta_{gb} = \frac{\delta h_{gb}}{\Delta h_t}$，称为导叶损失系

数；$\zeta'_b=\dfrac{\delta h'_b}{\Delta h_t}$，称为第二列动叶损失系数。

当考虑各列叶栅的能量损失后，纯冲动式复速级的轮周效率与速比的关系曲线如图1.3.14所示。为了便于比较，图中也作出了单列纯冲动级轮周效率与速比的关系曲线bb'。

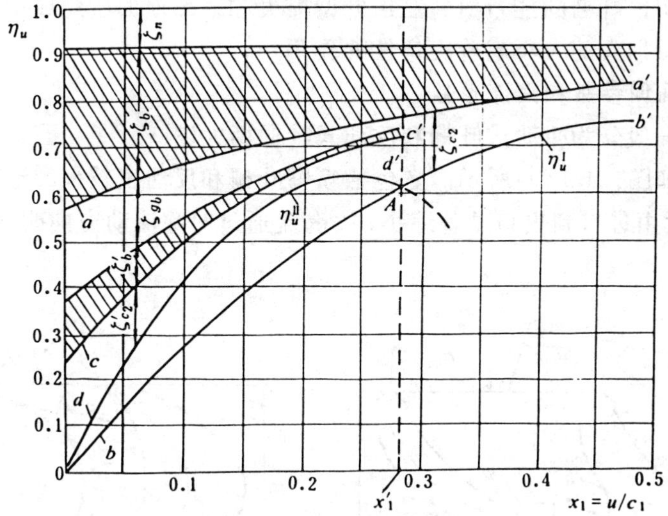

图 1.3.14 单列级与复速级的η_u-x_1关系曲线

从图中可以看出：当速比x_1小于η_u^{I}与η_u^{II}交点A的横坐标x'_1时，采用复速级才有可能提高效率。因为当复速级速比x_1大于x'_1，即偏离复速级的$(x_1)_{op}$较远时，复速级第二列动叶的余速损失较大，故复速级的轮周效率小于单列级的轮周效率。当复速级的速比x_1小于x'_1，特别是在复速级的$(x_1)_{op}$附近时，x_1偏离单列级的$(x_1)_{op}$较远，单列级的动叶（即复速级的第一列动叶）余速c_2较大，这时，采用复速级，即让这个余速c_2在第二列动叶中作功，效率较高。但是，在各自的最佳速比下，复速级的轮周效率一定比单列级的轮周效率低得多，因为它不但增加了导叶和第二列动叶中的能量损失。而且使第一列动叶中的损失增大。复速级的优点是，在圆周速度相同时，能承担比单列级大得多的理想比焓降，故采用复速级能使汽轮机的级数减少，结构紧凑；当它作为多级汽轮机的调节级时，蒸汽压力、温度在这一级下降较多，缩小了汽轮机在高温高压蒸汽下工作的区域，不仅能节省高温材料、降低制造成本，而且有利于改善汽轮机的变工况性能。

第四节 叶栅的气动特性

在蒸汽热能转变为轮周功的过程中，存在着喷嘴损失、动叶损失和余速损失。前面已讨论了余速损失对轮周效率的影响，本节主要讨论流动损失，即讨论喷嘴损失和动叶损失产生的物理原因及影响因素，从而指明减少损失提高流动效率的途径。

汽轮机叶栅的气动特性一般是在风洞里用平面叶栅由空气吹风试验获得的。叶栅吹风试验是以二元流动为基础并考虑了三元流动的特征进行的。经验证明，实验数据用于叶栅的设计计算和分析能够获得满意的结果。

叶栅试验通常是在各项参数变动相当大的条件下进行的，因此所得的结果不但是叶栅的设计工况特性，而且包括了其变工况特性。从试验结果可以看到叶栅中各项损失在不同工况下的变化趋势和定量关系，这有助于分析级在变工况下的工作特性。

大量试验表明，叶栅的能量损失是由叶型损失和端部损失所组成的。叶栅的几何参数和汽流参数对能量损失的大小起着决定性的作用。

一、叶栅的几何参数和汽流参数

汽轮机叶栅一般分为冲动式叶栅和反动式叶栅两大类：

反动式叶栅如图1.4.1(*a*)所示，它包括喷嘴叶栅和反动度较大的动叶栅。叶栅前后有静压差，汽道宽度由进口到出口显著缩小，故汽流通过时除流动方向改变外还有加速。

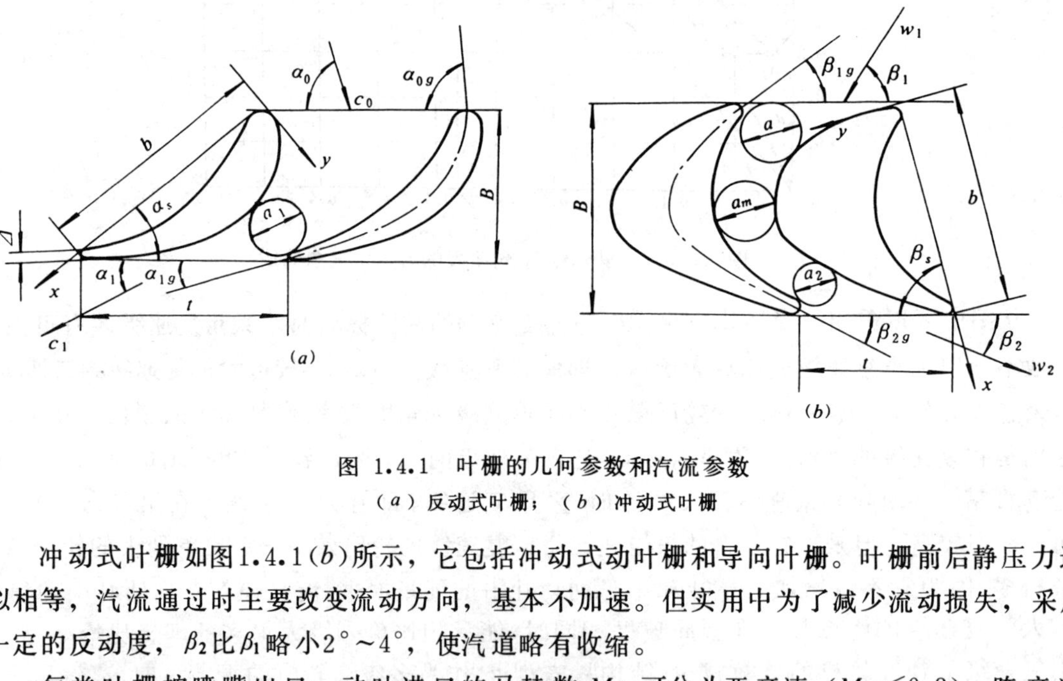

图 1.4.1 叶栅的几何参数和汽流参数

(*a*) 反动式叶栅；(*b*) 冲动式叶栅

冲动式叶栅如图1.4.1(*b*)所示，它包括冲动式动叶栅和导向叶栅。叶栅前后静压力近似相等，汽流通过时主要改变流动方向，基本不加速。但实用中为了减少流动损失，采用一定的反动度，β_2比β_1略小2°～4°，使汽道略有收缩。

每类叶栅按喷嘴出口、动叶进口的马赫数 *Ma* 可分为亚音速（$Ma<0.8$）、跨音速（$0.8 \leqslant Ma \leqslant 1.2$）和超音速（$Ma>1.2$）叶栅。

表征叶栅的主要几何参数（图1.4.1）有：平均直径d_m、叶片高度l、叶栅节距t、叶栅宽度B、叶栅通道进口宽度a和出口宽度a_1与a_2、叶型弦长b和出口边厚度Δ。

由于在同样的进出口参数条件下，几何相似的叶栅中汽流保持近似相同的特性，所以决定叶栅几何形状的参数都可以用一些无因次的相对值来表示：相对节距$\bar{t}=t/b$；相对高度$\bar{l}=l/b$；相对长度（径高比）$\theta=d/l$。

叶栅的安装角用α_s和β_s表示，它是叶栅额线与叶弦之间的夹角，它们在相当大的程度上影响着α_1和β_2的实际数值，所以安装角也是一个重要的几何参数。

叶栅的中弧线在前缘点的切线与叶栅前额线的夹角叫做叶型的几何进口角，用α_{0g}和

β_{1g}表示，它们只随安装角不同而改变，与汽流无关。叶型几何进口角与汽流进口角之差称为汽流冲角，用θ表示，即 $\theta_0=\alpha_{0g}-\alpha_0$，$\theta_1=\beta_{1g}-\beta_1$。当叶型几何进口角大于汽流角时，称为正冲角，反之称为负冲角。同理，叶型几何出口角用α_{1g}和β_{2g}表示。

此外，影响叶栅工作特性的还有叶栅进口汽流的绝对速度和相对速度，喷嘴叶栅和动叶栅的压比、汽流马赫数、汽流雷诺数以及速比等汽流参数。

二、叶型损失

叶型损失是指平面气流绕流叶栅时产生的能量损失。用叶栅吹风试验所得到的叶栅压力分布曲线可以用来分析叶栅轮周力的来源和叶型损失的机理。图1.4.2和图1.4.3是反动式叶栅和冲动式叶栅在一定的相对节距和进口条件下的叶栅压力分布曲线。图中纵坐标$\overline{p}$表示压力系数，其定义为

$$\overline{p}=\frac{p_i-p_1}{\frac{\rho_{1t}c_{1t}^2}{2}} \tag{1.4.1}$$

式中，p_i表示叶栅上某点的静压力；p_1、ρ_{1t}和c_{1t}分别为叶栅后汽流的静压、理想密度和理想速度。因为$\frac{\rho_{1t}c_{1t}^2}{2}$是与叶栅总压差（$p_0^0-p_1$）相对应的叶栅出口动能（单位为J/m³），故压力系数$\overline{p}$表示测点处压差（p_i-p_1）在总压差（$p_0^0-p_1$）中所占的份额。

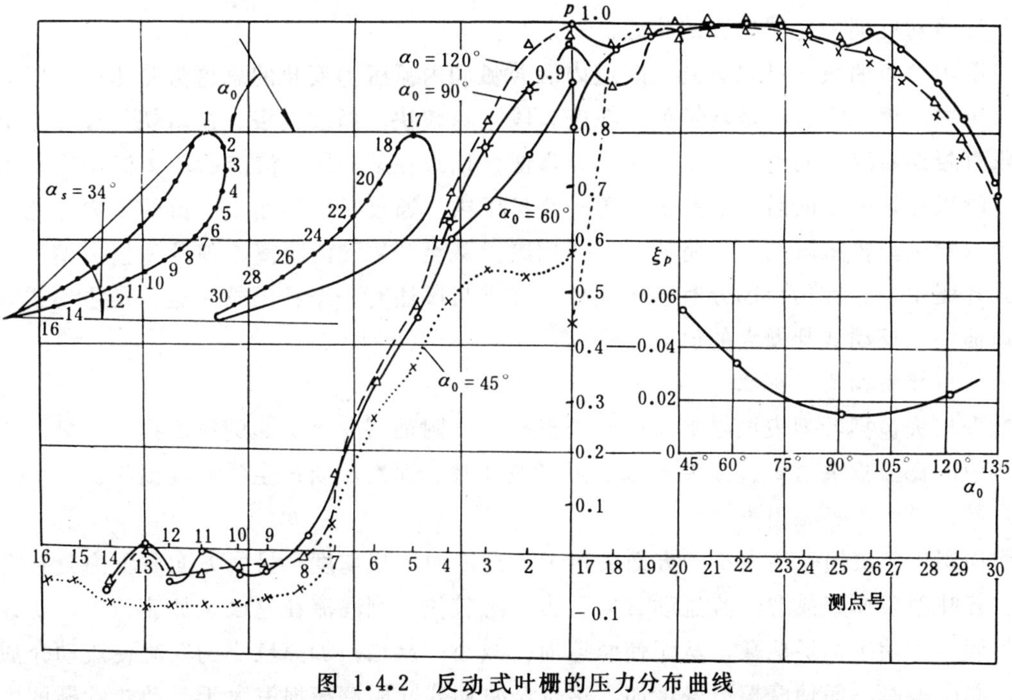

图 1.4.2 反动式叶栅的压力分布曲线

从上面两图可见，无论是反动式叶栅还是冲动式叶栅，叶栅汽道内的压力分布都是不均匀的。在垂直于汽流方向的任一截面上，叶栅内弧的压力总是大于背弧的压力。就是说，在叶栅通道中，从一个叶片的背面到相邻叶片的腹面上相应点有一个横向压力梯度。腹面上之所以有较高的压力，乃是由于汽流绕叶栅背弧的曲线运动所产生的离心力所致的，这

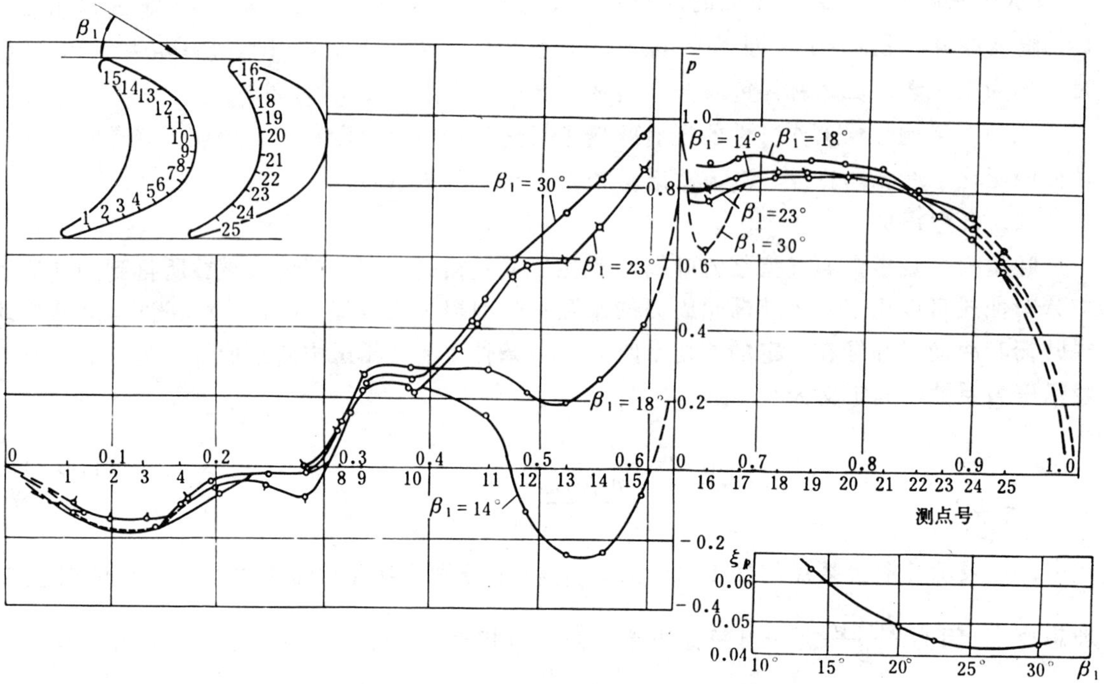

图 1.4.3　冲动式叶栅的压力分布曲线

也就是汽流对叶栅的轮周推力的来源。

从压力分布曲线还可以看到，汽道内沿背弧和内弧压力变化的总趋势是由进口压力降到出口压力，但压降并不是均匀的。在进口段下降较快，而后放慢。在斜切部分背弧上，由于没有腹面对汽流的约束，压力又迅速降低，以致在某一段内汽流的压力低于出口处的压力，所以在这一段的后面必然跟随着一个扩压段。通过扩压作用，汽流的压力才能回升到叶栅后背压。扩压段的出现将使附面层增厚，甚至产生汽流脱离，使叶型损失增加。在冲动式叶栅中，除在出口部分有扩压段外，在进口段还有一个扩压段，这也是冲动式叶栅的流动损失比反动式叶栅大的原因之一。

（一）叶型损失的机理

叶型损失包括叶型表面附面层中的摩擦损失，附面层脱离引起的涡流损失，叶片出口边尾迹中的涡流损失（尾迹损失）以及近音速和超音速汽流所产生的冲波损失。

1.附面层中的摩擦损失

附面层中摩擦损失的大小一方面决定于叶栅表面的粗糙度；另一方面与压力分布密切相关。若叶型表面某段沿汽流流动方向压力降落较快，则汽流在这段上加速较大，加速汽流总是倾向于使附面层减薄，从而使摩擦损失减小；反之，加速较小的汽流使流动介质堆积，附面层增厚，而使摩擦损失增加，这也是冲动式叶栅摩擦损失大于反动式叶栅的主要原因之一。冲动式叶栅取$\beta_2<\beta_1$正是为了减小这种不利影响。

2.附面层脱离引起的涡流损失

当汽流加速度降至零以致变为减速时，如在扩压段中那样，附面层就会迅速增厚而产生涡流，使摩擦损失急剧增大。图1.4.4(a)示意地表示反动式叶栅中叶型表面附面层的分布。将它与图1.4.2中的曲线对照，就可以看出附面层厚度的变化与压力曲线形状之间的大致对应关系。图1.4.4(b)表示当叶栅出口背面上的附面层由于扩压作用强烈而过分增厚以致脱离背面时所产生的涡流。

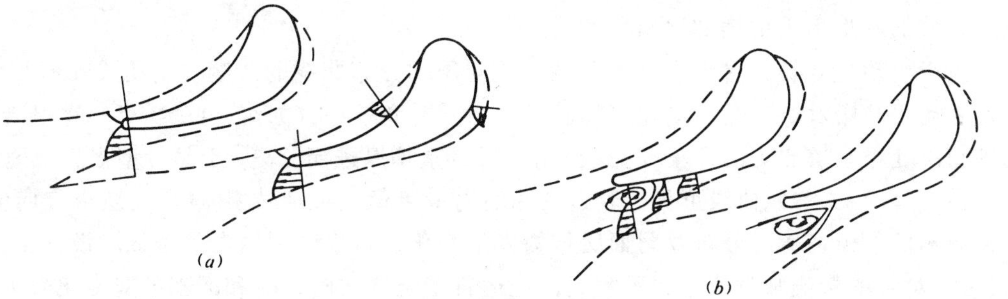

图 1.4.4 反动式叶栅中叶型表面附面层分布示意图

(a) 无涡流；(b) 有涡流

3. 尾迹损失

由于叶型出口边总有一定的厚度 Δ，沿每只叶片背面和腹面而来的两部分汽流在离开叶栅之后不能立刻汇合，因而在出口边之后形成充满涡流的尾迹区，如图1.4.5所示。

尾迹区内汽流压力和速度与主流的压力和速度相差很大，两部分汽流经过相互拉扯之后，叶栅后的汽流逐渐均匀化。均匀化后的汽流速度低于原来的主流速度，汽流动能减小，减小部分称为尾迹损失。尾迹损失与 $\frac{\Delta}{a}$（a 为汽道喉部截面的宽度）成正比，所以在强度和工艺条件许可的情况下，应尽量减小出口边的厚度，以减小尾迹损失。

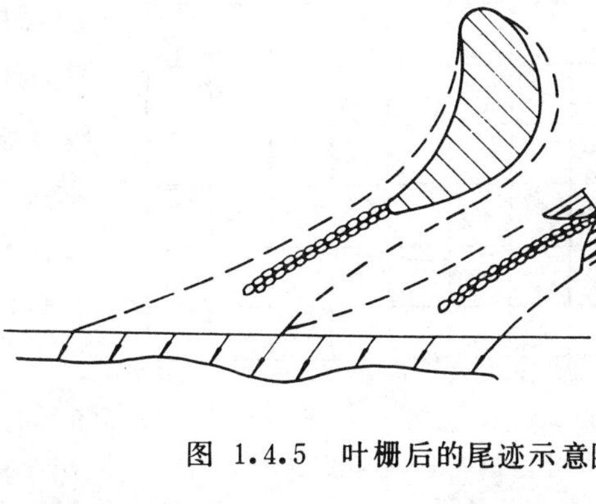

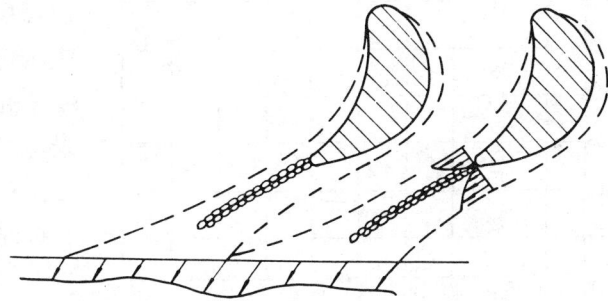

图 1.4.5 叶栅后的尾迹示意图

4. 冲波损失

在冲动式叶栅进出口处、反动式叶栅的出口处及叶片背弧的某些地方，有时会出现超音速汽流，因而也会产生冲波。冲波之后出现扩压段，使叶型附面层增厚甚至脱离，叶型损失急剧增加。这些由冲波引起的损失称为冲波损失。冲波损失最终表现为叶型损失，故不必单独计算。

（二）影响叶型损失的主要因素

因为叶型损失与压力分布曲线密切相关，故凡是影响压力分布曲线的因素，诸如叶栅类型、叶栅几何参数和汽流参数等，都必然影响叶型损失。因素虽多，但对某一种给定的叶栅来说，最主要的因素只有三个，即进汽角α_0(β_1)、相对节距$\bar{t}$和汽流马赫数Ma。马赫数Ma的影响将在后面讨论，这里只分析前面两项的影响。

1. 进汽角α_0(β_1)的影响

由图1.4.2和图1.4.3可见，改变进汽角α_0(β_1)，将使叶型表面的压力分布发生变化。

对于反动式叶栅，当α_0由最佳值90°变化±30°时，压力曲线的变化不大，所以叶型损失系数ξ_p的变化也不大。α_0往减小方向变化产生的影响大于往增加方向的。当α_0减小到45°时，叶型背面进口段产生了明显的扩压段，这时叶型损失迅速增加，可见小汽流进口角即正冲角所造成的叶型损失的增加比负冲角更严重。

对于冲动式叶栅，汽流进汽角β_1的变化对压力分布曲线的影响与反动式叶栅相似，只不过冲动式叶栅对进汽角的变化更加敏感。当进汽角较小（如$\beta_1=14°$）时，在叶型背面的进口段处存在着更大的扩压段，这时附面层严重增厚进而分离，于是叶型损失迅速增加。

由$\alpha_0(\beta_1)$-ξ_p关系曲线可见，若进汽角偏离最佳值，特别是朝$\alpha_0(\beta_1)$减小方向偏离，会使叶栅的绕流、压力分布及附面层结构发生变化，造成叶型损失的增加。设计工况下，$\alpha_0(\beta_1)$对ξ_p的影响从数值上看不算大，但运行工况变化时，α_0和β_1都可能变化较大，因而它们对ξ_p的影响是不能忽视的，而且是经常性的。$\alpha_0(\beta_1)$-ξ_p曲线对分析级在变工况下的能量转换特性是很有用的。

叶栅的前缘半径越小，冲角特别是正冲角所造成的损失越严重。新式亚音速叶栅的前缘相对半径往往取得较大，以保证叶栅在变工况下工作时仍有较稳定良好的气动性能。

2.相对节距$\bar{t}$的影响

节距直接影响叶栅汽道的形状和汽流出口角，因此也就影响叶型的压力分布和附面层性质，故叶型损失与$\bar{t}$有关。图1.4.6表示反动式和冲动式叶栅的叶型损失系数ξ_p与相对节距$\bar{t}$的关系。由图可见，有一最佳相对节距$\bar{t}_{op}$，常用冲动式叶栅的$\bar{t}_{op}=0.55\sim0.70$，反动式叶栅的$\bar{t}_{op}=0.65\sim0.95$。

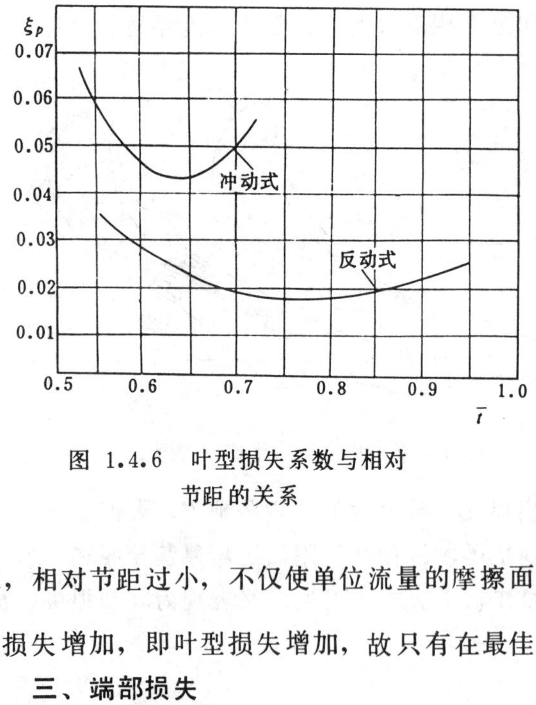

图 1.4.6　叶型损失系数与相对节距的关系

当节距增大时，汽道中的汽流受腹面的约束随之减弱，背面出口段的扩压范围和扩压程度都将明显增大，于是叶型背面出口段的流动恶化，使叶型损失增加；反之，相对节距过小，不仅使单位流量的摩擦面增加，而且出口边的相对厚度$\frac{\Delta}{a}$增大，使尾迹损失增加，即叶型损失增加，故只有在最佳节距下，叶型损失才最小。

三、端部损失

（一）端部损失的机理

实际汽轮机级中，叶栅装有围带，每一汽流通道都是由一个叶型的背面、相邻叶型的腹面和上下端面组成的。上述叶型损失仅仅是汽道中腹面和背面上的损失。当汽流通过汽道时，在上下端面上，由于蒸汽的粘性形成一层很薄的附面层，附面层内粘性力损耗汽流的动能，形成了端部附面层中的摩擦损失。

在汽道中部，汽流速度大，叶片背面到腹面的横向压力差与离心力相平衡，不会引起主流的横向流动。但在上下两端面的附面层内，汽流速度相对很小,所产生的离心力不足以抵消上述的压力差，于是在这个横向压力差的作用下，两端面附面层内的汽流便产生了由叶片腹面向背面的横向运动（图1.4.7）。为了区别于主流，通常称这种流动为二次流或次流。

当附面层内质点由腹面向背面横向流动时，根据流动连续的条件，在靠近端壁的腹面附近，必有少量的流体从主流中补入，形成像图1.4.7(*b*)中右上角和右下角各用三个箭头表示的那种补偿流动，局部地干扰了主流的流向，所造成的损失称为补偿流动损失。

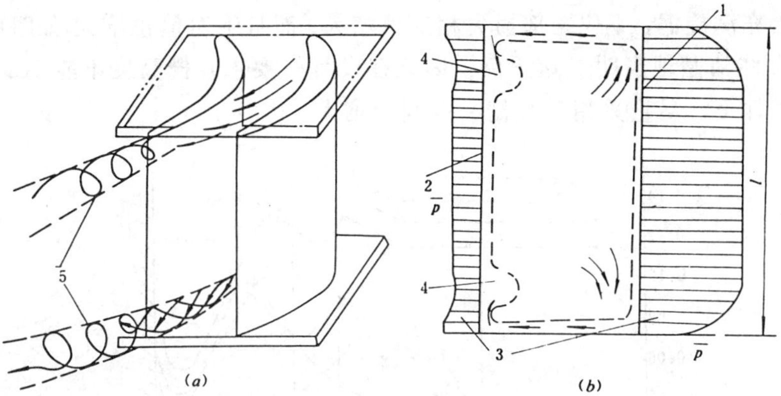

图 1.4.7　叶栅中的二次流示意图

（*a*）双涡流示意图；（*b*）附面层和压力分布示意图

1—腹面；2—背面；3—压力图；4—附面层增厚区；5—对涡流动

与此同时，在靠近端面的叶型背面出口部分，叶型附面层不断增厚，与端壁上横向流来的附面层相互汇合，厚度急剧增加，使附面层严重脱离而形成旋涡，然后，在粘性力的影响下，旋涡被主流带出叶栅，在上下端壁处构成了两个方向相反的对涡流动，如图1.4.7(*a*)所示，严重地消耗了主流的动能。

综上所述，端部损失就是端面附面层中的摩擦损失、补偿流动损失和对涡损失的总和，对涡损失所占比重最大。

（二）影响端部损失的因素

端部损失使叶栅总流动损失增加，并使总损失沿叶栅高度的分布趋于不均匀，如图1.4.8所示。图中ξ_n或ξ_b称为叶栅损失系数，是衡量叶栅损失大小的指标，其中

喷嘴叶栅损失系数　$\xi_n = \dfrac{\delta h_n}{\Delta h_n^0} = 1 - \varphi^2$　（1.4.2）

动叶叶栅损失系数　$\xi_b = \dfrac{\delta h_b}{\Delta h_b^0} = 1 - \psi^2$　（1.4.3）

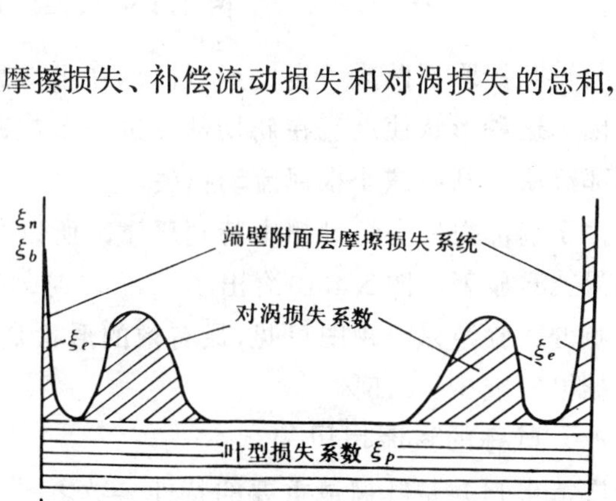

图 1.4.8　总损失沿高度的分布[10]

由图可知，叶栅损失系数ξ_n或ξ_b与沿叶高不变的叶型损失系数ξ_p、沿叶高变化的端部损失系数ξ_e之间的关系为

$$\xi_n = \xi_p + \xi_e \tag{1.4.4}$$

各种试验表明，影响端部损失的因素很多，诸如叶型、相对节距、安装角、进汽角等，其中最主要的因素是相对高度$\bar{l}=l/b$。叶片处于相对极限高度时，上下两端旋涡刚好汇合。当$\bar{l}$大于相对极限高度时，端部损失的绝对值不随$\bar{l}$的增加而变化。如图1.4.9所示，$\bar{l}=1.58$和$\bar{l}=2.58$时，叶栅的总损失系数沿叶高的变化几乎完全相同，可见端部损失在总损失中占的比例随$\bar{l}$增大而减小。当$\bar{l}$小于相对极限高度时，上下两端旋涡重叠、干扰、强化，使整个叶栅通道充满旋涡，不仅端部损失相对值增大，而且绝对值也增大，如图中$\bar{l}=0.895$与$\bar{l}=0.675$的曲线清楚地表明了这一点。因此在设计中要求叶栅高度不能小于极限高度，在强度允许的条件下，尽量采用窄叶栅，以利于增大$\bar{l}$。

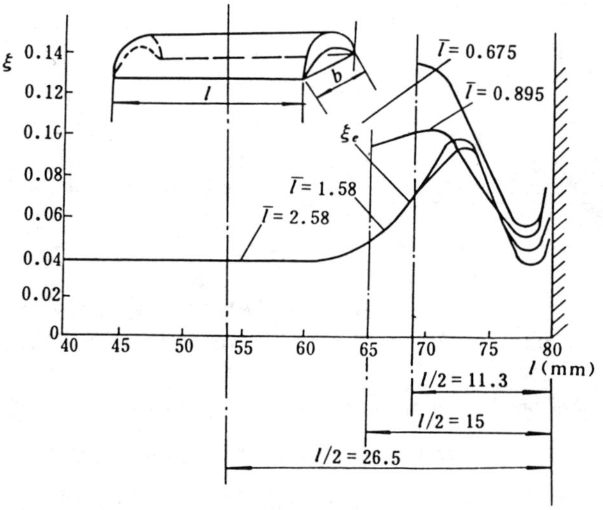

图 1.4.9　ξ_e与$\bar{l}$的关系曲线[10]

将短叶栅顶部做成一定的形状，即在出口高度上有少量的缩小，可有效地减小端部损失。因为这种形状使汽流在斜切部分进一步加速，所以出口段背弧上的附面层减薄，汽流向根部流动，从而减小根部流动损失。

由于端部损失在短叶栅中特别严重，所以叶栅的相对高度越小，上述顶部子午面形状的效果就越显著。图1.4.10给出了$\bar{l}=0.5$时，喷嘴叶栅顶部子午面不同形状对叶栅端部损失影响的实验结果。由图可见，最有效的形状是图中的 3 和 4 型线，与等高度型线 1 相比，其叶栅损失减少了2.5%。

四、叶栅的汽流出口角

汽流出口角是叶栅最重要的特性参数之一。它的大小直接影响着叶栅的通流能力和作功能力。

大量试验表明，相对节距$\bar{t}$和安装角α_s（或β_s）的增大均会导致出口汽流角的增大。相对节距$\bar{t}$大时叶栅汽道对汽流的导向作用减弱；汽道斜切部分随相对节距$\bar{t}$的增大而扩大，而且叶型背面的扩压段和扩压程度都有所增大，使此段内的附面层增厚，并可能脱离，

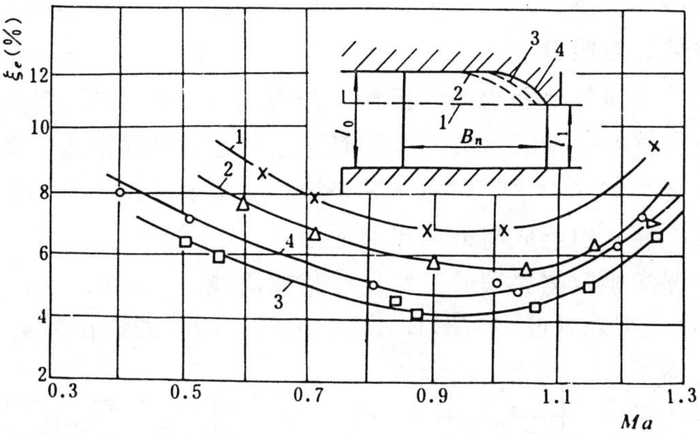

图 1.4.10 顶部子午面($\overline{l}=0.5$)不同形状对叶栅端部损失的影响

这些都会使出口角α_1(或β_2)增大。

冲角一般对汽流出口角的影响不大，只有冲动式叶栅的正冲角增大，才使叶栅的压力分布明显恶化（图1.4.3），背弧的扩压段增大，分离点前移，造成附面层的严重增厚以致分离，迫使汽流脱离叶型背面，增大了汽流出口角。这种情况对于相对节距较大的叶栅来说，更为严重，如图1.4.11中曲线所示。

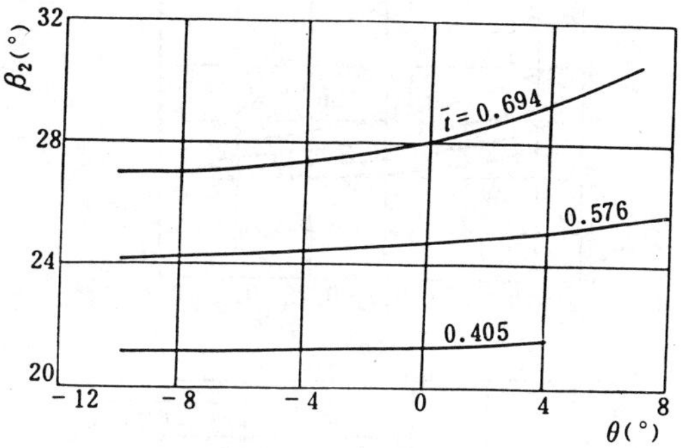

图 1.4.11 出口汽流角随冲角的变化关系

五、马赫数对叶栅特性的影响

当叶栅在马赫数$Ma>0.3\sim0.4$的条件下工作时，压力分布曲线、损失系数和汽流出口角都将随Ma的改变而变化。这就是汽体的可压缩性对叶栅特性的影响。

马赫数对叶型损失系数的影响如图1.4.12所示，存在一个叶型损失系数最小的最佳马赫数。Ma在小于最佳值的范围内，随着Ma的增加，沿汽流方向压力降落的速度增加，附面层随之减薄，从而使摩擦损失减小；Ma超过最佳值后再继续增加时，就会在叶栅汽道的背弧上产生局部超音速汽流（虽整个出口汽流还是亚音速），从而产生冲波，引起冲波损失，虽然Ma的增加使摩擦损失减小，但在数值上不能弥补冲波损失，所以叶型损失增加。

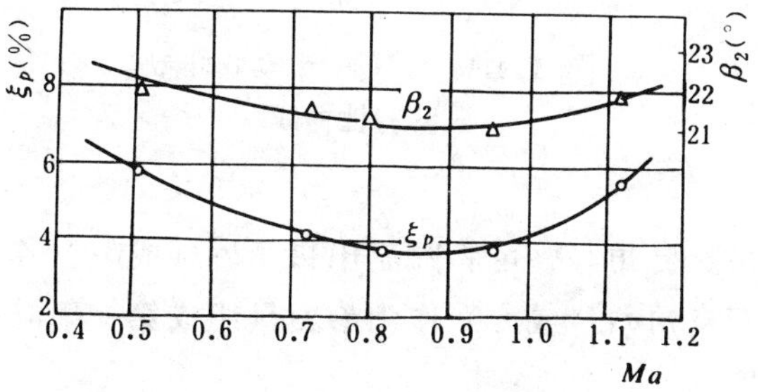

图 1.4.12 叶型损失系数ξ_p和出汽角β_2与马赫数Ma的关系曲线

马赫数与汽流出口角的关系曲线（见图1.4.12）和ξ_p-Ma曲线有大致相同的规律，根据附面层随马赫数的变化情况来分析这一规律是容易理解的。当出口汽流的马赫数$Ma>1$时，汽流在斜切部分产生偏转，使汽流出口角很快地增加。然而总的说来，马赫数对汽流出口角的影响不大。

六、叶栅试验数据的应用

由平面叶栅的风洞试验所获得的叶栅特性是用压力分布曲线、叶型损失、端部损失及汽流出口角等各种特性参数来表示的，而所有这些特性参数又是随一系列几何参数和气流参数变化的，因此要把这些关系都用曲线来表示是困难的。但可从中找出最能表达叶栅气动特性的主要参数，将它们绘成简单易用的曲线。

通常将每种叶栅实验数据整理成三组气动特性曲线。现在以我国的HQ-2型喷嘴叶型（图1.4.13）和HQ-1型动叶叶型（图1.4.14）的气动特性曲线作为实例介绍如下：

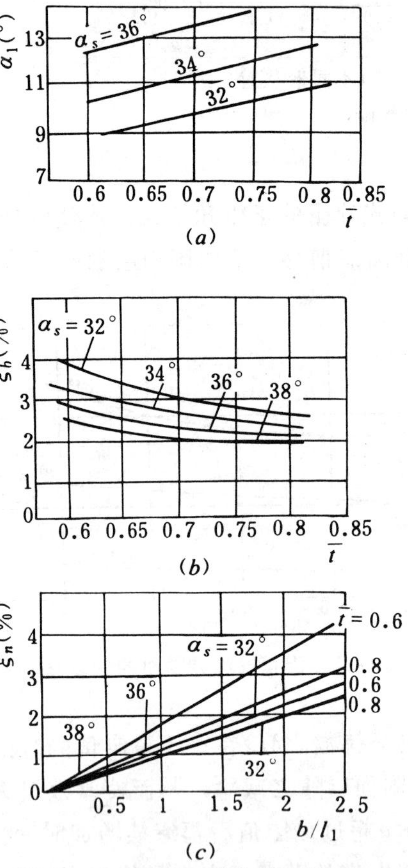

图 1.4.13 HQ-2型喷嘴叶型气动特性曲线

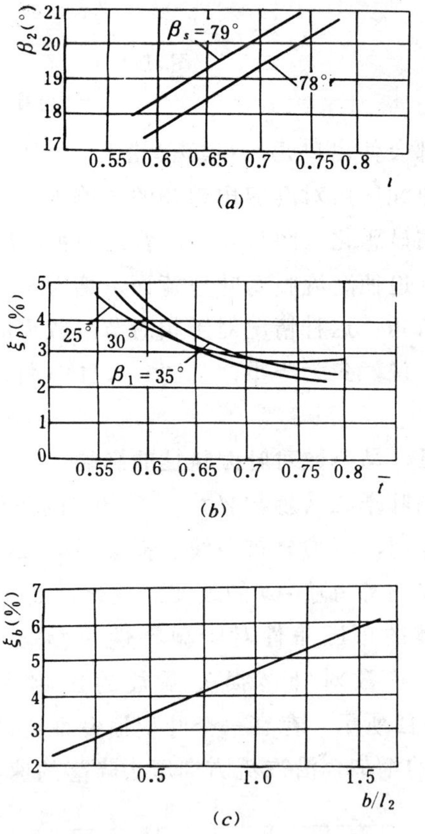

图 1.4.14 HQ-1型动叶叶型气动特性曲线

1.汽流出口角曲线

汽流出口角的大小主要取决于相对节距和安装角。故可将汽流出口角α_1（或β_2）作为纵坐标参数，相对节距$\bar{t}$作为横坐标参数，安装角α_s（或β_s）作为参变量组成第一幅叶栅特性曲线图，如图1.4.13(*a*)和图1.4.14(*a*)所示。

2.叶型损失曲线

对于已选定的叶型，决定叶型损失的主要因素也是相对节距和安装角。进汽角α_0（或β_1）的影响仅在变工况时才表现出来，设计工况时不必考虑。因此，仍把相对节距作为横坐标参数，安装角作为参变量，叶型损失作为纵坐标参数，组成第二幅叶栅特性曲线图，如图1.4.13(b)和图1.4.14 (b)所示。

3.总损失曲线

当叶型损失已确定时，端部损失或总损失的大小主要与叶片的相对高度有关，其次是安装角。因此，以相对高度作为横坐标参数，安装角作为参变量，而以总损失作为纵坐标参数，便可组成第三幅叶栅特性曲线图，如图1.4.13(c)和图1.4.14(c)所示。

使用以上三幅曲线图，就可简要地表示出一个平面叶栅的气动特性，至少对设计工况能满足应用。

第五节 级内损失和级的相对内效率

一、级内损失

除前面讨论的级内轮周损失即喷嘴损失δh_n、动叶损失δh_b和余速损失δh_{c_2}之外，级内还有叶高损失δh_l、扇形损失δh_θ、叶轮摩擦损失δh_f、部分进汽损失δh_e、漏汽损失δh_δ 和湿汽损失δh_x。

必须指出，并非各级都同时存在以上各项损失，如全周进汽的级中就没有部分进汽损失；采用转鼓的反动式汽轮机就不考虑叶轮摩擦损失；在过热蒸汽区域工作的级就没有湿汽损失；采用扭叶片的级就不存在扇形损失。

本节所讨论的各项级内损失，目前尚难以完全用分析法计算，多数是采用在静态和动态试验的基础上建立的经验公式计算。随试验条件的不同，计算损失的公式也不同。下面主要介绍国内计算级内损失的常用公式。

1.叶高损失δh_l

叶高损失又称为端部损失，其产生的物理原因及影响因素在上节已经分析过。它实质上是属于喷嘴和动叶的流动损失。工程上为了方便，把它单独分出来计算。

叶高损失δh_l主要决定于叶高l。当叶片高度很高时，δh_l可以忽略不计。叶高必须大于相对极限高度，否则δh_l将急剧增加。叶高损失常用下列半经验公式计算：

$$\delta h_l = \frac{a}{l}\Delta h_u \tag{1.5.1}$$

式中 a——试验系数，单列级$a=1.2$(未包括扇形损失）或$a=1.6$（包括扇形损失），双列级$a=2$；

Δh_u——不包括叶高损失的轮周有效比焓降，即$\Delta h_u=\Delta h_t^0-\delta h_n-\delta h_b-\delta h_{c_2}$，kJ/kg；

l——叶栅高度，单列级为喷嘴高度，双列级为各列叶栅的平均高度，mm。

叶高损失也可用下列半经验公式计算：

$$\zeta_l = \frac{a_1}{l_n}x_a^2 \tag{1.5.2}$$

即

$$\delta h_l = \zeta_l E_0 \tag{1.5.3}$$

式中 a_1——试验系数，单列级$a_1=9.9$，双列级$a_1=27.6$；

l_n—— 喷嘴高度，mm。

2.扇形损失δh_θ

汽轮机级中实际应用的是环列叶栅，如图1.5.1(a)所示。它与图1.5.1(b)的平面直叶栅相比，有两个特点：一是叶栅的相对节距$\overline{t}=t/b$不是常数,而是从内径向外径成正比例增加的，这样除了平均直径截面处的相对节距为最佳值外，其它各圆周截面的相对节距必然偏离最佳值。因此这些截面的叶型损失系数ζ_p都大于最小值，这就带来了一项额外的流动损失；二是空气动力学上的特点，叶栅出口汽流在轴向间隙中存在着压力梯度，即由内径向外径静压力逐渐增加，所以会产生径向流动损失。所有这些就构成了扇形损失。

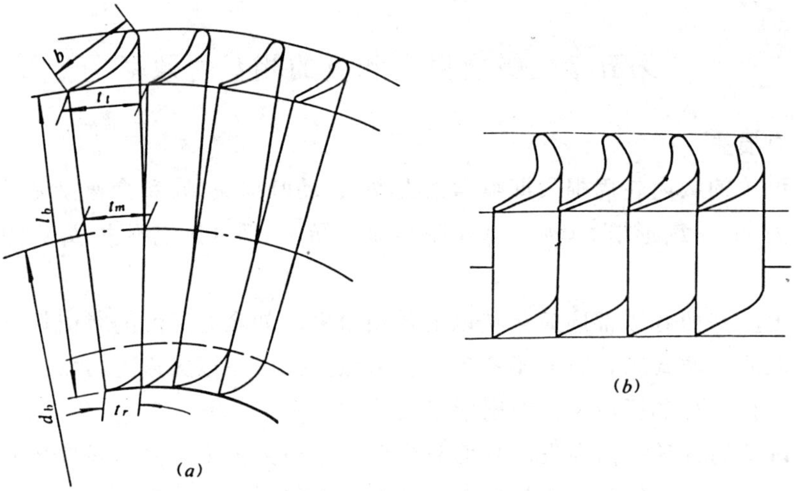

图 1.5.1 环形叶栅与平面叶栅

(a) 环形叶栅的节距变化；(b) 平面叶栅

计算扇形损失的半经验公式为

$$\zeta_\theta=0.7\left(\frac{l_b}{d_b}\right)^2 \tag{1.5.4}$$

即

$$\delta h_\theta=\zeta_\theta E_0 \tag{1.5.5}$$

从式(1.5.4)可见，扇形损失与径高比$\theta=d_b/l_b$有关。θ越小，ζ_θ越大，如$\theta=10$时，$\zeta_\theta=0.007$，$\theta=3$时，$\zeta_\theta=0.078$，两者相差约11倍。一般当$\theta>8\sim12$时，采用等截面直叶片，虽然存在着扇形损失,但加工方便;当$\theta<8\sim12$时，为适应汽流参数沿叶高的变化，采用扭叶片，虽然加工复杂，但避免了扇形损失；当θ很大时，由式(1.5.4)可见，ζ_θ很小，故可忽略不计。

3.叶轮摩擦损失δh_f

叶轮摩擦损失，简称摩擦损失，是由两部分组成的：

(1)叶轮两侧及围带表面的粗糙度引起的摩擦损失 当叶轮在充满蒸汽的汽室内转动时，由于蒸汽的粘性和旋转表面的粗糙度，粘附在叶轮两侧及外缘表面的蒸汽微团被叶轮带着转动，其圆周速度与叶轮表面相应点的圆周速度大致相等，紧贴在汽缸壁或隔板表面的蒸汽微团的圆周速度为零（见图1.5.2)。由叶轮表面至汽缸壁的间距上蒸汽微团的圆周速度是不同的，即存在着速度梯度，因此造成了蒸汽微团之间和蒸汽与壁面之间的摩擦。为了克服摩擦和带动蒸汽质点运动，必然要消耗一部分轮周功。

（2）子午面内的涡流运动引起的损失　紧靠叶轮表面的蒸汽微团随叶轮一起转动，受到离心力的作用，产生向外的径向流动。而靠近汽缸壁或隔板表面的蒸汽微团由于速度小，受到的离心力也小，自然地向中心移动以填补叶轮处径向外流的蒸汽，于是叶轮两侧的子午面内便形成了蒸汽的涡流运动（图1.5.2）。涡流本身要消耗一部分轮周功，而且还使摩擦阻力增加。

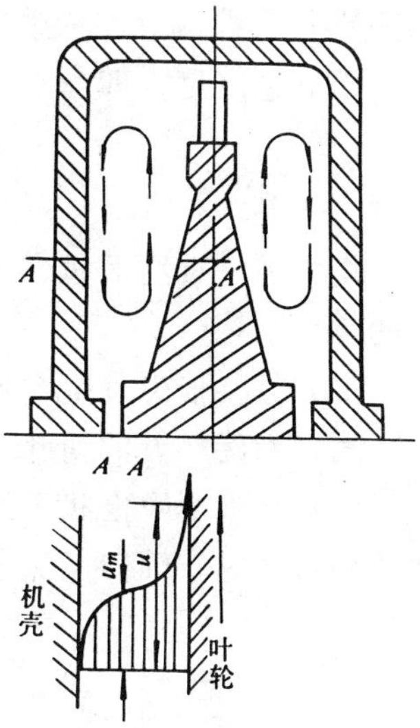

图 1.5.2　级汽室内的汽流速度分布图

叶轮摩擦损失通常由实验确定，一般也可采用斯托多拉经验公式计算：

$$\Delta P_f = K_1\left(\frac{u}{100}\right)^3 d_m^2 \frac{1}{v} \tag{1.5.6}$$

式中　ΔP_f——叶轮摩擦损失所消耗的功率，kW；

K_1——经验系数，一般取$K_1=1.0\sim1.3$；

d_m——级的平均直径，m；

v——汽室中蒸汽的平均比容，m^3/kg。

如果用比焓差表示叶轮摩擦损失，则

$$\delta h_f = \frac{\Delta P_f}{G} \tag{1.5.7}$$

叶轮摩擦损失也可用损失系数来表示，即

$$\zeta_f = \frac{\delta h_f}{E_0} = \frac{\Delta P_f}{P_t} \tag{1.5.8}$$

式中，P_t为级的理想功率，它可近似地表示为

$$P_t = G\Delta h_t^0 = \mu_n e\pi d_m l_n \sin\alpha_1 c_a\sqrt{1-\Omega_m}\,\Delta h_t^0/v_{1t} \tag{1.5.9}$$

则

$$\zeta_f = \frac{\Delta P_f}{P_t} \approx K\frac{d_m x_a^3}{e l_n \sin\alpha_1 \mu_n\sqrt{1-\Omega_m}} \tag{1.5.10}$$

式中，e为部分进汽度，K为试验系数，在光叶轮外缘雷诺数$Re>10^7$时，取$K=10^{-3}$。

从式（1.5.6）和式（1.5.7）容易看出，叶轮摩擦损失δh_f与级的容积流量Gv成反比。汽轮机的高压段Gv较小，δh_f较大。大型机组低压级的Gv很大，δh_f很小，甚至可以忽略不计。另外从式（1.5.10）可知，ζ_f与速比x_a的三次方成正比，表明当x_a增加时，ζ_f急剧增大。

4. 部分进汽损失 δh_e

小汽轮机高压级容积流量Gv较小，为了保证喷嘴高度不小于极限相对高度（如窄叶片高度为12～15mm），喷嘴叶栅就不能像动叶栅那样整圈布置，而只是占据部分圆周，这种布置称为部分进汽。此外，调节级由于配汽方式的需要通常采用部分进汽。常用装有喷嘴

的弧段长度$z_n t_n$（z_n为喷嘴片数）与整个圆周长度πd_m的比值e来表示部分进汽的程度，称为部分进汽度，即

$$e=\frac{z_n t_n}{\pi d_m} \tag{1.5.11}$$

由于部分进汽而带来的能量损失称为部分进汽损失，它是由鼓风损失和斥汽损失组成的：

1）鼓风损失发生在不装喷嘴的弧段内。当部分进汽时，动叶通道不是连续地通过工作蒸汽。当旋转着的动叶通过无喷嘴的"死区"弧段时，动叶片就像鼓风机一样，将"死区"中基本处于静止状态的蒸汽由一侧鼓到另一侧，因此要消耗一部分轮周功；同时动叶两侧与充满在轴向间隙中的不工作蒸汽产生摩擦，从而带来了摩擦损失，在数值上比前者还大。

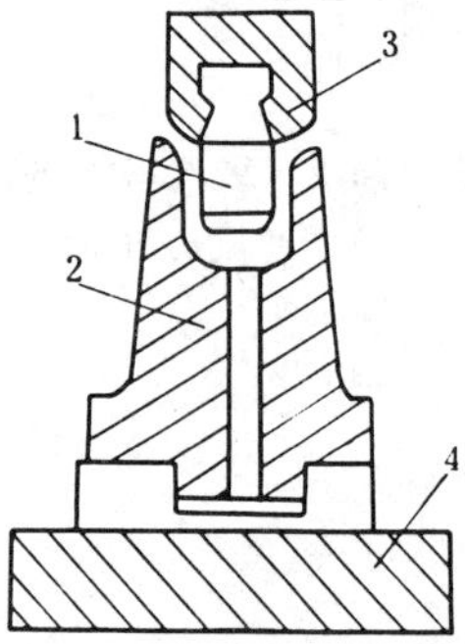

图 1.5.3 部分进汽时采用护罩的示意图

1—动叶片；2—护罩；3—叶轮；4—汽缸

可见，部分进汽度越小，鼓风损失越大。为了减少鼓风损失，除合理选择部分进汽度外，还经常采用护罩，把"死区"内的动叶罩住，如图1.5.3所示，这样可减少鼓动蒸汽量，使鼓风损失减小。

鼓风损失可用下列经验公式计算：

$$\zeta_w=B_e\frac{1}{e}\left(1-e-\frac{e_c}{2}\right)x_a^3 \tag{1.5.12}$$

式中 e_c——装有护罩的弧段长度与整个圆周长度之比；

B_e——与级的类型有关的系数，对单列级$B_e=0.1\sim0.2$，一般取0.15，对复速级$B_e=0.4\sim0.7$，一般取0.55。

2）斥汽损失与鼓风损失相反，它发生在装有喷嘴的工作弧段内。当动叶栅经过无喷嘴的弧段时，对应的汽道b（图1.5.4）内被汽室a中的呆滞蒸汽所充满。当动叶进入工作弧

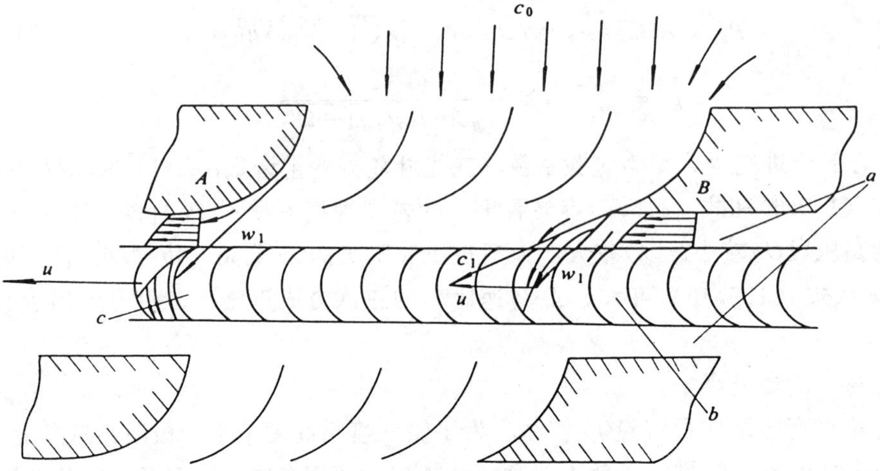

图 1.5.4 部分进汽时蒸汽流动示意图

段时，喷嘴中射出的高速汽流首先必须把汽道中的呆滞蒸汽推出去，并使之加速，从而消耗了工作蒸汽的一部分动能。此外，由于叶轮高速旋转的作用，在喷嘴组出口端 A处，喷嘴叶栅与动叶叶栅之间的间隙中将产生漏汽，引起损失；而在喷嘴组的进入端B处却相反，将产生抽汽，将一部分呆滞蒸汽吸入动叶汽道，干扰了主汽流，也会引起损失。这些损失构成了斥汽损失，又因为它是喷嘴弧段两端处的损失，故又称为弧端损失。

由于动叶每经过一组喷嘴弧段时就要发生一次斥汽损失，所以在相同部分进汽度下，喷嘴沿圆周分布的组数越多，斥汽损失就越大。为了减少斥汽损失，应尽量减少喷嘴组数。

斥汽损失的大小可用下列经验公式计算：

$$\zeta_s = C_e \frac{1}{e} \frac{s_n}{d_n} x_a \tag{1.5.13}$$

式中 s_n——喷嘴组数，若两组喷嘴间只相隔一个喷嘴节距，则可作为一组；

d_n——喷嘴的平均直径，m；

C_e——与级的类型有关的系数，单列级的$C_e = 0.01 \sim 0.015$，一般取0.012，复速级的$C_e = 0.012 \sim 0.018$，一般取0.016。

所以部分进汽总损失系数ζ_e为

$$\zeta_e = \zeta_w + \zeta_s \tag{1.5.14}$$

若用热量单位来表示，则为

$$\delta h_e = \zeta_e E_0 \tag{1.5.15}$$

5.漏汽损失δh_δ

由于冲动级和反动级的结构不同，级内漏汽量的大小和漏汽对级效率的影响也不同，故有必要分开讨论两种级的漏汽问题。

对于冲动级，隔板前后存在着较大的压差，而隔板和转轴之间又存在着间隙，因此必定有一部分蒸汽ΔG_p从隔板前通过间隙漏到隔板与本级叶轮之间的汽室内（图1.5.5,a）。由于这部分蒸汽不通过喷嘴，所以不参加作功，因而形成了隔板漏汽损失。此外，漏进这一汽室内的蒸汽还有可能通过喷嘴和动叶根部之间的间隙流入动叶。由于这些漏汽不是以正确方向进入动叶的，因此不但不作功，反而扰乱了动叶中的主汽流，造成损失。为了避免隔板漏汽混入动叶中干扰主汽流，一方面在叶轮上开设平衡孔，使隔板漏汽经过平衡孔流到级后；另一方面在动叶根部设置汽封片加以阻挡，并在设计时选取合理的反动度，尽量使动叶根部不出现吸汽或漏汽现象。

在动叶顶部，为了避免转子和汽缸之间的相对膨胀及转子发生振动时产生碰撞，在动叶顶部与隔板和持环之间应有一定的轴向间隙δ_z和径向间隙δ_r（图1.5.6）。即使是冲动级，动叶顶部也有较大的反动度，即叶顶前后有较大的压差，这样势必造成从喷嘴出来的一部分蒸汽ΔG_t不通过动叶汽道，而由动叶顶部间隙漏到级后（图1.5.5,a）。由于这部分蒸汽未参加作功，因而构成了叶顶漏汽损失。

由于漏汽量正比于间隙面积和间隙两侧的压差，故减少漏汽损失应从减小间隙面积和两侧压差这两方面着手。实践证明，采用高低齿汽封，可同时满足这两个要求。因为高低齿汽封的间隙可以做得很小，而且汽流每通过一个齿就发生一次节流作用，使压力降低一次，故每个齿只承担整个压差的一小部分，如图1.5.5(*b*) 所示。

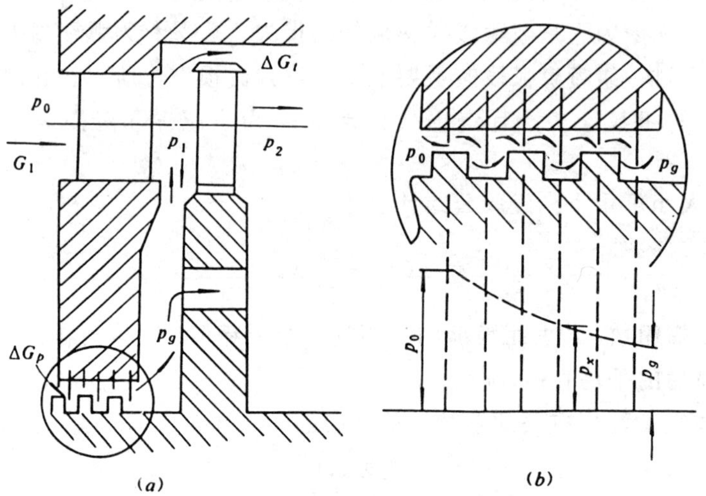

图 1.5.5 隔板的汽封装置

(*a*) 隔板漏汽和叶顶漏汽；(*b*) 高低齿汽封

由于每个汽封齿中蒸汽的流动情况都大致与蒸汽在渐缩喷嘴中的流动相似，所以漏汽量可以参照喷嘴流量公式计算。

(1) 隔板漏汽损失δh_p　根据上述，隔板漏汽量ΔG_p为

$$\Delta G_p = \frac{\mu_p A_p c_{1p}}{v_{1t}} = \mu_p A_p \frac{\sqrt{2\Delta h_n^0}}{v_{1t}\sqrt{z_p}} \tag{1.5.16}$$

式中　z_p——汽封齿数，若为平齿，则应修正（方法见第二章）；

μ_p——汽封流量系数，一般取$\mu_p = 0.7 \sim 0.8$（见第二章）；

A_p——汽封间隙面积，$A_p = \pi d_p \delta_p$，其中δ_p为汽封间隙，d_p为汽封齿的平均直径，m^2。

所以，1kg蒸汽引起的隔板漏汽损失δh_p为

$$\delta h_p = \frac{\Delta G_p}{G} \Delta h_i' \tag{1.5.17}$$

或

$$\delta h_p = \frac{A_p}{A_n \sqrt{z_p}} \Delta h_i' \tag{1.5.17a}$$

式中　$\Delta h_i'$——不含漏汽损失时级的有效比焓降，$\Delta h_i' = \Delta h_t^0 - \delta h_n - \delta h_b - \delta h_l - \delta h_\theta - \delta h_{c_2}$。

(2) 动叶顶部的漏汽损失δh_t　叶顶漏汽量ΔG_t为

$$\Delta G_t = \frac{\mu_t A_t C_t}{v_{2t}} = \frac{\mu_t \pi (d_b + l_b)\delta_t \sqrt{2\Omega_t \Delta h_t^0}}{v_{2t}} \tag{1.5.18}$$

或

$$\Delta G_t = \frac{\pi (d_b + l_b)\delta_t \sqrt{\Omega_t \Delta h_t^0}\, v_{1t}\mu_t}{\pi d_n l_n \sin a_1 \sqrt{(1-\Omega_m)\Delta h_t^0}\, v_{2t}\mu_n} G_n$$

$$\approx 0.6\,\delta_t\sqrt{\frac{\Omega_t}{1-\Omega_m}\frac{v_{1t}}{v_{2t}}\frac{(d_b+l_b)\delta_t}{d_n l_n \sin\alpha_1}}\;G_n \qquad (1.5.19)$$

式中 μ_t——动叶顶部间隙的流量系数，一般取$\frac{\mu_t}{\mu_n}\approx 0.6$（$\mu_n$为喷嘴流量系数）；

Ω_t ——动叶顶部的反动度；

δ_t——动叶顶部的当量间隙，对于围带上同时装有轴向汽封和径向汽封的结构（如图1.5.6所示），$\delta_t=\frac{\delta_z}{\sqrt{1+z_r\left(\frac{\delta_z}{\delta_r}\right)^2}}$，其中$\delta_z$为开式轴向间隙，$\delta_r$为径向间隙，$z_r$为叶顶径向汽封齿数。

这样，动叶顶部的漏汽损失δh_t为

$$\delta h_t=\frac{\Delta G_t}{G}\Delta h_i' \qquad (1.5.20)$$

动叶顶部的漏汽损失，也可用下列经验公式计算：

$$\delta h_t=\frac{\mu_1\overline{\delta_z}\psi_t}{\mu_2\sin\alpha_1}\Delta h_i' \qquad (1.5.21)$$

式中 $\overline{\delta_z}$——叶顶轴向间隙δ_z与动叶高度l_b之比，即$\overline{\delta_z}=\delta_z/l_b$；

ψ_t——与Ω_m和d_b/l_b有关的经验系数，从图1.5.7上查得；

μ_1——与δ_z和围带边厚度Δ_s有关的经验系数，可从图1.5.8上查得；

μ_2——与δ_z和速比u/c_a有关的经验系数，可从图1.5.9上查得；

α_1——喷嘴出口汽流角。

级的总漏汽损失为 $\delta h_\delta=\delta h_p+\delta h_t$

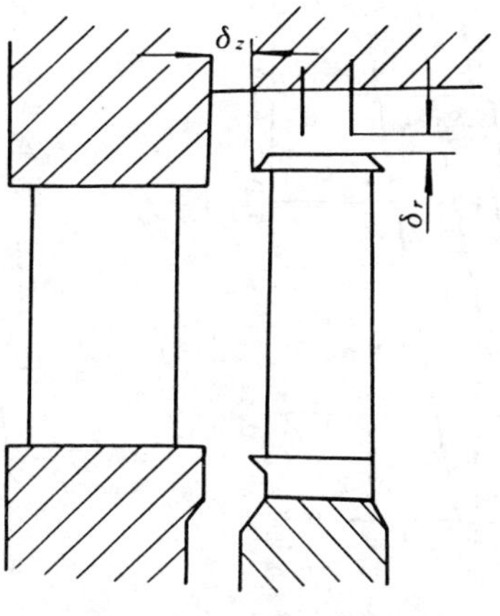

图 1.5.6 动叶顶部汽封示意图

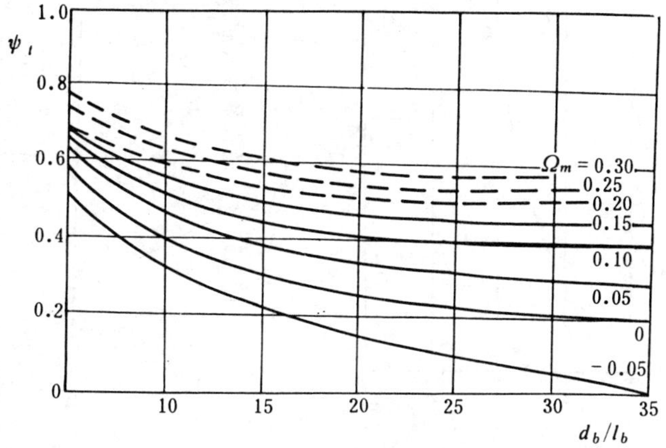

图 1.5.7 经验系数ψ_t曲线

对于反动级来说，根据它的基本结构（图1.5.10）和工作原理不难分析，其漏汽损失比冲动级大，这是因为：

1）内径汽封的漏汽量比冲动级的隔板漏汽量大，这主要是因为内径汽封直径比隔板汽封直径大，而汽封齿数又比较少。

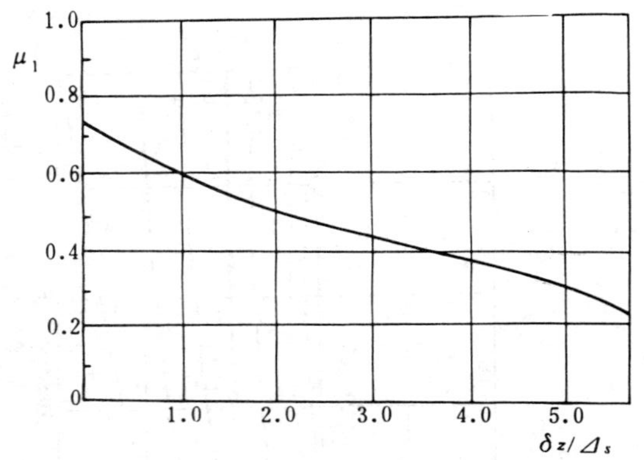

图 1.5.8 经验系数μ_1曲线

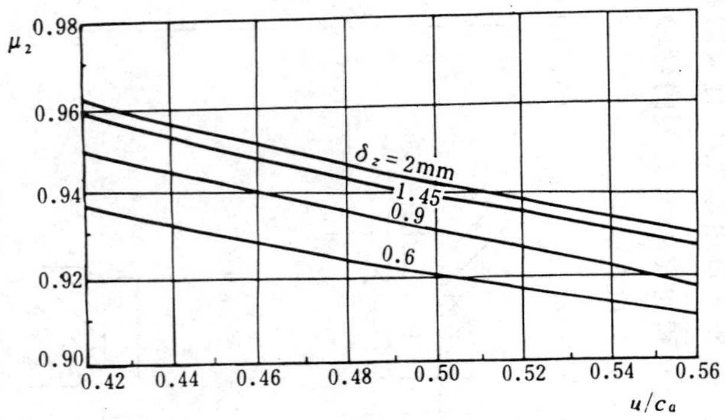

图 1.5.9 经验系数μ_2曲线

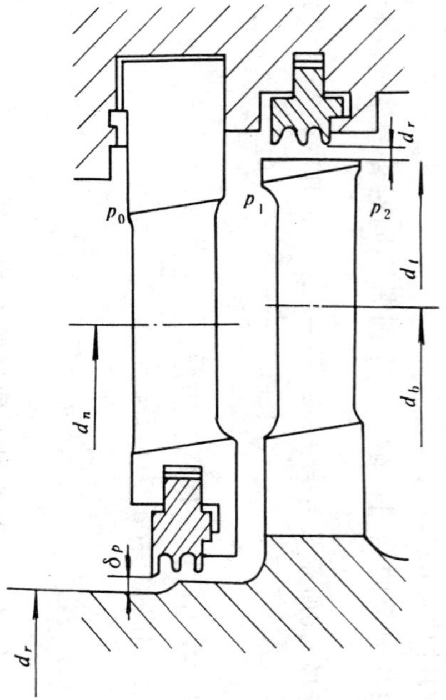

图 1.5.10 反动级的通流部分

2）动叶前后的压差较大，所以叶顶漏汽量相当可观。

反动级叶顶漏汽损失常用下列经验公式计算：

$$\delta h_t = 1.72\frac{\delta_r^{1.4}}{l_b}E_0 \qquad (1.5.22)$$

为了减少漏汽损失，应尽量减小径向间隙δ_r和δ_p，但汽轮机在启动等情况下，静止部分和转动部分受热不均，温差较大，为避免两者摩擦，δ_r和δ_p又不能过小。因此采用径向和轴向汽封结构，以减少漏汽。对于较长的扭叶片级，在无围带的情况下，往往将动叶顶部削薄，缩短动叶与汽缸（或隔板套）的间隙，从而达到封汽的作用。此外，还应尽量设法减小叶顶反动度，使动叶顶部前后压差不致过大。

6. 湿汽损失δh_x

饱和蒸汽汽轮机的各级和普通凝汽式汽轮机的最后几级都工作于湿蒸汽区。由于有水分存在，干蒸汽的工作也将受到一定的影响，这种影响主要表现为一种能量损失，这就是所谓的湿汽损失。产生湿汽损失的原因，有以下几个方面：

1）前面曾经讨论过湿蒸汽的过饱和现象对喷嘴通流能力的影响。这种过饱和现象对级的能量转换所产生的影响表现为理想比焓降的减少，如图1.5.11所示。由于过饱和现象的存在，蒸汽进入湿蒸汽区暂时仍按过热蒸汽的规律膨胀，即定熵指数κ仍等于1.3，而不等于1.135，用$\Delta h_n=\frac{\kappa}{\kappa-1}RT_0\left[1-\left(\frac{p_1}{p_0^0}\right)^{\frac{\kappa-1}{\kappa}}\right]$计算可知，$\kappa=1.3$的等压线如图中的虚线$AB'$所示，而$\kappa=1.135$的等压线如实线$AB$所示，显然，线段$B'B$就代表着过饱和损失$\delta h'$，即$\delta h'=\Delta h-\Delta h'$。过饱和损失在$p$-$v$图上也能清晰地表示出来，如图1.5.12中的阴影面积所示[6]。

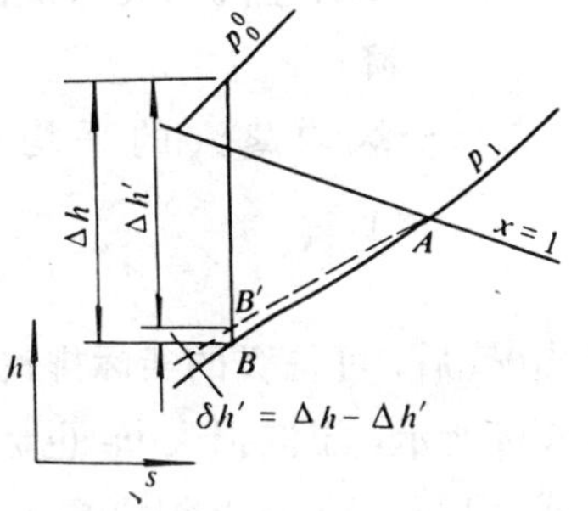

图 1.5.11　h-s 图上的过饱和损失

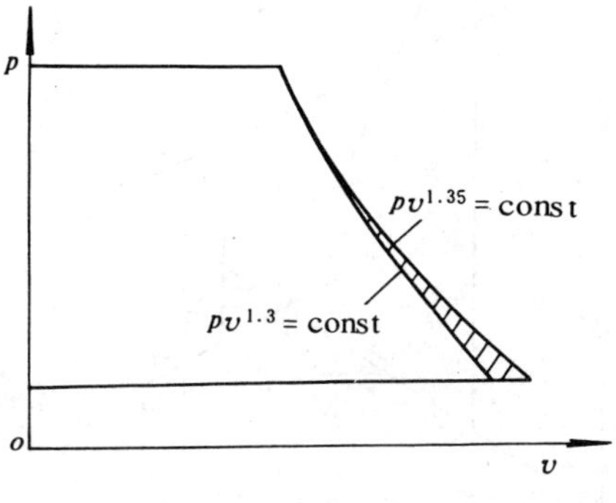

图 1.5.12　p-v 图上的过饱和损失

2）一般来说，湿蒸汽在膨胀过程中析出的水珠，尤其是聚集在喷嘴出汽边的水膜经汽流粉碎后所形成的较大颗粒的水珠，其速度总比蒸汽的速度低得多。这样，在汽水两相流动中，低速的水珠被高速的蒸汽挟带着流动，从而消耗了汽流的一部分动能，称之为挟带损失。

3）在汽流的挟带下，水珠的速度虽有提高，但仍小于汽相的速度。水珠出喷嘴的速度c_{1x}只有蒸汽速度c_1的10％～13％左右，而圆周速度u一样，使水珠进动叶的方向角β_{1x}远大于β_1（图1.5.13），偏离动叶入口方向的水珠撞击在动叶进口处的背弧上，产生了阻止叶轮旋转的制动作用，克服它就要消耗一部分有用功，称之为制动损失。

4）从动叶出来的水珠的相对速度w_{2x}要比蒸汽速度w_2低得多，而圆周速度u是一 样的，使c_{2x}远大于c_2（图1.5.13)，当蒸汽按正确方向进入下一级喷嘴时，水珠将撞击在喷嘴进口处的壁面上，从而扰乱了主汽流，造成损失， 称之为扰流损失。

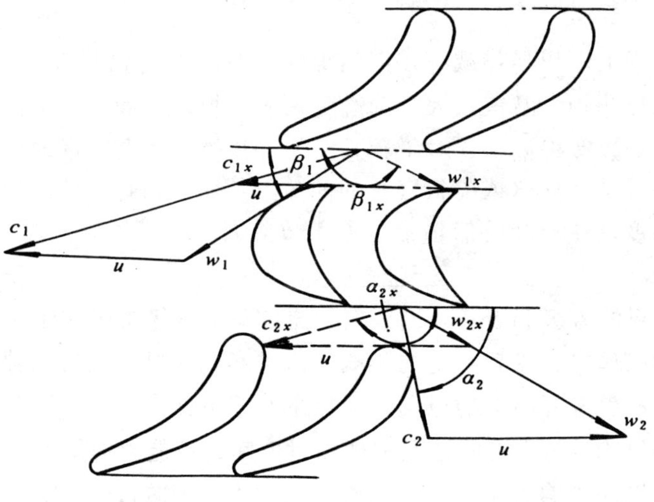

图 1.5.13 水珠对动静叶冲击的示意图

5）目前在湿蒸汽级中采用的各种捕水装置,当从级内排除部分液相的同时,都不可避免地伴随着一部分蒸汽同时被抽出汽轮机，造成工质损失。

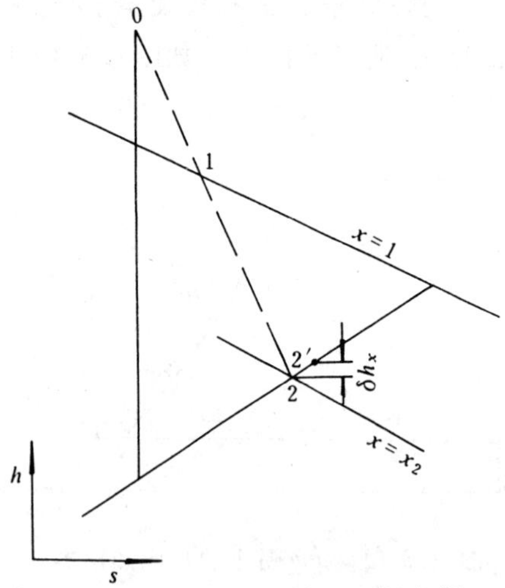

图 1.5.14 h-s图上的湿汽损失δh_x

以上这几部分损失总称为湿汽损失。湿汽损失通常用下列经验公式计算：

$$\delta h_x = (1 - x_m)\Delta h_i' \qquad (1.5.23)$$

式中 $\Delta h_i'$——未计湿汽损失时级的有效比焓降；

x_m——级内蒸汽的平均干度，$x_m = \frac{1}{2}(x_0 + x_2)$。

算出δh_x后，可得级的实际排汽状态点2′，如图1.5.14所示，湿汽损失δh_x也标在图中。

由式（1.5.23）知，湿汽损失与蒸汽的平均湿度（$1 - x_m$）成正比。湿度越大,损失也越大，级的效率也就越低。

由图1.5.13中的w_{1x}可见，湿蒸汽中的水珠打在动叶进口边顶部的背弧上，将使该处受到冲蚀，叶片表面将被冲蚀成许多密集的细毛孔，严重者造成叶片缺损，对汽轮机的安全运行有很大的威胁。随着单机功率不断增大，末级叶高和叶顶圆周速度也不断增大，冲蚀程度就更严重，所以对现代凝汽式汽轮机末级最大可见湿度（在h-s图上查得的湿度)限制在12％～14％以内。为了提高湿蒸汽级的效率和防止动叶被冲蚀损坏，一方面可采取有效的去湿方法，另一方面应提高叶片本身的抗冲蚀能力。

常用的去湿方法有：

1）由捕水口、捕水室和疏水通道组成的级内捕水装置如图1.5.15所示。它有喷嘴后和动叶后两种形式，水珠受离心力的作用被抛向外缘后，经过捕水口槽道1进入环形捕水室2，然后通过疏水通道3流入压力更低的低压加热器或凝汽器。这种捕水装置应用很广泛，捕水效率可达湿蒸汽中所含水分的20%～30%。

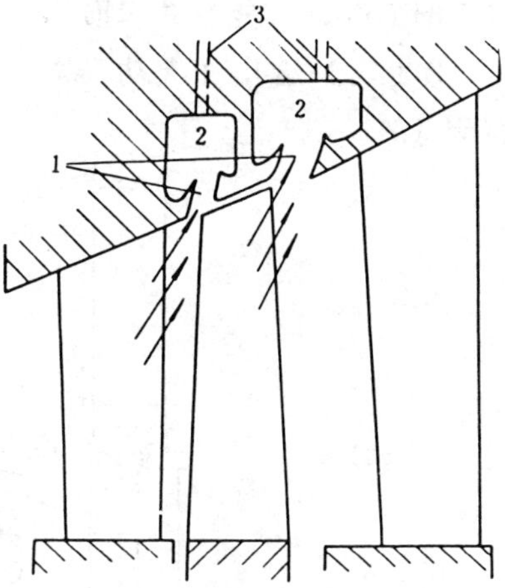

图 1.5.15 级内捕水装置示意图
1—捕水口槽道；2—捕水室；3—疏水通道（接低压加热器或凝汽器）

2）具有吸水缝的空心喷嘴如图1.5.16所示。这种去湿装置是将空心喷嘴经环形通道与压力比它低的低压加热器或凝汽器连通而形成负压，这样，通过喷嘴上开的吸水缝就可将喷嘴表面上的凝结水膜吸走。吸水缝有的靠近进汽侧，有的靠近出汽侧（内弧或背弧），也有把吸水缝开在出汽边上的，见图1.5.16。试验表明，吸水缝布置在喷嘴的顶部附近去湿效果最好，因为在这里集中了水分的主要部分。这种结构的去湿效果比较好，因此被许多制造厂采用。它的缺点是，要有相当一部分蒸汽被同时抽出，这不仅使作功的工质减少，而且要求环形通道的截面必须设计得很大，给制造带来了一定的困难。

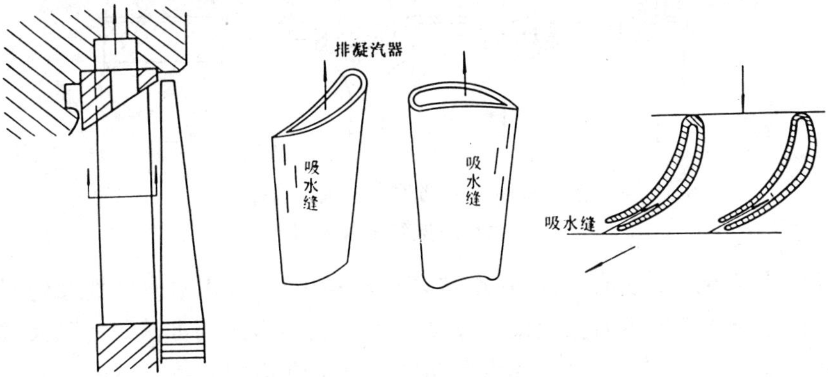

图 1.5.16 具有吸水缝的空心喷嘴

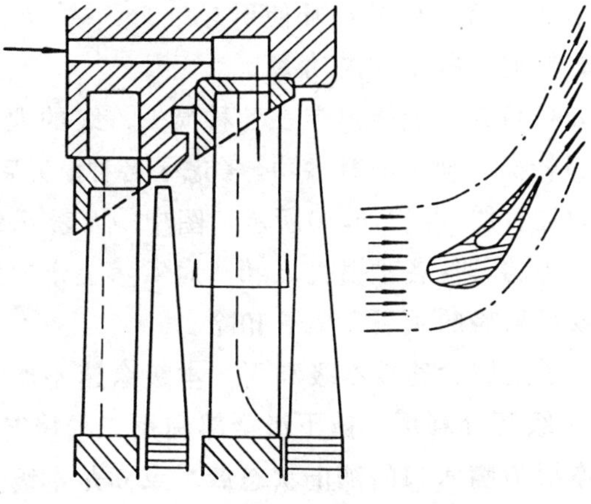
图 1.5.17 出汽边喷汽的空心喷嘴

3）采用出汽边喷射蒸汽的空心喷嘴如图1.5.17所示。空心喷嘴的内部空间与出汽边的缝隙相通，缝隙最好设计成喷嘴状。从压力较高一级来的蒸汽经汽缸上的环形室引入空心喷嘴后由出汽边的缝隙中喷射出去，使喷嘴的尾迹区消失，阻止该处大粒水珠的形成；同时使尾迹区汽流速度均衡，这对提高级效率和改善动叶的应力状况都是有利的。这种方法的另一个优点是，由压力较高点送来的蒸汽，其能量并未损失，而是参加了本级的膨胀作功。

图1.5.18给出了大功率凝汽式汽轮机湿蒸汽级中水珠的运动规迹及级内各种去湿装置的示意图。

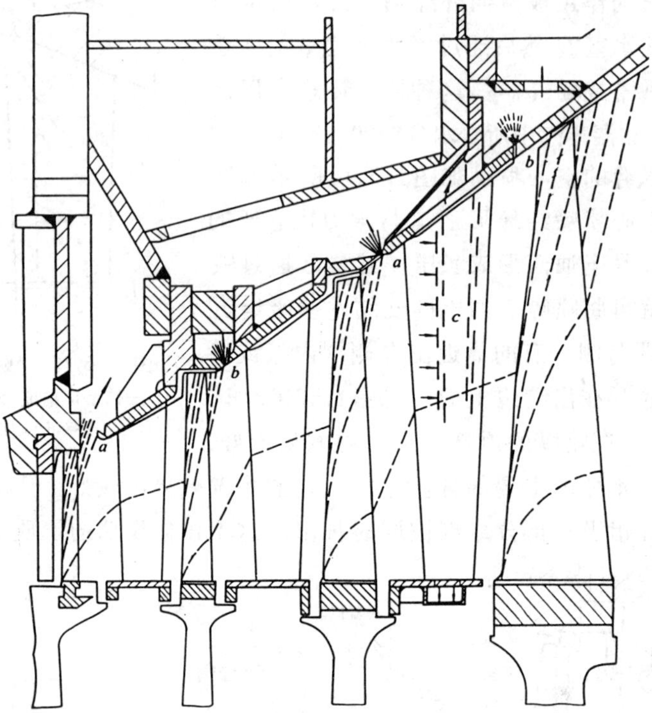

图 1.5.18 大功率汽轮机中水珠的运动规迹和去湿装置

在提高动叶本身抗冲蚀能力方面,通常采取的措施有:采用耐侵蚀性能强的叶片材料(如钛合金);在叶片进汽边背弧上镶焊硬质合金，目前常用的办法是将司太立合金作成薄片焊在动叶顶部进汽边的背弧上（图1.5.19);对叶片表面镀铬、局部高频淬硬、电火花强化、氮化等，这些都可增加动叶表面硬度，延长动叶使用寿命。

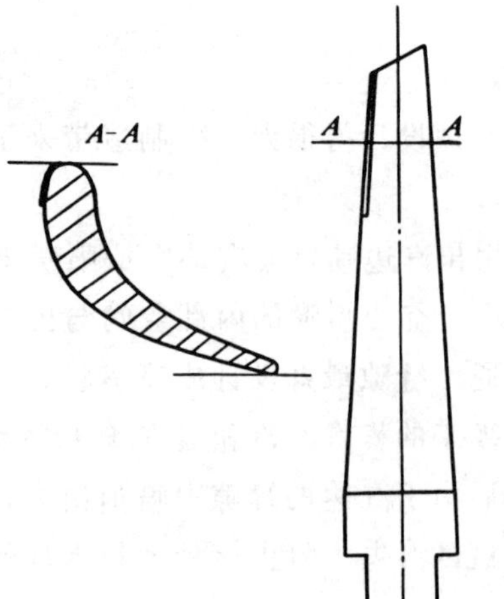

图 1.5.19 焊有贴边的动叶

二、级的相对内效率和内功率

由以上分析可知，因级内存在各种损失，级的理想能量不能全部转变成轴上的有效功。考虑了各种损失后，级的实际热力过程线如图1.5.20所示，图中$\Sigma\delta h$表示级内轮周损失以外的其他各项损失之和。对实际上未发生的某项损失或可忽略的项目，应予扣除。

图中画出了上级余速被本级利用，本级余速不被下级利用，被下级部分利用或被下级全部利用三种情况。

点0^0是本级喷嘴入口的滞止状态点，点 0 是本级喷嘴入口实际状态点，本级动叶进口的滞止状态点是点1^0，

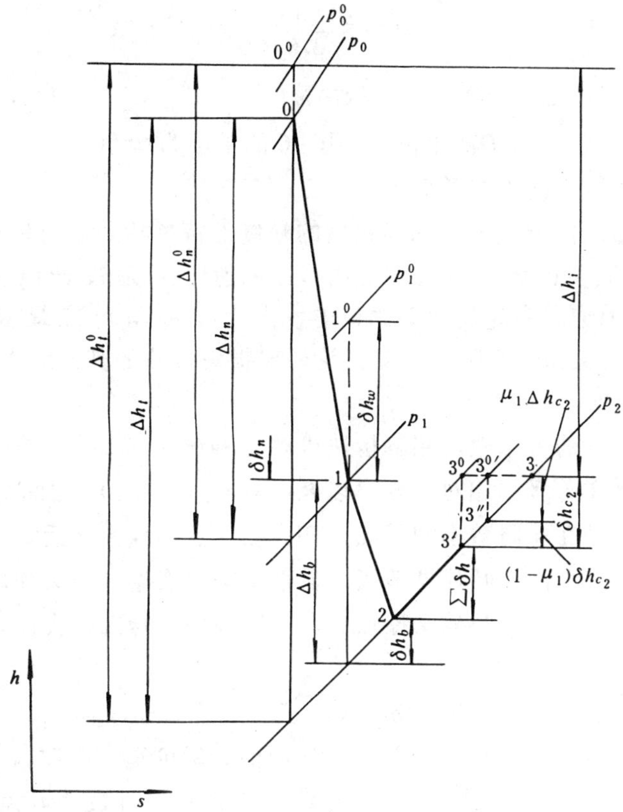

图 1.5.20 冲动级的实际热力过程线

动叶实际进口状态点是点1。在动叶出口的状态点 2 处沿背压p_2向上截取 $\Sigma\delta h$ 和 δh_{c_2} 后，则得本级余速不被下级利用（$\mu_1=0$）时的级后实际状态点3，这时点 3 即为下级喷嘴进口的实际状态点。当本级余速被下级全部利用（$\mu_1=1$）时，下级喷嘴入口的滞止状态点为点3^0，下级喷嘴入口的实际状态点为点$3'$，这时点$3'$是本级的级后状态点。当本级余速被下级部分利用（$0<\mu_1<1$）时，下级喷嘴入口的滞止状态点位于等比焓线$3^0\,3$上，如点$3^{0\prime}$就是其中之一例，这一例中的下级喷嘴入口的实际状态点为点$3''$，这时点$3''$是本级的级后状态点。由图还可看出，本级余速是否被下级利用，对本级的有效焓降Δh_i的值没有影响。

图中级的有效比焓降Δh_i表示1kg蒸汽所具有的理想能量中最后转变为轴上有效功的那部分能量。级的有效比焓降Δh_i与理想能量E_0之比称为级的相对内效率，简称级效率，其表达式为

$$\eta_i=\frac{\Delta h_i}{E_0}=\frac{\Delta h_t^0-\delta h_n-\delta h_b-\delta h_l-\delta h_\theta-\delta h_f-\delta h_e-\delta h_\delta-\delta h_x-\delta h_{c_2}}{\Delta h_t^0-\mu_1\delta h_{c_2}} \tag{1.5.24}$$

级的相对内效率表示级的能量转换的完善程度，是用来衡量级经济性的一个重要指标。它的大小不仅与级的类型，选用的叶型、反动度、速比和叶高有关，而且还与蒸汽的性质、级的结构特点等有关。因此设计时只有合理地确定这些因素，才能获得较高的级效率。

级的内功率P_i可由级的有效比焓降和蒸汽流量求得：

$$P_i = \frac{D\Delta h_i}{3.6} \tag{1.5.25}$$

或

$$P_i = G\Delta h_i \tag{1.5.26}$$

式中　D, G——级的进汽量，D的单位为t/h，G的单位为kg/s 。

三、级内损失对最佳速比的影响

综上所述，衡量级内能量转换完善程度的最终经济指标是级的相对内效率而不是轮周效率。因此，能保证获得级的最高相对内效率的速比才是设计时应考虑的速比，用$(x_a)'_{op}$表示。分析对应最高轮周效率的最佳速比$(x_a)_{op}$与对应最高相对内效率的速比$(x_a)'_{op}$两者之间的关系，实际上就是讨论轮周损失以外的其他级内损失对最佳速比的影响。

由于速比涉及因素的复杂性，用解析法求解各种级的$(x_a)'_{op}$是比较困难的。下面只是概括地分析轮周效率与级的相对内效率以及$(x_a)_{op}$与$(x_a)'_{op}$之间的关系。

级的相对内效率是在轮周效率的基础上扣去级内各项损失之后得到的，例如，某工作于过热蒸汽区的部分进汽的扭叶片调节级，显然该级没有湿汽损失和扇形损失，除轮周损失之外，该级还有叶高损失、叶轮摩擦损失、鼓风损失和斥汽损失以及漏汽损失，该级的相对内效率可表达为

$$\eta_i = \eta_u - \zeta_l - \zeta_f - \zeta_w - \zeta_s - \zeta_\delta$$

由前面的分析可知，ζ_f和ζ_w都是x_a^3的函数，ζ_l是x_a^2的函数，ζ_s是x_a的函数，叶顶漏汽损失与速比x_a同方向变化（见图1.5.9），因此，只要将$\zeta_l + \zeta_f + \zeta_w + \zeta_s + \zeta_\delta = f(x)$的曲线加绘在该级$\eta_u$-$x_a$曲线图上，就可求得$\eta_i$-$x_a$关系曲线，如图1.5.21所示。

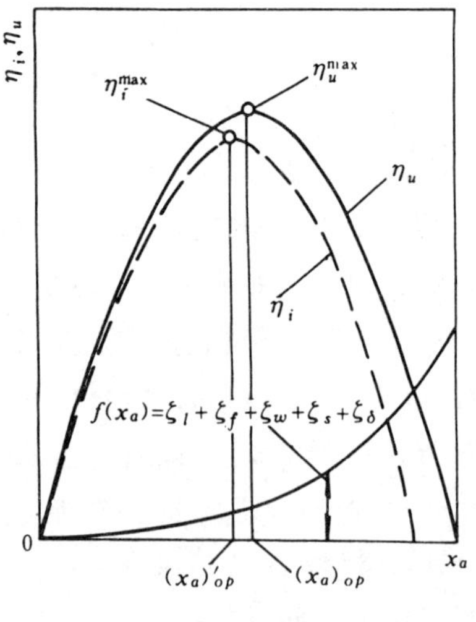

图 1.5.21　级内损失对最佳速比的影响

由图可见，当考虑了上述各项损失之后，级的相对内效率η_i曲线的顶点比轮周效率η_u曲线的顶点位置低，并向左边偏移。换句话说，当考虑了这些级内损失之后，$\eta_i^{max} < \eta_u^{max}$，$(x_a)'_{op} < (x_a)_{op}$。分析表明，这个规律对全周进汽的压力级也是完全适用的，只是相差的程度不同而已。

这一结论对级的设计是很重要的。只有按$(x_a)'_{op}$设计才能保证级的最高相对内效率，同时，因为$(x_a)'_{op} < (x_a)_{op}$，所以按$(x_a)'_{op}$设计可使汽轮机的级数减少、重力减轻、节省金属材料，从而降低制造成本；反之，若仍按$(x_a)_{op}$设计，不仅不能获得最高的级效率，而且还将增加制造费用。

第六节　级的热力设计原理

根据叶片的形状，汽轮机的叶片可分为两种，一种是型线沿叶高不变的等截面叶片，

也称直叶片，由这种叶片构成的级称为直叶片级；一种是型线沿叶高变化的变截面叶片，也称扭叶片，由这种叶片构成的级称为扭叶片级。本节重点讨论直叶片级的热力设计问题，因为直叶片级不仅可用于一些多级汽轮机的高压部分，而且它的热力设计也是扭叶片级的热力设计的基础。

级的热力设计的主要任务是确定级的几何结构参数、热力参数以及级的效率和功率，设计方法有速度三角形法和模拟法两种。直叶片级大多采用速度三角形法，它的特点是以一元流动为理论基础，以平面叶栅静吹风试验资料为依据，以平均截面的参数为代表，通过基本方程和速度三角形的求解来完成级的热力计算。

级的相对内效率的大小与所选用的叶型、速比、反动度和级的结构参数等一系列因素有关。只有实现这些参数的最优选择，才能使设计的级具有较大的作功能力和较高的效率。

一、叶型的选择

1. 叶栅类型的选择

选择喷嘴和动叶叶栅类型的依据是其工作汽流马赫数的大小。我国使用的部分喷嘴叶型和动叶叶型如表1.6.1和表1.6.2所示。

表 1.6.1　国产机组常用喷嘴叶栅的基本几何特性

项　目	叶型编号	相对节距$\bar{t}_n$	进汽角α_0(°)	出汽角α_1(°)	备　注
喷　嘴	HQ-2	0.74～0.90	70～100	11～13	A：亚音速；
	TC-1A	0.74～0.90	70～100	10～14	Б：近音速；
	TC-2A (Б)	0.70～0.90	70～100	13～17	T：汽轮机；
	TC-3A	0.65～0.85	70～100	16～22	C：喷嘴；

复速级的马赫数较高，常选用超音速叶栅。单列级一般作为压力级使用，在大功率汽轮机中也可作为调节级使用，其工作马赫数大多在亚音速范围内，一般都选用亚音速叶栅。单列级即使汽流出口速度为超音速，但由于超音速叶栅的变工况性能较差，加工复杂，且亚音速叶栅可利用斜切部分膨胀得到超音速汽流，因此尽管马赫数较高，只要在斜切部分膨胀可以满足要求的情况下，以及在喷嘴叶栅压比$\varepsilon_n \geqslant 0.45$时，仍应采用亚音速叶栅。只有当$\varepsilon_n \leqslant 0.3 \sim 0.4$、出口马赫数$Ma > 1.5$时，才采用跨音速或超音速叶栅。

2. 汽流出口角α_1和β_2的选择

喷嘴和动叶的汽流出口角α_1、β_2的大小对级的通流能力、作功能力及级效率都有直接的影响，设计时必须考虑级所处的条件，选择适当的汽流出口角。

在高压级中，由于级的容积流量Gv一般较小，为了减少端部损失，不应使叶片高度太小，往往选取出口角α_1较小的叶型，通常取$\alpha_1 = 11° \sim 14°$；在汽轮机的中低压部分，容积流量较大，为了减缓叶片高度的急剧增长，往往选择出口角较大的叶型，通常取$\alpha_1 = 13° \sim 17°$。同一级段内的叶片应尽量选用相同的叶型，以便于制造。

表 1.6.2　　国产机组常用动叶栅的基本几何特性

项　目	叶型编号	进汽角β_1(°)	出汽角β_2(°)	安装角β_s(°)	相对节距$\bar{t}_b$
动　叶	HQ-1	22～23	19～21	76～79	0.60～0.69
	TP-OA	14～25	13～15	76～79	0.60～0.75
	TP-1A（Б）	18～33	16～19	76～79	0.60～0.70
	TP-2A（Б）	25～40	19～22	76～79	0.58～0.65
	TP-3A	28～45	24～28	77～80	0.56～0.64
	TP-4A	35～50	28～32	74～78	0.55～0.64
	TP-5A	40～55	32～36	76～79	0.52～0.60

注　P 指动叶片；A 、Б、T代表的意义与表1.6.1相同。

3.叶片数和叶片高度

当叶型、弦长和安装角选定后，可由叶栅气动特性曲线查得相对节距。若已知级的平均直径d_m，便可求得叶片数z（$z=\pi d_m/t$），叶片数只能取整数。

在选取叶片高度时，须事先进行强度估算，在满足强度要求的条件下，尽量选择窄叶片（特别是叶片高度较小时），以便增大相对高度，有利于减少端部损失。

二、级的特性参数的确定

1.速比x_a的选择

速比是影响汽轮机技术经济指标的一个重要特性参数。速比选择是否恰当，不仅对余速损失的大小有很大影响，而且对叶轮摩擦损失、部分进汽损失、叶高损失等也有一定程度的影响。在级的直径一定的条件下，速比还和汽轮机的级数多少有关。因此，速比是一个既影响热经济性，又影响制造成本的特性参数，设计时必须合理选择。

从前面的分析可知，由于级内各种损失的影响，最高相对内效率对应的最佳速比$(x_a)'_{op}$小于最高轮周效率对应的最佳速比（$(x_a)_{op}$，所以级热力设计时选用的速比应按$(x_a)'_{op}$确定。由于$(x_a)_{op}$也存在一个较佳的范围，因此设计时通常选择若干个x_a，进行不同方案的热力计算，然后进行技术经济比较，最后定出一个合理的速比值。

一般而言，在级效率下降很少时，选用较小的速比较为合理。在考虑了各种因素的影响之后，设计时常用的速比范围如下：

复速级　　$x_a=0.22\sim0.26$

冲动级　　$x_a=0.46\sim0.52$

反动级　　$x_a=0.65\sim0.70$

2.反动度的合理确定

反动度Ω_m是级的另一个重要特性参数。前面已介绍过，当级的反动度增大时，动叶内负的压力梯度增大，附面层减薄，使动叶的速度和效率提高。下面将介绍反动度的大小影响动、静叶栅的出口面积比，影响动、静叶栅的前后压差，从而影响汽轮机转子的轴向推力，以及隔板和动叶等零部件的受力情况。应注意的是反动度的大小还影响根部漏汽或吸汽，从而影响级的效率。由上述可知，反动度是级的重要特性参数之一。现先分析不同根部反动度Ω_r对级效率的影响。

1）根部反动度较大时，由于在动叶根部截面上有较大的压力降，所以动叶根部进口压力明显地大于出口压力。这时喷嘴流出的汽流，将有一部分从动叶进口根部的轴向间隙处向下漏出，与隔板汽封的漏汽一起，通过平衡孔流到级后，减少了动叶中的作功蒸汽，如图1.6.1(*a*)所示。而且，当根部反动度较大时，不论是直叶片〔见式（1.6.2)〕还是扭叶片（见本章第八节)，其叶顶的反动度更大，动叶顶部的漏汽量随之增大，故采用过大的根部反动度是不恰当的。

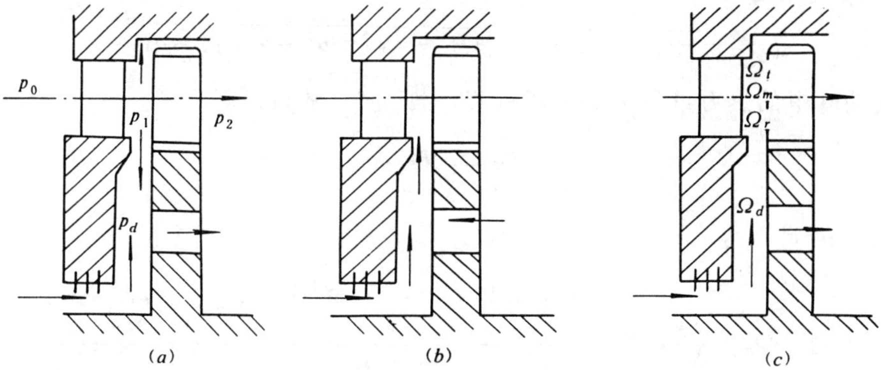

图 1.6.1　动叶根部的三种汽流情况

（*a*）根部漏汽；（*b*）根部吸汽；（*c*）根部不吸不漏

2）根部反动度很小甚至为负值时，隔板漏汽的部分或全部有可能不再经过平衡孔流到级后，而是通过动叶根部轴向间隙被吸入动叶汽道。不仅如此，当根部的负反动度较大时，一部分级后蒸汽将通过平衡孔倒流回来，经过动叶根部的轴向间隙被吸入动叶汽道（图1.6.1,*b*）。由间隙中吸入动叶汽道内的汽流，由于不是从喷嘴中以正确的方向进入动叶的，所以不但不能作功，反而扰乱主汽流，增大损失。试验证明，吸汽对损失的影响比漏汽更为严重。在这种情况下，虽然叶顶漏汽量有所减少，但仍不足以抵消吸汽损失的增加。因此，采用很小的根部反动度也是不合理的。

3）根部反动度比较适当（$\Omega_r=0.03\sim0.05$)时，动叶根部进口压力略高于出口压力，这种情况下，隔板汽封漏汽全部通过平衡孔流到级后，从而使动叶根部间隙处保持不吸不漏的状态（图1.6.1,*c*），避免了吸汽和漏汽的附加损失。显然，选取这样的根部反动度是比较合理的。

在进行直叶片级的热力计算时，根据$c_u\sqrt{r}=$常数的规律，已知根部反动度Ω_r，求平均反动度Ω_m和叶顶反动度Ω_t，可采用以下公式：

$$\Omega_m=1-(1-\Omega_r)\left(\frac{d_b-l_b}{d_b}\right) \tag{1.6.1}$$

$$\Omega_t=1-(1-\Omega_r)\left(\frac{d_b-l_b}{d_b+l_b}\right) \tag{1.6.2}$$

3.级的动、静叶栅面积比

级的反动度是通过动、静叶栅的具体结构来实现的。必须使动、静叶栅的出口面积比$f=A_b/A_n$保持一定的数值，一定的反动度必须有一定的叶栅面积比与之相对应。

为建立面积比f与级的反动度、热力参数和结构参数之间的数学关系，设喷嘴和动叶的流量相等，根据连续方程可得

$$f=\frac{A_b}{A_n}=\frac{c_1}{w_2}\ \frac{v_2}{v_1} \tag{1.6.3}$$

其中，喷嘴出口汽流速度c_1可写成

$$c_1=\varphi c_{1t}=\varphi\sqrt{2(1-\Omega_m)\Delta h_t^0}=\varphi c_a\sqrt{1-\Omega_m} \tag{1.6.4}$$

动叶出口的汽流速度w_2可写成

$$w_2=\psi\sqrt{\Omega_m c_a^2+w_1^2}=\psi\sqrt{\Omega_m c_a^2+c_1^2+u^2-2uc_1\cos a_1} \tag{1.6.5}$$

假定动叶中的热力过程为等比熵过程，即$pv^\kappa=$常数，则

$$\frac{v_2}{v_1}=\left(\frac{p_1}{p_2}\right)^{\frac{1}{\kappa}} \tag{1.6.6}$$

根据反动度的定义得

$$1-\Omega_m=\frac{\Delta h_n^0}{\Delta h_t^0}=\frac{\frac{\kappa}{\kappa-1}RT_0^0\left[1-\left(\frac{p_1}{p_0^0}\right)^{\frac{\kappa-1}{\kappa}}\right]}{\frac{\kappa}{\kappa-1}RT_0^0\left[1-\left(\frac{p_2}{p_0^0}\right)^{\frac{\kappa-1}{\kappa}}\right]}=\frac{1-\left(\varepsilon_2\frac{p_1}{p_2}\right)^{\frac{\kappa-1}{\kappa}}}{1-\varepsilon_2^{\frac{\kappa-1}{\kappa}}}$$

式中，$\varepsilon_2=p_2/p_0^0$。由上式解得

$$\frac{p_1}{p_2}=\left[1+\Omega_m\left(\varepsilon_2^{\frac{1-\kappa}{\kappa}}-1\right)\right]^{\frac{\kappa}{\kappa-1}} \tag{1.6.7}$$

于是

$$\frac{v_2}{v_1}=\left[1+\Omega_m\left(\varepsilon_2^{\frac{1-\kappa}{\kappa}}-1\right)\right]^{\frac{1}{\kappa-1}} \tag{1.6.8}$$

将式（1.6.4）、（1.6.5）和（1.6.8）代入式（1.6.3），可得到面积比的表达式：

$$f=\frac{\left[1+\Omega_m\left(\varepsilon_2^{\frac{1-\kappa}{\kappa}}-1\right)\right]^{\frac{1}{\kappa-1}}}{\frac{\psi}{\varphi}\sqrt{\varphi^2+\frac{x_a^2}{1-\Omega_m}-\frac{2\varphi x_a\cos a_1}{\sqrt{1-\Omega_m}}+\frac{\Omega_m}{1-\Omega_m}}} \tag{1.6.9}$$

这个关系式较复杂，为便于应用，可将它绘成曲线图。然而参数太多，无法用一幅图表达所有参数之间的关系，故在作图时，将φ、ψ、κ取为常数，a_1取某一定值，级的ε_2取某一范围值，然后将余下的主要参数f、Ω_m和x_a用一组曲线绘制在同一幅图上，如图1.6.2所示。显然，对应于不同的a_1值和ε_2的范围，就可得到不同的相似图形[6]。

由图可知，叶栅面积比f主要取决于Ω_m和x_a两项，Ω_m越小，f越大，这是因为Ω_m越小，c_1越大，c_1/w_2越大，而亚临界工况下v_1较c_1变化小，由式（1.6.3)可见Ω_m越小时f越大；反之，Ω_m越大时f越小。这组特性曲线表示了级的特性参数（x_a和Ω_m)、压比ε_2与主要结构参数f和a_1之间的关系，不但在级的热力设计中有用，而且对分析级的变工况也有用。

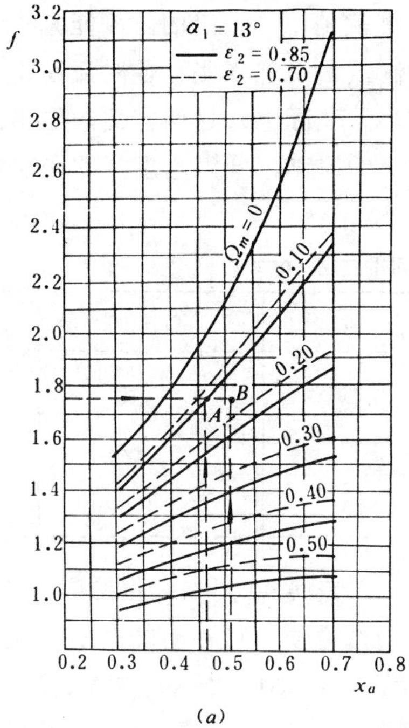

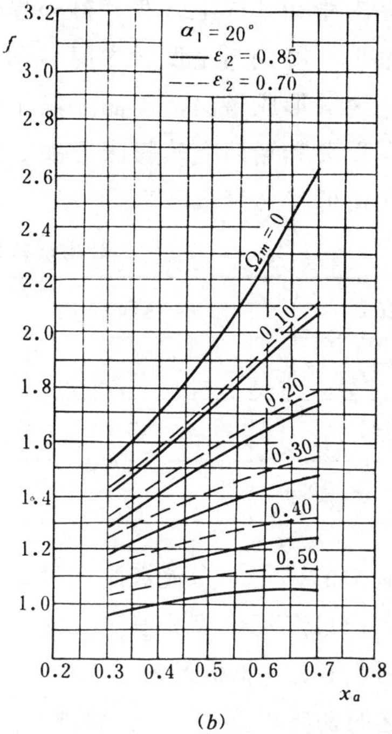

图 1.6.2 静、动叶栅面积比$f=A_b/A_n$曲线（$\varphi=0.975, \psi=0.92$）

（a）$\alpha_1=13°$；（b）$\alpha_1=20°$

例如，某级的$\alpha_1=13°$，$f=1.75$不变，设计工况下$x_a=0.465$，$\varepsilon_2=0.775$，$\Omega_m=0.11$，如图1.6.2(a)中的点 A 所示，工况变动后，$x_{a1}=0.510$，$\varepsilon_2=0.85$，得点B，由点B读得$\Omega_{m1}\approx0.138$。

应当指出，运行时级的实际反动度与以上求得的理论值略有差别。当叶顶漏汽使喷嘴流量大于动叶流量时，级的实际反动度比计算值小；反之，当叶根吸汽使喷嘴流量小于动叶流量时，实际反动度比计算值大。

三、级的某些结构因素对效率的影响

级内某些结构因素对汽轮机运行的安全性和经济性有重要影响，故设计时必须合理地加以确定，以提高经济性和安全性。这些结构因素大致有以下几项：

1.盖度

盖度是指动叶进口高度超过喷嘴出口高度的那部分叶高，用Δ表示。在图1.6.3中，$\Delta=l_b'-l_n$，它由顶部盖度Δ_t和根部盖度Δ_r所组成，即$\Delta=\Delta_t+\Delta_r$。

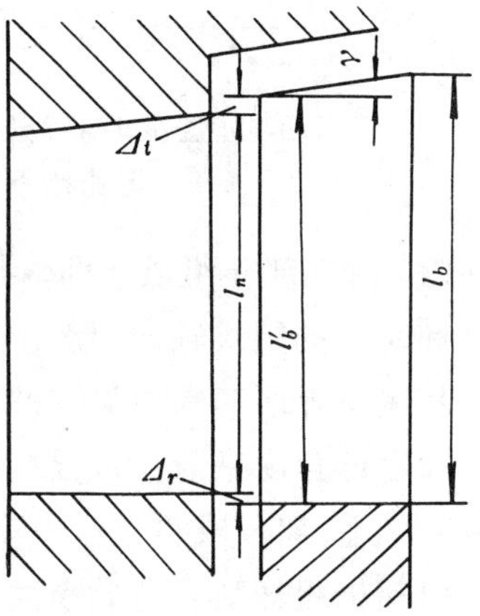

图 1.6.3 级的通流部分示意图

盖度对级效率的影响有两个方面：有利方面是，汽流从喷嘴出来进入动叶时，有向叶顶和叶根两端扩散的趋向，盖度能满足汽流径向扩散的要求；适当的顶部盖度能减少叶顶漏汽；在制造和安装上难免出现动静叶径

向位置的偏差，在运行中也可能出现动静叶两者径向变形不一致，如果没有盖度，就会造成汽流撞击在围带和叶根上，带来额外损失，也就是说，一定的盖度能减少流动损失。不利方面是，盖度（特别当盖度较大时）助长了汽流的突然膨胀，使汽流在顶部和根部产生较大的径向分速，形成漩涡，反而降低了级效率。实际上，这两方面的作用同时发生。故应按叶顶漏汽损失和端部突然膨胀损失之和最小的原则来确定盖度，即存在着一个最佳盖度，其具体数值可参考表1.6.3。

表 1.6.3　　叶高与盖度之间的关系(mm)

喷嘴高度l_n	≤50	51～90	91～150	>150
叶顶盖度Δ_t	1.5	2	2～2.5	2.5～3.5
叶根盖度Δ_r	0.5	1	1～1.5	1.5
直径之差（d_b-d_n）	1	1	1	1～2

由于离心力的作用，汽流被压向顶部，故叶顶盖度Δ_t要比叶根盖度Δ_r大些。

当动叶进出口汽流比容相差不大时，为了制造方便，可使动叶进出口高度相等，即$l_b'=l_b$。但在凝汽式汽轮机的最后几级中，反动度较大，动叶进出口汽流比容变化较大，常使$l_b>l_b'$，这时动叶顶部倾角γ一般取为不大于12°～15°，见图1.6.3，否则汽流无法充满整个流道，在顶部形成停滞区，产生漩涡，使汽流脱离端面而引起附加损失。

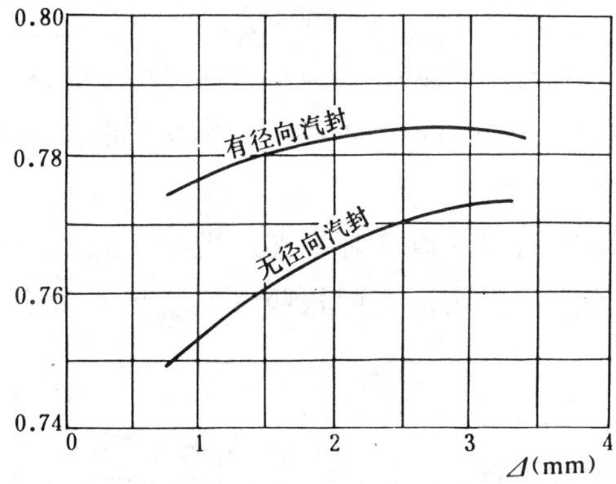

图 1.6.4　盖度Δ对级效率的影响
（在一定速比下）

盖度对级效率的影响如图1.6.4所示。当没有径向汽封时，盖度增加使叶顶漏汽损失减少，级效率显著提高；装有径向汽封时，盖度对级效率的影响已不显著。另外，由图可见，当盖度超过一定值后，级效率便开始下降，这是由于端部突然膨胀造成过大损失的缘故。

2. 轴向间隙

叶轮在汽缸和隔板中要旋转，故动叶和静叶、动叶和持环之间必然有轴向间隙和径向间隙，如图1.6.5(a)所示。总的轴向间隙δ由三部分组成，即$\delta=\delta_1+\delta_2+\delta_z$，其中$\delta_z$称为开式轴向间隙，$\delta_1$和$\delta_2$分别称为喷嘴和动叶的闭式轴向间隙。

从减少叶顶漏汽损失和减短机组轴向长度来看，开式轴向间隙δ_z取得越小越好；但从机组的运行角度来看，应根据启动、停机、变工况等各种条件下的相对膨胀差（或称差胀）来确定δ_z。假如δ_z取得过小，以致小于机组的差胀，则运行时要发生动静结构之间的碰撞磨擦，引起机组振动或造成事故。因此，必须从安全、经济两方面来确定开式轴向间隙的大小，一般取$\delta_z=1.5\sim2.0$mm。对于调峰机组及差胀较大的机组，其δ_z需适当取得大些，有些机组低压缸中的δ_z甚至达7～8mm。

闭式轴向间隙δ_1和δ_2的增大对级效率的影响有两方面：一方面使喷嘴出汽边到动叶进汽边之间的轴向距离增大，可减少喷嘴出口尾迹的影响，从而使动叶进口的汽流趋于均匀，这有利于级效率的改善；另一方面使汽流运动的距离增长，因而增加了汽流与汽道上下端面之间的摩擦，这不利于级效率的提高。因此，δ_1和δ_2有一个较佳的范围，设计时，一般采用表1.6.4推荐的数据。

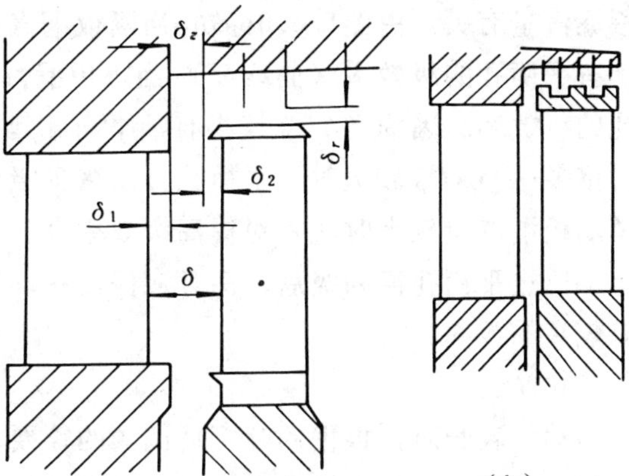

(a)　　(b)

图 1.6.5　级的轴向和径向间隙与叶顶曲径式汽封

(a) 级的轴向和径向间隙；(b) 叶顶曲径式汽封

3.径向间隙

在动叶顶部加装围带和径向汽封，对减少叶顶漏汽有显著效果。试验表明，在$\delta_z=1.5$mm、$\Omega_r=0.03$、$\theta=40$的条件下，装设径向平齿汽封（汽封齿数为2，$\delta_r=1$mm，见图1.6.5，a）后，可提高级的效率2％，故大功率汽轮机的高压部分普遍采用叶顶径向汽封。法国阿尔斯通公司制造的汽轮机中，在叶顶围带上开圆周方向的槽，制成高低齿汽封，即曲径汽封，如图1.6.5(b)所示。这种汽封比平齿汽封封汽效果更好，扣除漏汽损失的效率近于1 [49]。

表 1.6.4　　级的轴向间隙与叶高的关系（mm）

喷嘴高度l_n	≤50	50～90	90～150	>150	
喷嘴闭式间隙δ_1	1～2	2～3	3～4	4～6	$\delta_z=1.5$
动叶闭式间隙δ_2	2.5	2.5	2.5	2.5	
总轴向间隙δ	5～6	6～7	7～8	8～10	

从封汽效果看，径向间隙δ_r越小越好；但从机组振动和热膨胀看，径向间隙不能取得太小。因此，对δ_r的大小也必须从安全和经济两方面来考虑，一般设计时可取$\delta_r=0.5\sim1.5$mm。当叶高较大时，取偏大值；反之，取偏小值。

应当指出，动叶顶部封汽效果不仅与径向间隙的大小有关，而且与径向汽封的齿数和开式轴向间隙的大小有关。当开式轴向间隙因差胀需要取较大值时，需适当增加径向汽封的齿数和减小径向间隙，以控制动叶顶部漏汽量的增加。

对于隔板汽封，为了减少漏汽（特别是高压级隔板较厚时)，应将其齿数增多，并采用高低齿汽封，封汽效果更好。

4.平衡孔

在叶轮轮面上开设平衡孔主要是为了减少轴向推力。叶根反动度过大或过小时，平衡孔会使叶根的漏汽或吸汽损失增大，致使级效率降低。此外，平衡孔对级效率的影响还与隔板漏汽量有关。由图1.6.6可知，当隔板漏汽量ΔG_p较小时，无平衡孔的级效率(曲线1)高于有平衡孔的级效率（曲线2）；当隔板漏汽量ΔG_p较大时，有平衡孔的级效率高于无平衡孔的级效率。因为当ΔG_p较小时，平衡孔起到了叶轮前后漏汽通道的作用，使叶根漏汽相对增多；当ΔG_p较大时，平衡孔可以减少吸汽损失，可见平衡孔只有在叶根反动度适当以及隔板漏汽量较大时，才对提高级效率有利。平衡孔通流面积的大小应能够使隔板漏汽量全部通过平衡孔流到级后，而且应保证在动叶根部不发生吸气和漏汽，只有这样，级才具有较高的效率。

5.拉筋

当动叶较长时，根据动叶振动调频的需要，常采用拉筋把动叶片成组地连接起来。拉筋使汽流受阻，并使汽流产生扰动，因而使级效率降低。试验表明，单排拉筋使级效率降低约1％～2％，椭圆拉筋可以改善动叶后速度场的不均匀性，减小级效率的降低。多排拉筋的相互作用对汽流会产生更不利的影响，所造成的损失可能超过各单排之和，所以应尽量避免采用装设拉筋来进行调频。

综上所述，在进行级的热力设计时，不仅应进行级的热力计算，而且还必须对各种结构因素的影响加以综合考虑，这样才能使设计的汽轮机既安全又经济。

四、喷嘴和动叶高度的确定

当叶型确定后，便可根据连续方程来确定动静叶的出口面积和叶高。对喷嘴叶栅有：

$$A_n = \frac{G_n v_{1t}}{\mu_n c_{1t}} \tag{1.6.10}$$

式中 G_n——通过喷嘴的流量；

A_n——与喷嘴出口汽流速度（c_{1t}）方向相垂直的汽道出口面积，如图1.6.7中所示的阴影面积。

喷嘴出口面积A_n又可写为

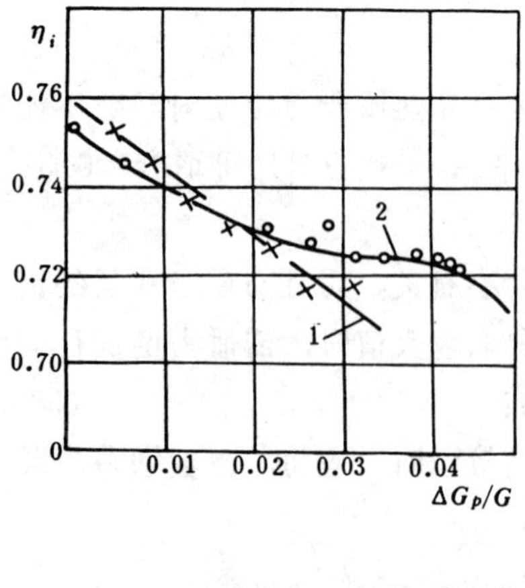

图 1.6.6 隔板漏汽量变化时平衡孔对级效率的影响

1—无平衡孔；2—有平衡孔

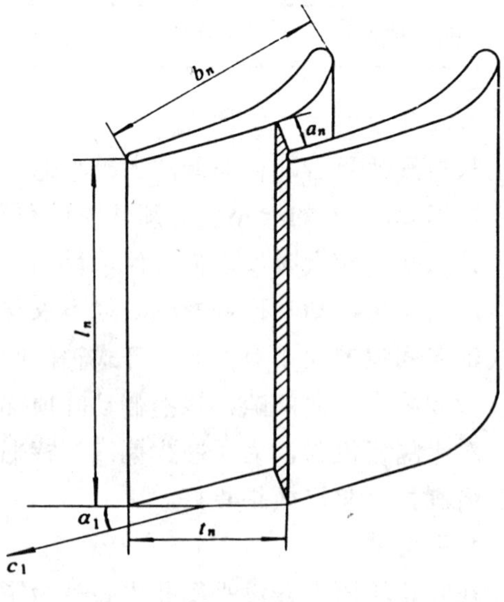

图 1.6.7 喷嘴汽道示意图

$$A_n = z_n l_n a_n = z_n l_n t_n \sin\alpha_1 \tag{1.6.11}$$

由式（1.5.11）知，上式中的$z_n t_n = e\pi d_n$，于是

$$A_n = e\pi d_n l_n \sin\alpha_1$$

即

$$l_n = \frac{A_n}{e\pi d_n \sin\alpha_1} \tag{1.6.12}$$

式（1.6.12）是用来确定喷嘴出口高度的公式。即使容量很小的机组，式中部分进汽度e也不能小于0.15，否则会引起部分进汽损失的急剧增加；l_n应大于极限相对高度，否则会引起端部损失的急剧增加，故应合理地确定e和l_n，使这两种损失之和为最小。6MW以上汽轮机除调节级以外的各级，6 MW以下汽轮机的中低压级和所有反动级一般都采用全周进汽。反动级若为部分进汽，则不装喷嘴处的相应动叶中没有工作汽流通过，此动叶就成了动叶前蒸汽漏到动叶后的通道，漏汽损失很大，故反动级都是全周进汽。

当汽流在斜切部分发生膨胀和偏转时，除用式（1.2.27）计算喷嘴的喉部截面A_{nc}外，还应计算偏转角δ_1，这时速度三角形应以喷嘴出口角（$\alpha_1 + \delta_1$）为根据来绘制。

同理，动叶栅出口的面积和叶高分别为

$$A_b = \frac{G_b v_{2t}}{\mu_b w_{2t}} \tag{1.6.13}$$

$$l_b = \frac{A_b}{e\pi d_b \sin\beta_2} \tag{1.6.14}$$

式中　e——动叶的部分进汽度，与喷嘴的部分进汽度相同。

动叶进口叶高l'_b无须计算，由喷嘴出口叶高l_n加盖度Δ来确定，即$l'_b = l_n + \Delta_t + \Delta_r$。

五、级的通流部分热力计算

通常情况下，已知级前蒸汽参数p_0、t_0，级后压力p_2，蒸汽流量G，进入本级的初速c_0，级的平均直径d_m和汽轮机的转速n。根据这些条件选定级的反动度Ω_m；选定静动叶叶型和节距，可得静动叶汽流出口角α_1和β_2；选定速度系数φ、ψ，然后进行级的热力计算。

热力计算的主要步骤如下：第一步，计算静动叶栅出口汽流速度，画动叶进出口速度三角形和热力过程线，算出级的轮周功率和轮周效率；第二步，计算静动叶栅的出口面积和叶高；第三步，除轮周损失外，分析级内存在的其他各项损失，并算出各项损失的大小；第四步，算出该级的相对内效率和内功率。

六、级的模化和模拟设计简介

前面介绍的速度三角形法是长期通用的级的计算方法，也是级的设计分析的理论依据。但是，在应用速度三角形法时，要有相应的静叶栅空气动力特性试验资料，以便确定速度系数φ、ψ以及流量系数μ_n和μ_b等，否则计算结果很难适用。因此，设计效率的高低在很大程度上受计算者所取定的一些系数大小的影响。

叶栅空气动力特性试验资料是在静止的直叶栅上用吹风试验取得的。对于由一列静叶栅和一列动叶栅组成的级，这种试验资料有其局限性，因为级的各列叶栅前后都有其他叶栅存在，叶栅之间存在相互影响；同一直径处由于受前一列叶栅的影响，沿圆周方向进入本列叶栅的汽流速度并不均匀，流量也不稳定；同一直径处流出本列叶栅的流动阻力沿圆

周方向也不均匀；空间叶栅是环形叶栅而不是平面叶栅；真实级内流动是三元流动，而不是一元流动等。另外汽轮机级的结构也有影响，如动叶盖度的影响；叶根和叶顶漏汽或吸汽的影响；径向、轴向间隙大小的影响等，这些影响在叶栅空气动力特性试验资料中不可能反映出来。

由于这些因素的影响，单列压力级的计算效率比实际试验结果高出2%左右，复速级的误差更大，高达2.5%～3.0%[12]。

为了提高级的设计精确度，不得不寻求其他方法。

能否找到更加完善的理论计算方法呢？汽轮机级所发生的过程是极为复杂的过程，一般属于非完全气体的非定常、三元、粘性、可压缩紊流流动，并带有传热，有时还有传质甚至相变的气体动力-热力学问题。由于描述这个过程的偏微分方程组通常都是非线性的，加上复杂的定解条件，因而方程的严格理论求解目前尚不可能，即使进行计算机近似解，至今也未曾有人尝试过。特别是汽轮机级中的某些过程或现象（如过冷蒸汽和湿蒸汽的流动、紊流流动等）的规律现在尚未完全掌握，所以还不能用物理、数学的方法来准确全面地描述汽轮机级中的过程。通过实验可测定级的各种综合特性，但是用实物级和实际工质来做实验是不经济的，有时甚至是不可能的，所以需要将实物级尺寸缩小（或者放大），或者选用方便的工质做实验，这就是级的模化实验[10]。

在模化实验中可以取得级的各种综合特性曲线或经验公式，包括修正曲线或经验修正公式，这些曲线和公式可供设计汽轮机级时选用。在模化实验基础上进行的设计就是汽轮机级的模拟设计。我国自行设计和制造的汽轮机，其效率提高到世界先进水平的必由之路是进行汽轮机级的模化实验和模拟设计。

指导模化实验的理论基础是相似理论。

两种流动相似的充分和必要条件是相似准则数相等，也就是说必须遵守几何相似、运动相似和动力相似的条件。然而对某些相似条件，如几何相似中的叶片表面粗糙度、出口边厚度、静子和转子之间的间隙等，想做到模型与实物相似是存在相当大的困难的。各相似准则对实验结果的影响程度不同，有些准则在变动后对实验结果的影响很小，可以忽略；有些准则则不然，它们的不相等，将导致模型实验结果与实物实际性能之间的重大差异。对于前者，在做模化实验时可以不予考虑；对于后者则必须严格地予以满足，如果不能满足，就要通过其他的试验求出修正数值。实际的模化实验方案往往就是这样拟定的，所以，模拟也总是近似的模拟。那些导致模型与实物流动之间有显著差异的准则叫做决定性相似准则。

在一般情况下，级的模化的决定性准则的有下列几项[12]：

（1）几何相似　几何相似是模化试验的必要条件。模型各尺寸是实物尺寸按同一比例缩小得到的，即有相同的比值 d/l、l/b、t/b 等（b 是叶弦长度）。但对于间隙、叶片出口厚度、表面粗糙度等，要按比例缩小有困难，所以只能保证主要的几何尺寸相似，如长叶片的流场沿叶高不等，应保证 d/l 相等；短叶片的端部损失是不能忽视的，因而应保证 l/b 相等。

（2）速比 x_a 相等　x_a 是一个极为重要的相似准则。x_a 相等是保证速度三角形相似(亦即运动相似）的必要条件，一般总是要设法满足的，因不同的x_a，对轮周效率有着显著的影响。

（3）马赫数Ma相等　马赫数是表征流体压缩性影响的准则。一般，当实际马赫数$Ma<0.3\sim0.4$时，便认为达到自模化区，气体压缩性的影响已不显著，模拟级相应的马赫数再小些也无关，但要保证雷诺数Re相等。当总的平均马赫数$Ma=0.75\sim0.80$时，会有汽道中局部出现$Ma>1$，引起冲波损失增大的情况，这时应设法保证Ma相等。

（4）雷诺数Re相等　雷诺数是表征流体粘性影响的准则。要求Re相等，或者雷诺数都处于自模化区。而Re的自模化点也是不易确定的，它与叶型、反动度及表面粗糙度等有关。一般认为Re达到（5～7）$\times10^5$时，级中的流动处在雷诺数的自模化区，雷诺数的差别可不予以考虑。

（5）定熵指数κ相等　为了简化设备及试验方便起见，模拟级一般以压缩空气为工质，空气的$\kappa=1.4$，过热蒸汽的$\kappa=1.3$，κ值不同，在同一压降下的比焓降也不同，速度也不同，流动也不能相似。然而理论分析和试验证实，在$Ma\leqslant0.7\sim1.0$时，用空气代替蒸汽误差不大，对级效率的影响只有0.2%左右。但是，当$Ma>1.0$时，κ值不同会引起较大的误差，这时须考虑用蒸汽作试验工质，且必须注意湿度问题。

在实际应用中，有重点地满足一些对流动起主导作用的准则，而略去一些次要的准则，这很有利于试验的简化。例如，在研究高速气体流动时，必须使马赫数相等；在研究流体的粘性问题时，必须使雷诺数相等。在大多数情况下，可以假定定熵指数κ在相应点相等。在高速汽流流动中，当粘性力与流体惯性力相比较小时，也可以略去雷诺数的影响。在某一准则处于自模化区时，即可认为流动与该准则无关。

第七节　级的热力计算示例

本节的目的是通过例题将级的热力计算的内容贯穿在一起，以便对级的工作原理有进一步的理解，并了解有关公式的应用。

现以国产N200-12.75/535/535型汽轮机的某高压级为例，说明等截面直叶片级的热力计算程序。为便于理解和掌握，大体上把热力计算过程分为几个主要步骤。

已知数据：级前压力$p_0=4.817$MPa，温度$t_0=398$℃，级后压力$p_2=4.247$MPa，级流量$G=165.833$kg/s，初速$c_0=48.5$m/s，转速$n=3000$r/min。该级的通流部分结构如图1.7.1所示，试对该级进行热力计算。

具体计算如下：

一、喷嘴部分计算

1.级的滞止理想比焓降Δh_t^0

根据级的进出口参数p_0、t_0、p_2，在水蒸气h-s图上查得级的进口比焓值$h_0=3192.684$ kJ/kg，等比熵出口比焓值$h'_{2t}=3155.482$kJ/kg。由级的进口滞止比焓值$h_0^0=h_0+\dfrac{c_0^2}{2}=3192.684+\dfrac{48.5^2}{2\times10^3}=3193.860$(kJ/kg)，查$h$-$s$图得到级的进口滞止压力$p_0^0=4.866$MPa。级

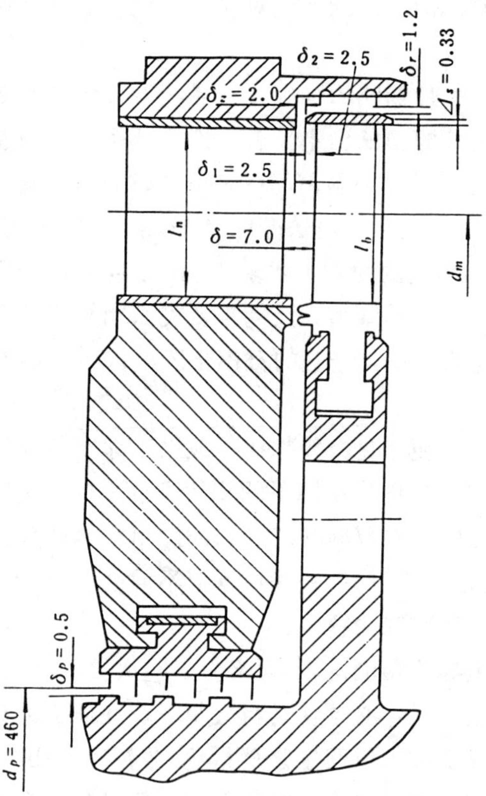

图 1.7.1 级的通流部分结构图

的滞止理想比焓降Δh_t^0为

$$\Delta h_t^0 = h_0^0 - h_{2t}' = 3193.860 - 3155.482 = 38.378 \text{ (kJ/kg)}$$

2.平均反动度Ω_m的确定

为了确定喷嘴的滞止理想比焓降，必须先确定级的反动度。选级的平均反动度$\Omega_m=0.195$。

3.喷嘴的滞止理想比焓降Δh_n^0

$$\Delta h_n^0 = (1-\Omega_m)\Delta h_t^0 = (1-0.195)\times 38.378 = 30.894(\text{kJ/kg})$$

4.喷嘴出口汽流速度c_{1t}和c_1

$$c_{1t} = \sqrt{2\Delta h_n^0} = \sqrt{2\times 30.894\times 10^3} = 248.6(\text{m/s})$$

$$c_t = \varphi c_{1t} = 0.97\times 248.6 = 241.1(\text{m/s})$$

5.喷嘴等比熵出口参数h_{1t}、v_{1t}、p_1

首先由h_0和Δh_n^0求出喷嘴出口理想比焓值h_{1t}：

$$h_{1t} = h_0^0 - \Delta h_n^0 = 3193.860 - 30.894 = 3162.966(\text{kJ/kg})$$

然后在h-s图上，从进口状态等比熵膨胀到h_{1t}，查出等比熵出口比容$v_{1t}=0.0661\text{m}^3/\text{kg}$、出口压力$p_1=4.365\text{MPa}$。

6.喷嘴压比ε_n

$$\varepsilon_n = \frac{p_1}{p_0^0} = \frac{4.365}{4.866} = 0.897 > \varepsilon_{nc}$$

由此可知，喷嘴中为亚音速汽流，故采用渐缩喷嘴。选喷嘴型号为 TC-1A 型、$\alpha_1=12°$、$\sin\alpha_1=0.2079$。

7.隔板漏汽量ΔG_p

$$\Delta G_p = \mu_p A_p \frac{\sqrt{2\Delta h_n^0}}{v_{1t}\sqrt{z_p}} = 0.75\times 7.23\times 10^{-4}\times \frac{\sqrt{2\times 30.894\times 10^3}}{0.0652\times\sqrt{6}} = 0.844 \text{ (kg/s)}$$

其中
$$A_p = \pi d_p \delta_p = \pi\times 460\times 0.5\times 10^{-2} = 7.23 \text{ (cm}^2\text{)}$$

式中 μ_p——汽封流量系数，取$\mu_p=0.75$；

z_p——隔板汽封片数，取$z_p=6$。

8.喷嘴出口面积A_n

因为是亚音速流动，故选用下式计算A_n：

$$A_n = \frac{G_n v_{1t}}{\mu_n c_{1t}} = \frac{164.989\times 0.0661}{0.97\times 248.6}\times 10^4 = 452.3(\text{cm}^2)$$

式中　μ_n——喷嘴流量系数，由于叶高损失单独计算，故取$\mu_n=0.97$；

G_n——喷嘴进口流量，$G_n=G-\Delta G_p=165.833-0.844=164.989$ (kg/s)。

9.速比x_a

当反动度确定后，为保证级的性能良好，相应地选择速比$x_a=0.505$。应当指出，一般在热力方案设计时，应选择若干个x_a值，平行地进行热力计算，然后通过各方案的技术经济比较，确定设计时的速比值。

10.级的假想速度c_a

$$c_a=\sqrt{2\Delta h_t^0}=\sqrt{2\times38.378\times10^3}=277.0\ (\text{m/s})$$

11.级的圆周速度u

$$u=c_a x_a=277.0\times0.505=139.9\ (\text{m/s})$$

12.级的平均直径d_m

$$d_b=\frac{60u}{\pi n}=\frac{60\times139.9\times10^3}{3000\pi}=891\ (\text{mm})$$

若已知d_b，可由d_b先算出u，再算x_a，校核x_a是否在最佳范围内。

对喷嘴的平均直径d_n，严格地说，应根据盖度的数值来确定，现取$d_n=d_b-1=890$ (mm)。但由于d_n与d_b相差不大，计算中往往取$d_n=d_b=d_m=891$mm。

13.喷嘴高度l_n

根据估算，叶片较高，故取部分进汽度$e=1$。

$$l_n=\frac{A_n}{e\pi d_m\sin\alpha_1}=\frac{452.3\times10^2}{0.891\pi\times10^3\times0.2079}=77.7\ (\text{mm})$$

为了设计制造方便，取喷嘴的计算高度为整数值，这里取$l_n=78$mm。

14.喷嘴损失δh_n

$$\delta h_n=(1-\varphi^2)\Delta h_n^0=(1-0.97^2)\times30.894=1.826\ (\text{kJ/kg})$$

15.喷嘴出口比焓值h_1

$$h_1=h_{1t}+\delta h_n=3162.966+1.826=3164.792\ (\text{kJ/kg})$$

16.作出动叶进口速度三角形

根据上面求得的c_1、α_1、u之值作出动叶进口速度三角形，如图1.7.2所示。

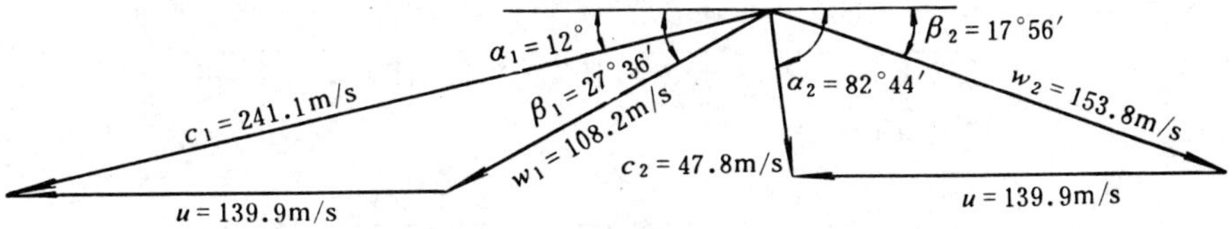

图 1.7.2　级的速度三角形

由图求得

$$\begin{aligned}w_1&=\sqrt{c_1^2+u^2-2uc_1\cos\alpha_1}\\&=\sqrt{241.1^2+139.9^2-2\times241.1\times139.9\times\cos12°}\\&=108.2\ (\text{m/s})\end{aligned}$$

$$\beta_1 = \arcsin\frac{c_1 \sin\alpha_1}{w_1} = \arcsin\frac{241.1\times0.2079}{108.2} = 27°36'$$

$$\delta h_{w_1} = \frac{w_1^2}{2} = \frac{108.2^2}{2\times10^3} = 5.584\ (\mathrm{kJ/kg})$$

二、动叶部分计算

17.动叶出口相对速度w_{2t}和w_2

$$w_{2t} = \sqrt{2\Omega_m \Delta h_t^0 + w_1^2} = \sqrt{2\times0.195\times38.378\times10^3 + 108.2^2} = 163.3\ (\mathrm{m/s})$$

$$w_2 = \psi w_{2t} = 0.942\times163.3 = 153.8\ (\mathrm{m/s})$$

式中 ψ——动叶速度系数，由图1.2.12查得$\psi = 0.942$。

18.动叶等比熵出口参数h_{2t}、v_{2t}

由h-s图，从喷嘴实际出口状态点p_1、h_1，等比熵膨胀到p_2，查得$h_{2t} = 3157.154\mathrm{kJ/kg}$，$v_{2t} = 0.0667\mathrm{m^3/kg}$。

19.动叶出口面积A_b

$$A_b = \frac{G_b v_{2t}}{\mu_b w_{2t}} = \frac{164.989\times0.0667}{0.964\times163.3}\times10^4 = 699.1\ (\mathrm{cm^3})$$

式中 μ_b——动叶流量系数，查图1.2.6，得$\mu_b = 0.964$；

G_b——动叶进口流量，未考虑叶顶漏汽量，即取$G_b = G_n$。

20.动叶高度l_b

因该级动叶进出口比容相差不大，故可取$l_b = l_b'$。根据喷嘴高度l_n有：

$$l_b = l_n + \Delta_t + \Delta_r = 78 + 2 + 1 = 81\ (\mathrm{mm})$$

21.动叶汽流出口角β_2

$$\sin\beta_2 = \frac{A_b}{\pi d_b l_b} = \frac{699.1\times10^2}{891\times81\pi} = 0.3083$$

由此得$\beta_2 = 17°56'$。

根据动静叶的工作条件和配对要求，动叶型号选用TP-1A型。

22.作动叶出口速度三角形

由w_2、β_2、u作出动叶出口速度三角形，如图1.7.2所示。由图求得

$$\begin{aligned} c_2 &= \sqrt{w_2^2 + u^2 - 2w_2 u\cos\beta_2} \\ &= \sqrt{153.8^2 + 139.9^2 - 2\times153.8\times139.9\times\cos17°56'} \\ &= 47.8\ (\mathrm{m/s}) \end{aligned}$$

$$\alpha_2 = \arcsin\frac{w_2\sin\beta_2}{c_2} = \arcsin\frac{153.8\times0.3083}{47.8} = 82°44'$$

23.动叶损失δh_b

$$\delta h_b = (1-\psi^2)\Delta h_b^0 = (1-\psi^2)\frac{w_{2t}^2}{2}$$

$$= (1-0.942^2)\times\frac{163.3^2}{2\times10^3} = 1.502\ (\mathrm{kJ/kg})$$

24. 余速损失δh_{c_2}

$$\delta h_{c_2}=\frac{c_2^2}{2}=\frac{47.8^2}{2\times10^3}=1.142\ (\mathrm{kJ/kg})$$

三、轮周效率η_u的计算

25. 轮周有效比焓降Δh_u

$$\begin{aligned}\Delta h_u&=\Delta h_t^0-\delta h_n-\delta h_b-\delta h_{c_2}\\&=38.378-1.826-1.502-1.142\\&=33.908\ (\mathrm{kJ/kg})\end{aligned}$$

26. 级的理想能量E_0

因为是中间级，级后无抽汽，故取$\mu_1=1$，则

$$E_0=\Delta h_t^0-\mu_1\delta h_{c_2}=38.378-1.142=37.236\ (\mathrm{kJ/kg})$$

27. 轮周效率η_u

$$\eta_u=\frac{\Delta h_u}{E_0}=\frac{33.908}{37.236}=0.911$$

28. 校核轮周效率

$$\begin{aligned}W_u&=u(c_1\cos\alpha_1+c_2\cos\alpha_2)\\&=139.9\times(241.1\times\cos12^\circ+47.8\times\cos82^\circ44')\times10^{-3}\\&=33.839\ (\mathrm{kJ/kg})\end{aligned}$$

$$\eta_u'=\frac{W_u}{E_0}=\frac{33.839}{37.236}=0.909$$

两种方法计算的η_u与η_u'基本一致，所以可以认为以上计算结果是正确的。

四、级内损失的计算

由于该级在过热蒸汽区工作，没有湿汽损失，而且该级全周进汽，没有部分进汽损失，故只有叶高损失δh_l，扇形损失δh_θ、叶轮摩擦损失δh_f和漏汽损失δh_δ。

29. 叶高损失δh_l

$$\delta h_l=\frac{a}{l}\Delta h_u=\frac{1.6}{78}\times33.908=0.696\ (\mathrm{kJ/kg})$$

式中取系数$a=1.6$时，已包括扇形损失，故δh_θ不需另外计算。

30. 叶轮摩擦损失δh_f

$$\Delta P_f=K_1\left(\frac{u}{100}\right)^3\frac{d_m^2}{v}=1.07\times\left(\frac{139.9}{100}\right)^3\times\frac{(891\times10^{-3})^2}{0.0666}=34.845\ (\mathrm{kW})$$

其中 $$v=\frac{v_1+v_2}{2}=\frac{0.0663+0.0669}{2}=0.0666\ (\mathrm{m^3/kg})$$

$$\delta h_f=\frac{\Delta P_f}{G}=\frac{34.845}{165.833}=0.210\ (\mathrm{kJ/kg})$$

31. 漏汽损失δh_δ

叶顶漏汽损失δh_t为

$$\delta h_t=\frac{\mu_1\bar{\delta}_z\psi_t}{\mu_2\sin\alpha_1}\Delta h_i'=\frac{0.25\times0.0253\times0.534}{0.941\times0.2079}\times33.212=0.573\ (\text{kJ/kg})$$

其中

$$\Delta h_i'=\Delta h_u-\delta h_l=33.908-0.696=33.212\ (\text{kJ/kg})$$

$$\bar{\delta}_z=\frac{\delta_z}{l_b}=\frac{2.0}{81}=0.0247$$

$$\frac{\delta_z}{\Delta_s}=\frac{2.0}{0.33}=6.06$$

由图1.5.7、图1.5.8、图1.5.9分别查得$\psi_t=0.534$、$\mu_1=0.25$、$\mu_2=0.941$。

隔板漏汽损失δh_p为

$$\delta h_p=\frac{\Delta G_p}{G}\Delta h_i'=\frac{0.844}{165.833}\times33.212=0.169\ (\text{kJ/kg})$$

于是

$$\delta h_\delta=\delta h_p+\delta h_t=0.169+0.573=0.742\ (\text{kJ/kg})$$

32.级内各项损失之和$\sum\delta h$

$$\sum\delta h=\delta h_l+\delta h_f+\delta h_\delta=0.696+0.210+0.742=1.648\ (\text{kJ/kg})$$

五、级效率与内功率的计算

33.级的有效比焓降Δh_i

$$\Delta h_i=\Delta h_u-\sum\delta h=33.908-1.648\approx32.26\ (\text{kJ/kg})$$

34.级效率η_i

$$\eta_i=\frac{\Delta h_i}{E_0}=\frac{32.26}{37.236}=0.866$$

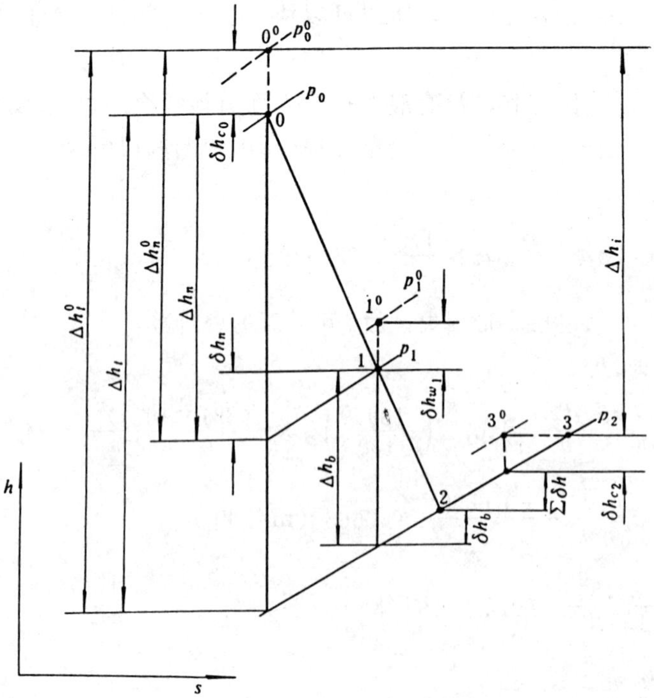

图 1.7.3　级的热力过程线

35.级的内功率P_i

$$P_i = G\Delta h_i = 165.833 \times 32.26 = 5349.8 \text{ (kW)}$$

36.作出级的热力过程线

级的热力过程线如图1.7.3所示。

第八节　扭　叶　片　级

一、概述

在研究等截面直叶片级时，认为汽流参数沿叶高和周向都不变，采用一元流动的方法进行分析，从而建立了级内蒸汽热能转换为机械功的基本理论。几十年来，级的设计计算是以这种一元流动模型为理论依据的，对于径高比$\theta = \frac{d_m}{l} > 8 \sim 12$的短叶片级，这种一元流理论可以获得满意的工程效果，而且计算简便，叶片易于加工，制造成本低。因此，迄今为止，短叶片级的设计仍然采用一元流计算方法。

随着汽轮机单级功率的增大，蒸汽容积流量Gv必然增大，特别是凝汽式汽轮机的末几级，需要更大的通流面积，因此，径高比较小，叶片很长。这种情况下若仍以一元流理论为基础，以平均直径处的参数来计算，不考虑汽流参数沿叶高的变化，设计成直叶片，就必将产生多种附加损失，使级的效率明显下降。主要损失有：

1.沿叶高圆周速度不同所引起的损失

当径高比较小（$\theta < 8 \sim 12$）、叶片较长时，从叶根到叶顶，半径的显著变化使圆周速度相差很大。例如，东方汽轮机厂生产的N300-16.7/537/537型汽轮机，其末级平均直径$d_m = 2520$mm，叶片高度$l_b = 851$mm，$\theta = 2.96$，叶顶圆周速度$u_t = 529.5$m/s，叶根圆周速度$u_r = 263$m/s，两速度相差一倍。

为了说明圆周速度沿叶高变化对级工作特性的影响，假定汽流的c_1和α_1沿叶高不变。由图1.8.1可知，由于圆周速度沿叶高逐渐增加，汽流进入动叶的进汽角β_1沿叶高逐渐增大，这时，如果动叶仍按平均直径处的速度三角形进行设计，并采用等截面直叶片，则其它各直径处的汽流在进入动叶时，都将产生不同程度的撞击现象。在$d > d_m$处，撞击在背弧上；在$d < d_m$处，撞击在内弧上，从而造成能量损失。同时，动叶汽流出口绝对速度c_2及其方向角α_2沿叶高也将发生很大的变化，造成级后汽流扭曲，使下一级汽流进口条件恶化，产生附加能量损失。

2.沿叶高节距不同所引起的损失

汽轮机叶栅是具有一定半径的环形叶栅。关于环形叶栅的特点及产生附加能量损失的原因在前面讨论扇形损失时已经分析过。在θ较小时，从叶根到叶顶，叶栅节距相差较大。例如，N200-12.75/535/535型汽轮机的末级动叶栅，叶根节距$t_r = 37.44$mm，平均节距$t_m = 56.1$mm，叶顶节距$t_t = 74.75$mm，叶顶节距为叶根的两倍。如果仍采用直叶片，在平均直径处取最佳节距，那么在其他直径处因偏离最佳节距所造成的损失将随θ的减小而迅速地增加。

3.轴向间隙中汽流径向流动所引起的损失

当蒸汽从静叶和动叶流出时，由于有圆周方向的分速c_{1u}和c_{2u}，蒸汽在静动叶栅出口

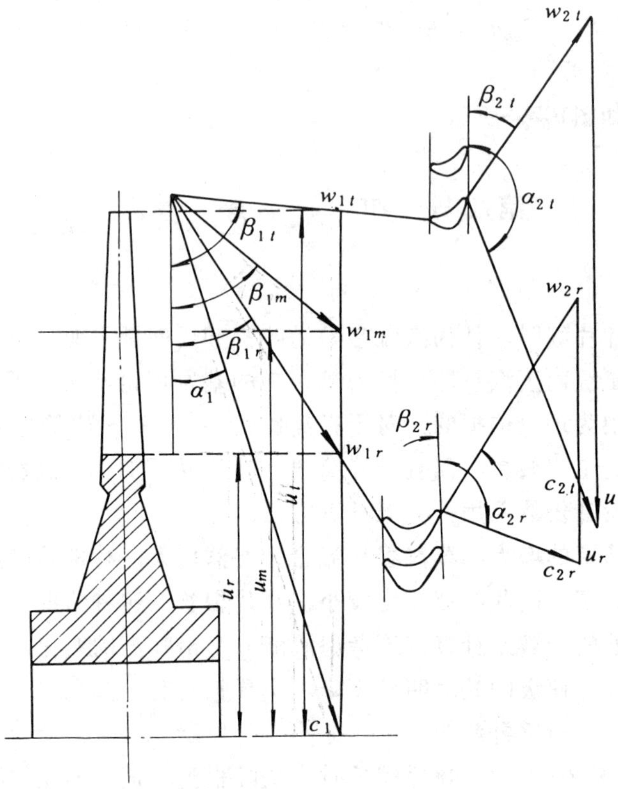

图 1.8.1　速度三角形沿叶高的变化

的轴向间隙中受到离心力作用。这一离心力如不采取措施加以平衡，就会使汽流在轴向间隙中产生径向流动，而这种流动形成的动能不能转变为轮周功，纯粹是一种损失，这在长叶片级中尤为显著。

上述分析说明，在径高比比较小的直叶片级中，沿叶高不同直径上的汽流状态与平均直径处相差较大，且随着径高比的减小，这种差别更加显著。这时，若不考虑上述各种因素的影响，仍采用直叶片，就必然引起较大的能量损失，使级效率显著降低。

为了获得较高的级效率，必须把长叶片设计成型线沿叶高变化的扭叶片（见图1.8.2)，以适应圆周速度和汽流参数沿叶高的变化规律，使各截面都能保持良好的气动性能。实践证明，合适的扭叶片级与直叶片级相比，当$\theta=8$时,级效率提高约1％～1.5％；当$\theta=6$时，效率提高约3％～4％；当$\theta=4$时，效率提高可达7％～8％。可见，θ越小，效率的提高越显著。采用扭叶片级虽可提高效率，但扭叶片的加工比较困难，成本较高。究竟在什么条件下采用扭叶片，还要根据提高效率的收益和制造成本的增加等有关方面的因素通过技术经济比较来确定，上面提到的按$\theta=8\sim12$来划分直叶片和扭叶片的范围仅仅是相对的。随着扭叶片加工工艺水平的提高和制造成本的下降，它的使用范围也越来越广。最初扭叶片只用在$\theta<5$的末几级，目前在大功率汽轮机的高中压部分也采用扭叶片，如哈尔滨汽轮机厂生产的300MW和600MW反动式汽轮机的全部静叶和动叶均采用了扭叶片，东方汽轮机厂生产的300MW冲动式汽轮机高中压缸压力级动叶也全部采用扭

叶片。

下面介绍扭叶片级的研究方法。为了便于分析扭叶片级的问题，引进基元级的概念。在级的某一直径上截取一个微元叶高dr的级，称为基元级，如图1.8.3所示。在平均直径处的基元级称为中径基元级，在根径处的称为根径基元级。实际上，前面几节所讨论的内容就是中径基元级的工作原理和计算方法。根据直叶片的理论，只要合理地选择Ω_m、速比x_a、喷嘴和动叶的出口角α_2和β_2，并选好具有较高速度系数φ、ψ的叶型，那么在已知级前后参数p_0、t_0、p_2的情况下，就可计算出中径基元级的速度三角形等。如何根据中径基元级的参数来确定沿叶高其它基元级的各项参数，以及不同直径上各基元级之间的关系，这将是所要研究的扭叶片级的主要问题。

为了确定这种关系，目前在扭叶片级的设计中普遍采用径向平衡法，这个方法的关键问题是确定轴向间隙中汽流的径向平衡条件。

为了保证扭叶片级具有较高的效率，设计时必须使汽流在级的轴向间隙中保持径向平衡，使叶片沿叶高的扭曲规律与汽流沿叶高的变化规律相适应。

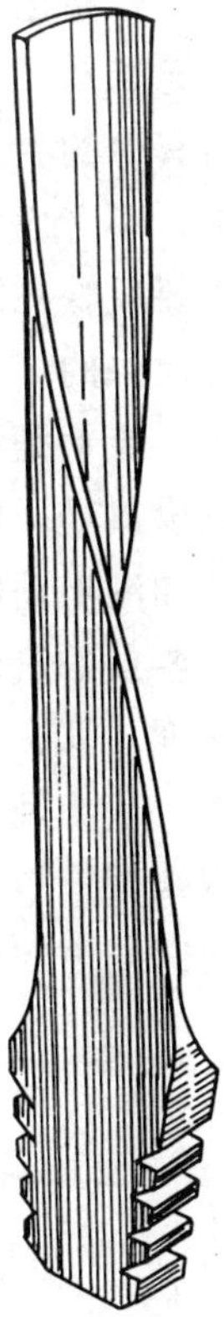

图 1.8.2 扭转的自由叶片

二、简化的空间流动模型和完全径向平衡方程

（一）简化的空间流动模型

对扭叶片级的气动计算，不考虑静动叶栅的汽道内部，只研究三个特征截面的气动计算，就可在现有叶型资料的基础上进行扭叶片的成型。这三个截面中，重点研究截面1-1，因为另外两个截面与该截面没有本质的不同。

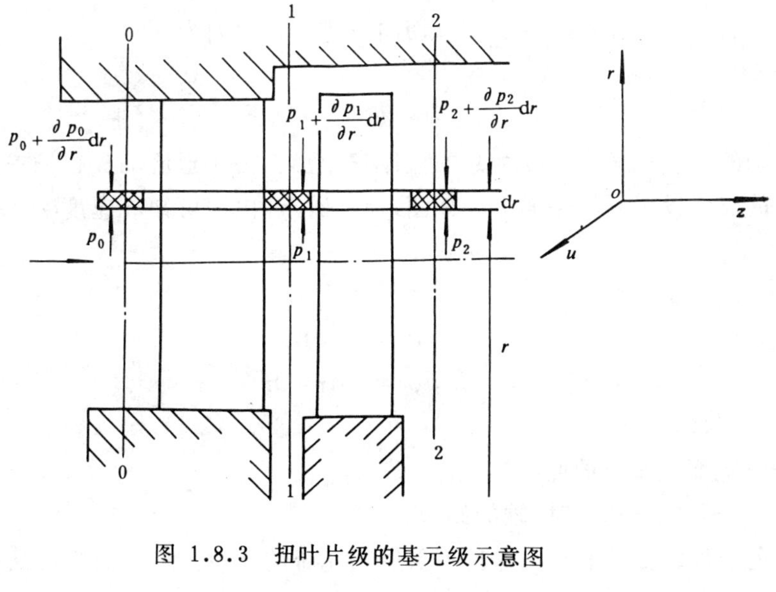

图 1.8.3 扭叶片级的基元级示意图

以前曾指出，蒸汽在汽轮机内的流动，实际上是一种粘性的可压缩的不稳定的极其复杂的三元流动。为了找出其中的流动规律，以便于在工程实践中应用，应抓住主要矛盾，而忽略其中的次要因素，故作如下几点假设[15，10]：

1）不考虑粘性对流体的影响，即把蒸汽作为理想气体处理。实际上，粘性对流动的影响主要反映在附面层内，而附面层外的主流基本上服从理想流体的运动规律，所以这种简化是允许的。

2）流动是稳定的，汽流参数不随时间变化。这与实际情况有些差异，因为喷嘴和动叶的进出口处，沿圆周方向节距上各点的汽流速度是不相同的。这样，当叶轮旋转时，进入动叶和流出动叶的汽流速度就表现出脉动现象，即随时间周期性地变化。若把圆周方向节距上各点的汽流速度按时间加以平均，并认为进入动叶和流出动叶的汽流速度就是它的平均速度，那么，这种周期性的脉动流动就可视为稳定流动。

3）认为轴向间隙中的圆周流面是一个轴对称的任意回转面（图1.8.4），即所有流面都是围绕着一根共同轴线的任意回转面，汽流参数沿圆周方向不变，也就是说忽略叶片对汽流的圆周方向的作用力，称之为轴对称流动。通流部分的内表面构成最内层回转面，其外表面构成最外层回转面，在这种轴对称流动中，把圆周向的扭曲面简化成不扭曲的回转面。

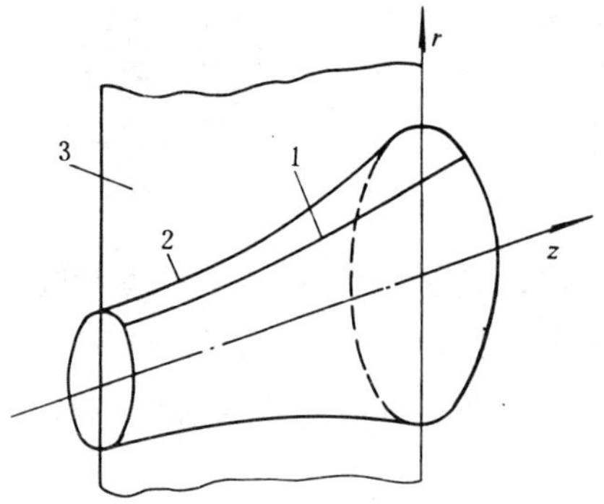

图 1.8.4　轴对称任意回转面示意图
1—流线；2—流面与子午面的交线；3—子午面

（二）完全径向平衡方程

根据上面简化的空间流动模型可知，由于所讨论的对象是轴对称流动，因此只要弄清了子午面上汽流参数的分布情况，对于整个流场的参数分布也就容易理解了。所谓子午面就是通过汽轮机轴心的rz平面。轴对称汽流的所有流面都是流线l绕z轴旋转而成的任意旋转面（见图1.8.5）。流面上任意一点的空间汽流速度c可以分解为子午分速度c_l和切向分速度c_u，因为

$$c_l = \sqrt{c_r^2 + c_z^2} \tag{1.8.1}$$

所以

$$c^2 = c_r^2 + c_z^2 + c_u^2 \tag{1.8.2}$$

可见空间流动的速度三角形是$c_r \neq 0$的立体三角形。为了把流动放在子午面内来研究，可将回转面上的流线投影到子午面上，如图1.8.6所示。由图可知，速度c_l、c_r和c_z的关系可表示为

$$c_r = c_l \sin\varphi_l \tag{1.8.3}$$

$$c_z = c_l \cos\varphi_l \tag{1.8.4}$$

$$R_l \, d\varphi_l = c_l \, d\tau = dl \tag{1.8.5}$$

式中　τ——时间；

R_l——流面上某点的曲率半径；

φ_l——子午向分速c_l对z轴的倾角。

为了避免繁琐的数学推导，这里不采用三元流的欧拉方程，而直接从微元体的径向力

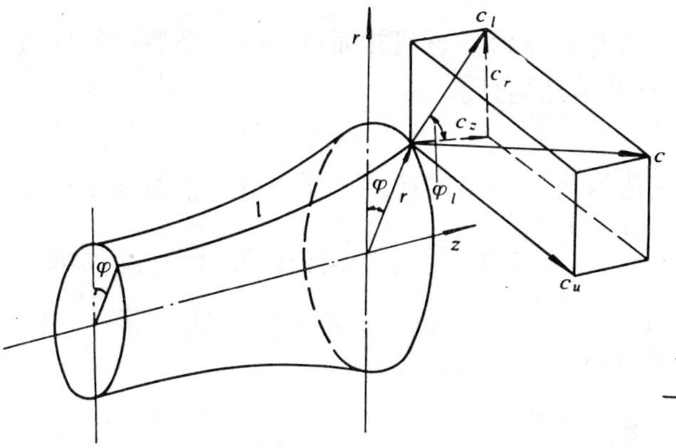

图 1.8.5 汽流在子午面上的分速

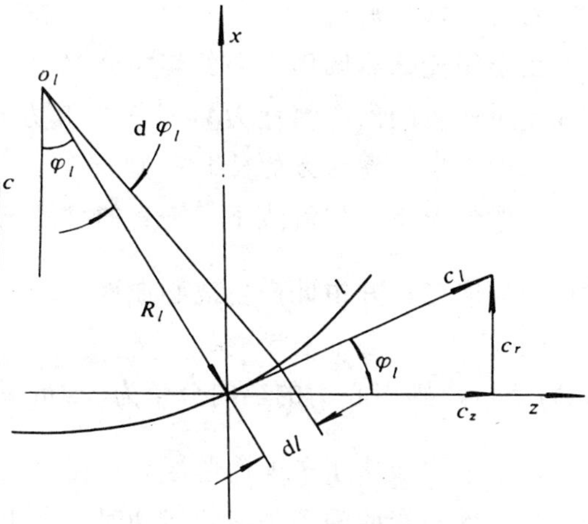

图 1.8.6 子午面内汽流各分速之间的关系

平衡条件求出完全径向平衡方程式。为此，从轴向间隙中取出质量为Δm的微元体，如图1.8.7所示。此微元体上所受的径向力为。

1.径向静压差

由图可见，微元体上的径向静压差为$-\frac{\partial p}{\partial r}r\mathrm{d}r\mathrm{d}\varphi\mathrm{d}z$。负号表示当$\frac{\partial p}{\partial r}$为正时，此项径向静压差为负。

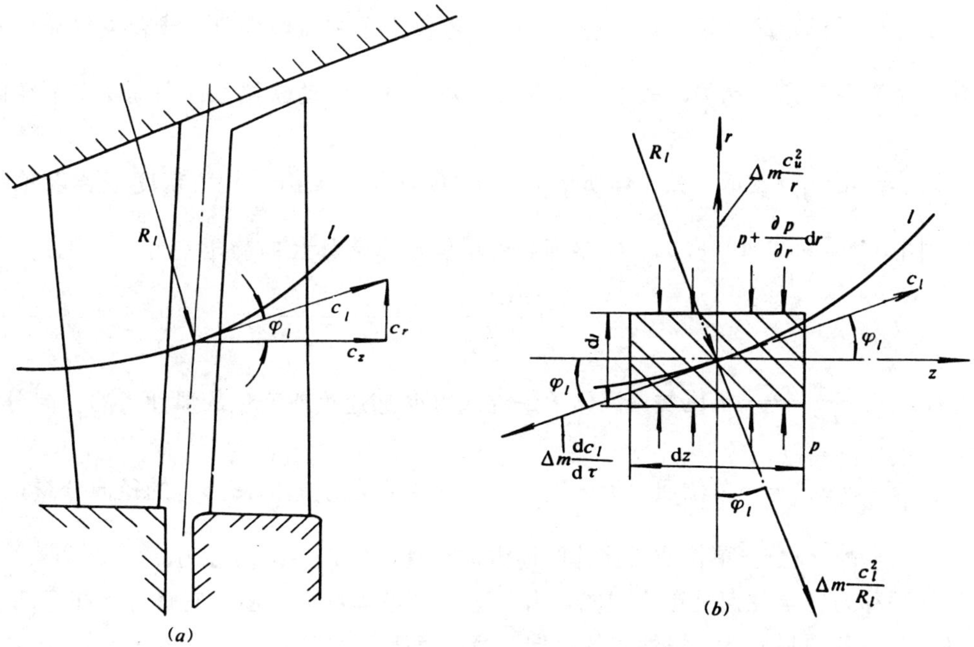

图 1.8.7 微元体径向受力情况

（a）计算截面示意图；（b）微元流体径向受力情况

2. c_u产生的离心力

由于微元体有圆周方向的切向分速c_u，当微元体沿任意回转面运动时，必然引起向心加速度所产生的离心惯性力$\Delta m\frac{c_u^2}{r}$，其方向沿半径向外。

3. c_l产生的离心力的径向分量

一般情况下子午流线不是平直的，微元体沿弯曲子午流线的运动会引起指向曲率中心的向心加速度，并由此产生离心惯性力$\Delta m\frac{c_l^2}{R_l}$，方向沿曲率半径向外。若子午流线如图1.8.7所示，则离心力的径向分量为$-\Delta m\frac{c_l^2}{R_l}\cos\varphi_l$。

4. 子午向加速度产生的惯性力的径向分量

微元体沿弯曲的子午流线运动时，由于子午流线方向的分速c_l的变化，子午向加速度$\frac{\mathrm{d}c_l}{\mathrm{d}\tau}$产生的惯性力为$\Delta m\frac{\mathrm{d}c_l}{\mathrm{d}\tau}$，$\tau$为时间。该力方向与子午向加速度方向相反。若子午线如图1.8.7所示，则惯性力的径向分量为$-\Delta m\frac{\mathrm{d}c_l}{\mathrm{d}\tau}\sin\varphi_l$。

若微元体在径向保持平衡，则所有施加于微元体的力在径向的投影之和应为零，即

$$\Delta m\frac{c_u^2}{r}-\Delta m\frac{c_l^2}{R_l}\cos\varphi_l-\Delta m\frac{\mathrm{d}c_l}{\mathrm{d}\tau}\sin\varphi_l-\frac{\partial p}{\partial r}r\mathrm{d}r\mathrm{d}\varphi\mathrm{d}z=0 \tag{1.8.6}$$

其中

$$\frac{\mathrm{d}c_l}{\mathrm{d}\tau}=\frac{\mathrm{d}c_l}{\mathrm{d}l}\cdot\frac{\mathrm{d}l}{\mathrm{d}\tau}=c_l\frac{\mathrm{d}c_l}{\mathrm{d}l}$$

由于这里所讨论的是轴对称流动，汽流参数仅沿子午流线变化，或者说仅沿径向和轴向变化，而与周向角φ无关，故用$\frac{\mathrm{d}c_l}{\mathrm{d}l}$表示。若用三元流动欧拉方程来推导完全径向平衡方程，则$\frac{\mathrm{d}c_l}{\mathrm{d}l}$用$\frac{\partial c_l}{\partial l}$表示。微元体质量$\Delta m=\rho r\mathrm{d}\varphi\mathrm{d}r\mathrm{d}z$，其中$\rho$为汽流密度。若以单位质量计算，则用$\Delta m$通除式（1.8.6），经整理后得单位质量流体径向静压差为

$$\frac{1}{\rho}\frac{\partial p}{\partial r}=\frac{c_u^2}{r}-c_l^2\left(\frac{\cos\varphi_l}{R_l}+\frac{\sin\varphi_l}{c_l}\frac{\partial c_l}{\partial l}\right) \tag{1.8.7}$$

式中 $c_l\sin\varphi_l\frac{\partial c_l}{\partial l}$——单位质量流体子午流线方向加速度所产生的惯性力的径向分量；

$\frac{c_l^2}{R_l}\cos\varphi_l$——单位质量流体因子午流线弯曲所引起的离心力的径向分量；

c_u^2/r——单位质量流体圆周方向分速c_u所产生的离心力。

式（1.8.7）称为完全径向平衡方程式。由上述推导过程可以看出，它是流体在运动过程中径向静压差与各项离心力、惯性力的径向分量保持平衡的关系式。它表明流体压力沿叶高的变化规律与切向分速度沿叶高的分布和流线的形状（即流线的曲率和斜率）有关。

扭叶片设计中普遍采用的径向平衡法有简单径向平衡法和完全径向平衡法两种。

三、简单径向平衡法

（一）简单径向平衡方程

在简单径向平衡法中，假定汽流在轴向间隙中作轴对称的圆柱面流动，即其径向分速c_r为零，或流线的倾角φ_l为零，曲率半径R_l为无穷大，且设轴向间隙中汽流参数沿轴向不变，压力只在径向才有变化，故偏导数$\frac{\partial p}{\partial r}$应为$\frac{\mathrm{d}p}{\mathrm{d}r}$。这样，完全径向平衡方程式(1.8.7)变为

$$\frac{1}{\rho}\frac{\mathrm{d}p}{\mathrm{d}r}=\frac{c_u^2}{r} \tag{1.8.8}$$

上式称为简单径向平衡方程式，它表明轴向间隙中汽流切向分速c_u所产生的离心力完全被径向静压差所平衡，亦即压力p沿叶高的变化仅仅与汽流切向分速c_u沿叶高的分布有关。而且不论切向分速沿叶高如何分布，轴向间隙中的压力总是沿叶高增加的。

对于轴向间隙1-1、2-2两个特征截面（见图1.8.3）可得

$$\frac{1}{\rho_1}\frac{\mathrm{d}p_1}{\mathrm{d}r}=\frac{c_{1u}^2}{r} \tag{1.8.9}$$

$$\frac{1}{\rho_2}\frac{\mathrm{d}p_2}{\mathrm{d}r}=\frac{c_{2u}^2}{r} \tag{1.8.10}$$

简单径向平衡方程只是表达了轴向间隙中汽流作同轴圆柱面流动时，参数沿径向变化的一般规律，并没有反映出变化的具体规律。由于简单径向平衡方程式（1.8.8）中有p和c_u两个未知数（此外ρ不是独立变数，是p的单值函数），故只有事先给出某种特定的条件才能去求解方程，得出了该方程的解后，才能确定出参数沿叶高变化的具体规律，即扭曲规律，称之为流型。显然，给出不同的平衡条件，就会有不同的解，而不同的解也就确定了不同的流型。从理论上说，方程有无限多的解，相应有无限多的扭曲规律，但实际中应用的是少数几种流型。等环流流型、等α_1角流型和等密流流型是汽轮机中应用较多的基本流型，其中历史最长的就是等环流流型。

（二）理想等环流流型

从简单径向平衡方程可知，对1-1截面来说，由于c_{1u}和p_1沿叶高变化均是未知的，故无法用解析法直接求解。如要求解，必须事先给出某种特定的条件，即补充条件。对理想等环流流型来说，其特定条件是汽流为无旋流动，故汽流在1-1截面的轴向分速c_{1z}沿叶高不变，即$c_{1z}=$常数。

根据前面理想流体的假定，借助于能量方程的微分形式$c_1\mathrm{d}c_1=-v_1\mathrm{d}p_1$（式1.1.17），代入式（1.8.9）中得

$$c_1\mathrm{d}c_1+c_{1u}^2\frac{\mathrm{d}r}{r}=0 \tag{1.8.11}$$

由式（1.8.2）知，$c_1^2=c_{1r}^2+c_{1z}^2+c_{1u}^2$，由于理想等环流流型中$c_{1r}=0$、$c_{1z}=$常数，因而有

$$c_1\mathrm{d}c_1=c_{1u}\mathrm{d}c_{1u} \tag{1.8.12}$$

将式（1.8.12）代入式（1.8.11），则得

$$\frac{dc_{1u}}{c_{1u}}+\frac{dr}{r}=0$$

积分后得

$$\ln c_{1u}+\ln r=常数$$

则有

$$c_{1u}r=常数 \tag{1.8.13}$$

综上所述，可得出理想等环流流型的特性：

1）等环流流型的汽流速度沿叶高的变化规律为

$$\begin{cases} c_{1z}=常数 \\ c_{1u}r=常数 \\ c_{1r}=0 \end{cases}$$

这一规律决定了静叶栅出口轴向间隙中汽流参数和速度三角形沿叶高的变化规律。

2）为了使轴向间隙中的汽流保持径向平衡且$c_{1z}=$常数，喷嘴出口汽流的切向分速c_{1u}必须随半径的增加而减小。

3）根据二元流理论，$c_{1u}r=$常数的流动是一种无涡的等位流流动，因为喷嘴出口的环量沿叶高相等，各流层之间的环量差等于零，流动是无涡的。因此又把这种没有涡流的流型称之为“自由涡流流型”（Free Vertex）。由于这种流型没有旋涡产生，所以能量转换时效率较高。

扭叶片的汽流流型是通过级的一些主要参数，如α_1、β_1、β_2和Ω等的相互配合来实现的，因此，在理想等环流流型的汽流特性确定之后，必须接着研究α_1、β_1、β_2、α_2和Ω等随半径的变化规律，方能保证实现所要求的汽流流型。

1.喷嘴出口汽流角α_1的变化规律

由图1.8.8根径基元级的速度三角形得：$\tan\alpha_{1r}=\dfrac{c_{1z}}{c_{1u}r}$，而对任意半径$r$处则有：$\tan\alpha_1=\dfrac{c_{1z}}{c_{1u}}$。再根据等环流流型的特性$c_{1ur}r_r=c_{1u}r$，于是

$$\tan\alpha_1=\frac{r}{r_r}\tan\alpha_{1r} \tag{1.8.14}$$

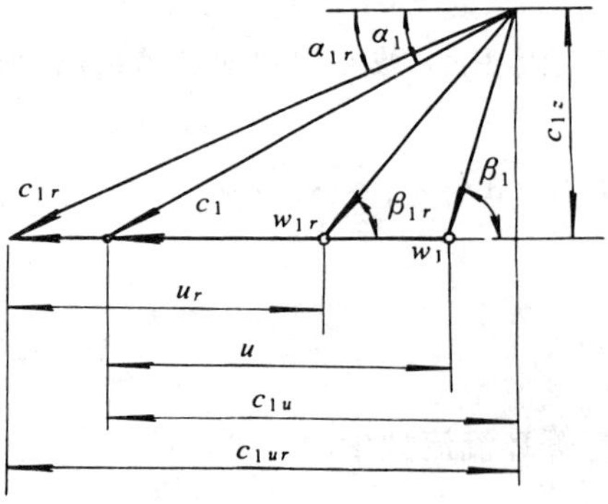

图 1.8.8　动叶进口速度三角形

可见，喷嘴出口汽流角是随半径r的增加而增大的，等环流级的喷嘴叶片就是按照这个规律成型的。

2.动叶进口汽流角β_1的变化规律

根据图1.8.8，对任意半径处的β_1可以写出如下关系式：

$$\tan\beta_1=\frac{c_{1z}}{c_{1u}-u}=\frac{\dfrac{c_{1z}}{c_{1u}}}{1-\dfrac{u}{c_{1u}}}=\frac{\tan\alpha_1}{1-\dfrac{u}{c_{1u}}}$$

将等环流流型的条件$c_{1u}r = c_{1ur}r_r$，c_{1z} = 常数，$\tan\alpha_1 = \frac{r}{r_r}\tan\alpha_{1r}$及$u = \frac{r}{r_r}u_r$ 代入上式，可得

$$\tan\beta_1 = \frac{\frac{r}{r_r}\tan\alpha_{1r}}{1 - \frac{u_r}{c_{1ur}}\left(\frac{r}{r_r}\right)^2} \tag{1.8.15}$$

可见动叶进口汽流角也是随半径的增加而增大的，而且比α_1角增加要快$1\Big/\left[1 - \frac{u_r}{c_{1ur}}\left(\frac{r}{r_r}\right)^2\right]$倍。

由图1.8.8可知，汽流速度c_1由根部至顶部逐渐减小，但为了保证轴向分速c_{1z}沿半径不变，c_1的减小必然导致α_1角的增加。另外，由于圆周速度随半径的增加而增加，故相对速度w_1的方向角也将随半径的增加而增加，加上α_1角的增加也使β_1角相应增加，所以β_1角比α_1角增加得快，这说明动叶片进口边比静叶片出口边扭曲得更强烈。

3.动叶出口汽流角β_2的变化

若已知根径基元级的β_{2r}，则根据等环流特性c_{2z}=常数、$c_{2u} = c_{2ur}r_r/r$及$u = u_r r/r_r$的关系，参照图1.8.9可得

$$\tan\beta_2 = \frac{c_{2z}}{c_{2u} + u} = \frac{c_{2z}}{c_{2ur}\frac{r_r}{r} + u_r\frac{r}{r_r}}$$

$$= \frac{c_{2z}}{(w_{2ur} - u_r)\frac{r_r}{r} + u_r\frac{r}{r_r}}$$

$$= \frac{c_{2z}}{u_r\left(\frac{r}{r_r} - \frac{r_r}{r}\right) + w_{2ur}\frac{r_r}{r}}$$

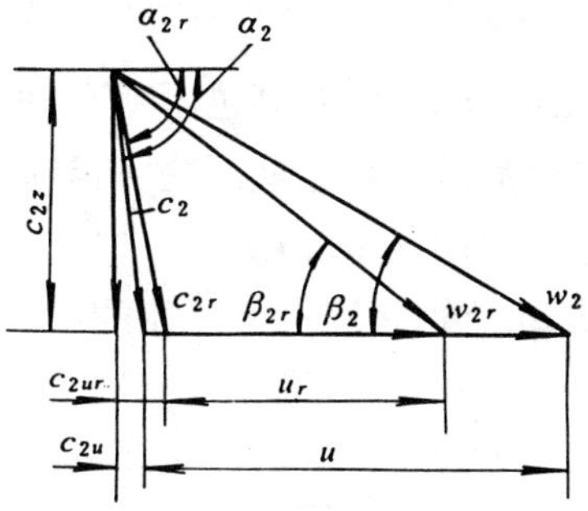

图 1.8.9 动叶出口速度三角形

$$\tan\beta_2 = \tan\beta_{2r}\frac{1}{\frac{u_r}{w_{2ur}}\left(\frac{r}{r_r} - \frac{r_r}{r}\right) + \frac{r_r}{r}} \tag{1.8.16}$$

因c_{2ur}相当小，故$u_r/w_{2ur} \approx 1$，则上式可简化为

$$\tan\beta_2 \approx \frac{r_r}{r}\tan\beta_{2r} \tag{1.8.16a}$$

可见动叶出口汽流角β_2是随半径增大而减小的。

4.动叶出口绝对速度方向角α_2的变化规律

根据图1.8.9，若已知根径基元级的α_{2r}，则可写出任意半径处α_2角的关系式：

$$\tan\alpha_2 = \frac{c_{2z}}{c_{2u}} = \frac{c_{2z}/c_{2ur}}{c_{2u}/c_{2ur}} = \frac{r}{r_r}\tan\alpha_{2r} \tag{1.8.17}$$

式（1.8.17）表明，动叶出口绝对速度方向角α_2是随半径增大而增大的。虽然式（1.8.17）和式（1.8.14）的形式相同，但α_{2r}接近90°，α_{1r}很小，故α_2随半径增大而增大的程度比α_1小得多。

以上的推导表明，当根径基元级的速度三角形确定后，就可以按照上面的公式计算出α_1、β_1、β_2和α_2沿叶高变化的规律。喷嘴和动叶沿叶高的扭曲规律就是根据这些汽流角的变化规律来设计成型的。

5.反动度Ω的变化规律

先来讨论等环流级轮周功沿叶高的变化情况，根据式（1.3.7），任意半径r上的轮周功可以写成：

$$W_u = u(c_{1u} + c_{2u}) = \omega(c_{1u}r + c_{2u}r)$$

上式中，由于角速度ω、$c_{1u}r$和$c_{2u}r$均为常数，故等环流级的轮周功沿叶高是不变的，即w_u = 常数，$\frac{\partial w_u}{\partial r} = 0$。若干连续排列的等环流级之前常是叶高较小的直叶片级，直叶片级的级后参数p_2、c_2等可视为沿叶高不变，那么最前一个等环流级的级前参数p_0和c_0也可视为沿叶高不变，即$\frac{\mathrm{d}p_0^0}{\mathrm{d}r} = 0$。只要使等环流级排汽角$\alpha_2$近似于90°，即$c_{2u} \approx 0$，那么由式（1.8.10）可见，$\frac{\mathrm{d}p_2}{\mathrm{d}r} = 0$，也就是说级的出口压力$p_2$沿叶高是不变的，等环流级的滞止理想比焓降$\Delta h_t^0$沿叶高也不变。由于轮周功沿叶高不变，所以只要轮周损失沿叶高基本不变，则Δh_t^0沿叶高也就不变。但喷嘴后压力p_1由于径向平衡的要求，是由根部向顶部逐渐增加的，如图1.8.10所示，这就是说，动叶的理想比焓降是随半径的增大而增大的，因此级的反动度也必然随着半径的增大而增大，其变化规律与p_1相似。

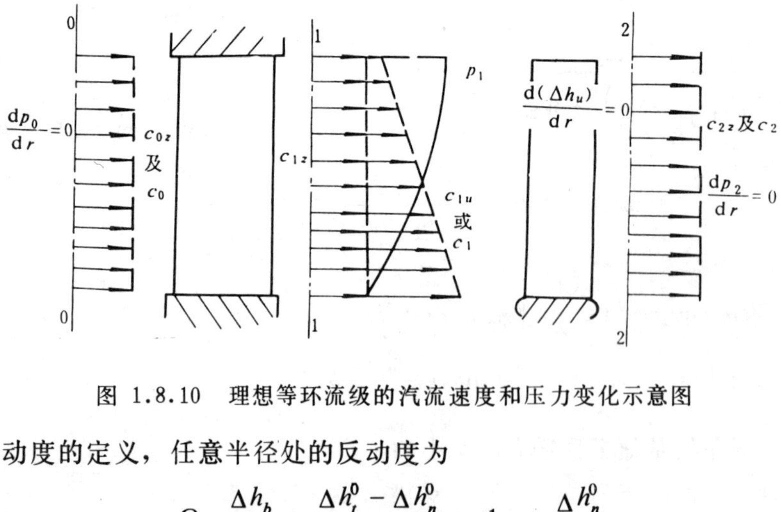

图 1.8.10　理想等环流级的汽流速度和压力变化示意图

根据反动度的定义，任意半径处的反动度为

$$\Omega = \frac{\Delta h_b}{\Delta h_t^0} = \frac{\Delta h_t^0 - \Delta h_n^0}{\Delta h_t^0} = 1 - \frac{\Delta h_n^0}{\Delta h_t^0}$$

在根径处也同样有　$\Omega_r = 1 - \frac{\Delta h_{nr}^0}{\Delta h_t^0}$，即$\Delta h_t^0 = \frac{\Delta h_{nr}^0}{1 - \Omega_r}$

于是

$$\Omega = 1-(1-\Omega_r)\frac{\Delta h_n^0}{\Delta h_{nr}^0} \tag{1.8.18}$$

其中

$$\frac{\Delta h_n^0}{\Delta h_{nr}^0}=\frac{c_{1t}^2}{c_{1tr}^2}=\frac{c_{1u}^2+c_{1z}^2}{c_{1tr}^2}=\frac{c_{1u}^2}{c_{1ur}^2}\frac{c_{1ur}^2}{c_{1tr}^2}+\sin^2\alpha_{1r}$$

$$=\left(\frac{r_r}{r}\right)^2\cos^2\alpha_{1r}+\sin^2\alpha_{1r}$$

将$\frac{\Delta h_n^0}{\Delta h_{nr}^0}$之值代入式（1.8.18）中，得

$$\Omega = 1-(1-\Omega_r)\left[\left(\frac{r_r}{r}\right)^2\cos^2\alpha_{1r}+\sin^2\alpha_{1r}\right] \tag{1.8.19}$$

当α_{1r}很小时，$\cos\alpha_{1r}$的数值接近于1，$\sin\alpha_{1r}$的数值接近于零，于是式（1.8.19）可近似地简化成

$$\Omega \approx 1-(1-\Omega_r)\left(\frac{r_r}{r}\right)^2 \tag{1.8.20}$$

式（1.8.19）和式（1.8.20）是等环流级反动度沿叶高的变化规律，它们表明随着半径的增加，级的反动度将迅速地增大。

同理，若已知中径基元级喷嘴出口角α_{1m}、动叶进口角β_{1m}、动叶出口相对速度方向角β_{2m}和绝对速度方向角α_{2m}，以及反动度Ω_m，也可写出：

$$\tan\alpha_1=\frac{r}{r_m}\tan\alpha_{1m} \tag{1.8.21}$$

$$\tan\beta_1=\frac{\frac{r}{r_m}\tan\alpha_{1m}}{1-\frac{u_m}{c_{1um}}\left(\frac{r}{r_m}\right)^2} \tag{1.8.22}$$

$$\tan\beta_2 \approx \frac{r_m}{r}\tan\beta_{2m} \tag{1.8.23}$$

$$\tan\alpha_2=\frac{r}{r_m}\tan\alpha_{2m} \tag{1.8.24}$$

$$\Omega = 1-(1-\Omega_m)\left[\left(\frac{r_m}{r}\right)^2\cos^2\alpha_{1m}+\sin^2\alpha_{1m}\right] \tag{1.8.25}$$

或

$$\Omega \approx 1-(1-\Omega_m)\left(\frac{r_m}{r}\right)^2 \tag{1.8.26}$$

通过以上推导求得了等环流级各项参数沿叶高变化的计算式。为了清晰起见，将这些参数沿叶高的变化规律绘成图1.8.11的一组曲线。从图中可以清楚地看到：

1）为了在喷嘴出口的轴向间隙中满足$c_{1u}r=$常数，喷嘴出口汽流的切向分速c_{1u}和喷嘴比焓降Δh_n必然沿叶高逐渐减小。

2）喷嘴出口角α_1和动叶进口角β_1沿叶高逐渐增大，但β_1增加量比α_1大得多。而动叶

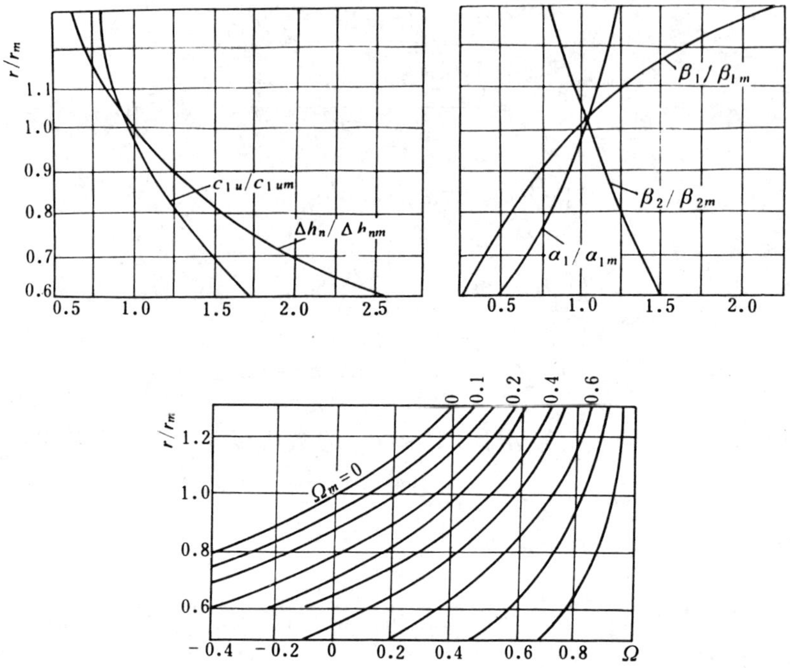

图 1.8.11　等环流级各项参数沿叶高的变化规律

出口角β_2沿叶高逐渐减小。

3）反动度沿叶高逐渐增大，其增长值与设计值Ω_m或Ω_r有关。若Ω_m或Ω_r的设计值较小，则反动度的增长就比较剧烈；反之，就比较缓慢。

前面分析了等环流流型的汽流特性，及保证流型实现的α_1、β_1、β_2、α_2和Ω的变化规律，现在反过来分析采用等环流扭叶片后，是否解决了θ较小时采用直叶片所产生的诸项附加损失的问题。根据上面的讨论，综合分析如下：

1）由于等环流级在轴向间隙中保持了汽流的径向平衡，所以避免了汽流径向流动产生的附加损失。

2）由于扭叶片各截面型线与各相应的汽流速度三角形相适应，所以汽流角沿叶高的变化规律和动叶几何角度沿叶高的变化规律相适应，避免了撞击损失，而且，各基元级的气动性能与相对节距都处于较佳的范围内，减轻了相对节距变化较大所引起的损失。

3）由于等环流级的出口流场（p_2、h_2、c_2等）是一个均匀的流场，所以避免了级后汽流扭曲所带来的能量损失，使下一级的进口条件比较好。

由于这些损失的消除和减少，故等环流级效率较高。如图1.8.12所示，等环流扭叶片级的轮周效率要比等截面直叶片的轮周效率高，

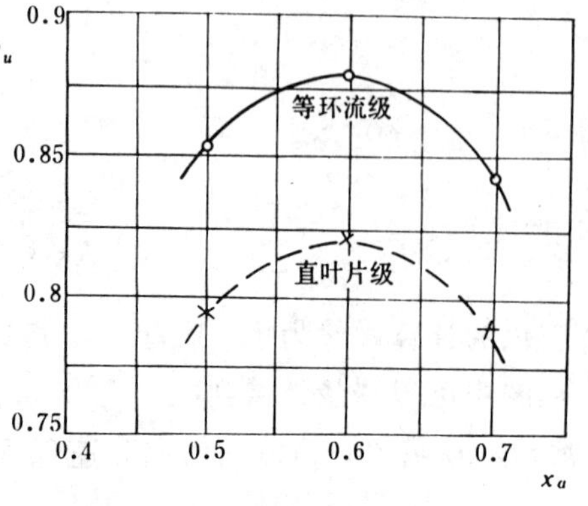

图 1.8.12　等环流级和直叶片级轮周效率的比较

这充分显示了它在效率方面的优越性。但是，等环流级也有缺点：

1）这种流型的反动度沿叶高变化太大，容易引起额外损失。一般在设计时，总是希望叶顶处反动度不要太大，以便减少顶部的漏汽损失；叶根处不要出现负反动度，以避免产生扩压、脱流及吸汽现象。但等环流级中，特别是 θ 较小时，由于反动度沿叶高变化剧烈，就难以同时满足这两项要求。其中任意一项不能满足时，都会引起额外损失，使级效率降低。一般在$\theta>5$ 时，这一缺点尚不明显，当$\theta<5$ 时，这个缺点就较为突出了。

2）等环流流型要求β_1角随半径的增大而增大，而β_2角随半径的增大而减小，这样，动叶的扭曲就比较厉害，使叶片加工较为复杂，制造成本较高。

3）在级的几何尺寸和根径处轮周功相同的条件下，等环流级的轮周功率比其它流型的小，这是因为等环流级的轮周功沿叶高是相等的，而其它流型的轮周功可以设计成沿叶高逐渐增加。

以上这些缺点都是在叶片较长，θ 较小时才较为突出。一般认为等环流流型用于叶片不太长的中间扭叶片级较为适宜，在$\theta<5$ 时，采用其它流型更为合适。

（三）喷嘴出口等环流、动叶出口连续流流型

在理想等环流级中，由于α_1角沿叶高逐渐增大，所以喷嘴顶部的通流能力比根部大；但在动叶中β_2角却沿叶高逐渐减小，顶部的通流能力比根部小。由于流体总是倾向于流向通流能力大的地方，所以汽流在流经喷嘴时，自然地从根部向顶部偏移，而在流经动叶时，自然地从顶部向根部偏移，结果使流线形状呈图1.8.13所示的弯曲形状，从而产生径向分速，引起附加损失，这就说明等环流级在轴向间隙中没有达到轴对称的圆柱面流动。此外，动叶扭曲厉害，加工比较困难。

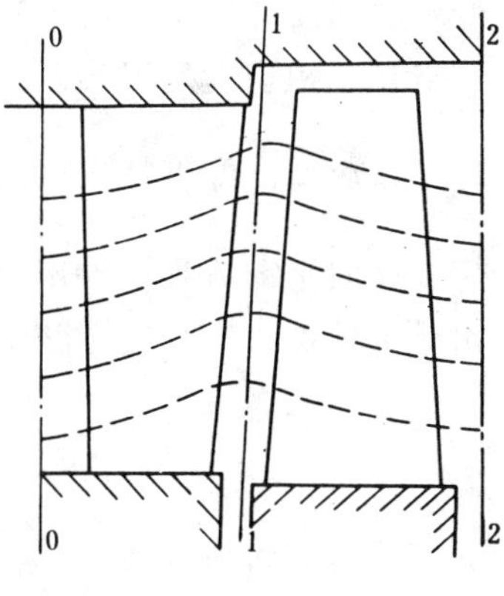

图 1.8.13 等环流流型流线弯曲示意图

上述缺陷，既然是由于喷嘴和动叶在对应半径上的通流能力不同而造成的，那么只要设法使喷嘴和动叶在对应半径上的微元流量相等（即$\Delta G_{ni}=\Delta G_{bi}$），就能使汽流在轴向间隙中保持水平流动，因而也就避免产生径向流动损失，同时也改善了动叶的工艺性。喷嘴出口等环流、动叶出口连续流流型就是基于这种思想设计的，这种扭叶片级的流型特性可以表示为

$$\left.\begin{aligned}\Delta h_t^0&=\text{常数}\\ c_{1z}&=\text{常数}\\ c_{1u}r&=\text{常数}\\ \Delta G_{ni}&=\Delta G_{bi}\end{aligned}\right\}\qquad(1.8.27)$$

其中喷嘴出口汽流仍然按照等环流流型特性分布，因此，喷嘴出口角α_1、动叶入口角β_1和反动度沿叶高的变化规律仍按等环流的有关公式计算，而动叶出口角β_2沿叶高的变化规律则必须按连续流流型来确定。可见，这种级的流型特性是由两部分组成的，即喷嘴出口为等环流，动叶出口为连续流。这种动叶出口连续流流型的特点是，在任一半径上的微元叶高Δl中，喷嘴和动叶通过的流量保持相等，即

$$\Delta G_{ni}=\Delta G_{bi}\qquad(1.8.28)$$

上式的ΔG_{ni}和ΔG_{bi}可以表示为

$$\Delta G_{ni}=\left(\frac{\Delta A_n\mu_n c_{1t}}{v_{1t}}\right)_i=\left(\frac{\pi d_n\Delta l_n\sin\alpha_{1i}\,\mu_n c_{1t}}{v_{1t}}\right)_i \tag{1.8.29}$$

$$\Delta G_{bi}=\left(\frac{\Delta A_b\mu_b w_{2t}}{v_{2t}}\right)_i=\left(\frac{\pi d_b\Delta l_b\sin\beta_{2i}\,\mu_b w_{2t}}{v_{2t}}\right)_i \tag{1.8.30}$$

将式（1.8.29）、式（1.8.30）代入式（1.8.28），并考虑到$\frac{\Delta l_n}{\Delta l_b}=\frac{l_n}{l_b}$，经整理后可得

$$\sin\beta_{2i}=\frac{d_n l_n}{d_b l_b}\left(\frac{\mu_n c_{1t}\,v_{2t}}{\mu_b w_{2t}\,v_{1t}}\right)_i\sin\alpha_{1i} \tag{1.8.31}$$

式（1.8.31）就是连续流流型β_2角沿叶高变化的表达式。只要知道喷嘴出口汽流角α_1等参数沿叶高的变化规律，就可求得β_2沿叶高的变化规律。

需要指出，式（1.8.31）只适用于亚音速。如果是超音速流动，则公式中的c_{1t}、w_{2t}、v_{1t}和v_{2t}要以相应的临界状态的数值代入。此外考虑到动叶顶部的漏汽后，对β_2角还应作如下修正，即

$$\sin\beta'_{2i}=\left(1-\frac{\Delta G_t}{G_n}\right)\sin\beta_{2i} \tag{1.8.32}$$

（四）其它常用流型简介

1.等α_1角流型

等环流的缺点之一是动叶和喷嘴扭曲较大。在制造中，动叶片的扭曲虽提高了制造费用，但能达到设计要求；对于静叶，特别是铸造隔板中的静叶，α_1沿半径方向的变化给制造工艺带来了相当大的困难，并且不容易达到设计要求。为了从根本上避免这种困难，提出了等α_1角流型，即喷嘴出口汽流角沿半径方向不变，$\frac{d\alpha_1}{dr}=0$。根据这一特定条件，可以由简单径向平衡方程推导出这种流型的特性。

用c_1^2通除式（1.8.11），得

$$\frac{dc_1}{c_1}+\frac{c_{1u}^2}{c_1^2}\frac{dr}{r}=0$$

由于$\alpha_1=$常数，所以上式中$\frac{c_{1u}^2}{c_1^2}=\cos^2\alpha_1$为常数。上式经积分后得

$$\ln c_1+\cos^2\alpha_1\ln r=\text{常数}$$

即

$$c_1 r^{\cos^2\alpha_1}=\text{常数} \tag{1.8.33}$$

式（1.8.33）就是等α_1角流型的特性表达式。由于$c_1=c_{1u}/\cos\alpha_1$，$c_1=c_{1z}/\sin\alpha_1$，故式（1.8.33）可以化为下列两式：

$$c_{1u}r^{\cos^2\alpha_1}=\text{常数} \tag{1.8.34}$$

$$c_{1z}r^{\cos^2\alpha_1}=\text{常数} \tag{1.8.35}$$

对于动叶出口截面2-2，存在着几种不同的扭曲方法。为了便于和理想等环流级比较，

仍假定$c_2 = c_{2z}$ = 常数，$c_{2u} = 0$，则等α_1角流型级的轮周功可以表达为

$$w_u = uc_1\cos\alpha_1 = \omega c_{1u}r$$

在这种级中，$c_{1u}r$不为常数，而是

$$c_{1u}r = c_{1u}r^{\cos^2\alpha_1}\frac{r}{r^{\cos^2\alpha_1}} = 常数 \cdot r^{(1-\cos^2\alpha_1)}$$

于是
$$W_u = 常数 \cdot r^{(1-\cos^2\alpha_1)} \tag{1.8.36}$$

由于这种流型的α_1角沿叶高不变，故喷嘴的制造工艺大为简化。此外，从式(1.8.36)可见，这种流型级的轮周功是由内径向外径增加的，故当级的几何尺寸相同及内径处的轮周功相同时，等α_1角流型级的轮周功比等环流级的大，这就克服了等环流流型的第二个缺点。但是它的级效率比等环流的略低。有时为了满足功率及工艺方面的要求，宁可牺牲一些效率而采用等α_1角流型。这种流型大多用在中小功率机组的末级。为了减小叶片高度，其α_1角一般较大。

2.等密流流型

在汽轮机中，蒸汽密度ρ与轴向分速c_{1z}的乘积ρc_{1z}称为密流，它表示通过单位面积的蒸汽流量。等密流级是指级的密流ρc_{1z}沿径向不变，即$\rho_1 c_{1z}$ = 常数和$\rho_2 c_{2z}$ = 常数，或$\frac{\partial(\rho_1 c_{1z})}{\partial r} = 0$和$\frac{\partial(\rho_2 c_{2z})}{\partial r} = 0$。

在等密流的特定条件下，汽流在喷嘴和动叶的轴向间隙中保持了同轴的圆柱面流动，即各条子午线都是平行于轴线的；同时也保证了同一截面上喷嘴和动叶的流量相等，因而汽道内的流动损失较小。但汽流沿叶高的出口速度c_{1z}不是常数。由于ρ_1随p_1由根部向顶部逐渐增大，故c_{1z}由根部向顶部逐渐减小，从而使喷嘴出口速度场不均匀，在轴向间隙中引起流动损失。

流型是多种多样的，以上介绍的仅是几种常用的流型。在实践中要综合考虑效率、工艺性、强度、振动以及通用性等各方面因素来选择合理的流型。

四、完全径向平衡法

（一）问题的提出

实践证明，对于$\theta > 8 \sim 12$的短叶片，用一元流理论设计基本上是有效的。对于$\theta > 5$的较长叶片级，用简单径向平衡方程计算能较好地克服一元流理论的缺陷，使级效率有显著的提高，所以简单径向平衡法在设计中得到广泛的应用。

由于近代电站汽轮机的单机容量不断增大，末级叶片的高度越来越大，有的大机组叶片高度已达1320mm（3000r/min），$\theta < 2.42$。这时子午面扩张非常迅速，汽流径向分速相当大，所以，对$\theta \leqslant 3$的长叶片级，轴向间隙中汽流流面不能再认为是轴对称的圆柱面，而应假定为轴对称的任意回转面。若再按简单径向平衡法来确定这种长叶片的扭曲规律，就难以符合汽流的实际情况，使级效率降低。此时应考虑汽流流线弯曲的影响，采用完全径向平衡方程式（1.8.7）进行设计，这时该式中的流线曲率半径R_l为一有限值，而不同于简单径向平衡中的$R_l \to \infty$。

因为简单径向平衡法所得出的流型（如等环流流型、等α_1角流型和等密流流型）的共

同缺点是反动度沿叶高变化剧烈（图1.8.14），因而不可避免地造成下列缺陷：

当根部反动度较低时，特别是在$\theta<3$的情况下，根部会出现负反动度，有的甚至低达-0.2，这将使根部气动性能严重恶化：汽流在动叶根部流道中形成扩压段，引起附面层脱离而形成倒涡流，使损失显著增大；叶根处喷嘴出口速度增大，则动叶根部进口马赫数Ma增加，易于产生冲波，加剧动叶根部附面层的脱离，致使汽流阻塞，流线向上偏移，影响级的通流能力和作功能力；根部负反动度的存在使隔板汽封的前后压差增大，漏汽损失增加，并产生动叶根部的吸汽作用，扰乱主汽流而使流动损失增加；此外，在负反动度区域内，动叶中汽流不再是膨胀作功过程，而是扩压耗功过程（见第三章第五节），使动叶根部汽流反而消耗一部分轮周功。

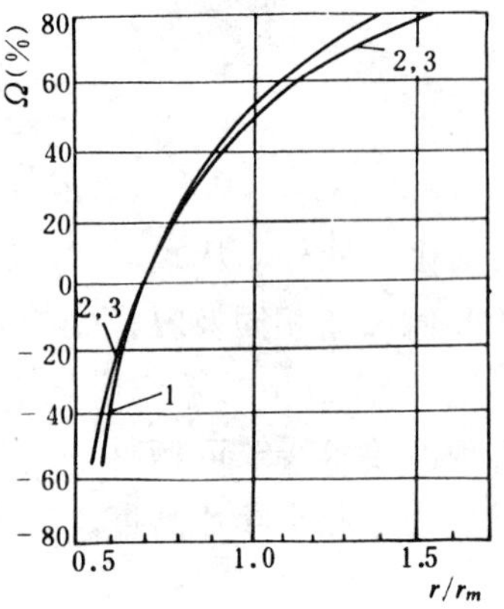

图 1.8.14 三种流型级的反动度

1 —$c_u r$ = 常数； 2 —ρc_z = 常数；

3 —α_1 = 常数

当θ很小而根部反动度为正值时，顶部反动度就会更大，Ω_t甚至高达0.8以上，使动叶顶部前后压差增大，漏汽损失增加；同时，也使动叶顶部某些截面的弯曲应力升高，影响安全性；此外，由于反动度沿叶高变化剧烈，故级的平均反动度也较大，与此相对应的最佳速比也较大，因此级的作功能力也就随之降低。

由上述分析可见，造成这些问题的根本原因在于简单径向平衡方程有一定的局限性。它假定汽流为轴对称的圆柱面流动，无法控制反动度沿叶高的变化。要解决这些问题，只能采用完全径向平衡方程。

（二）可控涡流型

1．“可控”原理

在汽轮机设计中，常把等环量流型称为自由涡流型，把由简单径向平衡方程推导出的、反动度沿叶高变化难以控制的其它流型称之为受迫涡流型，而把由完全径向平衡方程导出的、反动度沿叶高的变化可以加以控制的流型称为可控涡流型或控制涡流型。所谓“可控”就是指反动度沿叶高的变化可被控制。

可见，可控涡流型要解决的关键问题就是控制反动度沿叶高的分布规律，改善动叶根部和顶部的气动特性，使级效率和内功率达到较高的水平。

在简单径向平衡的流型中，汽流为轴对称的圆柱面流动，由式（1.8.8)可见，轴向间隙中单位质量流体的静压差$\frac{1}{\rho}\frac{\mathrm{d}p}{\mathrm{d}r}$只被单位质量流体圆周切向分速产生的离心力$\frac{c_u^2}{r}$所平衡，不论$c_u$是正还是负，$\frac{\mathrm{d}p}{\mathrm{d}r}$总是大于零的。这就是说，由简单径向平衡所确定的流型，其压力p_1和反动度沿叶高迅速增大的趋势是无法控制的。在完全径向平衡的可控涡流型中，汽流在轴向间隙中作任意回转面流动，这时微元体不仅受到切向分速所产生的离心力作用，而且还受到流线弯曲所产生的惯性力和离心力的作用，所有这些力都将被微元体在径向的静压差所平衡。换句话说，在完全径向平衡方程式（1.8.7)中，平衡单位质量流体径向静压差$\frac{1}{\rho}\frac{\partial p}{\partial r}$的有三项，即除$\frac{c_u^2}{r}$外，还有$c_l\sin\varphi_l\frac{\partial c_l}{\partial l}$和$c_l^2\frac{\cos\varphi_l}{R_l}$，显然，后两项均与流线的弯曲情况有关。上述分析说明，可控涡流型级的轴向间隙中的压力p_1和反动度不仅与c_{1u}沿叶高的分布有关，而且还与流线的弯曲情况有关，从而启迪人们用改变流线曲率半径R_l和倾角φ_l的方法来改变轴向间隙中的汽流压力p_1和级的反动度沿叶高的变化规律，以实现控制反动度沿叶高的变化。因此，后两项称为可控项。

2.子午流线形状对反动度的影响

可控涡流型是通过控制子午流线的形状来控制反动度的，这就需要分析不同流线的形状对反动度的影响。子午流线的形状一般有如图1.8.15所示的三种情况：

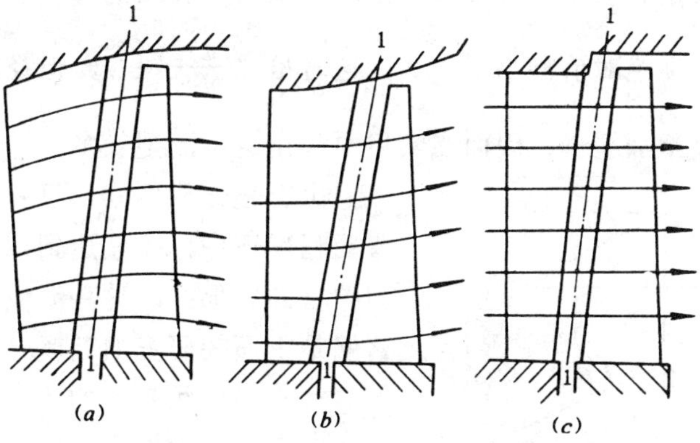

图 1.8.15　不同流线形状对反动度的影响

（a）子午流线向上凸；（b）子午流线向下凹；（c）子午流线平直

1）当流线在子午面上的形状为向上凸时，如图1.8.15(a)所示，可控项中$\frac{c_l^2\cos\varphi_l}{R_l}$为正，当倾角$\varphi_l$为负时，$c_l\sin\varphi_l\frac{\partial c_l}{\partial l}$也为正。这两项均与$\frac{c_u^2}{r}$的方向相同，所以使方程左边的径向压力梯度$\frac{\partial p}{\partial r}$比等环流增大了，说明向上凸的流线形状和$\varphi_l$为负产生的离心力和惯性力加强了$\frac{c_u^2}{r}$的作用。为了保持汽流的径向平衡，汽流的压力和反动度必然增加得更迅速。显然这种流型使动叶根部和顶部的气动性能更加恶化，所以在实践中不会被采用。

2）当流线在子午面上的形状与轴平行时，如图1.8.15（c）所示，$\varphi_l=0$、R_l为无穷大，可控项为零，这就是前面讲到的简单径向平衡流型，其反动度沿叶高增加较快，显然不是可控涡流型。

3）当流线在子午面上的形状向下凹且φ_l为正时，如图1.8.15(b)所示，可控项中的两个径项分量与$\frac{c_u^2}{r}$方向相反，使压力梯度$\frac{\partial p}{\partial r}$减小，这说明向下凹的流线形状和$\varphi_l$为正产生的离心力和惯性力使$\frac{c_u^2}{r}$的作用减弱，起到了减缓反动度沿叶高增加的作用。至于减弱到什么程度，要取决于可控项与$\frac{c_u^2}{r}$项两者数值上的大小。

当子午流线向下凹得较大，使可控项的绝对值大于$\frac{c_u^2}{r}$时，$\frac{\partial p}{\partial r}<0$，于是压力和反动度沿叶高减小，这种流型使动叶出口流线向上翘得厉害，出口流场很不均匀，造成下一级进口流场也很不均匀，损失增加，故一般不采用。当子午流线凹得略大，使可控项绝对值等于$\frac{c_u^2}{r}$时，$\frac{\partial p}{\partial r}=0$，压力和反动度沿叶高相等，这就是等反动度流型。等反动度流型的速度三角形如图1.8.16所示，从图中c_2和α_2的变化可以看出，其动叶出口流场还是不均匀的，所以一般也不采用。当子午流线凹得比较适中时，其凹的程度介于自由涡流型与等反动度流型之间，可控项绝对值略小于$\frac{c_u^2}{r}$，这时虽然$\frac{\partial p}{\partial r}>0$，但径向压力梯度不大，故压力和反动度沿叶高增加缓慢，因而在实用中采用这种流型较多。

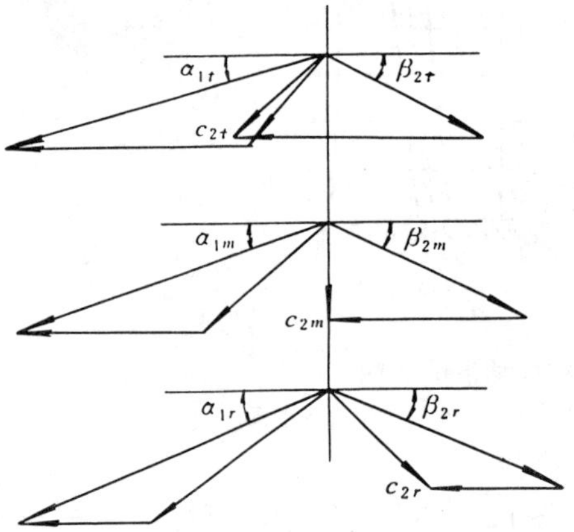

图 1.8.16 等反动度流型速度三角形沿叶高的变化

由上述分析可知，只有子午流线向上凹且弯曲程度适中，才能达到减缓反动度沿叶高增加的目的。那么，这种流线形状如何实现呢？这就是下面要研究的问题。

3.影响流线形状的因素及可控途径

对于轴向间隙中轴对称的汽流来说，影响流线形状的主要因素是流型特性和端壁边界条件。

（1）端壁边界条件的影响　现代大功率电站汽轮机的末级和次末级通道内，端壁大多采用根部为等直径、顶部为锥面或曲面扩张的子午通道形状，如图1.8.15（*b*）所示。

在端壁不发生汽流脱离的情况下，可近似地认为固体壁面的形状就是边界流线的形状，因此，根部是一根平直的流线，即$\varphi_l=0$，$R_l=\infty$；在顶部，流线的倾角就是壁面子午面的倾角，流线的曲率半径就是弯曲壁面的半径。在这样一种内外壁的通道中，中间流线就必定从根部到顶部逐渐向下凹，这正是可控涡流型所要求的流线弯曲方向。

用端壁形状来控制反动度变化的效果并不显著，这是由于子午面通道形状的扩张程度有限，一般扩张角不允许大于30°～40°，否则会引起端壁附面层脱离；且汽缸内壁曲率很小，端壁变化要求连续光滑，不允许突然增大。这就是说，流线倾角φ_l从根部到顶部不能增大太多，而流线的曲率半径R_l又不能减小得太厉害，使两个可控项的数值不大，所以靠端壁形状来控制反动度的能力是有限的。

（2）流型特性的影响　流型特性对曲线形状的影响是通过级的几个主要参数α_1、β_1和β_2等沿叶高的变化规律来实现的。不同的流型，其α_1、β_1和β_2沿叶高的变化规律不同，因而得到不同的流线。当α_1沿叶高减小，β_2沿叶高增大时，可得到向下凹的流线，这是因为α_1沿叶高减小，喷嘴的通流能力亦随叶高减小，因此汽流在流经喷嘴的过程中，自然地顺乎通流能力，从顶部向根部偏移。在流经动叶的过程中，由于β_2沿叶高增大，所以汽流自然地由根部向顶部偏移，因而在喷嘴出口的轴向间隙中就形成了向下凹的流线形状。由于α_1角和β_2角沿叶高的变化规律可以在较大的范围内选取，这样就可以获得较小的流线曲率半径。这种方法的控制能力较大，因此被普遍采用。

综上所述，通流部分子午面通道形状能影响流线的形状，以达到控制反动度沿叶高的变化规律，但是它的控制程度是有限的。而流型特性却能显著地影响流线的形状，也就是使喷嘴出口的轴向间隙中形成向下凹的流线形状，可以有效地控制反动度沿叶高的变化。因此，设计时可以适当调整子午流线形状来达到控制反动度沿叶高的变化规律。

4.可控涡流型的优缺点

与简单径向平衡方程导出的流型相比，可控涡流型的主要优点是：级的效率较高和级的作功能力较大，这是因为采用可控涡流型能适当提高根部反动度和降低顶部反动度，改善动叶根部的气动性能，并使叶根吸汽和叶顶漏汽减少，所以提高了级的效率；在适当提高根部反动度和降低顶部反动度的同时，可控涡流型仍然能使级的平均反动度保持较小值，最佳速比较小，从而使级的作功能力提高；从提高平均马赫数的角度来看，由于可控涡流型的根部喷嘴出口马赫数与动叶顶部出口马赫数较自由涡流型明显减小，故有可能在保持同样峰值马赫数下，进一步提高喷嘴出口和动叶出口的平均马赫数，加上级效率的提高，从而可有效地提高级的作功能力；此外，可控涡流型喷嘴顶部的比焓降较大，使动叶顶部前后压差减小，动叶顶部受力减小，而且动叶顶部的进口角β_1也明显减小，叶型的转折角增大，增加了刚性及抗弯截面系数，改善了顶部的抗弯强度和抗振性能，这一点对于自由叶片是很有价值的。

但是可控涡流型也存在一些缺点，主要是增大了余速损失和级后流场不均匀，因为可控涡流型一般选用较小的平均反动度，选用的速比x_a比自由涡流型小，故级的理想比焓降Δh_t增大，从而使余速损失增大。可控涡流型动叶出口绝对速度c_2沿叶高不能都形成轴向排汽，α_2沿叶高的变化规律介于等反动度流型与自由涡流型之间，α_{2t}和α_{2r}都偏离90°（其数值都比图1.8.16中的小些）。如果平均直径处$\alpha_{2m}=90°$，那么叶顶的$\alpha_{2t}>90°$，叶根的$\alpha_{2r}<90°$，一方面，增大了余速损失，不利于余速利用；另一方面，可控涡流型动叶出口流线上翘比较严重，出口压力p_2和出口速度c_2沿叶高分布不太均匀，这就可能增加级后的掺混损失，对下一级的进口条件和余速利用不太有利，特别是对于多级汽轮机，这种不均匀性的逐级积累更加严重，从而限制了可控涡流型的广泛应用。目前可控涡流型仅在大功率汽轮机的末级和次末级上用得较多，原因就在于此。

此外，可控涡流型的喷嘴出口角α_1是沿叶高逐渐减小的，这样，必须使喷嘴扭曲，从而降低了喷嘴制造的工艺性。

第二章　多 级 汽 轮 机

第一节　多级汽轮机的优越性及其特点

一、多级汽轮机的应用

生产的不断发展和人民生活水平的不断提高，对电力的需求日益增长，这就要求制造出高效率、大容量的汽轮机。

为了提高汽轮机的效率，除应努力减小汽轮机内的各种损失外，还应努力提高蒸汽初参数和降低背压，以便提高循环热效率；为了增大汽轮机的容量，即提高汽轮机的单机功率，除应增大进入汽轮机的蒸汽量之外，还应增大蒸汽在汽轮机中的比焓降。这两方面都说明必须让蒸汽在汽轮机中具有较大的比焓降。

如果仍然制成单级汽轮机，那么比焓降增大后，喷嘴出口汽流速度必将增大。为使汽轮机级在最佳速比附近工作，以获得较高的级效率,圆周速度和级的直径也必须相应增大。但是级的直径和圆周速度的增大是有限度的，它受到叶轮和叶片材料强度的限制，因为级的直径和圆周速度增大后，转动着的叶轮和叶片的离心力将增大，因此，为保证汽轮机的高效率和增大汽轮机的单机功率，就必须把汽轮机设计成多级汽轮机，使很大的蒸汽比焓降由多级汽轮机的各级分别利用，即逐级有效利用，使各级均可在最佳速比附近工作。例如，哈尔滨汽轮机厂制造的亚临界600MW反动式汽轮机就是由1个调节级、10个高压级、2×9个中压级和4×7个低压级组成的，蒸汽所具有的1559kJ/kg有效比焓降在这27个级中逐级利用，平均每级利用的比焓降只有57.7kJ/kg。这样，各级的汽流速度c_1和w_2都较小，保证在最佳速比附近工作时圆周速度和级的直径也都较小，就能使叶轮和叶片在其离心力小于材料强度所允许的离心力的情况下工作。

二、多级汽轮机的优越性和存在的问题

（一）多级汽轮机的效率大大提高

1.多级汽轮机的循环热效率大大提高

多级汽轮机的比焓降可比单级汽轮机增大很多，因而多级汽轮机的蒸汽初参数可大大提高，排汽压力可以降得很低，还可采用回热循环和中间再热循环，所以多级汽轮机的循环热效率大大高于单级汽轮机。

2.多级汽轮机的相对内效率明显提高

1）多级汽轮机在设计工况下每一级都在最佳速比附近工作，这就使它比单级汽轮机的相对内效率高。

2）在一定条件下，多级汽轮机的余速动能可以全部或部分地被下一级利用，而单级汽轮机的余速动能不可能被下一级利用。

对于多级汽轮机，只要相邻两级的部分进汽度相同，平均直径变化平滑，喷嘴进汽角

α_0与上一级的排汽角α_2相近，级间的轴向间隙较小，两级的流量变化不大，那么上一级的余速动能可以全部或部分地被下一级利用。除调节级及本汽缸的最末级外，多级汽轮机其他各级的余速动能一般都可被下一级利用，因此整个汽轮机的内效率提高了。

3）多级汽轮机各级的比焓降较小，速比一定时级的圆周速度和平均直径d_m也都较小，根据第一章中的连续方程$Gv_{1t}=\mu_n e\pi d_m l_n c_{1t}\sin\alpha_1$可知，在容积流量$Gv_{1t}$相同的条件下，由于$d_m$较小，喷嘴出口高度$l_n$增大，因而叶高损失减小，喷嘴流动效率较高。

4）多级汽轮机上面级的损失可以部分地被下面各级利用，使全机相对内效率提高，这种现象称为重热现象（详见下面一段），这也是其效率比单级汽轮机高的一个原因。

综上所述，由于多级汽轮机的效率比单级汽轮机高得多，所以多级汽轮机的单位功率能耗大大低于单级汽轮机。

（二）多级汽轮机单位功率的投资大大减小

多级汽轮机的单机功率可远远大于单级汽轮机，因而使单位功率汽轮机组的造价、材料消耗和占地面积都比单级汽轮机大大减小，容量越大的机组减小得越多，这就使多级汽轮机单位功率的投资大大减小。

（三）多级汽轮机存在的问题

1）增加了一些附加损失，如隔板漏汽损失。多级汽轮机内各级是由静止的隔板和旋转的工作叶轮构成的，隔板和转子之间有间隙存在，虽然间隙处安装有隔板轴封，但仍存在蒸汽泄漏，增加了损失。然而，与单级汽轮机每级必有的前后端轴封漏汽损失相比，这项损失是较小的。此外，多级凝汽式汽轮机的整机比焓降很大，它的最后几级总是在湿蒸汽区内工作，湿汽损失较大，故级的效率降低。但多级汽轮机的循环热效率将因排汽温度降低而大大提高。

2）由于级数多，相应地增加了机组的长度和质量。例如，国产125MW凝汽式汽轮机有31个级，总长度为13.5m，本体总质量为310t。但与同样功率的各单级汽轮机的总长度和总质量相比，多级汽轮机要小得多。

3）由于新蒸汽与再热蒸汽温度的提高，多级汽轮机高中压缸前面若干级的工作温度较高，故对零部件的金属材料要求提高了。

4）级数增加，零部件增多，使多级汽轮机的结构更为复杂，全机制造成本相应提高。但从单位功率的制造成本来看，多级汽轮机远低于单级汽轮机。

总之，多级汽轮机远优于单级汽轮机。多级汽轮机由于具有效率高、功率大、投资小等突出优点而在工业上得到广泛应用。

三、重热现象和重热系数

（1）重热现象　水蒸气h-s图上的等压线是沿着比熵增的方向逐渐扩张的，也就是说，等压线之间的理想比焓降随着比熵的增大而增大。这样，上一级损失造成的比熵增大将使后面级的理想比焓降增大，即上一级损失中的一小部分可以在以后各级中得到利用，这种现象称为“多级汽轮机的重热现象”。

图2.1.1所示为一具有四个级的多级汽轮机热力过程线，为讨论方便，略去了汽轮机的进排汽节流损失。

在此四级汽轮机中，若第一级没有损失，则第二级的初始蒸汽参数为p_2、T'_1。当将蒸汽作为理想气体处理时，第二级的理想比焓降$\Delta h_t^{2\prime}$为

$$\Delta h_t^{2\prime}=\frac{\kappa}{\kappa-1}RT'_1\left[1-\left(\frac{p_3}{p_2}\right)^{\frac{\kappa-1}{\kappa}}\right]$$

但第一级总是有损失存在的，因此，第一级排汽的比熵和温度将增加，使第二级进口蒸汽温度不再是T'_1，而是T_1，此时第二级的理想比焓降变为

$$\Delta h_t^2=\frac{\kappa}{\kappa-1}RT_1\left[1-\left(\frac{p_3}{p_2}\right)^{\frac{\kappa-1}{\kappa}}\right]$$

比较上两式，可以看出，由于$T_1>T'_1$，故$\Delta h_t^2>\Delta h_t^{2\prime}$，也就是在前一级有损失的情况下，本级进口温度升高，级的理想比焓降将稍有增大，这就是重热现象。

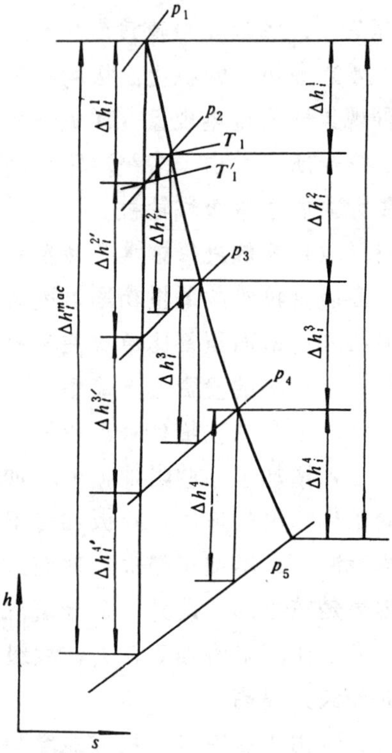

图 2.1.1 四级汽轮机的简化热力过程线

（2）重热系数 为了讨论方便，假设汽轮机中各级的相对内效率η_i^{lev}都相等，则有

$$\eta_i^{lev}=\frac{\Delta h_i^1}{\Delta h_t^1}=\frac{\Delta h_i^2}{\Delta h_t^2}=\cdots \tag{2.1.1}$$

也就是 $\Delta h_i'=\eta_i^{lev}\Delta h_t'$，$\Delta h_i^2=\eta_i^{lev}\Delta h_t^2$，… (2.1.1a)

把这些等式相加，可得

$$\Delta h_i^1+\Delta h_i^2+\cdots=\eta_i^{lev}(\Delta h_t^1+\Delta h_t^2+\cdots)$$
$$=\eta_i^{lev}\sum\Delta h_t \tag{2.1.1b}$$

$$\Delta h_i^{mac}=\eta_i^{lev}\sum\Delta h_t \quad 或 \quad \eta_i^{lev}=\frac{\Delta h_i^{mac}}{\sum\Delta h_t} \tag{2.1.1c}$$

上两式中，Δh_i^{mac}是汽轮机全机有效比焓降。

另一方面，整个多级汽轮机的相对内效率为

$$\eta_i^{mac}=\frac{\Delta h_i^{mac}}{\Delta h_t^{mac}} \tag{2.1.2}$$

式中，Δh_t^{mac}是多级汽轮机全机理想比焓降。

将式（2.1.2）和式（2.1.1c）相除，可得

$$\frac{\eta_i^{mac}}{\eta_i^{lev}}=\frac{\Delta h_i^{mac}\sum\Delta h_t}{\Delta h_t^{mac}\ \Delta h_i^{mac}}=\frac{\sum\Delta h_t}{\Delta h_t^{mac}} \tag{2.1.3}$$

由于有重热现象，故$\Delta h_t^2>\Delta h_t^{2\prime}$，$\Delta h_t^3>\Delta h_t^{3\prime}$，$\Delta h_t^4>\Delta h_t^{4\prime}$，因此$\sum\Delta h_t>\Delta h_t^{mac}$，即$\sum\Delta h_t-\Delta h_t^{mac}>0$。式（2.1.3）可写成

$$\frac{\eta_i^{mac}}{\eta_i^{ev}}=1+\frac{\sum\Delta h_t-\Delta h_t^{mac}}{\Delta h_t^{mac}}=1+a \tag{2.1.4}$$

式中，$a=\dfrac{\sum\Delta h_t-\Delta h_t^{mac}}{\Delta h_t^{mac}}$ 称为重热系数，永远为一正值。

在上面的推导过程中，假设各级的相对内效率相等。若不相等，则可取其平均值，这

并不影响重热系数的定义和性质，各级反动度的大小对上述分析也没有影响。

式（2.1.4）中的$\sum \Delta h_t - \Delta h_t^{mac}$即为多级汽轮机的重获热量，表示前面级的损失中被后面级利用了的小部分热量。重获热量使整个汽轮机的相对内效率η_i^{mac}大于各级的平均相对内效率η_i^{lev}，即

$$\eta_i^{mac} = \eta_i^{lev}(1 + \alpha) \tag{2.1.4a}$$

在对式（2.1.4a）的理解过程中，不应得出α越大，整机效率越高的错误结论。这是因为重热系数α的很少量增大是在级效率η_i^{mac}降低较多的前提下实现的，因此，拟通过提高重热系数α来提高整机效率的想法是错误的，是行不通的。

图2.1.2表示在初参数$p_0 = 2.85\text{MPa}$，$t_0 = 400℃$，排汽压力$p_c = 3.9\text{kPa}$的条件下，级数z和级的相对内效率η_i^{lev}对重热系数α的影响。可以看出，级的相对内效率降低10%左右时，重热系数α只增大2%左右。因此，重热系数的提高使全机效率的增大远远弥补不了级效率的降低所引起的全机效率的降低。所以提高汽轮机效率的根本途径还是在于努力提高各级的相对内效率。

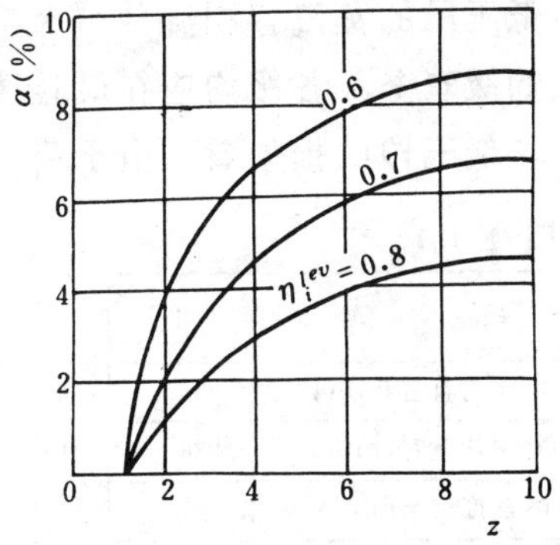

图 2.1.2 级数和级效率对重热系数的影响

四、多级汽轮机各级段的工作特点

一般情况下，沿着蒸汽的流动方向可把多级汽轮机分为高压段、中压段、低压段三个部分，对于分缸的大型汽轮机则分为高压缸、中压缸和低压缸。由于各部分所处的条件不相同，因此各段有其不同的特点。

1. 高压段

在多级汽轮机的高压段，工作蒸汽的压力、温度很高，比容较小，因此通过该级段的蒸汽容积流量较小，所需的通流面积也较小。对于小容量汽轮机，应保证有足够大的喷嘴出口高度，以减小端部损失，提高喷嘴效率。由连续方程可知，在高压段，为了保证喷嘴有足够的出口高度（也是为了增大轮周功），喷嘴出口汽流角α_1较小。一般冲动式汽轮机的$\alpha_1 = 11° \sim 14°$，反动式汽轮机的$\alpha_1 = 14° \sim 20°$。

在冲动式汽轮机的高压段，级的反动度一般不大，当静动叶根部间隙不吸汽、不漏汽时，根部反动度Ω_r较小，这样，虽然沿叶片高度从根部到顶部的反动度不断增大，但高压段各级的叶片高度总是较小的，因此，平均直径处的反动度仍较小。

在高压段的各级中，各级比焓降不大，比焓降的变化也不大。这是因为通过高压段各级的蒸汽容积流量较小，为了增大叶片高度，以减小端部损失，叶轮的平均直径就较小，相应的圆周速度也就较小；为保证各级在最佳速比附近工作，喷嘴出口汽流速度也较小，故各级比焓降不大；由于高压段各级的比容变化较小，因而各级的直径变化也不大，所以各级比焓降的变化也不大。

在高压段各级中，可能存在的级内损失有：喷嘴损失、动叶损失、余速损失、叶高损失、扇形损失、漏汽损失、叶轮摩擦损失、部分进汽损失等。由于高压段蒸汽的比容较小，漏汽间隙不可能按比例减小，故漏汽量相对较大，漏汽损失较大。对于部分进汽的级，由于

不进汽的动叶弧段成为漏汽的通道，故漏汽损失更有所增大。同样，由于高压段蒸汽的比容较小，叶轮摩擦损失就较大。此外，高压段叶片高度相对地较小，使叶高损失较大。高压段位于过热蒸汽区，所以没有湿汽损失。综上所述可以看出，高压段各级的效率较低。

2.低压段

低压段的特点是蒸汽的容积流量很大，要求低压段各级具有很大的通流面积，因而叶片高度势必很大。为了避免叶高太大，有时不得不把低压段各级的喷嘴出口汽流角度α_1取得相当大，使圆周方向分速c_u与轮周功减小。

级的反动度在低压段明显增大的原因有两方面：一方面是低压段叶片高度很大，为保证叶片根部不出现负反动度，平均直径处的反动度较大；另一方面是级的比焓降大，为避免喷嘴出口流速超过临界速度过多而采用缩放喷嘴，只有增大级的反动度，才能增大动叶比焓降。

低压段的蒸汽容积流量很大，故叶轮直径大大增加，圆周速度增大较快。为了保证有较高的级效率，各级均应在最佳速比附近工作，这时各级的理想比焓降相应增大较快。

从低压段的损失看，由于蒸汽容积流量很大，而通流面积受到一定限制，因此余速损

表 2.1.1 **国产100MW汽轮机**

级号	1	2	3	4	5	6	7	8	9
喷嘴平均直径(mm)	935	955	960.5	966.8	971	980.3	990.3	996.3	1008.8
动叶平均直径(mm)	936	956	961.5	967.8	972	981.3	991.3	997.3	1009.8
喷嘴高度（mm）	27	52	57.2	63.8	68	77.3	87.3	93.3	105.3
动叶高度（mm）	32	55	60.5	66.8	71	80.3	90.3	96.3	108.3
喷嘴出汽角α_1（°）	14.0	10.56	10.58	10.59	11.03	11.07	11.12	11.14	11.20
动叶出汽角β_2（°）		18.38	18.32	18.38	18.42	18.5	18.32	18.12	18.21
理想比焓降(kJ/kg)	206	45	46	46.3	47.4	47.69	48.73	48.52	50.33
反动度（%）	19	12.63	13.5	13.5	14.05	14.85	15.45	17.3	18.7
相对内效率（%）	67.3	81.3	83.7	84.6	84.7	85.7	86.3	86.6	86.6

表 2.1.2 **东方汽轮机厂制造的两排汽200MW**

缸别	级号	最大工况			设计工况								
		蒸汽流量	级后压力	级后温度	蒸汽流量	级后压力	级后温度	定比熵比焓降	速比	反动度	相对内效率	内功率
		D_{max}	p_{2max}	t_{2max}	D	p_2	t_2	Δh_t	u/c_a	Ω_m	η_i	P_i
		t/h	MPa	℃	t/h	MPa	℃	kJ/kg	/	%	/	kW
高压缸	1	667.1	10.74	514.6	607.1	9.74	502.4	73.48	0.412	12.5	0.6773	8295
	2	661.2	9.63	496.4	601.7	8.73	484.4	35.38	0.5084	14.8	0.8281	4898
	3	661.2	8.62	479.2	601.7	7.82	467.3	35.42	0.5102	15.1	0.8555	5065
	4	661.2	7.67	461.5	601.7	6.96	450.2	36.09	0.5079	15.4	0.8596	5183

失较大，但各级余速动能一般都可被下一级利用；低压段处于湿蒸汽区，湿汽损失越往后越大；叶片高度很大，漏汽间隙所占比例很小，故漏汽损失很小，叶高损失也很小；蒸汽比容很大，故叶轮摩擦损失很小；采用全周进汽，故没有部分进汽损失。总之，主要由于湿汽损失大，使低压段的效率较低，特别是最后几级，效率降得更多。

3. 中压段

中压段的情况介于高压段和低压段之间。该段蒸汽的比容不像高压段那样很小，因此漏汽损失较小，叶轮摩擦损失较小；叶片高度较大，故叶高损失较小；一般为全周进汽，故没有部分进汽损失；中压段不在湿蒸汽区，故没有湿汽损失；级的余速动能一般可被下一级利用。由此可见，中压段各级的级内损失较小，效率比高压段和低压段都高。

为了保证汽轮机通流部分畅通，各级喷嘴叶高和动叶叶高沿蒸汽流动方向是逐渐增大的，故中压段各级的反动度一般介于高压和低压段之间且逐渐增大。

表2.1.1为国产100MW机组内各级的主要数据，表2.1.2为东方汽轮机厂制造的两排汽200MW汽轮机通流部分计算汇总表。

组各级的主要数据

10	11	12	13	14	15	16/21	17/22	18/23	19/24	20/25
1025	1043	1107	1187	1273	1361	1273	1361	1487	1677	1999
1026	1044	1108	1188	1274	1362	1274	1362	1488	1678	2000
122	140	150	158	165	212	165	212	308	426	658
125	143	153	161	169	217	169	217	313	432	665
11.27	11.34	11.46	11.40	14.25	12.44	14.25	12.44	13.20	13.55	16.32
17.53	17.31	18.01	18.05	17.20	19.38	17.20	19.38	18.51	23.35	32
51.54	53.21	58.7	65.6	73.66	80.05	68.87	88.17	98.14	119.8	214.4
23.4	24.4	24.2	25.1	45.8	29.5	48	35.4	48	41.4	63.9
87.2	87.5	86.4	87.5	85.2	88.3	82.5	83.8	82.6	80.4	60.3

汽轮机通流部分热力计算汇总表

导		叶				动		叶				面积比
喷嘴型线	$\sin\alpha_{1g}$	喷嘴片数	平均直径	喷嘴出口高度	喷嘴出口面积	叶片型线	$\sin\beta_{2g}$	动叶片数目	平均直径	动叶出口高度	动叶出口面积	
No	/	z_p	d_n	l_n	A_n	No	/	z_b	d_b	l_b	A_b	A_b/A_n
/	/	/	mm	mm	cm^2	/	/	/	mm	mm	cm^2	/
JZ08	0.2706	55	1000	31.5	218	DZ05	0.3910	96	1000	34	340	1.56
JZ02/JZ45	0.1958	76	860	48	254.2	DZ03	0.3156	136	861	51	435.4	1.70
JZ02/JZ45	0.1959	76	863.5	51.5	273.8	DZ03	0.3160	136	864.5	54.5	467.7	1.70
JZ02/JZ45	0.1970	76	867.5	55.5	298	DZ03	0.3170	136	868.5	58.5	505.9	1.69

缸别	级号	最大工况			设计工况							
		蒸汽流量	级后压力	级后温度	蒸汽流量	级后压力	级后温度	定比熵比焓降	速比	反动度	相对内效率	内功率
		D_{max}	p_{2max}	t_{2max}	D	p_2	t_2	Δh_t	u/c_a	Ω_m	η_i	P_i
		t/h	MPa	℃	t/h	MPa	℃	kJ/kg	/	%	/	kW
高压缸	5	661.2	6.79	443.2	601.7	6.16	432.2	37.18	0.5027	16.0	0.8599	5363
	6	661.2	5.99	425	601.7	5.44	414.5	37.14	0.5057	17.7	0.8646	5368
	7	661.2	5.30	407.6	601.7	4.82	397.3	35.59	0.5206	21.7	0.8714	5183
	8	661.2	4.68	390.2	601.7	4.26	380.4	35.13	0.528	22.0	0.8759	5142
	9	661.2	4.12	372.7	601.7	3.75	363.3	35.42	0.5301	22.7	0.8788	5199
	10	630.0	3.59	354.5	574.7	3.28	345.7	36.93	0.5218	23.7	0.8811	5190
	11	630.0	3.12	336.5	574.7	2.85	327.9	36.68	0.5294	25.1	0.8858	5182
	12	630.0	2.70	318.2	574.7	2.46	310.0	37.10	0.5324	26.9	0.8882	5257
中压缸	13	584.3	($p_0$2.27) 1.91	507.3	533.8	($p_0$2.07) 1.746	507.2	61.71	0.5195	20.0	0.8396	7684
	14	582.4	1.602	481.2	532.2	1.467	481.2	60.75	0.5286	21.3	0.8807	7906
	15	582.4	1.338	454.7	532.2	1.225	454.8	60.96	0.5346	22.4	0.8857	7975
	16	558.3	1.107	427.9	510.9	1.014	428.1	61.50	0.5357	23.8	0.8855	7725
	17	558.3	0.914	401.4	510.9	0.838	401.8	59.95	0.5523	26.6	0.8931	7596
	18	558.3	0.743	373.8	510.9	0.682	374.1	62.13	0.5521	28.8	0.8919	7859
	19	549.9	0.603	346.7	503.4	0.553	374.1	60.29	0.5732	32.0	0.8989	7575
	20	549.9	0.461	313.1	503.4	0.423	313.5	74.02	0.5332	38.3	0.8891	9199
	21	530.5	0.355	282.3	486.1	0.326	282.7	67.99	0.5777	43.0	0.9032	8286
	22	530.5	0.272	251.9	486.1	0.249	252.3	66.11	0.6113	46.8	0.9085	8108
低压缸	23	2×257.5	($p_0$0.266) 0.1630	201.4	2×236.1	($p_0$0.244) 0.1497	201.9	111.37	0.5136	25.8	0.843	2×6151
	24	2×244.2	0.0954	150.2	2×224.2	0.0876	150.8	109.69	0.5379	32.6	0.8871	2×6059
	25	2×244.2	0.0496	94.8	2×224.2	0.0455	95	117.98	0.5455	39.3	0.8741	2×6420
	26	2×230.0	0.0187	58.7 ($x=0.97$)	2×211.5	0.0172	56.8 ($x=0.972$)	151.06	0.5381	58.0	0.8243	2×7312
	27	2×230.0	0.0057	35.4 ($x=0.929$)	2×211.5	0.0054	34.3 ($x=0.932$)	161.28	0.6223	70.6	0.7558	2×7156

续表

导叶						动叶						面积比
喷嘴型线	$\sin\alpha_{1g}$	喷嘴片数	平均直径	喷嘴出口高度	喷嘴出口面积	叶片型线	$\sin\beta_{2g}$	动叶片数目	平均直径	动叶出口高度	动叶出口面积	
No	/	z_p	d_n	l_n	A_n	No	/	z_b	d_b	l_b	A_b	A_b/A_n
/	/	/	mm	mm	cm^2	/	/	/	mm	mm	cm^2	/
JZ46/JZ39	0.1994	70	871.5	59.5	324.8	DZ03	0.3173	136	872.5	62.5	543.6	1.66
JZ46/JZ39	0.2036	68	876.5	64.5	361.6	DZ03	0.3190	136	877.5	67.5	593.5	1.63
JZ46/JZ39	0.2105	66	883	71	414.6	DZ03	0.3200	136	884	74	657.5	1.58
JZ46/JZ39	0.2122	66	890	78	462.8	DZ03	0.3217	136	891	81	729.6	1.57
JZ46/JZ39	0.2139	66	897	85	512.4	DZ03	0.3230	136	898	88	801.7	1.56
JZ05	0.2130	36	901	89	536.6	DN07	0.3145	112	902.5	92.5	824.8	1.54
JZ05	0.2139	36	911	99	606	DN07	0.3130	112	912.5	102.5	919.7	1.52
JZ05	0.2152	36	921.5	109.5	682.2	DN07	0.3095	112	923	113	1014.1	1.49
JZ07	0.2590	36	1161.5	101.5	959	DN08	0.4000	134	1162	105	1533.2	1.60
JZ07	0.2610	36	1172.5	112.5	1081.5	DN08	0.4019	134	1173	116	1718	1.59
JZ07	0.263	36	1187.5	127.5	1251	DN08	0.4035	134	1188	131	1972.8	1.58
JZ07	0.274	36	1195	136	1399	DN09	0.408	116	1196	141	2161.5	1.55
JZ40/JZ41	0.277	80	1216.5	157.5	1667.3	DN09	0.405	116	1217.5	162.5	2517.3	1.51
JZ40/JZ41	0.280	80	1238	179	1949.3	DN09	0.400	116	1239	184	2864.8	1.47
JZ40/JZ41	0.283	86	1266	207	2329.9	DN09	0.3947	116	1267	212	3330.7	1.43
JZ07	0.2651	42	1305	246	2673.7	DN10	0.341	96	1306	251	3511.7	1.31
JZ07	0.270	42	1355	296	3402	DN10	0.333	96	1356	301	4269.9	1.26
JZ07	0.277	42	1414	355	4368	DN10	0.3271	96	1415	360	5234.7	1.2
JZ42	0.2504	66	1543	179	2172.7	DN26	0.3875	150	1543	183	3437.5	1.58
JZ42	0.2756	64	1588	224	3079.8	DN26	0.3795	150	1604	244	4666	1.52
JZ43	0.3156	58	1661	297	4866	DN27	0.4099	110	1687	327	7103	1.46
JZ44	0.3300	52	1831	427	7895	DN28-1	0.4209	90	1883	483	12026	1.52
JN12	0.3958	56	2170	725	19643	DN32	0.4995	96	2250	800	28246	1.44

第二节　进汽阻力损失和排汽阻力损失

一、进汽阻力损失

蒸汽进入汽轮机的第一级之前必须先经过主汽门、调节汽门和蒸汽室，蒸汽通过这些进汽机构时将产生压降，其中主汽门和调节汽门的压降最大。若忽略蒸汽通过进汽机构时的散热损失（散热损失与所流过蒸汽的总热量之比是微小的），则蒸汽通过进汽机构时的热力过程为一节流过程，即蒸汽经过进汽机构后虽有压力降落，但比焓值不变，如图2.2.1所示。如果没有进汽机构节流，全机理想比焓降为Δh_t^{mac}，由于节流的存在，全机理想比焓降变为（Δh_t^{mac}）′，其差值$\delta h^{mac}=\Delta h_t^{mac}-(\Delta h_t^{mac})'$就是节流引起的理想比焓降损失，称为汽轮机进汽阻力损失。

蒸汽通过进汽机构时的节流损失与汽流速度、阀门类型、阀芯型线以及汽室形状等因素有关。一般在设计上要求流过主汽门，管道等的蒸汽速度小于或等于40～60m/s，蒸汽的进汽压力降落Δp_0控制在下式范围之内：

$$\Delta p_0=p_0-p_0'=(0.03\sim0.05)p_0 \tag{2.2.1}$$

有的制造厂控制（δh^{mac}）′≤12.6kJ/kg，相应的压力降落也在上述范围之内（δh^{mac}）′，见图2.2.1。

为了减小进汽阻力损失，可限制蒸汽流速，但并不能从根本上解决问题。根据连续方程，流速减小势必增大通流面积，这将使汽门的尺寸加大，体积庞大，给制造、安装、运行都带来一定困难。因此，减小进汽阻力损失的主要方法是改善蒸汽在汽门中的流动特性。改进阀门的结构类型对改善阀门流动特性有很大作用。现在普遍应用的是带扩压管的单座阀，这种阀门的关闭严密性较好。当阀中带有预启小阀时，开启时的提升力较小，同时因有扩压管存在，虽阀内蒸汽的最大流速较高，但这一速度头可在扩压管中重新变为压力头，因而即使在阀门尺寸较小的条件下，仍有较小的节流损失和较高的效率。

对于运行电厂，为了保证机组的效率，应当分别测定主汽门、各调节汽门以及中间管道的压力损失。当发现压损过大，如$\Delta p_0>0.05p_0$时，就应当设法加以消除。

二、排汽阻力损失

进入汽轮机的蒸汽在各级作功后，从末级动叶出来经排汽管排出。排汽在排汽管中流动时，由于摩擦、涡流、转向等阻力作用而有压力降落，这部分没有作功的压降损失，称为汽轮机的排汽阻力损失。图2.2.2中p_c'表示凝汽式汽轮机末级动叶出口的静压，p_c表示凝汽器喉部静压，其差值$\Delta p_c=p_c'-p_c$即为排汽阻力损失。由于这项损失的存在，汽轮机理想比焓降由（Δh_t^{mac}）′变为（Δh_t^{mac}）″，损失了（δh^{mac}）″，如图2.2.2所示。

在排汽管中，由于汽流速度高，汽流与环境的温差小，散热与所流过的总热量相比很微小，可忽略不计，因此可把排汽过程视为一节流过程，如图2.2.2所示。

排汽阻力损失Δp_c的大小取决于蒸汽在排汽管中的流速、排汽部分的结构形式以及型线的好坏等，一般可用下列公式估算：

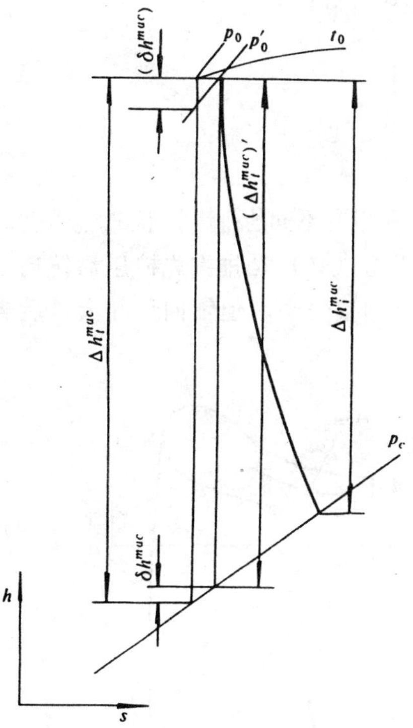

图 2.2.1 进汽阻力损失

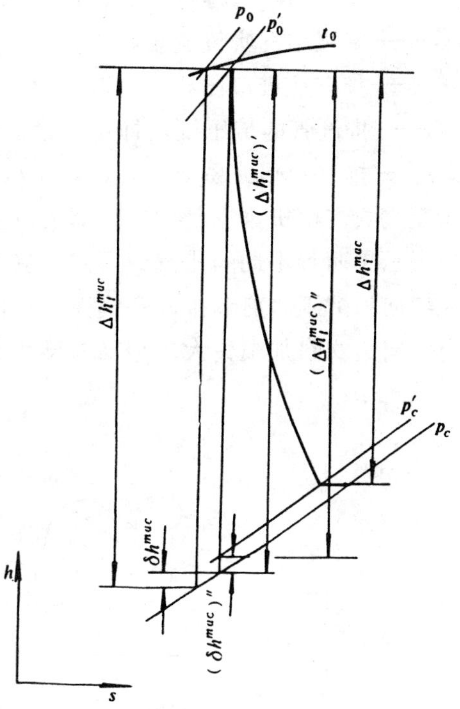

图 2.2.2 排汽阻力损失

$$\Delta p_c = \lambda\left(\frac{c_{ex}}{100}\right)^2 p_c \quad \text{kPa} \tag{2.2.2}$$

式中 λ——排汽管的阻力系数；

c_{ex}——排汽管中汽流速度，m/s；

p_c——排汽管出口压力，对于凝汽式机组为凝汽器喉部压力，kPa。

排汽管中的汽流速度，对于凝汽式机组$c_{ex}\leqslant 100\sim120$ m/s，对于背压式机组$c_{ex}\leqslant 40\sim60$ m/s。

阻力系数λ的变化范围较大，对于凝汽式机组，凝汽器一般布置在汽轮机的下面，汽流在排汽管中的方向要改变90°，损失较大，这时阻力系数$\lambda=0.05\sim0.1$。

一般情况下，汽轮机排汽阻力损失$\Delta p_c=(0.02\sim0.06)p_c$。

对于大功率凝汽式汽轮机，由于末级蒸汽流量G_c较大，c_2也较大，故总的$G_c\delta h_{c2}$相当大。为提高机组的经济性，可通过扩压的办法把排汽动能转换为静压，以补偿排汽管中的压力损失，这样，排汽管既是排汽的通道，又是一个扩压器。

在这种情况下，如果排汽管进口马赫数$Ma\leqslant 0.5$，即不考虑压缩性影响时，排汽阻力损失Δp_c可用下式[28]计算：

$$\Delta p_c = p_c' - p_c = \frac{G_c^2 v_2}{A_1^2}\left[(\zeta_{ex}-1)\frac{1}{f^2}\right] \tag{2.2.3}$$

式中　v_2——末级动叶后蒸汽比容，即排汽管进口蒸汽比容，

G_c——末级排汽质量流量；

A_1——排汽管进口面积；

f——排汽管的扩压度，即排汽管进出口面积之比；

ζ_{ex}——排汽管损失系数，$\zeta_{ex}=F(f, Ma, Re)$。

由于凝汽式汽轮机排汽管中扩压器的位置不同，所以有不同的排汽管形式。如图2.2.3所示，图中表示了两种不同的排汽管形式，其区别在于图（a）是排汽先扩压后转向，图(b)是排汽先转向后扩压。前者排汽在蜗壳内转向小，附加损失小，但轴向尺寸大；后者排汽在蜗壳内转向大，附加损失大，但轴向尺寸小。

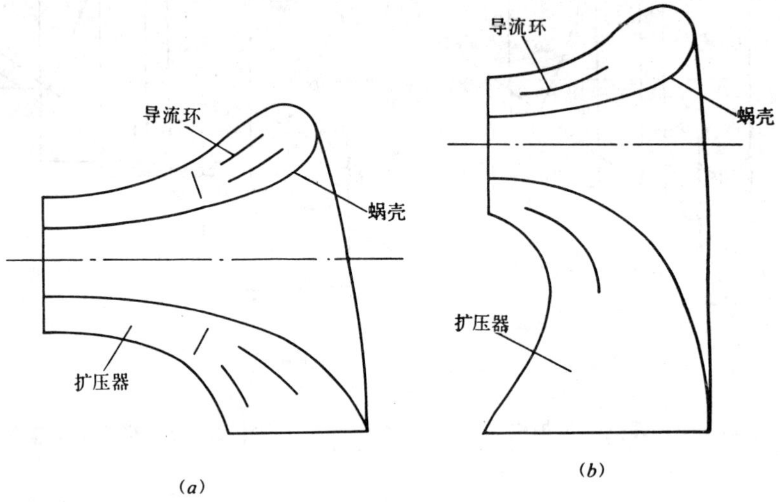

图 2.2.3　排汽管

（a）先扩压后转向；（b）先转向后扩压

排汽管的好坏一般可用能量损失系数ξ_{ex}和静压恢复系数η_{ex}来衡量，这两个参数也是汽轮机热力设计的依据之一。

当进入排汽管的汽流速度较低，即马赫数$Ma<0.3$时，可将排汽视为不可压缩流体，在排汽管的进出口建立能量平衡方程：

$$p_1+\frac{\rho_1 c_1^2}{2}=p_2+\frac{\rho_2 c_2^2}{2}+\Delta_0 \tag{2.2.4}$$

式中　p_1，p_2——排汽管进出口处的蒸汽静压；

ρ_1，ρ_2——排汽管进出口处的蒸汽密度；

c_1，c_2——排汽管进出口处的汽流速度；

Δ_0——汽流通过排汽管时的压力损失。

排汽管出口的每立方米汽流动能$\frac{\rho_2 c_2^2}{2}$实际上也是损失，因为它没有在排汽管内转换成静压，所以式（2.2.4）可写成

$$p_1 + \frac{\rho_1 c_1^2}{2} = p_2 + \Delta \tag{2.2.4a}$$

式中，$\Delta = \frac{\rho_2 c_2^2}{2} + \Delta_0$为蒸汽在排汽管内的总损失。再改写式（2.2.4$a$），得

$$\frac{p_2 - p_1}{\frac{\rho_1 c_1^2}{2}} + \frac{\Delta}{\frac{\rho_1 c_1^2}{2}} = 1 \tag{2.2.4b}$$

令$\eta_{ex} = \frac{p_2 - p_1}{\frac{\rho_1 c_1^2}{2}}$，称为静压恢复系数；令$\xi_{ex} = \frac{\Delta}{\frac{\rho_1 c_1^2}{2}}$，称为能量损失系数，则得

$$\eta_{ex} + \xi_{ex} = 1 \tag{2.2.4c}$$

图2.2.4所示为蒸汽在排汽管中的热力过程线，点1为排汽管进口蒸汽状态点，点1^0为假想排汽管进口处蒸汽流速滞止为零的状态点，故Δh_{t1}表示在排汽管进口处蒸汽所具有的动能。蒸汽经排汽管进入凝汽器的过程可分三种情况：

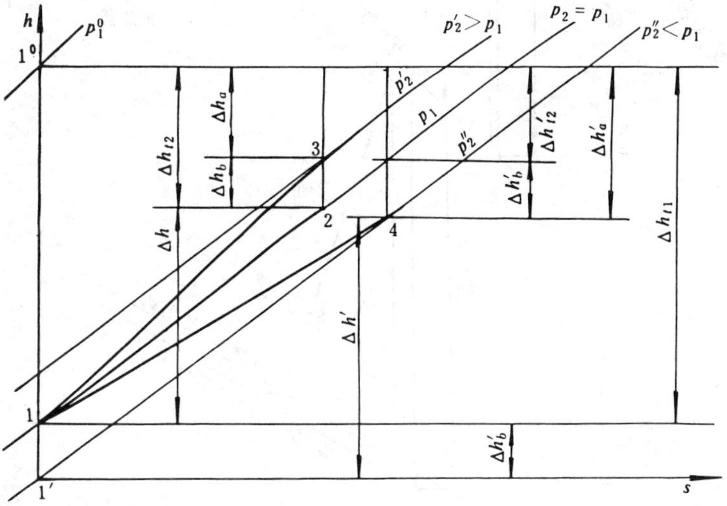

图 2.2.4 蒸汽在排汽管中的热力过程线

1）排汽管进出口压力相等，$p_2 = p_1$，如图中1-2线所示。此时蒸汽通过排汽管的总损失$\Delta = \rho_1 \Delta h + \rho_2 \Delta h_{t2}$，$P_2$是图中点2的蒸汽密度，由图可见，$\Delta h + \Delta h_{t2} = \Delta h_{t1}$，这时$\eta_{ex} = 0$，$\xi_{ex} = 1$，表明扩压器回收的静压头正好与克服排汽管阻力消耗的静压头相当。

2）排汽管出口压力高于进口压力，$p_2' > p_1$，如图中1-3线所示。此时排汽管出口蒸汽动能为Δh_a，蒸汽通过排汽管增加的位能为Δh_b，蒸汽通过排汽管的总损失$\Delta = \rho_1 \Delta h + \rho_3 \Delta h_a$，$\rho_3$是图中点3对应的蒸汽密度。由图可见，$\Delta h_{t1} > \Delta h + \Delta h_a$，这时$\eta_{ex} > 0$，$\xi_{ex} < 1$。若排汽管出口压力（即凝汽器喉部压力）一定，显然排汽管进口压力（就是汽轮机末级出口压力）将要低一些，即低于凝汽器喉部压力，这将使汽轮机的有效比焓降增加，机组效率提高。所以，减小能量损失系数ξ_{ex}及提高静压恢复系数η_{ex}是排汽管设计的努力目标。

这点对大功率汽轮机具有特别重要的意义，因为大功率汽轮机末级的余速损失可能达到29.3～54.4kJ/kg，例如，国产600MW汽轮机的末级余速若有15.6kJ/kg被用以提高静压，则全机有效比焓降将增大1%左右，经济性也将明显提高。

3）排汽管出口压力低于进口压力，$p_2'' < p_1$，如图中1-4线所示。此时排汽管出口蒸汽动能为$\Delta h_a'$，蒸汽在排汽管内的能量损失为$\Delta h'$，其总损失为$\Delta = \rho_1 \Delta h' + \rho_4 \Delta h_a'$，$\rho_4$是图中点4对应的蒸汽密度。由图可见，$\Delta h_{t1} < \Delta h_a' + \Delta h'$，这时$\eta_{ex} < 0$，$\xi_{ex} > 1$。这表明排汽管的阻

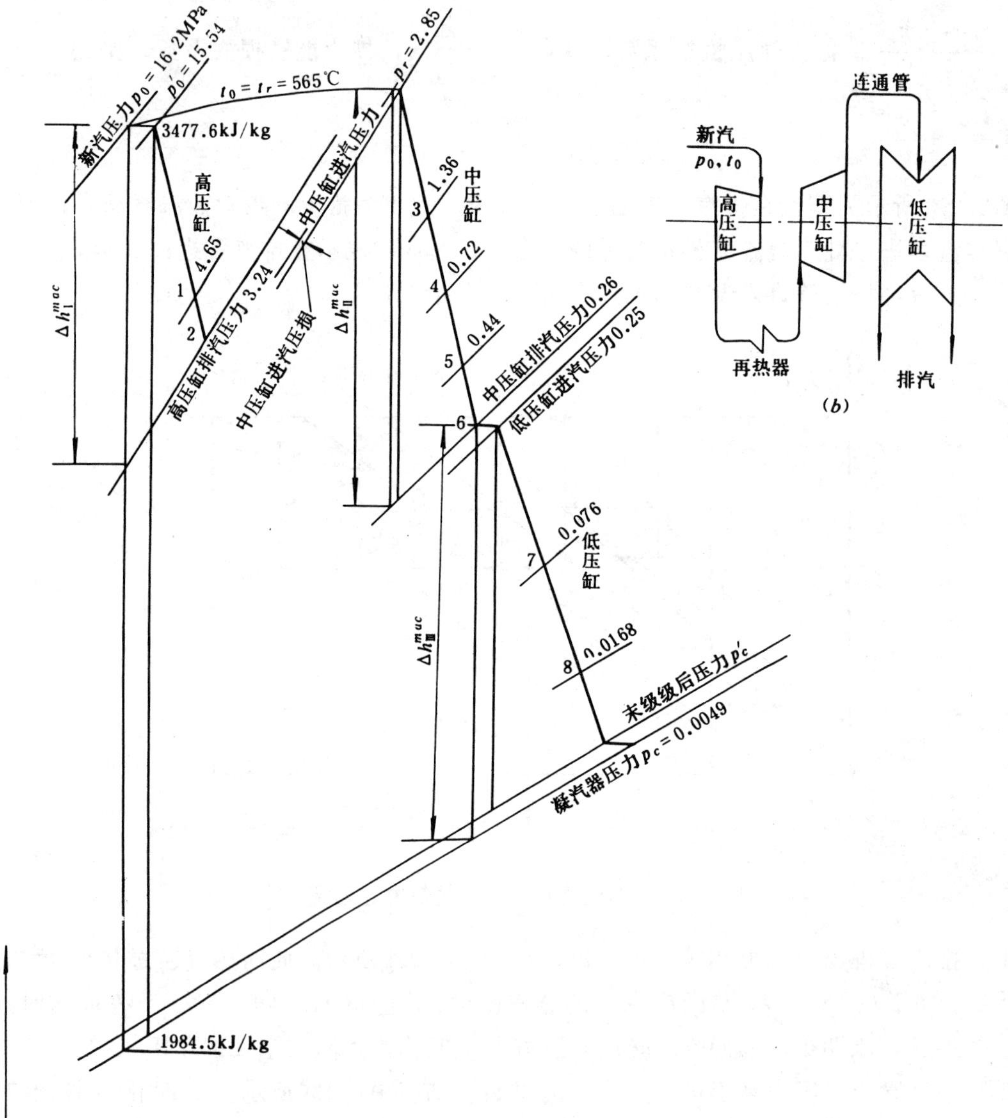

图 2.2.5　国产亚临界中间再热300MW汽轮机的热力过程线与示意图

（a）热力过程线；（b）示意图

力损失很大，汽流通过排汽管时恢复的位能不足以补偿损失，还需另外消耗一部分静压头来克服排汽管的阻力。这种情况的出现可能是扩压器的效果不好，也可能是排汽管的阻力过大。当然，未设计成扩压器的排汽管的能量损失系数ξ_{ex}总是大于1的。

图2.2.5（a）为国产300MW汽轮机的热力过程线，它由高压缸、中压缸和低压缸三部分的热力过程线组成。$\Delta h_{\mathrm{I}}^{mac}$、$\Delta h_{\mathrm{II}}^{mac}$和$\Delta h_{\mathrm{III}}^{mac}$分别是高中低压缸的理想比焓降。新汽压力$p_0$与第一级级前压力$p_0'$之差为进汽机构的节流损失；高压缸排汽压力与中压缸进汽压力之差为再热器及其进出管道的流动阻力；中压缸排汽压力与低压缸进汽压力之差为中低压缸蒸汽连通管的流动阻力；p_c'与p_c之差为排汽管进出口静压之差。图中t_0是新汽温度，t_r是再热蒸汽温度，1～8是回热抽汽级数。图2.2.5（b）是该汽轮机示意图。超高参数以上的汽轮机组，为了避免最后几级湿度过大，运行不安全，以及提高经济性，都采用中间再热。

第三节　汽轮机及其装置的评价指标

热力发电厂的生产过程实际上是一系列的能量转换过程。通过热力学的理论分析可知，热能是不可能百分之百地转换成机械功的，因此在汽轮机装置中，通常用各种效率来评价整个能量转换过程中不同阶段的完善程度。

由于蒸汽在汽轮机中的能量转换存在着损失，蒸汽的理想比焓降Δh_t^{mac}不可能全部变为有用功，转换成有用功的只是实际比焓降Δh_i^{mac}（见图2.2.1和图2.2.2)，实际比焓降Δh_i^{mac}小于理想比焓降Δh_t^{mac}。对于没有回热抽汽、没有前后端轴封漏汽和门杆漏汽的纯凝汽式汽轮机，Δh_i^{mac}与Δh_t^{mac}之比称为汽轮机的相对内效率，以η_i表示：

$$\eta_i = \frac{\Delta h_i^{mac}}{\Delta h_t^{mac}} \tag{2.3.1}$$

实际上在汽轮机装置的整个循环中，为了使1kg蒸汽具有理想比焓降Δh_t^{mac}，需要加给1kg蒸汽的热量远比Δh_t^{mac}大得多，这主要是因为整个热力循环中存在着很大的冷源损失。Δh_i^{mac}与整个热力循环中加给1kg蒸汽的热量之比称为汽轮机的绝对内效率，以$\eta_{a.i}$表示，则

$$\eta_{a.i} = \frac{\Delta h_i^{mac}}{h_0 - h_c'} = \eta_t \eta_i \tag{2.3.2}$$

式中　h_0——进入汽轮机的新蒸汽比焓；

h_c'——对于纯凝汽式汽轮机为凝结水比焓，即汽轮机排汽压力下的饱和水比焓，有回热抽汽时改为末级高压加热器出口给水比焓h_{fw}；

η_t——忽略本机组水泵耗功，且蒸汽动力装置按朗肯循工作时的循环热效率，$\eta_t = \dfrac{\Delta h_t^{mac}}{h_0 - h_c'}$。

在汽轮发电机组中，效率分为两大类：以全机理想比焓降Δh_t^{mac}为基准来衡量设备完善程度的效率称为相对效率；以整个循环中加给1kg蒸汽的热量为基准来衡量的，称为绝

对效率。

汽轮机的内功率P_i为

$$P_i=\frac{D_0\Delta h_t^{mac}\eta_i}{3.6}=G_0\Delta h_t^{mac}\eta_i \tag{2.3.3}$$

式中，D_0和G_0是分别以t/h和kg/s为单位的汽轮机进汽流量。

汽轮机运行时，为了克服径向轴承和推力轴承的摩擦阻力，为了带动主油泵，为了带动调速器，都要消耗一些功率，这三项功率消耗之和称为汽轮机的机械损失。扣除机械损失后，汽轮机的轴端功率P_e要小于内功率P_i，若以η_m表示汽轮机的机械效率，则

$$P_e=P_i\eta_m=\frac{D_0\Delta h_t^{mac}\eta_i\eta_m}{3.6}$$

$$=G_0\Delta h_t^{mac}\eta_i\eta_m \tag{2.3.4}$$

考虑到发电机的机械损失和电气损失，发电机出线端的发电机功率P_{el}要小于汽轮机的轴端功率P_e。若以η_g表示发电机效率，以η_{el}表示汽轮发电机组的相对内效率，则

$$P_{el}=P_e\eta_g=\frac{D_0\Delta h_t^{mac}\eta_i\eta_m\eta_g}{3.6}$$

$$=G_0\Delta h_t^{mac}\eta_i\eta_m\eta_g \tag{2.3.5}$$

令

$$\eta_{el}=\eta_i\eta_m\eta_g \tag{2.3.6}$$

则式（2.3.5）可写为

$$P_{el}=\frac{D_0\Delta h_t^{mac}\eta_{el}}{3.6}=G_0\Delta h_t^{mac}\eta_{el} \tag{2.3.5a}$$

由式（2.3.5a）可见，η_{el}表示1 kg蒸汽所具有的理想比焓降Δh_t^{mac}中有多少能量最终被转换成电能，因此，η_{el}称为汽轮发电机组的相对电效率，它是评价汽轮发电机组工作完善程度的一个重要指标。

1 kg蒸汽理想比焓降Δh_t^{mac}中转换成电能的部分$\Delta h_t^{mac}\eta_{el}$与整个热力循环中加给1 kg蒸汽的热量之比称为绝对电效率，以$\eta_{a.el}$来表示，即

$$\eta_{a.el}=\frac{\Delta h_t^{mac}\eta_{el}}{h_0-h_c'}=\eta_t\eta_{el}=\eta_t\eta_i\eta_m\eta_g \tag{2.3.7}$$

对于汽轮发电机组，除用绝对电效率和相对电效率表示其经济性外，还经常用每生产1 kW·h电能所消耗的蒸汽量和热量来表示其经济性。

每生产1 kW·h电能所消耗的蒸汽量称为汽耗率，用d来表示：

$$d=\frac{1000D_0}{P_{el}}=\frac{3600}{\Delta h_t^{mac}\eta_{el}}\quad \text{kg/kW·h} \tag{2.3.8}$$

对于初终参数不同的汽轮机，即使功率相同，但它们消耗的蒸汽量却不同，所以就无法用汽耗率d来进行经济性比较，对于供热式汽轮机更是如此。也就是说，汽耗率d不适宜用来比较不同类型机组的经济性，而只能对同类型同参数汽轮机评价其运行管理水平。对于不同参数的汽轮机可以用热耗率来评价机组的经济性。每生产1 kW·h电能所消耗的热量称为热耗率，以q来表示：

$$q = d\ (h_0 - h_c') = \frac{3600\ (h_0 - h_c')}{\Delta h_t^{mac}\ \eta_{el}} = \frac{3600}{\eta_{a.el}}\quad \mathrm{kJ/(kW \cdot h)} \tag{2.3.9}$$

对于中间再热机组，热耗率q为

$$q = d\left[\ (h_0 - h_c') + \frac{D_r}{D_0}(h_r - h_r')\ \right]\quad \mathrm{kJ/(kW \cdot h)} \tag{2.3.10}$$

式中　D_0——汽轮机组的新蒸汽流量，t/h；

D_r——再热蒸汽流量，t/h；

h_r——再热蒸汽初比焓，kJ/kg；

h_r'——高压缸排汽比焓，kJ/kg。

从上述可知，热耗率q和绝对电效率$\eta_{a.el}$都是衡量汽轮发电机组经济性的主要指标，所不同的是，一个以热量形式表示，另一个则以效率形式表示，但它们均未考虑锅炉效率、管道效率以及厂用电等。因此，整个发电厂的绝对电效率要比汽轮发电机组的绝对电效率低，而整个发电厂的热耗率则比汽轮发电机组的热耗率高。

目前世界各国汽轮发电机组的平均绝对电效率为30%～35%，而先进的大功率机组的绝对电效率可达40%以上。汽轮发电机组的各种效率及经济指标的大致范围如表2.3.1所示。

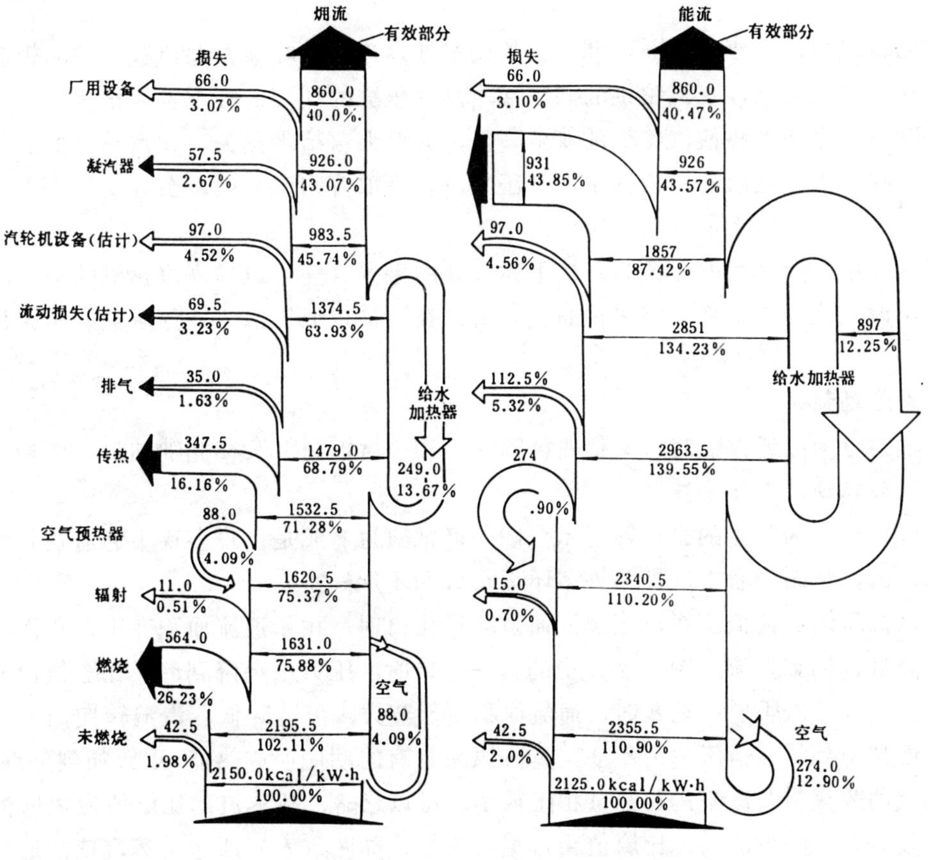

图 2.3.1　汽轮机装置的能流图和烟流图

此外，还可用㶲的概念来分析汽轮机装置内各部分的损失。能的概念只包含能的数量多少，而㶲的概念不但包含能的数量，而且包含能的品质。图2.3.1是一台凝汽式给水预热抽汽汽轮机装置的详细㶲流图和能流图。由图可见，除了发电的㶲效率与能效率基本相同外，其他各阶段的㶲效率和能效率都不一样。这张图是1959年绘制的，故能和㶲的单位都是kcal/kW·h，没有改成kJ/kW·h[6]。

表 2.3.1　汽轮发电机组的效率及热经济性指标

额定功率 (MW)	内效率 η_i	机械效率 η_m	发电机效率 η_g	绝对电效率 $\eta_{a.el}$	汽耗率 d 〔kg/(kW·h)〕	热耗率 q 〔kJ/(kW·h)〕
0.75～6	0.76～0.82	0.965～0.985	0.93～0.96	<0.28	>4.9	>12980
12～25	0.82～0.85	0.985～0.99	0.965～0.975	0.30～0.33	4.7～4.1	12140～10890
50～100	0.85～0.87	～0.99	0.98～0.985	0.37～0.39	3.7～3.5	9630～9210
≥125	>0.87	>0.99	>0.985	>0.41	<3.2	<8790

第四节　轴封及其系统

在汽轮机级内，主要是在隔板和主轴的间隙处，以及动叶顶部与汽缸（或隔板套）的间隙处存在漏汽。此外，在汽轮机的高压端或高中压缸的两端，在主轴穿出汽缸处，蒸汽也会向外泄漏，这些都将使汽轮机的效率降低，并增大凝结水损失。在汽轮机的低压端或低压缸的两端，因汽缸内的压力低于大气压力，在主轴穿出汽缸处，会有空气漏入汽缸，使机组真空恶化，并增大抽气器的负荷。

在汽轮机中广泛采用齿形轴封阻挡上述各处的漏汽（气），以提高汽轮机的效率。在汽轮机的高压段（或高中压缸）常采用曲径轴封；在汽轮机低压段（或低压缸）常采用光轴轴封。

一、齿形轴封

齿形轴封分为高低齿轴封（又称曲径轴封）和平齿轴封（又称光轴轴封）两种。

（一）曲径轴封工作原理

图2.4.1（a）为常见的曲径轴封示意图。可把轴封看成是由许多狭小通道及相间的小室串联而成的，从侧面看去，即为许多环形孔口和环形汽室。

蒸汽从高压侧流向低压侧。当蒸汽通过环形孔口时，由于通流面积变小，蒸汽流速增大，压力降低，例如，流过图（a）中的第一孔口时，压力由p_0降到p_1，比焓值由$h_a=h_0$降为h_b。当蒸汽进入环形汽室E时，通流面积突然变大，流速降低，汽流转向，产生涡流，蒸汽流速近似降到零，但压力p_1不变，蒸汽原来具有的动能变成热能，重新加到蒸汽中去。轴封中蒸汽的散热量与汽流的总热量相比很小，可以忽略，故蒸汽的比焓值应由h_b恢复到h_c，即恢复到原来的数值h_0，比熵值由s_b增大为s_c，如图（b）所示。蒸汽依次通过各轴封片时都发生这样的过程。由此可见：

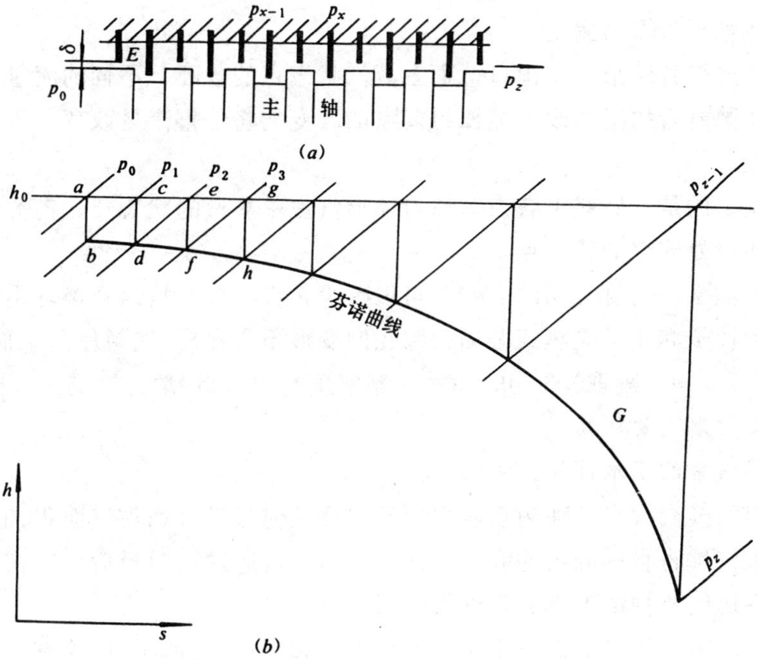

图 2.4.1 曲径轴封及其热力过程

（a）曲径轴封示意图；（b）曲径轴封的热力过程线

$$p_0 > p_1 > p_2 > \cdots > p_z \tag{2.4.1}$$

$$h_0 = h_a = h_c = h_e = \cdots = h_{z-1} = h_z \tag{2.4.2}$$

如果近似认为各轴封孔口的环形漏汽面积A_l都相等，而且通过各孔口的蒸汽流量ΔG_l相同，则各孔口均有

$$\Delta G_l = \mu A_l c_x \rho_x \tag{2.4.3}$$

或

$$\frac{\Delta G_l}{\mu A_l} = c_x \rho_x = 常数 \tag{2.4.4}$$

蒸汽依次流过各轴封片时不断膨胀，蒸汽密度ρ_x不断减小，在ΔG_l和A_l不变的条件下，由式（2.4.4)可见蒸汽流速c_x必然逐渐增大。也就是说，任何一片轴封孔口的汽流速度必然比前一片孔口的流速大，而比下一片孔口的流速小。由于流速大时比焓降也大，故任何一片轴封孔口的比焓降必然比前一片孔口的比焓降大，而比下一片孔口的比焓降小，也就是图2.4.1（b）中所示的：$ab < cd < ef < \cdots$。曲线$bdfh\cdots$称为等流量曲线，或称芬诺曲线。

当轴封最后一片孔口的压差足够大时，汽流速度可以达到与当地音速相等的临界速度，这时该轴封的漏汽量达到最大值。若把轴封的环形孔口看成是没有斜切部分的渐缩喷嘴，那么最后一片轴封孔口的汽流速度在任何情况下都不可能超过临界速度，在其前面的各轴封孔口处的汽流速度都只能小于临界速度。也就是说，对轴封而言，临界流速只能发生在最后一片轴封孔口处，这是因为等流量曲线上逆汽流方向各点对应的蒸汽绝对温度越来越高，而汽流速度越来越低。因此当最后一片轴封孔口处为临界速度时，前面各片轴封孔口处的汽流速度必然都小于临界速度。

等流量曲线是轴封各环形孔口出口截面上蒸汽状态点的轨迹，不同的流量对应有不同的等流量曲线。轴封前后的压力改变或轴封间隙的改变均将使漏汽量改变，等流量曲线也将变成另一条曲线。

这里应着重指出的是，h_0线上各点为轴封环形汽室中蒸汽的状态点，而等流量曲线上各点为轴封环形孔口处蒸汽的状态点。

减小轴封漏汽间隙δ（见图2.4.1，a），可以减少漏汽，提高机组效率。但轴封间隙δ又不能太小，以免转子和静子受热或振动引起径向变形不一致时，汽封片与主轴发生摩擦，造成局部发热和变形。δ一般取0.3～0.6mm，精密度高的机组δ取为0.25～0.45mm。

（二）齿形轴封漏汽量计算

1.曲径轴封漏汽量的基本计算公式

当一段轴封前的蒸汽状态、轴封后压力以及主要几何参数（如漏汽面积、轴封齿数等）都给定时，轴封漏汽量将有一确定的值。下面分别对蒸汽通过轴封最后一片孔口时未达临界速度和已达临界速度两种情况下的漏汽量进行讨论。

（1）最后一片轴封孔口处流速未达临界速度　如图2.4.1所示，讨论其中某一片轴封片。环形孔口前后的压差用Δp表示，$\Delta p = p_{x-1} - p_x$。由于Δp很小，蒸汽通过孔口时比容变化不大，因此可近似地按不可压缩流体来处理，这时汽流通过孔口的流速为

$$c_x = \sqrt{\frac{2\Delta p}{\rho_x}} \tag{2.4.5}$$

式中，ρ_x为环形汽室x处的蒸汽密度。通过孔口的漏汽量ΔG_l可根据连续方程求得

$$\begin{aligned}\Delta G_l &= \mu_l A_l c_x \rho_x \approx \mu_l A_l \rho_x \sqrt{\frac{2\Delta p}{\rho_x}} \\ &= \mu_l A_l \sqrt{2\Delta p \rho_x} \approx \mu_l A_l \sqrt{2\Delta p \rho_{x-1}}\end{aligned} \tag{2.4.6}$$

进一步演化后可得

$$\left(\frac{\Delta G_l}{\mu_l A_l}\right)^2 = 2\Delta p \rho_x \approx 2\Delta p \rho_{x-1} \tag{2.4.6a}$$

式中，A_l为轴封孔口漏汽面积；μ_l为轴封孔口漏汽流量系数。

考虑到通过每片轴封的流量ΔG_l相等，环形孔口的面积A_l相同，同时，环形汽室中的蒸汽状态在一条等比焓线上，则$\frac{p_{x-1}}{\rho_{x-1}} = \frac{p_0}{\rho_0} =$常数，所以

$$\left(\frac{\Delta G_l}{\mu_l A_l}\right)^2 = 2 p_{x-1} \Delta p \frac{\rho_0}{p_0} \tag{2.4.6b}$$

则

$$p_{x-1}\Delta p = \left(\frac{\Delta G_l}{\mu_l A_l}\right)^2 \frac{p_0}{2\rho_0} = \text{常数} \tag{2.4.6c}$$

从式（2.4.6c）可以看出，当$\frac{\Delta G_l}{\mu_l A_l}$和$p_0$、$\rho_0$为定值时，孔口前的压力$p_{x-1}$越低，压差$\Delta p$就越大，因而孔口中的比焓降$\Delta h$也越大，这与前面讨论的基本原理是一致的。也说

明，虽然在推导过程中作了一些简化，但是并未妨碍公式所表现的轴封的基本规律。

当有z片轴封时，可写出z个方程，相加得

$$\sum_{i}^{z} p_{x-1}\Delta p = \frac{z p_0}{2\rho_0}\left(\frac{\Delta G_l}{\mu_l A_l}\right)^2 \tag{2.4.7}$$

可用积分式近似地改写为

$$\int_{p_z}^{p_0} p_{x-1}\mathrm{d}p = \frac{p_0^2 - p_z^2}{2} = \frac{z p_0}{2\rho_0}\left(\frac{\Delta G_l}{\mu_l A_l}\right)^2 \tag{2.4.8}$$

则通过环形孔口的漏汽量为

$$\Delta G_l = \mu_l A_l\sqrt{\frac{\rho_0\ (p_0^2 - p_z^2)}{z p_0}} \tag{2.4.9}$$

式（2.4.9）适用于环形孔口间隙处未达临界速度的漏汽量计算。

（2）最后一片轴封孔口处的流速已达临界速度　根据前面分析知道，在轴封孔口处如果有达到临界速度的地方，那么此地必在轴封最后一片孔口处。也就是说，当p_z/p_0很小而轴封片数z又不够多时，最后一片孔口的压力比可能等于或小于临界压力比。这时对最后一片孔口来说，通过的漏汽量应是临界流量。下面近似确定曲径轴封最后一片孔口出现临界速度的条件。

根据喷嘴临界流量公式（1.2.21），当最后一片轴封孔口流速达到临界速度时，轴封漏汽量$\Delta G_{l\cdot c}$为

$$\Delta G_{l\cdot c} = \mu_l A_l\sqrt{k\left(\frac{2}{k+1}\right)^{\frac{k+1}{k-1}}}\ \sqrt{p_{z-1}\rho_{z-1}} \tag{2.4.10}$$

又因为$\frac{p_0}{\rho_0} = \frac{p_{z-1}}{\rho_{z-1}}$ = 常数，故有

$$\Delta G_{l\cdot c} = \mu_l A_l\sqrt{k\left(\frac{2}{k+1}\right)^{\frac{k+1}{k-1}}}\ \sqrt{\frac{\rho_0 p_{z-1}^2}{p_0}} \tag{2.4.11}$$

对于最后一片轴封孔口以前的各片孔口，流速都未达到临界速度，因此，应按亚临界条件下的漏汽量公式（2.4.9）计算，但应把轴封片数z改成（$z-1$）：

$$\Delta G_l = \mu_l A_l\sqrt{\frac{\rho_0\ (p_0^2 - p_{z-1}^2)}{(z-1)p_0}} \tag{2.4.12}$$

根据流量不变的条件，$\Delta G_l = \Delta G_{l\cdot c}$，则有

$$k\left(\frac{2}{k+1}\right)^{\frac{k+1}{k-1}} p_{z-1}^2 = \frac{p_0^2 - p_{z-1}^2}{z-1} \tag{2.4.13}$$

即

$$p_{z-1} = \sqrt{\frac{1}{(z-1)k\left(\frac{2}{k+1}\right)^{\frac{k+1}{k-1}} + 1}}\ p_0 \tag{2.4.13a}$$

由于多片轴封孔口的节流作用，蒸汽在曲径轴封的出口处，一般总是过热的，故将$k=1.3$代入式（2.4.13a）得

$$p_{z-1}=\sqrt{\frac{1}{1+0.445(z-1)}}\,p_0 \tag{2.4.14}$$

若最后一片轴封孔口流速达到临界速度，则其压力比为

$$\frac{p_z}{p_{z-1}}\leqslant\varepsilon_c=0.546 \tag{2.4.15}$$

代入式（2.4.14），可得

$$p_z\leqslant 0.546p_{z-1}=0.546p_0\sqrt{\frac{1}{1+0.445\ (z-1)}}=\frac{0.82}{\sqrt{z+1.25}}p_0$$

即

$$\frac{p_z}{p_0}\leqslant\frac{0.82}{\sqrt{z+1.25}} \tag{2.4.15a}$$

该式就是确定临界流速在最后一片轴封孔口中是否出现的判别式。

当轴封片数z已知时，若压力比$\frac{p_z}{p_0}\leqslant\frac{0.82}{\sqrt{z+1.25}}$，则轴封漏汽量$\Delta G_l=\Delta G_{l\cdot c}$；若压力比$\frac{p_z}{p_0}>\frac{0.82}{\sqrt{z+1.25}}$，则轴封漏汽量$\Delta G_l<\Delta G_{l\cdot c}$。

当最后一片轴封孔口流速达到临界速度时，只需将式（2.4.11）中的p_{z-1}代入临界流量公式（2.4.11），并取$k=1.3$，则得最末一片中流速达临界速度时的轴封漏汽量为

$$\Delta G_{l\cdot c}=\mu_l A_l\sqrt{\frac{p_0\rho_0}{z+1.25}} \tag{2.4.16}$$

根据上述讨论可知，当轴封前蒸汽状态p_0、ρ_0，轴封后压力p_z，轴封片数z，轴封环形孔口面积A_l以及轴封流量系数μ_l已知时，就可进行曲径轴封漏汽量的计算。

2. 轴封孔口流量系数

在曲径轴封漏汽量计算的讨论中，蒸汽通过轴封孔口的流速是用渐缩喷嘴的流速公式来计算的，但实际上轴封孔口和渐缩喷嘴有一定差异，因此，应通过试验求取轴封孔口漏汽的流量系数μ_l，以便对上述计算进行修正。

试验所得的轴封孔口流量系数μ_l与轴封齿的形状及几何参数有关，μ_l可由图2.4.2查得。由图可以看出，轴封齿在进汽侧不应做成圆弧状或斜面状，应该保持轴封齿的尖锐边缘，此时流量系数较小，$\mu_l=0.7\sim0.8$。然而，轴封齿的尖锐边缘在汽轮机运行中会因摩擦而钝化，此时流动情况接近于喷嘴，流量系数会增大到趋近于1。

3. 光轴轴封漏汽量修正系数

在前面推导曲径轴封漏汽量计算公式的过程中，假设通过每片轴封孔口的蒸汽速度将在其后的小室中全部消失，即进入下一片孔口的汽流初速近于零。对于轴封直径不断变化而且小室空间较大的高低齿式曲径轴封来说，这一假设比较接近实际情况，计算结果是足够准确的。现在，平齿式光轴轴封（如图2.4.3,a所示）在低压缸中得到了广泛应用，因为它允许汽轮机的主轴在受热后有较大的轴向位移。但由于流过前一片孔口的蒸汽流速在小室中不能全部消失，蒸汽进入下一片孔口前仍具有一定的初速，故漏汽量增大，因此平齿式光轴轴封的封汽效果不及高低齿曲径轴封。图2.4.4表示了曲径轴封和光轴轴封流量系数的

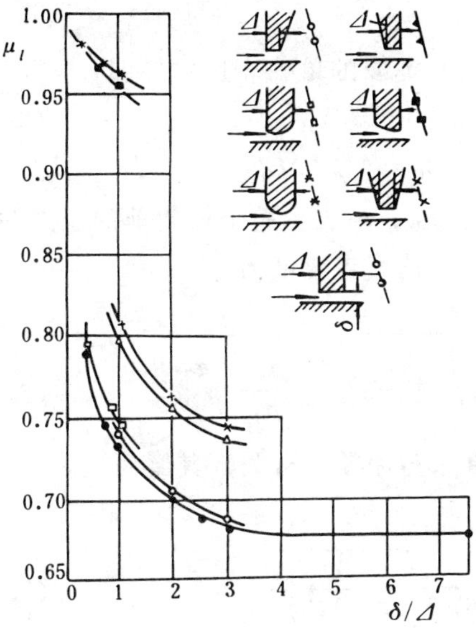

图 2.4.2 不同轴封齿形对应的流量系数

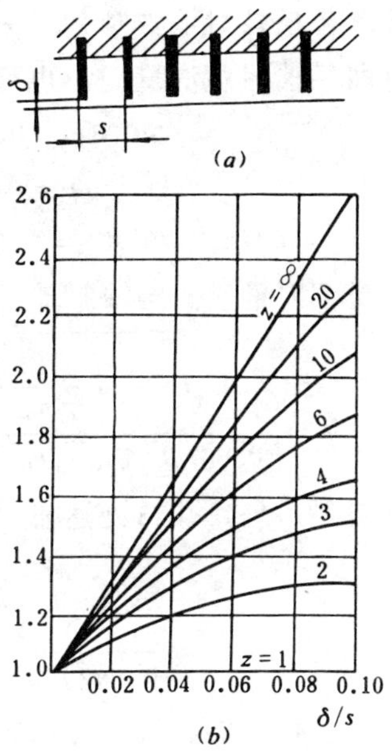

图 2.4.3 光轴轴封及修正系数

（a）光轴轴封示意图；（b）光轴轴封校正系数

一组试验值。可以看出，在通常采用的轴封孔口间隙的范围（0.4～0.6mm）内，曲径轴封流量系数接近于1，而光轴轴封流量系数比曲径轴封流量系数高出20%～35%。因此，在平齿式光轴轴封漏汽量计算中，要在前述曲径轴封漏汽量计算结果的基础上，乘上一修正系数K_l，K_l之值可根据光轴轴封尺寸δ/s和轴封片数z由图2.4.3（b）查得。

4.基本计算公式的分析

虽然轴封漏汽量的基本计算公式得到了广泛应用，但也存在一些问题。首先，临界点按式（2.4.9）和式（2.4.16）计算的结果不一致，如图2.4.5中的b与b'点所示，并且轴封片数愈少，二者的差别愈大；其次，在应用轴封漏汽量的基本计算公式时，必须先判别在轴封段的最末一片中是否达到临界速度，因而带来不便。

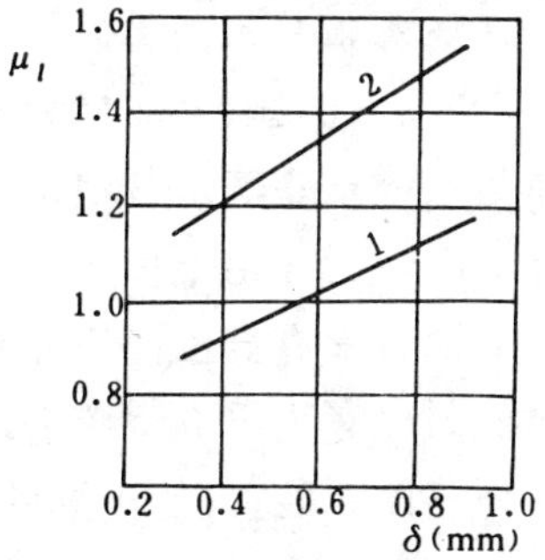

图 2.4.4 高低齿及平齿轴封流量系数试验值

1—曲径轴封；2—光轴轴封

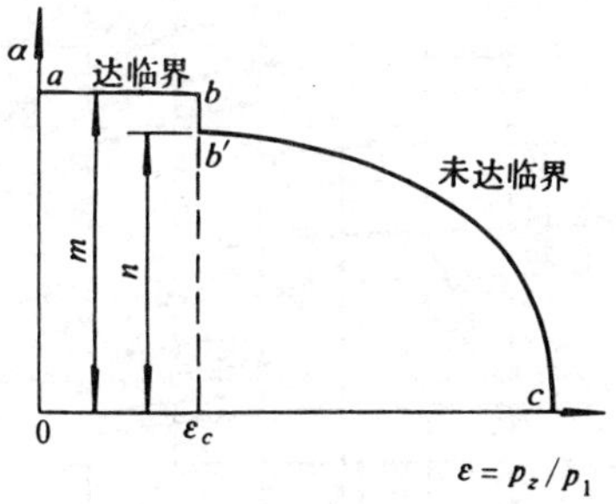

图 2.4.5 漏汽量基本计算公式的缺陷

5.计算曲径轴封漏汽量的单一表达式

计算曲径轴封漏汽量时，也可用与式（1.2.29）类似的单一表达式，即

$$\Delta G_l = 0.667\mu_l \beta_l A_l \sqrt{p_0 \rho_0} \tag{2.4.17}$$

则

$$\beta_l = \Delta G_l / 0.667\mu_l A_l \sqrt{p_0 \rho_0} = \Delta G_l / \Delta G'_{l \cdot c} \tag{2.4.17a}$$

式中，$\Delta G'_{l \cdot c} \neq \Delta G_{l \cdot c}$，$\Delta G'_{l \cdot c} = 0.667\mu_l A_l \sqrt{p_0 \rho_0}$，$p_0$、$\rho_0$表示整个轴封前的压力与密度；$\beta_l$称为轴封漏汽量比。当轴封最后一片孔口处流速未达临界速度时：

$$\beta_l = \frac{\mu_l A_l \sqrt{\dfrac{(p_0^2 - p_z^2)\rho_0}{z p_0}}}{0.667\mu_l A_l \sqrt{p_0 \rho_0}} = \frac{1}{0.667}\sqrt{\frac{1}{z}\left[1 - \left(\frac{p_z}{p_0}\right)^2\right]} \tag{2.4.18}$$

当轴封最后一片孔口处达临界速度时，β_l之值只与片数z有关，其值为

$$\beta_l = \frac{\mu_l A_l \sqrt{\dfrac{p_0 \rho_0}{z + 1.25}}}{0.667\mu_l A_l \sqrt{p_0 \rho_0}} = \frac{1}{0.667}\sqrt{\frac{1}{z + 1.25}} \tag{2.4.19}$$

根据式（2.4.18）和式（2.4.19）可绘制出β_l与z、p_z/p_0的关系曲线，如图2.4.6所示。图中0A线右侧为最后一片汽封未达临界速度的区域。当轴封前后压力比p_z/p_0满足式（2.4.15a）时，由于最末一个孔口处达临界速度，轴封漏汽量与压力比p_z/p_0无关，故β_l为一水平直线，如图中0 A线左侧所示。这样，在计算曲径轴封漏汽量前，就不必事先判断轴封最后一片孔口处是否达到临界速度，而只需根据z与p_z/p_0查得β_l之值后，直接应用式（2.4.17）即可计算曲径轴封漏汽量。

若算平齿式光轴轴封的轴封漏汽量，则需再乘上修正系数K_l。

二、轴封系统

如前所述，为阻止蒸汽外漏以减小漏汽损失，或为阻止空气漏入汽轮机低压段而影响机组真空，在汽轮机汽缸两端均安装有齿形轴封。汽缸两端的轴封称为端轴封或外轴封，以便与汽缸内阻止级内漏汽的隔板轴封相区别。端轴封和与它相连的管道和附属设备组成轴封系统。

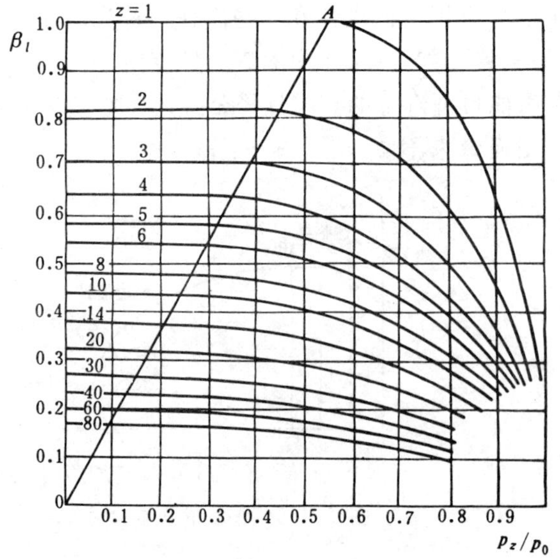

图 2.4.6 轴封漏汽量流量比曲线

（一）轴封系统实例之一

图2.4.7为国产300MW凝汽式汽轮机轴封系统示意图。从图可以看出，高压缸前端轴封A由七段六个腔室构成，其后端轴封B有五段四个腔室；中压缸前端轴封C有六段五个腔室，其后端轴封D为三段二腔室；低压缸的端轴封E、F、G、H均由三段二腔室构成。

由于高压缸前端轴封漏汽的压力、温度较高，因此A端轴封较长，轴封各段形成

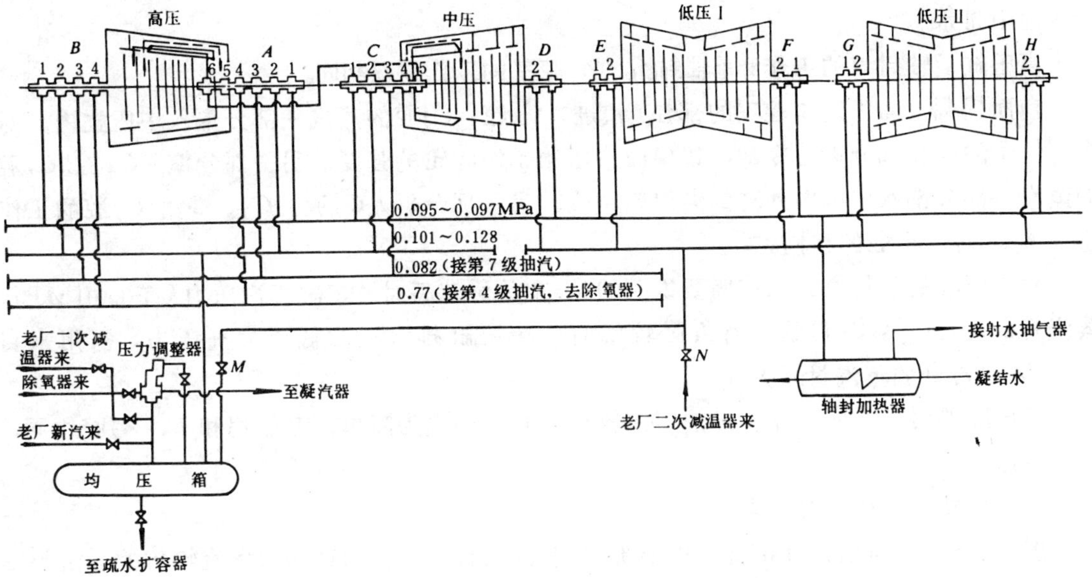

图 2.4.7 国产300 MW汽轮机轴封系统示意图

的六个腔室中，A_5、A_6布置在高压外缸内。蒸汽从调节级喷嘴后漏入A_6腔，其中部分蒸汽通过管子引入第8级后参加作功，另一部分蒸汽送入中压缸前轴封C的C_5腔。A_5腔与高压内外缸的夹层相通，而夹层内汽压比A_6腔高，所以将有部分蒸汽漏至A_6腔，其余的漏向A_4腔。这样安排的目的是不让A_6腔的高温汽流向外泄漏，而用温度较低的夹层汽流代替。A_4腔同第4级抽汽（0.77MPa，去除氧器）的管路相连，由此回收漏汽量。A_3腔同第7级抽汽（0.082MPa，去第7号低压加热器）的管路相连，从A_4腔来的漏汽可全部由A_3腔回收到第7号低压加热器加热凝结水。此时，轴封漏汽虽经多次节流，压力有所降低，但温度却降低不多，A_3腔内蒸汽仍具有较高的温度，如不采取措施，高温蒸汽具有的热量将会通过主轴传递到前轴承座，使油质恶化，不利于润滑。因此，将A_2腔与0.101～0.128MPa的母管相连，始终维持比大气压力略高的汽压，该低压低温蒸汽一方面漏入A_3腔室，另一方面漏入A_1腔室。这样，该低温蒸汽不仅可冷却该轴封段的主轴，而且可阻止A_3腔的蒸汽继续向前泄漏。A_1腔与0.095～0.097MPa的母管相连，使其压力始终保持略低于大气压，这样，从A_2腔漏出的蒸汽以及从大气中漏入的空气均进入A_1腔内，通过0.095～0.097 MPa的母管回收至轴封加热器，漏汽在轴封加热器内被凝结水冷却而凝结，工质和热量均得到回收。分离出来的空气和少量蒸汽被射水抽气器抽出，从而可经常保持A_1腔室内有0.095MPa左右的负压。

0.101MPa母管的汽压是由均压箱维持的。均压箱装有压力调整器，汽源来自除氧器或老厂二次减温器。若均压箱内汽压太高，则压力调整器动作，减小进入均压箱的蒸汽量；若仍然太高，还可增大泄放量，使之维持均压；若均压箱压力较低，则进行相反的调节。此外，还有一只调整器的旁路汽阀，可以人工控制除氧器送来的蒸汽，以维持均压箱的汽压。值得指出的是，当均压箱的低温汽源由除氧器平衡管供给时，应注意若除氧器采用滑压运行，则低温汽源的压力不得低于0.589MPa，否则将因轴封压力调整器的通流能力下降，使均压箱得不到足够的封汽流量，而导致轴封处蒸汽外泄，可能使蒸汽漏入轴承箱，造成油中带水。

高压缸后轴封 B 的工作和前轴封 $A_1 \sim A_4$ 腔室的工作情况相同。

前面提到，高压缸 A_6 腔室的部分蒸汽进入 C_5 腔。C_5 腔的蒸汽一部分漏入中压缸内，对中压转子的高温部分进行冷却，以保证中压第 1 级叶轮的强度；另一部分漏入 C_4 腔。C_4 腔的蒸汽一部分漏入中压内外缸的夹层被回收；另一部分漏入 C_3 腔。C_3、C_2、C_1 腔的工作也与 A_3、A_2、A_1 腔的相同。

对中压缸后轴封 D 的工作需要说明的是，在负荷较高时，中压缸排汽压力大于0.101MPa，蒸汽将漏入0.101MPa母管；当负荷较低时，中压缸排汽压力低于大气压力，需用来自0.101MPa母管的蒸汽封隔大气。

低压缸轴封 E、F、G、H 的压差较小，其结构更为简单，其作用和 A_1，A_2 腔相同，不再叙述。

（二）轴封系统实例之二

图2.4.8所示是东方汽轮机厂用于新设计的三缸两排汽口200MW汽轮机的自密封轴封系统。该厂制造的其他大型机组上也用这种系统。该系统在负荷为55%额定负荷以上时，靠高中压缸端轴封漏汽作低压缸端轴封供汽，不需另供轴封用汽，故称为自密封轴封系统。

机组在启动抽真空阶段，以汽温不超过250℃（否则影响转子寿命）的辅助蒸汽经过辅助汽源压力控制站自动维持汽压为0.128MPa（绝对）后，供轴封用汽。当汽轮机开始冲转且主蒸汽压力升到1.57MPa（表压）时，或根据高压汽源压力控制站前的主蒸汽压力信号，自动切断辅助蒸汽，主蒸汽经高压汽源压力控制站自动供汽，维持供汽母管的汽压为0.123MPa（绝对）运行；或继续用辅助蒸汽和辅助汽源压力控制站，而不用主蒸汽和高压汽源压力控制站，直到完全自密封为止。但热态和绝热态启动时，由于高压缸前轴封温度比辅助蒸汽温度高，为了避免辅助蒸汽冷却高压缸前轴封，必须用主蒸汽，且汽温必须高于高压缸内壁温度。

为了防止杂质进入端轴封，供汽母管上设有蒸汽过滤器。

由于端轴封的 A_3、B_3、C_3 腔漏汽至除氧器的电动截止阀要在高压缸排汽压力升至0.294MPa（表压）时才能开启，因此随着汽轮机负荷增大，轴封漏汽量增多，A_2、B_2、C_2 腔漏至供汽母管的蒸汽量也增多，使轴封供汽母管压力升高。当汽轮机负荷升到20%额定负荷时，高压缸排汽压力达0.49MPa（表压），这时供汽母管压力超过0.123MPa（绝对），使轴封供汽汽源自动切换为再热蒸汽冷段的蒸汽，并经辅助汽源压力控制站自动维持供汽压力为0.128MPa（绝对）运行。

随着机组负荷进一步增加，主蒸汽流量约为额定流量的55%时，高中压缸前后轴封漏入供汽母管的蒸汽量将超过低压缸端轴封所需的供汽量。当供汽母管压力升至0.130MPa（绝对）时，高压汽源压力控制站和辅助汽源压力控制站自动关闭，轴封系统达到完全自密封。同时，溢流蒸汽压力控制站自动打开，自动维持供汽母管压力为0.130MPa（绝对）运行，让多余的轴封漏汽溢流至1号低压加热器。如果1号低压加热器停用，可溢流至凝汽器。

由于高中压缸端轴封漏汽的混合汽温超过了低压缸端轴封所允许的供汽温度，故在低压缸供汽母管前设一温度控制站，通过喷水减温，使低压缸端轴封供汽温度保持在150～

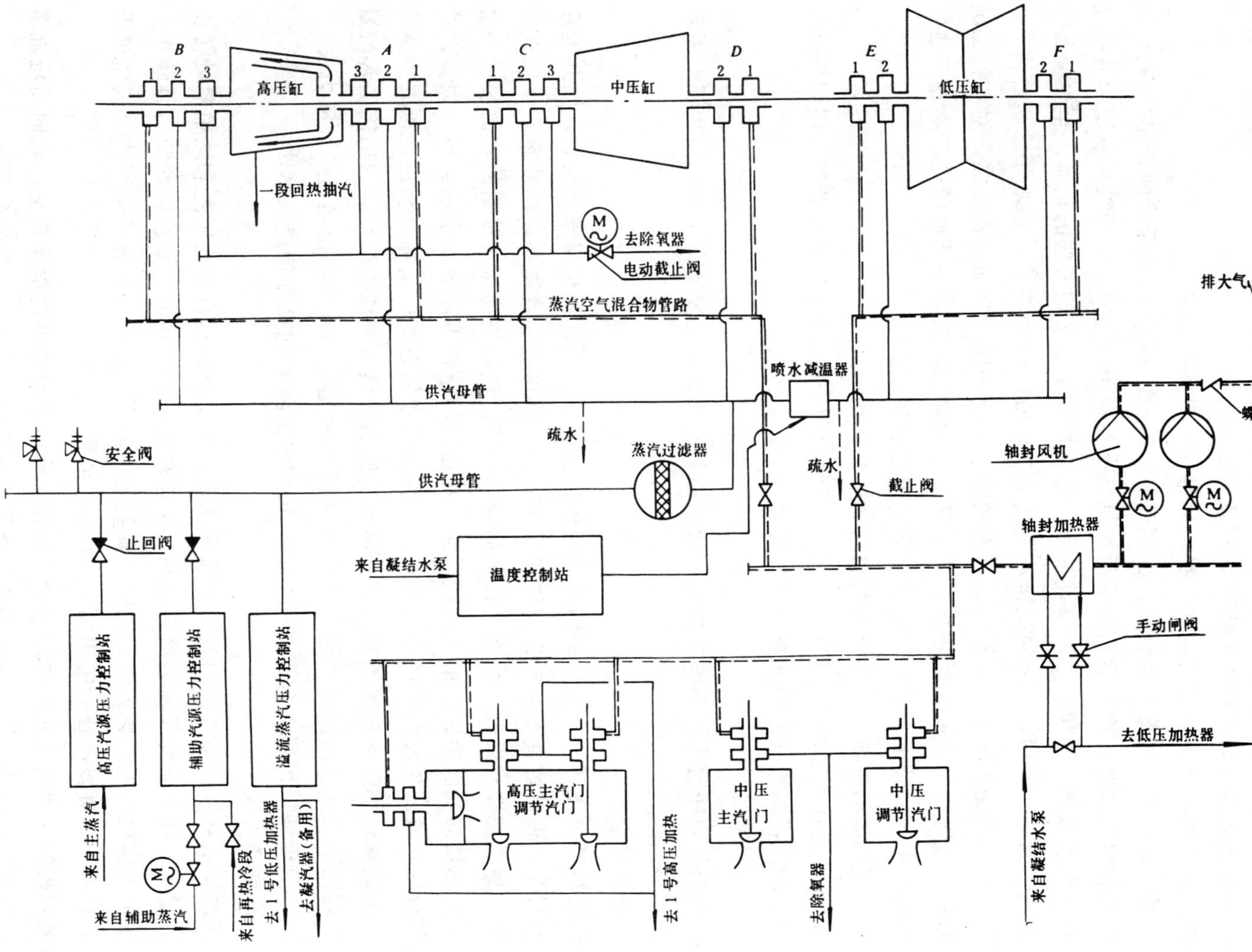

图 2.4.8 东方汽轮机厂用于200 MW汽轮机的自密封轴封系统

170℃，以免低压缸端轴封和转子产生热变形。喷水水源来自凝结水泵出口的主凝结水。

为了防止轴封供汽出现超压事故,在供汽管道上设置了两台整定压力分别为0.294MPa和0.785MPa（绝对）的弹簧全启式安全阀。为了运行安全，供汽母管上还设置了声光报警装置，报警压力为0.490MPa（绝对)，以便监视运行。

机组甩负荷时，各控制站可自动切换，以维持轴封系统正常运行。

各端轴封最终的空气蒸汽混合物，经图2.4.8中双线（虚实线）所示的管路,经轴封加热器（也称轴封冷却器）冷却后，由轴封风机抽吸后排于大气中。老的轴封系统的最终气汽混合物常靠射水抽气器尾部排水余能抽吸，这就增加了射水抽气器的负荷，至少使凝汽器真空降低0.93～1.07kPa，有的机组甚至使真空降低1.5kPa左右，影响了全机经济性。

各控制站全部采用气动自动控制，与老的轴封系统相比，自动化程度高，对各种工况的适应性好，汽轮机负荷变化时不再需要频繁的手动调节，轴封系统比较简单，相应地发生故障的机会率也就较小，运行安全、可靠。但投资较高。

国外大型机组的端轴封一般都采用自密封轴封系统。

图2.4.8中还画出了高压主汽门、高压调节汽门和中压主汽门、中压调节汽门门杆漏汽的可利用部分蒸汽的流动方向和蒸汽空气混合物的流动方向。

（三）轴封系统的特点

不同的汽轮机组有不同的轴封系统。根据轴封系统的功能要求，可以归纳出轴封系统的几个基本特点。

1.轴封汽的利用

在汽轮机的高压部分，高压端轴封两端的压差很大，为保证机组安全运行，轴封间隙不能做得过小，而轴的直径是根据主轴强度确定的，不可能任意缩小，因此漏汽量可能较大。若较多地增加轴封齿数，将增大机组的轴向长度。汽轮机高压端轴封的轴向长度与缸内工作级的总轴向长度相比，前者已经很大。在这样的条件下，为减小轴封漏汽损失，往往将轴封分成数段，各段间形成中间腔室，将漏汽从中间腔室引出加以利用，以减少漏汽损失。引出的轴封漏汽可与回热抽汽合并，流到回热加热器中加热给水。这时因为漏汽量很少，不可能改变该级回热抽汽压力,所以轴封漏汽引出处的压力将由回热抽汽压力决定。此外，从轴封中抽吸出来的漏汽和空气混合物均引至轴封加热器加热凝结水。

2.低压低温汽源的应用

高压汽轮机高压缸两端的轴封与主轴承靠近。为了防止运行中高压缸和端轴封处传出过多的热量至主轴承而造成轴承温度过高，影响轴承安全，在大容量机组的轴封系统中，常向高压轴封供给低压低温蒸汽，以降低轴封处的温度，如在实例分析中所述。低压低温汽源可来自高压除氧器母管的压力为0.589MPa 的饱和蒸汽。

考虑到机组在启动及低负荷运行时，即使在高压缸内也可能形成真空，此时高压缸端轴封不可能有蒸汽向外泄漏，因此必须有备用汽源向轴封供汽，以防空气漏入。

3.防止蒸汽由端轴封漏入大气

对于大型汽轮机，为了避免端轴封漏汽漏入轴承以致油中带水恶化油质，为了减小车间内的湿度，使仪表及运行人员的工作条件不致恶化，同时也为了减少汽水损失，常在高低压端轴封出口处人为地造成一个比大气压力稍低的压力（如0.095MPa），将漏出的蒸汽和漏入的空气一起抽出，送到轴封冷却器，蒸汽冷凝后被回收，空气由抽气器或轴风风机抽出后排至大气。

4.防止空气漏入真空部分

为了防止空气漏入低压缸的真空部分，影响机组真空，常在低压端轴封中间通入比大气压力稍高的蒸汽，如压力为0.101～0.147MPa的蒸汽，这股蒸汽漏入汽缸内，同时沿着主轴向背离汽缸的方向流动，以阻止外界空气漏入汽缸。

第五节　多级汽轮机的轴向推力及其平衡

一、轴向推力

在轴流式汽轮机中，通常是高压蒸汽由一端进入，低压蒸汽由另一端流出，从整体看，蒸汽对汽轮机转子施加了一个由高压端指向低压端的轴向力，使汽轮机转子有向低压端移动的趋势，这个力就称为转子的轴向推力。

轴向推力对某些类型的汽轮机来说是相当可观的，例如对高压反动式汽轮机，其轴向推力可高达（2～3）$\times 10^6$N。汽轮机转子在汽缸中的轴向位置是由推力轴承来固定的，若轴向推力大于推力轴承的承载能力，推力轴承将会损坏，使转子产生轴向移动，引起转子与静子碰撞，产生重大事故。为此，必须对转子轴向推力进行计算，确保推力轴承可靠地工作和汽轮机安全地运行。

（一）冲动式汽轮机的轴向推力

整个转子上的轴向推力主要是各级轴向推力的总和。作用在冲动级上的轴向推力是由作用在动叶上的轴向推力、作用在叶轮面上的轴向推力以及作用在轴的凸肩处的轴向推力三部分组成的。下面分别予以说明。

1.作用在动叶上的轴向推力F_z^{I}

图2.5.1所示为冲动式汽轮机的一个中间级，p_0、p_1、p_2分别为级前、喷嘴后和级后的蒸汽压力，p_d为隔板和轮盘间汽室中的蒸汽压力，级的平均直径为d_m，动叶高度为l_b，轮毂直径分别为d_1、d_2。

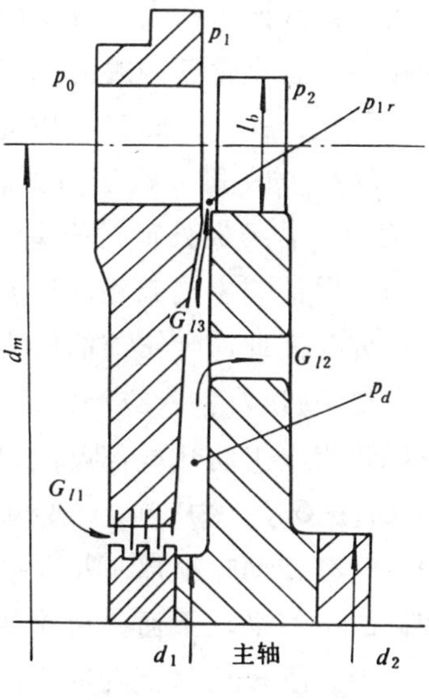

图 2.5.1　冲动级图例

作用在动叶上的轴向推力F_z^{I}是由动叶前后的静压差和汽流在动叶中轴向分速度的改变所产生的，根据式（1.3.4）可写成

$$F_z^{\mathrm{I}} = G(c_1\sin\alpha_1 - c_2\sin\alpha_2) + \pi d_m l_b(p_1 - p_2) \qquad (2.5.1)$$

在冲动级中，一般轴向分速度都不大，加之动叶进出口的轴向通流面积和蒸汽比容的改变都不大，因此汽流流经动叶时的轴向分速度的改变一般都很小。由汽流轴向分速度的改变所产生的轴向推力一般都可忽略不计。

引入压力反动度的概念，压力反动度Ω_p定义为

$$\Omega_p = \frac{p_1 - p_2}{p_0 - p_2} \tag{2.5.2}$$

于是

$$\Delta p = p_1 - p_2 = \Omega_p (p_0 - p_2) \tag{2.5.3}$$

则作用在动叶上的轴向推力F_z^{I}可写成

$$F_z^{\mathrm{I}} = \pi d_m l_b \Omega_p \ (p_0 - p_2) \tag{2.5.4}$$

对于速度级，应计算在两列动叶上所受静压差产生的推力之和，若是部分进汽级，则应乘以部分进汽度e。

由于h-s图上同一压差的等压线距离越向下越大，因此各级压力反动度Ω_p都小于该级比焓降反动度Ω_m，用Ω_m代替Ω_p所算得的轴向推力偏大，偏于安全，故可认为作用在动叶上的轴向推力F_z^{I}正比于Ω_m（$p_0 - p_2$）。

2. 作用在叶轮面上的轴向推力F_z^{II}

根据图2.5.1上的符号，作用在叶轮轮面上的轴向推力F_z^{II}可写成

$$F_z^{\mathrm{II}} = \frac{\pi}{4}[(d_m - l_b)^2 - d_1^2]p_d - \frac{\pi}{4}[(d_m - l_b)^2 - d_2^2]p_2 \tag{2.5.5}$$

如果叶轮两侧的轮毂直径相同，即$d_1 = d_2 = d$，则式（2.5.5）可简化为

$$F_z^{\mathrm{II}} = \frac{\pi}{4}[(d_m - l_b)^2 - d^2] \ (p_d - p_2) \tag{2.5.5a}$$

定义叶轮反动度$\Omega_d = \dfrac{p_d - p_2}{p_0 - p_2}$，则式（2.5.5$a$）可写成

$$F_z^{\mathrm{II}} = \frac{\pi}{4}[(d_m - l_b)^2 - d^2]\Omega_d (p_0 - p_2) \tag{2.5.5b}$$

由式（2.5.5b）可见，叶轮轮面上的轴向推力F_z^{II}正比于Ω_d（$p_0 - p_2$）。

由于轮盘面积很大，故轮面上的轴向推力也很大。为减小该项推力，常在轮盘上开设平衡孔，以减小轮盘两侧的压差。对于部分进汽级，由于不进汽动叶上也受到压差$p_d - p_2$作用，因此，式（2.5.5b）中应加（$1 - e$）$\pi d_m l_b$（$p_d - p_2$）一项。

计算F_z^{II}的关键是确定隔板和轮盘之间的蒸汽压力p_d，但p_d并不一定等于喷嘴后的压力p_1。例如，若隔板处轴封的漏汽量过大，则漏汽在流过叶轮上平衡孔的同时，还有部分要流向动叶根部与主汽流相混后流过动叶，这时$p_d > p_1$；若叶根处汽流经平衡孔漏到级后，则$p_d < p_1$。因此，叶轮前的压力p_d应根据隔板轴封处漏过的蒸汽量G_{l1}、经平衡孔漏向级后的蒸汽量G_{l2}以及漏入或漏出动叶根部处的蒸汽量G_{l3}三者的平衡条件求得。漏汽流动情况可归纳为：①动叶根部吸汽时，$G_{l1} - G_{l2} = G_{l3}$或$G_{l1} = G_{l2} + G_{l3}$；②动叶根部漏汽时，$G_{l2} = G_{l1} + G_{l3}$；③动叶根部不吸汽也不漏汽时，$G_{l1} = G_{l2}$，$G_{l3} = 0$。在汽轮机的热力设计中，只有使动叶根部不吸汽也不漏汽，或者让动叶根部有稍许蒸汽漏过平衡孔，才能获得较高的级效率。下面分析这些漏汽量。

（1）隔板轴封漏汽量G_{l1}　根据连续方程和伯努利方程〔参看式（2.4.6)〕，可得

$$G_{l1}=\frac{\mu_{l1}A_1}{\sqrt{z}}\sqrt{\frac{2(p_0-p_d)}{v_d}} \tag{2.5.6}$$

根据叶轮反动度的定义上式变为

$$G_{l1}=\frac{\mu_{l1}A_1}{\sqrt{z}}\sqrt{\frac{2(1-\Omega_d)(p_0-p_2)}{v_d}} \tag{2.5.7}$$

式中，A_1为隔板轴封漏汽面积；μ_{l1}为隔板轴封流量系数，$\mu_{l1}=0.8\sim1.3$；z 为轴封片数。

（2）通过平衡孔的漏汽量G_{l2}　当叶轮前后压差不大时，漏汽量G_{l2}为

$$G_{l2}=\mu_{l2}A_2\sqrt{\frac{2(p_d-p_2)}{v_d}}$$

$$=\mu_{l2}A_2\sqrt{\frac{2\Omega_d(p_0-p_2)}{v_d}} \tag{2.5.8}$$

式中，A_2为平衡孔的漏汽总面积；μ_{l2}为平衡孔的流量系数，它与平衡孔处的圆周速度和漏汽流速的比值有关，当此比值大时，流量系数较小，反之亦然，一般μ_{l2}在0.3～0.45的范围内，常取$\mu_{l2}=0.4$。

（3）动叶根部轴向间隙处的漏汽量G_{l3}　同理可得动叶根部轴向间隙漏过的蒸汽量

$$G_{l3}=\mu_{l3}A_3\sqrt{\frac{2\Delta p_r}{v_d}} \tag{2.5.9}$$

式中，A_3为根部轴向间隙处的漏汽面积；μ_{l3}为根部轴向间隙的流量系数，$\mu_{l3}=0.4$,它与间隙大小、叶根处盖度的大小及叶轮的圆周速度等有关。

Δp_r为叶根处轴向间隙两侧的压差。此处的压差除应考虑叶轮前的压力p_d与动叶根部压力p_{1r}之差外，还应考虑主汽流的抽汽效应和叶轮的泵浦效应。

抽汽效应就是指，当喷嘴流出的高速汽流进入动叶时，由于喷嘴和动叶之间存在间隙，高速汽流将把叶轮和隔板间汽室内的蒸汽吸入。抽汽效应产生一压差Δp_c，使蒸汽由叶轮和隔板之间流入主汽流内。抽汽效应的大小可用抽汽效应反动度Ω_c表示：

$$\Omega_c=\frac{\Delta p_c}{p_0-p_2} \tag{2.5.10}$$

式中，Δp_c为抽汽效应产生的压差。Ω_c由试验得到，它与间隙的大小有关，一般情况下$\Omega_c=0.01\sim0.02$。

泵浦效应就是指，由于叶轮高速旋转时带动周围的蒸汽旋转，使这部分蒸汽产生一个向叶根方向的径向流动，从而使叶轮和叶根间隙两侧增加一压差Δp_b。该效应大小可用泵浦效应反动度Ω_b表示：

$$\Omega_b=\frac{\Delta p_b}{p_0-p_2} \tag{2.5.11}$$

一般情况下$\Omega_b=0.01\sim0.02$，它与叶根处最小轴向间隙的大小有关。

综上所述，叶根处轴向间隙两侧的压差为

$$\Delta p_r=[\Omega_r-(\Omega_d+\Omega_b+\Omega_c)](p_0-p_2) \tag{2.5.12}$$

式中，Ω_r为动叶根部压力反动度，定义为

$$\Omega_r = \frac{p_{1r} - p_2}{p_0 - p_2} \tag{2.5.13}$$

将式（2.5.12）代入式（2.5.9），则有

$$G_{l3} = \mu_{l3} A_3 \sqrt{\frac{2}{v_d}[\Omega_r - (\Omega_d + \Omega_b + \Omega_c)](p_0 - p_2)}$$

$$= \mu_{l3} A_3 \sqrt{\frac{2}{v_d}[(\Omega_r - \Omega_b - \Omega_c) - \Omega_d](p_0 - p_2)} \tag{2.5.14}$$

根据动叶根部稍有漏汽的流量平衡条件，即

$$G_{l1} + G_{l3} = G_{l2} \tag{2.5.15}$$

可得

$$\frac{\mu_{l1} A_1}{\sqrt{z}} \sqrt{\frac{2}{v_d}(1 - \Omega_d)(p_0 - p_2)} + \mu_{l3} A_3 \sqrt{\frac{2}{v_d}[(\Omega_r - \Omega_b - \Omega_c) - \Omega_d](p_0 - p_2)}$$

$$= \mu_{l2} A_2 \sqrt{\frac{2}{v_d}\Omega_d (p_0 - p_2)} \tag{2.5.16}$$

或

$$\frac{\mu_{l1} A_1}{\sqrt{z}} \sqrt{(1 - \Omega_d)} + \mu_{l3} A_3 \sqrt{(\Omega_r - \Omega_b - \Omega_c) - \Omega_d} = \mu_{l2} A_2 \sqrt{\Omega_d} \tag{2.5.16a}$$

由该式可以求得叶轮反动度Ω_d，进而可确定p_d和F_z^{II}。

由式（2.5.5b）可见，叶轮上的轴向推力F_z^{II}正比于$\Omega_d(p_0 - p_2)$，如果动叶根部稍有漏汽，那么动叶的压力反动度$\Omega_p > \Omega_d$，前面已介绍过，动叶的比焓降反动度$\Omega_m > \Omega_p$，故用Ω_m代替Ω_d计算F_z^{II}所得结果将偏大，偏于安全。因此，可近似地认为叶轮上的轴向推力F_z^{II}也正比于$\Omega_m(p_0 - p_2)$。

3.作用在轴的凸肩上的轴向推力F_z^{III}

在汽轮机轴的轴封套和隔板轴封内轴上的凸肩等处，都会承受轴向推力。一般情况下，可先算出凸肩上的受压面积和各面积上所受的压力，再算出总的向前与向后的推力之差值，就得净轴向推力F_z^{III}，一般F_z^{III}的数值很小。

作用在一个级上的轴向推力即为上述三部分推力之和，可写成

$$F_z = F_z^{\text{I}} + F_z^{\text{II}} + F_z^{\text{III}} \tag{2.5.17}$$

对于有 n 个级的转子，其总轴向推力为

$$\sum_1^n F_z = \sum_1^n F_z^{\text{I}} + \sum_1^n F_z^{\text{II}} + \sum_1^n F_z^{\text{III}} \tag{2.5.18}$$

（二）反动式汽轮机的轴向推力

在反动式汽轮机中，作用在通流部分转子上的轴向推力由下列三部分组成：①作用在叶片上的轴向推力；②作用在轮鼓锥形面上的轴向推力；③作用在转子阶梯上的轴向推力。其计算的原理和方法与冲动式汽轮机转子轴向推力的计算相同，不再叙述。需特别指出的是，若蒸汽压力沿轴向是变化的，如轮鼓上各级压力不同，则应仔细分别求出转子各承压面上的压力，或近似认为此级前后压差由静子和转子平均分摊。

二、轴向推力的平衡

多级汽轮机的轴向推力与机组容量、参数和结构有关，数值较大，反动式汽轮机的轴

向推力更大。在现代汽轮机中为了减小止推轴承所承受的推力，都应尽可能地设法使轴向推力得到平衡，主要采用下列两种方法：

（1）平衡活塞法　在转子通流部分的对侧，加大高压外轴封的直径，以产生相反方向的轴向推力，这就是平衡活塞法。若平衡活塞的大小和两侧的压力选择得当，则可使转子上的轴向推力合理地得到平衡。

随着机组容量的增大，轴向推力也愈来愈大，这样，平衡活塞的外径将增加得很大。但平衡活塞是加大了外径尺寸的高压外轴封，因此，轴封漏汽面积也随之增大，漏汽量增加，使机组效率降低。正是由于这一缺点，高参数、大容量汽轮机必须采用其它方法来平衡轴向推力。

（2）相反流动布置法　将蒸汽在汽轮机两汽缸或两部分内的流动方向安排成相反的方向，如图2.2.5（*b*）所示，此时相反流动方向的蒸汽产生相反的轴向推力，相互平衡，这样，平衡活塞的尺寸可以减小，甚至可以不用平衡活塞。

第六节　单排汽口凝汽式汽轮机的极限功率

一、极限功率的概念与计算

在一定的初终参数和转速下，单排汽口凝汽式汽轮机所能发出的最大功率称为该汽轮机的极限功率。单排汽口凝汽式汽轮机的功率之所以受到限制，主要是由于最末一级动叶既长又大，离心力太大，而叶片材料强度是有限的，这就限制了末级叶片的高度和末级的平均直径，从而使末级动叶的通汽容积流量受到限制。如亚临界一次中间再热凝汽式汽轮机的末级排汽比容要比新汽比容增大1000多倍，这就使末级通汽面积大大增加，因此末级的动叶片必然既长又大。

回热抽汽凝汽式汽轮机组的发电极限功率为

$$P_{el.\max} = G_{c.\max} m \Delta h_t^{mac} \eta_i \eta_m \eta_g \tag{2.6.1}$$

式中　$G_{c.\max}$——通过汽轮机末级的最大流量。

由于各级回热抽汽、端轴封漏汽和厂用抽汽都不通过末级，所以在同一$G_{c.\max}$下，回热抽汽式汽轮机的功率将比纯凝汽式的大，m是增大的倍数，对于中小型机组$m=1.1\sim1.2$，哈尔滨汽轮机厂制造的600MW汽轮机组$m=1.362$[❶]。

式（2.6.1）中η_i、η_m和η_g的变化范围很小，如表2.3.1所示。至于全机理想比焓降Δh_t^{mac}，只要初终参数和再热情况确定后，Δh_t^{mac}就可确定。因此，影响极限功率的主要因素是末级蒸汽流量$G_{c.\max}$。$G_{c.\max}$可用下式表示：

$$G_{c.\max} = \frac{1}{v_2}\pi d_b l_b w_2 \sin\beta_2 = \frac{1}{v_2}\pi d_b l_b c_2 \sin\alpha_2 \tag{2.6.2}$$

式中，取$\alpha_2 \approx 90°$，以增大极限功率，减少余速损失。末级动叶余速损失一般在21～45kJ/kg范围内，不能太大。因此末级动叶余速c_2一般在205～300m/s范围内，不会更大。哈尔滨汽轮机厂制造的600MW汽轮机的末级余速损失为30.6kJ/kg，末级余速$c_2=247$m/s。末级

❶ 该机设计工况下，回热抽汽量、厂用抽汽量、端轴封漏汽量和门杆漏汽量之和占全机总蒸汽流量的44%。

出口比容v_2决定于末级排汽压力，降低凝汽器真空可使v_2减小，$G_{c.\max}$增大，极限功率增大，但降低真空将使全机循环热效率下降。由此可见，影响$G_{c.\max}$的主要因素是末级轴向排汽面积$\pi d_b l_b$，然而末级叶高l_b和平均直径d_b的增大将使动叶离心力增大，受到叶片材料强度的限制。

把$\theta = d_b/l_b$和$u = \frac{\pi d_b n}{60}$以及$a_2 \approx 90°$代入式（2.6.2），得

$$G_{c.\max} = \frac{3600u^2 c_2}{\pi n^2 \theta v_2} \tag{2.6.2a}$$

代入式（2.6.1），则极限功率$P_{el.\max}$可用下式表示：

$$P_{el.\max} = \frac{u^2}{\pi\theta}\frac{3600c_2}{n^2 v_2} m \Delta h_t^{mac} \eta_i \eta_m \eta_g \tag{2.6.3}$$

其中
$$\frac{u^2}{\pi\theta} = \frac{l_b}{\pi d_b}\left(\frac{d_b}{2}\omega\right)^2 = \frac{l_b \rho}{2\pi\rho} R_b \omega^2 = \frac{\sigma'}{2\pi\rho} = \frac{k\sigma}{2\pi\rho} \tag{2.6.3a}$$

式中 ρ——末级叶片材料密度，kg/m³；

σ'——等截面叶片根部截面的离心拉应力，$\sigma' = l_b \rho R_b \omega^2$，参阅式(5.2.2)，N/m²；

σ——扭叶片根部截面的离心拉应力，N/m²；

k——扭叶片沿根部到顶部截面逐渐减小，使整个叶片的离心力减小，从而使根部截面的离心拉应力减小为等截面叶片的$1/k$，即$k = \sigma'/\sigma$，对于50年代制造的中小型机组末级叶片，$k = 2.5$，对于现代大型汽轮机，末级叶高增大，k值可达3.3 [6]，$1/k$称为叶片的“锥度系数”；

ω——汽轮机旋转角速度，rad/s；

R_b——末级动叶平均半径，$R_b = d_b/2$，m。

将式（2.6.3a）代入式（2.6.3），则$P_{el.\max}$的计算式变为 [3]

$$P_{el.\max} = \frac{k\sigma}{\pi\rho}\frac{1800c_2}{n^2 v_2} m \Delta h_t^{mac} \eta_i \eta_m \eta_g \tag{2.6.4}$$

表2.6.1中列出了国内外部分制造厂制造的末级叶片的数据，由表中可以读出径高比θ、叶顶圆周速度u_t等数据。

表 2.6.1 国内外部分制造厂制造的末级叶片数据

制造厂	国别	l_b (mm)	d_b (mm)	$\theta = d_b/l_b$	n (r/min)	A (m²)	u_t (m/s)
东方汽轮机厂	中国	851	2520	2.96	3000	6.739	529.5
哈尔滨汽轮机厂	中国	900	2600	2.89	3000	7.35	550
G.E、日立	美、日	852	2300	2.71	3600	6.15	594
EE-AEI	英国	850	2280	2.65	3600	6.0	590
西屋公司	美国	787	2480	3.15	3600	6.12	616
BBC	瑞士	1000	2550	2.82	3000	8.82	600
ЛМЗ	苏联	1200(钛)	2900	2.42	3000	10.93	644
西门子公司	西德	1150	2900	2.52	3000	10.48	632
AEI公司	英国	1140	2970	2.60	3000	10.68	639

从国产300MW（双排汽）、600MW（四排汽）与进口360MW（双排汽）亚临界一次中间再热汽轮机可以看出，这类汽轮机的极限功率至少可达150～180MW。从1980年苏联制造的目前世界上最大的五缸六排汽口1200MW单轴超临界汽轮机来看，该机组单排汽口极限功率达200MW，该机具有钛合金的1200mm高的末级叶片。

二、提高单机最大功率的途径

提高新汽参数使全机理想比焓降增大，以及降低凝汽器真空使末级排汽比容v_2减小，都可使极限功率增大。但汽轮机的初终参数主要是根据整个机组的经济性来确定的，不能轻易改变。因此提高单机极限功率的途径主要应从增大末级叶片轴向排汽面积$\pi d_b l_b$上考虑。

采用高强度、低密度材料。例如，钛基合金的密度只有不锈钢材的57%，我国研制的超硬铝合金材料LC4，其密度$\rho = 2.8 \times 10^3 \text{kg/m}^3$，约为一般不锈钢材料密度的35%，而其屈服极限$\sigma_{0.2} = 550\text{MPa}$。使用这些材料均可使末级叶高大大增加，从而增大极限功率。

增加单机功率的最有效措施是增加汽轮机的排汽口，即进行分流。采用双排汽口（见图2.2.5，*b*）可使单机功率比单排汽口的增大一倍，采用四排汽口可增至四倍。这是目前国内外大型机组普遍采用的办法。

采用低转速，如转速n降低一半，由式（2.6.3）与式（2.6.4）可见，极限功率将增大四倍。对电站用的直接带动发电机的大型汽轮机，由于发电频率不能改变，而发电机的电极数只能成双地增减，所以汽轮机转速只能降低一半。降低转速虽可使极限功率增大，但级的直径和速比不变时，级的理想比焓降与转速的平方成正比，故每级比焓降将减为1/4，全机级数和钢材耗量都将大为增加；若保持各级比焓降不变，则级的直径将增大一倍，也将使汽轮机尺寸和钢材耗量大大增加。一般说来，汽轮机的总质量与转速的三次方成反比，因此总是避免采用降低转速的措施。

在轻水堆核电站中，由于反应堆载热剂温度的限制（压水堆平均出口温度一般低于330℃），只能生产压力较低的（5.0～7.0MPa）饱和蒸汽或微过热（过热度为20～30℃）蒸汽，全机理想比焓降很小，蒸汽湿度又高，为了增大单机功率，蒸汽流量必然很大。如果单机功率太小，则会导致汽轮机的台数太多，占地面积增大，保护设施费用增大，运行维护工作加多。因此，有的国家大部分轻水堆核电站采用半速机。当然仍有不少核电站采用全速机。

第三章　汽轮机的变工况特性

汽轮机的热力设计就是在已经确定初终参数、功率和转速的条件下，计算和确定蒸汽流量，级数，各级尺寸、参数和效率，得出各级和全机的热力过程线等。汽轮机在设计参数下运行称为汽轮机的设计工况。由于汽轮机各级的主要尺寸基本上是按照设计工况的要求确定的，所以一般在设计工况下汽轮机的内效率达最高值，因此设计工况也称为经济工况。

汽轮机运行时所发出的功率，将根据外界的需要而变化，汽轮机的初终参数和转速也有可能变化，从而引起汽轮机的蒸汽流量和各级参数、效率等变化。汽轮机在偏离设计参数的条件下运行，称为汽轮机的变工况。

汽轮机工况变动时，各级蒸汽流量、压力、温度、比焓降和效率等都可能发生变化，零、部件的受力、热膨胀和热变形也都有可能变化。为了保证汽轮机安全、经济地运行，就必须弄清汽轮机的变工况特性。

电站汽轮机是固定转速汽轮机，限于篇幅，这里仅讨论等转速汽轮机的变工况。主要讨论蒸汽流量变化和初终参数变化时的变工况，其中也就包含了功率变化问题。汽轮机变工况是以级的变工况和喷嘴、动叶的变工况为基础的，因此，必须首先介绍喷嘴、动叶的变工况。

第一节　喷嘴的变工况特特

缩放喷嘴的变工况已由流体力学介绍过了，其中一个重要概念，就是缩放喷嘴背压逐渐高于设计值时，将先在喷嘴出口处，后在喷嘴渐放段内产生冲波（或称激波）。超音速汽流经过冲波，流速大为降低，损失很大。所以，缩放喷嘴处于背压高于设计值的工况下运行时效率很低。

缩放喷嘴的速度系数φ与压比ε_n、膨胀度f的关系如图3.1.1所示[3,17]。膨胀度$f=A_n/A_c$，表示缩放喷嘴出口面积A_n与喉部临界截面面积A_c之比。每条曲线上φ最高的点（图示a，b，c，d）是该缩放喷嘴的设计工况点。由图可见，缩放喷嘴设计压比ε_n越小，膨胀度f越大，而f越大的缩放喷嘴在实际压比ε_{n1}增大时，φ降得越多，因而喷嘴效率也降得越多。

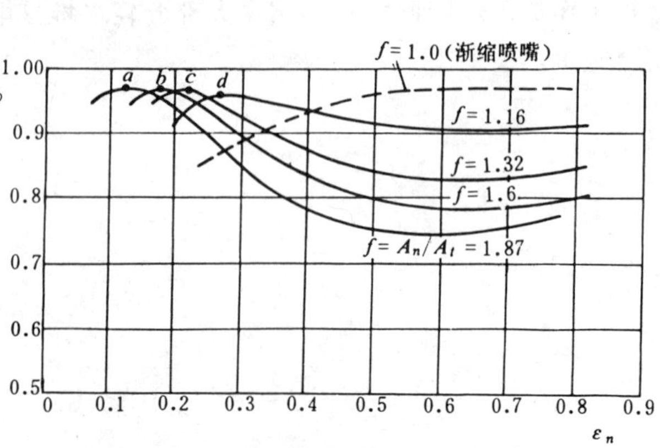

图 3.1.1　缩放喷嘴的速度系数φ与ε_n、f的关系

渐缩喷嘴背压高于设计值时不会出现冲波，速度系数 φ 仍然较高，如图3.1.1中最上面一根虚线所示，因而变工况效率仍然较高，仅在 ε_n 小于临界压比时，φ 与效率才下降。下面着重介绍渐缩喷嘴的变工况特性。

一、渐缩喷嘴初压不变时背压与流量的关系

由式（1.2.19）知喷嘴的流量公式为

$$G=\mu_n G_t=\mu_n A_n\sqrt{\frac{2\kappa}{\kappa-1}\frac{p_0^0}{v_0^0}\left[(p_1/p_0^0)^{2/\kappa}-(p_1/p_0^0)^{(\kappa+1)/\kappa}\right]} \tag{3.1.1}$$

对于渐缩喷嘴，在定熵指数 κ 和流量系数 μ_n 都一定的条件下，若喷嘴前滞止参数 p_0^0、v_0^0 和出口面积 A_n 都不变，则喷嘴流量 G 与背压 p_1 的关系如图3.1.2中的曲线 ABC 所示。当 $p_1\leqslant p_c$ 时，$G=G_c$ 不变，如直线 AB 所示；当 $p_1>p_c$ 时，流量沿曲线 BC 变化，曲线 BC 是根据式（3.1.1)画出的。

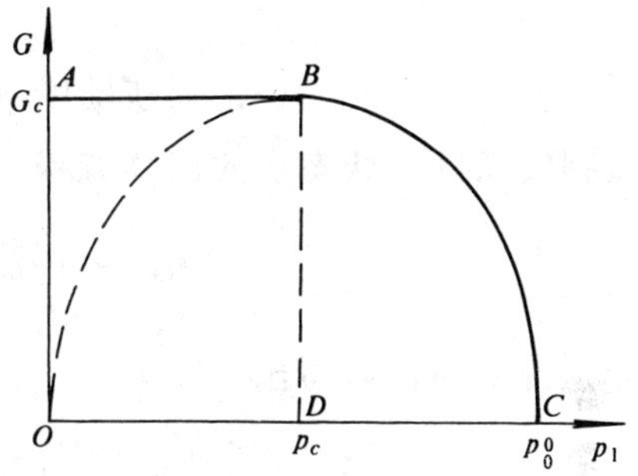

图 3.1.2 渐缩喷嘴的流量与背压关系曲线

曲线 BC 段与椭圆的1/4线段相当近似，若用椭圆曲线代替它，误差较小，故可用椭圆方程表示 BC 段的 $G-p_1$ 关系：

$$\frac{G}{G_c}=\sqrt{1-\left(\frac{p_1-p_c}{p_0^0-p_c}\right)^2}=\sqrt{1-\left(\frac{\varepsilon_n-\varepsilon_{nc}}{1-\varepsilon_{nc}}\right)^2}=\beta \tag{3.1.2}$$

式中，β 是彭台门系数，各文字代号均同第一章式（1.2.19）。式（3.1.2)比式（3.1.1）简便得多。下面分析式（3.1.2)的误差，将式（3.1.1)除以式（1.2.24）得

$$\frac{G}{G_c}=\frac{\mu_n G_t}{\mu_n G_{tc}}=\sqrt{\frac{2}{\kappa-1}\left(\frac{\kappa+1}{2}\right)^{\frac{\kappa+1}{\kappa-1}}\left(\varepsilon_n^{\frac{2}{\kappa}}-\varepsilon_n^{\frac{\kappa+1}{\kappa}}\right)}=\beta \tag{3.1.3}$$

表3.1.1中列出了近似式（3.1.2）代替精确式(3.1.3)的计算误差。这一误差由式(3.1.2)的计算结果减去式（3.1.3）的计算结果，再除以式（3.1.3)的计算结果而得，计算中取 $\kappa=1.3$，$\varepsilon_{nc}=0.5457$。由表3.1.1可见，用椭圆方程算得的流量比，都比精确值略小，但误差一般只有千分之几，工程上是允许的。

表 3.1.1　以椭圆公式代替精确公式计算流量比的误差（‰）

压力比 ε_n	ε_c	0.600	0.700	0.750	0.800	0.850	0.875	0.900	0.925	0.950	0.975	0.985	0.990	1.000
误　差	0	−0.35	−2.26	−3.34	−4.36	−5.96	−6.64	−7.56	−7.99	−8.66	−9.33	−9.60	−11.20	0

二、渐缩喷嘴前后参数都变化时的流量变化

分临界工况与亚临界工况来讨论。

1.设计工况与变工况下喷嘴均为临界工况

喷嘴出口流速达到或超过临界速度时，称喷嘴处于临界工况。若设计工况和变工况下，喷嘴内流速均达到和超过临界速度，则此两种工况下的临界流量之比为

$$\frac{G_{c1}}{G_c}=\frac{0.648A_n\sqrt{p_{01}^0/v_{01}^0}}{0.648A_n\sqrt{p_0^0/v_0^0}}=\frac{p_{01}^0}{p_0^0}\sqrt{\frac{p_0^0v_0^0}{p_{01}^0v_{01}^0}}=\frac{p_{01}^0}{p_0^0}\sqrt{\frac{T_0^0}{T_{01}^0}} \tag{3.1.4}$$

式中　G_{c1}，G_c ——变工况和设计工况下的临界流量；

$p_{01}^0, T_{01}^0, v_{01}^0$ ——变工况下喷嘴前的滞止初压、滞止初温、滞止比容，(凡变工况参数，右下角都多加一角标"1"，以下均相同)。

若喷嘴前的压力变动是由蒸汽节流引起的（即 $p_{01}^0v_{01}^0=p_0^0v_0^0$），或工况变动前后$T_0^0$未变，或$T_0^0$的变化较小或作近似计算而可忽略，则

$$\frac{G_{c1}}{G_c}=\frac{p_{01}^0}{p_0^0} \tag{3.1.5}$$

参照式（3.1.1），对于喷嘴进口截面积A_n'，可写出设计工况下由滞止状态点假想膨胀到实际进口状态点的连续方程：

$$G_c=A_n'p_0\sqrt{\frac{2\kappa}{\kappa-1}\frac{1}{RT_0}\left[\varepsilon_0^{2/\kappa}-\varepsilon_0^{(\kappa+1)/\kappa}\right]}$$

变工况下同样可写出

$$G_{c1}=A_n'p_{01}\sqrt{\frac{2\kappa}{\kappa-1}\frac{1}{RT_{01}}\left[\varepsilon_{01}^{2/\kappa}-\varepsilon_{01}^{(\kappa+1)/\kappa}\right]}$$

上两式中，ε_0与ε_{01}是由喷嘴前滞止状态点假想膨胀到喷嘴前实际状态点的压力比，即 $\varepsilon_0=p_0/p_0^0$，$\varepsilon_{01}=p_{01}/p_{01}^0$；$A_n'$是喷嘴进口面积，因是假想膨胀，并无损失，故流量系数$\mu_n=1$。上两式相比得

$$\frac{G_{c1}}{G_c}=\frac{p_{01}^0}{p_0^0}\sqrt{\frac{T_0^0}{T_{01}^0}}\sqrt{\frac{\varepsilon_{01}^{2/\kappa}-\varepsilon_{01}^{(\kappa+1)/\kappa}}{\varepsilon_0^{2/\kappa}-\varepsilon_0^{(\kappa+1)/\kappa}}}$$

根据式（3.1.4），得

$$\frac{\varepsilon_{01}^{2/\kappa}-\varepsilon_{01}^{(\kappa+1)/\kappa}}{\varepsilon_0^{2/\kappa}-\varepsilon_0^{(\kappa+1)/\kappa}}=1$$

$\varepsilon_{01}=\varepsilon_0$是上式的解，即

$$p_{01}/p_{01}^0=p_0/p_0^0 \qquad \text{或} \ p_{01}/p_0=p_{01}^0/p_0^0 \tag{3.1.6}$$

代入式（3.1.4）与式（3.1.5），并认为$\sqrt{T_0^0/T_{01}^0}\approx\sqrt{T_0/T_{01}}$，得

$$\frac{G_{c1}}{G_c}=\frac{p_{01}}{p_0}\sqrt{\frac{T_0}{T_{01}}} \tag{3.1.7}$$

$$\frac{G_{c1}}{G_c}=\frac{p_{01}}{p_0} \tag{3.1.8}$$

表明不同工况下的喷嘴临界流量正比于初压或滞止初压，反比于喷嘴前热力学温度的平方根或滞止热力学温度的平方根。若喷嘴前压力变动是由节流引起的，即$p_{01}^0v_{01}^0=p_0^0v_0^0$，或喷嘴前温度未变（如滑压运行），或因温度变化很小而可以忽略，或因近似计算而可以忽略温度变化（包括级和级组，后面凡不考虑温度变化时都是这四个方面的原因，不再重复），则喷嘴临界流量仅正比于初压或滞止初压。

关于$\sqrt{T_0^0/T_{01}^0}\approx\sqrt{T_0/T_{01}}$所带来的误差问题，在电站汽轮机中只有凝汽式汽轮机的最

末一两级和调节级的喷嘴流速可能超过临界速度。对于调节级，不论定压运行还是滑压运行，新蒸汽温度都应不变，且调节级喷嘴进口初速$c_0\approx 0$，$T_0=T_0^0$，故$\sqrt{T_0^0/T_{01}^0}=\sqrt{T_0/T_{01}}$；对于凝汽式汽轮机最末一两级，它们都处于湿蒸汽区，级前后压力和温度都很低，例如，流量由设计值增大20%时，$\sqrt{T_0^0/T_{01}^0}\approx\sqrt{T_0/T_{01}}$的误差仅为0.19%左右。

2.设计工况与变工况下喷嘴均为亚临界工况

喷嘴出口流速小于临界速度时，称喷嘴处于亚临界工况。若设计工况与变工况下，喷嘴都是亚临界工况，则根据式（3.1.2）、式(3.1.4)与式（3.1.7)可得流量比为

$$\frac{G_1}{G}=\frac{\beta_1 G_{c1}}{\beta G_c}=\frac{\beta_1}{\beta}\frac{p_{01}^0}{p_0^0}\sqrt{\frac{T_0^0}{T_{01}^0}}=\frac{\beta_1}{\beta}\frac{p_{01}}{p_0}\sqrt{\frac{T_0}{T_{01}}} \tag{3.1.9}$$

若不考虑温度变化，则

$$\frac{G_1}{G}=\frac{\beta_1}{\beta}\frac{p_{01}^0}{p_0^0}=\frac{\beta_1}{\beta}\frac{p_{01}}{p_0} \tag{3.1.10}$$

若工况变动前为临界工况，变动后为亚临界工况，则可用临界工况公式算到$\varepsilon_n=\varepsilon_{nc}$处，再用亚临界工况公式由$\varepsilon_n=\varepsilon_{nc}$算到变动后的工况。若相反，则计算方法也相反。

3.渐缩喷嘴初压、背压与流量的关系

若渐缩喷嘴前后的蒸汽参数都变化，仅初温不变或不考虑初温变化的影响，则对于每一个初压都可画出一条与图3.1.2中曲线ABC相似的流量与背压的关系曲线，示于图3.1.3中。图中AOB区域是临界工况区，临界流量与初压成正比。BOC区域是亚临界工况区，同一初压下流量与背压近似成椭圆曲线关系。若各初压下的临界压力比ε_{nc}不变，则各曲线水平段与椭圆段的交点必位于同一直线OB上，因这些交点的纵横坐标成正比。由图3.1.3可一目了然地看出不考虑初温变化时流量与初压、背压的相互关系。

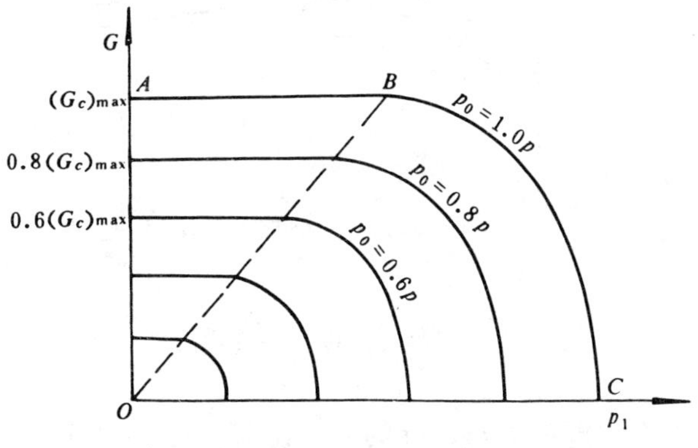

图 3.1.3 渐缩喷嘴流量与初压、背压的关系

以上所介绍的渐缩喷嘴变工况的结论，也适用于具有渐缩形通道的动叶。因从相对运动的观点来分析，动叶栅中的流动与喷嘴叶栅中的流动是完全一样的，只要把喷嘴前的热力参数换为动叶前的相对热力参数即可。

附带说明一点，图3.1.2中的虚线BO，虽对渐缩喷嘴不适用，但它适用于缩放喷嘴的各设计工况。因虚线BO是根据式（3.1.1)在κ与μ_n都一定且p_0^0、v_0^0与喷嘴出口面积A_n都不变的条件下画出的$p_1<p_c$的G-p_1关系曲线，而式（3.1.1)是由连续方程、能量方程与等比熵过程方程严密推导而得的，因此曲线BO应该有物理意义。疑问在于p_0^0、v_0^0与A_n都不变时，p_1减小为什么会使喷嘴流量降低？原因是p_0^0、v_0^0不变时，随着设计背压p_1的减小，设计压比ε_n减小，缩放喷嘴的膨胀度$f=A_n/A_c$必然增大（见图3.1.1)，而出口面积A_n

已规定不变，故f增大必然使缩放喷嘴喉部面积A_c减小，如图3.1.4所示，于是缩放喷嘴流量$G=G_c=0.648A_c\sqrt{p_0^0/v_0^0}$将随$A_c$减小而减小。另外，也可从连续方程$G_t=A_n c_{1t}/v_{1t}$来分析：由于超音速区域随着压比减小，即随着比焓降增大，比容v_{1t}增大得较大而流速c_{1t}相对地增大得较小(见图1.2.3)，因此，当p_0^0、v_0^0一定的缩放喷嘴的设计背压p_1降低时，若连续方程中A_n不变，则G_t必将减小。当p_0^0不变而$p_1\to 0$时，$f\to\infty$，而A_n为定值，只能使$A_c\to 0$，则缩放喷嘴流量$G\to 0$。这就表明图3.1.2中的虚线BO是各缩放喷嘴设计背压p_1与流量的关系曲线，这些缩放喷嘴的出口面积A_n不变，但喉部截面A_c将随p_1减小而减小，因而这些缩放喷嘴的流量也将随p_1的减小而减小。

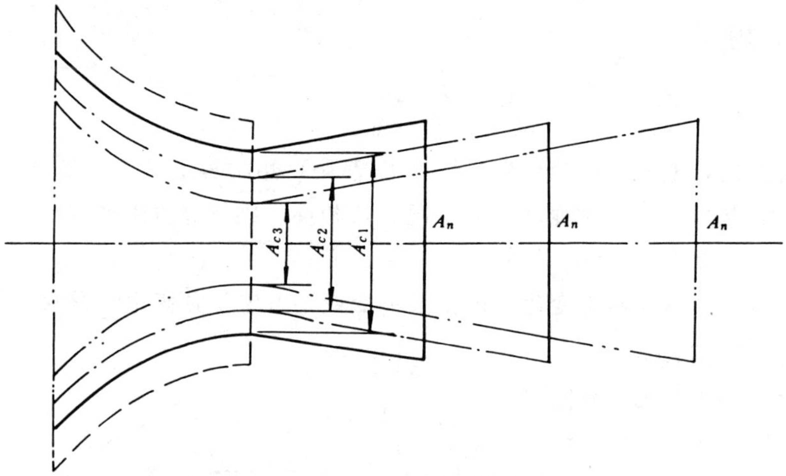

图 3.1.4　缩放喷嘴A_n不变时A_c随f增大而减小

第二节　级与级组的变工况特性

在了解喷嘴与动叶的变工况特性后，就可分析级与级组的变工况特性。

一、级内压力与流量的关系

分级内为临界工况与亚临界工况两种情况来讨论。

1.级内为临界工况

级内的喷嘴叶栅或动叶栅两者之一的流速达到或超过临界速度，就称该工况为级的临界工况。

1）级的工况变化前后喷嘴流速均达到或超过临界值时，不论动叶中流速是否达到临界值，此级的流量与滞止初压或初压成正比，与滞止初温或初温的平方根成反比，即

$$\frac{G_{c1}}{G_c}=\frac{p_{01}^0}{p_0^0}\sqrt{\frac{T_0^0}{T_{01}^0}}=\frac{p_{01}}{p_0}\sqrt{\frac{T_0}{T_{01}}} \tag{3.2.1}$$

若不考虑温度变化，则

$$\frac{G_{c1}}{G_c}=\frac{p_{01}^0}{p_0^0}=\frac{p_{01}}{p_0} \tag{3.2.2}$$

2）级的工况变化前后喷嘴流速均未达到临界值而动叶内流速均达到或超过临界值时，只要采用动叶的相对热力参数，喷嘴变工况的结论都可用在动叶上，故

$$\frac{G_{c1}}{G_c}=\frac{p_{11}^0}{p_1^0}\sqrt{\frac{T_1^0}{T_{11}^0}}=\frac{p_{11}}{p_1}\sqrt{\frac{T_1}{T_{11}}} \tag{3.2.3}$$

若不考虑温度变化，则

$$\frac{G_{c1}}{G_c}=\frac{p_{11}^0}{p_1^0}=\frac{p_{11}}{p_1} \tag{3.2.4}$$

若冲动级动叶顶部采用曲径汽封，则叶顶漏汽量极小，漏汽效率近于1[49]，其他情况下叶顶漏汽也不大。为了简化，可以认为喷嘴流量等于动叶流量，这时喷嘴在设计工况和变工况下的连续方程可写成

$$\frac{G_c}{A_n}=\mu_n p_0^0\sqrt{\frac{2\kappa}{\kappa-1}\frac{1}{RT_0^0}\left[\varepsilon_n^{2/\kappa}-\varepsilon_n^{(\kappa+1)/\kappa}\right]}$$

$$\frac{G_{c1}}{A_n}=\mu_n p_{01}^0\sqrt{\frac{2\kappa}{\kappa-1}\frac{1}{RT_{01}^0}\left[\varepsilon_{n1}^{2/\kappa}-\varepsilon_{n1}^{(\kappa+1)/\kappa}\right]}$$

由于喷嘴在设计工况和变工况下均处于亚临界工况，故斜切部分没有偏转，喷嘴出口面积A_n不变。将上两式相比后代入式（3.2.3）得

$$\frac{G_{c1}}{G_c}=\frac{p_{01}^0}{p_0^0}\sqrt{\frac{T_0^0}{T_{01}^0}}\sqrt{\frac{\varepsilon_{n1}^{2/\kappa}-\varepsilon_{n1}^{(\kappa+1)/\kappa}}{\varepsilon_n^{2/\kappa}-\varepsilon_n^{(\kappa+1)/\kappa}}}=\frac{p_{11}}{p_1}\sqrt{\frac{T_1}{T_{11}}}$$

这里设$\sqrt{T_0^0/T_{01}^0}\approx\sqrt{T_1/T_{11}}$，对于动叶处于临界工况的凝汽式汽轮机末级是可行的，例如，流量增大20%时，其误差小于0.24%。则上式变为

$$\sqrt{\frac{\varepsilon_{n1}^{2/\kappa}-\varepsilon_{n1}^{(\kappa+1)/\kappa}}{\varepsilon_n^{2/\kappa}-\varepsilon_n^{(\kappa+1)/\kappa}}}=\frac{p_{11}/p_{01}^0}{p_1/p_0^0}=\frac{\varepsilon_{n1}}{\varepsilon_n}$$

$\varepsilon_{n1}=\varepsilon_n$是上式的解，即$p_{11}/p_{01}^0=p_1/p_0^0$，或$p_{11}/p_1=p_{01}^0/p_0^0$。结合式（3.2.3）、式（3.1.6）并考虑到$\sqrt{T_1/T_{11}}\approx\sqrt{T_0^0/T_{01}^0}\approx\sqrt{T_0/T_{01}}$，得

$$\frac{G_{c1}}{G_c}=\frac{p_{01}^0}{p_0^0}\sqrt{\frac{T_0^0}{T_{01}^0}}=\frac{p_{01}}{p_0}\sqrt{\frac{T_0}{T_{01}}} \tag{3.2.5}$$

若不考虑温度变化的影响，则

$$\frac{G_{c1}}{G_c}=\frac{p_{01}^0}{p_0^0}=\frac{p_{01}}{p_0} \tag{3.2.6}$$

可见级处于临界工况时，级的流量与滞止初压或初压成正比，与滞止初温或初温的平方根成反比；若不考虑温度变化，则流量只与滞止初压或初压成正比。

2.级内为亚临界工况

若级内喷嘴和动叶出口汽流速度均小于临界速度，则称该级工况为亚临界工况。这时级的喷嘴出口连续方程为

$$Gv_{1t}=\mu_n A_n c_{1t}$$

设$c_0\approx 0$，则$c_{1t}=\sqrt{2(1-\Omega_m)\Delta h_t}$，代入上式得

$$G=\left(\mu_n A_n\frac{1}{v_{2t}'}\sqrt{2\Delta h_t}\right)\frac{v_{2t}'}{v_{1t}}\sqrt{1-\Omega_m} \tag{3.2.7}$$

式（3.2.7）括号中的数值表示级的反动度为零时流过该级喷嘴的流量G'，这时喷嘴出口理想比容v'_{2t}是由状态点p_0、t_0等比熵膨胀到p_2的比容。若这时喷嘴出口速度仍小于临界值，则全级肯定是亚临界工况，那么

$$G' = \beta G_c = 0.648 A_n \sqrt{\frac{p_0}{v_0}} \sqrt{1 - \left(\frac{p_2 - p_c}{p_0 - p_c}\right)^2}$$

代入式（3.2.7）得设计工况为亚临界工况的流量方程：

$$G = 0.648 A_n \sqrt{\frac{p_0}{v_0}} \sqrt{1 - \left(\frac{p_2 - p_c}{p_0 - p_c}\right)^2} \frac{v'_{2t}}{v_{1t}} \sqrt{1 - \Omega_m}$$

同理，可写出工况变为亚临界工况的流量方程：

$$G_1 = 0.648 A_n \sqrt{\frac{p_{01}}{v_{01}}} \sqrt{1 - \left(\frac{p_{21} - p_{c1}}{p_{01} - p_{c1}}\right)^2} \frac{v'_{2t1}}{v_{1t1}} \sqrt{1 - \Omega_{m1}}$$

两式相比，并考虑：

1）亚临界工况下比容变化较小，经许多计算表明

$$(v_{1t} v'_{2t1})/(v_{1t1} v'_{2t}) \approx 1;$$

2）$\sqrt{\dfrac{p_{01} v_0}{p_0 v_{01}}} \sqrt{\dfrac{(p_0 - p_c)^2}{(p_{01} - p_{c1})^2}} = \sqrt{\dfrac{p_{01} v_0}{p_0 v_{01}}} \sqrt{\dfrac{p_0^2 (1 - \varepsilon_{nc})^2}{p_{01}^2 (1 - \varepsilon_{nc})^2}} = \sqrt{\dfrac{T_0}{T_{01}}}$；

3）$(p_{01} - p_{c1})^2 - (p_{21} - p_{c1})^2 = p_{01}^2 - p_{21}^2 - 2\varepsilon_{nc} p_{01}(p_{01} - p_{21})$

$= (p_{01}^2 - p_{21}^2) - \varepsilon_{nc}(p_{01} - p_{21})^2 - \varepsilon_{nc}(p_{01}^2 - p_{21}^2) = (1 - \varepsilon_{nc})(p_{01}^2 - p_{21}^2) - \varepsilon_{nc}(p_{01} - p_{21})^2$；

4）令$\Delta\Omega_m = \Omega_{m1} - \Omega_m$，则

$$\frac{G_1}{G} = \sqrt{\frac{(p_{01}^2 - p_{21}^2) - (p_{01} - p_{21})^2 \varepsilon_{nc}/(1 - \varepsilon_{nc})}{(p_0^2 - p_2^2) - (p_0 - p_2)^2 \varepsilon_{nc}/(1 - \varepsilon_{nc})}} \sqrt{1 - \frac{\Delta\Omega_m}{1 - \Omega_m}} \sqrt{\frac{T_0}{T_{01}}} 。 \quad (3.2.8)$$

这是级的亚临界工况计算中的一个比较准确的公式，只有$(v_{1t} v'_{2t1})/(v_{1t1} v'_{2t}) \approx 1$带来误差，但很小。所设$c_0 \approx 0$，只是为了将$p_0^0$、$T_0^0$用$p_0$、$T_0$代替，不会带来误差。若$c_0 \neq 0$，则可用$p_0^0$、$T_0^0$代替$p_0$、$T_0$来计算。该式也可用来对凝汽式汽轮机最末几级的小容积流量工况（见本章第五节）进行某些计算[28]。

近似计算中可对式（3.2.8）作两点近似假定：①工况变动时，反动级的反动度基本不变，冲动级的速比变化不大时，反动度变化较小（均详本节第五段），故可设$\Delta\Omega_m \approx 0$；②亚临界级的p_2/p_0较大，$(p_0 - p_2)$较小，对于冲动级，$(p_0^2 - p_2^2)$是$(p_0 - p_2)^2$的几倍或十几倍，对于反动级倍数更多，故可同时忽略式（3.2.8）大根号内分子、分母的第二项。则式（3.2.8）简化为

$$\frac{G_1}{G} = \sqrt{\frac{p_{01}^2 - p_{21}^2}{p_0^2 - p_2^2}} \sqrt{\frac{T_0}{T_{01}}} \quad (3.2.9)$$

若不考虑温度变化，则

$$\frac{G_1}{G} = \sqrt{\frac{p_{01}^2 - p_{21}^2}{p_0^2 - p_2^2}} \quad (3.2.9a)$$

虽然设$\Delta\Omega_m \approx 0$与忽略大根号中分子、分母第二项的作用之间互有补偿，但并未完全抵消。故式（3.2.9）与式（3.2.9a）都是近似式。我们通过对BP-25型[13]冲动式背压式汽轮机

进行的全机变工况计算机详算发现，在流量比设计值小30%时，用式（3.2.9）的误差为3.14%，流量偏离设计值越近，误差越小。

二、级组压力与流量的关系

流量相等而依次串联排列的若干级称为级组。当级组内各级的汽流速度均小于临界速度时，称级组为亚临界工况；当级组内至少有一列叶栅（如某一级的喷嘴或动叶）的出口流速达到或超过临界速度时，称级组为临界工况。级组压力与流量的关系也要分临界与亚临界两种工况来讨论。

1.工况变化前后级组均为临界工况

在各级通流面积不变的条件下，处于亚临界工况的级组，若级组前后压差由小变大，则各级流量和流速也要增大，这时一般是级组内最后一级最先达到临界速度，因为后面的级的比容较大，其平均直径往往比前面的级要大，若相邻两级的速比和反动度基本相同，则后一级的比焓降较大，也就是最后一级的比焓降往往最大，流速也常最大；然而，最后一级的蒸汽绝对温度最低，当地音速最小，因此最后一级常最先达到临界速度。

亚临界工况级组中某一级（一般是最末级）的喷嘴或动叶的汽流速度刚升到临界速度时，级组前后的压力比称为级组临界压力比，以ε_{gc}表示，级组背压p_g称为级组在初压p_0下的级组临界压力，以p_{gc}表示，这时的流量为级组的临界流量，仍以G_c表示。

若变工况前后级组的末级都是临界工况，则

$$\frac{G_{c1}}{G_c}=\frac{p_{z1}}{p_z}\sqrt{\frac{T_z}{T_{z1}}}$$

式中　p_z, T_z——设计工况下末级级前压力和热力学温度；

p_{z1}, T_{z1}——变工况下末级级前压力和热力学温度。

再对倒二级的动叶和喷嘴、倒三级的动叶和喷嘴、……依次采用由式(3.2.3)推导式(3.2.5)的方法[3]，并设

$$\sqrt{T_z/T_{z1}}\approx\sqrt{T_{(z-1)}/T_{(z-1)1}}\approx\cdots\approx\sqrt{T_0/T_{01}}$$

式中　$T_{(z-1)}$，$T_{(z-1)1}$——设计工况与变工况下倒二级级前绝对温度。

则

$$\frac{G_{c1}}{G_c}=\frac{p_{01}}{p_0}\sqrt{\frac{T_0}{T_{01}}}\tag{3.2.10}$$

式中　p_0, T_0——级组前设计工况下的压力和绝对温度；

p_{01}, T_{01}——级组前变工况下的压力和绝对温度。

所设$\sqrt{T_z/T_{z1}}\approx\sqrt{T_{(z-1)}/T_{(z-1)1}}\approx\cdots\approx\sqrt{T_0/T_{01}}$的近似关系使式（3.2.10）比喷嘴与级的式（3.1.7）和式（3.2.5）的误差要大些。

若不考虑温度变化，则

$$\frac{G_{c1}}{G_c}=\frac{p_{01}}{p_0}\tag{3.2.11}$$

可见级组为临界工况时，级组流量与级组前压力成正比，与级组前绝对温度的平方根成反比；若不考虑温度变化，则级组流量只与级组前压力成正比。

2.工况变化前后级组均为亚临界工况

图3.2.1(a)是斯托陀拉实验所得的级组蒸汽流量与初压p_0、背压p_g的关系曲线，该图类似于图3.1.3，每一条曲线表示级组在某一初压p_0下的背压与流量的关系。只是由于级组中有若干列喷嘴和动叶，故同一初压p_0下的级组临界压力p_{gc}必然比喷嘴临界压力p_c小得多。斯托陀拉实验的级组有8级，级组临界压力比$\varepsilon_{gc}=0.06$。

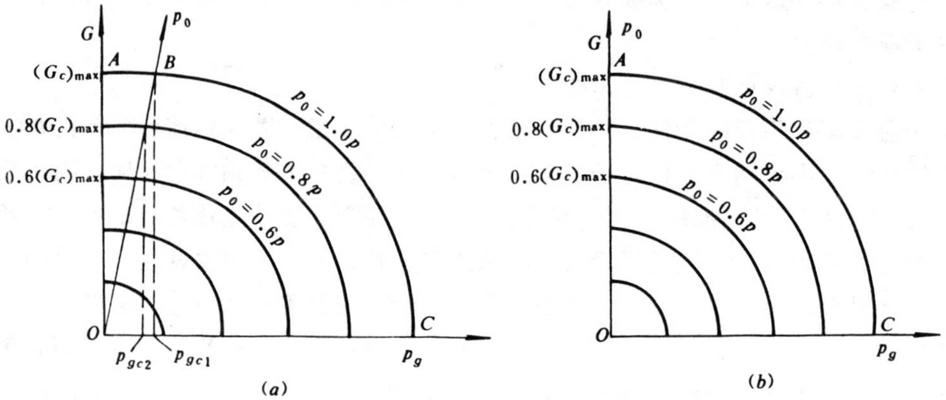

图 3.2.1 级组流量与压力的关系曲线

(a)级组临界压力$p_{gc}>0$;(b)级组临界压力$p_{gc}=0$

为简化计算，设级组内级数为无限多，则级组临界压力$p_{gc}=0$，图3.2.1(a)中的直线OB与纵坐标轴OA重合，如图3.2.1(b)所示，各条曲线都变为中心在原点的椭圆曲线。把图(b)中的任意一条曲线视为设计工况下p_0的曲线，则有

$$\left(\frac{G}{G_c}\right)^2+\left(\frac{p_g}{p_0}\right)^2=1 \quad 或 \quad \frac{G}{G_c}=\sqrt{1-\left(\frac{p_g}{p_0}\right)^2}=\sqrt{\frac{p_0^2-p_g^2}{p_0^2}}$$

再把图(b)中另一条曲线看作变工况下p_{01}的曲线，则有

$$\left(\frac{G_1}{G_{c1}}\right)^2+\left(\frac{p_{g1}}{p_{01}}\right)^2=1 \quad 或 \quad \frac{G_1}{G_{c1}}=\sqrt{1-\left(\frac{p_{g1}}{p_{01}}\right)^2}=\sqrt{\frac{p_{01}^2-p_{g1}^2}{p_{01}^2}}$$

两式相比，并将式(3.2.10)代入，得

$$\frac{G_1}{G}=\sqrt{\frac{p_{01}^2-p_{g1}^2}{p_0^2-p_g^2}}\sqrt{\frac{T_0}{T_{01}}} \tag{3.2.12}$$

若不考虑温度变化，则

$$\frac{G_1}{G}=\sqrt{\frac{p_{01}^2-p_{g1}^2}{p_0^2-p_g^2}} \tag{3.2.13}$$

式(3.2.12)和式(3.2.13)就是著名的弗留格尔公式，是级组在亚临界工况下的级组流量与压力的近似关系式。对于式(3.2.13)，若初压不变($p_{01}=p_0$)，则流量与背压为椭圆关系，即式(3.2.13)变为椭圆方程；若背压不变($p_{g1}=p_g$)，则流量与初压为双曲线关系，即式(3.2.13)变为双曲线方程。

显然，级组内级数越多，同一p_0下的临界压力p_{gc}相对地越接近于零，应用弗留格尔公式计算的误差越小；反之，误差越大。不论级组内级数多少，在设计工况下应用弗留格尔公式时，$p_{01}=p_0$、$p_{g1}=p_g$及$T_{01}=T_0$，必然使$G_1=G$，因此没有误差。偏离设计工况越近，误差越小；反之，误差越大[17]。当$p_{g1}=p_{01}$时，$G_1=0$，弗留格尔公式的计算误差也为零。

斯托陀拉流量实验很早，为了验证其正确性，我们对BP-25型背压式汽轮机[13]进行了全机变工况的计算机详算。计算表明，弗留格尔公式是近似公式，级组内级数越多，偏离设计工况越近，误差越小。对于BP-25型汽轮机最末两级组成的级组，在流量比设计值减小30%以内时，用弗留格尔公式计算的误差在2.6%以内，表明偏离设计工况较近时，即使级组内级数很少，仍可用弗留格尔公式近似计算。此外，在进行BP-25型背压式汽轮机的全机变工况计算机详算时发现，余速利用系数改变后，弗留格尔公式的计算误差也要改变，这是因为计算机详算是以喷嘴、动叶出口连续方程为基础的，余速利用系数改变后，h-s图上的全机热力过程线有所变动，使各列动静叶栅出口比容变化，必然引起喷嘴、动叶出口连续方程的计算结果改变。然而弗留格尔公式对余速利用系数、损失、效率和比容等影响喷嘴、动叶出口连续方程计算结果的许多变化因素不可能都体现，因此弗留格尔公式只能是一个近似公式。

三、各级组的p_0-G曲线

现在根据压力与流量的关系画出级组的p_0-G曲线。

1.凝汽式汽轮机非调节级各级组

除很小容量的机组外，凝汽式汽轮机末级在设计工况下一般都处于临界工况。末级为临界工况时，若能依次把末级、倒二级看成一级组，再把末级、倒二级、倒三级看成一个级组，……，直到全部非调节级看成一个级组，且忽略温度变化，应用级组前压力与流量成正比的关系，则得出各非调节级级前压力p_0与流量都成正比关系。图3.2.2(a)所示是东方汽轮机厂生产的N200-12.7/535/535型汽轮机第1～8段回热抽汽压力（以曲线1～8表示）和调节级后压力（以曲线0表示）与全机总流量G的关系曲线；图3.2.2(b)、(c)所示是上海汽轮机厂生产的N300-16.2/550/550型冲动式汽轮机与哈尔滨汽轮机厂生产的600MW反动式亚临界凝汽式汽轮机的第1～8段回热抽汽压力（曲线1～8）与G的关系曲线。这些曲线在$G\geqslant(G_c)_{min}$的区域成为直线，各直线段均表明压力与流量成正比。$(G_c)_{min}$是末级最小临界流量。当全机流量G由最大值下降时，末级p_0与G成正比下降，如图3.2.3 AB段所示。设末级后压力p_c不变，当G下降到末级最小临界流量$(G_c)_{min}$后，由于比焓降减小，末级由临界工况转为亚临界工况。G继续下降，末级前的p_0-G关系与各级组的p_0-G关系均应按弗留格尔公式计算，末级p_0沿双曲线变化，如图3.2.3中BC段与图3.2.2(b)、(c)中曲线8左侧大半段所示。同理，末级与倒二级、末级与倒二、倒三级组成的级组的p_0-G关系也是双曲线关系，如图3.2.2(a)曲线8与图3.2.2(b)、(c)曲线7左侧所示。

对于倒数第三级之前的各级到末级所组成的各级组，级组前p_{01}往往是p_{g1}的10倍以上，即p_{g1}^2小于p_{01}^2的1/100，同时忽略p_{g1}^2与p_g^2，又经开方，误差很小，因而$\frac{G_1}{G}=\sqrt{\frac{p_{01}^2-p_{g1}^2}{p_0^2-p_g^2}}$

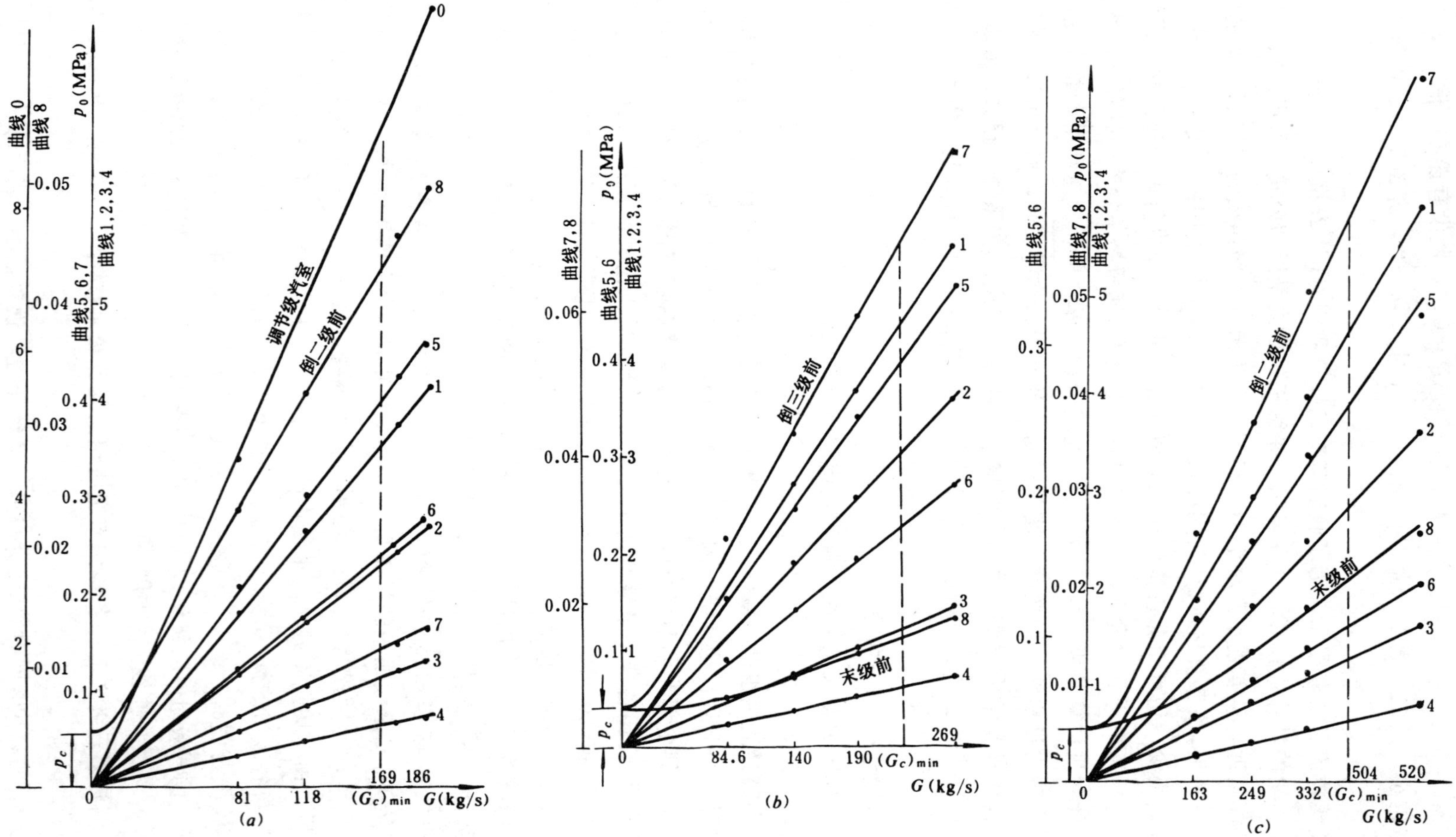

图 3.2.2　凝汽式汽轮机非调节级级组 p_0-G 关系曲线

(a) 东方汽轮机厂N200-12.7/535/535型汽轮机；(b) 上海汽轮机厂 N300-16.2/550/550 型汽轮机；(c) 哈尔滨汽轮机厂600MW反动式凝汽式汽轮机

变为$\frac{G_1}{G}=\frac{p_{01}}{p_0}$，可见倒数第三级之前各级的$p_{01}$，即使在末级亚临界工况下，也与$G_1$成正比，如图3.2.2中$G<(G_c)_{min}$区域的曲线1～6与图3.2.2($a$)中的曲线7所示。然而在流量很小处，若$p_{01}<10p_{g1}$许多，则不宜忽略$p_{g1}^2$与$p_g^2$，$p_0$-$G$关系应按双曲线变化，因而在理论上曲线1～6最下端也像图3.2.2(b)、(c)的曲线7那样，稍向上弯曲，数值太小，不易画出。实际上，由于在小流量工况下，锅炉燃烧不易稳定，各级摩擦鼓风热量可能造成低压级温度过高以及末级动叶发生颤振等问题，汽轮机通常不允许在流量小于30％设计值时长期运行，因此在实用变工况范围内，倒二级前各级p_0都近似地与G成正比，如图3.2.2所示〔除(b)和(c)中曲线8以外的所有曲线〕。

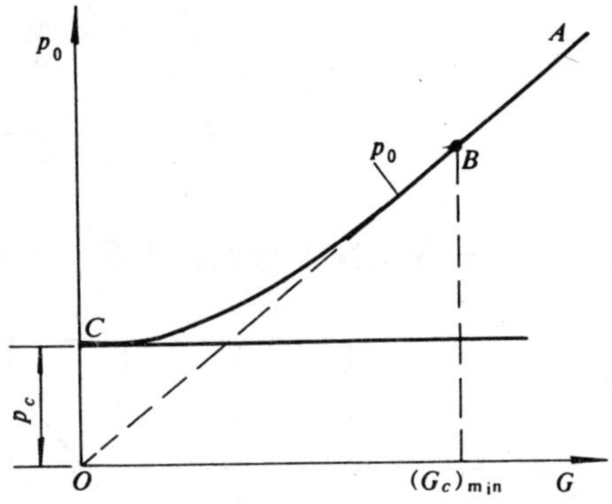

图 3.2.3　凝汽式汽轮机末级p_0-G关系曲线

级组内各级流量相等是推导和实验求得级组p_0-G关系的前提。各种电站汽轮机一般都有回热抽汽，回热抽汽口前后级的流量不同，严格地说不能把回热抽汽口前后的级放在同一级组内。但若回热抽汽只供加热本机凝结水用，虽各段回热抽汽量不与总流量成正比，可是大多与总流量G同方向增减，因此仍可近似地把回热抽汽口前后的级放在同一级组内来应用压力与流量关系式，误差不会太大。图3.2.2所示的三台汽轮机，都有八段回热抽汽。当各个加热器都投运时，各抽汽口的压力与总流量的关系如图所示。此图是根据这三台汽轮机的定压运行数据画出的，只有$(G_c)_{min}$是编者估算的。由图可见，把回热抽汽口前后各级划在一个级组内，仍可应用级组p_0-G关系式进行近似计算、分析或估算。图3.2.2(a)所示的汽轮机，运行时基本上没有厂用抽汽，各工况点均较好地落在各条曲线上；图3.2.2(b)所示汽轮机有少量厂用抽汽，除两三点外，其余各工况点也较好地落在各条曲线上；600 MW反动式凝汽式汽轮机的厂用抽汽多一些。

定压运行再热机组的流量变化后，中压缸进汽温度t_{r1}仍应达设计值，即使低负荷时t_{r1}稍低，但相差不大，仍有$\sqrt{\frac{T_r}{T_{r1}}}\approx 1$，故中压缸进汽压力仍与流量成正比。因此，高压缸调节级后汽温变化对中低压缸压力与流量的正比关系不会有影响。

2. 背压式汽轮机非调节级各级组

背压式汽轮机的排汽压力大多高于大气压力，排汽比容较小，末级直径较小，末级比焓降也就较小，流速较低；由于排汽压力较高，排汽温度也就较高，当地音速较大，故设计工况下背压式汽轮机的末级一般处于亚临界工况。因此，其非调节级的p_0-G关系只能按弗留格尔公式计算。若排汽压力基本不变，则p_0-G关系为双曲线关系。

调节抽汽式汽轮机调节抽汽口的压力是基本不变的，且大于大气压力，故抽汽口前各级也都处于亚临界工况，其p_0-G关系也是双曲线关系，是与背压式汽轮机相仿的。图3.2.4所示是苏制ВПТ-25型两次调节抽汽式汽轮机高压缸的p_0-G关系实测曲线，每根都是近似双曲线。背压式汽轮机非调节级的实测P_0-G关系与图3.2.4类似。

四、压力与流量关系式的应用

1.应用条件

1）在推导和实验求取压力与流量的关系式时，都规定了工况变动前后通汽面积不变，因此应用这些关系式时，也必须保持设计工况和变工况下通汽面积不变。若因结垢或腐蚀等使变工况下通汽面积有了改变，则应进行修正，即

$$\frac{G_1}{G}=a\frac{p_{01}}{p_0}\sqrt{\frac{T_0}{T_{01}}} \tag{3.2.14}$$

$$\frac{G_1}{G}=a\sqrt{\frac{p_{01}^2-p_{g1}^2}{p_0^2-p_g^2}}\sqrt{\frac{T_0}{T_{01}}} \tag{3.2.15}$$

式中　a ——变工况下与设计工况下的通汽面积之比。

由上两式可见，若级组通流部分结垢（$a<1$），则同一流量G_1下，p_{01}必然升高；若通流部分腐蚀（$a>1$)，则同一G_1下,p_{01}必然降低。

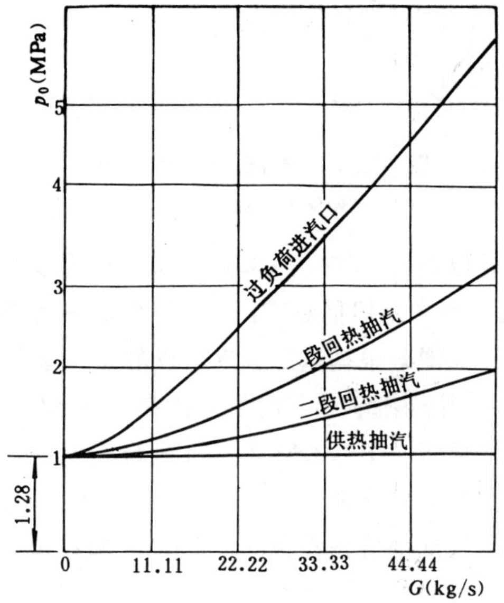

图 3.2.4　ВПТ-25汽轮机高压缸p_0-G曲线

对于调节级，只有当第一调节汽门开大或关小而其他调节汽门均关闭时，通汽面积才不变，才可把调节级包括在级组内。若调节级在变工况过程中多开了或关闭了一个调节汽门，则改变了通汽面积，就不能包括在级组内，也不能对调节级单独应用流量与压力的关系式进行计算。

2）级组内各级流量相同是推导和实验求取压力与流量关系式的又一个前提。对于只有回热抽汽的级组本节已述及。对于有大量抽汽供取暖、动力或其他厂用抽汽的回热抽汽口两侧，及调节抽汽式汽轮机（详见本章第八节）的供热抽汽口两侧，都必须分作两个级组。

3）流过级组内各级的蒸汽应是一股均质流。然而对于调节级，多数工况下是流过两股初压不同的汽流（详见本章第三节），级前压力既不能采用较高的初压，也不能采用较低的初压，所以这种工况下，整个调节级不能包括在级组内，其流量也不能单独地用级的压力与流量的关系式进行计算。但调节级的某个喷嘴组及其后动叶可以看成级，其压力或流量计算可应用级的压力与流量关系式。

由于许多工况下调节级都不能包括在级组之内，常使汽轮机的初参数不能作为已知量参与运算，故级组常从末级算起，以便把排汽参数作为已知量参与运算。

2.用于分析运行问题

压力与流量的关系式除如上述用于计算外，还可用于分析运行问题等。现举几个分析

事故原因的例子[1]。

1）某台一次再热超高压凝汽式汽轮机的功率突然下降40%，此时机组无明显振动，机组参数变化如表3.2.1所示，负号表示降低。功率降低后，一些参数又基本稳定不变，各监视段压力近似成比例降低。

表 3.2.1　　故障汽轮机参数变化表（一）

负　荷	给水流量	调节级后压力	中间再热后压力	高压缸效率	中低压缸效率
-40%	-36%	-42%	-44%	-1.8%	-0.4%

分析原因：调节级后压力和中间再热后压力降低，表明蒸汽流量变小，这由给水流量也相应变小而证实。由于各监视段压力与流量近似成正比，故可以认为各非调节级的工作是正常的。流量的突降是调节级或调节级之前的通流部分故障所致。

由于通流部分故障并未引起机组振动情况的改变，因而可以认为流量突降不是转动部分的机械损坏所致。调节级喷嘴、动叶损坏常使流量增大；调节级叶片断落可能使非调节级第一级喷嘴堵塞而使调节级后压力升高。但上述情况均与事实相反，因此不大可能是调节级的损坏。

调节汽门阀杆断裂将使汽门一直处于关闭或近于关闭的位置。为了判断故障，移动油动机，提起阀杆，在第一调节汽门应该开大的范围内，发现流量并不增大，表明这一阀门动作失灵。

停机检查，结果是第一调节汽门阀杆断裂。

2）一超高压汽轮机在运行21个月后发现功率不断下降，已持续了一两个月。分析每天数据，发现功率是以不变的速率下降的，而不是突降的。与21个月前的运行数据相比，变化情况如表3.2.2所示。

分析原因：调节级后压力增加21.2%，既然不是由于流量增加，那就只能是由于非调节级通流部分堵塞。由于这种堵塞是稳定增加的，故不是机械损坏所致，极大的可能是通流部分结垢所致。又因为高压缸效率大为降低，故可能是高压缸结垢。

开缸检查，结果发现高压缸通流部分严重结垢，垢的成分中不少是铜。

3）某机三年运行数据表明，在调节汽门的同一开度下，功率是渐渐增加的，三年前后的同一调节汽门开度下的运行数据之差如表3.2.3所示。在发现上述问题后，曾进行试验，证明在各个调节汽门的不同开度下，功率都变大。

表 3.2.2　故障汽轮机参数变化表（二）

流　量	功　率	调节级后压力	高压缸效率
-17.2%	-16.5%	+21.2%	-12.2%

表 3.2.3　故障汽轮机参数变化表（三）

功　率	调节级后压力	中间再热后压力	高压缸效率
+11.0%	+11.0%	+10.2%	-1.8%

[1] 这些例子引自南京工学院33教研组1974年编《汽轮机运行原理》。

分析原因：功率增加，流量必然增加。从调节级后各处压力基本上正比于流量增加来看，调节级以后各级的工作是正常的，那么功率变大就可能是调节级或调节级之前通流面积增大所致。各个调节汽门开度下功率（蒸汽流量）都变大，估计不应是调节汽门的问题，因为不可能几个调节汽门都同时发生问题。较大可能是调节级通流面积变大。这就有三种可能：①调节级喷嘴腐蚀；②调节级叶片损坏；③调节级喷嘴弧段漏汽。若是后两种情况，则高压缸效率要大大降低。但并未大大降低，故多半是调节级喷嘴腐蚀。

开缸检查，结果是第一、二、三喷嘴组的喷嘴出口边腐蚀严重，调节级动叶腐蚀较轻。

五、级的比焓降和反动度的变化规律

了解级组的p_0-G关系后，就可分析级的比焓降变化规律。固定转速汽轮机的反动度变化是比焓降变化引起的，故归并在一起介绍。

1.级的比焓降变化规律[6]

设计工况下和变工况下级的理想比焓降可表示为

$$\Delta h_t = \frac{\kappa}{\kappa - 1} R T_0 \left[1 - \left(\frac{p_2}{p_0} \right)^{(\kappa-1)/\kappa} \right] \tag{3.2.16}$$

$$\Delta h_{t1} = \frac{\kappa}{\kappa - 1} R T_{01} \left[1 - \left(\frac{p_{21}}{p_{01}} \right)^{(\kappa-1)/\kappa} \right] \tag{3.2.17}$$

1）凝汽式汽轮机处于初压、背压均与流量成正比区域的非调节级（参看图3.2.2），其每级级前压力之比$\frac{p_{01}}{p_0}=\frac{G_1}{G}$，每级级后压力就是下一级级前压力，则$\frac{p_{21}}{p_2}=\frac{G_1}{G}$，得$\frac{p_{21}}{p_2}=\frac{p_{01}}{p_0}$，即$\frac{p_{21}}{p_{01}}=\frac{p_2}{p_0}$。以此代入式（3.2.17）后，再与式（3.2.16）相比得

$$\frac{\Delta h_{t1}}{\Delta h_t} = \frac{T_{01}}{T_0} \tag{3.2.18}$$

若$T_{01} \approx T_0$，则$\Delta h_{t1} \approx \Delta h_t$。即凝汽式汽轮机初压、背压均与流量成正比的非调节级，流量变化时级的理想比焓降基本不变。

对于凝汽式汽轮机的最末一级，在$G \geqslant (G_c)_{min}$处，虽p_0正比于G，但背压p_c不与G成正比，若p_c不变，则流量增大，Δh_t增大；反之，流量减小，Δh_t减小。当$G < (G_c)_{min}$时，末级p_0与G的关系为双曲线关系，G下降时Δh_t减得稍慢（可由图3.2.3分析）。

凝汽式汽轮机的初压、背压均与流量成双曲线关系的最后几级，其理想比焓降变化规律与背压式汽轮机相同。

2）背压式汽轮机的非调节级在忽略T_0变化影响时，由弗留格尔公式可得变工况下级前压力：

$$p_{01}^2 = p_{g1}^2 + (p_0^2 - p_g^2)\left(\frac{G_1}{G} \right)^2$$

级后压力就是下一级的级前压力，可用$\frac{G_1}{G}=\sqrt{\frac{p_{21}^2 - p_{g1}^2}{p_2^2 - p_g^2}}$求得

$$p_{21}^2 = p_{g1}^2 + (p_2^2 - p_g^2)\left(\frac{G_1}{G}\right)^2$$

则
$$p_{21}/p_{01} = \sqrt{\frac{p_{g1}^2 + (p_2^2 - p_g^2)(G_1/G)^2}{p_{g1}^2 + (p_0^2 - p_g^2)(G_1/G)^2}} = \sqrt{\frac{p_2^2 - p_g^2 + p_{g1}^2(G/G_1)^2}{p_0^2 - p_g^2 + p_{g1}^2(G/G_1)^2}} \tag{3.2.19}$$

将式（3.2.17）与式（3.2.16）相比得

$$\frac{\Delta h_{t1}}{\Delta h_t} = \frac{T_{01}}{T_0}\,\frac{1-(p_{21}/p_{01})^{(\kappa-1)/\kappa}}{1-(p_2/p_0)^{(\kappa-1)/\kappa}} = B\left[1-\left(\frac{p_{21}}{p_{01}}\right)^{(\kappa-1)/\kappa}\right]$$

式中，$B = T_{01}/T_0\left[1-\left(\frac{p_2}{p_0}\right)^{(\kappa-1)/\kappa}\right]$， 由于$p_2$、$p_0$是设计值，为定值，故若$T_{01} \approx T_0$，则$B$是一个常数。将式（3.2.19）代入上式得

$$\frac{\Delta h_{t1}}{\Delta h_t} = B\left\{1-\left[\sqrt{\frac{p_2^2 - p_g^2 + p_{g1}^2(G/G_1)^2}{p_0^2 - p_g^2 + p_{g1}^2(G/G_1)^2}}\right]^{(\kappa-1)/\kappa}\right\} \tag{3.2.20}$$

式(3.2.20)中B、p_0、p_2、p_g都是定值，p_{g1}或等于p_g或在某一不大范围内变动，故背压式汽轮机非调节级理想比焓降的变化主要决定于流量变化。图3.2.5中，以各级设计压力比$p_2/p_0 = 0.7$，五级级组$p_g/p_0 = (0.7)^5 = 0.168$[17]，$T_{01} = T_0$，$p_{g1} = p_g$，代入式(3.2.20)，计算后画出了背压式汽轮机非调节级$\frac{\Delta h_{t1}}{\Delta h_t} - \frac{G_1}{G}$曲线。由图和式（3.2.20）都可看出，流量变化越大，级的理想比焓降变化也越大；流量变化时，p_0和p_2都比p_g大得较多的级，Δh_t变化较小，p_0和p_2与p_g接近的级，Δh_t变化较大，末级Δh_t变化最大。

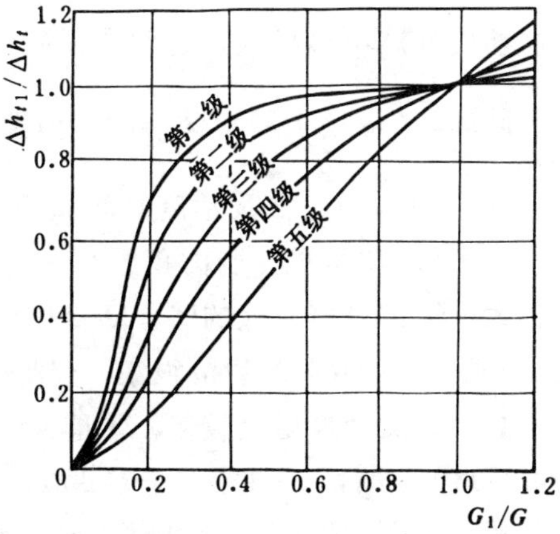

图 3.2.5 背压式汽轮机非调节级理想比焓降变化规律

上述结论对调整抽汽式汽轮机的调整抽汽口之前各级及末级为亚临界的凝汽式汽轮机最后几级也适用。

2.级的反动度变化规律[6]

由图1.6.2可见，在喷嘴与动叶出口面积比已制造好的情况下，级的反动度变化主要是速比变化引起的，也受级的压比ε_2变化的影响。固定转速汽轮机圆周速度不变，只有级的比焓降变化，才会引起速比变化，因此固定转速汽轮机的反动度变化主要是由级的比焓降变化引起的。

当Δh_t减小即速比x_a增大时，$c_{11} < c_1$，如图3.2.6(a)中虚线所示，由于u不变，故$\beta_{11} > \beta_1$，w_1减为w_{11}，动叶进口实际有效相对速度为$w_{11}\cos(\beta_{11} - \beta_1)$。由图明显地可以看出，$\frac{w_{11}\cos(\beta_{11} - \beta_1)}{w_1} < \frac{c_{11}}{c_1}$。$w_{21} = \sqrt{2\Delta h_{b1} + [w_{11}\cos(\beta_{11} - \beta_1)]^2}$，是由动叶进口有效相对速度$w_{11}\cos(\beta_{11} - \beta_1)$与动叶比焓降$\Delta h_{b1}$共同产生的，若反动度不变，则上述不等式关系将使$w_{21}/w_2 < c_{11}/c_1$。但喷嘴出口面积$A_n$与动叶出口面积$A_b$都未变，故喷嘴叶

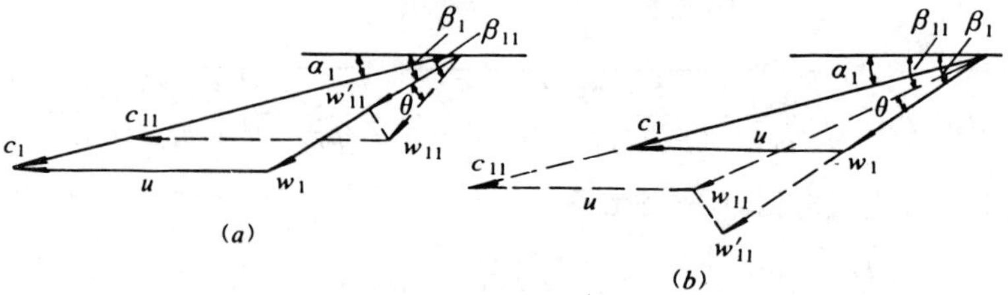

图 3.2.6 Δh_t 变化对动叶栅进口速度三角形的影响

（a）级的理想比焓降Δh_t 减小时；（b）级的理想比焓降Δh_t 增大时

栅中以c_{11}流出的汽流，来不及以w_{21}的速度流出动叶栅，这就在动叶汽道内形成阻塞，造成动叶汽道与叶栅轴向间隙中压力升高，也就是使反动度增大。

反动度增大将使c_{11}减小，使w_{21}增大，从而减轻动叶栅汽道的阻塞。反动度增大还将使v_{11}比Ω_m不变时为小，抵消了c_{11}减小的部分作用。但当c_{11}小于临界速度时，v_{11}的变化率小于c_{11}的变化率（见图1.2.3），仍使c_{11}/v_{11}减小；若c_{11}大于临界速度不多，则v_{11}的变化率虽略大于c_{11}的变化率，但两者仍差不多。然而反动度变化对v_{21}基本上没有影响，故w_{21}增大的影响未被抵消，仍可减轻$w_{21}/w_2 < c_{11}/c_1$所引起的矛盾。当反动度增大到一定程度，使得

$$A_n c_{11}/v_{11} = A_b w_{21}/v_{21} = G \tag{3.2.21}$$

则反动度自然不再增大，达到了平衡。

同理，Δh_t 增大即x_a减小时，由图3.2.6（b）可见，$\dfrac{w_{11}\cos(\beta_{11}-\beta_1)}{w_1} > \dfrac{c_{11}}{c_1}$，因而$w_{21}/w_2 > c_{11}/c_1$，故反动度必然降低。

由图1.6.2可见，当面积比f一定、Δh_t变化使x_a变化时，Ω设计值较小的级，Ω变化较大；Ω设计值较大的级，Ω变化较小，其原因在于级的设计反动度很小时，w_2主要决定于w_1，Δh_b对w_2的影响很小，当Δh_t变小时，汽流进入动叶的实际有效相对速度减小，这就必须靠反动度增大较多，才能使w_{21}增大到满足式（3.2.21）的程度。当级的设计反动度接近0.5时，w_2主要决定于Δh_b，受w_1的影响比较小，$w_{11}\cos(\beta_{11}-\beta_1)/w_1$与$c_{11}/c_1$虽仍相差较大，但$w_{21}/w_2$与$c_{11}/c_1$比较接近，故反动度变化微小就能满足式（3.2.21）。

反动度的变化规律是：级的比焓降增大，即速比x_a减小时，反动度减小；级的比焓降减小，即速比x_a增大时，反动度增大。设计反动度较小的级，比焓降变化时反动度变化较大；反之，变化较小；反动级的反动度基本不变。反动度变化的数量可由图1.6.2查得，或用式（1.6.9）试算求得。

对于凝汽式汽轮机末级，在蒸汽流量G不变且动叶出口流速已超过临界速度的条件下，若排汽压力p_c下降，则Δh_b增大而Δh_n^0不变，这是因为末级动叶前压力p_1与动叶临界流量成正比，流量不变则p_1不变，末级喷嘴前滞止压力p_0^0与级的临界流量成正比，流量不变则p_0^0不变，故Δh_b增大而Δh_n^0不变。即级的比焓降增大时反动度增大。若p_c上升，同理，级的比焓降减小而反动度减小。对于调节级，当动叶流速超过临界速度时，也会如此。

六、撞击损失

设计工况下，汽流进入动叶栅的相对运动方向角β_1与动叶几何进口角β_{1g}一致，汽流能平滑地进入动叶。级的比焓降改变时，由图3.2.6可见，Δh_t减小，$\beta_{11}>\beta_1$；Δh_t 增大，$\beta_{11}<\beta_1$，都会使汽流进入动叶的相对运动方向改变，从而使动叶附面层厚度改变，叶型损失增加，这一附加损失称为撞击损失。早期透平原理中认为这一损失由撞击产生，因而得名。实际上这一损失是由附面层的变化引起的[18]。β_1的变化量以冲角（或称撞击角）θ表示，则

$$\theta = \beta_1 - \beta_{11} \tag{3.2.22}$$

$\beta_1>\beta_{11}$时θ为正，称正冲角；$\beta_1<\beta_{11}$时θ为负，称负冲角。

撞击损失δh_{β_1}按叶栅试验数据计算。缺乏试验资料时按近似公式计算：

$$\delta h_{\beta_1} = \frac{1}{2}(w_{11}\sin\theta)^2 \tag{3.2.23}$$

上式表示与动叶进口有效相对速度方向相垂直的分量$w_{11}\sin\theta$全部损失掉。

目前常用的新叶型，其动叶进口边做成圆弧形，且背弧的入口部分呈曲线形，从而减弱了叶片对汽流相对进汽角的敏感性，扩大了最佳进汽角的范围，减少了撞击损失。因此，当β_1角变化不大时，可以不考虑此项损失。

七、各级p_0、Δh_t、Ω_m、x_a、η_i、P_i的变化规律

现在把前面介绍的内容，联系起来作一小结。

1.凝汽式汽轮机非调节级

1）末级是临界工况时，若忽略T_0变化的影响，则流量G由设计值减小时，各级p_0正比于G减小，除末级外各级Δh_t均不变，Ω_m与x_a也都不变。处于过热蒸汽区的各级，级内损失都不变，级的内效率η_i也不变，各级内功率P_i正比于G减小。处于湿蒸汽区的级，干度变化使湿汽损失变化，引起η_i变化，除末级外各级的内功率P_i正比于$G\eta_i$而减小。对于末级，设排汽压力p_c不变，当G减少时Δh_t减小；由于较大功率的凝汽式汽轮机末级Ω_m都很大，是反动级，故Ω_m基本不变；Δh_t减小使x_a增大，η_i降低；P_i正比于$G\Delta h_t\eta_i$下降。

G增大时各级各参数的变化规律，请同学们自行归纳。

2）末级为亚临界工况时，只有最后两、三级的变化规律与背压式汽轮机非调节级相同，其余各级均与上面所述临界工况相同。

2.背压式汽轮机非调节级

末级一般为亚临界工况，忽略T_0变化，当G由设计值增大时，各级p_0按双曲线上升。设末级排汽压力不变，各级Δh_t都增大，但越是前面的级增加得越少，越是后面的级增加得越多。各级的Ω_m、x_a、η_i都减小，越是前面的级Ω_m和x_a减得越少，越是后面的级Ω_m和x_a减得越多。各级的P_i与$G\Delta h_t\eta_i$成正比增大。

G减小时各级参数的变化规律，请同学们自行归纳。

3.调节级

只讨论全开调节汽门后的喷嘴与动叶组成的这部分调节级。当G由设计值减小(增大)

时，背压p_2下降（升高），p_0不变，Δh_t增大（减小）。动叶为亚临界工况时，Ω_m与x_a减小（增大），η_i下降，p_i正比于$G\Delta h_t\eta_i$；动叶为临界工况时，仅Ω_m与Δh_t同方向增减，其它参数的变化同动叶为亚临界工况。

第三节　配汽方式及其对定压运行机组变工况的影响

汽轮机的配汽方式有节流配汽、喷嘴配汽与旁通配汽等多种，其中最常用的是节流配汽与喷嘴配汽两种。旁通配汽主要用在船、舰汽轮机上，故这里不作介绍。下面先介绍配汽方式，然后介绍配汽方式对定压运行机组变工况的影响。

一、节流配汽

进入汽轮机的所有蒸汽都通过一个调节汽门（在大容量机组上，为避免这个汽门尺寸太大，可通过几个同时启闭的汽门），然后流进汽轮机，如图3.3.1（a）所示。最大负荷时，调节汽门全开，蒸汽流量最大，全机扣除进汽机构节流损失后的理想比焓降$(\Delta h_t^{mac})'$（见图3.3.1，b）最大，故功率最大。部分负荷时，调节汽门关小，因蒸汽流量减小，且蒸汽受到节流，全机扣除进汽机构节流损失后的理想比焓降减为$(\Delta h_t^{mac})''$，故功率减小。图3.3.1（b）中p_0'表示调节汽门全开时第一级级前压力，p_0''表示调节汽门部分开启时第一级级前压力。

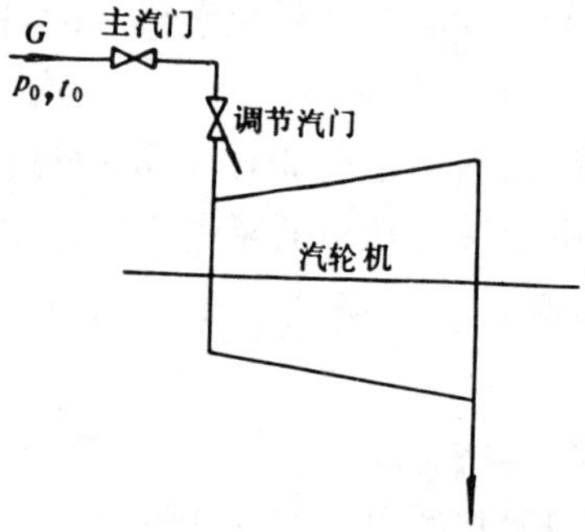

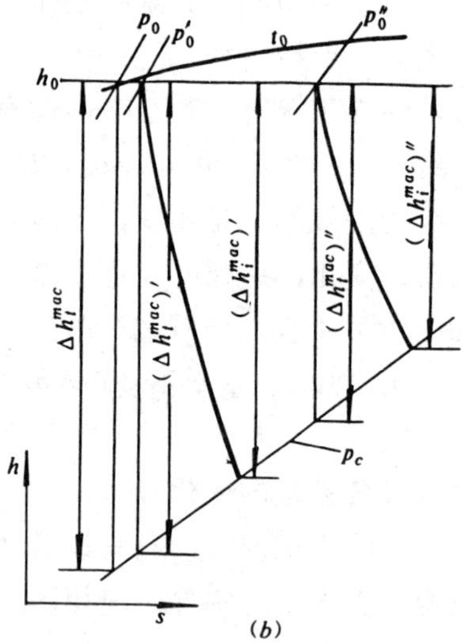

图 3.3.1　节流配汽汽轮机的示意图和汽态线

（a）示意图；（b）汽态线

节流配汽汽轮机定压运行时的主要缺点是，低负荷时调节汽门中节流损失较大，使扣除进汽机构节流损失后的理想比焓降减小得较多。通常用节流效率η_{th}表示节流损失对汽轮机经济性的影响：

$$\eta_{th}=\frac{(\Delta h_t^{mac})''}{\Delta h_t^{mac}} \qquad (3.3.1)$$

根据第二章全机相对内效率η_i的定义，可得

$$\eta_i=\frac{(\Delta h_i^{mac})''}{\Delta h_t^{mac}}=\frac{(\Delta h_i^{mac})''}{(\Delta h_t^{mac})''}\ \frac{(\Delta h_t^{mac})''}{\Delta h_t^{mac}}=\eta_i'\,\eta_{th} \tag{3.3.2}$$

式中，$\eta_i'=\frac{(\Delta h_i^{mac})''}{(\Delta h_t^{mac})''}$，指未包括进汽机构的通流部分相对内效率，对再热机组Δh_t^{mac}、$(\Delta h_t^{mac})''$、$(\Delta h_i^{mac})''$均为高中低压缸比焓降之和。

节流效率是蒸汽初终参数和流量的函数。图3.3.2是初压$p_0=12.75$MPa，初温$t_0=565$℃时，节流效率η_{th}与背压p_g、流量比G_1/G的关系曲线。只要求出G_1/G下的p_0''，若是再热机组尚需知道再热压力p_{r1}、再热压损Δp_{r1}与再热温度t_r，就可查水蒸汽图表求出η_{th}。由图可见，在同一背压下，蒸汽流量比设计值小得越多，调节汽门中的节流越大，节流效率越低。在同一流量下，背压越高，节流效率越低。因此，全机理想比焓降较小的背压式汽轮机，不宜采用节流配汽。背压很低的凝汽式汽轮机，即使流量下降较多，节流效率仍降得很少。

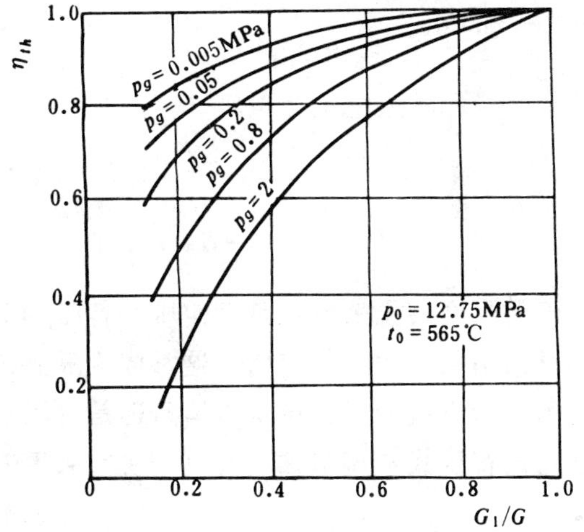

图 3.3.2　节流效率变化曲线

与喷嘴配汽相比，节流配汽的优点是：没有调节级，结构比较简单，制造成本较低；定压运行流量变化时，各级温度变化较小，对负荷变化适应性较好。

现代大型节流配汽汽轮机若是滑压运行，则既可用于承担基本负荷，也可用于调峰；若定压运行，则只宜承担基本负荷。

二、喷嘴配汽

喷嘴配汽如图3.3.3所示，汽轮机第一级是调节级，调节级分为几个喷嘴组，蒸汽经过全开自动主汽门1后，再经过依次开启的几个调节汽门2，通向调节级。通常一个调节汽门控制一个喷嘴组，喷嘴组一般有3～6组。当负荷很小时，只有一个调节汽门开启，也就是只有第一喷嘴组进汽，部分进汽度最小；负荷增大而第一调节汽门接近全开时，打开第二调节汽门，第二喷嘴组才进汽，部分进汽度增大；依次类推。因此，部分负荷时，只有那个部分开启的调节汽门中的蒸汽节流较大，而其余全开汽门中的蒸汽节流已减到最小，故定压运行时的喷嘴配汽与节流配汽相比，节流损失较少，效率较高。这是喷嘴配汽的主要优点。

由于各喷嘴组间有间壁（或距离）3，如图3.3.3(*b*)所示，因此，即使各调节汽门均已全开，调节级仍是部分进汽，也就是说在最大功率下调节级仍有部分进汽损失，而且调节级的直径比第一非调节级大，调节级的余速不能被利用。而对于节流配汽，除容量很小者外，第一级就做成全周进汽，没有部分进汽损失，而且第一级的余速可被第二级利用。因此，在额定功率下，喷嘴配汽汽轮机的效率比节流配汽稍低。

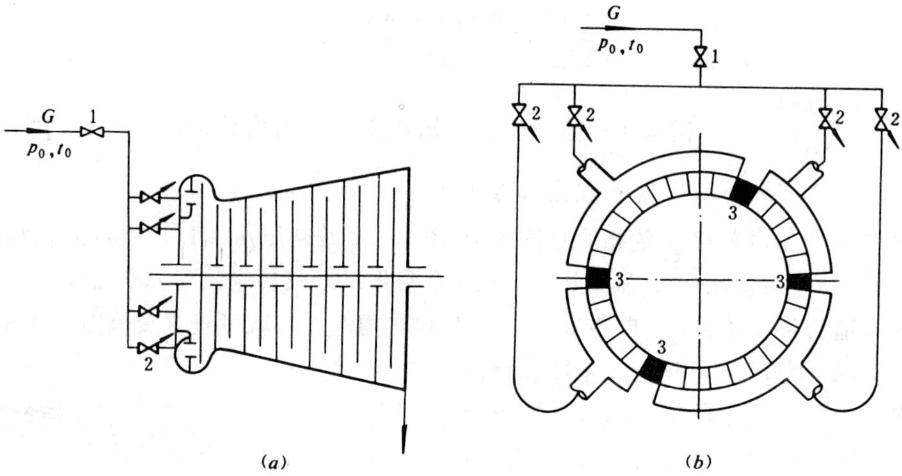

图 3.3.3　喷嘴配汽汽轮机示意图

（a）全机示意图；（b）调节级示意图

1—自动主汽门；2—调节汽门；3—喷嘴组间壁

喷嘴配汽的主要缺点是，定压运行时调节级汽室及各高压级在变工况下温度变化都较大，从而引起较大的热应力，这常成为限制这种汽轮机迅速改变负荷的主要因素。

喷嘴配汽汽轮机不论定压运行还是滑压运行，既可承担基本负荷，又可用于调峰。定压运行的背压式和调节抽汽式汽轮机宜采用喷嘴配汽方式，以减少节流损失。

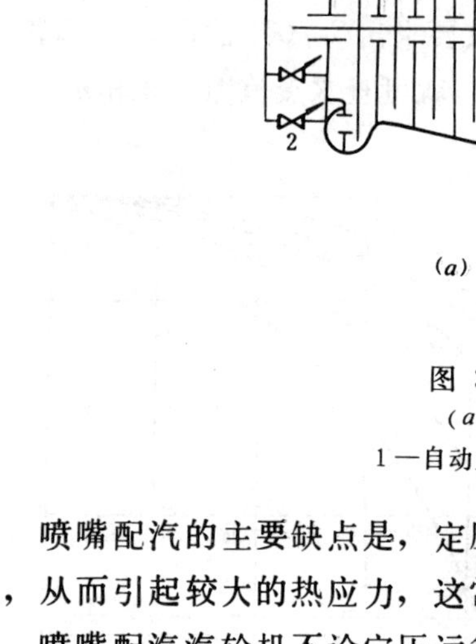

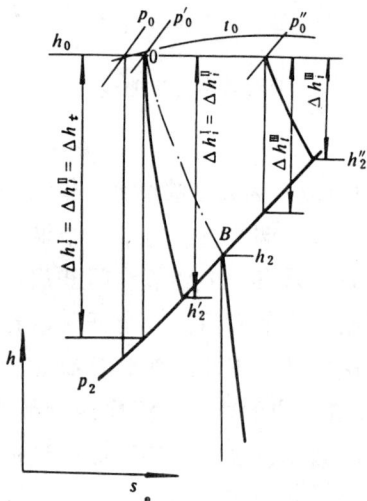

图 3.3.4　调节级的热力过程线

设调节级为四个喷嘴组，图3.3.4所示是第Ⅰ、Ⅱ调节汽门全开，第Ⅲ调节汽门部分开启，第Ⅳ调节汽门关闭时的调节级热力过程线。初压为p_0的新蒸汽流经自动主汽门和两个全开调节汽门后，压力降到p'_0，调节级后压力为p_2，第Ⅰ、Ⅱ两喷嘴组和动叶的理想比焓降相等，即$\Delta h_t^{\mathrm{I}} = \Delta h_t^{\mathrm{II}} = \Delta h_t$，有效比焓降也相等，即$\Delta h_i^{\mathrm{I}} = \Delta h_i^{\mathrm{II}}$，动叶后比焓为$h'_2$；流经部分开启的第Ⅲ调节汽门的蒸汽，其节流较大，第Ⅲ喷嘴组前压力降为p_0''，理想比焓降较小，为$\Delta h_t^{\mathrm{III}}$，有效比焓降为$\Delta h_i^{\mathrm{III}}$，动叶后比焓较高，为$h''_2$。由于调节级后的环形空间是相通的，级后压力$p_2$相同，故两股初压不同的汽流在调节级中同样膨胀到$p_2$，在调节级汽室中混合后，流入第一非调节级。为使这两股汽流混合均匀，调节级汽室容积较大，且调节级直径大于非调节级第一级直径。不利用余速，以免汽流在未混合之前进入第一非调节级，使得进汽不均匀而效率下降。

两股汽流混合后的比焓h_2可用下面式子求得

$$(G_{\mathrm{I}} + G_{\mathrm{II}})h'_2 + G_{\mathrm{III}}h''_2 = (G_{\mathrm{I}} + G_{\mathrm{II}} + G_{\mathrm{III}})h_2 = Gh_2$$

$$h_2=\frac{(G_{\mathrm{I}}+G_{\mathrm{II}})h_2'+G_{\mathrm{III}}h_2''}{G}=\frac{(G_{\mathrm{I}}+G_{\mathrm{II}})(h_0-\Delta h_i^{\mathrm{I}})+G_{\mathrm{III}}(h_0-\Delta h_i^{\mathrm{III}})}{G}$$

$$=h_0-\left(\frac{G_{\mathrm{I}}+G_{\mathrm{II}}}{G}\Delta h_i^{\mathrm{I}}+\frac{G_{\mathrm{III}}}{G}\Delta h_i^{\mathrm{III}}\right) \tag{3.3.3}$$

那么，调节级的相对内效率η_i为

$$\eta_i=\frac{h_0-h_2}{\Delta h_t}=\frac{G_{\mathrm{I}}+G_{\mathrm{II}}}{G}\frac{\Delta h_i^{\mathrm{I}}}{\Delta h_t}+\frac{G_{\mathrm{III}}}{G}\frac{\Delta h_i^{\mathrm{III}}}{\Delta h_t}=\frac{G_{\mathrm{I}}+G_{\mathrm{II}}}{G}\eta_i^{\mathrm{I}}+\frac{G_{\mathrm{III}}}{G}\eta_i^{\mathrm{III}} \tag{3.3.4}$$

上三式中 $G_{\mathrm{I}},G_{\mathrm{II}},G_{\mathrm{III}}$——第Ⅰ、Ⅱ、Ⅲ喷嘴组中的流量；

$\eta_i^{\mathrm{I}},\eta_i^{\mathrm{III}}$——全开与部分开启调节汽门后喷嘴组和动叶的相对内效率。

为了简化，图中常用点划线$0B$表示调节级热力过程。

三、调节级压力与流量的关系

在喷嘴配汽的汽轮机中，调节级是特殊级，它的变工况与中间级和末级的都不同，需要专门介绍。

1.简化的调节级压力与流量的关系

以凝汽式汽轮机中具有四组渐缩喷嘴的单列动叶调节级为例。为了突出调节级主要的变工况特点，可作以下简化假定：

1）忽略调节级后温度变化的影响，调节级后压力p_2正比于全机流量；

2）各种工况下级的反动度都保持为零，$p_{11}=p_{21}$；

3）四个调节汽门依次开启，没有重叠度；

4）凡全开调节汽门后的喷嘴组前压力均为p_0'不变。

图3.3.5(a)是上述假定下调节级四个喷嘴组的p-G_1曲线。设计工况下，前三个调节汽门全开，第Ⅳ调节汽门关闭，流量为G。最大流量下，四个调节汽门全开，流量为$1.2G$。图3.3.5(b)是各喷嘴组蒸汽流量与总流量的关系曲线，由于纵横坐标都是流量G_1，故$0Q$线必然是45°斜线。

调节级汽室压力p_{21}的变化线，以图3.3.5(a)中的辐射线$0S$表示，凝汽式汽轮机以全部非调节级为一级组，忽略调节级后温度变化，有$G_1/G=p_{21}/p_2$，故p_{21}与流量G_1成正比。已设调节级的反动度始终为零，则$p_{11}=p_{21}$，故直线$0S$也代表p_{11}。

第Ⅰ调节汽门开始开启到全开之后，第Ⅰ喷嘴组前压力p_0^{I}的变化由折线017表示。在第Ⅰ调节汽门开始开启到全开的过程中，调节级只有第Ⅰ喷嘴组通汽，通汽面积不变，故可把调节级和所有非调节级看成一个级组，因此第Ⅰ喷嘴组前压力p_0^{I}与G_1成正比，如辐射线01所示。点1表示第Ⅰ调节汽门全开，p_0^{I}达p_0'最大值。直线137表示第Ⅱ、Ⅲ、Ⅳ调节汽门依次开启时，第Ⅰ喷嘴组前压力$p_0^{\mathrm{I}}=p_0'$不变。虚线$0ag$是折线017的临界压力p_c^{I}变化线，$p_c^{\mathrm{I}}=\varepsilon_c p_0^{\mathrm{I}}$。以$02H$段表示的$p_{21}$，也是$p_{11}$，小于虚线$0aH$表示的$p_c^{\mathrm{I}}$，故第Ⅰ喷嘴组流过的是临界流量，如图（$b$）中的折线$0IJ$所示，其中$0I$段表示第Ⅰ调节汽门逐渐开大时，临界流量正比于$p_0^{\mathrm{I}}$增大；$IJ$段表示$p_0^{\mathrm{I}}=p_0'$不变时，临界流量也不变。图（$a$）中$HS$段表示的$p_{21}$（即$p_{11}$）大于虚线$Hg$表示的临界压力，表明第Ⅰ喷嘴组处于亚临界工况，$p_0^{\mathrm{I}}$又不变，故第Ⅰ喷嘴组的流量随背压$p_{21}$升高而按椭圆曲线下降，如图($b$)中$JK$段

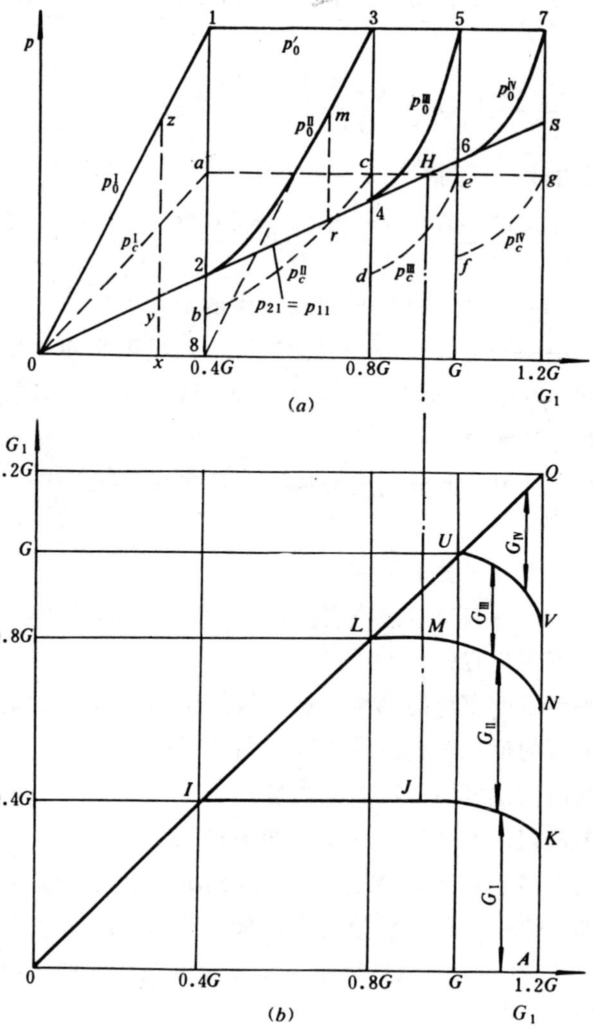

图 3.3.5　简化的调节级的压力与流量关系

（a）各喷嘴组压力与流量的关系；（b）各喷嘴组流量与总流量的关系

所示。

第Ⅱ调节汽门开启过程中和全开后，第Ⅱ喷嘴组前压力$p_0^{\text{Ⅱ}}$的变化以曲线$2m37$表示，$p_0^{\text{Ⅱ}}$的临界压力$p_c^{\text{Ⅱ}}$以虚线bcg表示。第Ⅱ调节汽门开启之前，第Ⅱ喷嘴组前汽室，经喷嘴、动叶与级后汽室相通，故第Ⅱ组喷嘴前的压力也是p_{21}。以$2r$段表示的调节级后压力p_{21}（即p_{11}）大于虚线br表示的$p_c^{\text{Ⅱ}}$，故第Ⅱ喷嘴组及其动叶所组成的级为亚临界工况，级的$p_0^{\text{Ⅱ}}$-G_1关系由式（3.2.9a）计算，现p_{21}稍有增大，故曲线$2m$是近似双曲线。以$r4$段表示的p_{21}（即p_{11}）小于以虚线rc表示的$p_c^{\text{Ⅱ}}$，所以这一段内第Ⅱ喷嘴组是临界工况，以$m3$表示的$p_0^{\text{Ⅱ}}$与第Ⅱ喷嘴组的蒸汽流量成正比，故$m3$是过点8的辐射线上的一段。直线37表示第Ⅱ调节汽门已全开，在第Ⅲ、Ⅳ调节汽门开启时，$p_0^{\text{Ⅱ}} = p_0'$不变。图（b）中的斜线IL表示第Ⅱ调节汽门不断开大，第Ⅱ喷嘴组中流量不断增加。直线LM表示第Ⅱ调节汽门全开后，$p_0^{\text{Ⅱ}} = p_0'$不变，第Ⅱ喷嘴组中临界流量也保持不变。两椭圆曲线MN与JK的差值表示第Ⅱ喷嘴组的背压HS段高于临界压力，且$p_0^{II}=p_0'$不变，流量随背压升高而按椭圆曲线规律减小。

第Ⅲ调节汽门开启时和全开后，第Ⅲ喷嘴组前压力p_0^{III}的变化如曲线457所示，虚线deg表示曲线457的临界压力p_c^{III}，以$46S$段表示的p_{21}（即p_{11}）始终大于p_c^{III}，故第Ⅲ喷嘴组中流量始终小于临界流量。图（b）中斜线LU表示第Ⅲ汽门开大，流量增大。两椭圆曲线UV与MN之差表示第Ⅲ调节汽门全开后p_0^{III}不变，p_{11}升高，第Ⅲ喷嘴组中流量按椭圆曲线规律下降。

第Ⅳ喷嘴组前压力p_0^{IV}以曲线67表示，p_c^{IV}以虚线fg表示，图（b）中的斜线UQ表示第Ⅳ调节汽门开大，流量增大。

若四个喷嘴组的喷嘴型线和尺寸都相同，则当四个调节汽门都全开，各喷嘴组前后压力都相同时，各喷嘴组的流量必正比于喷嘴出口面积，故图（b）中的线段AK、KN、NV、VQ之比也就是各喷嘴组出口面积之比。VQ的长度之所以比图（a）横轴末的（$1.2G-G$）大许多，是因第Ⅳ喷嘴组所增大的流量，必须弥补第Ⅰ、Ⅱ、Ⅲ喷嘴组在亚临界工况下由于背压升高而减少的流量。

现分析调节级理想比焓降的变化规律。当第Ⅳ调节汽门逐渐关小时，随着流量减小，p_{21}沿线段$S6$下降，$p_0^{I}=p_0^{II}=p_0^{III}=p_0'$不变,故第Ⅰ、Ⅱ、Ⅲ喷嘴组与动叶的理想比焓降$\Delta h_t^{I}=\Delta h_t^{II}=\Delta h_t^{III}$都增大，只有第Ⅳ喷嘴组与动叶的$\Delta h_t^{IV}$减小，一直减到0。同理，第Ⅲ调节汽门关小时，$\Delta h_t^{I}=\Delta h_t^{II}$增大，而$\Delta h_t^{III}$减小，直至减到0。显然，Ⅱ、Ⅲ、Ⅳ调节汽门都关闭而第Ⅰ调节汽门全开时，p_0^{I}与p_{21}之差最大，Δh_t^{I}达最大值。当第Ⅰ调节汽门关小时，p_0^{I}与p_{21}都下降，但由图3.3.5(a)可见，$\frac{p_{21}}{p_0^{I}}=\frac{\overline{28}}{\overline{18}}=\frac{\overline{yx}}{\overline{zx}}=$常数，且第Ⅰ调节汽门中是节流过程，第Ⅰ组喷嘴前$t_0^{I}$基本不变，因此第Ⅰ调节汽门关小时,$\Delta h_t^{I}$也基本不变。

当只有第Ⅰ调节汽门全开而其他调节汽门关闭时，非但Δh_t^{I}最大，而且流过第Ⅰ喷嘴组的流量是$p_0^{I}=p_0'$时的临界流量，是第Ⅰ喷嘴组的最大流量，这股流量集中在第Ⅰ喷嘴组后的少数动叶上，使每片动叶分摊的蒸汽流量最大。动叶的蒸汽作用力正比于流量和比焓降之积，因此当第Ⅰ调节汽门全开而其他调节汽门都关闭时，调节级动叶受力最大，是危险工况，调节级动叶强度应以这一工况核算。

2.调节级的实际压力与流量的关系

1）实际上调节级后温度t_2随流量变化而变化，如图3.3.6(a)所示，图中D表示蒸汽流量。图中三个转折点是调节汽门依次全开时节流损失比较小的工况点，称之为阀点。由于节流损失小，在这些工况点的作功较多，故调节后的h_2和t_2均处于较低点。

若以凝汽式汽轮机的全部非调节级为一级组，则$\frac{G_1}{G}=\frac{p_{21}}{p_2}\sqrt{\frac{T_2}{T_{21}}}$。当$G_1<G$时，$T_{21}<T_2$，$\sqrt{\frac{T_2}{T_{21}}}>1$，使$p_{21}$比$\frac{G_1}{G}=\frac{p_{21}}{p_2}$时的$p_{21}$小，如图3.3.6($b$)中的曲线$cb$所示。当$G_1>G$时，$T_{21}>T_2$，$\sqrt{\frac{T_2}{T_{21}}}<1$，使$p_{21}$比$\frac{G_1}{G}=\frac{p_{21}}{p_2}$时的$p_{21}$大，如曲线$cd$所示。若$G_1$

$=0.4G$ 时刚好第Ⅱ调节汽门全关，第Ⅰ调节汽门全开，则$G_1<0.4G$时，Δh_t^{I}与t_0^{I}基本不变，因而由h-s图可知T_2也基本不变，那么p_{21}正比于G_1，故ba段是过原点的辐射线中的一段。$G_1<0.3G$时，属小流量区域，无实际意义。

2）实际上调节级有反动度，$\Omega_m>0$，因此$p_1>p_2$。根据级的反动度变化规律，当$G_1<G$时，调节级（不包括部分开启汽门后的喷嘴与动叶）的$\Delta h_{t1}>\Delta h_t$，而动叶一般为亚临界工况，则$\Omega_{m1}<\Omega_m$，故（$p_{11}-p_{21}$）减小，p_{11}如图3.3.6(b)中的曲线fb所示。当$G_1>G$时，$\Delta h_{t1}<\Delta h_t$，$\Omega_{m1}>\Omega_m$，（$p_{11}-p_{21}$）增大，p_{11}如曲线fk所示。若当$G_1=0.4G$时，$\Omega_{m1}=0$，则$p_{11}=p_{21}$，如点b所示。当$G_1<0.4G$时，Δh_{t1}不变，则$\Omega_{m1}=0$也不变，$p_{11}=p_{21}$不变，如图中辐射线ba所示。

3）调节汽门均有重叠度，故实际调节级喷嘴压力与流量关系如图3.3.7所示。以第Ⅰ、Ⅱ两组喷嘴为例，由于第Ⅰ调节汽门开足之前，第Ⅱ调节汽门已开始开启，所以第Ⅰ喷嘴组流量G^{I}比总流量略小，表现为图3.3.7(b)中G^{I}曲线水平段右端向下弯曲。这时第Ⅰ喷嘴组为临界工况，第Ⅰ喷嘴组前压力p_0^{I}与流量成正比，现在流量小了一些，故p_0^{I}也小

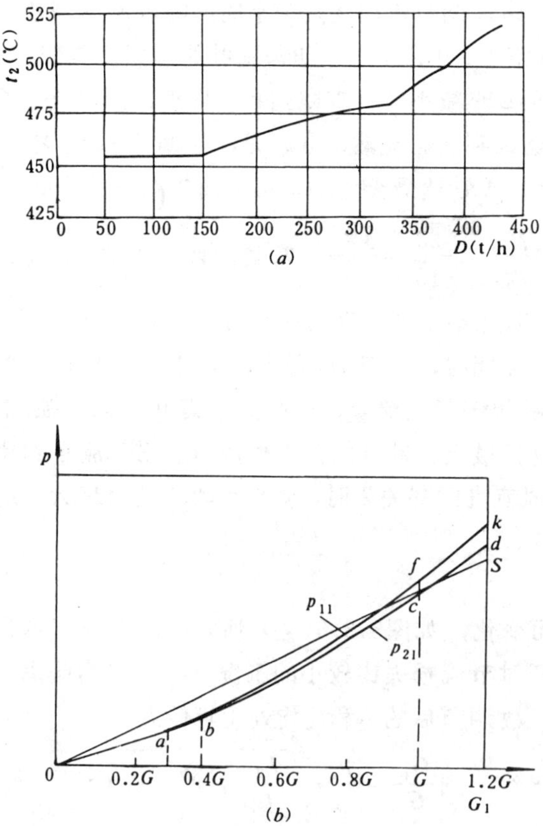

图 3.3.6 凝汽式汽轮机调节级后参数变化曲线

（a）调节级后温度t_2变化例子（国产125MW汽轮机）；

（b）调节级的p_1、p_2变化曲线

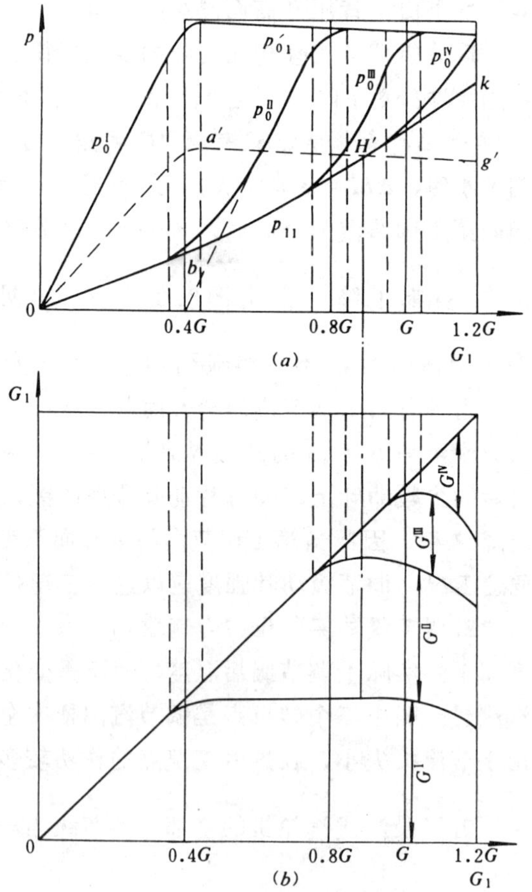

图 3.3.7 调节级喷嘴的实际压力与流量关系

（a）各喷嘴组的p-G_1关系曲线；

（b）各喷嘴组流量与总流量的关系曲线

了一些，使p_0^{I}线在这一段中变为弯曲形状，如图3.3.7(a)所示。

4）实际上流量不断增大时，自动主汽门、调节汽门和导管等处的节流损失增大，从而使全开调节汽门后的压力p_{01}'略低于p_0'，成为一根向右下倾斜的曲线，如图3.3.7(a)所示。p_{01}'的临界压力线$a'g'$也要随之向右下倾斜，加上p_{11}压力线bk也高于辐射线$0S$所代表的p_{21}线，故点H左移至点H'（对照图3.3.5来看）。

四、配汽方式对定压运行机组变工况的影响

在定压运行时，配汽方式对全机变工况的影响较大。上述调节级压力与流量的关系，就是喷嘴配汽方式对第一级变工况的影响。至于节流配汽方式，第一级就是非调节级，并未分为几个喷嘴组，所以不存在上述情况。

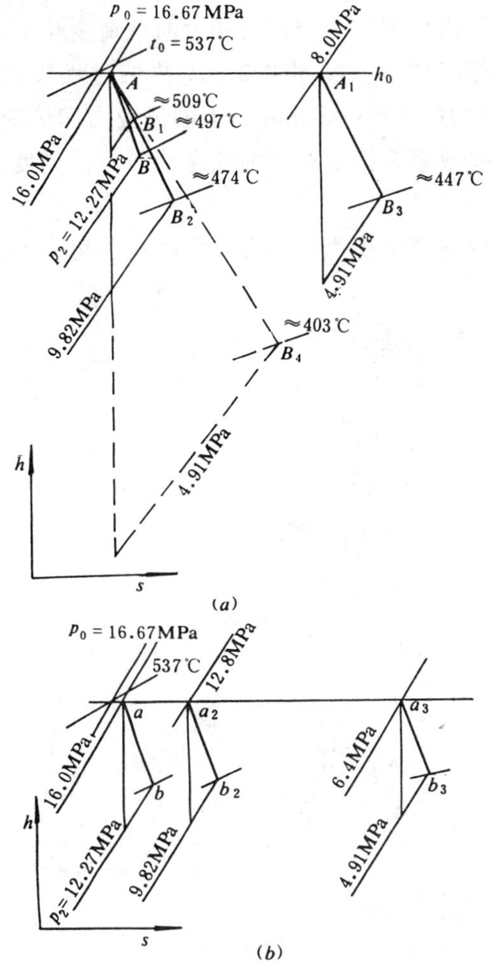

图 3.3.8　两种配汽方式下调节级或第一级的热力过程线

(a) 喷嘴配汽热力过程线；

(b) 节流配汽热力过程线

AB—设计工况；AB_1—最大功率工况；AB_2—80％设计功率工况；A_1B_3—节流-喷嘴混合配汽的40％设计功率工况；AB_4—纯喷嘴配汽的40％设计功率工况；ab—设计工况；a_2b_2—80％设计功率工况；a_3b_3—40％设计功率工况

定压运行负荷变化时，配汽方式对全机热力过程和各级温度变化的影响，也是不相同的。

图3.3.8(a)所示是东方汽轮机厂生产的300MW中间再热汽轮机调节级在各种负荷下热力过程线的变化情况。该机调节级共有四个喷嘴组。设计工况下，前三个喷嘴组的调节汽门全开，热力过程如曲线AB所示，$p_2=12.27$MPa，能发出300 MW电功率。最大功率时，四个喷嘴组的调节汽门都全开，热力过程如曲线AB_1所示，功率超过300MW。80％设计功率下，前两个喷嘴组的调节汽门全开，热力过程如曲线AB_2所示，$p_{21}\approx 9.82$MPa。该机第Ⅰ、Ⅱ两个调节汽门是同时启闭的，故在40％设计功率下，第Ⅰ、Ⅱ两个喷嘴组前的调节汽门都部分开启，全部蒸汽受到节流，喷嘴组前压力降为点A_1的8.0MPa左右，然后在喷嘴和动叶中膨胀到点B_3，$p_{21}\approx 4.91$MPa。由此可见，在不同负荷下，调节级的比焓降是变化的。而且，从图中还可看出，调节级的排汽温度也是变化的。

负荷变化时，调节级排汽温度的变化还将使非调节级各级温度都变化，因而引起零部件的热应力和热变形。如果调节级排汽温度变化较大，则引起的热应力和热变形也将较大，影响机组运行的安全性和负荷调度的灵活性。

若这台汽轮机第Ⅰ、Ⅱ两喷嘴组的调节汽门不是同时启闭，而是依次启闭，那么40％设计功率下，将只有第Ⅰ喷嘴组的调节汽门全开，第Ⅱ喷嘴组的汽门是关闭的（忽略重叠度），这时调节级的热力过程线将如图中虚线AB_4所示，调节级的有效比焓降大增，调节级的排汽温度更低。这时，由最大功率降到40％设计功率，调节级排汽温度由509℃降为403℃左右，变化一百多度。由图3.3.9中的虚线B_4C_4可见，高压缸各非调节级的温度都将下降100℃左右。如果负荷下降很快，这将引起高压缸各级相当大的热应力和热变形。但从热经济性角度来说，由于没有节流损失，过程线AB_4的有效比焓降约比过程线A_1B_3的大一倍左右。

现在，这台汽轮机第Ⅰ、Ⅱ两喷嘴组的调节汽门同时启闭，同样大的负荷变化下，调节级排汽温度从509℃下降到447℃左右，只下降50℃左右，由图3.3.9中的过程线B_3C_3可见，高压缸各级温度的变化也就减小了一半左右，可避免零部件过大的热应力和热变形。但在热经济性上，节流损失增大，这是牺牲一些效率来换取运行的安全性与负荷调度的灵活性，以便于适应调峰的需要。

这种配汽方式，对于第Ⅰ、Ⅱ两喷嘴组来说是节流配汽，对Ⅲ、Ⅳ两喷嘴组来说是喷嘴配汽，故称为“节流-喷嘴混合配汽方式”。

在小型汽轮机上，新汽温度和压力都较低，零部件尺寸较小，负荷变化时热应力较小；转子与静子之间的轴向与径向间隙较大，对热变形的敏感性较小，所以一般不采用这种节流-喷嘴混合配汽方式。

图3.3.8(*b*)表示上述同一台汽轮机如果改为节流配汽方式来定压运行，而且第一级设计比焓降与图3.3.8(*a*)的调节级相同的该机第一级热力过程线的变化情况。曲线ab、a_2b_2与a_3b_3分别表示设计功率、80％设计功率与40％设计功率下的第一级热力过程线。因为级前后的压力都与流量成正比，故第一级的比焓降不变。由于是节流过程，所以第一级前后汽温都变化不大，负荷变化时各级热应力和热变形都不大。

图3.3.9是同一台汽轮机分别采用喷嘴配汽、节流配汽或节流-喷嘴混合配汽时的高压缸热力过程线。在设计功率下，喷嘴配汽及节流配流这两种配汽方式的高压缸热力过程线和效率都差不多。在40％设

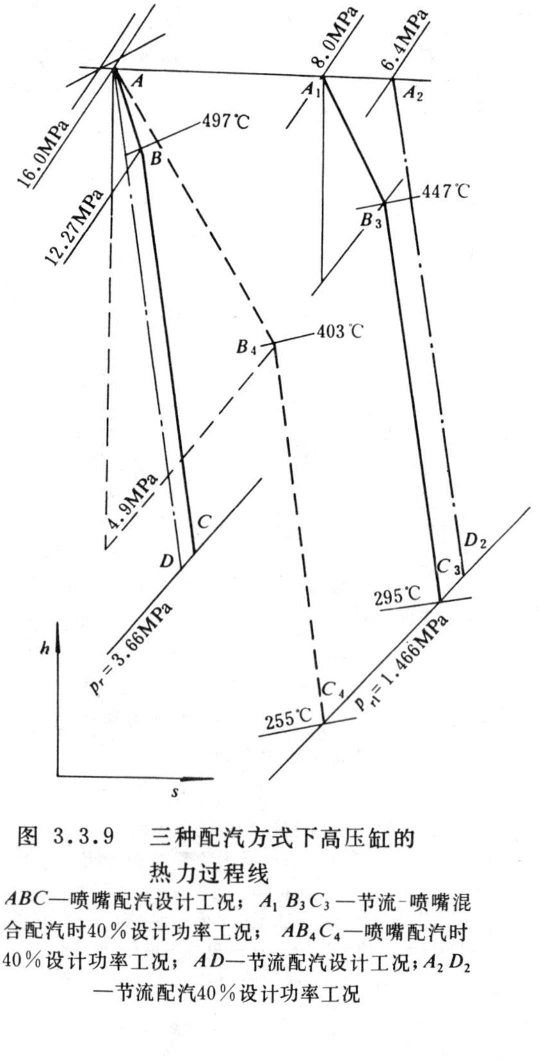

图 3.3.9　三种配汽方式下高压缸的热力过程线

ABC—喷嘴配汽设计工况；$A_1B_3C_3$—节流-喷嘴混合配汽时40％设计功率工况；AB_4C_4—喷嘴配汽时40％设计功率工况；*AD*—节流配汽设计工况；A_2D_2—节流配汽40％设计功率工况

计功率下AB_4C_4的有效比焓降显然比A_2D_2的大许多，AB_4C_4各级温度的变化也大许多。

由于这台汽轮机在80％设计功率以下，第Ⅰ、Ⅱ喷嘴组的调节汽门同时启闭，相当于节流配汽，故40％设计功率下的过程线$A_1B_3C_3$与节流配汽的A_2D_2过程线相差不大。

对于中低压缸，如果两种配汽方式下再热器出口蒸汽温度相同，那么配汽方式对中低压缸没有影响。但实际上，由于喷嘴配汽的高压缸排汽温度较低，再热后蒸汽温度也略低，这就使低压缸湿汽损失增大，效率略低。

五、轴向推力的变化规律

变工况时全机轴向推力的变化规律与配汽方式有关，故归并在这里介绍。汽轮机轴向推力过大将使转子轴向位移过大，使转子与静子的轴向间隙减小以至消失，使动静部分之间产生摩擦及损坏。若推力轴承因轴向推力过大而损坏，还将造成其他事故。

由第二章可知，一个级的轴向推力大小主要决定于级前后压差与反动度的乘积，因此级的变工况下的轴向推力F_{z1}与设计工况下的轴向推力F_z之比可用下式表示：

$$\frac{F_{z1}}{F_z}\approx\frac{\Omega_{m1}(p_{01}-p_{21})}{\Omega_m(p_0-p_2)} \tag{3.3.5}$$

由此式出发，分析轴向推力变化的主要规律。

1.节流配汽凝汽式汽轮机

对于节流配汽凝汽式汽轮机，不论冲动式还是反动式，当负荷变化时，除末级或最后两三级外，其余各级的比焓降不变，反动度也不变；最后两三级的反动度都较大，比焓降变化时反动度的变化较小或基本不变，因此轴向推力主要决定于级前后压差的变化规律。

除末级或最后两三级外，所有各级的级前后压差（$p_{01}-p_{21}$）都与流量成正比；末级或最后两三级的级前后压差绝对值很小，在全机轴向推力中占的比重很小；况且即使在末级亚临界工况下，最后两三级级前后压差也是随流量增减而同方向增减的；若末级为临界工况，则除末级外，各级（$p_{01}-p_{21}$）均与流量成正比。平衡活塞或前后端轴封内外两侧的压力差也均与流量成正比，故其反方向的轴向推力也与流量成正比。因此，不论单缸汽轮机还是多缸相对布置汽轮机，全机总的轴向推力ΣF_z基本上与流量成正比：

$$\frac{\sum F_{z1}}{\sum F_z}\approx\frac{G_1}{G} \tag{3.3.6}$$

最大轴向推力发生在负荷最大时。

2.喷嘴配汽凝汽式汽轮机

对于喷嘴配汽凝汽式汽轮机，不论冲动式还是反动式，非调节级的轴向推力变化规律与节流配汽凝汽式汽轮机相同，也可用式（3.3.6）表示。图3.3.10中的辐射线1表示一台中压凝汽式汽轮机非调节级的轴向推力与流量的关系[13]。

对于调节级，轴向推力的变化比较复杂。图3.3.10中的曲线2表示具有五个喷嘴组的单列调节级的一台中压汽轮机全机轴向推力与流量的关系，线2与线1之差值即为调节级的轴向推力。当负荷由额定值减小时，调节级前后压差变大应使轴向推力变大，但由于①调节级比焓降变大引起反动度变小；②某个调节汽门关小时，该调节汽门后的那一喷嘴弧段所在的级前后压差迅速减小；③一个调节汽门全关时，调节级部分进汽度减小，故承受（p_1-p_2）的动叶弧段减短，且全关的调节汽门所控制的喷嘴组后的动叶汽道成为叶轮前后的漏汽通道，使叶轮前后压差变得更小。故蒸汽流量变小时，调节级的轴向推力大都变小（如图3.3.10中ec段）或基本不变（如图3.3.10中cb段）。

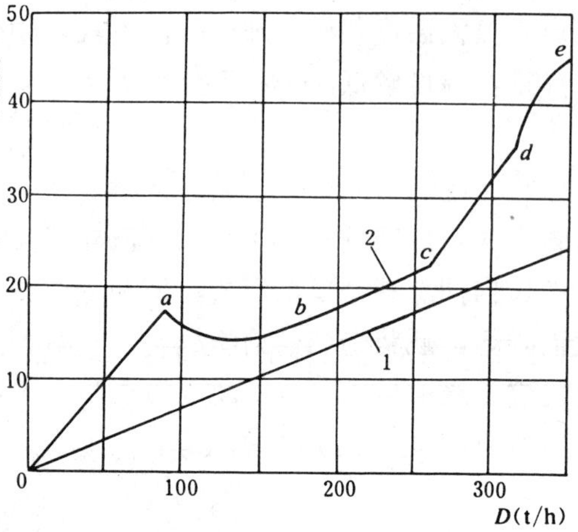

图 3.3.10　一台喷嘴配汽中压凝汽式汽轮机的轴向推力变化曲线

1—非调节级轴向推力与流量的关系；

2—全机轴向推力与流量的关系

当第Ⅱ调节汽门关小时（如图3.3.10中ba段），调节级轴向推力反而增大，原因在于此时第Ⅰ喷嘴组后的动叶中汽流速度达到和超过临界速度。当总流量继续减小、调节级p_{21}继续下降时，第Ⅰ喷嘴组内的临界流量因p_0'未变而不变，第Ⅰ喷嘴组后动叶中的临界流量也不变，故级后p_{21}下降时，由式（3.1.8)可见，p_{11}必然不变，于是（$p_{11}-p_{21}$）变大，使轴向推力F_z变大。但对于凝汽式汽轮机，点a的ΣF_z比点e的ΣF_z小得多，点a并非危险工况，最大轴向推力仍在负荷最大时。

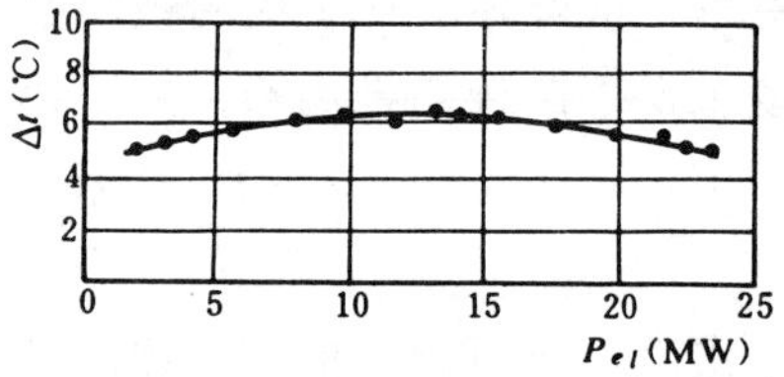

图 3.3.11　前置背压式汽轮机推力瓦块温升与负荷的关系

图3.3.10中$a0$段表示只有第Ⅰ调节汽门正在关小，Δh_{t1}不变，Ω_{m1}也不变，但随着流量继续减小，（$p_{0Ⅰ}-p_{21}$）与流量成正比减小，故调节级的轴向推力也随流量成正比地减小。

3.背压式汽轮机

背压式汽轮机非调节级的压力与流量不成正比，且流量减小时各级理想比焓降变小，反动度增大，故非调节级轴向推力与流量不成正比，加上调节级轴向推力变化复杂，使情况更为复杂，然而可以通过实测来了解其ΣF_z的变化规律。图3.3.11是一台25MW高压前置背压式汽轮机推力瓦块温升Δt与负荷的关系曲线，推力瓦块温升大，表示轴向推力大。由图可见，该背压式汽轮机的最大轴向推力在某一中间负荷处（不一定1/2负荷），而不在最大负荷处。因此，对于背压式汽轮机，当轴向推力过大时，用减小负荷的办法不见得能减小轴向推力，有时反而会增大轴向推力。

第四节　滑压运行的经济性与安全性

进入80年代以来，随着国家经济政策的调整，我国的用电结构有了很大变化，这表现在轻工业和市政生活用电量不断上升。由于总发电量增长很快，重工业的夜间用电量所占比重逐步相对减小，因而大电网的日夜负荷峰谷差已由原来的20％升至30％～50％以上，而且还要上升（发达国家的峰谷差已达50％～75％）。近10年各大电网新装的主要是

125 MW以上的大容量机组，大容量机组在电网中的比例越来越大,这就迫使大电网必须用大容量机组进行调峰。

汽轮机有两种运行方式，一是定压运行方式，一是滑压运行方式。大容量汽轮机调峰时，采用滑压运行方式，在安全性和负荷变化灵活性上，都优于定压运行方式，一定条件下的经济性也优于定压运行方式。

一、滑压运行方式

汽轮机滑压运行时，调节汽门全开或开度不变。根据负荷大小调节进入锅炉的燃料量、给水量和空气量，使锅炉出口汽压和流量随负荷升降而升降，但出口汽温不变，因此汽轮机的进汽温度t_0 维持额定值不变，而进汽压力与流量都随负荷升降而增减，可借以调节汽轮机的功率。汽轮机的进汽压力随外界负荷增减而上下“滑动”,故称滑压运行，也称变压运行。

滑压运行方式是联邦德国在50年代开始研究并首先应用到机组上的。60年代以来,美、日、苏和欧洲其他各国也先后应用在机组上。目前国内外300 MW以上的新设计机组一般都考虑能适应滑压运行。

滑压运行又可分为三种方式。

1.纯滑压运行方式

纯滑压运行汽轮机不需要调节级，第一级应全周进汽，调节汽门全开，只靠锅炉出口蒸汽压力和流量的改变来调节机组负荷。由于锅炉存在热惯性，故汽轮机负荷迅速上升时锅炉燃烧不可能立即加大，出口汽压不可能立即升高；反之，亦然，也就是说，负荷调节存在滞后现象。

2.节流滑压运行方式

节流滑压运行汽轮机也不需要调节级，第一级全周进汽，节流调节汽门预先关小5％～15％，进行滑压运行。负荷急剧升高时，开大节流调节汽门应急调节；负荷突降时，也可关小调节汽门加以调节，待锅炉燃烧状况跟上后，再将节流调节汽门开度恢复到原位，这就可避免锅炉热惯性对负荷迅速变化的限制。这种调节方式的缺点是节流调节汽门中有节流损失。

3.复合滑压运行方式

汽轮机采用喷嘴配汽，高负荷区域内（如80％～95％额定负荷以上）进行定压运行，用启闭调节汽门来调节负荷，汽轮机组初压较高，循环热效率较高，且负荷偏离设计值不远，相对内效率也较高。较低负荷区域内（如在80％～95％与25％～50％额定负荷之间）仅全关最后一个、两个或三个调节汽门，进行滑压运行，这时没有部分开启汽门，节流损失相对最小，全机相对内效率接近设计值，负荷急剧增减时，可启闭调节汽门进行应急调节。在滑压运行的最低负荷点之下（如25％～50％额定负荷之下）又进行初压水平较低的定压运行，以免经济性降低太多（本节后面将介绍初压为临界压力以下的机组，其滑压运行的热经济性均比定压运行的喷嘴配汽机组差）。这是滑压与定压相结合的一种运行方式，是目前调峰机组最常用的一种方式,它使机组在所有变负荷区域内都有较高热经济性。

二、机组滑压运行的热经济性

为了便于比较，设滑压运行与定压运行机组的设计值p_0、t_0、t_r（$t_r=t_0$）、p_r、p_c、G等均相同。在变负荷工况下，设再热后的蒸汽温度t_{r1}等于设计值，各机再热压损Δp_{r1}也基本相等，只要各机流量G_1相同，以中低压缸为一级组，则$\frac{p_{r1}}{p_r}=\frac{G_1}{G}\sqrt{\frac{T_{r1}}{T_r}}$，中压缸进汽压力$p_{r1}$也必然相同。那么在同一$G_1$下，各种运行方式的中低压缸热力过程线都一样，经济性比较就只需比较高压缸的热经济性了。

实际上喷嘴配汽定压运行机组在负荷较低时，因高压缸排汽温度降低，进入中压缸的再热蒸汽温度也有所降低。根据我国三大汽轮机厂生产的300MW、600 MW机组50%额定负荷的数据来看，约降低20℃左右或更低。

滑压运行机组高压缸在部分负荷时的相对内效率高于定压运行机组，这是因为滑压运行时主蒸汽温度不变，虽然主蒸汽质量流量和压力都随负荷减小而减小，但各种负荷下新汽容积流量G_1v_0基本不变。如50%额定负荷时的G_1v_{01}与设计值只相差2%左右，❶ 容积流量不变就使各级喷嘴、动叶出口的流速不变，比焓降和内效率都不变。而喷嘴配汽定压运行机组在部分负荷下调节级效率下降较多，节流配汽定压运行机组在部分负荷下节流损失较大。

滑压运行机组在部分负荷下的锅炉给水压力降低，用变速给水泵就可降低给水泵耗功。这是一个不小的数值，因为随着机组初压设计值升高，给水泵功率越来越大，超高压机组给水泵功率占主机发电功率2%左右，亚临界机组占3%～4%，超临界机组占5%～7%❷。因此，低负荷时给水泵耗功的减少将给滑压运行机组的热经济性带来明显益处。

滑压运行机组在部分负荷下运行的不利因素是循环热效率η_{t1}低于定压运行机组。因滑压运行机组部分负荷下的锅炉内平均吸热温度$\overline{T_1}$随吸热压力下降而下降，而冷源平均放热温度$\overline{T_2}$基本不变，这就必然使其η_{t1}低于定压运行机组的η_t。

为了具体地分析滑压运行机组的热经济性，画出三种机组的热力过程线[6]，如图3.4.1所示。两根虚线表示喷嘴配汽定压运行（以n为下标）汽轮机设计工况和部分负荷的热力过程线，两根倾斜实线表示滑压运行（以s为下标）汽轮机相应的热力过程线（设滑压运行汽轮机没有调节级）。倾斜实线ab与点划线表示节流配汽定压运行（以th为下标）机组相应的热力过程线。点划线的起始点压力$(p_{01}')_{th}$必然比滑压运行机组的起始压力$(p_{01}')_s$稍低，原因如下：对于节流配汽的定压运行机组与滑压运行机组可分别写出：

$$\frac{G_1}{G}=\frac{(p_{01}')_{th}}{p_0'}\sqrt{\frac{T_0'}{(T_{01}')_{th}}}$$

$$\frac{G_1}{G}=\frac{(p_{01}')_s}{p_0'}\sqrt{\frac{T_0'}{(T_{01}')_s}}$$

两式相比得

❶ 大型火电机组的调峰与节能，江油发电厂陈子卿，机组调峰学术会议资料，1985。

❷ 国产30万千瓦机组滑压运行探讨，上海发电设备成套研究所江栖明，机组调峰学术会议资料，1985。

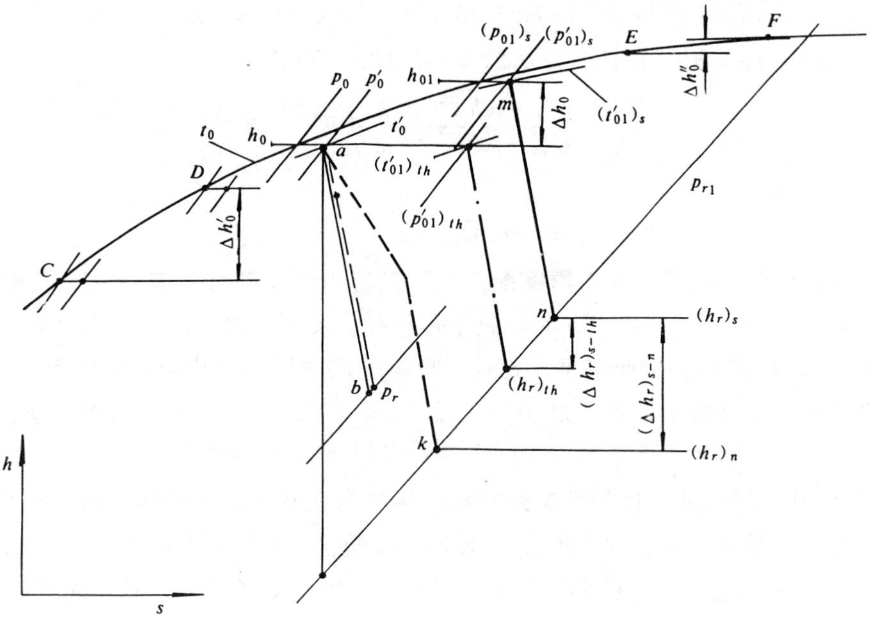

图 3.4.1　三种汽轮机高压缸的热力过程线

$$\frac{(p'_{01})_{th}}{(p'_{01})_s}=\sqrt{\frac{(T'_{01})_{th}}{(T'_{01})_s}} \tag{3.4.1}$$

以上式中，p'_0、T'_0为设计工况下扣除进汽机构节流损失后的第一级前压力和热力学温度；$(T'_{01})_{th}$、$(T'_{01})_s$是部分负荷时扣除进汽机构节流损失后节流配汽定压运行机组与滑压运行机组第一级前的热力学温度，等于图中的 $(t'_{01})_{th}$ 与 $(t'_{01})_s$加上273°。由式（3.4.1）可见，由于 $(T'_{01})_{th}<(T'_{01})_s$，故必然 $(p'_{01})_{th}<(p'_{01})_s$。

上述三种机组都以Q_1表示1kg蒸汽在锅炉内的吸热量；W表示1kg蒸汽在整个汽轮机内所作的内功；$(\Delta h_i^{mac})^h$与$(\Delta h_i^{mac})^{ml}$ 表示高压缸与中低压缸的有效比焓降；η_{ai} 表示机组的绝对内效率。忽略回热抽汽后$W=(\Delta h_i^{mac})^h+(\Delta h_i^{mac})^{ml}$，则

$$(\eta_{ai})_s=\frac{W_s}{Q_{1s}}=\frac{(\Delta h_i^{mac})_s^h+(\Delta h_i^{mac})^{ml}}{Q_{1s}} \tag{3.4.2}$$

$$(\eta_{ai})_n=\frac{W_n}{Q_{1n}}=\frac{(\Delta h_i^{mac})_n^h+(\Delta h_i^{mac})^{ml}}{Q_{1n}} \tag{3.4.3}$$

$$(\eta_{ai})_{th}=\frac{W_{th}}{Q_{1th}} \tag{3.4.4}$$

现在比较滑压运行机组与喷嘴配汽定压运行机组的热经济性。由图3.4.1可见，部分负荷时滑压运行机组1kg蒸汽在锅炉本体内比喷嘴配汽定压运行机组多吸收的热量为$\Delta h_0=h_{01}-h_0$，在再热器内比它少吸收的热量为 $(\Delta h_r)_{s-n}=(h_r)_s-(h_r)_n$，故

$$Q_{1s}=Q_{1n}+\Delta h_0-(\Delta h_r)_{s-n}$$

由图3.4.1还可见，两机组高压缸有效比焓降之间的关系为

$$(\Delta h_i^{mac})_s^h=(\Delta h_i^{mac})_n^h+\Delta h_0-(\Delta h_r)_{s-n}$$

则 $W_s=(\Delta h_i^{mac})_s^h+(\Delta h_i^{mac})^{ml}=W_n+\Delta h_0-(\Delta h_r)_{s-n}$

当 $(\eta_{ai})_n=(\eta_{ai})_s$ 时，由式（3.4.2）与式（3.4.3）得

$$\frac{W_n}{Q_{1n}}=\frac{W_n+\Delta h_0-(\Delta h_r)_{s-n}}{Q_{1n}+\Delta h_0-(\Delta h_r)_{s-n}} \tag{3.4.5}$$

上式成立的条件是

$$\Delta h_0=(\Delta h_r)_{s-n} \tag{3.4.6}$$

式（3.4.6)是滑压运行机组与喷嘴配汽定压运行机组在部分负荷下绝对内效率相等的条件式。若 $\Delta h_0>(\Delta h_r)_{s-n}$，由式（3.4.5)可见，右端大于左端，即 $(\eta_{ai})_s>(\eta_{ai})_n$；若 $\Delta h_0<(\Delta h_r)_{s-n}$，则相反。由此可见，相对于喷嘴配汽定压运行机组，滑压运行机组的热经济性决定于 Δh_0 与 $(\Delta h_r)_{s-n}$ 的相对大小。因此影响 Δh_0 与 $(\Delta h_r)_{s-n}$ 的因素就需要分析。

由 h-s 图可见，过热蒸汽区的等温线在高压区域弯曲较大，在低压区域比较平直，接近于等比焓线。很明显，在相同的流量变化下，p_0 越高，Δh_0 越大，如图3.4.1 左侧 C、D 两点之差所示；p_0 越低，Δh_0 越小，如图上端 E、F 两点之差所示。这就是说，越到高压区，Δh_0 越趋近于 $(\Delta h_r)_{s-n}$，滑压运行机组部分负荷下 $(\eta_{ai})_s$ 就越有可能接近喷嘴配汽定压运行机组部分负荷下的 $(\eta_{ai})_n$。也就是说，初压越高，滑压运行热经济性越高。但不论新汽压力 p_0 升高到什么程度，Δh_0 总是小于 $(\Delta h_r)_{s-n}$，因为即使在超临界压力处，等温线切线斜率也显然比部分负荷时再热压力 p_{r1} 的等压线切线斜率小，等温线向上凸，p_{r1} 等压线向下凹，ak 线位于较宽的左侧，mn 线位于较窄的右侧，负荷越低，mn 线右移越多，因而相对越短；负荷较高时，mn 线虽左移，但 ak 线中调节级的效率也相应变高，因此即使部分负荷下调节级的效率较低，$(\Delta h_i^{mac})_n^h$ 也总是大于 $(\Delta h_i^{mac})_s^h$，即 $(\Delta h_r)_{s-n}>\Delta h_0$。这就是说，综合相对内效率提高与循环热效率降低两个因素，若不考虑给水泵耗功减少的因素，滑压运行机组的热经济性仍低于喷嘴配汽定压运行机组，只是 p_0 越高，低得越少而已。

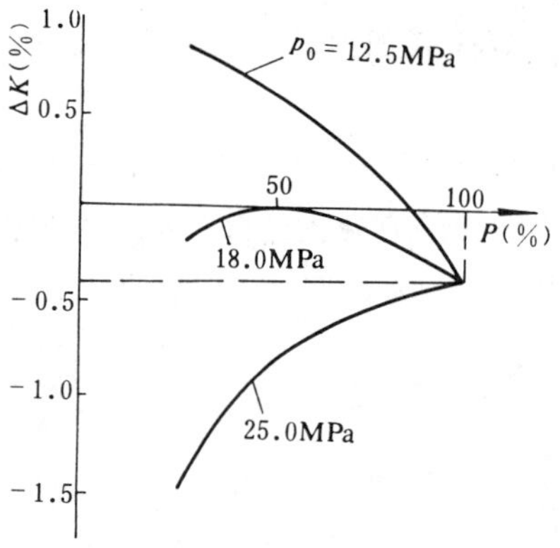

图 3.4.2 滑压运行机组理论计算热经济性曲线

事实上机组滑压运行时给水泵在部分负荷下的耗功将大幅度减少。图3.4.2 是 t_0= 538℃的300 MW 滑压运行机组热耗率与同参数的喷嘴配汽定压运行机组热耗率的相对差值曲线图，计算中考虑了滑压运行机组给水泵耗功减少的因素[6]。图中纵坐标 ΔK 表示热耗率差值百分数；横坐标 P 表示机组运行功率相对于设计值的百分数。由图中虚线可见，设计工况下滑压运行机组热耗率与定压运行机组热耗率的相对差值为0.4％。图中是理论计算数据，未考虑喷嘴配汽定压运行机组调节汽门部分开启时的节流损失与滑压运行机组调节汽门有10％的节流等实际因素。

由图3.4.2 可见，p_0 = 12.5～18MPa时，汽轮机滑压运行是没有热经济性方面的益处

的。这是因为p_0较低时内效率较高，加上给水泵功率降低所获益处，尚不足以补偿循环热效率下降的损失。p_0 更低的高中压机组就更不用说了。由图中还可以看出，$p_0=18\mathrm{MPa}$的机组滑压运行时，在负荷降到50％设计值之前，热耗率将比喷嘴配汽定压运行机组的增大，故只从热经济性角度考虑，滑压运行并不合算。负荷降到50％设计值以下时，滑压运行才在经济上有利，这是因为负荷越低，滑压运行机组越能得到给水泵耗功减少的补偿。$p_0=25\mathrm{MPa}$ 的汽轮机在负荷由设计值下降时，滑压运行热耗率始终比喷嘴配汽机组的小，负荷下降越多，滑压运行热耗率下降也越多。因此，如果单纯从热经济性角度来考虑，则初压 p_0 为临界压力以下的机组，都不宜采用滑压运行。

如果考虑各种实际因素，特别是考虑滑压运行时节流调节汽门有10％的节流与喷嘴配汽机组调节汽门部分开启时的节流损失，则图3.4.2 中25MPa的ΔK曲线将变为图3.4.3 所示曲线[6]。滑压运行机组热耗率曲线是非波浪形的光滑曲线，但喷嘴配汽定压运行机组的热耗率曲线是波浪形的（参看本章第八节），故两者之差的ΔK曲线也成波浪形。

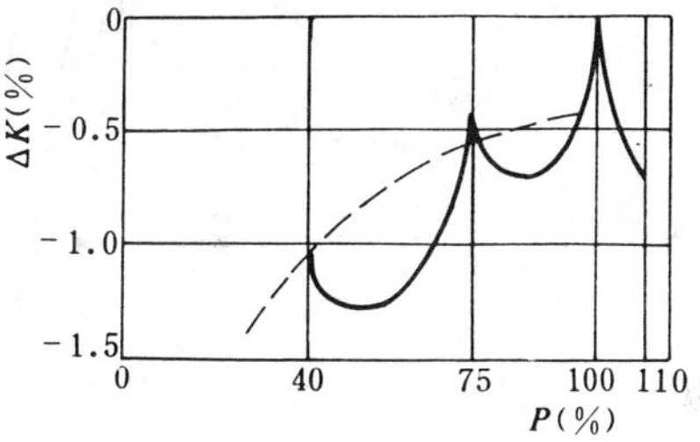

图 3.4.3　25MPa滑压运行机组的实际热经济性曲线

现在比较滑压运行机组与节流配汽定压运行机组的热经济性。用前面的方法可得

$$Q_{1s}=Q_{1th}+\Delta h_0-(\Delta h_r)_{s-th}$$

与

$$W_s=W_{th}+\Delta h_0-(\Delta h_r)_{s-th}$$

式中，$(\Delta h_r)_{s-th}=(h_r)_s-(h_r)_{th}$，如图3.4.1所示，则有

$$(\eta_{ai})_s=\frac{W_{th}+\Delta h_0-(\Delta h_r)_{s-th}}{Q_{1th}+\Delta h_0-(\Delta h_r)_{s-th}} \tag{3.4.7}$$

由图3.4.1 可见，如果$(p_{01}')_{th}=(p_{01}')_s$，由于等压线是向右发散的，$(\Delta h_i^h)_s$略大于$(\Delta h_i^h)_{th}$，现在$(p_{01}')_{th}<(p_{01}')_s$，那么显然$(\Delta h_i^h)_s>(\Delta h_i^h)_{th}$。因此，$\Delta h_0>(\Delta h_r)_{s-th}$，式（3.4.7)分子与分母中的$[\Delta h_0-(\Delta h_r)_{s-th}]$为正值。若在式(3.4.4)右端分子、分母中都加上一个相同的正数，则分数值增大，说明$(\eta_{ai})_s>(\eta_{ai})_{th}$。也就是说，滑压运行机组的热经济性，即使不考虑部分负荷下给水泵耗功减少这一因素，仍高于节流配汽定压运行机组。

三、滑压运行机组的安全性与灵活性

定压运行喷嘴配汽汽轮机调峰时，若迅速改变负荷或夜间停机和启动，则在高压缸各级，特别是调节级引起过大的温度变化和热应力（见第五章），这是限制该机组调峰灵活性的主要障碍，也是影响机组安全可靠运行的一个关键问题。定压运行节流配汽汽轮机调峰时，高压缸各级温度变化虽然不大，但节流损失较大，热经济性较低。只有滑压运行机组最适宜于调峰。

滑压运行机组负荷变化时高压缸各级温度几乎不变。图3.4.4是滑压运行汽轮机与定压运行喷嘴配汽汽轮机在三种负荷下的高压缸热力过程线。曲线$A_1B_1C_1$、$A_1B_2C_2$、$A_1B_3C_3$是喷嘴配汽定压运行机组高压缸在设计工况、75％设计负荷、50％设计负荷下的热力过程

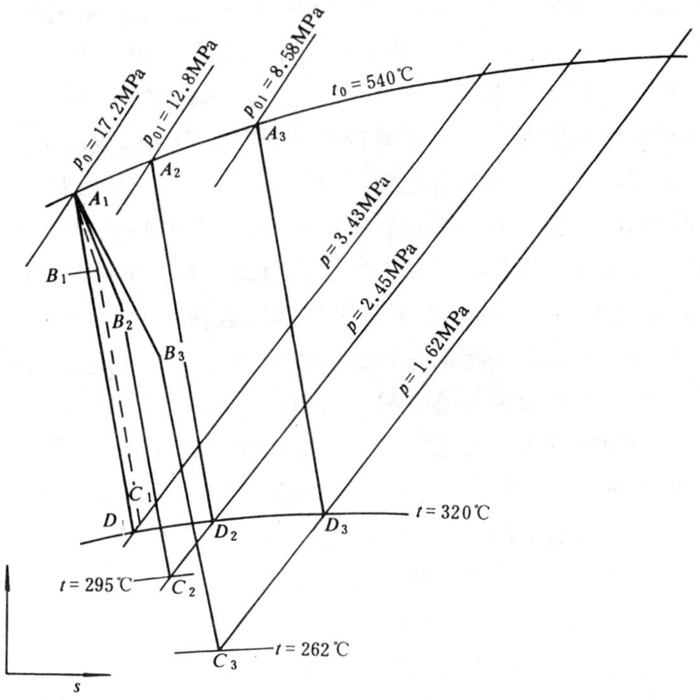

图 3.4.4 不同负荷下定压运行与滑压运行高压缸热力过程线

线。当负荷由设计值下降到一半时，高压缸排汽温度下降近60℃，表明高压缸各级的温度变化较大，热应力和热变形较大。曲线A_1D_1、A_2D_2、A_3D_3是没有调节级的滑压运行机组在设计工况、75%设计负荷、50%设计负荷下的热力过程线。在此三种负荷下，高压缸排汽温度保持在320℃附近几乎不变，表明负荷变化时，高压缸内各级的温度也都几乎不变，热应力和热变形很小，这就大大增强了机组调峰的灵活性与安全性。

滑压运行机组负荷下降时，能保持中间再热温度t_r稳定。喷嘴配汽定压运行机组负荷下降时，因高压缸排汽温度下降，中压缸进汽温度也有所下降，这不仅影响效率，而且引起热应力和热变形。滑压运行机组高压缸排汽温度稳定，中压缸进汽温度也稳定。

由此可见，滑压运行的安全性与灵活性都优于定压运行。

第五节 小容积流量工况与叶片颤振

大功率汽轮机的最后几级，特别是末级，在小容积流量下运行时，出现叶片振动应力升高，转子和静子被加热，末级动叶出口边受到水珠冲蚀，级的有效功率可能是负值等现象，这将影响汽轮机的安全性与经济性。汽轮机负荷大幅度下降（包括只带厂用电及空载）时，蒸汽流量大大下降，供热抽汽式汽轮机抽汽量很大时，供热抽汽口后各级蒸汽量大大下降，为利用凝汽式汽轮机排汽供热而提高其背压运行时，末级排汽口比容减小，这些都将使最后几级特别是末级的容积流量大为减小。

为了分析小容积流量下汽轮机的安全性与经济性，60年代初以来，苏联等国对小容积流量工况开展了研究；70年代末以来，我国一些高等院校与科研生产单位对此也进行了研究。

最后几级（特别是末级）是高径比$\frac{1}{\theta}=\frac{l_b}{d_b}$较大的级，称为大扇度级。大扇度级小容积流量下的变工况是前面介绍的级的变工况的某些补充（有人称之为“深度变工况”），这里作一些介绍。小容积流量工况下的长叶片有可能被诱发颤振，所以把叶片颤振也放在这里介绍。

一、小容积流量工况❶

1.小容积流量下大扇度级的流动特征

级的容积流量可用相对值表示，$\overline{Gv_1}=\frac{G_1 v_{11}}{Gv_1}$，$\overline{Gv_2}=\frac{G_1 v_{21}}{Gv_2}$。$G$与$G_1$分别表示设计工况下与变工况下的流量；$v_1$、$v_2$与$v_{11}$、$v_{21}$分别表示设计工况下与变工况下喷嘴、动叶出口比容。容积流量减小过程中，大扇度级内的流动将发生很大变化。图3.5.1所示是大扇度级流线变化图[27]。图3.5.1(a)是$\theta=2.6$，$a_1=20°$=常数，$\Omega_m=0.46$的单级透平实验所得的流线变化图，$\overline{Gv_2}=0.97$时，流线接近设计工况；$\overline{Gv_2}=0.65$时，动叶后根部已出现沿圆周方向运动的涡流，但速度比u小得多，动叶根部流线向上倾斜；$\overline{Gv_2}=0.50$时，动叶后根部涡流区与脱流高度增大；$\overline{Gv_2}=0.37$时，不但动叶后涡流和叶根脱流高度更大，而且喷嘴与动叶的外缘间隙出现涡流，这一涡流以接近叶顶圆周速度的速度沿圆周方向运动，涡流中心的轨迹是一个圆，喷嘴中流线向下弯曲，动叶中流线向上弯曲更大；当$\overline{Gv_2}=0.04$时，动叶后涡流几乎占据了整个叶高，只有外缘有流量，动叶内流线呈对角线，动叶、静叶间间隙涡流扩大到大部分叶高，只有隔板体附近有蒸汽流过。图3.5.1(b)是在$\theta=2.86$的真实汽轮机末级上测得的。$\overline{Gv_2}=0.41$时，叶根子午流线倾斜度较大；$\overline{Gv_2}=0.24$时，叶根脱流超过1/3叶高，叶间外缘涡流沿轴向深入喷嘴。

由图3.5.1可见，在$\overline{Gv_2}$下降过程中，都是动叶后根部先出现涡流，进而这一涡流与叶根脱流高度增大，然后叶间外缘出现涡流，再后两个涡流都增大。

图3.5.2(a)是全苏热工研究所在$\theta=2.8$的真实汽轮机末级上测得的$\Delta\overline{G}=\frac{c_{2z}}{v_2}$沿叶高的分配图[27]，图中$\overline{l}_b$是动叶相对高度，$c_{2z}$是动叶出口轴向分速，$\Delta\overline{G}$表示垂直于汽轮机轴的动叶单位出口面积上的质量流量，图中画出了不同$\overline{Gv_2}$下$\Delta\overline{G}$沿叶高的分配。虚线以下表示各$\overline{Gv_2}$下动叶根部脱流区高度$\Delta\overline{l}_{sep}$。可见随着$\overline{Gv_2}$减小，流量沿叶高不断重新分配。

图3.5.2(b)是西安热工研究所与平顶山姚孟电厂所作的665mm末级叶片脱流区相对叶高$\Delta\overline{l}_{sep}$与$\overline{Gv_2}$的关系曲线。❷

图3.5.3是$\theta=2.5$，$\overline{Gv_2}=0.14$的真实汽轮机末级实测流线图[27]，说明容积流量进

❶ 参阅东北电力学院杨善让，小容积流量工况下透平级特性研究，《大容量机组火力发电技术》热机№40，1979。

❷ 孟凡林、秦水才等，1983～1986年国家某科技攻关项目第二项课题技术报告《665mm末级叶片流场、动应力测试及在小容积流量下叶片安全、经济性分析》。

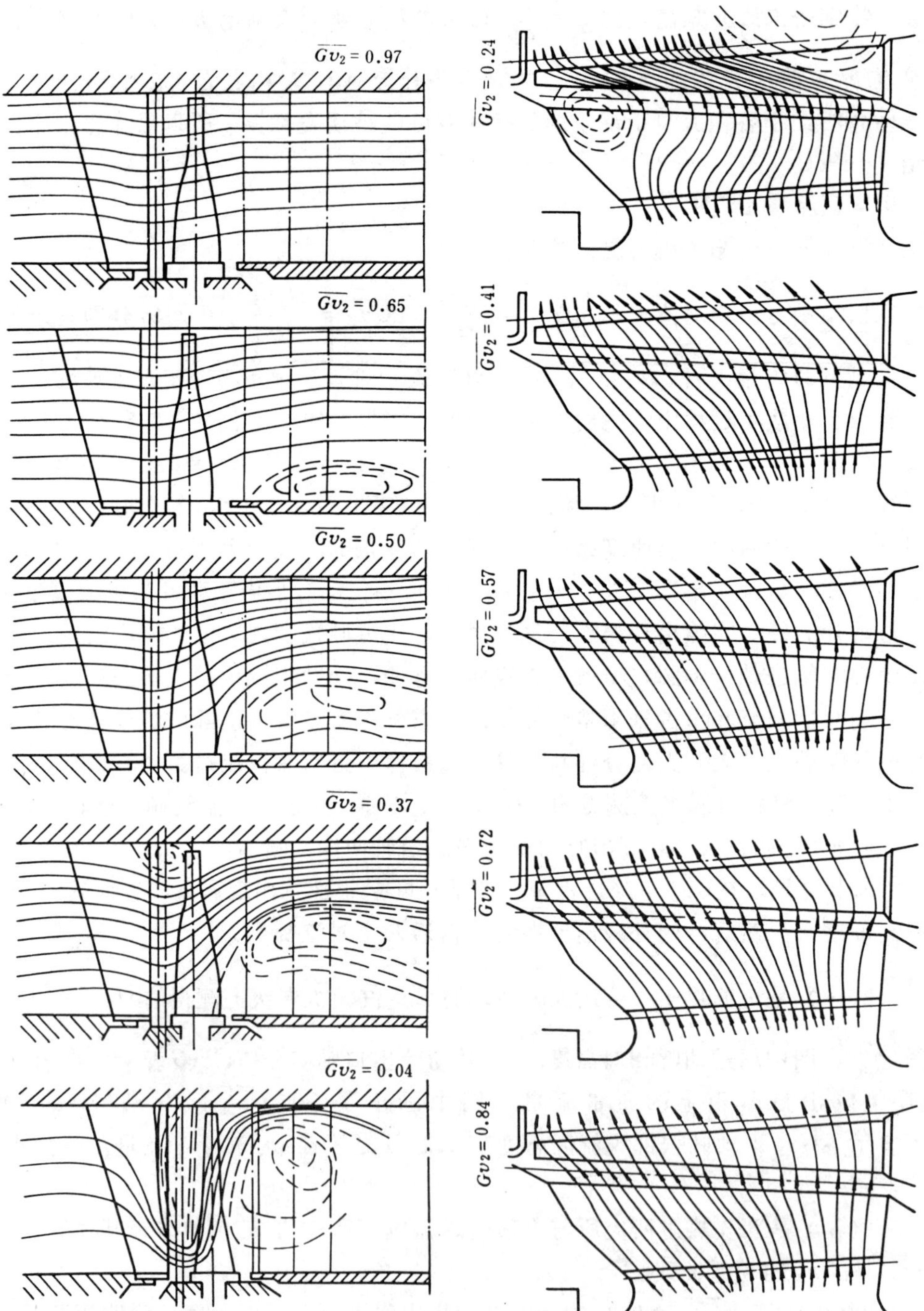

图 3.5.1　容积流量减小时大扇度级内的流线变化图

（a）$\theta=2.6$，$a_1=21^\circ=$常数，$\Omega_m=0.46$的单级透平；（b）$\theta=2.86$，真实多级汽轮机上的末级

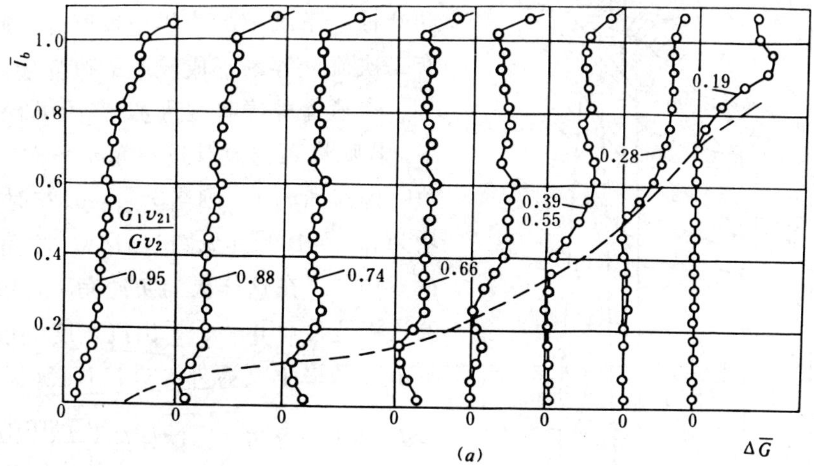

(a)

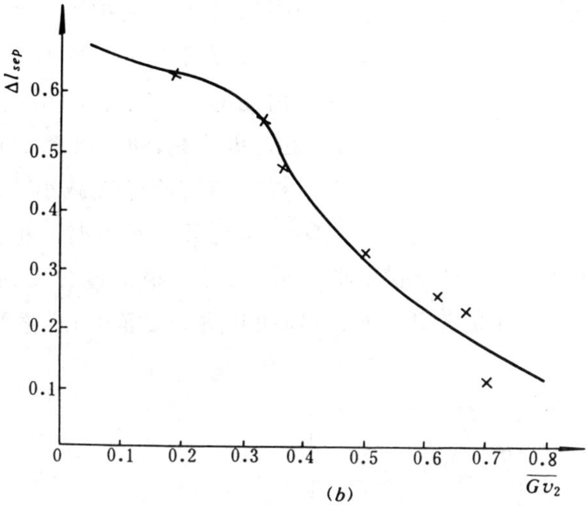

(b)

图 3.5.2　脱流区高度与$\overline{Gv_2}$的关系

（a）$\theta=2.8$末级各种$\overline{Gv_2}$下$\Delta\overline{G}$沿叶高的分配；（b）国产665mm末叶Δl_{sep}与$\overline{Gv_2}$的关系

一步减小时，脱流会发展到前面的级。可见脱流沿叶高和轴向的深度，都将随$\overline{Gv_2}$减小 而加剧。

在$\overline{Gv_2}$下降过程中，把动叶根部开始出现脱流及其后容积流量更小的工况称为级的小容积流量工况[12]。

图3.5.4是$\theta=2.86$的真实汽轮机最末一级动叶出口绝对速度方向角a_2随$\overline{Gv_2}$下降而变化的情况[27]。图中$\bar{l}_b$表示动叶相对高度。由图3.5.4 可见，$\overline{Gv_2}$越小，a_2越大。当$\overline{Gv_2}=0.24$时，a_2增大到160°左右，叶片顶部和下部的a_2比设计值增大100°左右。增大原因由图3.5.5 动叶出口速度三角形可见。由于$\overline{Gv_2}$减小，w_{21}很小，而u不变，因而c_{21}的方向角a_{21}大增。

2.动叶根部与叶间间隙外缘发生涡流的原因

由流体力学可知，发生脱流的必要条件是$dp/dz>0$（z是轴向）的轴向扩压流动与流体粘性的作用，这就表明涡流必将发生在扩压区和叶栅上下端部的边界层增厚处。叶栅上下端部有二次流，容易形成较厚的边界层。

在喷嘴外缘有很大扩张角的末级(见图3.5.3)中，若喷嘴顶部设计进口角$\alpha_0 \approx 60°$（α_0即上一级动叶排汽角α_2），则当$\overline{Gv_2}=0.25$时，喷嘴进口角增为$\alpha_{01} \approx 160°$（见图3.5.5），冲角$\theta_1=\alpha_0-\alpha_{01} \approx -100°$。在这样大的负冲角下，喷嘴顶部的有效进汽宽度$t\sin\alpha_{01}$小于出汽宽度$t\sin\alpha_1$,如图3.5.5所示。又由于喷嘴外缘进口直径$d'_{nt}$小于出口直径$d_{nt}$（见图3.5.3),该处的$\dfrac{d_{nt}\sin\alpha_1}{d'_{nt}\sin\alpha_{01}} \approx 1.8$，所以在喷嘴外缘形成扩压流动，出现涡流❶。

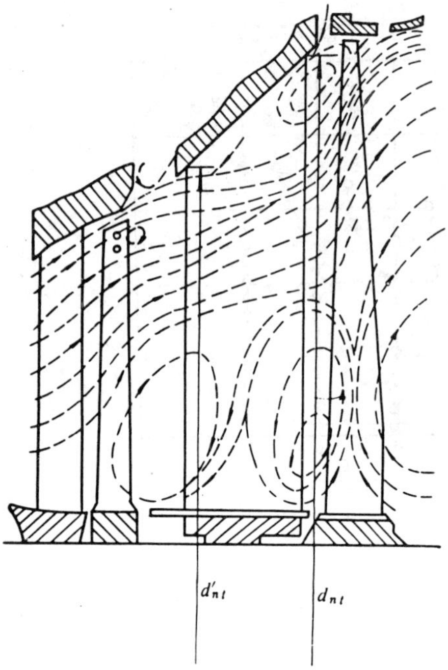

图 3.5.3 $\theta=2.5$,$\overline{Gv_2}=0.14$的真实汽轮机末级流线图

动叶根部的$\overline{Gv_2}$减小较多时，$c_{11}<c_1$，u不变，由图3.5.5可见β_{11}增大较多，冲角$\theta=\beta_1-\beta_{11}$是大负冲角,动叶叶型凹面部分的脱流区域增大，根部通道收缩性减小❷，故根部反动度减小。当$\overline{Gv_2}$降到某一数值时，根部出现负反动度，于是出现脱流。可见，为减轻小容积流量下动叶根部脱流，根部设计反动度宜较大。

在某些近似假定下，对喷嘴出口截面1-1到动叶进口截面1′-1′之间（见图3.5.6,b）、

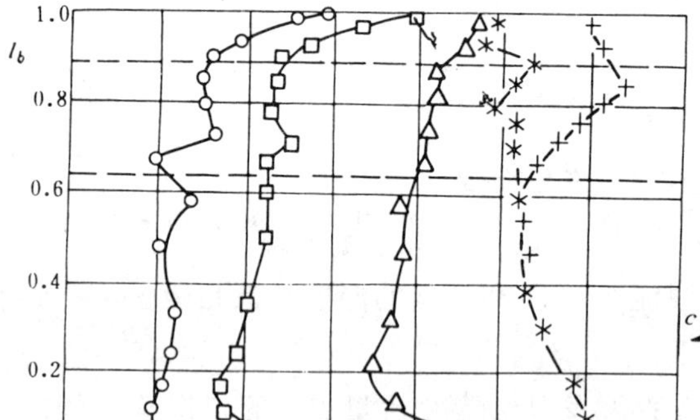

图 3.5.4 各种$\overline{Gv_2}$下α_2沿叶高的变化

○—$\overline{Gv_2}=0.84$；□—$\overline{Gv_2}=0.72$；

△—$\overline{Gv_2}=0.57$；$\ast$—$\overline{Gv_2}=0.41$；+—$\overline{Gv_2}=0.24$

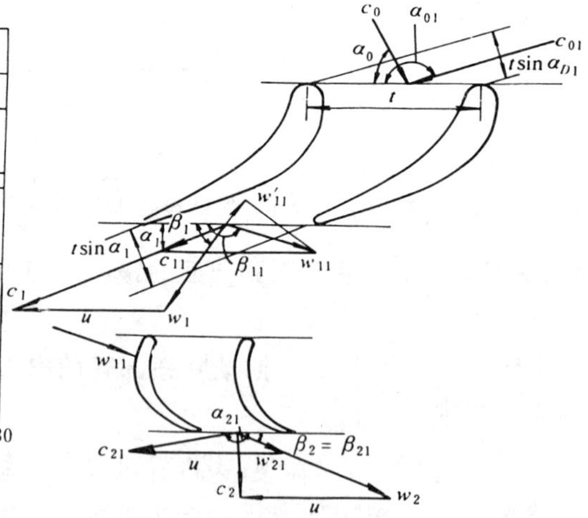

图 3.5.5 $\overline{Gv_2}$大大减小后的汽流速度图

❶ 参考［苏］ В.П.Лагун等著，杨善让译，低压缸末级在小负荷和空载时的工作特性，《大容量机组火力发电技术》热机No．40，1979。

❷ 参考［苏］ О.Н.ЕМИН等著，杨善让译，鼓风工况区中反动级特性研究，《大容量机组火力发电技术》热机No．40，1979。

速比$x_a=\dfrac{u}{c_a}$增大（对于固定转速的电站汽轮机，是比焓降减小）后的压力变化进行推导计算，得到图3.5.6(a)[27] 所示的压力变化规律。图中r_t、r_m、r_r分别表示叶顶半径、平均半径、叶根半径。由图可见，当$x_{a1}>x_a$时，静动叶间间隙外缘存在$p_{11}'>p_{11}$的扩压区Ⅱ，动叶根部存在$p_{21}>p_{11}'$的扩压区Ⅰ。静压力沿级外缘和根部的分布如图3.5.6(b)中p_t(外缘)与p_r（根部）所示。在叶间间隙外缘，p_t沿轴向增大，在动叶根部，p_r沿轴向也增大，故这两处必然要产生脱流。计算表明，x_a增大越多，外缘($p_{11}'-p_{11}$)与根部（$p_{21}-p_{11}'$）越大，这两处涡流越严重。电站用固定转速汽轮机的u不变，$\overline{Gv_2}$减小时，c_1与w_2减小，Δh_t减小，c_a也减小而x_a增大，使这两处发生涡流[27]。

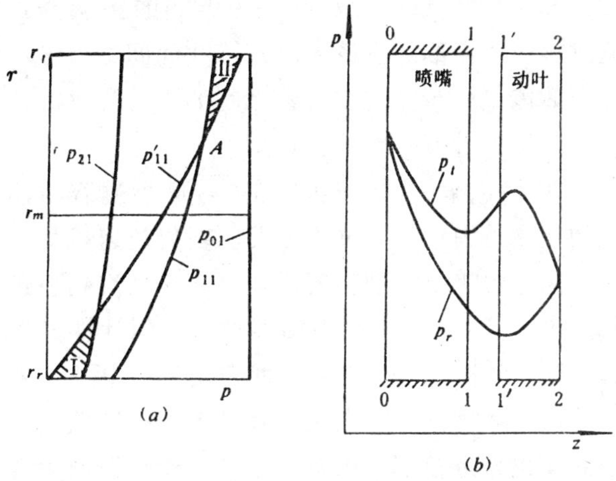

图 3.5.6　速比增大时涡流区压力变化

（a）叶间间隙外缘与叶根的正压力梯度；

（b）级的外缘与根部的静压变化

0-0—喷嘴进口截面，压力为p_{01}；1′-1′—动叶进口截面，压力为p_{11}'；1-1- 喷嘴出口截面，压力为p_{11}；2-2—动叶出口截面，压力为p_{21}

大扇度级动叶几何进口角β_{1g}沿叶高是变化的，在$\beta_{1g}=90°$的动叶截面上，由计算可得$p_{11}'=p_{11}$，如图3.5.6（a）中点A所示。在设计制造时，若将$\beta_{1g}=90°$的动叶截面向叶顶方向移动，则由计算可知，外缘的（$p_{11}'-p_{11}$）将减小。由图（a）中也可看出，若点A上移，则有阴影的扩压区Ⅱ减小，涡流减弱。

3.级的鼓风工况与过渡工况

级的容积流量大减后，由于Δh_t与c_1大减，u不变，故$\theta=\beta_1-\beta_{11}$负得很多，使$w_{11}$在$w_1$方向的投影，即汽流进入动叶的有效分速$w_{11}'$变得很小，甚至成为负值，如图3.5.5所示，也就是说w_{11}可能变成离开动叶入口方向的分速度。这时为使汽流流入动叶，必须有一定的反动度，先消耗一部分能量使汽流加速，以抵消w_{11}'；然后再用一部分能量产生w_{21}，使汽流流过动叶。由于容积流量很小，所需能量不大。由图3.5.5还可见，虽w_{21}不大，但因u不变，故c_{21}很大，有时c_{21}接近于圆周速度u，使c_{21}^2比c_{11}^2大得多。可见c_{21}的能量显然不可能由c_{11}转换而来，动叶中的比焓降只是克服w_{11}'和产生w_{21}，使汽流刚能流过动叶，也不可能给汽流以$c_{21}^2/2$这么大的动能。因此，$c_{21}^2/2$的动能只能来自主轴或叶轮[12]。

如果汽轮机的某级非但不对外作功，而且还要消耗轴上机械功，那么级的这种工况称为鼓风工况，也称耗能工况或压气机工况。把级能对外作有效功的工况称为透平工况。在透平工况与鼓风工况之间，级的有效比焓降$\Delta h_i=0$，级的相对内效率$\eta_{i1}=0$，称此工况为过渡工况。

若动叶叶高的某段Δl_b处（如图3.5.5所示）的（$180°-\beta_{11}$）$<\beta_{21}$，且$w_{11}>w_{21}$，那

么$u(w_{11}\cos\beta_{11}+w_{21}\cos\beta_{21})<0$，这段$\Delta l_b$的轮周功就是负值，处于鼓风工况。因为在$(180°-\beta_{11})<\beta_{21}$的条件下，$w_{11}$从动叶进口边叶背冲击动叶，这种冲动力只能产生制动作用，加上$w_{11}>w_{21}$，动叶内的有效比焓降为负，不可能产生有效的膨胀，因此不但不能对外作功，反而要消耗机械功。这是从动叶受力分析的角度来理解鼓风工况。

在鼓风工况下，动叶起鼓风机叶片的作用，有时动叶后静压力P_{21}还会大于动叶前静压力P_{11}❶。

某实验空气透平级上$\overline{Gv_2}=0.25$的实验与近似计算表明，鼓风工况下用来将流体压缩流过该级所需的能量最大，维持叶间间隙外缘环形涡流的能量次之，消耗于级后根部脱流旋涡的能量最少。它们三者之间的比约为（0.73～0.77）:0.2:（0.03～0.07）❷。

4.影响过渡工况的因素

为了使汽轮机多作功，在$\overline{Gv_2}$减小过程中，总希望透平工况的流量范围扩大，鼓风工况的流量范围缩小，过渡工况出现得越迟越好。为此需要分析影响过渡工况的因素。

对一台单级模型空气透平（模拟某汽轮机最末一级，该级$d_m/l_b=4.87$，设计反动度$\Omega_m=0.3$,等α_1流型)所做的实验与近似计算表明,在$\overline{Gv_2}$减小过程中，当叶间间隙开始出现涡流时，该透平级就进入过渡工况❸。因此，推迟涡流的发生将有利于扩大透平工况的流量范围。喷嘴外缘扩张角不宜过大，否则在大负冲角下容易发生脱流。扭叶片的$\beta_{1g}=90°$的截面越靠近根部，小容积流量下动叶根部越容易发生脱流[28]，因此$\beta_{1g}=90°$的截面应移向顶部。

对于大扇度级，动叶几何进口角$\beta_{1g}=90°$的截面把叶片分为反动度作相反变化的两个区域，在$\beta_{1g}=90°$截面以下的动叶截面，$\beta_{1g}<90°$，x_a增大时反动度减小；在$\beta_{1g}=90°$截面以上的动叶截面，$\beta_{1g}>90°$，x_a增大时反动度增大[28]。如果叶顶的设计反动度太大，喷嘴比焓降太小，大负冲角下喷嘴易形成扩压区，故叶顶反动度不宜过大。根部的设计反动度如果太小，在大负冲角下，容易使动叶根部脱流，故叶根反动度不宜过小。可见，从减小脱流，增大透平工况流量范围的角度考虑，应使反动度沿叶高变化较小才好。

5.鼓风工况下对通流部分的加热

鼓风工况消耗的机械功将转变为热能，加热蒸汽，再由蒸汽加热转子与静子。由于末级通流面积最大，故在$\overline{Gv_2}$减小过程中，末级最先达到鼓风工况,最先被加热。$\overline{Gv_2}$进一步减小，倒二级的通流面积与容积流量$\overline{Gv_2}$相比也嫌太大时，倒二级也达鼓风工况，也被加热。如此逐级向前推进。单缸凝式汽轮机在空载工况下，将只有调节级的喷嘴有蒸汽膨胀作功，其余各级都在接近于排汽压力的压力下空转❹。凡处于空转下的级都将受到加热。例如，一台末级$d_b/l_b=2.4$的汽轮机在空载工况下，低压缸进汽温度为110～130℃，但由

---

❶ Я. Н. Щнеэ等著，杨善让译，小D_{cp}/l透平级在小负荷工况下的工作特性，《大容量机组火力发电技术》热机 №.40，1979。

❷ Я. Н. Щнеэ 等著，杨善让译，部分负荷下透平级的实验研究，《大容量机组火力发电技术》热机No 40，1979。

❸ О. Н. ЕМИН 等著，杨善让译，鼓风工况区中反动级特性研究，《大容量机组火力发电技术》热机 No 40，1979。

❹ C.E.Feng著，杨善让译，汽轮机的低负荷运行，《大容量机组火力发电技术》热机No 40，1979。

于鼓风工况加热，排汽温度高达200～250℃❶。

电厂电能常由于输电线路故障而送不出去，这时电厂并不想立即停机，因为线路故障通常在1～2h内即可排除，而停机后重新启动要花较长时间，因而在线路故障排除前，希望机组维持厂用电运转。还有些情况下需要维持机组空转。带厂用电运转和维持空转时，蒸汽流量都很小，不足以带走鼓风工况所产生的热量。低压缸各级，特别是末级，$\overline{Gv_2}$减小时出现鼓风工况早。由于叶片长，鼓风工况耗功大，因而可能出现低压缸过热，排汽缸变形等严重后果。因此，通常制造厂说明不允许汽轮机长时间空转。汽轮机容许的安全空转时间取决于制造厂家的设计和规定。

为了降低末级和排汽缸的温度，可在末级后装设喷水冷却装置。试验表明❷，喷水冷却装置投运时，若凝汽器真空较高，则末级动叶后汽温沿整个叶高都将降到排汽压力下的饱和温度，如50～60℃左右，比较安全。由于小容积流量工况下，末级动叶根部以负反动度工作，所以喷水冷却装置喷出的水滴，将通过根部涡流，被吸入动叶，随着涡流运动，冷却动叶。对于单元再热机组，在汽轮机负荷很小时，再热器来的多余蒸汽将通过减温减压器送入凝汽器。减温减压器中喷出的部分水滴，也将经过凝汽器倒流入末级动叶根部，冷却末级。若停用喷水冷却装置且切除减温减压器通入凝汽器的排汽，则几分钟后末级动叶后汽温就升到200℃左右，这时，有的机组末级叶间间隙外缘温度可达250℃左右。因此，不能停用喷水冷却装置。可见，排汽真空较高时，喷水冷却装置能使末级动叶及排汽温度降到排汽压力下的饱和温度左右。

若排汽压力升高，如K-300-240型汽轮机的排汽压力升高到$p_c>17$ kPa时，虽有夹带水滴的逆流进入动叶根部，但仍要引起动叶外缘汽温升高到100℃左右，末级动叶$l_b/2$以下的汽温仍接近于排汽压力下的饱和温度❸。因此要限制排汽压力p_c的升高。如制造厂规定K-300-240型机的允许排汽压力高限为30 kPa。

我国西安热工研究所与平顶山姚孟电厂对国产665mm末级叶片在小容积流量下进行温度测量，得到了同样的结论。

6.末级动叶根部出口边的水珠侵蚀

小容积流量工况下，末级叶根汽流倒流带入的水滴将对动叶出口边背弧产生侵蚀。例如，国产665mm末级叶片的出口边水滴侵蚀发生在（0.3～0.6）$\overline{l_b}$以下的区域，叶根附近的侵蚀宽度为10～15mm，向上逐渐变窄，侵蚀深度可达1～2mm，表面呈锯齿状❹，这种侵蚀使应力水平已经很高的末级叶片强度被削弱，增加了不安全因素。

二、叶片颤振

随着电站汽轮机单机功率的不断增大，末级叶片长度也不断增长，叶顶薄而微弯，近

❶ В.П.Лагун等著，杨善让译，低压缸在小负荷和空载时的工作特性，《大容量机组火力发电技术》热机No40，1979。

❷ В.П.Лагун等著，杨善让译，低压缸末级在小负荷和空载时的工作特性，《大容量机组火力发电技术》热机No40，1979。

❸ В.С.Щаргородский等著，杨善让译，К-300-240透平在空载工况下低压缸的热状态，《大容量机组火力发电技术》热机No40，1979。

❹ 孟凡林、秦水才等，1983～1986年国家某科技攻关项目第二项课题技术报告《665mm末级叶片流场、动应力测试及在小容积流量下叶片安全、经济性分析》。

于平板的形状，抗振性能减弱；由于末级叶片长度增长，末级叶顶的圆周速度处于跨音速或超音速区域，加之大功率机组参与调峰，使叶片常在小容积流量大负冲角下运行。运行经验、理论分析与试验研究表明，这些特点往往是导致叶片发生颤振以致损坏的原因。叶片颤振事故的日益多发性趋势，几乎是各国汽轮机行业所面临的共同问题，下面对叶片颤振的概念作一介绍。

1.颤振是自激振动的一种类型

颤振是自激振动的一种类型。自激振动是不需要周期性外力，只依靠自激振动系统内各部分的相互耦合作用而维持的稳态周期运动。

颤振的研究最早是从研究机翼颤振开始的，机翼的一个特征面与汽流方向的夹角称为攻角，以α表示。图3.5.7中画出了流体与结构（即机翼、叶片等）间的相对速度和攻角随结构运动速度变化的示意图。借助于这张图来说明气动力变化导致自激振动的原理[39]。图3.5.7(b)中的矩形棱柱体A表示振动体结构，以其底面作为特征面，k和c表示结构振动时的弹性和阻尼。图3.5.7(a)中横坐标量为时间τ，纵坐标量是结构横向运动速度$\dot{y}$。横向运动是指上下运动。u表示远方来流的速度，设远方来流是定常的,则u_r表示结构以速度$\dot{y}$运动时气流对结构的相对流动速度。气流作用于结构上的阻力F_D的方向必然与u_r的方向相同，垂直于F_D的F_L表示升力。根据攻角的定义，图3.5.7(a)中的α_1与α_2就是两个特定时间的攻角。

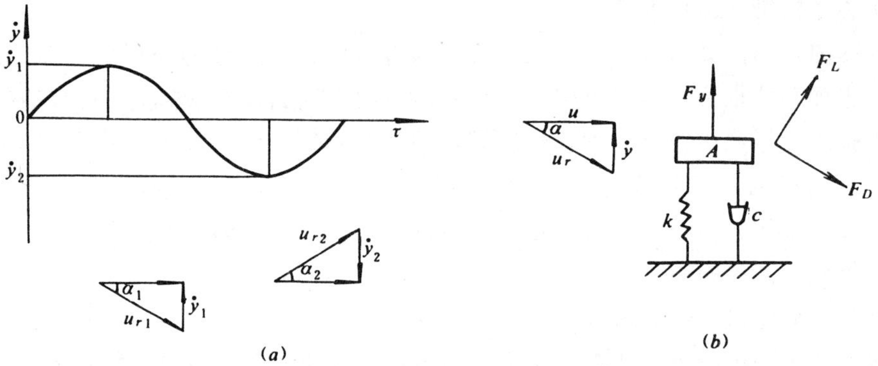

图 3.5.7 流体与结构间的相对速度与攻角的变化

(a)结构横向速度$\dot{y}$的变化；(b)结构受力示意图

当结构作横向振动时，由于$\dot{y}$是周期性变化的，因而攻角α必然是周期性变化的。F_y是气流作用在结构上的横向力，F_y可能加强结构的振动，也可能减弱结构的振动。F_y可用下式表示：

$$F_y = F_L\cos\alpha - F_D\sin\alpha \tag{3.5.1}$$

可见气流作用在结构上的横向力F_y是攻角α的函数。当结构振动时，攻角α是周期性变化的，因而F_y也是周期性变化的。如果结构振动导致F_y的变化是负反馈，即周期性变化的力F_y使结构的振动减弱，则振动趋于稳定；如果结构振动导致F_y的变化是正反馈，即周期性变化的F_y使结构的振动加强，则振动增强，导致自激振动。

由此可见，气流绕叶片运动时，叶片所受到的气动力还要取决于叶片自身的运动状态，如取决于叶片运动速度$\dot{y}$等，因为叶片的运动反过来要改变气流流场，从而改变流场对叶片的气动力。一定条件下，这种相互作用能导致叶片振动加剧，这种振动就是自激振动。这时，气流和叶片组成一个自激振动系统。气流和叶片之间的相互作用力，是自激振动系统内部的相互作用力而不是外力。

若气动力相对于结构（振动体）的变形恢复力很弱，则自激振动频率与结构固有频率很接近，这类自激振动称为弛振。若气动力与结构变形恢复力是能够相比较的量，则自激振动频率与结构固有频率有明显差别，这类自激振动称为颤振[40]。

形成颤振的非定常横向力可看成是由颤振本身引起的。因在远方来流是定常流的前提下，若叶片颤振停止，则攻角α不再变化，横向力F_y变为常量，那么作用在叶片上引起振动的非定常作用力也就随之消失，由此也可看出颤振是自激振动。相反，在F_y的变化是正反馈的条件下，处于远方来流为定常流的流场中的叶片，一有微弱的初始振动就会失去稳定性。叶片不断地从气流中吸取能量，其振幅不断增大，即引起颤振发作。因此颤振又是流体诱发的结构自激振动的一种类型。

如果气流与结构横截面分离，气动力就是流动角度的一个非线性函数，这种结构叫做非流线型结构。非流线型结构流体诱发的振动，通常称为失速颤振[41]。“失速”是气流与结构分离之意[7]。汽轮机叶片在小容积流量工况下运行时，汽流与叶片脱离，能够诱发失速颤振。

2. 从能量的角度来认识颤振

实际振动都是有阻尼振动。叶片振动时有气动阻尼和机械阻尼，气动阻尼远大于机械阻尼，因此常常忽略机械阻尼的影响。对于有阻尼振动，即使维持原有振幅不变，也要消耗能量。若要使振动加强，则更要消耗能量。因此可以从能量的角度来判断叶片颤振是否发生。若在一个振荡周期内，叶片由汽流所得到的能量大于振动阻尼所消耗掉的能量，则振动加强，振幅加大，出现颤振；若在一个振荡周期内，叶片由汽流中所得到的能量小于振动阻尼所消耗的能量，则振动衰减，逐渐消失；若两种能量相等，则振幅维持不变。因此可以说，叶片颤振的本质在于非定常流场向振荡着的叶片传输能量。

3. 小容积流量下末级叶片的动应力实测

对低压缸末级叶片的实测表明，在相对容积流量$\overline{Gv_2}$减小过程中，$\overline{Gv_2}$减小到相当小时，叶片振动应力开始大大增加，然后达到某一最大值，容积流量再继续减小时，振动应力反而减小。振动应力与$\overline{Gv_2}$之间呈非单调变化关系。

图3.5.8是西安热工研究所对神头电厂2号机末级$l_b=685$mm动叶在$0.8l_b$处实测的动应力数值❶。当$\overline{Gv_2}=0.13\sim0.3$时，振动应力大增，且这一现象在负荷上升与下降过程中重复出现；当$\overline{Gv_2}=0.16$时，动应力σ_d达最大值，$\sigma_{d.\max}=59.3$MPa。

苏联文献上的一组数据是：$\overline{Gv_2}<0.2\sim0.3$时，动应力大大增加；$\overline{Gv_2}=0.05\sim0.10$时，动应力达最大值；$\overline{Gv_2}$进一步下降时，动应力急剧下降；到$\overline{Gv_2}=0.03\sim0.05$最小值时，动应力达到零[43]。西安热工研究所与平顶山姚孟电厂合测的50MW汽轮机末级665mm

❶ 王仲博等，高背压小容积流量下汽轮机末级长叶片可靠性的试验研究（I）。

长叶片的动应力，在$\overline{Gv_2}$减小过程中也由小变大，再变小，15MW时达最大值，$\sigma_{d.\max} = 11.6\text{MPa}$。

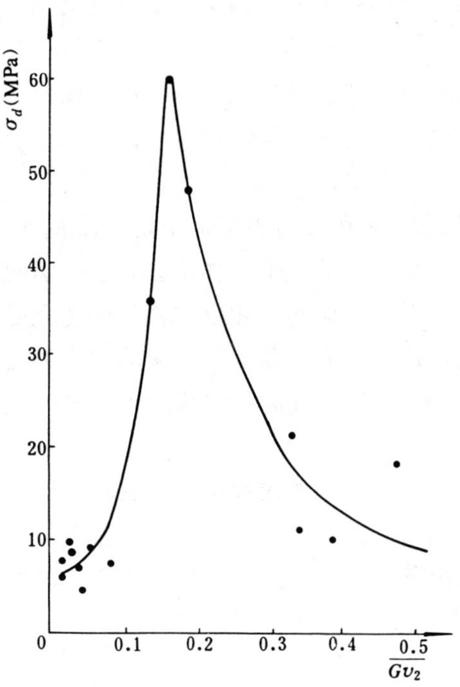

图 3.5.8 685mm叶片动应力与$\overline{Gv_2}$的关系

动应力与蒸汽容积流量之间的这种非单调变化关系，是自激振动的一个特征[43]。所以，动应力的急剧增大可能与叶片颤振密切相关[43]。

4.预测叶片颤振发生的方法

汽轮机叶片的可靠性对汽轮机的安全运行影响很大。国外文献所载，汽轮机最主要的事故是动叶片损坏，它占汽轮机事故的30%。苏联文献统计，在功率为64～365MW之间的76台汽轮机中，工作5年后有28台出现损坏事故，其中有80%是动叶片损坏事故。我国在1973～1982年10年间统计，叶片损坏每年在100级次以上，主要发生在低压最末几级长叶片上。国外曾有不少机组在小容积流量下运行时发生末级长叶片的断裂和损坏。最末几级叶片损坏的主要原因之一是颤振，为了避免叶片损坏，需要预测叶片的颤振。

国际上沿用的经验法，是用折合频率K，也就是折合速度$\bar{v}$来判断颤振是否发生❶❷，即

$$K = \frac{\omega b/2}{w} = \frac{1}{\bar{v}} \tag{3.5.2}$$

式中 ω——叶片一阶弯曲振动自振圆频率，rad/s；

b——叶顶附近特征截面处的叶弦长，对悬臂叶片一般取（0.75～0.85）l_b，美国通用电气公司取$0.875l_b$，m；

w——同一特征截面处的动叶进口相对速度，m/s。

折合速度$\bar{v}$是折合频率K的倒数。BBC经过大量试验的数据表明$\bar{v} \leqslant 4.4$，即$K \geqslant 0.227$时，就可避免颤振。

用折合频率或折合速度一个参数来预测颤振是不会精确的，因为在设计工况附近，叶片不会发生颤振，只有在小容积流量工况下，才会发生叶片失速颤振。二者之间的重要差别是进汽角不同，在小容积流量工况下，汽流以大负冲角流向动叶，才可能引起颤振发作。美国西屋公司将汽轮机叶片的叶型加以改变，使之在低负荷下避免汽流以大负冲角进入动叶，如图3.5.9所示。这样就把原来发生颤振的叶片变为不发生颤振的叶片，这说明冲角

---

❶ 周盛、郑叔琛，蒸汽轮机叶片颤振研究，机组调峰学术会议资料，1985。

❷ 王仲博等，高背压小容积流量下汽轮机末级长叶片可靠性的试验研究（Ⅰ）。

的影响很重要。

图3.5.10[1]所示的$K-\theta$双参数预测失速颤振是否发作（θ为冲角）将比单参数预测有改进。

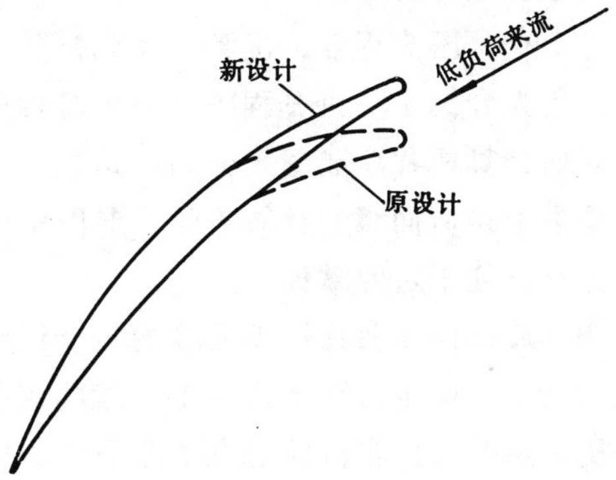

图 3.5.9 西屋公司改变叶型后避免了颤振

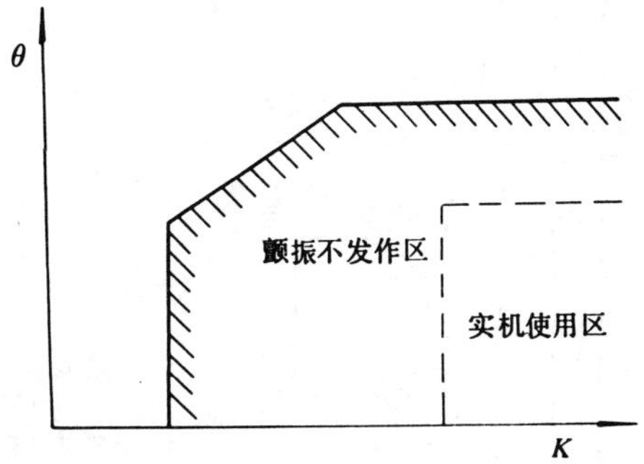

图 3.5.10 用$K-\theta$双参数预测失速颤振发作

从能量的角度来判断颤振是否发作的方法，就是求出非定常流场在一个振荡周期内对叶片所作的功是正还是负，以此来判断颤振是否发作，这称为能量法。叶片颤振发作所对应的流场，是跨音速、三维、非定常、紊流、分离流流场，应用能量法求解的困难在于当代计算流体力学的能力有限，对上述流场如果不加简化，则不能用纯数学方法加以求解。国内有对跨音速、二维、非定常、无粘性流场（即适当简化后的流场）进行求解的[2]。

许多国家都在研究如何在叶片设计阶段就能预测颤振，以便把颤振消灭在图纸阶段，实现无颤振运行。

对于已投运机组的叶片可采用减振措施，如加装拉筋、围带等；还可在运行方面规定明确的限制条件，如允许使用的最小蒸汽流量、最大背压以及各种工况下允许的运行时间等，以尽量避免颤振损坏。

第六节 变工况下汽轮机的热力核算

通过变工况核算，可以求得变工况下全机各级的压力、温度、比焓降、反动度、效率、功率等项数值，以便核算与设计功率不相同的额定功率、最大功率及其他功率下的汽轮机零件强度，分析各种工况下的运行经济性与安全性。

汽轮机变工况热力核算，以精确程度分，有详细核算和近似核算两类。详细核算结果精确，但费事，近似核算虽不够精确，但简便，不少情况下已能满足要求。从核算的次序来分，有由汽轮机进汽参数算向排汽参数的顺序核算与由排汽参数算向进汽参数的倒推核算（或逆序核算）两种，都以喷嘴或动叶的连续方程为计算基础。变工况核算时，汽轮机

---

[1] 傅小生、庄贺庆等，“851”mm叶片用于亚临界20万千瓦汽轮机低压末级的可行性研究。

[2] 周盛、郑叔琛，蒸汽轮机叶片颤振研究，机组调峰学术会议资料，1985。

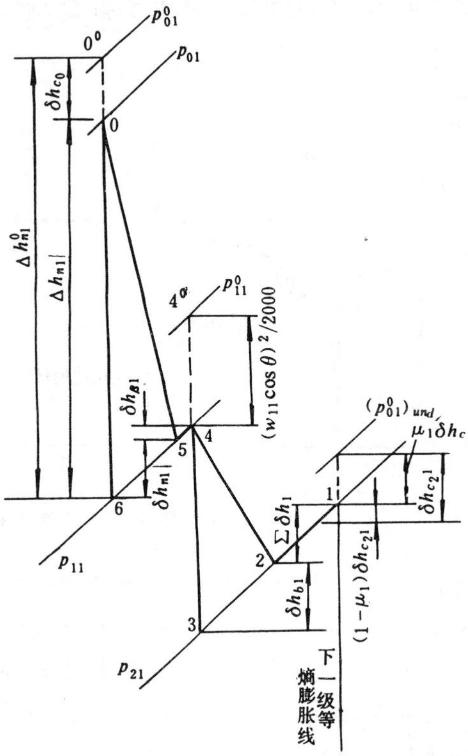

图 3.6.1 用于级的变工况倒算的热力过程线

的通流部分尺寸和蒸汽流量都是已知的。

首先介绍手算变工况程序，只有在弄清手算变工况程序后，才能进一步编制计算机变工况核算程序。

一、压力级变工况倒推详细核算

先介绍手算倒算程序。把手算程序结合后面计算机程序框图来介绍，这里一个序号基本上是后面级的计算机程序框图中的一个方框，便于对照掌握。

1. 级内为亚临界工况时的倒推详细核算

1）确定排汽状态点 1。级的倒推核算从级后开始，排汽状态点 1 是下一级的实际进口状态点 0（见图3.6.1），由下一级倒推核算到级前时初步确定，点 1 的参数 p_{21}、h'_{21}、v'_{21} 等就是下一级初步确定的 $(p_{01})_{und}$、$(h_{01})_{und}$ 和 $(v_{01})_{und}$ 等。

2）估算级内损失 $\Sigma\delta h_1$ 并确定动叶出口状态点 2。除估算喷嘴、动叶损失外，还要估算变工况下其他损失，如余速损失 $\delta h_{c_{21}}$、叶轮摩擦损失 δh_{f1}、湿汽损失 δh_{x1}、隔板漏汽损失 δh_{p1} 等。

$$\delta h_{c_{21}}=\frac{c_{21}^2}{2000}\approx\delta h_{c_2}\left(\frac{G_1 v_{21}}{G v_2}\right)^2 \quad \text{kJ/kg}$$

其他各项损失可根据第一章中损失经验公式估算。例如，由叶轮摩擦损失的经验公式中可见，变工况下只有比容 v_{2t} 与蒸汽流量 G 的变化会引起 δh_f 的改变；由湿汽损失经验公式中可以看出，只有干度 x 和 Δh_t 会影响 δh_x，等等。

$$\delta h_{f1}\approx\delta h_f\frac{G}{G_1}\;\frac{v_2}{v_{21}} \quad \text{kJ/kg}$$

$$\delta h_{x1}\approx\delta h_x\frac{\Delta h_{t1}}{\Delta h_t}\;\frac{1-x'_{21}}{1-x_2} \quad \text{kJ/kg}$$

$$\delta h_{p1}\approx\delta h_p\frac{\Delta h_{t1}}{\Delta h_t} \quad \text{kJ/kg}$$

在估算 δh_{x1}、δh_{p1} 时，需要估计级前压力 p_{01}，以估算 Δh_{t1}。

$$\Sigma\delta h_1=(1-\mu_1)\delta h_{c_{21}}+\delta h_{f1}+\delta h_{x1}+\delta h_{p1}+\cdots \quad \text{kJ/kg}$$

由点 1 沿等压线 p_{21} 向下量 $\Sigma\delta h_1$ (kJ/kg)，得动叶出口状态点 2，h_{21}、v_{21}、t_{21} 或 x_{21} 可由点 2 读出。误差以后再验算。

3）为确定动叶流量，需计算叶顶漏汽量 ΔG_t，为此要估计动叶前压力 p_{11}。若精确度要求不高，也可近似地认为$\Delta G_t \approx 0$。

4）用动叶出口连续方程计算动叶出口相对速度w_{21}：

$$w_{21}=\frac{G_1 v_{21}}{A_b} \quad \text{m/s} \tag{3.6.1}$$

式中A_b是动叶喉部截面积。将此w_{21}与点2处音速$w_{2c}=\sqrt{\kappa p_{21} v_{21}}$比较，若$w_{21}<w_{2c}$，说明动叶为亚临界工况，斜切部分无膨胀与偏转。式（3.6.1）中用A_b正确，可根据w_{21}往下算。若$w_{21}>w_{2c}$，则动叶处于临界工况，其算法将在后面介绍。以w_{21}、β_2、u作动叶出口速度三角形，可求得c_{21}、α_{21}等。

5）由求得的c_{21}算出新的$\delta h_{c_{21}}$，用新的$\delta h_{c_{21}}$取代原先的$\delta h_{c_{21}}$重新计算。如此反复，直到$\delta h_{c_{21}}$的误差满足精确度要求为止。

6）由w_{21}计算δh_{b1}、Δh_{b1}^0，确定点3与点4°，即

$$\delta h_{b1}=\frac{w_{21}^2}{2000}\left(\frac{1}{\psi^2}-1\right) \quad \text{kJ/kg} \tag{3.6.2}$$

$$\Delta h_{b1}^0=\frac{1}{2000}\left(\frac{w_{21}}{\psi}\right)^2 \quad \text{kJ/kg} \tag{3.6.3}$$

由点2沿p_{21}等压线向下量δh_{b1}（kJ/kg）得点3，由点3等比熵向上量Δh_{b1}^0（kJ/kg)得点4°，由点3得h_{2t1}，由点4°得h_{11}^0与p_{11}^0。

7）初算Δh_{b1}，确定点4。变工况下动叶进口有效相对速度$w_{11}'=w_{11}\cos\theta$，冲角$\theta=\beta_1-\beta_{11}$，$w_{11}'$见图3.2.6，则

$$\Delta h_{b1}=\Delta h_{b1}^0-\frac{(w_{11}\cos\theta)^2}{2000}=\frac{w_{21}^2}{2000}\left[\frac{1}{\psi^2}-\left(\frac{w_{11}\cos\theta}{w_{21}}\right)^2\right]$$

$$\approx\frac{w_{21}^2}{2000}\left[\frac{1}{\psi^2}-\left(\frac{w_1}{w_2}\right)^2\right] \quad \text{kJ/kg} \tag{3.6.4}$$

w_{11}的第一次估算可取$\dfrac{w_{11}\cos\theta}{w_{21}}\approx\dfrac{w_1}{w_2}$,以后再验算。由点3等比熵向上取$\Delta h_{b1}$（kJ/kg)，确定点4，由点4可读得$p_{11}$、$h_{11}$。

8）按第一章公式算变工况下的隔板漏汽量ΔG_{p1}，确定喷嘴流量G_1，计算撞击损失$\delta h_{\beta 1}=\dfrac{1}{2000}(w_{11}\sin\theta)^2$(kJ/kg)。若$G_1$与设计值之差在20%以内，可初估$\delta h_{\beta 1}\approx 0$，由点4沿等压线$p_{11}$向下量取$\delta h_{\beta 1}$(kJ/kg)，得喷嘴出口状态点5，由点5可读得$v_{11}$。

9）用喷嘴出口连续方程计算喷嘴出口速度c_{11}：

$$c_{11}=\frac{G_1 v_{11}}{A_n} \quad \text{m/s} \tag{3.6.5}$$

式中，A_n是喷嘴喉部截面积。将c_{11}与点5处的音速$c_{1c}=\sqrt{\kappa p_{11} v_{11}}$比较，若$c_{11}<c_{1c}$，说明喷嘴为亚临界工况，斜切部分无膨胀与偏转，式（3.6.5）中A_n正确,可根据c_{11}往下算。若$c_{11}>c_{1c}$，则喷嘴处于临界工况，其算法将在后面介绍。

10）以c_{11}、u、α_1作动叶进口速度三角形，算出w_{11}和β_{11}，由新的β_{11}重算θ,以新的w_{11}和θ代入式（3.6.4)，重算Δh_{b1}，重新确定点4和p_{11}、h_{11}。重算$\delta h_{\beta 1}$，重新确定点

5 和v_{11}，重算c_{11}。如此反复到满足精确度要求，才算求得了c_{11}、w_{11}、Δh_{b1}、p_{11}与$\delta h_{\beta 1}$。

11）由c_{11}算δh_{n1}和Δh_{n1}^0，确定点 6 与点0°：

$$\delta h_{n1}=\frac{c_{11}^2}{2000}\left(\frac{1}{\varphi^2}-1\right)\quad \text{kJ/kg} \tag{3.6.6}$$

$$\Delta h_{n1}^0=\frac{1}{2000}\left(\frac{c_{11}}{\varphi}\right)^2\quad \text{kJ/kg} \tag{3.6.7}$$

从点 5 沿p_{11}等压线向下量δh_{n1}（kJ/kg）得点 6，由点 6 读出h_{t1}。从点 6 等比熵向上量Δh_{n1}^0得点0^0，并可读得p_{01}^0与h_{01}^0。

12）以设计工况下δh_{c0}暂代δh_{c01}，由点0^0等比熵向下量δh_{c01}得点 0，读得p_{01}与h_{01}。p_{01}与h_{01}就是上一级倒推核算起点的（p_{21}）$_{abv}$与（h'_{21}）$_{abv}$。待到上一级算出$(\delta h_{c21})_{abv}$后，满足$\delta h_{c01}=\mu_0(\delta h_{c21})_{abv}$关系，$\delta h_{c01}$才能得到验算。

13）计算级的反动度Ω_{m1}：

$$\Omega_{m1}=\frac{\Delta h_{b1}}{\Delta h_{n1}^0+\Delta h_{b1}} \tag{3.6.8}$$

14）验算$\sum\delta h_1$。手算时，如果根据倒算所得Δh_{n1}^0、Δh_{b1}、p_{01}^0、p_{11}、p_{21}等进行顺算，显然所得c_{11}、δh_{n1}、w_{11}、$\delta h_{\beta 1}$、w_{21}、δh_{b1}与倒算值都一样，故这些数值不必重新顺算，但需顺算级内其他各项损失，求出新的$\sum\delta h_1$。根据新的$\sum\delta h_1$，由点 1 向下量取$\sum\delta h_1$，重新定点 2 和重新倒算。根据重新倒推核算的数据，再次重算$\sum\delta h_1$，直到满足精确度要求为止。

15）验算下一级的喷嘴进口动能：

$$(\delta h_{c01})_{und}=\mu_1\delta h_{c21}$$

若新的$(\delta h_{c01})_{und}$与原估值不符，则应以新的$(\delta h_{c01})_{und}$重算下一级$(\Delta h_{n1})_{und}$，$(\Delta h_{n1})_{und}=(\Delta h_{n1}^0)_{und}-(\delta h_{c01})_{und}$，重新定点$(0)_{und}$，重新读$(p_{01})_{und}$与$(h_{01})_{und}$。这时本级$p_{21}=(p_{01})_{und}$，$h'_{21}=(h_{01})_{und}$也都变了，应根据新的$p_{21}$与$h'_{21}$，重算本级，直到$(\delta h_{c01})_{und}$的误差满足精确度要求为止。

16）经上述核算后，即可用第一章公式算出本级效率和功率等。

2.级内为临界工况时的倒推详细核算

仅w_{21}或c_{11}算法与上述有别，其他计算全同。当$w_{21}>w_{2c}$或$c_{11}>c_{1c}$时，斜切部分有膨胀，出口面积大于喉部面积A_b或A_n，w_{21}或c_{11}不能用式（3.6.1）或式（3.6.5）计算。求w_{21}的方法如下：

1）求动叶喉部临界压力p_{2c}与临界比容v_{2c}。动叶喉部速度为：

$$w_{2c}=\frac{G_1 v_{2c}}{A_b}=\sqrt{\kappa p_{2c} v_{2c}}$$

或

$$\frac{G_1}{A_b}=\sqrt{\kappa\frac{p_{2c}}{v_{2c}}} \tag{3.6.9}$$

式中仅 p_{2c} 与 v_{2c} 未知，把动叶热力过程线，即图3.6.2(a) 中的2-4线(线上 p_{2c} 与 v_{2c} 互为单值函数）作为另一关系，与式（3.6.9）联合求解 p_{2c} 与 v_{2c}。在2-4过程线上取点2′、点2″、点2‴…，假定它们是临界状态点，将这些点的 p'_{2c} 与 v'_{2c}，p''_{2c} 与 v''_{2c} 等分别代入式(3.6.9)，算出 $\sqrt{\kappa\frac{p_{2c}}{v_{2c}}}$，作为图3.6.2($b$)的纵坐标值，对应的 p'_{2c}、p''_{2c}…作为横坐标值，描点于图3.6.2(b)中，各点联线得曲线 abc。G_1/A_b 值作水平虚线与曲线交于点 d,点 d 的横坐标值就是所求的 p_{2c}。

在 h-s 图上根据 p_{2c} 查得 v_{2c}，代入式（3.6.9)应与 G_1/A_b 相等。

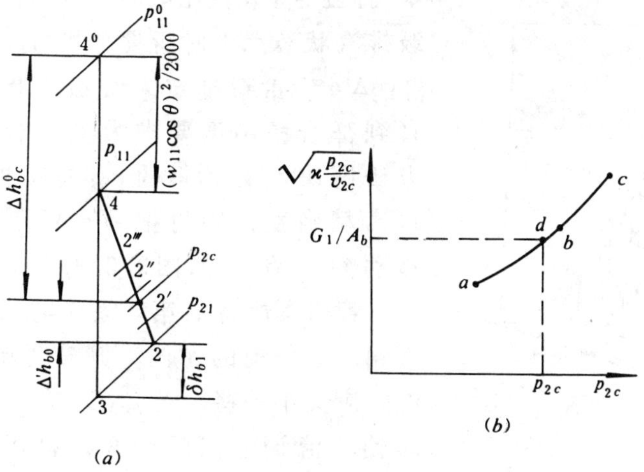

图 3.6.2 确定动叶中临界压力的辅助用图

(a)动叶热力过程线；(b)求 p_{2c} 的辅助曲线

最初假定的2-4过程线应与全级算完后的真实2-4过程线相符，否则重设2-4线,重新计算，直到相符为止。

2）求动叶出口相对速度 w_{21}。在动叶喉部截面上有

$$w_{2c}=\sqrt{\kappa\, p_{2c}v_{2c}}\quad \text{m/s} \tag{3.6.10}$$

$$\Delta h^0_{bc}=\frac{w^2_{2c}}{2000}\quad \text{kJ/kg} \tag{3.6.11}$$

Δh^0_{bc} 如图3.6.2(a) 所示，是点4^0到动叶喉部的滞止有效比焓降，这样点4^0可以确定了。在 h-s 图上查得 p_{2c}、v_{2c} 状态点到动叶出口压力 p_{21} 的有效比焓降 Δh_{b0}（见图3.6.2，a)，则

$$w_{21}=\sqrt{2000(\Delta h^0_{bc}+\Delta h_{b0})}\quad \text{m/s} \tag{3.6.12}$$

3）求动叶出口汽流偏转角 δ_2 与 β_{21}：

$$\sin\beta_{21}=\sin(\beta_2+\delta_2)=\sin\beta_2\left(\frac{w_{2c}}{w_{21}}\frac{v_{21}}{v_{2c}}\right) \tag{3.6.13}$$

根据 β_{21} 画出动叶出口速度三角形，计算 c_{21} 和 δh_{c21}。

喷嘴出口速度 c_{11} 为超音速时，其计算方法与 w_{21} 相同。

二、整机变工况倒推详细核算

（一）节流配汽汽轮机

对于定压运行凝汽式机组，末级后点 1 的压力$p'_{c1}=p_{c1}+\Delta p_{c1}$，$p_{c1}$是凝汽器变工况下压力，由第四章介绍的方法计算；$\Delta p_{c1}$是变工况下排汽管压损，按第二章公式求得。

估算变工况下全机相对内效率η_{i1}，全机$\Delta h_{i1}^{mac}=\eta_{i1}\Delta h_{t1}^{mac}$，由进汽状态比焓$h_0$扣除$\Delta h_{i1}^{mac}$，可得末级后点 1 的比焓$h'_{21}$。

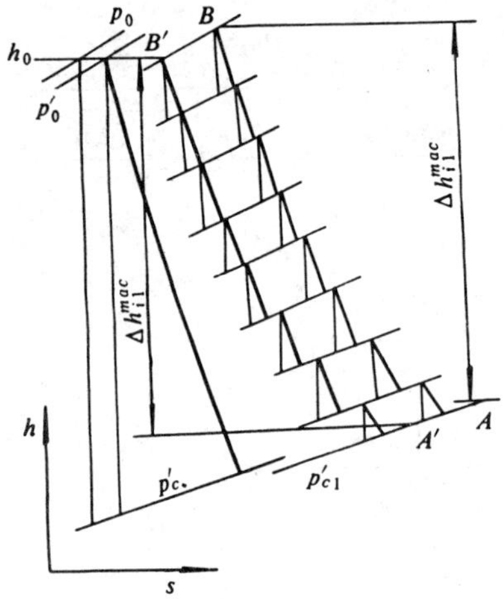

图 3.6.3 节流配汽定压运行汽轮机整机核算热力过程线

根据变工况下的G_1从末级倒算到第一级前，其比焓h_{01}应等于新汽比焓h_0。若$h_{01}>h_0$，则表示确定末级排汽状态点 1 时所设全机η_{i1}偏低，可按整机核算得的Δh_{i1}^{mac}重新确定末级级后状态点1，重新计算，直到符合精确度要求为止。若$h_{01}<h_0$，可用同一方法解决。若算得的h_{01}与h_0相差很小，或不需过高精确度，则可把算得的热力过程线AB平行移动到$A'B'$，如图3.6.3所示，不再重算。

若核算所得的第一级级前压力p'_{01}比设计工况下第一级级前的p'_0低，则表明流量G_1下，节流调节汽门应关小一些。若$p'_{01}>p'_0$，则表明流量G_1太大，即使节流调节汽门全开，也不可能流过这么多流量。

对于凝汽式汽轮机的最后几级，特别是末级，都是高径比大的扭叶级，除Δh_t外，级内其他参数在设计工况下都是沿叶高变化的，故变工况下各参数沿叶高的变化是不同的。但从整机热力计算的角度来看，即使对于末级，按平均直径处进行变工况核算，也已经足够精确[6]。这是因为末级比焓降较大，在中压机组、高压机组与一次中间再热机组中，约分别占全机理想比焓降的1/8、1/9与1/10。然而由于回热抽汽、末级流量比前面各级小，因而末级的功率只占全机的1/10～1/15，因此在末级变工况核算中，即使有些误差，对整机变工况核算的准确性影响也很小。

对于节流配汽滑压运行汽轮机，初温t_0不变，在流量和汽压都随负荷下降时，进汽容积流量$G_1 v_0$变化微小,因此包括末级及最后几级，各级的Δh_t、Ω_m、η_u、η_i等基本不变，不必进行变工况的详细核算。若仍需进行变工况倒算，则由于新汽温度t_0不变，各级温度都比同一变工况流量下的定压运行温度高，排汽温度与排汽比焓值也比同一变工况流量下的定压运行之值高，应加以注意。

（二）喷嘴配汽汽轮机

喷嘴配汽定压运行汽轮机的倒推核算，只有调节级比较特殊，非调节级的计算与节流配汽汽轮机相同。

设调节级是单列压力级，以此为例来介绍[45]调节级的倒推核算。

1. 计算全开调节汽门后的喷嘴与动叶

全开调节汽门后的喷嘴组前压力 p_0' 由 p_0 扣除进汽机构节流损失求得。喷嘴前比焓为 h_0，故图3.6.4的点 I_1 已知。调节级后 A' 的 p_{21} 与 h_{21} 由非调节级倒算到第一级前求得。

将 G_1 与设计值 G 相比可估算有几个调节汽门全开，部分开启汽门中尚有少量蒸汽，故各全开调节汽门的总流量 G_1' 必小于 G_1。取一尽可能接近真实值的 G_1'，算出全开调节汽门后各喷嘴组部分进汽度 e_1 与通汽面积 A_{n1}，动叶通汽面积是 $e_1 A_b$。

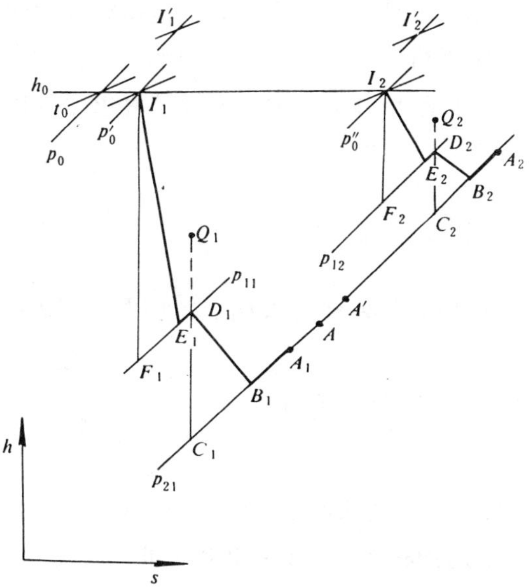

图 3.6.4 调节级倒算用热力过程线

全开调节汽门后的级后点 A_1 之比焓应比 A' 的低，因 A' 是两股汽流混合后的状态点。估计点 A_1 的比焓 h_{A1}，对全开调节汽门后的动叶与喷嘴进行倒算，算法同前，只是多一项部分进汽损失。

若算得级前状态点为 I_1'，则调整 G_1' 与 h_{A1} 重算，使 I_1' 移向 I_1。点 I_1' 的压力值将随 G_1' 增减而增减；点 I_1' 的比焓将随 h_{A1} 增减而增减。直到点 I_1' 移到点 I_1，全开调节汽门后的喷嘴和动叶才算完，所得 G_1' 才是真实流量，所得 h_{A1} 才是动叶后真实比焓值。若最初定的全开调节汽门数不当，则算不出来，须重定重算。

倒算完后，算出全开调节汽门后喷嘴与动叶的效率与功率。

2. 计算部分开启调节汽门后的喷嘴与动叶

部分开启调节汽门中的流量 $G_1'' = G_1 - G_1'$ 已知；喷嘴前的比焓仍为 h_0，也已知；喷嘴前的压力 p_0'' 未定，需推算求得；级后压力 p_{21} 已知；级后比焓 h_{A2} 需倒算确定。取一接近真实值的 h_{A_2}，由 h_{A2}、p_{21}、G_1'' 向上倒算。算得喷嘴前状态点为 I_2'，点 I_2' 的比焓将随 h_{A2} 增减而增减。调整 h_{A2}，使 I_2' 的比焓等于 h_0，所得喷嘴前压力 p_0'' 就是准确值，这时的 h_{A_2} 也是准确值。再算出部分开启调节汽门后喷嘴与动叶的效率与功率。

3. 计算调节级汽室混合后的比焓 h_A

$$h_A = \frac{G_1' h_{A_1} + G_1'' h_{A_2}}{G_1' + G_2''} = \frac{G_1' h_{A_1} + G_1'' h_{A_2}}{G_1} \tag{3.6.14}$$

h_A 若与非调节级倒算所得点 A' 之比焓 $h_{A'}$ 相同，则全机倒算结束。若不符，则调整末级排汽比焓，重算非调节级，使 $h_{A'}$ 移向 h_A。但这时 p_{21} 也可能改变，应根据新的 p_{21} 重算调节级，直到新的 p_{21} 下，$h_{A'}$ 与 h_A 之差小于规定误差。如果精确度要求不高，也可平移非调节级热力过程线，使 $h_{A'}$ 移向 h_A。

喷嘴配汽滑压运行汽轮机的调节汽门都全开时，核算方法同节流配汽滑压运行机组。

倒推核算的优点是可以计算级的临界工况，也可以计算调节级的部分开启调节汽门后的喷嘴与动叶。它的缺点是计算麻烦，即使在计算机上计算也很费机时，有时计算不能收敛。

三、由初参数到终参数的顺序核算[12]

顺序核算对于一级来说就是由级前向级后核算，只适宜计算亚临界工况。以压力级为例介绍于后。

级前滞止参数已由上一级顺算求得，流量G_1、喷嘴出口面积A_n已知。由下式算出变工况下的临界流量：

$$G_{1c}=0.648A_n\sqrt{\frac{p_{01}^0}{v_{01}^0}} \tag{3.6.15}$$

在亚临界工况必有$G_1<G_{1c}$，所以变工况下彭台门系数$\beta_1=\frac{G_1}{G_{1c}}$，通过椭圆方程由$\beta_1$求出喷嘴压力比$\varepsilon_{n1}$。由$\beta_1=\sqrt{1-\left(\frac{\varepsilon_{n1}-\varepsilon_{nc}}{1-\varepsilon_{nc}}\right)^2}$得

$$\varepsilon_{n1}=(1-\varepsilon_{nc})\sqrt{1-\beta_1^2}+\varepsilon_{nc} \tag{3.6.16}$$

由$p_{11}=p_{01}^0\varepsilon_{n1}$求得$p_{11}$，就可按第一章算法对喷嘴顺算求出$\Delta h_{n1}^0$、$\Delta h_{n1}$、$\delta h_{n1}$、$c_{11}$、$w_{11}$、$\beta_{11}$与$\delta h_{\beta1}$，并得出动叶进口状态点4（见图3.6.1）。扣除撞击损失，动叶进口有效相对速度$w'_{11}=w_{11}\cos\theta$，动叶进口动能为$\frac{1}{2000}(w_{11}\cos\theta)^2$(kJ/kg)。

由点4等比熵向上量取$\frac{1}{2000}(w_{11}\cos\theta)^2$(kJ/kg)，得动叶进口滞止状态点$4^0$（见图3.6.1），由点$4^0$读出$p_{11}^0$、$v_{11}^0$，用与喷嘴顺算相同的方法求出$p_{21}$、$\Delta h_{b1}^0$、$\Delta h_{b1}$、$w_{21}$、$\delta h_{b1}$、$c_{21}$与$\alpha_{21}$。然后计算余速损失$\delta h_{c_{21}}$和级内其他损失，以及本级的效率与功率。

确定余速利用系数后可得出下级级前滞止参数，然后再往下计算。

顺算的优点是简便，缺点之一是不能算临界工况，因为临界工况下，彭台门系数$\beta=1$，凡小于p_{1c}的任一p_{11}值都可作为喷嘴的背压，p_{11}不易确定。顺算的另一个缺点是调节级有部分开启调节汽门时不能计算，因为部分开启调节汽门后的喷嘴前压力p''_{01}不知道。但对全开调节汽门后的喷嘴与动叶可以计算。因此，可用顺算法对刚好有一个、两个或三个……调节汽门全开而没有部分开启调节汽门的调节级工况(称为“阀点”)进行核算，这种核算省时、方便。

四、调节级的通用特性曲线[12]

喷嘴配汽定压运行汽轮机调节级的变工况计算很复杂。对调节级作出通用特性曲线，通过查曲线可较快地算出变工况数据，计算方便多了。现将该通用特性曲线作法介绍于后。

调节级全开与部分开启调节汽门后的级的理想比焓降为

$$\Delta h_t=\frac{\kappa}{\kappa-1}RT_0\left[1-\left(\frac{p_2}{p_0}\right)^{\frac{\kappa-1}{\kappa}}\right]$$

部分开启调节汽门中节流较大，故喷嘴前的T'_0低于全开调节汽门后喷嘴前的T_0。若二者压

比 p_2/p_0 相同，则两部分的Δh_t之比为

$$\frac{\Delta h_t'}{\Delta h_t}=\frac{T_0'}{T_0} \tag{3.6.17}$$

对于进汽参数 $p_0=13\text{MPa}$，$t_0=550℃$的汽轮机，若部分开启调节汽门把蒸汽节流到10MPa，查h-s图后得T_0'，通过式（3.6.17）计算，部分开启调节汽门后的喷嘴与动叶的理想比焓降仅比全开调节汽门后的减小1.5%左右。可见，如近似地忽略T_0的变化，则两部分汽流的理想比焓降Δh_t就只是p_2/p_0的函数。只要p_2/p_0一定，Δh_t、速比x_a也就确定，所有速比的函数如Ω_m、η_u等也都确定，也就是说，级的特性将由p_2/p_0确定。下面通过计算，作出以p_2/p_0为自变量的一组通用特性曲线，供变工况计算查用。"通用"的含义是既适用于全开调节汽门后的喷嘴与动叶，也适用于部分开启调节汽门后的喷嘴与动叶。

设调节级是压力级，为渐缩喷嘴，各组喷嘴型线相同，主汽门前参数用p_0、v_0表示，全开调节汽门后的喷嘴前参数为p_0'、v_0'。虽是求各参数与p_2/p_0的关系，但应先设p_1，计算才方便。先对全开调节汽门后的喷嘴与动叶进行计算：

1）根据主汽门前参数，扣除进汽机构节流损失后得p_0'、v_0'，全开汽门后各喷嘴组出口面积A_{n1}已知，由$G_{c1}=0.648A_{n1}\sqrt{\dfrac{p_0'}{v_0'}}$求喷嘴临界流量$G_{c1}$。

2）假设一系列p_{11}值，求$\varepsilon_{n1}=\dfrac{p_{11}}{p_0'}$，由$\beta_n=\sqrt{1-\left(\dfrac{\varepsilon_{n1}-\varepsilon_{nc}}{1-\varepsilon_{nc}}\right)^2}$求得喷嘴彭台门系数$\beta_n$，由$G_1'=\beta_n G_{c1}$求所有全开调节汽门中的流量$G_1'$。

3）用顺算法求Δh_{n1}、c_{11}、δh_{n1}、w_{11}、β_{11}、$\delta h_{\beta1}$。

4）由动叶进口状态点等比熵向上取$\dfrac{1}{2}(w_{11}\cos\theta)^2$，得$p_{11}^0$、$v_{11}^0$，由$G_{c2}=0.648A_{b1}\times\sqrt{\dfrac{p_{11}^0}{v_{11}^0}}$求动叶临界流量$G_{c2}$，式中$A_{b1}$是全开调节汽门后各喷嘴组后的动叶出口面积。

5）若忽略叶顶漏汽，则动叶流量也是G_1'，由$\beta_b=\dfrac{G_1'}{G_{c2}}$求动叶彭台门系数$\beta_b$，由$\varepsilon_{b1}=(1-\varepsilon_{bc})\sqrt{1-\beta_b^2}+\varepsilon_{bc}$求动叶压力比$\varepsilon_{b1}$，由$p_{21}=\varepsilon_{b1}p_{11}^0$得动叶出口压力$p_{21}$。求出$p_{21}/p_0'$与$\Omega_m$。

6）算出w_{21}、δh_{b1}、c_{21}、α_{21}，计算级内各项损失。

7）计算全开调节汽门后喷嘴与动叶的η_u、η_i、P_u、P_i。

若p_{11}小于临界压力p_{c1}，则$G_1'=G_{c1}$。由于p_{11}已假定，故不妨碍喷嘴计算。动叶一般工作在亚临界工况，其算法不变。

由上述计算可见，对新汽参数、α_1、β_2已定的调节级，一个p_{21}/p_0'值，对应的Δh_{t1}、x_{a1}、Ω_m、η_u、η_i等数值都只有一个，即p_2/p_0'与它们之间都有确定的函数关系。还可看出，喷嘴、动叶出口面积只与流量G_1'、G_{c1}、G_{c2}有关，实际上与彭台门系数无关，故并不妨碍把全开调节汽门后喷嘴与动叶的计算结果用到部分开启调节汽门后的喷嘴与动叶上。

在喷嘴压力比$\varepsilon_{n1}=0.4\sim0.95$的范围内，比较均匀地取若干（如10个）$\varepsilon_{n1}$值，得出各

p_{11}值，从而算出若干组数据，以供后面画出一组通用特性曲线使用。

为了把全开调节汽门后喷嘴与动叶的计算结果用于部分开启调节汽门后喷嘴与动叶上，要引入几个系数。设部分开启调节汽门后喷嘴出口面积为A_{n2}，则部分开启调节汽门中的流量G_1''为

$$G_1'' = 0.648 A_{n2}\beta_n\sqrt{\frac{p_0''}{v_0''}} = 0.648 A_{n2}\beta_n\frac{p_0''}{\sqrt{p_0 v_0}} \qquad (3.6.18)$$

式中，p_0''、v_0''是部分开启调节汽门后喷嘴前的压力与比容；p_0、v_0是自动主汽门前的蒸汽压力与比容。上式可改为

$$G_1'' = 0.648\frac{A_{n2}}{\sqrt{p_0 v_0}}\ \frac{\beta_n}{p_{21}/p_0''}p_{21} = E\mu\, p_{21} \qquad (3.6.19)$$

式中 μ ——是压比p_{21}/p_0''的函数，$\mu = \dfrac{\beta_n}{p_{21}/p_0''}$，对于全开调节汽门后的喷嘴与动叶，$p_0''$换为$p_0'$；

E ——系数，$E = 0.648\dfrac{A_{n2}}{\sqrt{p_0 v_0}}$，对于一定的喷嘴组是常数，用于全开调节汽门后的喷嘴时，把A_{n2}换为A_{n1}。

在某个p_{21}/p_0'或p_{21}/p_0''数值下，p_{11}只有一个值，故β_n也只有一个值，因此μ也只是决定于p_{21}/p_0'或p_{21}/p_0''。

根据全开调节汽门后喷嘴与动叶计算所得的数据，画成如图3.6.5所示的一组通用特性曲线[26]。对于全开调节汽门，只要p_{21}确定后，根据p_{21}/p_0'由图3.6.5(*c*)查μ值，另算出全开调节汽门后喷嘴组E值，代入式（3.6.19），就可算G_1'。由总流量G_1减去G_1'，得部分开启调节汽门流量G_1''，将G_1''、p_{21}与部分开启调节汽门后喷嘴组的E代入式（3.6.19），算μ值，由μ值在图3.6.5(*c*)查得p_{21}/p_0''。因p_{21}已知，故可算出p_0''。再在图3.6.5(*a*)中分

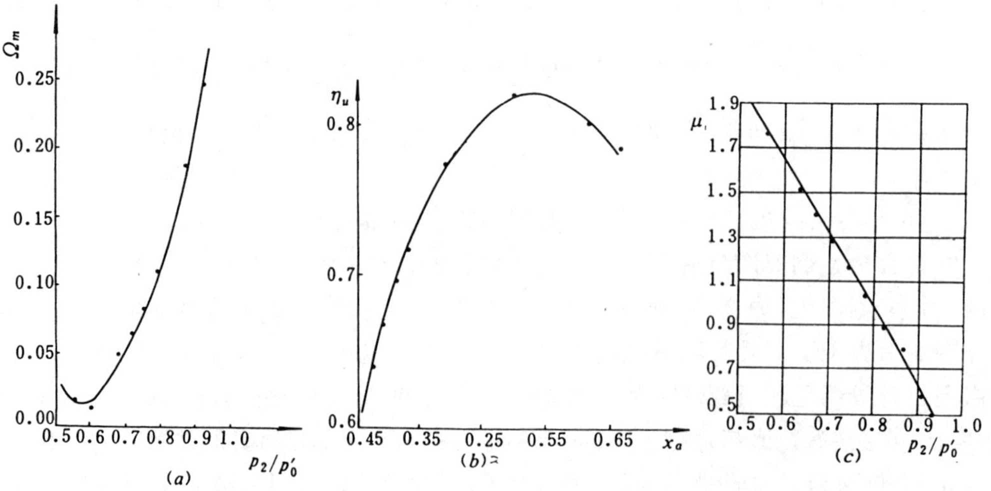

图 3.6.5　N200-12.74/535/535型汽轮机调节级通用特性曲线

(*a*)Ω_m-p_2/p_0'关系曲线；(*b*)η_u-x_a关系曲线；(*c*)μ-p_2/p_0'关系曲线

别查出两股汽流的反动度Ω_m，那么全级的核算就很方便了。

对于末级也可用类似方法作出一组特性曲线[5]，其不同点在于变工况下末级的初终参数都可能变化[12]。

五、整机变工况近似核算

汽轮机负荷变化时，调节级与末级工况变化最大。若凝汽式汽轮机末级为临界工况，则除调节级和末级外，所有中间级的比焓降Δh_t、速比x_a、反动度Ω_m、效率都不变；若末级为亚临界工况，则最后两三级中，末级参数变化最大。因此，变工况核算时，只要对调节级和末级（或最后两三级）进行核算即可。若调节级和末级已经有特性曲线，则核算较方便。求调节级的级后压力时，可将所有非调节级看成一个级组,由压力与流量关系求得。对于大量的中间级，可以不加核算，只要将设计工况下热力过程线平行移动到新的位置即可，这是一种近似核算法[3]。

另一种近似核算法是对所有非调节级都不作变工况详算，把末级原则上也划归中间级组，但要对末级与最后几级的某些损失进行变工况计算。凝汽式汽轮机末级余速损失是末级最大的一项损失，设计工况下占全机理想比焓降的1.5%~3%,需要计算；末级和其他级的湿汽损失是和余速损失大小差不多的一项损失，也应该计算；小容积流量工况下的鼓风耗功，末级最大，前面的级也有，也应该计算。考虑这三项损失后，把末级作为中间级之一来对待，是不会对整机变工况核算带来过大误差的。

有一种算法是将末级余速损失、末级与前面级鼓风工况耗功以及排汽缸的压力损失三项合并在一起，称为排汽损失。可通过汽轮机的实际试验来确定排汽损失的大小。图3.6.6所示是一台机组的排汽损失曲线。图中横坐标是末级轴向排汽速度c_{2z}的数值，$c_{2z}=\dfrac{G_c v_c}{\frac{\pi}{4}(d_t^2-d_r^2)}$，式中，$G_c$是末级流量；$v_c$是凝汽器入口蒸汽比容，因包括了排汽缸压力损失，故用凝汽器入口蒸汽比容来计算；d_t、d_r是末级动叶顶部直径与根部直径。图中纵坐标是排汽损失[6]。

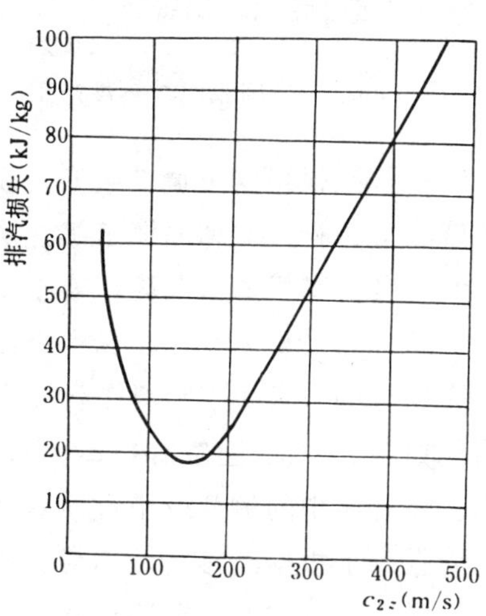

图 3.6.6　排汽损失曲线

图中约在$c_{2z}=150\,\mathrm{m/s}$以下,G_c越小,末级动叶w_{21}也越小,u不变，由动叶出口速度三角形可见，c_{21}反而越大，因此末级c_{2z}越小，末级余速损失将越大，这是曲线左半段上翘的原因之一；曲线左半段向上翘的原因之二，是流量越小，末级与其他级的鼓风工况耗功越大。在左半段中，由于c_{2z}小,所以排汽缸压力损失很小。曲线右半段上翘原因之一是流量越大，c_{21}越大，末级余速损失越大；其二是排汽缸压力损失也随G_c增大而增大。曲线右半段中没有鼓风工况耗功❶。

❶ 参考C．E．Feng著,杨善让译，汽轮机的低负荷运行，《大容量机组火力发电技术》热机No40，1979。

计算变工况下各级湿汽损失变化量时，可用过热度修正法。中间级组进汽过热度越高，排汽湿度越小，各级湿汽损失越小，故对中间级组相对内效率进行一次初态蒸汽过热度修正，就可代替变工况下对各级湿汽损失的核算。

图3.6.7是中间级组过热度修正曲线，过热度为100℃时，$K=1.0$；过热度小于100℃，$K<1.0$；过热度大于100℃，$K>1.0$。修正前，先将设计工况下级组的相对内效率η_i修正到过热度为100℃的数值，例如，设计工况下某中间级组过热度为150℃，则将η_i修正到过热度为100℃的η_i^{100}的方法是将η_i除以$K=1.015$。修正时，将η_i^{100}乘以系数K即可[6]。

背压式汽轮机的变工况简化计算是最简单的近似计算。背压式汽轮机排汽一般都是过热蒸汽，最多只有很小一点湿度，而且最末一级的理想比焓降设计值并不比中间级大许多，末级余速损失不大，一般小于4 kJ/kg，约只占全机理想比焓降的0.5%。因此，可认为变工况下非调节级的相对内效率基本上与设计工况相同，可把非调节级看成一个级组，用弗留格尔公式求出调节级后压力p_{21}，如图3.6.8所示。根据同类调节级变工况核算，或根据经验数据估算调节级效率，作出调节级变工况热力过程线03和非调节级热力过程线34，使其平行于设计工况的热力过程线12即可。

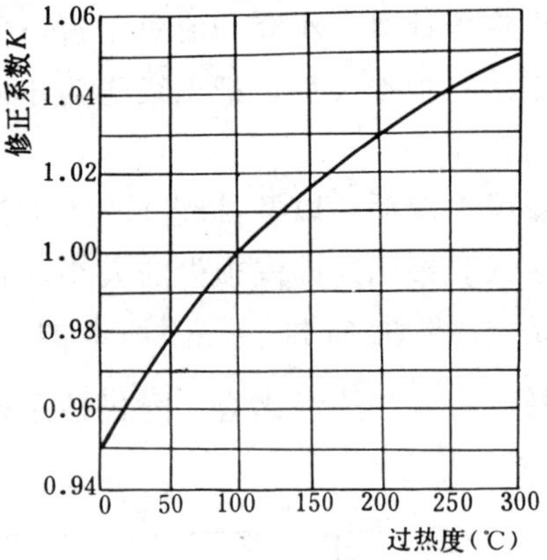

图 3.6.7 中间级组过热度修正曲线

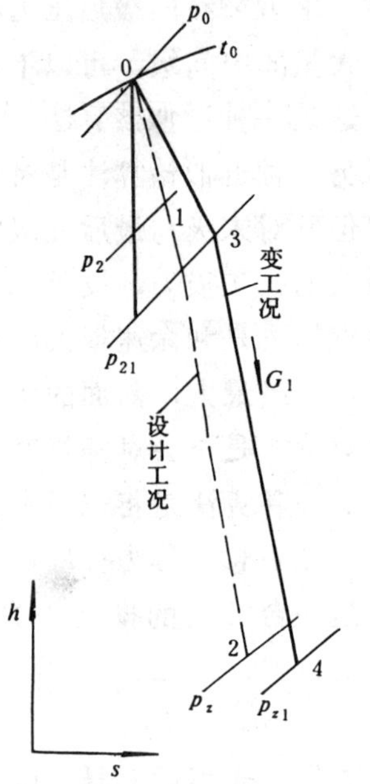

图 3.6.8 背压式汽轮机变工况简化计算热力过程线

六、用计算机进行汽轮机变工况核算

(一) 整机计算机倒算程序框图[4]

变工况的整机手工核算工作量太大，现都用计算机计算。这里介绍一种整机倒算程序框图，如图3.6.9、图3.6.10与图3.6.11所示，该程序所需初始数据，基本上是手算所需的数据。该程序中的调节级子程序只适用于不存在部分开启调节汽门的工况。进行程序计算时，先假定末级排汽参数，然后逐级向前核算。当算出的初压、初比焓与给定值不符时，自动修正流量与排汽参数后重算，直到满足精确度要求为止。

1.文字代号补充说明

$\bar{g}$表示相对漏汽量；ε除用作压比外，还用作迭代计算误差限；ΔD表示前轴封漏汽量；k表示迭代系数。

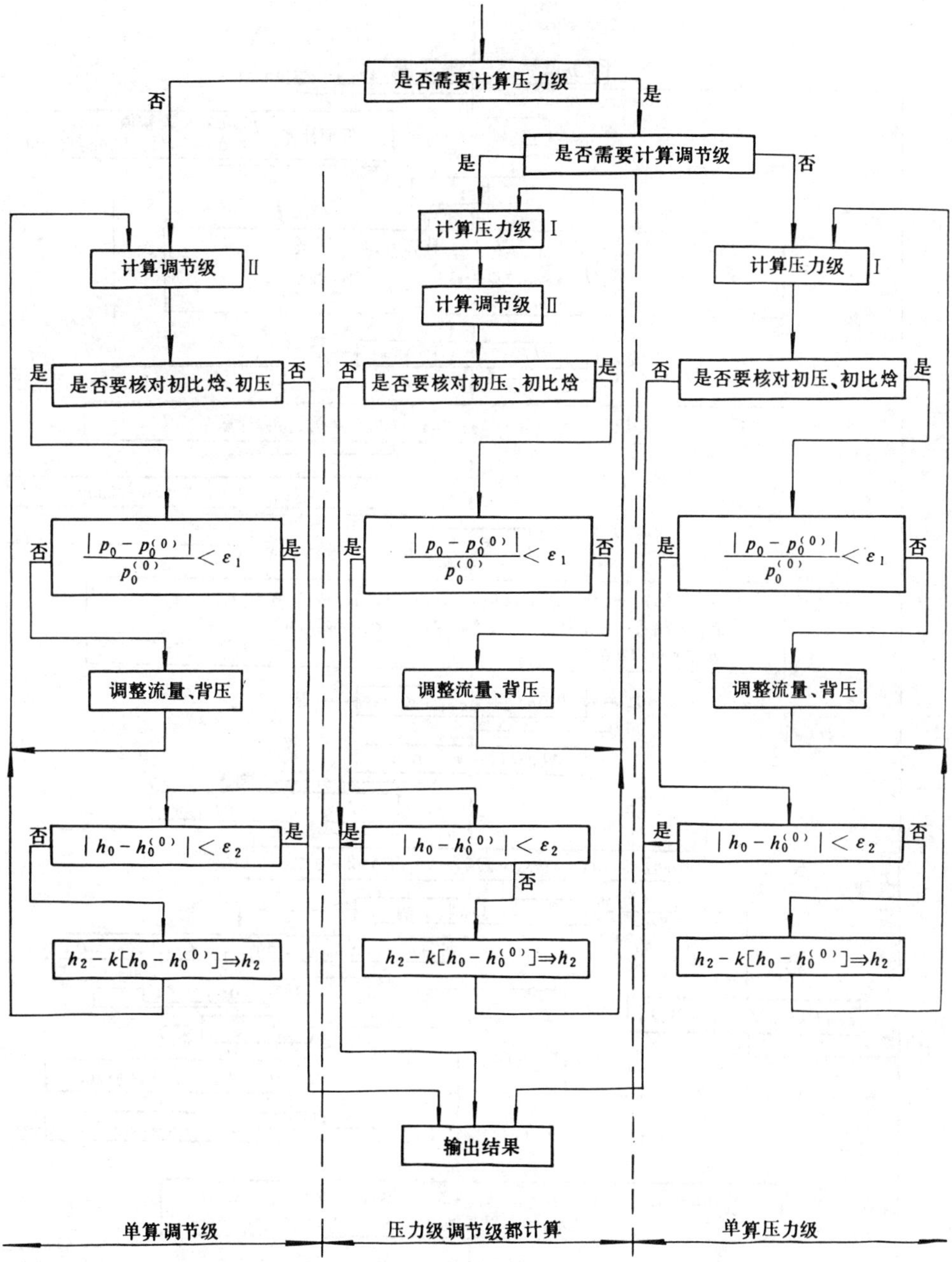

图 3.6.9 汽轮机通流部分热力计算总框图

2.下角标补充说明

1）Ⅰ与Ⅱ表示调节级第一、第二列动叶。

2）1、2、3与4分别表示调节级的喷嘴、第一列动叶、导叶与第二列动叶。

3）t 表示叶顶，$\overline{g_t}$ 表示叶顶相对漏汽量。

4）p 表示隔板，$\overline{g_p}$ 表示隔板汽封相对漏汽量。

5）i 表示迭代循环次数。

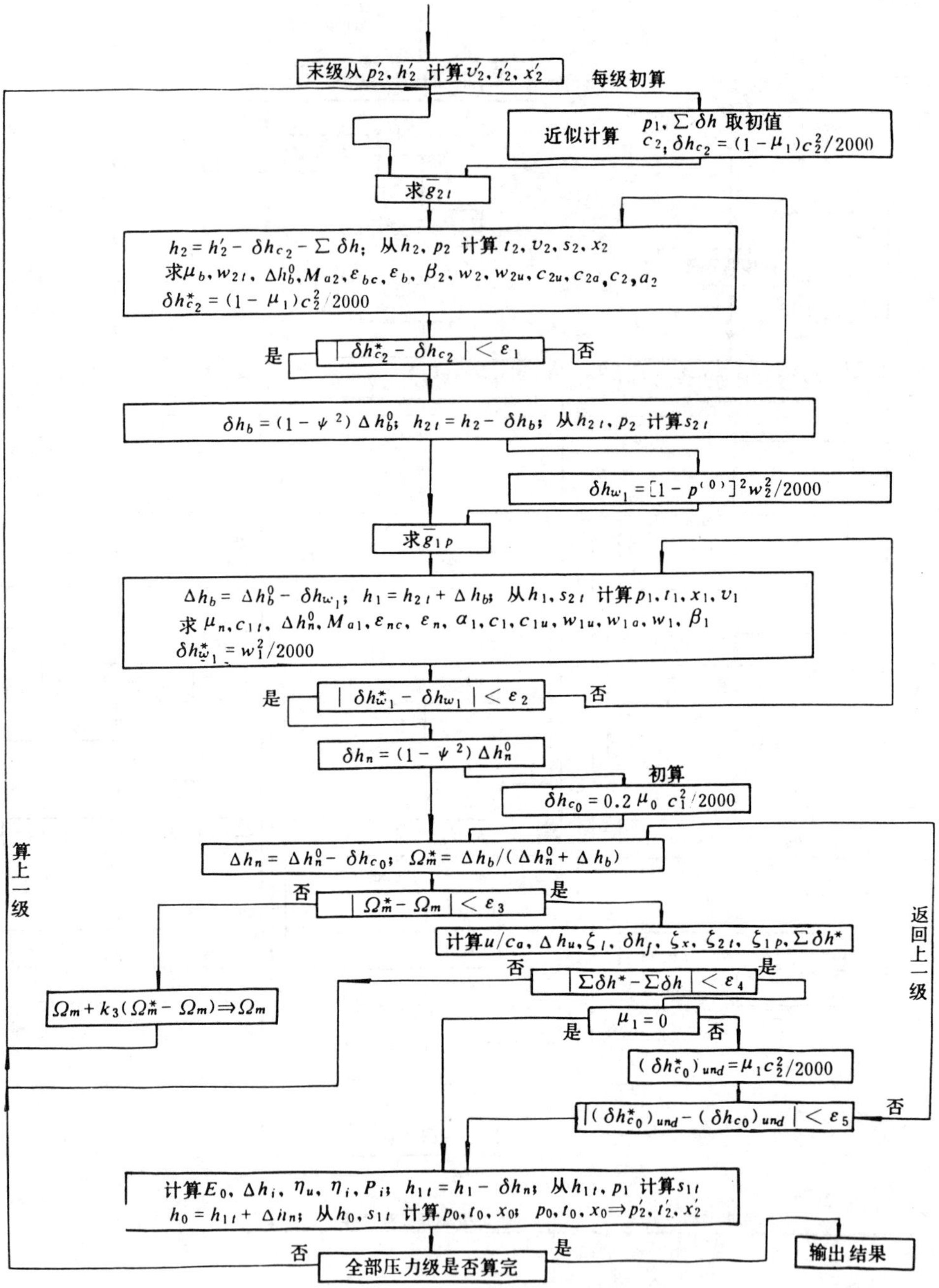

图 3.6.10 压力级倒算热力核算程序框图

3. 上角标说明

(0) 表示初值；* 表示每次迭代计算结果。

4. 计算状态参数的子程序

子程序应能满足从 p 与 t 或 p 与 x 算 h、s 与 v；从 p 与 h 算 t、x、v 与 s；从 p 与 s 算 t、x、v 与 h；从 h 与 s 算 t、x、p 与 v。

从 p_4, h'_4 计算 t'_4, v'_4; $D_4 = D_3 = D_2 = D$

求 $g_{2tⅡ}$, h^*_4

初算

$$w_{2Ⅱ} = 10^6 D v_4 / 3.6 A_{bⅡ}$$
$$\delta h_{c2} = [w^2_{2Ⅱ} \sin^2 \beta_{2Ⅱ} + (w_{2Ⅱ} \cos \beta_{2Ⅱ} - u)^2] / 2000$$

$h_4 = h'_4 - \delta h_{c2} - \sum \delta h$; 从 h_4, p_4 计算 t_4, v_4
求 $w_{2tⅡ}$, $\Delta'h^0_{bⅡ}$, $M_{a2Ⅱ}$, $\varepsilon_{bcⅡ}$, $\varepsilon_{bⅡ}$, $\beta_{2Ⅱ}$, $w_{2Ⅱ}$, $w_{2uⅡ}$, $c_{2uⅡ}$, $c_{2aⅡ}$, $c_{2Ⅱ}$, $\alpha_{2Ⅱ}$; $\delta h^*_{c2} = c^2_{2Ⅱ} / 2000$

第二列动叶

是 ← $|\delta h^*_{c2} - \delta h_{c2}| < \varepsilon_1$ → 否

$\delta h_{bⅡ} = (1 - \psi^2_Ⅱ) \Delta h^0_{bⅡ}$; $h_{4t} = h_4 - \delta h_{bⅡ}$
从 h_{4t}, p_4 计算 s_{4t}

双列

导叶

第一列动叶

$h_{4t} \Rightarrow h_{2t}$; $\Delta h^0_{bⅡ} \Rightarrow \Delta h^0_{b1}$; $w_{2tⅡ} \Rightarrow w_{2t1}$; $0 \Rightarrow \Delta h_{nⅡ}$; $0 \Rightarrow \Delta h_{bⅡ}$
$0 \Rightarrow \delta h_{bⅡ}$; $0 \Rightarrow g_{1pⅡ}$; $0 \Rightarrow g_{2tⅡ}$; $0 \Rightarrow \delta h_{nⅡ}$; $k^*_1 \Rightarrow k^*_2$

单列

初算

$$\delta h_{w11} = w^2_{2t1} / 2000$$

喷嘴

$\Delta h_{b1} = \Delta'h^*_{b1} - \delta h_{w11}$; $h_1 = h_{2t} + \Delta h_{b1}$; 从 h_1, s_{2t} 计算 p_1, v_1, t_1 计算 ΔD; $D_0 = D + \Delta D$
求 c_{1t1}, Δh^0_{n1}, M_{a11}, ε_{nc1}, ε_{n1}, α_{11}, c_{11}, c_{1u1}, w_{1u1}, w_{1a1}, w_{11}, β_{11}, $\delta h^*_{w11} = w^2_{11} / 2000$

是 ← $|\delta h^*_{w11} - \delta h_{w11}| < \varepsilon_6$ → 否

$\delta h_{n1} = (1 - \varphi^2_1) \Delta h^0_{n1}$; $\delta h_{c01} = 0$, $\Delta h_{n1} = \Delta h^0_{n1}$

$E_0 = \Delta h_{n1} + \Delta h_{b1} + \Delta h_{nⅡ} + \Delta h_{bⅡ}$; $\Omega^*_4 = \Delta h_{bⅡ} / E_0$
$\Omega^*_3 = \Delta h_{nⅡ} / E_0$; $\Omega^*_2 = \Delta h_{b1} / E_0$

是 ← $|\Omega^*_j - \Omega_j| < \varepsilon_3$; $j = 2, 3, 4$ → 否

$\Omega = \sum\limits_{j=2}^{4} \Omega_j$

当 $|\Omega^*_j - \Omega_j| < \varepsilon_3$ 时, Ω_j
当 $|\Omega^*_j - \Omega_j| > \varepsilon_3$ 时, $\Omega_j + k_j(\Omega^*_j - \Omega_j)$ $\Big\}\Omega_j$
$\Omega = \sum\limits_{j=2}^{4} \Omega_j$

计算 u/c_a; Δh_u, δh_f, ζ_l, ζ_{4t}, ζ_{3p}, ζ_{2t}, $\sum \delta h^*$

是 ← $|\sum \delta h^* - \sum \delta h| < \varepsilon_4$ → 否

计算 Δh_i, η_u, η_i, p_i; $h_{1t} = h_1 - \delta h_{n1}$;
从 p_1, h_{1t} 计算 s_{1t} $h_0 = h_{1t} + \Delta h_{n1}$
从 h_0, s_{1t} 计算 p_0, t_0, v_0

输出结果

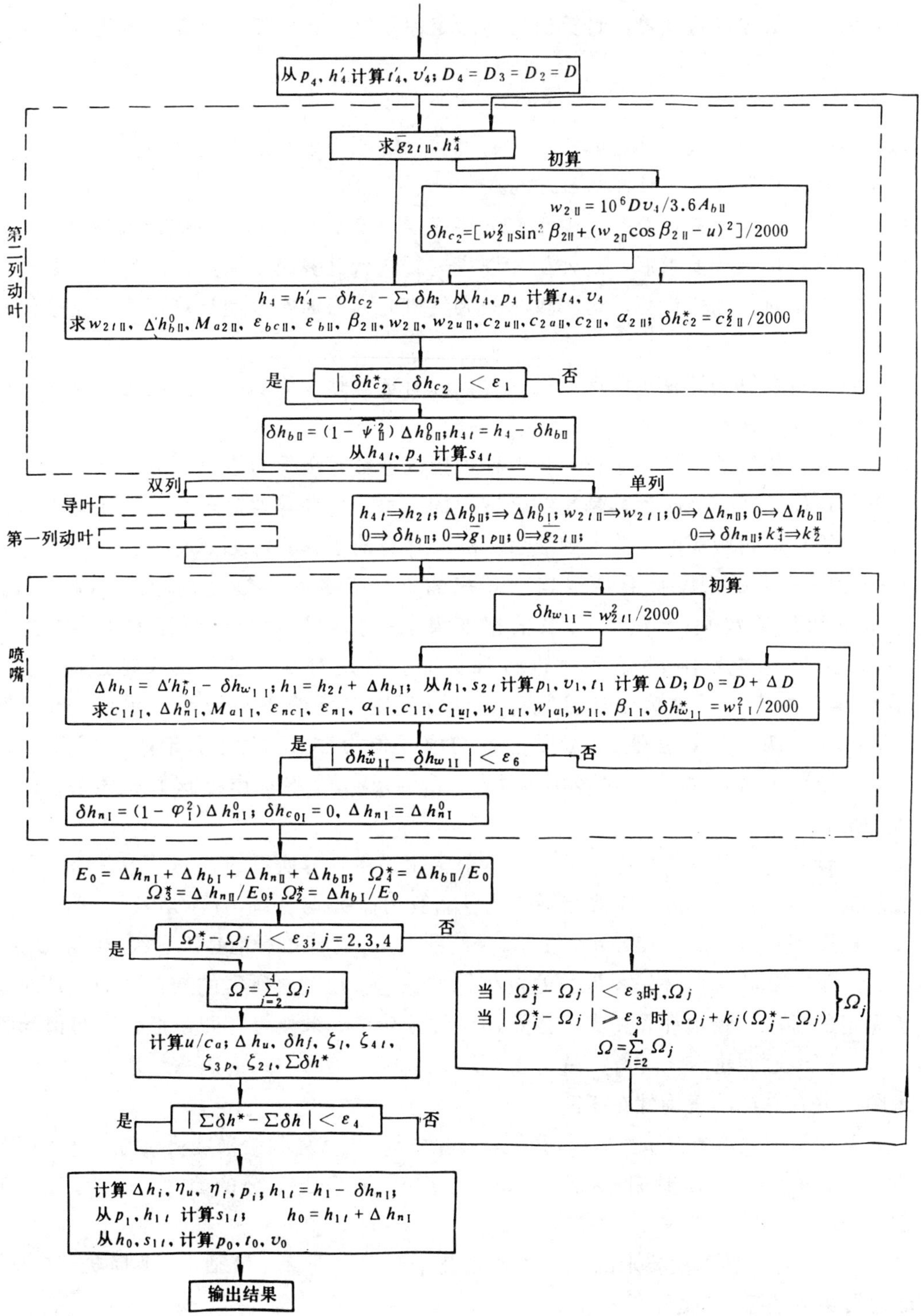

图 3.6.11 调节级热力核算程序框图

5. 逐级迭代计算

对余速损失δh_{c_2}、动叶进口动能δh_{w_1}、反动度Ω_m、附加损失之和$\Sigma\delta h$及喷嘴进口动能δh_{c_0}等五项的初值先进行计算，计算值若与给定值不符，则修正后重算。迭代公式为$y_{i+1}=y_i+k(y^*-y_i)$。

6. 间隙漏汽

只考虑隔板汽封漏汽与叶顶漏汽，没有计算动叶根部漏汽与平衡孔漏汽。

（二）逆顺序混合算法计算机程序简介[46]

用级的倒算程序上机计算时，由于有五层逐层嵌套迭代，需反复假定与验算。当内层迭代物理量已满足迭代要求后，对外层物理量进行迭代计算时，原来已满足迭代要求的内层物理量需要重新作迭代计算，这不仅花费大量机时，有时甚至使计算不能逐次迭代收敛而趋于发散。

用逆顺序混合算法计算机程序上机计算，可有选择地变为二层嵌套迭代，保证了迭代计算的收敛性和快速性。

逆顺序混合算法的计算主流程是自汽轮机排汽参数逐级算向进汽参数，但在每一级计算过程中，逆序计算和顺序计算是相结合进行的。每一级要算四轮。每一轮计算中先逆序由级后算到级前，再顺序由级前算到级后。顺序计算的手算算法如前所述。

每一轮计算中的逆序计算是根据刚算完的下一级级前参数$(p_{01})_{und}$、$(h_{01})_{und}$，即这一级的级后参数p_{21}与h'_{21}，以及根据本级上一轮顺算计算中所得的各项损失、动叶入口动能$\delta h_{w_{11}}$与反动度Ω_{m1}等来进行计算的。若是对本级进行第一轮逆序计算(在这之前对本级尚未进行过顺序计算)，那么可以用刚算完的下一级的各项损失值、$\delta h_{w_{11}}$与Ω_{m1}等作为本级的计算初值，也可以把各初值赋值为零。级的逆序计算中应算出w_{21}、p_{11}、c_{11}、p^0_{01}等各项数值，对各项损失、$\delta h_{w_{11}}$及Ω_m等都不作校核修正重算，这就大大节省了机时。

每一轮计算的后半轮是顺序计算。根据前半轮逆序计算所得的p^0_{01}、h^0_{01}、p_{11}，以及下一级级前压力$(p_{01})_{und}$，即本级级后压力p_{21}，算出各项损失、δh_{w11}、Ω_{m1}及h'_{21}等。

每一轮顺序计算完后，校核h'_{21}与$\delta h_{w_{11}}$两项，h'_{21}的校核标准是下一级计算所得的$(h_{01})_{und}$，即本级h'_{21}初始值；$\delta h_{w_{11}}$的校核标准是上一轮计算所得的$\delta h_{w_{11}}$。只要这两项误差小于规定的ε值，本级才计算完成，当然还要计算功率、效率等。即使把各项初值均假设为零，也只要经过四轮迭代计算，就可得到逼近真实热力过程线的满意结果。

逆顺序混合算法的正确性在于：

1）每轮迭代计算都从p_{21}与h'_{21}开始，p_{21}与h'_{21}是已算到精确度要求的下一级级前$(p_{01})_{und}$和$(h_{01})_{und}$，这就保证了每轮迭代计算都是在级的真实热力过程线邻近进行的；

2）使h'_{21}符合精确度要求的判断条件是几个迭代物理量（包括各项损失、$\delta h_{w_{11}}$和Ω_m)逼近真实值的综合判断；

3）$\delta h_{w_{11}}$要单独校核以满足精确度要求，这就充分地保证了由p^0_{11}确定p_{11}的正确性。

第七节　初终参数变化对汽轮机工作的影响

以上介绍的都是流量变化引起的变工况，本节介绍初终参数变化引起的变工况。工况变动时机内压力、温度与流量关系密切，故这两种变工况很难截然分开。

一、初终参数变化过大对安全性的影响

1.蒸汽初压 p_0、再热压力 p_r 变化过大对安全性的影响

1）初温不变，初压升高过多，将使主蒸汽管道、主汽门、调节汽门、导管及汽缸等承压部件内部应力增大。若调节汽门开度不变，则 p_0 增大，致使新汽比容减小、蒸汽流量增大、功率增大、零件受力增大。各级叶片的受力正比于流量而增大。特别是末级的危险性最大，因为流量增大时末级比焓降增大得最多，而叶片的受力正比于流量和比焓降之积，故对应力水平已很高的末级叶片的运行安全性可能带来危险。第一调节汽门刚全开而其他调节汽门关闭时，调节级动叶受力最大，若这时初压 p_0 升高，则调节级流量增大，比焓降不变，叶片受力更大，影响运行安全性。此外，初压 p_0 升高、流量增大还将使轴向推力增大。

因此未经核算之前，初压 p_0 不允许超过制造厂规定的高限数值。我国姚孟电厂的法国阿尔斯通生产的亚临界320MW汽轮机规定初压 p_0 应小于等于105％额定值。当达到105％额定初压时，高压旁路调节阀自动开启，通过旁路排汽降低汽轮机的 p_0。如果旁路投入后 p_0 仍不能降低，则只允许 p_0 瞬时超过105％额定汽压，但不能超过112％额定汽压。同理，再热蒸汽压力 p_r 也不能超过制造厂规定的高限数值。

2）初温 t_0 不变、初压 p_0 降低一般不会带来危险。如滑压运行时 p_0 的下降，并未影响安全。若调节汽门开度不变，则 p_0 降低时各级叶片的受力将随流量下降而下降，轴向推力将随各级压力减小而减小，机组功率将随流量减小而减小。在 p_0 降低时，最后几级的湿度将减小。对于 $p_0=8.83MPa$ 的高压机组，即使 p_0 降到3.0MPa，也不会使凝汽式机组的排汽过热，也就不会使排汽缸和凝汽器过热。

然而 p_0 降低时，若所发功率不减小，甚至仍要发出额定功率，那么必将使全机蒸汽流量超过额定值，这时若各监视段压力超过最大允许值，将使轴向推力过大，这是危险的，不能允许的。因此蒸汽初压 p_0 降低时，功率必须相应地减小。

2.蒸汽初温 t_0 和再热汽温 t_r 变化过大对安全性的影响

1）p_0 与 p_r 不变，t_0 与 t_r 升高将使锅炉过热器和再热器管壁，新汽和再热蒸汽管道，高中压主汽门和调节汽门，导管及高中压缸部件的温度都升高。温度越高，钢材蠕变速度越快，蠕变极限越小。如铬钼钢的应力为200MPa，当工作温度由480℃上升60°C左右时，蠕变速度将增大许多倍。因此，汽温过高将使钢材蠕变的塑性变形过大，从而发生螺栓变长、法兰内开口、预紧力变小等问题，既影响安全，又缩短机组寿命，故不允许蒸汽温度过高。

通常对 t_0 和 t_r 有严格规定。阿尔斯通公司对320MW亚临界机组规定：t_0 超过额定值8°C以内时，要求全年平均运行汽温不得超过额定值；超温14℃的全年积累运行时间应少于400h；

超温28℃的全年积累运行时间应少于80 h。

2）新汽温度t_0和再热汽温t_r降低时，影响安全的关键是汽温下降速度。新汽温度下降过快，往往是锅炉满水等事故引起的，应防止汽轮机水冲击。水冲击的症状之一是蒸汽管道法兰、汽缸法兰和汽门门杆等处冒出白色的湿蒸汽或溅出水滴，这是因为蒸汽管法兰和汽缸法兰迅速被冷却收缩，而法兰螺栓在短时间内温度仍高，没有收缩，法兰的严密性大减。汽温迅速降低将使汽轮机中膨胀作功的蒸汽湿度大增,蒸汽中夹带的水滴流速很慢，水珠轴向打击动叶进口边叶背，使轴向推力增大，从而使推力瓦块温度升高，轴向位移增大，甚至威胁机组安全。对凝汽式机组，迅速降低负荷是降低轴向推力的有效措施。有的制造厂规定汽温突降50℃时，应紧急停机。

汽温下降速度小于1℃/min时没有危险。若调节汽门开度不变，则比容减小将使流量增大，但比焓降随温度减小而减小，故功率变化不大。然而比焓降减小后反动度增大，使轴向推力增大。故汽温降得多时，应防止轴向推力过大。

3.真空恶化和排汽温度过高对安全的影响

1）真空恶化和排汽温度过高时，对于转子轴承座与低压缸联成一体的机组来说，排汽缸的热膨胀将使轴承座抬起，转子对中性被破坏而产生强烈振动。

2）凝汽器铜管线胀系数大于钢制外壳线胀系数许多，排汽温度过高将使铜管热膨胀过大，引起胀口松脱而漏水，使不清洁的循环水漏入压力很低的凝结水一侧，污染凝结水质。

3）排汽压力过高将使末级容积流量大减，小容积流量工况下的鼓风工况所产生的热量将使排汽温度更加升高。容积流量很小时还可能诱发末级叶片颤振。

由于上述原因，制造厂常规定排汽压力和排汽温度不能超过某一规定值，以确保机组安全运行。

二、初终参数变化对汽轮机功率的影响

初终参数变化不大时，不会影响机组运行的安全性，然而会影响机组运行的经济性。

（一）初压p_0改变对汽轮机功率的影响

汽轮机的初温和背压不变而初压p_0改变时，全机功率的改变量可通过对功率方程式求全微分而得

$$P_i = \frac{D\Delta h_t^{mac}\eta_i}{3.6} \tag{3.7.1}$$

$$\Delta P_i = \frac{\Delta h_t^{mac}\eta_i}{3.6}\frac{\partial D}{\partial p_0}\Delta p_0 + \frac{D\eta_i}{3.6}\frac{\partial\Delta h_t^{mac}}{\partial p_0}\Delta p_0 + \frac{D\Delta h_t^{mac}}{3.6}\frac{\partial\eta_i}{\partial p_0}\Delta p_0 \tag{3.7.2}$$

以初压降低为例。若调节汽门开度不变，则式(3.7.2)第一项是p_0降低使流量减小而引起的功率减小量；第二项是p_0降低使Δh_t^{mac}减小而引起的功率减小量；第三项是p_0降低使全机相对内效率η_i变化而引起的功率改变量。初压变化不大时，全机η_i可认为不变，故$\frac{\partial\eta_i}{\partial p_0}=0$。若调节汽门开度不变，则对于凝汽式机组或调节级为临界工况的机组，流量与

初压成正比，即$\frac{\partial D}{\partial p_0}=\frac{D}{p_0}$。$\frac{\partial \Delta h_t^{mac}}{\partial p_0}$可通过查水蒸气图表取得准确数值；也可把水蒸气近似看成理想气体用公式计算,但所得数值将有不小误差。对于非再热机组，全机有

$$\Delta h_t^{mac}=\frac{\kappa}{\kappa-1}RT_0\left[1-\left(\frac{p_z}{p_0}\right)^{\frac{\kappa-1}{\kappa}}\right]$$

所以
$$\frac{\partial \Delta h_t^{mac}}{\partial p_0}=RT_0\left(\frac{p_z}{p_0}\right)^{\frac{\kappa-1}{\kappa}}\frac{1}{p_0}=p_0 v_0\left(\frac{p_z}{p_0}\right)^{\frac{\kappa-1}{\kappa}}\frac{1}{p_0}$$

把三个偏导数代入式（3.7.2），得

$$\Delta P_i=\frac{D\Delta h_t^{mac}\eta_i}{3.6}\frac{\Delta p_0}{p_0}+\frac{D\eta_i}{3.6}p_0 v_0\left(\frac{p_z}{p_0}\right)^{\frac{\kappa-1}{\kappa}}\frac{\Delta p_0}{p_0} \quad (3.7.3)$$

或
$$\frac{\Delta P_i}{P_i}=\left[1+\frac{p_0 v_0}{\Delta h_t^{mac}}\left(\frac{p_z}{p_0}\right)^{\frac{\kappa-1}{\kappa}}\right]\frac{\Delta p_0}{p_0} \quad (3.7.3a)$$

式中，p_z是汽轮机排汽压力。对于中间再热机组，p_0变化只影响高压缸的理想比焓降，因此对全机功率的变化影响较小。

（二）初温t_0改变对汽轮机功率的影响

定压运行机组的初压与背压不变，初温t_0变化时，全机功率的改变量也可通过对功率方程式（3.7.1)求全微分求得。设蒸汽在锅炉内的吸热量不变，对于非再热机组，即$Q=D(h_0-h_{fw})/3.6$不变，这样便于分析汽轮机的经济性。于是式（3.7.1)可写成

$$P_i=\frac{D\Delta h_t^{mac}\eta_i}{3.6}=Q\frac{\Delta h_t^{mac}\eta_i}{(h_0-h_{fw})} \quad (3.7.1a)$$

则 $$\Delta P_i=Q\left[\frac{\eta_i}{h_0-h_{fw}}\frac{\partial(\Delta h_t^{mac})}{\partial t_0}-\frac{\Delta h_t^{mac}\eta_i}{(h_0-h_{fw})^2}\frac{\partial h_0}{\partial t_0}+\frac{\Delta h_t^{mac}}{h_0-h_{fw}}\frac{\partial\eta_i}{\partial t_0}\right]\Delta t_0 \quad (3.7.4)$$

若t_0升高，则式（3.7.4）右边第一项是t_0升高使Δh_t^{mac}增大所引起的功率增大值；第二项是吸热量一定时t_0升高使h_0升高、流量D减小而引起的功率减小值；第三项是t_0升高使最末几级湿汽损失减小、内效率η_i升高而引起的功率增大值。

或 $$\frac{\Delta P_i}{P_i}=\left(\frac{1}{\Delta h_t^{mac}}\frac{\partial(\Delta h_t^{mac})}{\partial t_0}-\frac{1}{h_0-h_{fw}}\frac{\partial h_0}{\partial t_0}+\frac{1}{\eta_i}\frac{\partial\eta_i}{\partial t_0}\right)\Delta t_0 \quad (3.7.4a)$$

式中，$\frac{\partial(\Delta h_t^{mac})}{\partial t_0}$与$\frac{\partial h_0}{\partial t_0}$都可通过查水蒸气图表求得准确值；也可把水蒸气近似看成理想气体，用公式计算。对于非再热机组由于

$$\Delta h_t^{mac}=\frac{\kappa}{\kappa-1}RT_0\left[1-\left(\frac{p_z}{p_0}\right)^{\frac{\kappa-1}{\kappa}}\right]$$

所以
$$\frac{\partial(\Delta h_t^{mac})}{\partial t_0}=\frac{\kappa}{\kappa-1}R\left[1-\left(\frac{p_z}{p_0}\right)^{\frac{\kappa-1}{\kappa}}\right]=\frac{\Delta h_t^{mac}}{T_0} \quad (3.7.5)$$

对于过热蒸汽,$h_0=c_pT_0=c_p(t_0+273)$,故$\frac{\partial h_0}{\partial t_0}=c_p$；$\frac{\partial\eta_i}{\partial t_0}$可用经验数值代入，对于非

再热高中压机组，$\frac{\partial \eta_i}{\partial t_0}=\frac{1}{(20\sim30)}\%$，则

$$\frac{\Delta P_i}{P_i}=\left[\frac{1}{T_0}-\frac{c_p}{h_0-h_{fw}}+\frac{1}{(2000\sim3000)\eta_i}\right]\Delta t_0 \tag{3.7.4b}$$

（三）真空改变对汽轮机功率的影响

分为末级动叶中流速小于与大于临界速度两种情况介绍。

1.背压由末级动叶临界压力 p_{2c} 上升（末级 $w_2 < w_{2c}$）

背压由 p_{2c} 上升能引起内功率 P_i 变化的主要原因是全机理想比焓降减小 $\Delta(\Delta h_t^{mac})$ 和末级动叶余速动能减小，则

$$\begin{aligned}\Delta P_i &= P_{i1}-P_i = G\left[(\Delta h_{t1}^{mac}-\Delta h_t^{mac})\eta_i'-\frac{1}{2}(c_2^2-c_{2c}^2)\right]x_m\chi \\ &= G[\Delta(\Delta h_t^{mac})\eta_i'-\Delta(\delta h_{c_2})]x_m\chi\end{aligned} \tag{3.7.6}$$

式中　G——低压缸的蒸汽流量；

η_i'——背压从 p_2 膨胀到 p_{2c} 的过程的相对内效率，但未扣除湿汽损失和余速损失；

χ——背压升高和凝结水温升高使最低一级回热抽汽量减少、功率增加的系数，$\chi>1$；

x_m——$\Delta(\Delta h_t^{mac})$ 这段比焓降的平均干度；

c_2, c_{2c}——分别是排汽压力为 p_2 与 p_{2c} 时的末级余速。

背压由 p_{2c} 升至 p_2 时，理想比焓降改变量 $\Delta(\Delta h_t^{mac})$ 为

$$\begin{aligned}\Delta(\Delta h_t^{mac}) &= \frac{\kappa}{\kappa-1}p_{2c}v_{2c}\left[1-\left(\frac{p_2}{p_{2c}}\right)^{\frac{\kappa-1}{\kappa}}\right] \\ &= \frac{w_{2c}^2}{\kappa-1}\left[1-\left(\frac{p_2}{p_{2c}}\right)^{\frac{\kappa-1}{\kappa}}\right]\end{aligned} \tag{3.7.7}$$

余速损失的改变量可根据两工况的速度三角形求出，即

$$\begin{aligned}\Delta(\delta h_{c2}) &= \frac{1}{2}(c_2^2-c_{2c}^2) \\ &= \frac{1}{2}(w_2^2-w_{2c}^2-2uw_2\cos\beta_2+2uw_{2c}\cos\beta_2) \\ &= \frac{w_{2c}^2}{2}\left[\left(\frac{w_2^2}{w_{2c}^2}-1\right)-\frac{2}{w_{2c}}\left(\frac{w_2}{w_{2c}}-1\right)u\cos\beta_2\right]\end{aligned} \tag{3.7.8}$$

在同一流量下背压由 p_{2c} 上升到 p_2 时，末级均处于亚临界工况，动叶出口面积均为 A_b，故

$$\frac{G}{A_b}=\frac{w_{2c}}{v_{2c}}=\frac{w_2}{v_2}=\text{常数} \tag{3.7.9}$$

则

$$\frac{w_2}{w_{2c}}=\frac{v_2}{v_{2c}}=\left(\frac{p_{2c}}{p_2}\right)^{\frac{1}{n}} \tag{3.7.10}$$

式中，n 为多变指数。把这一关系代入式（3.7.8）得

$$\Delta(\delta h_{c2})=\frac{w_{2c}^2}{2}\left\{\left[\left(\frac{p_2}{p_{2c}}\right)^{-\frac{2}{n}}-1\right]-\frac{2u\cos\beta_2}{w_{2c}}\left[\left(\frac{p_2}{p_{2c}}\right)^{-\frac{1}{n}}-1\right]\right\} \tag{3.7.8a}$$

把式（3.7.7)、式（3.7.8a）代入式（3.7.6)得

$$\Delta P_i = Gx_m\chi\frac{w_{2c}^2}{\kappa-1}\left\{\eta_i'\left[1-\left(\frac{p_2}{p_{2c}}\right)^{\frac{\kappa-1}{\kappa}}\right]-\frac{\kappa-1}{2}\left[\left(\frac{p_2}{p_{2c}}\right)^{-\frac{2}{n}}-1\right]+\frac{(\kappa-1)u\cos\beta_2}{w_{2c}}\left[\left(\frac{p_2}{p_{2c}}\right)^{-\frac{1}{n}}-1\right]\right\} \tag{3.7.11}$$

凝汽式汽轮机末级w_{2c}在通常真空变化范围内约为370 m/s,近似为常数。式（3.7.11）中仅G与p_2/p_{2c}是变数。等号两端除以G后，由该式可见$\Delta P_i/G$只是压比p_2/p_{2c}的函数。但

$$p_{2c}=\frac{w_{2c}^2}{\kappa v_{2c}}=\frac{w_{2c}}{\kappa}\ \frac{G}{A_b} \tag{3.7.12}$$

A_b是动叶喉部截面积，不变，可见G与p_{2c}成正比。若把式（3.7.11）中的p_{2c}代换为G，则背压从p_{2c}上升到p_2所引起的单位蒸汽流量的功率改变量$\Delta P_i/G$只是p_2/G的函数，即

$$\frac{\Delta P_i}{G}=f_1\left(\frac{p_2}{G}\right) \tag{3.7.13}$$

2.背压由末级动叶临界压力p_{2c}下降（末级$w_2>w_{2c}$）

背压由p_{2c}下降只能引起蒸汽在末级动叶斜切部分膨胀并偏转，而不影响末级动叶喉部前的参数，故汽轮机P_i的改变只与w_2有关，即

$$\begin{aligned}\Delta P_i &= Gu[w_2\cos(\beta_2+\delta_2)-w_{2c}\cos\beta_2]x_m\chi\\ &=Gu[\sqrt{w_2^2-w_2^2\sin^2(\beta_2+\delta_2)}-w_{2c}\cos\beta_2]x_m\chi\end{aligned} \tag{3.7.14}$$

式中$\chi<1$，因p_2下降，凝结水温降低，压力最低的回热抽汽量增大，最末一个级组的内功率减小。w_2的增大是因p_2下降、动叶中理想比焓降增大而引起的，因此

$$\begin{aligned}\frac{w_2^2-w_{2c}^2}{2}&=\Delta(\Delta h_t^{mac})=\frac{\kappa}{\kappa-1}p_{2c}v_{2c}\left[1-\left(\frac{p_2}{p_{2c}}\right)^{\frac{\kappa-1}{\kappa}}\right]\\ &=\frac{1}{\kappa-1}w_{2c}^2-\frac{1}{\kappa-1}w_{2c}^2\left(\frac{p_2}{p_{2c}}\right)^{\frac{\kappa-1}{\kappa}}\end{aligned}$$

$$\begin{aligned}w_2^2&=\frac{\kappa+1}{\kappa-1}w_{2c}^2-\frac{2}{\kappa-1}w_{2c}^2\left(\frac{p_2}{p_{2c}}\right)^{\frac{\kappa-1}{\kappa}}\\ &=w_{2c}^2\frac{\kappa+1}{\kappa-1}\left[1-\frac{2}{\kappa+1}\left(\frac{p_2}{p_{2c}}\right)^{\frac{\kappa-1}{\kappa}}\right]\end{aligned}$$

$$\sin(\beta_2+\delta_2)=\frac{v_2w_{2c}}{v_{2c}w_2}\sin\beta_2=\left(\frac{p_2}{p_{2c}}\right)^{-\frac{1}{\kappa}}\ \frac{w_{2c}}{w_2}\sin\beta_2$$

此处$\frac{w_{2c}}{w_2}\neq\frac{v_{2c}}{v}$，因$p_2<p_{2c}$时斜切部分有膨胀，出口截面积大于$A_b$，故式（3.7.9)不能成立。将上两式代入式（3.7.14)，得

$$\Delta P_i = Guw_{2c}\left\{\sqrt{\frac{\kappa+1}{\kappa-1}\left[1-\frac{2}{\kappa+1}\left(\frac{p_2}{p_{2c}}\right)^{\frac{\kappa-1}{\kappa}}\right]-\sin^2\beta_2\left(\frac{p_2}{p_{2c}}\right)^{-\frac{2}{\kappa}}}\right.$$

$$- \cos\beta_2 \Big\} \chi x_m \tag{3.7.15}$$

式（3.7.15）两端均除以G，并以式（3.7.12）代入，则可得结论：背压从p_{2c}降低时，单位蒸汽流量的功率改变量$\Delta P_i / G$也只与p_2 / G有关，即

$$\frac{\Delta P_i}{G} = f_2\left(\frac{p_2}{G}\right) \tag{3.7.16}$$

3.通用曲线

不论背压由p_{2c}增大还是减小，$\Delta P_i / G$都只与p_2 / G有关，背压变化都从p_{2c}开始，把p_{2c}处作为$\Delta P_i = 0$的点，可将式（3.7.13）与式（3.7.16）画成相连的一根曲线，如图3.7.1所示。由于这条曲线适用于不同流量,故称之为通用曲线。图中AB线由式（3.7.13）画出，BC线由式(3.7.16)画出，点B与p_{2c}对应。点C的横坐标量是背压为末级动叶斜切部分膨胀极限时的p_2/G, 从这点起,即使背压再降,但因动叶斜切部分的膨胀能力已用完，蒸汽将在斜切部分外膨胀，功率不会增加，反而因凝结水温降低，低压回热抽汽量增大，全机功率减小，如图中虚曲线CE所示。对应于点C的真空称为极限真空[16]，这是传统定义。现在有的机组资料中所述的含意是：p_2降到由于末级动叶斜切部分膨胀而多发的功率等于最低压回热抽汽量增大使最末级组少发的功率时的真空为极限真空，因p_2再降，P_i减小。

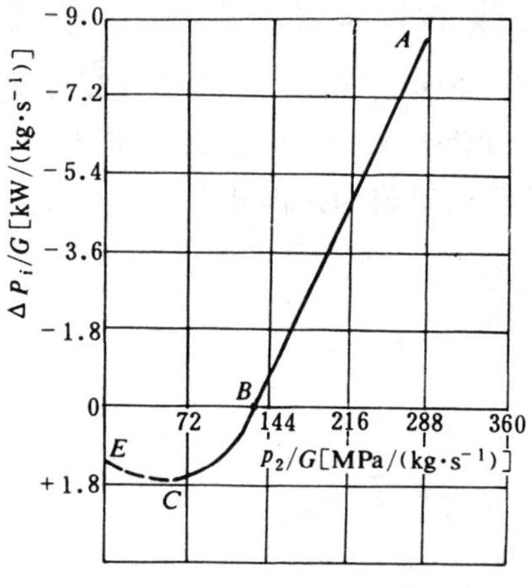

图 3.7.1　N50-90/535汽轮机通用曲线

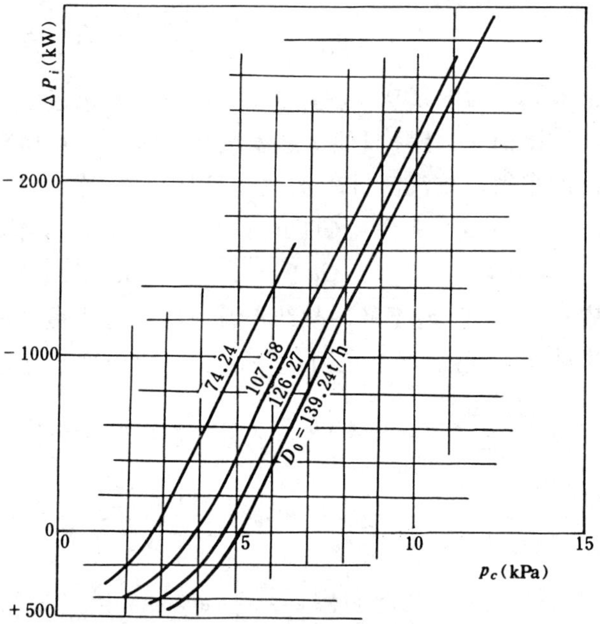

图 3.7.2　N50-90/535型汽轮机真空与功率改变量的关系曲线

以通用曲线上各点的坐标量乘以流量D_c，即得各流量下的背压与功率改变量的关系曲线，如图3.7.2所示。

三、用热力学方法近似计算热耗率和功率的修正曲线

1. p_0、t_0、p_r、t_r、p_c变化时的热耗率修正

用热耗率的变化率来表示初终参数变化对经济性的影响很明了。由图3.7.3可见，一次再热机组1kg蒸汽的吸热量为

$$Q=\overline{T}_1\Delta s=(h_0-h_{fw})+a_r(h_r-h_h) \tag{3.7.17}$$

$$\Delta s=\Delta s_0+\Delta s_r=(s_0-s_{fw})+a_r(s_r-s_h)$$

式中 $\overline{T}_1$——蒸汽在锅炉中的平均吸热热力学温度；

h_0，s_0，h_{fw}，s_{fw}——新汽比焓值和比熵值及锅炉给水比焓值和比熵值；

h_r，s_r，h_h，s_h——再热器出口及进口的比焓值和比熵值；

a_r——再热蒸汽量D_r与新汽量D之比值，$a_r=\dfrac{D_r}{D}$。

对于非再热机组，$a_r=0$，$\Delta s_r=0$，$h_r-h_h=0$。

汽轮发电机组的发电功率可用下式表示：

$$P_{el}=\frac{D}{3.6}(\overline{T}_1-T_2)\Delta s\eta_i\eta_m\eta_g \tag{3.7.18}$$

式中 T_2——蒸汽在冷源的放热热力学温度。

那么汽轮机组的发电热耗率q为

$$q=\frac{1000QD}{P_{el}}$$

$$=\frac{3600\overline{T}_1}{(\overline{T}_1-T_2)\eta_i\eta_m\eta_g} \tag{3.7.19}$$

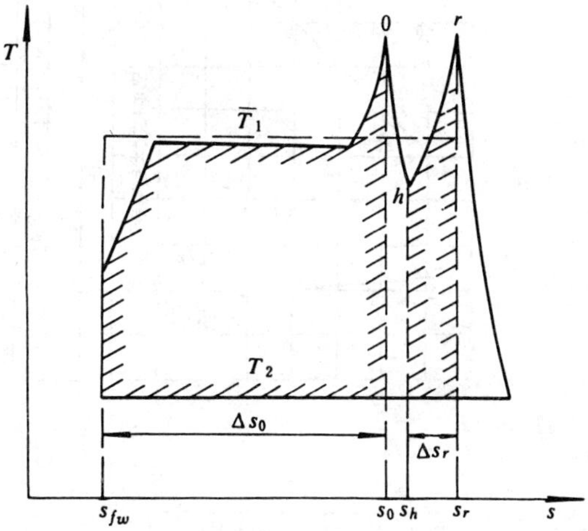

图 3.7.3 汽轮机装置的一次中间再热循环

初终参数等改变所引起的热耗率改变量Δq可通过对式（3.7.19）求全微分求得，可认为机械效率η_m与发电机效率η_g为常数，则

$$\Delta q=\frac{\partial q}{\partial \overline{T}_1}\Delta\overline{T}_1+\frac{\partial q}{\partial T_2}\Delta T_2+\frac{\partial q}{\partial \eta_i}\Delta\eta_i$$

$$=-\frac{3600T_2\Delta\overline{T}_1}{(\overline{T}_1-T_2)^2\eta_i\eta_m\eta_g}+\frac{3600\overline{T}_1\Delta T_2}{(\overline{T}_1-T_2)^2\eta_i\eta_m\eta_g}-\frac{3600\overline{T}_1\Delta\eta_i}{(\overline{T}_1-T_2)\eta_i^2\eta_m\eta_g} \tag{3.7.20}$$

或

$$\frac{\Delta q}{q}=\left[\frac{\Delta T_2}{(\overline{T}_1-T_2)}-\frac{T_2\Delta\overline{T}_1}{(\overline{T}_1-T_2)\overline{T}_1}-\frac{\Delta\eta_i}{\eta_i}\right]\times 100\% \tag{3.7.21}$$

式中，第二项负号是平均吸热热力学温度升高$\Delta\overline{T}_1$使循环热效率升高而引起的热耗率减小率，当$\Delta\overline{T}_1$为负时，$\Delta q/q$增大。可由式（3.7.17）算出变工况下的$\overline{T}_{11}$，则$\Delta\overline{T}_1=\overline{T}_{11}-\overline{T}_1$。第一项是排汽热力学温度改变$\Delta T_2$使循环热效率改变而引起的热耗率变化率，$\Delta T_2=T_{21}-T_2$，$\Delta T_2$为负时，$\Delta q/q$减小。第三项是全机相对内效率$\eta_i$变化所引起的热耗率变化率，$\Delta\eta_i=\eta_{i1}-\eta_i$，$\eta_i$变化的原因，一是低压级组湿汽损失变化，一是末级余速损失变化。

设其他参数不变而逐项改变p_0、t_0、p_r、t_r、p_c，由式（3.7.21）可算出各工况下的热耗率变化率，画出相应的曲线。

图3.7.4是我国姚孟电厂的法国阿尔斯通公司生产的320MW机组[1]的热耗率变化率与功率变化率曲线。如图3.7.4(b)所示，当p_0不变而t_0升高时，新汽比容相应增大，若调节汽门开度不变，则进汽量相应减少，此时蒸汽在高压缸的理想比焓降稍有增加，可保持高压缸功率基本不变，但中低压缸功率则因流量和比焓降减小而减少，故全机功率相应减小。

图3.7.4(c)中，蒸汽量改变或再热器流动阻力改变都将引起再热压力p_r改变。若t_r不

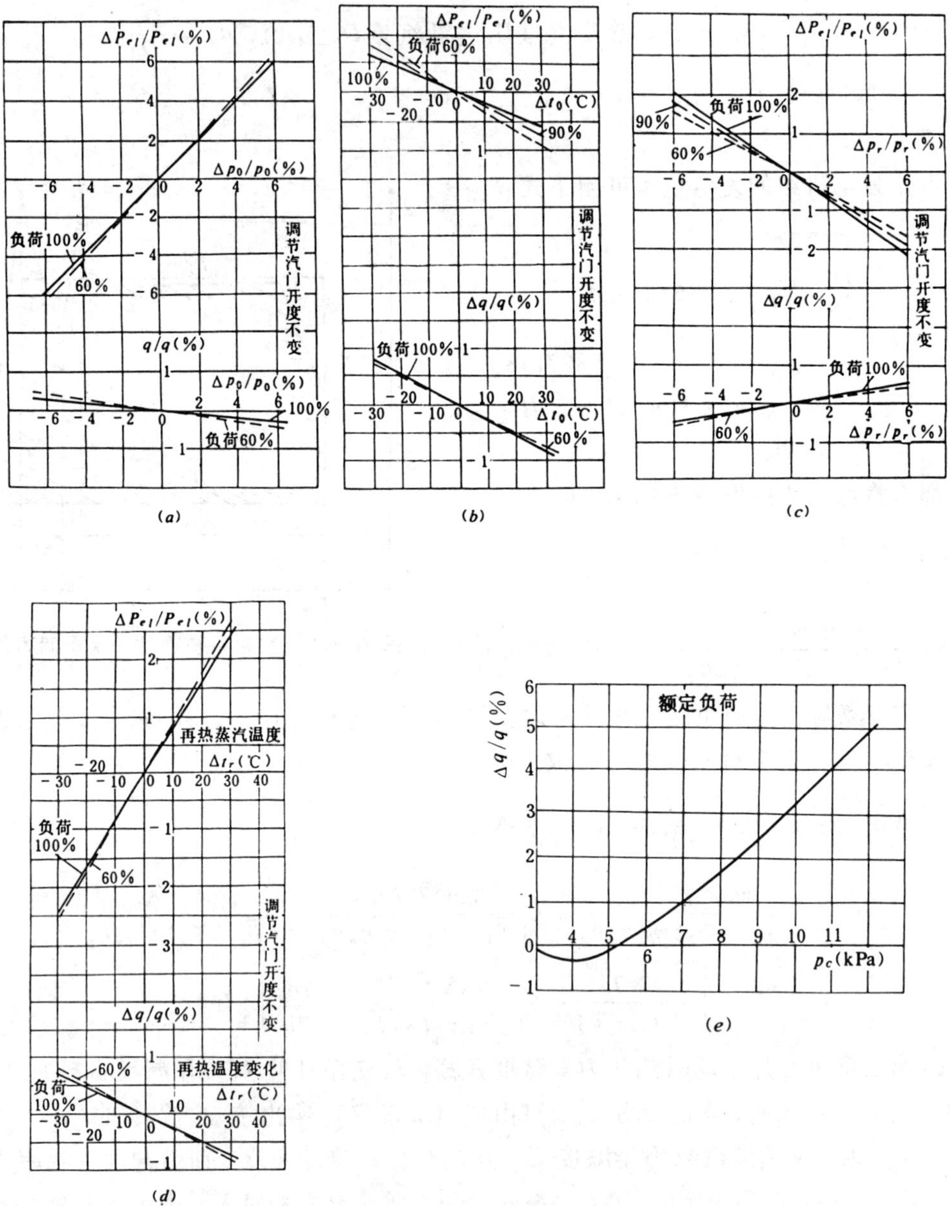

图 3.7.4 姚孟电厂法国阿尔斯通公司生产的320MW机组热耗率变化率与功率变化率曲线

(a)初压p_0变化；(b)初温t_0变化；(c)再热压力p_r变化；(d)再热温度t_r变化；(e)排汽压力p_c变化

[1] 本节所列的法国阿尔斯通公司机组资料均引自由陈汝庆统稿的姚孟电厂资料。

变而p_r降低且排汽压力不变，则中低压缸的流量和理想比焓降都相应减小，虽然此时排汽湿度降低可使低压级的η_i增大，但综合起来，汽轮机中低压级的功率相应减小。另外，再热蒸汽在锅炉中的平均吸热热力学温度相应降低，排汽比焓相应增高，从而使机组热耗率增大。图中$\Delta p_r = p_r - p_{r1}$，$p_r$为设计值，$p_{r1}$为变工况值。

2. p_0、t_0、p_r、t_r、p_c变化时的功率修正

由式（3.7.18）可得初终参数与再热蒸汽参数变化后电功率P_{el1}为

$$P_{el1} = \frac{(D+\Delta D)}{3.6}[(\overline{T_1}+\Delta\overline{T_1})-(T_2+\Delta T_2)][\Delta s+\Delta(\Delta s)](\eta_i+\Delta\eta_i)\eta_m\eta_g$$

设调节汽门开度不变，则上式中各参数的增量都是由p_0或t_0、t_r…等变化引起的。若p_0或t_0、t_r…等都变化很小，那么各增量ΔD、$\Delta\overline{T_1}$…等也都很小，上式展开且忽略二阶以上微量得电功率变化率为

$$\frac{\Delta P_{el}}{P_{el}} = \left[\frac{\Delta D}{D}+\frac{\Delta\overline{T_1}}{\overline{T_1}-T_2}-\frac{\Delta T_2}{\overline{T_1}-T_2}+\frac{\Delta(\Delta s)}{\Delta s}+\frac{\Delta\eta_i}{\eta_i}\right]\times 100\% \qquad (3.7.22)$$

式中　$\Delta(\Delta s)$——参数变化前后两工况比熵增之差，$\Delta(\Delta s)=\Delta s_1-\Delta s$；

ΔD——参数改变引起的蒸汽流量改变量。

初温不变，初压p_0变化时，$\frac{\Delta D}{D}=\frac{D_1-D}{D}=\frac{D_1}{D}-1=\frac{p_{01}}{p_0}-1$。$p_0$不变而$t_0$变化时，$\frac{\Delta D}{D}=\frac{D_1}{D}-1=\sqrt{\frac{T_0}{T_{01}}}-1$。式（3.7.22）中其他增量的计算同热耗率修正计算。逐个改变p_0、t_0…等，求得相应各增量ΔD、$\Delta\overline{T_1}$…等，代入式（3.7.22），可算得电功率P_{el}的相对变化率的近似值。而图3.7.4中各曲线是较准确的。

第八节　汽轮机的工况图与热电联产汽轮机

一、凝汽式汽轮机工况图

汽轮发电机组的功率与汽耗量间的关系曲线称汽轮发电机组的工况图，也称汽耗线。

1. 节流配汽凝汽式汽轮机工况图

实践表明，蒸汽流量在设计值的30%～100%范围内变化时，节流配汽凝汽式汽轮机的蒸汽流量D与电功率P_{el}之间的关系如图3.8.1(a)所示，用一根直线表示，误差不超过1%。虚线部分为小功率区域，无实际意义。汽耗特性方程可表示为

$$D = D_{nl} + d_1 P_{el} \qquad (3.8.1)$$

式中，D_{nl}是汽轮发电机组的空载汽耗，即汽轮发电机组保持空转时，为克服机械损失所消耗的蒸汽量。D_{nl}一般是设计流量的3%～10%。机组容量越大，D_{nl}所占百分比越小。d_1是汽耗微增率，是图中直线D的斜率，表示每增加单位功率所需增加的汽耗量。初终参数相同的同类型机组并列运行时，应让d_1较小的机组多带负荷，才能使总的汽耗量最小，这是因为机组已在运行，空载汽耗已不可避免，多带负荷所增加的汽耗量，由式

(3.8.1)可见，与汽耗微增率d_1成正比。对节流配汽凝汽式汽轮机进行变工况核算，可得各种功率下的汽耗量D、汽耗率d及相对电效率η_{el}，它们与P_{el}的关系曲线都画在图3.8.1(*a*)中。

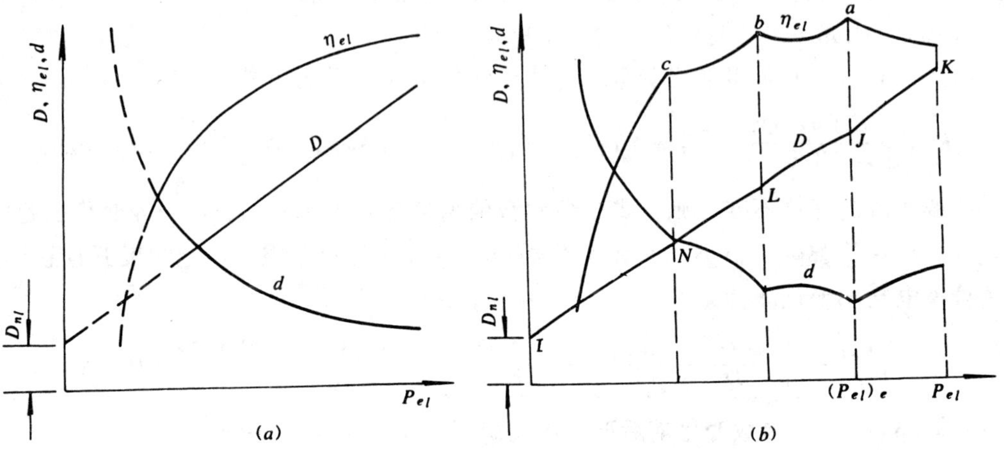

图 3.8.1 凝汽式汽轮机D、η_{el}、d与P_{el}的关系曲线

(*a*)节流配汽凝汽式汽轮机；(*b*)喷嘴配汽凝汽式汽轮机

2.喷嘴配汽凝汽式汽轮机工况图

图3.8.1(*b*)所示为某喷嘴配汽凝汽式汽轮机的汽耗量D、汽耗率d、相对电效率η_{el}与电功率P_{el}的关系曲线。在P_{el}等于经济功率$(P_{el})_e$时，η_{el}最高，如点a所示。这时前三个调节汽门刚全开，节流损失最小，因此相应的汽耗率d最小，蒸汽流量D处在波浪线低谷点J。点b与点c表示前两个或第一个调节汽门全开，节流损失很小，η_{el}较高，a、b之间，b、c之间，点a之右侧，都相应有一个调节汽门部分开启，节流损失较大，故效率η_{el}较低。因此D、η_{el}、d三根曲线都呈波浪形。

图3.8.1(*b*)中所画的汽耗线D的波动是很小的，可用折线IJK近似代替，该折线的IJ段和JK都可视为直线，则汽耗特性方程在小于经济功率$(P_{el})_e$时为

$$D = D_{nl} + d_1 P_{el} \tag{3.8.2}$$

在大于经济功率$(P_{el})_e$时为

$$D = D_{nl} + d_1 (P_{el})_e + d_1' [P_{el} - (P_{el})_e] \tag{3.8.3}$$

式中，d_1与d_1'是小于$(P_{el})_e$与大于$(P_{el})_e$时的汽耗微增率。

二、背压式汽轮机

凝汽式汽轮机的排汽热量是冷源损失，数量很大。若能把排汽压力提高，把排汽热量加以利用，或从汽轮机中抽出作过部分功的蒸汽来供热 就可大大提高蒸汽动力装置的热效率。这种既发电又供热的汽轮机称为热电式汽轮机或称供热式汽轮机。热电式汽轮机主要有背压式、调节抽汽式与调节抽汽背压式三种。常用的是前两种。

图3.8.2(*a*)是背压式汽轮机示意图。背压式汽轮机的排汽全部供热用户使用，所以没有冷源损失，热效率最高。背压式汽轮机的调节汽门开度主要由排汽管调压器的压力信号

控制，可维持排汽压力基本不变，保证供热质量。也就是说，热负荷增大,排汽压力降低、则调节汽门开大；反之关小。可见，该机组发电量的大小完全取决于热负荷的多少，多余或不足的电力由电网或并列机组调节。背压式机组事故或检修时，由减温减压器将新汽降温降压后供应热负荷。

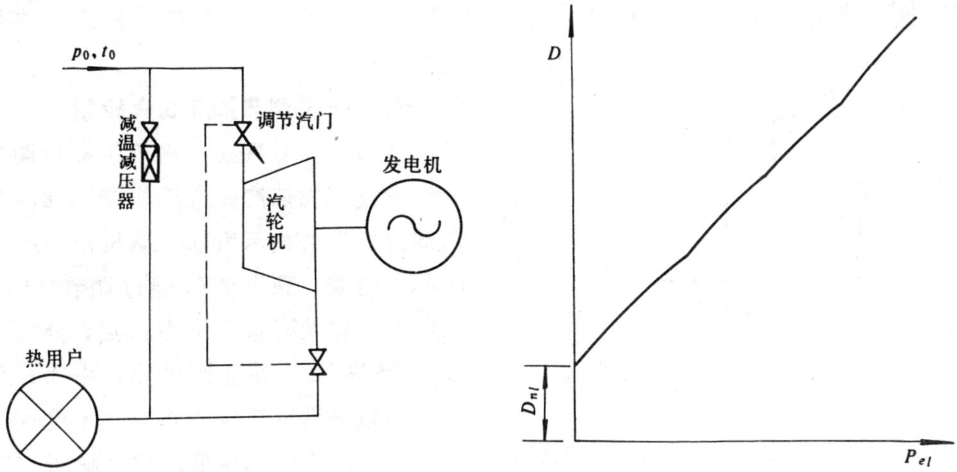

(a)　　　　(b)

图 3.8.2　背压式汽轮机示意图与工况图

(a)示意图；(b)工况图

背压式汽轮机工况图如图3.8.2(b)所示，可近似地以一根折线代表。由于同样初参数下背压式汽轮机的Δh_i^{mac}小于凝汽式汽轮机的，所以其汽耗率（即斜率d_1）、空载汽耗D_{nl}都比凝汽式汽轮机的大。

地区供热热电站一般以热水供应热用户。背压式汽轮机若仅用排汽加热热水，如图3.8.3(a)所示，则排汽压力较高，宜用在小容量机组上，可减少加热器个数，节省投资。但大容量机组常采用两级加热，如图3.8.3(b)所示。两级加热获得同一温度热水时，排汽压力可降到50 kPa左右，比一级加热增加功率3 %～5 %。有的大容量背压式汽轮机，由于排汽压力低,低压部分容积流量很大,不得不采用分流布置。如p_0 = 17.8MPa，t_0 = 535℃的大容量背压式汽机，若不采用中间再热，末级湿度将达9 %，因而采用了中间再热。

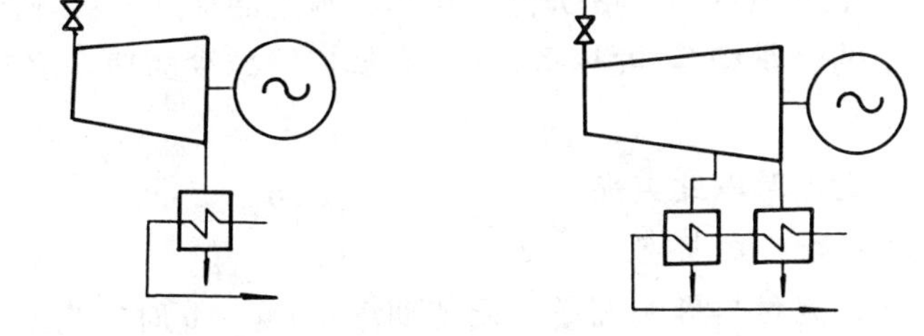

(a)　　　　(b)

图 3.8.3　背压式汽轮机加热级数示意图

(a)一级加热；(b)二级加热

背压式汽轮机排汽还可供进汽压力较低的凝汽式汽轮机使用，这种背压式汽轮机称为前置式汽轮机。

背压式汽轮机运行时，进汽量的多少完全取决于热负荷，故它最好用在一年四季都有热负荷的地方。若热负荷中断，背压式汽轮机只好停止运行，连相应的发电机都只能弃置不用，这是背压式汽轮机最不利之处。热负荷季节性强的地方宜安装调节抽汽凝汽式汽轮机。

三、一次调节抽汽式汽轮机

调节抽汽凝汽式汽轮机简称为调节抽汽式汽轮机或调整抽汽式汽轮机，图3.8.4是一次调节抽汽式汽轮机示意图。该机由高压段1和低压段2组成。新汽量D^{I}通过调节汽门甲进入高压段1，作功膨胀到压力p_e后，分为两股，一股D_e经截止阀、逆止阀供热用户4，此处设有调压器以保证供热压力p_e基本不变；另一股D^{II}经低压调节汽门乙送低压段2膨胀作功后，排入凝汽器5。若机组故障或检修，则由减温减压器3将新汽降温降压后供热用户。小容量机组高低压两段放在一个汽缸内，调节汽门乙制成回转隔板。

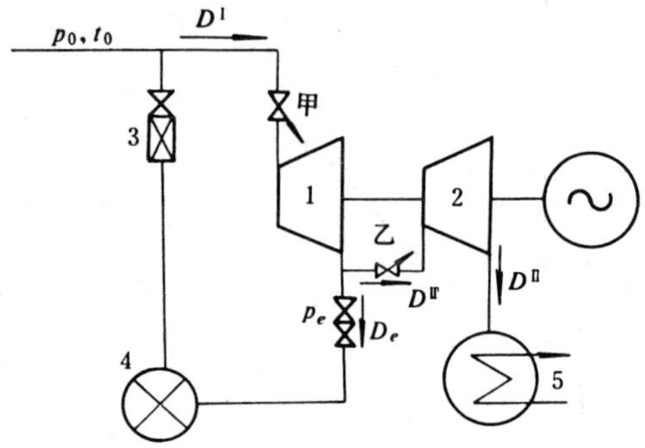

图 3.8.4 一次调节抽汽式汽轮机示意图

1—高压段；2—低压段；3—减温减压器；4—热用户；5—凝汽器

热负荷为零时，一次调节抽汽式汽轮机变为凝汽式汽轮机，仍可满发额定功率。有热负荷时，高压段流量大于低压段流量，热电负荷都可在很大范围内自由变动，互不影响，这是调节抽汽式汽轮机大大优于背压式汽轮机之处。但前者有冷源损失，热效率低于背压式汽轮机，即降低经济性换来了灵活性。

1. 一次调节抽汽式汽轮机热电负荷的调节

该汽轮机的热电负荷调节既要保证电负荷能自由变动，又要保证热负荷能自由变动，调节汽门甲与乙既受调速器控制，又受调压器控制。现举例说明如下：

电功率不变、热负荷变小时，抽汽量D_e减小，供热压力升高，调压器动作，控制调节汽门甲关小而乙开大，使高压段少发的功率等于低压段多发的功率，全机功率不变；高压段减少的新汽量ΔD^{I}加上低压段增大的蒸汽量ΔD^{II}，等于减少的抽汽量ΔD_e。

热负荷不变、电功率减小时，汽轮机转速升高，调速器动作，控制调节汽门甲与乙同时关小，高低压段减小的流量相等，供热量未变；高低压段减少的功率之和等于全机功率减少值。

其他热电负荷变化的调节以此类推。

2. 一次调节抽汽式汽轮机的特点

（1）低压段的设计流量与最大流量　调节抽汽量$D_e=0$时，高低压段流量相等，调节抽汽式汽轮机应能发出额定功率，这时低压段达最大流量D^{II}_{max}，这种工况较少。若以D^{II}_{max}作低压段设计流量，则通流面积太大，经常运行的效率太低，故低压段设计流量D^{II}_d一般是D^{II}_{max}的65％～80％。

（2）抽汽压力不可调节工况　低压段流量为设计流量D_d^{II}时，调节汽门乙已全开，低压段第一级喷嘴前压力为设计值p'_{ed}，供热抽汽压力设计值p_{ed}略大于p'_{ed}，（$p_{ed}-p'_{ed}$）为调节汽门乙全开时的节流压损，如图3.8.5所示。当$D^{\mathrm{II}}<D_d^{\mathrm{II}}$时，调节汽门乙关小，节流较大，以保持供热抽汽压力$p_e$不变。当$D^{\mathrm{II}}$必须大于设计值$D_d^{\mathrm{II}}$时，调节汽门乙已不可能再开大，只能靠增大压力$p'_e$与$p_e$来增大流量，故$p_e>p_{ed}$，抽汽压力不能维持不变，这种工况称抽汽压力不可调节工况，见图3.8.5。

（3）低压段最小流量　低压段至少应流过一最小流量$D_{\min}^{\mathrm{II}}$，以带走叶轮、叶片高速旋转所产生的摩擦鼓风热量，避免温度过高，危及安全。$D_{\min}^{\mathrm{II}}$常是设计值的5%～10%。

（4）最大功率　低压段流过$D_{\max}^{\mathrm{II}}$时，即使$D_e=0$，也可发额定功率。当低压段为$D_{\max}^{\mathrm{II}}$且D_e很大时，高压段$D^{\mathrm{I}}=D_e+D_{\max}^{\mathrm{II}}$很大，全机功率将比额定值大得多，但此种工况极少，故主轴强度和发电机最大功率常按额定功率1.2倍来设计，这就是机组允许的最大功率。

3.一次调节抽汽式汽轮机功率与流量的关系

该机热力过程线见图3.8.6。为了简化，假设给水回热系统未投运；假设全机和高低压段理想比焓降Δh_t^{mac}和$(\Delta h_t^{mac})^{\mathrm{I}}$、$(\Delta h_t^{mac})^{\mathrm{II}}$，全机和高低压段内效率$\eta_i$和$\eta_i^{\mathrm{I}}$、$\eta_i^{\mathrm{II}}$，机械损失$\Delta P_m$及发电机效率$\eta_g$在各种工况下均不变；以$P_i^{\mathrm{I}}$、$P_i^{\mathrm{II}}$和$P_i$表示高低压段和全机的内功

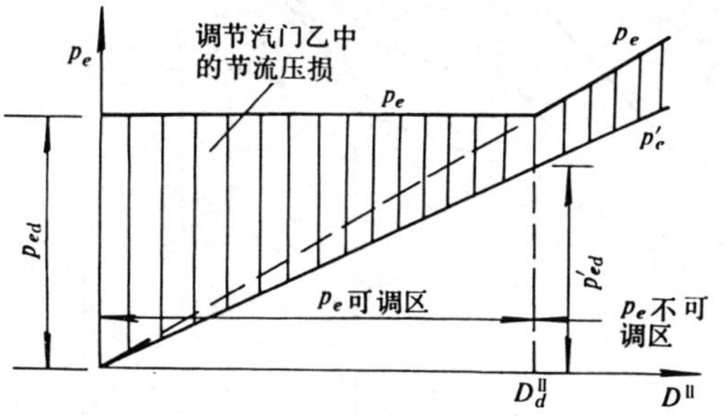

图 3.8.5　抽汽压力p_e与低压段流量D^{II}的关系

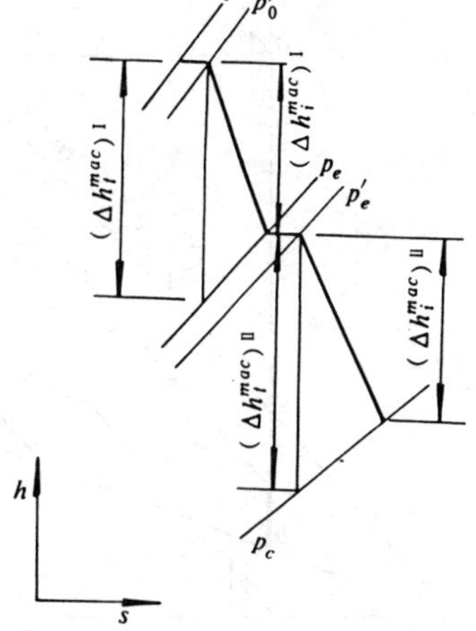

图 3.8.6　一次调节抽汽式汽轮机热力过程线

率，以P_{el}表示全机电功率，则

$$D^{\mathrm{I}}=D_e+D^{\mathrm{II}} \tag{3.8.4}$$

$$\Delta h_t^{mac}=(\Delta h_t^{mac})^{\mathrm{I}}+(\Delta h_t^{mac})^{\mathrm{II}} \tag{3.8.5}$$

$$P_i=P_i^{\mathrm{I}}+P_i^{\mathrm{II}}=\frac{D^{\mathrm{I}}(\Delta h_t^{mac})^{\mathrm{I}}\eta_i^{\mathrm{I}}}{3.6}+\frac{D^{\mathrm{II}}(\Delta h_t^{mac})^{\mathrm{II}}\eta_i^{\mathrm{II}}}{3.6} \tag{3.8.6}$$

$$P_i=\frac{D^{\mathrm{I}}\Delta h_t^{mac}\eta_i}{3.6}-\frac{D_e(\Delta h_t^{mac})^{\mathrm{II}}\eta_i^{\mathrm{II}}}{3.6} \tag{3.8.7}$$

$$P_{el}=(P_i-\Delta P_m)\eta_g=\left[\frac{D^{\mathrm{I}}(\Delta h_t^{mac})^{\mathrm{I}}\eta_i^{\mathrm{I}}}{3.6}+\frac{D^{\mathrm{II}}(\Delta h_t^{mac})^{\mathrm{II}}\eta_i^{\mathrm{II}}}{3.6}-\Delta P_m\right]\eta_g \tag{3.8.8}$$

$$P_{el}=\left[\frac{D^{\mathrm{I}}\Delta h_t^{mac}\eta_i}{3.6}-\frac{D_e(\Delta h_t^{mac})^{\mathrm{II}}\eta_i^{\mathrm{II}}}{3.6}-\Delta P_m\right]\eta_g \tag{3.8.9}$$

式（3.8.7）与式（3.8.9）中，第一项是假定没有抽出D_e，D_e也进入低压段作功时的全机内功率；第二项为抽出的D_e使低压段少发的内功率，故应从第一项中减去。后两式可变换为

$$D^{\mathrm{I}}=\frac{3.6}{(\Delta h_t^{mac})^{\mathrm{I}}\eta_i^{\mathrm{I}}\eta_g}P_{el}-\frac{(\Delta h_t^{mac})^{\mathrm{II}}\eta_i^{\mathrm{II}}}{(\Delta h_t^{mac})^{\mathrm{I}}\eta_i^{\mathrm{I}}}D^{\mathrm{II}}+\frac{3.6}{(\Delta h_t^{mac})^{\mathrm{I}}\eta_i^{\mathrm{I}}}\Delta P_m \tag{3.8.10}$$

$$D^{\mathrm{I}}=\frac{3.6}{\Delta h_t^{mac}\eta_i\eta_g}P_{el}+\frac{(\Delta h_t^{mac})^{\mathrm{II}}\eta_i^{\mathrm{II}}}{\Delta h_t^{mac}\eta_i}D_e+\frac{3.6}{\Delta h_t^{mac}\eta_i}\Delta P_m \tag{3.8.11}$$

4. 一次调节抽汽式汽轮机工况图

一次调节抽汽式汽轮机的新汽量、抽汽量与功率的关系曲线称为该机的工况图，如图3.8.7所示。

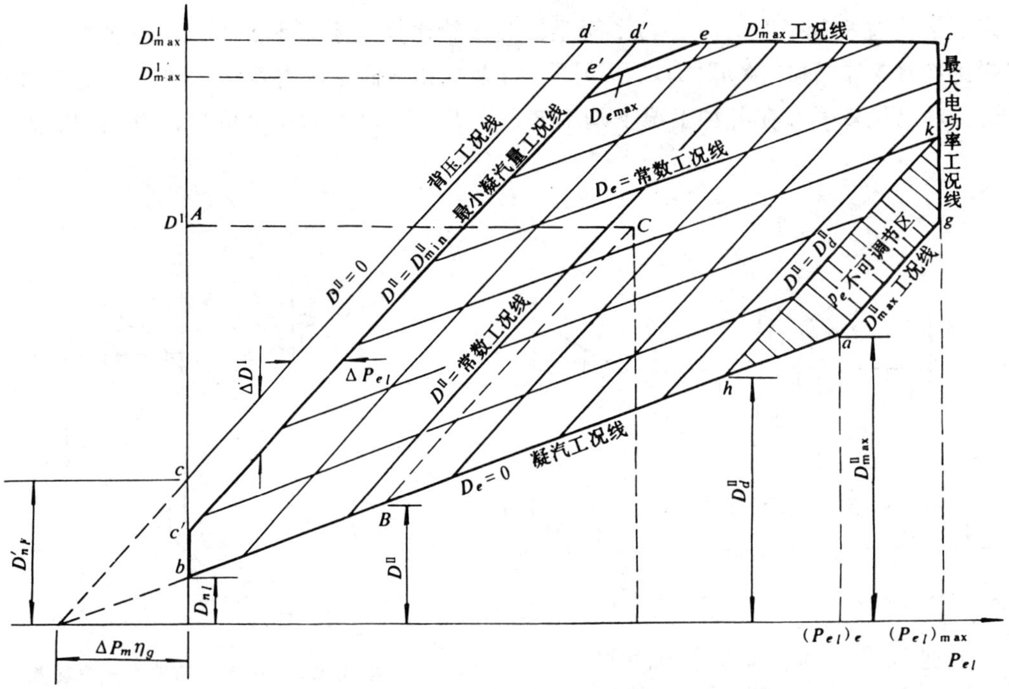

图 3.8.7　一次调节抽汽式汽轮机简化工况图

（1）凝汽工况线ba　$D_e=0$时，$D^{\mathrm{I}}=D^{\mathrm{II}}$，全机相当于凝汽式汽轮机，因而得名。由式（3.8.11）得

$$D^{\mathrm{I}}=\frac{3.6}{\Delta h_t^{mac}\eta_i\eta_g}P_{el}+\frac{3.6}{\Delta h_t^{mac}\eta_i}\Delta P_m=d_1P_{el}+D_{nl} \tag{3.8.12}$$

式中，$d_1=\frac{3.6}{\Delta h_t^{mac}\eta_i\eta_g}$，$D_{nl}=\frac{3.6}{\Delta h_t^{mac}\eta_i\eta_g}\Delta P_m\eta_g=d_1\Delta P_m\eta_g$，在上述假设下$d_1$与$D_{nl}$都不变，$d_1$是汽耗微增率，即$ba$线斜率；$D_{nl}$是空载汽耗量，如图所示。以电功率表示（方可画在横坐标轴上）的机械损失$\Delta P_m\eta_g$是消耗掉的，并未在发电机端输出，故图中画在原点以左。

（2）等抽汽量工况线　即D_e＝常数工况线，这时式（3.8.11）变为

$$D^{\rm I} = d_1 P_{el} + \frac{(\Delta h_t^{mac})^{\rm II}\eta_i^{\rm II}}{\Delta h_t^{mac}\eta_i} D_e + D_{nl} = d_1 P_{el} + A + D_{nl} \qquad (3.8.13)$$

斜率d_1与ba线相同，故D_e＝常数线都平行于ba；$A>0$，故D_e＝常数线位于ba线之上。实际上凝汽工况线ba是等抽汽量工况线中$D_e=0$的特例。ee'是最大抽汽量工况线。D_e越大，同一P_{el}对应的$D^{\rm I}$也越大。

（3）背压工况线cd　$D_e=D^{\rm I}$时，$D^{\rm II}=0$，相当于背压式汽轮机，因而得名。由式（3.8.10）得

$$D^{\rm I} = \frac{3.6}{(\Delta h_t^{mac})^{\rm I}\eta_i^{\rm I}\eta_g} P_{el} + \frac{3.6}{(\Delta h_t^{mac})^{\rm I}\eta_i^{\rm I}} \Delta P_m = d_1' P_{el} + D_{nl}' \qquad (3.8.14)$$

式中，$d_1' = \dfrac{3.6}{(\Delta h_t^{mac})^{\rm I}\eta_i^{\rm I}\eta_g}$不变。由于$(\Delta h_t^{mac})^{\rm I} < \Delta h_t^{mac}$，$d' > d_1$，故$cd$线比$ba$线陡；

$D_{nl}' = \dfrac{3.6}{(\Delta h_t^{mac})^{\rm I}\eta_i^{\rm I}\eta_g} \Delta P_m \eta_g$不变，由于$(\Delta h_t^{mac})^{\rm I} < \Delta h_t^{mac}$，故$D_{nl}' > D_{nl}$。

（4）最小凝汽量工况线$c'd'$　上述背压工况下$D^{\rm II}=0$，低压段摩擦鼓风热量无法带走，这是不允许的。低压段至少应流过$D_{\min}^{\rm II}$，$D_{\min}^{\rm II}$是进入凝汽器的最小允许值，则式（3.8.10）变为

$$D^{\rm I} = d_1' P_{el} - \frac{(\Delta h_t^{mac})^{\rm II}\eta_i^{\rm II}}{(\Delta h_t^{mac})^{\rm I}\eta_i^{\rm I}} D_{\min}^{\rm II} + D_{nl}' = d_1' P_{el} - \Delta D^{\rm I} + D_{nl}' \qquad (3.8.15)$$

斜率d_1'与cd线相同，故$c'd' /\!/ cd$，$D_{\min}^{\rm II}$使低压段多发电ΔP_{el}，故同一$D^{\rm I}$下P_{el}变大。或说同一P_{el}下，$c'd'$线的$D^{\rm I}$比cd线减少$\Delta D^{\rm I}$。

（5）等凝汽量工况线　即$D^{\rm II}$＝常数工况线，式（3.8.15）变为

$$D^{\rm I} = d_1' P_{el} - \frac{(\Delta h_t^{mac})^{\rm II}\eta_i^{\rm II}}{(\Delta h_t^{mac})^{\rm I}\eta_i^{\rm I}} D^{\rm II} + D_{nl}' = d_1' P_{el} - B + D_{nl}' \qquad (3.8.16)$$

斜率仍为d_1'，故$D^{\rm II}$＝常数的线都平行于cd。由于$D^{\rm II}$在低压段作功，故$D^{\rm I}$相同时P_{el}增大，使各线均位于cd线之右。实际上背压工况线cd是等凝汽量工况线中$D^{\rm II}=0$的特例。hk与ag两线间，$D^{\rm II}$大于设计值$D_d^{\rm II}$，p_e大于设计值p_{ed}，为抽汽压力不可调节区。ag是最大凝汽量$D_{\max}^{\rm II}$工况线。

还有调节汽门甲全开时的最大进汽量工况线，即$D_{\max}^{\rm I}$工况线ef，最大电功率工况线gf。图3.8.7中$abc'e'efga$所围成的封闭面积，就是一次调节抽汽式汽轮机工况图。当$D^{\rm I}$、$D^{\rm II}$、D_e与P_{el}四值中任意知道两个，即可由工况图求出另两个。如已知$D^{\rm II}$与$D^{\rm I}$，则由$D^{\rm I}$所得的点A作水平虚线，由于$D^{\rm II}=D^{\rm I}$在凝汽工况线上，在该线上由$D^{\rm II}$得点B，由点B作等$D^{\rm II}$线BC，与水平线交于点C，由点C可读出D_e与P_{el}值。在理解了这种简化工况图之后，对于真实工况图（图3.8.8.）就不难理解了。

大型一次调节抽汽式汽轮机热力系统如图3.8.9所示，采用两级热网水加热，可减少较高压力抽汽，增加发电量。

由图3.8.5可见，为了保证$p_e \nless p_{ed}$，调节汽门乙中节流损失很大，大大降低了这种

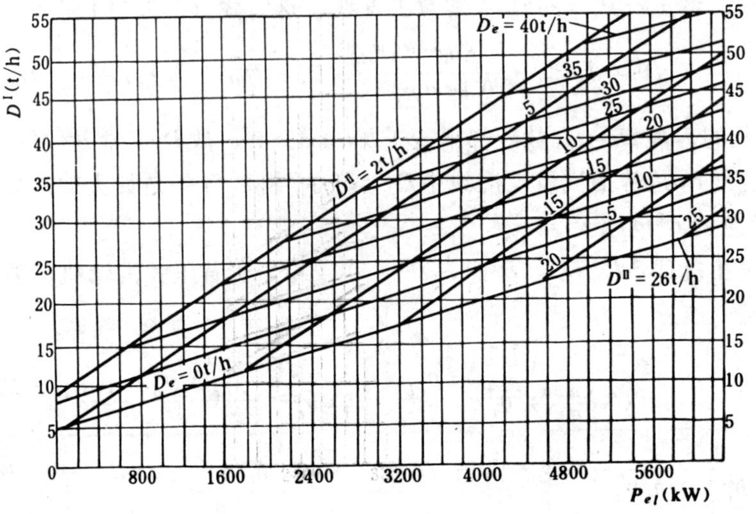

图 3.8.8 苏联 П-6-35/5型一次调节抽汽式汽轮机工况图

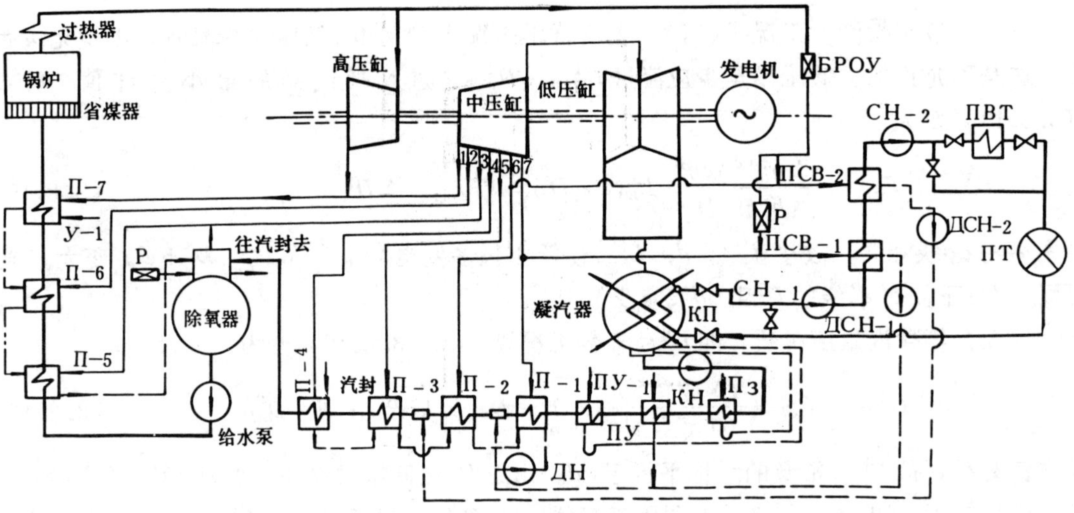

图 3.8.9 苏联 Т-100/130型汽轮机装置原则性热力系统图

П-1 、П-2、П-3、П-4—低压加热器； П-5、П-6、П-7—高压加热器；Р—蒸汽减压器；БРОУ—备用减温减压器； СН-1 СН-2—第1、2级升压热网泵； ПВТ—高峰负荷加热器； ПТ—热用户；ДСН-1、ДСН-2—第1、2级热网加热器疏水泵；ПСВ-1、ПСВ-2—第1、2级热网水加热器；КН—凝结水泵； ПУ—透平汽封加热器； ДН—疏水泵； ПЗ—抽气器的凝结器； КП—冷凝加热器

汽轮机的效率。70年代首先在西欧出现了一种专门满足城市供暖需要的大型供暖汽轮机，不设调节汽门乙，且供暖抽汽在尽可能低的压力下抽出，使热电联产热效率几乎与背压式汽轮机一样高。单纯发电时的热效率与大型凝汽式汽轮机一样高，可达40％以上。

四、二次调节抽汽式汽轮机

图3.8.10是该机的示意图，相当于把一次调节抽汽式汽轮机的低压段分为中低压两段，从中再抽出一股蒸汽量D_{e2}。抽汽量D_{e1}的供汽压力p_{e1}较高，一般供制糖、造纸等生产用；抽汽量D_{e2}的供汽压力p_{e2}较低，一般供采暖用。

1. 二次调节抽汽式汽轮机的热电负荷调节

全机有甲乙丙三层调节汽门，三者都要同时受调速器和p_{e1}、p_{e2}的调压器控制，以保证电功率和两种热负荷可分别自由变动，所以调节系统相当复杂。例如，当D_{e1}、D_{e2}都不变，P_{el}变小时，控制调节汽门甲乙丙关小，使高中低压三段的流量减小量相等，这时D_{e1}与D_{e2}不变，三段少发的电功率之和应等于外界减小的电功率。当P_{el}、D_{e2}不变，D_{e1}减小时，甲关小，乙丙开大，中低压段流量增加量应相等，D_{e2}则不变；中低压段多发的电功率应等于高压段少发的电功率，P_{el}则不变；$D^{\rm I}$的减少量加上$D^{\rm II}$的增大量应等于D_{e1}的减少量。其他如P_{el}增大或D_{e2}增大等可举一反三。

2. 二次调节抽汽式汽轮机工况图

图3.8.11所示是该机的热力过程线。假想供暖抽汽$D_{e2}=0$，则二次调节抽汽式汽轮机变为一次调节抽汽式汽轮机，由式(3.8.9)可得全机假想功率：

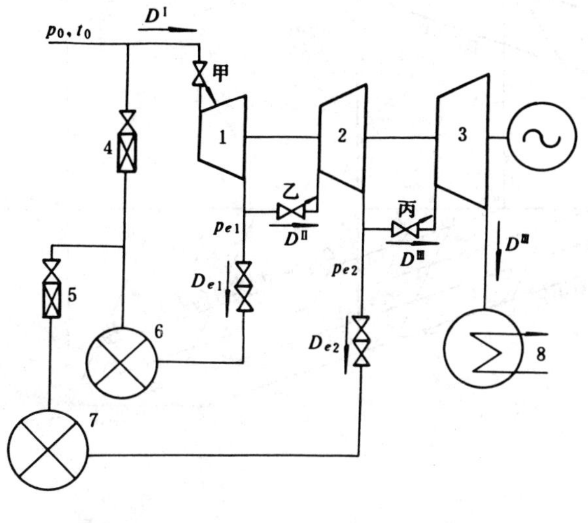

图 3.8.10 二次调节抽汽式汽轮机示意图

1—高压段；2—中压段；3—低压段；4、5—减温减压器；6、7—热用户；8—凝汽器

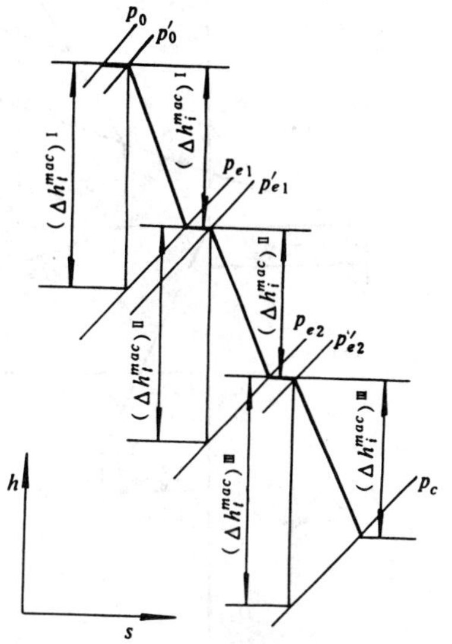

图 3.8.11 二次调节抽汽式汽轮机的热力过程线

$$P'_{el}=\left[\frac{D^{\rm I}\Delta h_t^{mac}\eta_i}{3.6}-\frac{D_{e1}(\Delta h_t^{mac})^{\rm II}\eta_i^{\rm II}+D_{e1}(\Delta h_t^{mac})^{\rm III}\eta_i^{\rm III}}{3.6}-\Delta P_m\right]\eta_g \tag{3.8.17}$$

由工况图3.8.12上部得到的功率就是假想$D_{e2}=0$的电功率P'_{el}，其原理同图3.8.7。但实际上抽出了D_{e2}，使低压段少发电功率ΔP_{e2}：

$$\Delta P_{e2}=\frac{D_{e2}(\Delta h_t^{mac})^{\rm III}\eta_i^{\rm III}}{3.6}\eta_g \tag{3.8.18}$$

故二次调节抽汽式汽轮机的真实电功率P_{el}为

$$P_{el}=P'_{el}-\Delta P_{e2} \tag{3.8.19}$$

可用工况图3.8.12横坐标轴以下辅助曲线，由P'_{el}、D_{e2}求P_{el}。除与前面的简化假设相同外、还设$(\Delta h_t^{mac})^{\rm III}$、$\eta_i^{\rm III}$、$\eta_g$等都不变，则由式(3.8.18)可见$\Delta P_{e2}\propto D_{e2}$，图3.8.12中$on$以及与$on$平行的6根斜线都表示了这种比例关系。若$P'_{el}$值位于横轴点$E$,$D_{e2}$的大小如

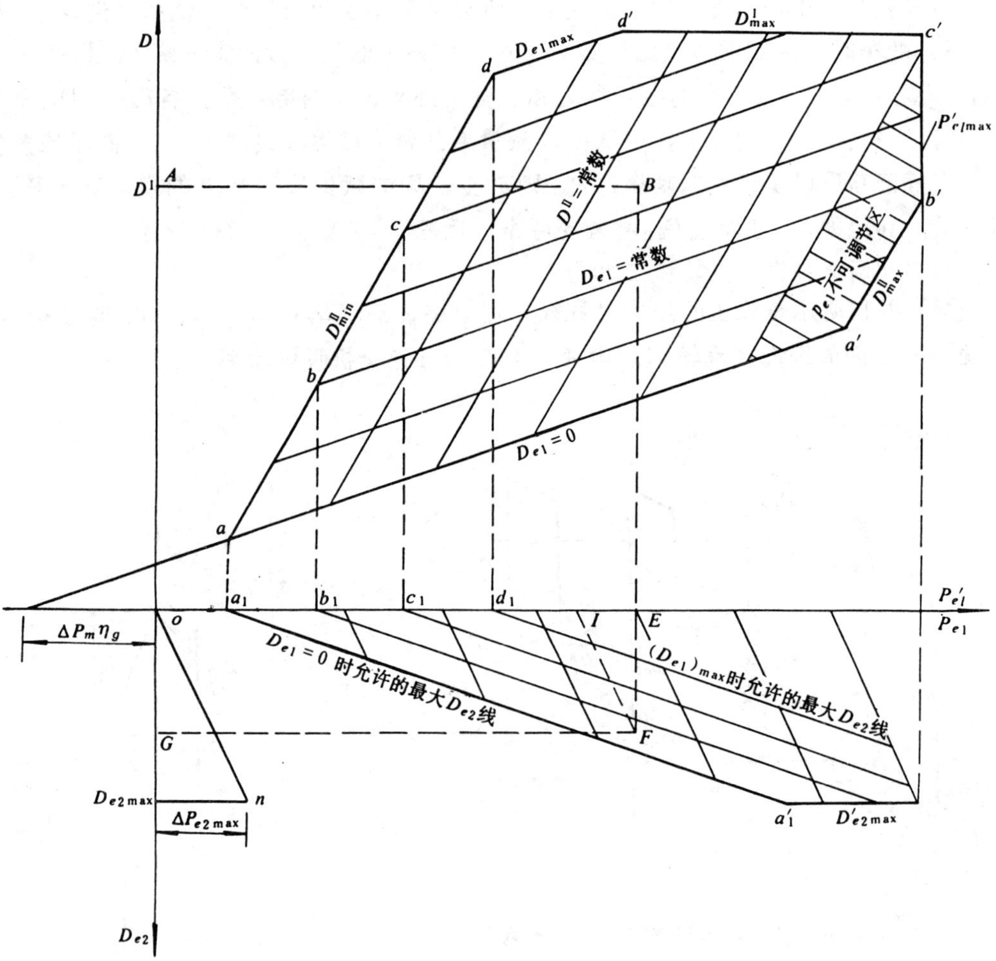

图 3.8.12 二次调节抽汽汽轮机的简化工况图

纵轴上的oG，则取垂线EF等于oG，作$FI /\!/ no$，点I读数即为真实P_{el}。

已知P_{el}、D^{I}、D_{e1}、D_{e2}中任意三值，可通过工况图求第四值。如已知D^{I}、D_{e2}、P_{el}求D_{e1}：P_{el}位于点I，作$IF /\!/ on$，并使$EF = D_{e2}$，再由点E向上作垂线，与根据D^{I}值所作水平线AB交于点B，由点B可读出D_{e1}值，则$D^{II} = D^{I} - D_{e1}$，$D^{III} = D^{II} - D_{e2}$。

真实的二次调节抽汽式汽轮机的工况图如图3.8.13所示。图中的工况线是波浪形的，这在上部D^{II}=常数线中看得最清楚。这是由于新汽是喷嘴配汽，调节汽门甲有几个汽门依次启闭，各汽门依次全开的阀点上节流损失小，工况线出现折点，如图3.8.1(b)的点N、L、J所示。另外，由于各段理想比焓降和内效率都将随流量变化而变化，故各工况线不是直线。

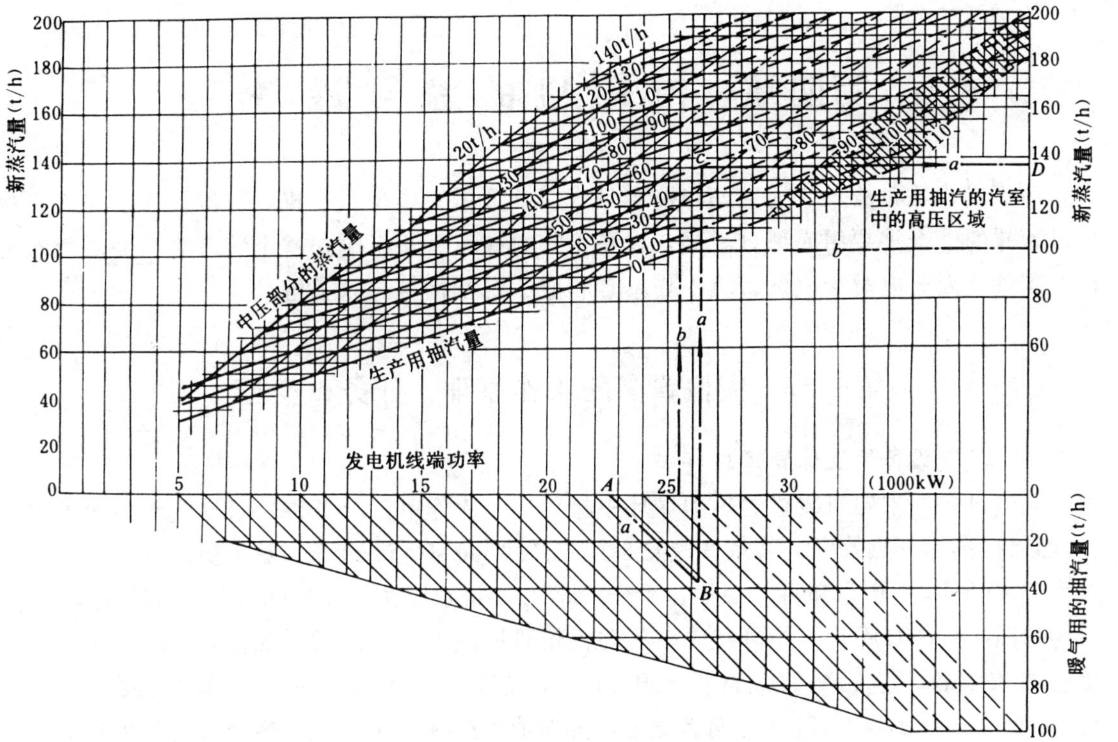

图 3.8.13 苏联ВПТ-25型汽轮机工况图

第四章　汽轮机的凝汽设备

凝汽式汽轮机是现代火电站和核电站中广泛采用的典型汽轮机。凝汽设备是凝汽式汽轮机装置的一个重要组成部分。凝汽设备工作的好坏直接影响到整个装置的热经济性和运行可靠性。因此应对凝汽设备的工作原理和变工况特性等加以了解。

第一节　凝汽设备的工作原理、任务和类型

一、凝汽设备的工作原理与任务

凝汽设备在汽轮机装置的热力循环中起着冷源的作用，降低汽轮机排汽压力和排汽温度，可以提高循环热效率。以东方汽轮机厂生产的300MW汽轮机参数为例，该机新汽压力$p_0=16.67$MPa，新汽和再热温度$t_0=t_r=537$℃，再热压力$p_r=3.665$MPa，纯凝汽热力循环如图4.1.1(*a*)所示，循环热效率η_t与汽轮机排汽压力p'_c的关系如图4.1.1(*b*)所示。若没有凝汽设备，汽轮机的最低排汽压力是大气压，循环热效率η_t只有37.12%，而当$p'_c=5.0$ kPa时，$\eta_t=45.55\%$，两者之差的相对值$\Delta\eta_t/\eta_t$为18.5%，热经济性损失巨大。

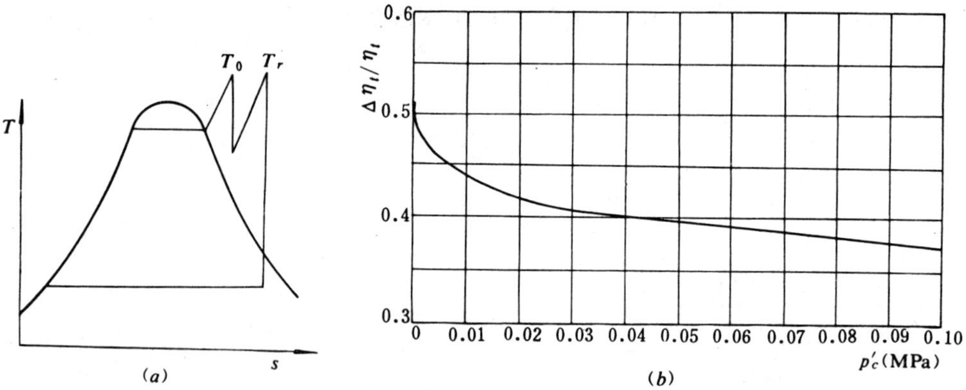

图 4.1.1　一次中间再热亚临界机组的热力循环与热效率

(*a*) 热力循环；(*b*) $\Delta\eta_t/\eta_t-p'_c$关系曲线

若运行不善使该机的排汽压力比正常值下降1%，$\Delta\eta_t/\eta_t$也将降低1%以上，即机组热耗率的相对变化率将增大1%以上，对于大型机组这是可观的。相反，若能使汽轮机排汽温度下降5℃，则$\Delta\eta_t/\eta_t$将增大1%以上。这些都说明凝汽设备的重要性。

以水为冷却介质的凝汽设备，由凝汽器、抽气器、循环水泵和凝结水泵以及它们之间的连接管道、阀门和附件等组成。最简单的凝汽设备示意图如图4.1.2所示。汽轮机的排汽进入凝汽器1，循环水泵2不断地把冷却水打入凝汽器，吸收蒸汽凝结放出的热量，蒸汽被冷却并凝结为水。凝结水由凝结水泵3抽走。凝汽器内压力很低，比较容易漏入空气，空

气将阻碍传热，因此用抽气器 4 不断地将空气抽走。

凝汽器内为什么会形成高度真空？这是因为凝汽器内的蒸汽凝结空间是汽水两相共存的，其压力是蒸汽凝结温度下的饱和压力。只要冷却水温不高，在正常条件下，蒸汽凝结温度也就不高，如30℃左右的蒸汽凝结温度所对应的饱和压力约只有 4 ～ 5 kPa,大大低于大气压力，就形成了高度真空。

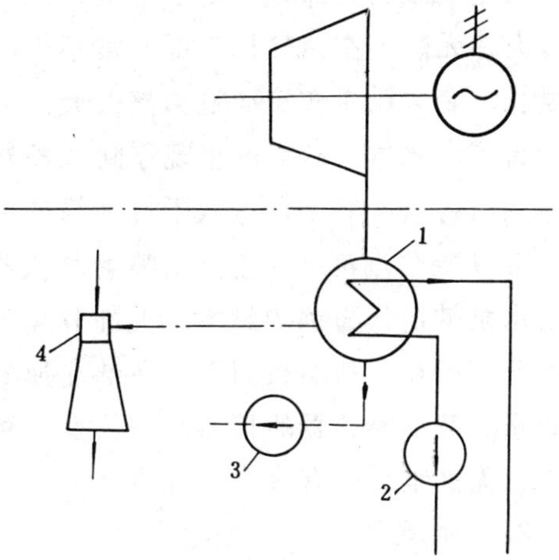

图 4.1.2 最简单的凝汽设备示意图

1 —凝汽器；2 —循环水泵；3 —凝结水泵；4 —抽气器

凝汽设备的任务：一是在汽轮机的排汽管内建立并维持高度真空；二是供应洁净的凝结水作为锅炉给水。

给水不洁净将使锅炉结垢和腐蚀，使新汽夹带盐分，此盐分在汽轮机通流部分积盐垢，影响电厂的安全经济运行。300MW机组的给水量达1000t/h左右，容量越大，给水量越大。若都靠软化水，则设备投资和运行费用都很昂贵。而凝汽器洁净的凝结水，正好可大量用作锅炉给水，为此必须保证凝结水质不被污染。如果冷却水管被腐蚀或水管在管板上的胀口松脱，则管内压力较高的不洁净冷却水将漏到凝结水一侧，污染凝结水，水质不合格的凝结水，不能用作锅炉给水。

二、凝汽器的类型

现在电站使用的凝汽器主要是以水为冷却介质的表面式凝汽器。在缺水地区和列车电站上，可用空气凝汽器。

1. 空气凝汽器❶

图4.1.3(a)是直接冷却空气凝汽器系统。汽轮机排汽进入热交换器冷却凝结。热交换

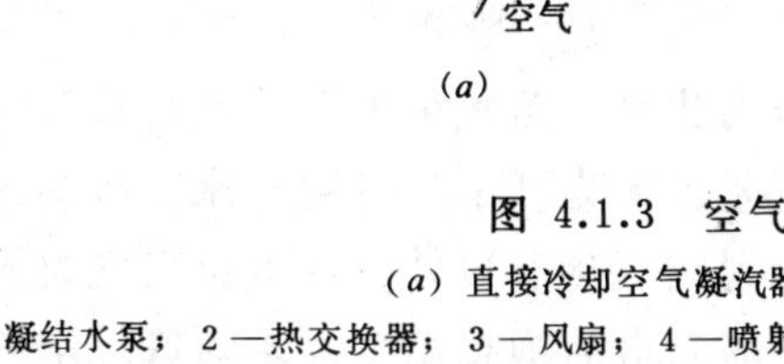

(a)

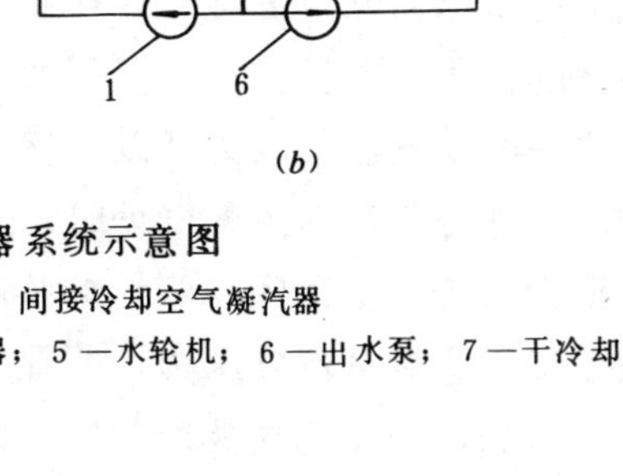

(b)

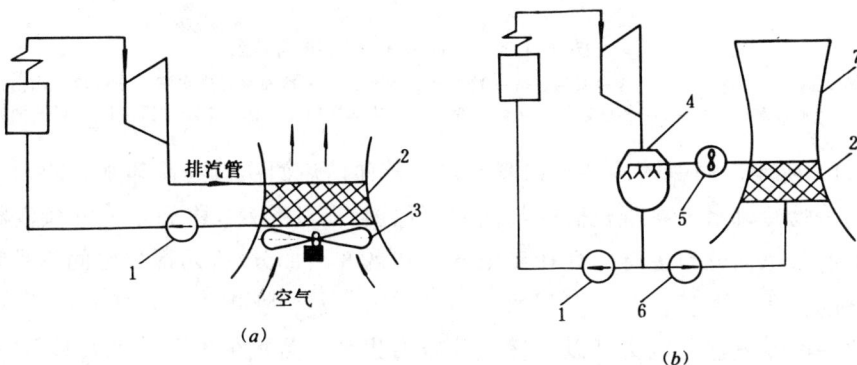

图 4.1.3 空气凝汽器系统示意图

(a) 直接冷却空气凝汽器；(b) 间接冷却空气凝汽器

1 —凝结水泵；2 —热交换器；3 —风扇；4 —喷射凝汽器；5 —水轮机；6 —出水泵；7 —干冷却塔

❶ 参考西安交通大学涡轮机教研室1974年编的《蒸汽轮机》。

器一般用具有鳍状散热片的管束组成，蒸汽进入管束内侧，空气在管外流过。为了加强冷却，可用风扇机力通风。由于空气传热系数很低，所以冷却表面积很大，整个凝汽器的体积庞大，无法放在汽轮机下部，常不得不远离汽轮机放在户外，因此汽轮机粗大的排汽管道很长，金属耗量和流动阻力都很大。

为了克服这一缺点，出现了间接冷却空气凝汽器系统，如图4.1.3(*b*)所示。汽轮机排汽进入喷射凝汽器中，与从干冷却塔来的冷却水相混合而凝结为水。喷射凝汽器体积不大，可以装在汽轮机下面。从喷射凝汽器出来的冷却水和凝结水的混合水流，一小部分给凝结水泵抽走作为锅炉给水，大部分经出水泵打入干冷却塔冷却。在缺水地区，这种空气凝汽器可用在大功率机组上。在热交换器至喷射凝汽器管路上装设水轮机，可利用水的压头能量。喷射凝汽器的传热端差为零，凝汽器内不需要冷却水管，投资小，另外，它有结构小、无需维修等有价值的优点。

2. 表面式凝汽器

表面式凝汽器在火电站和核电站中广泛应用。图4.1.4是表面式凝汽器结构简图，冷却水管2装在管板3上，蒸汽进入凝汽器后，在冷却水管外汽侧空间冷凝。凝结水汇集在下部热井7中，由凝结水泵抽走。冷却水从进水管4进入凝汽器，先进入下部冷却水管内，通过回流水室5流入上部冷却水管内，再由冷却水出水管6排出。

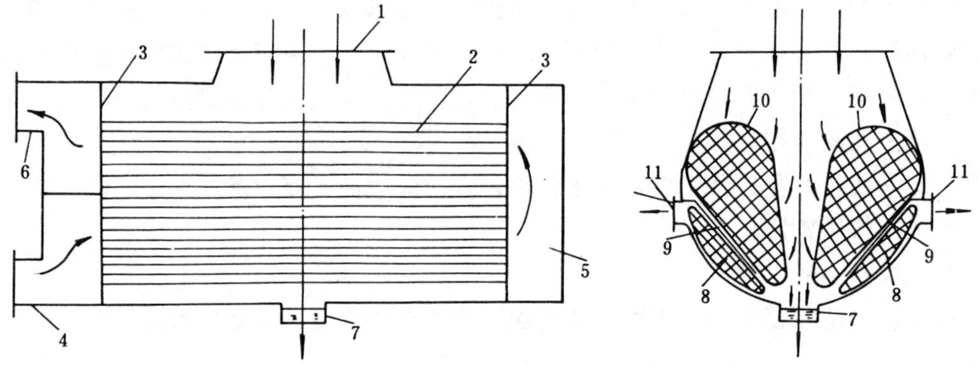

图 4.1.4 表面式凝汽器结构简图

1—蒸汽入口；2—冷却水管；3—管板；4—冷却水进水管；5—冷却水回流水室；6—冷却水出水管；7—凝结水集水箱（热井）；8—空气冷却区；9—空气冷却区挡板；10—主凝结区；11—空气抽出口

如图4.1.4所示，同一股冷却水在凝汽器内转向前后两次流经冷却水管的，称为双流程凝汽器。同一股冷却水不在凝汽器内转向的（如图4.3.4所示），称为单流程凝汽器。

凝汽器的传热面分为主凝结区10和空气冷却区8两部分，这两部分之间用挡板9隔开。空气冷却区的面积约占凝汽器总面积的5％～10％。蒸汽刚进入凝汽器时，所含的空气量不到万分之一，凝汽器总压力可以用蒸汽分压力代替。蒸汽在主凝结区大量凝结，但空气不能凝结，到达空气冷却区入口处时，蒸汽流量已大为减小，而空气流量未变。剩下的蒸汽和空气混合物进入空冷区，蒸汽继续凝结，到空气抽出口处，蒸汽和空气的质量流量已是同一数量级，这时蒸汽分压力才明显减小，所对应的饱和温度也才降低，空气和很少量的蒸汽才会得到冷却。空气被冷却后，容积流量减小，抽气器负荷减轻，抽气效果才好。

由于空气抽出口不断地抽除空气，因此正在凝结的蒸汽和空气流向抽气口，显然空气抽出口的压力p''_c最低，凝汽器入口处压力p_c最高。p_c与p''_c之差是蒸汽空气混合物的流动阻力，称为凝汽器的汽阻，以Δp_c表示，$\Delta p_c = p_c - p''_c$。汽阻越大，凝汽器入口的压力p_c也越高，经济性越低，故应尽量减小汽阻。现代凝汽器的汽阻可以小到260～400Pa左右。

由于空气抽出口的位置不同，现代凝汽器分为汽流向侧式（如图4.1.4右侧左视图）与汽流向心式（如图4.1.5,a)两大类。由于单机功率增大，凝汽器尺寸和冷却水管数量大大增加，为了加大管束四周的进汽周界，减短汽流途径，减小汽阻，出现了多区域向心式凝汽器，如图4.1.5(b)所示。独立区域数由两个到十几个，平行布置于矩形外壳内。每个区域的中部都有空气冷却区。

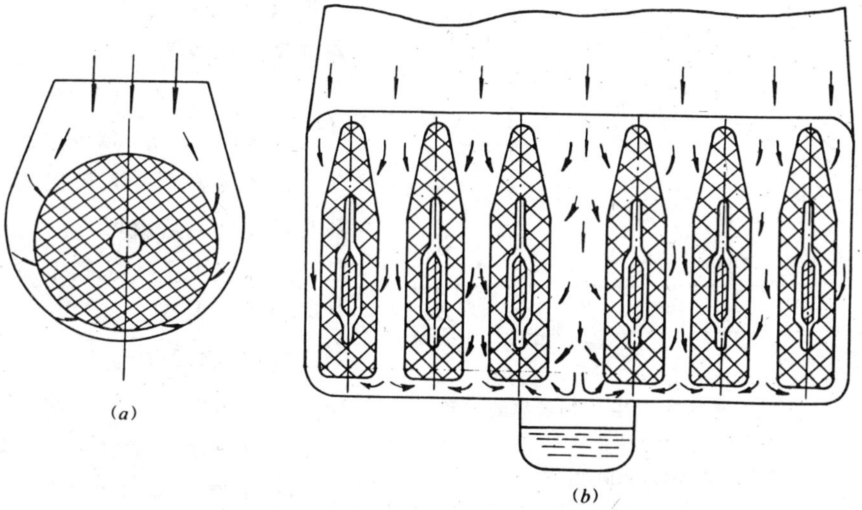

图 4.1.5 按凝汽器汽流类型分类

(a) 汽流向心式；(b) 多区域汽流向心式（以B.B.C的管束布置为例）

凝汽器给冷却水的阻力称为水阻。它由冷却水管内的沿程阻力、冷却水由水室进出冷却水管的局部阻力与水室中的流动阻力（包括由循环水管进出水室的局部阻力）等三部分组成。水阻越大，循环水泵的耗功越大，故应减小之。双流程凝汽器的水阻较大，约49～78kPa。单流程水阻较小。

三、凝汽器真空的测量

测量凝汽器真空的最简单的方法是用如图4.1.6所示的水银真空计。由图可见，凝汽器中绝对压力为

$$p_c = (B - H) \times 133.3 \quad \text{Pa} \tag{4.1.1}$$

式中，B是当地当时大气压（环境压力）的汞柱高度，H是真空计中汞柱高度，单位均为mm。将B与H折合到标准温度0℃下的数值，并用B_0与H_0表示，则

$$p_c = (B_0 - H_0) \times 133.3 \quad \text{Pa} \tag{4.1.2}$$

或

$$p_c = \frac{B_0 - H_0}{7.5} \quad \text{kPa} \tag{4.1.3}$$

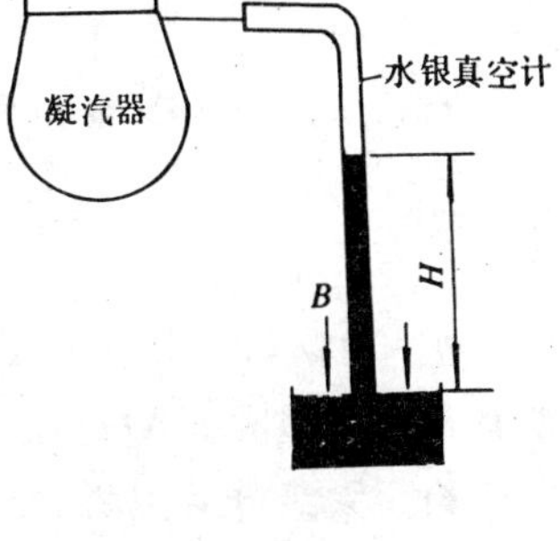

图 4.1.6 测量凝汽器真空的示意图

第二节　凝汽器的真空与传热

一、凝汽器内压力p_c的确定

图4.2.1中曲线1表示凝汽器内蒸汽凝结温度t_s的变化，t_s在主凝结区基本不变，在空冷区下降较多。曲线2表示冷却水由进口处的温度t_{w1}逐渐吸热上升到出口处的温度t_{w2}，冷却水温升$\Delta t = t_{w2} - t_{w1}$。冷却水的进水侧温度较低，与蒸汽的传热温差较大，单位面积的热负荷较大，故此处冷却水温上升较快。t_s与t_{w2}之差称为凝汽器端差，以δt表示，$\delta t = t_s - t_{w2}$。主凝结区的蒸汽凝结温度为

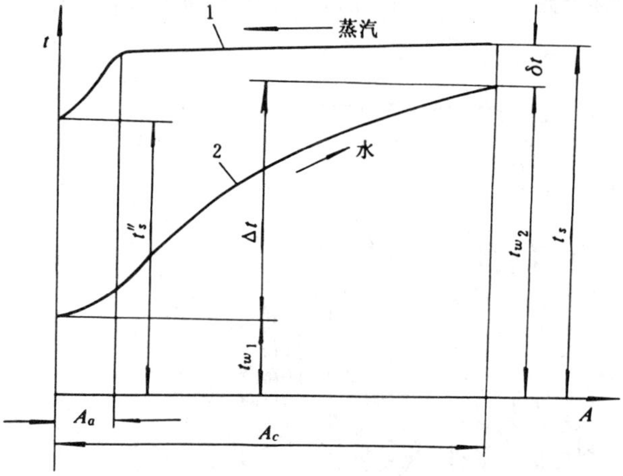

图 4.2.1　蒸汽和水的温度沿冷却表面的分布

A_c—凝汽器总传热面积；

A_a—空气冷却区面积

$$t_s = t_{w1} + \Delta t + \delta t \qquad (4.2.1)$$

在主凝结区，总压力p_c与蒸汽分压力p_s相差甚微，p_c可以用p_s代替。由上式算出t_s后就可求出t_s所对应的饱和压力p_s。上式是确定凝汽器内压力p_c的理论基础。

由式（4.2.1）可以分析影响凝汽器内压力p_c的三方面因素。

1.冷却水进口温度t_{w1}

t_{w1}主要决定于电站所在地的气候和季节。冬季t_{w1}低，t_s也低，真空高；夏季t_{w1}高，t_s也高，真空低。用冷水塔或喷水池时，t_{w1}还决定于冷水塔或喷水池的冷却效果。

2.冷却水温升Δt

Δt由凝汽器热平衡方程式求得：

$$Q = 1000D_c(h_c - h'_c) = 1000D_w(h_{w2} - h_{w1}) = 4187D_w\Delta t \qquad (4.2.2)$$

式中　Q——凝汽器的传热量，kJ/h；

D_c, D_w——进入凝汽器的蒸汽量与冷却水量，t/h；

h_c, h'_c——凝汽器中的蒸汽比焓和凝结水比焓，kJ/kg；

h_{w2}, h_{w1}——冷却水流出和进入凝汽器的比焓，kJ/kg。

由上式得

$$\Delta t = \frac{h_c - h'_c}{4.187D_w/D_c} = \frac{h_c - h'_c}{4.187m} \qquad (4.2.3)$$

式中，$m = D_w/D_c$，称为凝汽器的冷却倍率或循环倍率，它表明冷却水量是被凝结蒸汽量的多少倍。m越大，Δt越小，真空越高。但m越大时，循环水泵及电动机容量越大，循环水管越粗，末级叶片因排汽比容增大而增长，电站投资增加，故设计时恰当的m值应在汽轮机组的“冷端最佳参数选择”（是很多方案的计算与比较）任务中决定。一般m在50～120之间，厂址和江河水面高差小时，取较大m值，这时循环水泵耗功增加不多，而提高

真空较多。

$(h_c - h'_c)$ 是1kg排汽凝结时放出的汽化潜热，由于排汽有10%左右的湿度，故 $(h_c - h'_c)$ 将比1kg干饱和蒸汽的凝结放热量少，只有2140～2220kJ/kg左右，取其平均值，则

$$\Delta t \approx \frac{2177}{4.187m} = \frac{520}{m}$$

可见Δt主要决定于循环倍率 m，或者说，当D_c一定时，主要决定于冷却水量D_w。D_w减少，Δt增大，真空降低。D_w主要决定于循环水泵容量和启动台数。然而冷却水量D_w也可能由于其他原因而减少，例如，凝汽器管板被杂草、木块、小鱼等堵塞；冷却水管内侧结垢，流动阻力增大；循环水泵局部故障；循环水吸水井水位太低，吸不上水等都可能使冷却水量减少，引起真空降低。

3. 凝汽器传热端差δt

计算δt的公式可由传热方程等公式推导求得：

$$Q = KA_c\Delta t_m \tag{4.2.4}$$

式中　K——凝汽器的总体传热系数，kJ/(m²·h·K)；

Δt_m——蒸汽和冷却水之间的对数平均传热温差，℃。

Δt_m可根据图4.2.1写出。由于空冷区传热面积A_a较小，故一般假设蒸汽凝结温度t_s沿整个面积A_c不变，这时Δt_m为

$$\Delta t_m = \frac{(t_s - t_{w1}) - (t_s - t_{w2})}{\ln[(t_s - t_{w1})/(t_s - t_{w2})]} = \frac{\Delta t}{\ln[(\Delta t + \delta t)/\delta t]} \tag{4.2.5}$$

将式（4.2.2）、式（4.2.4）与式（4.2.5）联立解得

$$\delta t = \frac{\Delta t}{e^{\frac{A_c K}{4187 D_w}} - 1} \tag{4.2.6}$$

式中各量的单位，D_w为t/h，A_c为m²，K为kJ/(m²·h·K)。可见，传热端差δt与A_c、K、Q、D_w有关。设计时，Q一定，D_w主要根据m决定，K只能按经验数值取定。因此只有增大A_c，才能减小δt。增大A_c需要增大投资，故也要在汽轮机组“冷端最佳参数选择”任务中决定。一般$\delta t = 3 \sim 10$℃。运行时，A_c已定，因此传热系数K是影响δt的主要因素。K越大，δt越小，t_s越小，真空越高。凡影响K的因素，都将影响δt，从而也都将影响t_s与p_c。

二、凝汽器的最佳真空

虽然提高真空可使汽轮机的理想比焓降增大，功率增大，但是无论从设计角度还是从运行角度来看，都不是真空越高越好。运行机组主要靠增大循环水量来提高真空。然而循环水泵是厂用电的大用户之一，耗电量占机组发电量的1%～4%，过分增大循环水量，可能使汽轮机真空提高而多发的电反而少于循环水泵多耗的电，得不偿失。图4.2.2中曲线1是背压p_c降低时机组电功率增量ΔP_{el}变化曲线，这是图3.7.2中的一条曲线。曲线2是背压降低时循环水泵所耗功率增量ΔP_p的变化曲线。若只有一台循环水泵运行，且冷却水量可连续调节，则最佳真空$(p_c)_{op}$是曲线3上$\Delta P_{net} = \Delta P_{el} - \Delta P_p$为最大时的真空。实际上运行循环水泵可能有几台，循环水量也许不能连续调节，故应通过试验才能定出不同负荷

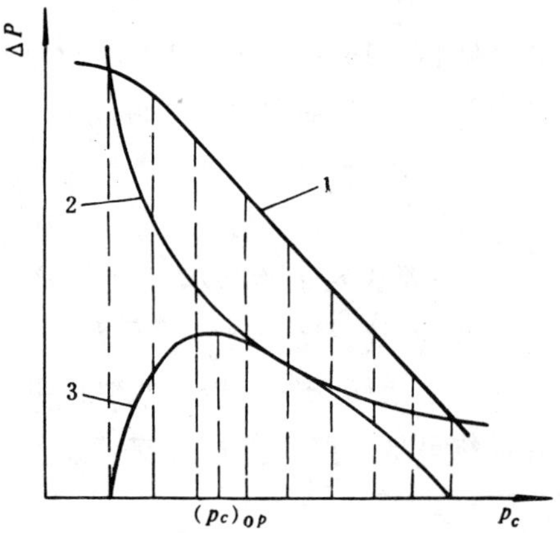

图 4.2.2 最佳真空的确定

1—ΔP_{el}-p_c关系曲线；2—ΔP_p-p_c关系曲线；3—$\Delta P_{net}=\Delta P_{el}-\Delta P_p$

下的最佳真空。

最佳真空点只能位于曲线1的直线段，因直线段中p_c改变一定数量时，ΔP_{el}较大，故最佳真空比极限真空低许多。

三、空气的危害

凝汽器的空气来源有二：一是由新蒸汽带入汽轮机的，由于锅炉给水经过除氧，这项来源极少；二是处于真空状态下的低压各级与相应的回热系统、排汽缸、凝汽设备等的不严密处漏入的，这是空气的主要来源。空气严密性正常时，进入凝汽器的空气量不到蒸汽量的万分之一，虽然很少，但危害很大。这主要是因为空气阻碍蒸汽放热，使传热系数K减小，δt增大，从而使真空下降。空气分压也将使p_c增大，真空下降，但在主凝结区这一影响很微。空气的第二大危害是使凝结水过冷度增大。凝结水温度低于凝汽器入口蒸汽温度的现象称为过冷现象，所低的度数称为过冷度。

1. 凝汽器中蒸汽和空气的分压力

以p_s、v_s、T_s和R_s分别表示蒸汽的分压、比容、热力学温度和气体常数，以p_a、v_a、T_a和R_a分别表示空气的分压、比容、热力学温度和气体常数，写出蒸汽和空气的状态方程：$p_sv_s=R_sT_s$，$p_av_a=R_aT_a$。蒸汽的容积流量$q_{vs}=D_cxv_s$，x是蒸汽干度；空气的容积流量$q_{va}=D_av_a$，D_a是空气的质量流量，由此求出v_s和v_a并把它们代入上面两个状态方程后，得q_{vs}和q_{va}的公式，对于混合气体必有$q_{vs}=q_{va}$，$T_s=T_a$，加上$R_a/R_s=0.622$，就可推导出$p_a/p_s=0.622D_a/(xD_c)$，将此式和凝汽器总压力$p_c=p_s+p_a$联立求解得

$$p_s=\frac{p_c}{1+0.622\frac{1}{x}\frac{D_a}{D_c}} \tag{4.2.7}$$

$$p_a=\frac{0.622\frac{1}{x}\frac{D_a}{D_c}p_c}{1+0.622\frac{1}{x}\frac{D_a}{D_c}} \tag{4.2.8}$$

空气抽出口处，由于$p''_a/p''_s=0.622D_a/(xD_c)$，故空气抽出口抽出的蒸汽流量$D''_c$为

$$D''_c=xD_c=0.622D_ap''_s/p''_a \tag{4.2.9}$$

式中，p''_s和p''_a表示空气抽出口处的蒸汽分压力与空气分压力，p''_s可由空气抽出口处量得的蒸汽温度t''_s求饱和压力而得；$p''_a=p''_c-p''_s$，p''_c是在空气抽出口处测得的总压力。减少D''_c，可减小工质损失。降低t''_s，可减少D''_c。

空气严密性合格的机组，漏入凝汽器的空气量小于蒸汽量的万分之一，现从偏于安全的角度假定$D_a/D_c=1/10000$，来计算蒸汽有99%、99.9%与99.99%已凝结，即干度x分别

为0.01、0.001与0.0001时的蒸汽分压p_s，分别得p_s的值为0.9938p_c、0.9414p_c与0.6165p_c。可见在主凝结区，即使$x=0.01$，也就是有99%的蒸汽已凝结只剩下1%的蒸汽时，蒸汽分压p_s仍近似等于总压力p_c。等到$x \leqslant 0.0001$时，即$xD_c \leqslant D_a$时，p_s才明显地小于p_c，t_s才下降，蒸汽空气混合物才被冷却，这反映了空气冷却区的工作情况。

2. 空气对凝汽器真空的影响

由上述计算知，在主凝结区，空气对真空的影响不在于使p_c略微增加，而是空气阻碍蒸汽向凝汽器的冷却水管外侧放热。

图4.2.3横坐标ε_a是蒸汽空气混合物中空气的质量百分比，纵坐标α_{sa}/α_s是蒸汽空气混合物放热系数α_{sa}占纯净蒸汽放热系数α_s的百分比。由图可见，ε_a越大时α_{sa}越小。空气含量即使只有1/1000左右，放热系数也将近降低10%左右。

主凝结区的空气平均分压虽然很小，但冷却水管外围的空气分压明显增大。如图4.2.4所示，热流和蒸汽空气混合物一起向冷却水管外围流动，蒸汽在冷却水管外表面凝结为水后滴下来流走。空气不可能逆混合气流方向流动，因此冷却水管外围的空气含量增大许多，空气分压p_a也增大许多，越靠近冷却水管，蒸汽分压p_s越小，蒸汽饱和温度t_s也越低。空气在冷却水管外围增多，使蒸汽分子只有通过扩散才能靠近冷却水管外侧，故空气大大阻碍蒸汽放热。

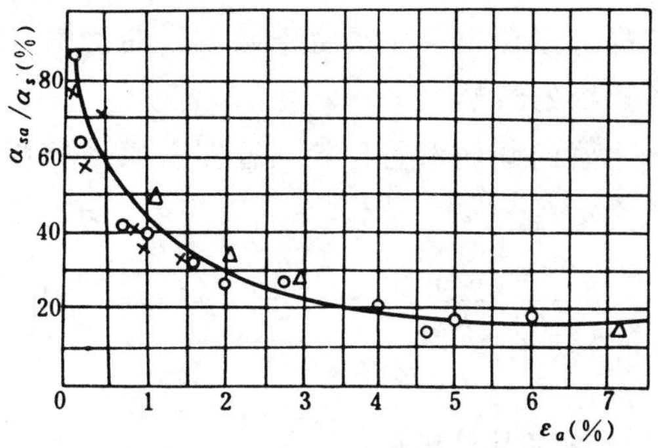

图 4.2.3 空气含量对蒸汽空气混合物放热系数的影响

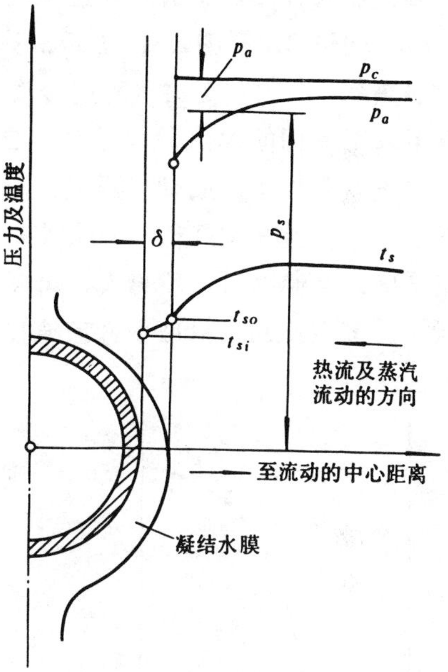

图 4.2.4 冷却水管外蒸汽空气分压与温度沿管壁法向的变化

实验所得：纯净蒸汽α_s达63000kJ/(m²·h·K)，凝汽器中有了少量空气，使α_{sa}平均值只有28000kJ/(m²·h·K)左右；空气冷却区空气含量大增，α_{sa}只有2000～6500kJ/(m²·h·K)，使总体传热系数大为减小。若漏入空气量增大，则传热系数K进一步减小，真空进一步降低。即使真空系统的严密性较好，若抽气器故障，不能有效地抽除空气，也将使空气越积越多，引起K减小和真空降低。

3. 空气对过冷度的影响

空气的第二大危害是使凝结水的过冷度增大。

导致凝汽器运行中凝结水过冷的正常原因是：

1）管子外表蒸汽分压低于管束之间平均蒸汽分压，使蒸汽凝结温度t_{so}低于管束之间混合汽流的温度。

2）管子外表面的水膜包括上排管束淋下来的凝结水在内，受管内冷却水冷却，因而使水膜平均温度（$t_{si}+t_{so}$)/2（见图4.2.4)低于水膜外表面的蒸汽凝结温度t_{so}。

仅这两项，就使凝结水的固有过冷度达到2.8℃左右。

3）汽阻使管束内层压力降低，也使凝结温度t_s降低。

产生过冷度的不正常原因有：

1）冷却水管束排列不合理；

2）漏入空气多或抽气器工作不正常，使空气分压增大；

3）凝结水水位过高，淹没冷却水管，使凝结水被进一步冷却。这些都是应避免的。

凝汽器内有蒸汽通道，刚进入凝汽器的蒸汽可直接到达底部，加热凝结水，如图4.1.4、图4.1.5，图4.3.2～图4.3.4所示，称为回热式凝汽器。实际上现在已没有非回热式凝汽器。回热效果好时，凝结水的过冷度可小于1℃左右。性能良好的大型凝汽器，即使热水井内不采用专门的加热除氧结构，自身也可以作到无过冷[47]。

当漏入空气增多或抽气器失常时，非但真空降低，还将使过冷度增大；若只是冷却水量减少，则只使真空降低，不会使过冷度增大。可用这两条来判断真空下降的原因。若是真空下降，又伴随过冷度增大，可从空气量增多方面查找原因；若真空下降并未伴随过冷度增大，可在冷却水量减少方面查找原因。这样可以缩小查找真空下降原因的范围。

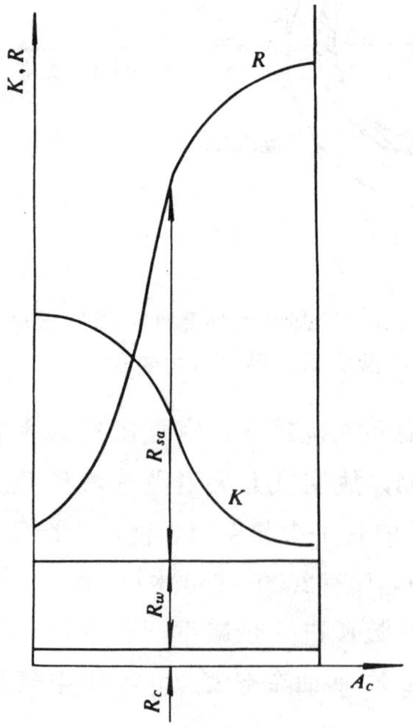

图 4.2.5 热阻R与传热系数K沿蒸汽流动方向的变化

四、凝汽器的传热

将冷却水管的圆筒形管壁传热近似看成平壁传热，则传热系数为

$$K=\frac{1}{R}=\frac{1}{R_{sa}+R_c+R_w}=\frac{1}{\dfrac{1}{\alpha_{sa}}+\dfrac{\delta}{\lambda}+\dfrac{1}{\alpha_w}} \qquad (4.2.10)$$

式中 R——凝汽器总热阻；

R_{sa}——蒸汽空气混合物向冷却水管外壁放热的热阻，$R_{sa}=1/\alpha_{sa}$；

α_{sa}——蒸汽空气混合物对冷却水管外壁放热的放热系数；

R_c——管壁本身热阻，$R_c=\delta/\lambda$，δ是管壁厚度，λ是管壁导热系数；

R_w——管内壁到冷却水的放热热阻，$R_w=1/\alpha_w$；

α_w——水侧放热系数。

管壁热阻R_c可以准确地算出，它沿冷却表面基本不变，如图4.2.5下部所示。水侧放热系数α_w和热阻R_w也可以比较准确地算出，如图4.2.5中部所示。

汽侧放热热阻的计算相当复杂。汽侧热阻由管壁外凝结水膜热阻与蒸汽向水膜外侧的放热热阻两部分组成。水膜内外存在温差，如图4.2.4所示。由于蒸汽凝结量不同，温差为1.3～6.7℃不等，因此这部分热阻数值是变化的。含有空气的蒸汽向水膜外侧放热的现象更加复杂，只有水膜表面逸出到空间的水分子数少于射向水面的水分子数时，蒸汽才可能连续凝结。空气的相对含量沿混合气体流动方向上的变化很大，故蒸汽向水膜外侧的放热热阻变化也很大。R_{sa}的变化如图4.2.5所示。

由于影响汽侧放热的因素十分复杂，因此α_{sa}不可能由理论公式算出，传热系数K也不可能由式（4.2.10）算出。但式（4.2.10）可在分析凝汽器传热时，建立清晰的概念。

到目前为止，设计凝汽器用的总体传热系数K均按实验求得的经验公式或经验图表来确定。全苏热工研究所根据实验与理论分析提出的总体传热系数K的计算公式为

$$K = 14650\phi\phi_w\phi_t\phi_z\phi_d \tag{4.2.11}$$

式中 ϕ——冷却表面清洁程度修正系数，直流供水时$\phi=0.8\sim0.85$，回流供水时$\phi=0.75\sim0.8$，冷却水不洁净时$\phi=0.65\sim0.75$；

ϕ_w——冷却水流速和管径的修正系数，是冷却水流速c_w、管子内径d_1、进口水温t_{w1}及清洁度修正系数ϕ的函数，即$\phi_w=\left(\dfrac{1.1c_w}{\sqrt[4]{d_1}}\right)^{0.12\phi(1+0.15t_{w1})}$；

ϕ_t——冷却水进口温度修正系数，$\phi_t=1-\dfrac{0.42\sqrt{\phi}}{1000}(35-t_{w1})^2$；

ϕ_z——冷却水流程数z的修正系数，$\phi_z=1+\dfrac{z-2}{10}\left(1-\dfrac{t_{w1}}{35}\right)$；

ϕ_d——凝汽器单位面积蒸汽负荷d_c的修正系数，$d_c=\dfrac{D_c}{A_c}$，当d_c在设计值d_c^d与临界值$d_c^c=(0.9-0.012t_{w1})d_c^d$之间时$\phi_d=1$，新设计凝汽器时$\phi_d=1$，蒸汽负荷小于临界值$d_c^c$时$\phi_d=\delta(2-\delta)$，$\delta=d_c/d_c^c$。

式（4.2.11）适用于黄铜管凝汽器，应在$t_{w1}\leqslant35$℃及$c_w=0.9\sim3.0$m/s范围内使用。

上述五个修正系数是影响传热系数K的五项因素。而影响K的因素都将影响端差δt，影响凝汽器真空。

以上是苏联的传热系数公式。美、英等国的传热系数计算公式或辅助图虽各不相同，但也都考虑清洁度、冷却水温、管径、管材等修正因素。70年代后期，日本除考虑上述管子与水侧放热修正外，还增加了蒸汽流速和空气浓度的修正，提出了研究总传热系数的更加完善的计算公式[50]。

第三节　凝汽器的管束布置与真空除氧

一、凝汽器的管束布置

冷却水管在凝汽器管板上的基本排列方法有三种：三角形排列法；正方形排列法；辐向排列法。如图4.3.1所示。

三角形排列法的管子中心位于等边三角形的顶点，这种排列法在节距相同时，管子密

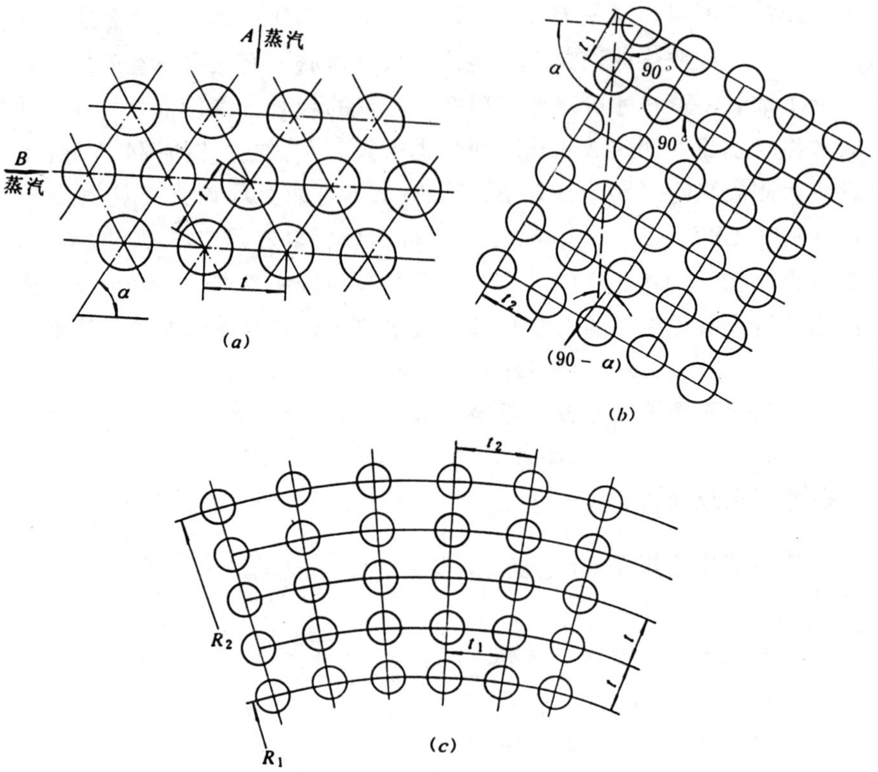

图 4.3.1 管束的基本排列方法

(*a*) 三角形排列法；(*b*) 斜放正方形排列法；(*c*) 辐向排列法

集程度最大，每根管子在管板上占的面积最小，布置在希望蒸汽空气混合物流速增大之处。正方形排列法的管子中心位于正方形的四个角上，密集程度小于三角形法。辐向排列法构成上宽下窄的通道。后两种排列法宜用在希望汽阻较小的地方。

凝汽器管束布置是从减小汽阻、减小过冷度、均匀各部分传热面积上的热负荷（即总体传热系数较高）的要求出发的。评定凝汽器优劣有五个指标：①真空；②凝结水过冷度；③凝结水含氧量；④水阻；⑤空冷区排出的汽气混合物的过冷度。管束布置好坏与上述大部分指标有关。管束布置一般遵循下面几条原则，可以结合国产N-3000-7型凝汽器管束布置（图4.3.2）与图4.3.3、图4.3.4、图4.1.5(*b*)来理解。

1）蒸汽刚进入第一排管束时，流量最大，通汽面积突变，总汽阻的颇大一部分在第一排。为了减小汽阻，应把最初几排管子排得较稀，或开进汽侧通汽道，或用多区域向心式布置等方法增大进汽周界，使第一排管束处的汽流速度不大于50 m/s。

2）随着蒸汽的凝结，管束内层的热负荷必然减小，进汽侧应有蒸汽通道深入管束内层，以便提高内层管束的热负荷。

3）为了减小汽阻，蒸汽空气混合物向抽气口运动的途径应短而直，可在管束进汽侧和出汽侧都开相应的汽流通道，且要求沿汽流流动方向的管子排数不宜过多。

4）应力求避免刚进入管束的蒸汽与来自管束其他部分含空气较多的蒸汽混合而降低

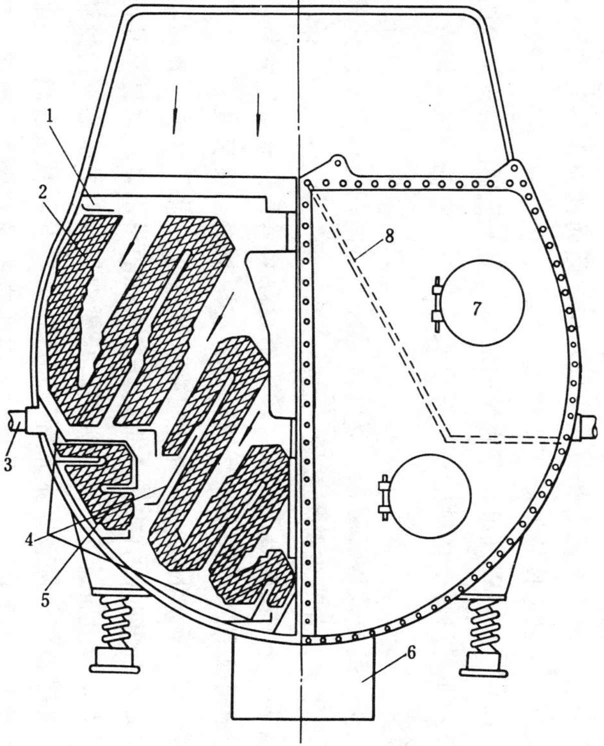

图 4.3.2　与N50-90/535汽轮机配套的N-3000-7型凝汽器

1—管束隔板；2—冷却管束；3—抽气口；4—挡板；5—空气冷却区；
6—热井；7—人孔；8—水室隔板

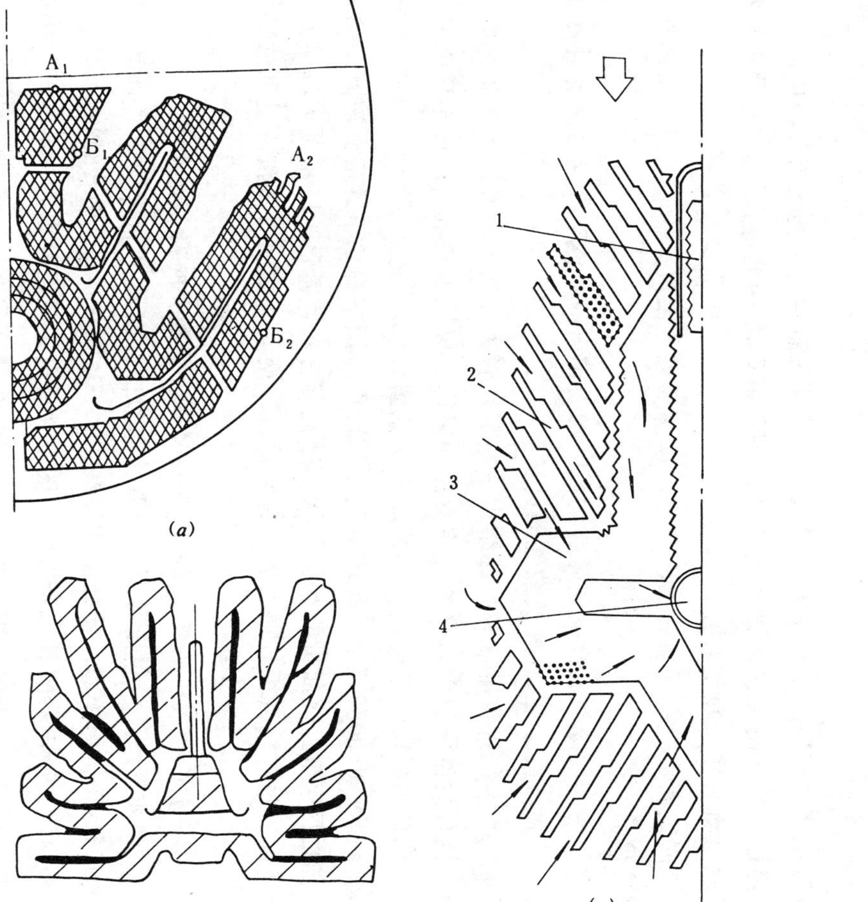

图 4.3.3　国外凝汽器管束布置举例

(*a*) 苏联哈尔科夫工厂的管束布置；(*b*) 法国“将军帽”式布置；(*c*) 日本平衡降流式管束布置
1—空气冷却区；2—放射状管束；3—密集管束；4—空气收集管

传热系数；应防止蒸汽不经过主管束直接进入空气冷却区而增大空冷区负荷；应防止蒸汽空气混合物不经过空冷区而直接到达抽气口，增大抽气器负荷。为此可设挡汽板（图4.3.2），或靠管束布置来达到要求（见图4.3.3，*c*）。

5）管束之间或两侧应有适当的蒸汽通道，以便刚进入凝汽器的蒸汽到达底部加热凝结水，减小过冷度。

6）应有空气冷却区冷却蒸汽空气混合物，以增大排出的蒸汽空气混合物的过冷度，减少工质损失〔见式（4.2.9)〕，降低抽气器负荷。

7）为了避免从上部管束流下来的凝结水落在下部管束外侧被冷却，在管束之间可设置凝结水挡板，挡板的位置与方向应符合汽流流动规律，以减少汽阻。但日本日立制作所的试验结论是：设挡水板反而增大汽阻与过冷度（见图4.3.3，*c*）。

图4.3.2是国产N 50-90/535型机组的凝汽器截面图，图中管束布置是上述原则的具体应用之一例。它的管束布置成曲折的狭长带状，进汽侧有蒸汽通道，以增大进汽周界。出汽侧也有蒸汽通道，设有挡汽板与挡水板，有空冷区，两管束之间有蒸汽通道直达热井，以回热凝结水。

图4.3.3(*a*)是苏联哈尔科夫工厂的与T160MW机组配套的凝汽器管束布置图。图4.3.3(*b*)是法国阿尔斯通公司单流程凝汽器管束布置图，又称“将军帽”式布置，用于与540MW、900MW等机组配套，冷却面积达72838m^2及50555m^2。图4.3.3(*c*)是日本日立制作所的平衡降流式凝汽器的管束布置图，图中只画出了一组管束的一半，同一个凝汽器中并排布置两组管束。这种布置中，不设挡水板，外围管束放射状排列，中间管束密集排列，空气收集管位于管束中下部，空气由收集管流到上部空气冷却区冷却后抽除。由于不设挡水板，不再有汽流停滞区，汽流也不再受到挡板的摩擦阻力，原被摩擦和涡流损耗的动能可以均匀地转变为压力能，减少了流动损失。另外，由试验所得的上下左右管子的数量分配和排列方式，使上下左右热负荷比较均匀，因而流向下部的汽流比较充分，凝结水的回热效果较好，真空比传统型凝汽器的提高133.3Pa左右，过冷度减小0.5～1.0℃。

图4.3.4是与国产300MW机组配套的N-15000-1型凝汽器的结构示意图，它采用两个区域的汽流向心式布置，每个区域中心都有空气冷却区。它的外壳采用方形结构。

二、真空除氧

凝结水含氧量大是导致铜管腐蚀、凝结水系统管道阀门腐蚀严重以致降低设备寿命的重要原因，故凝汽器都设有真空除氧装置。凝结水含氧量小是评价凝汽器的五个指标之一。国外为了降低电站投资，克服布置困难，趋于不设除氧器，只靠真空除氧。如法国大多数核电站和一部分火电站就不设除氧器，这样对真空除氧要求就更高。

图4.3.5是图4.3.4所示的N-15000-1型凝汽器热井中设置的水封淋水盘凝结水真空除氧装置。凝结水进入热井时，首先流入带有许多小孔的淋水盘，水自小孔流下，形成水帘，凝结水表面积增大，被上面流下的蒸汽加热。只要加热到热井压力下的沸腾温度，就可把溶于水中的氧气和其他气体除掉。水帘落下，落在角铁上，溅成水滴，表面积又增大，可被进一步加热与除氧。不能凝结的气体经过许多根空气导管导入空冷区，最后由空冷区抽出。

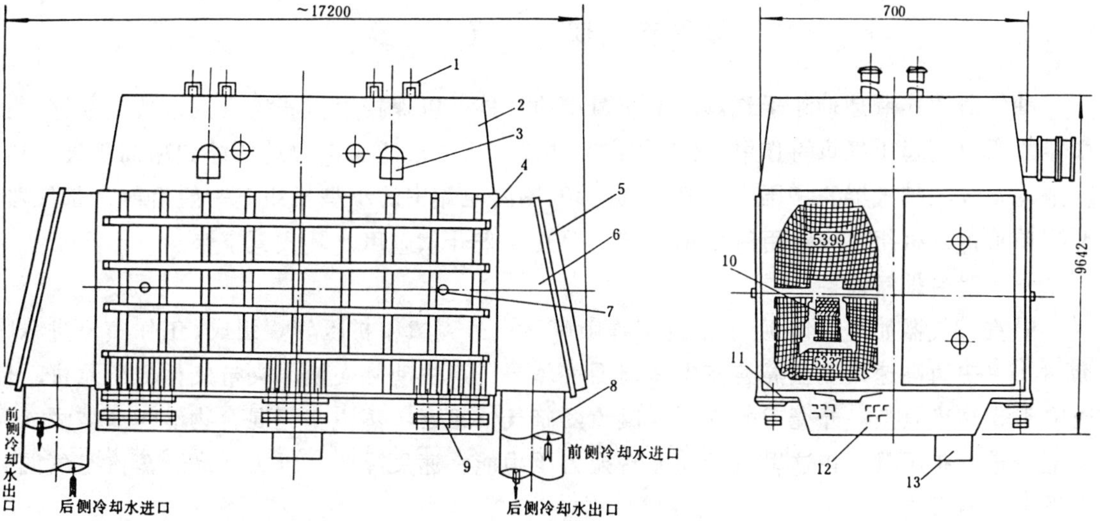

图 4.3.4　N-15000-1型凝汽器结构示意图

1—抽汽管道；2—接颈；3—加热器；4—壳体；5—水室盖；6—水室；7—抽气口；8—进出水管；9—弹簧座；10—空气冷却区；11—热井；12—凝结水除氧装置；13—出水箱

一般真空除氧装置大约在60％额定负荷以上工作时的除氧效果较好，满负荷工作时的除氧效果最好。但在低负荷和机组启动时，由于蒸汽量少，蒸汽在管束上部就已凝结，不能到达热井回热凝结水，而且凝汽器压力降低，漏入空气量增大，使凝结水的含氧量增大，过冷度也就增大，这时一般的真空除氧装置效果较差。苏联热电站凝汽器中，广泛采用鼓泡除氧，效果较好。美国凝汽器中的鼓泡除氧装置如图4.3.6所示，热井中的凝结水被蒸汽

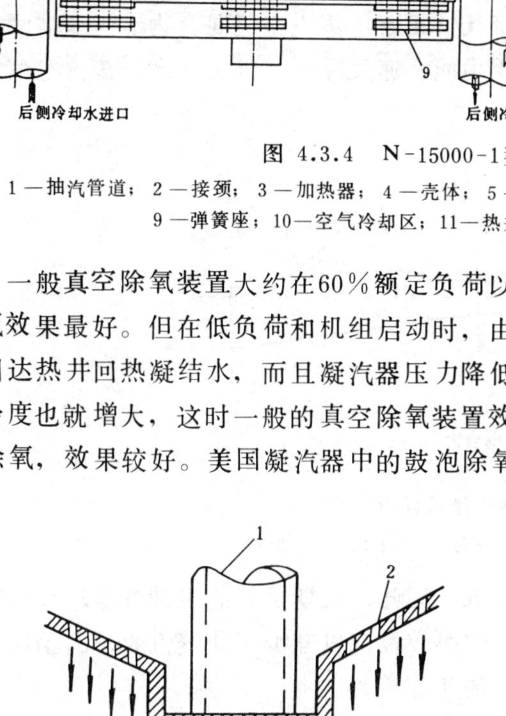

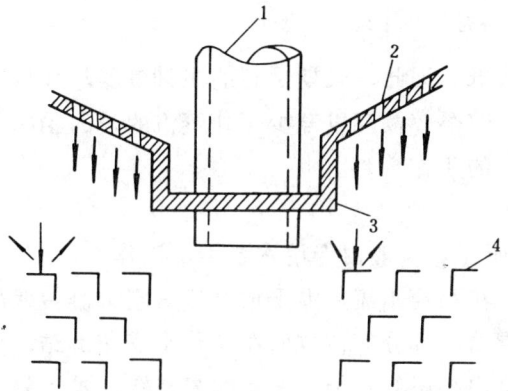

图 4.3.5　水封淋水盘式凝结水真空除氧装置

1—空气导管；2—淋水盘；3—长水槽；4—溅水角钢

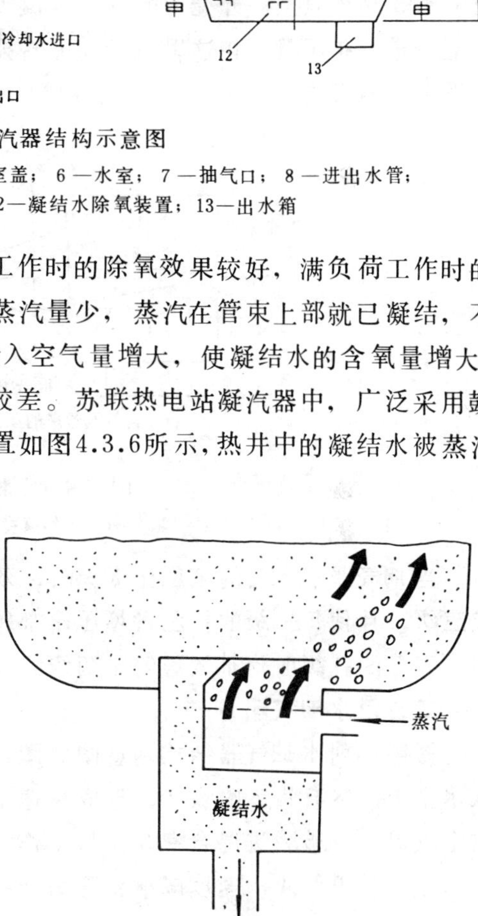

图 4.3.6　凝汽器中的鼓泡除氧装置举例

鼓泡搅动而混合和加热，凝结水被加热到饱和温度时释放出非凝结气体。这种装置可以在机组启动、低负荷和其他非正常工况下投运[38]。

第四节　抽　　气　　器

抽气器的作用是抽除凝汽器内不能凝结的气体，以保持凝汽器的真空和传热良好。抽气器的实质上起压气机的作用，它将蒸汽空气混合物从很低的压力p''_c压缩到略高于大气压，以排入大气。抽气器的增压比一般为15～40。国内电站中的小型机组上一般用射汽抽气器；大型单元再热机组上一般用射水抽气器；近几年来开始应用水环式真空泵。

一、射汽抽气器

射汽抽气器如图4.4.1所示，由工作喷嘴A、外壳B和扩压管C组成。工作蒸汽进入喷嘴A，A中的高速汽流在混合室中与周围气体分子产生动量交换，夹带气体分子前进，使周围形成高度真空。外壳B的入口与凝汽器抽气口相连，蒸汽空气混合物不断地被吸入混合室，进入扩压管。在这里汽流动能转换为压力能，速度降低，压力升高。蒸汽空气混合物最终排入大气。

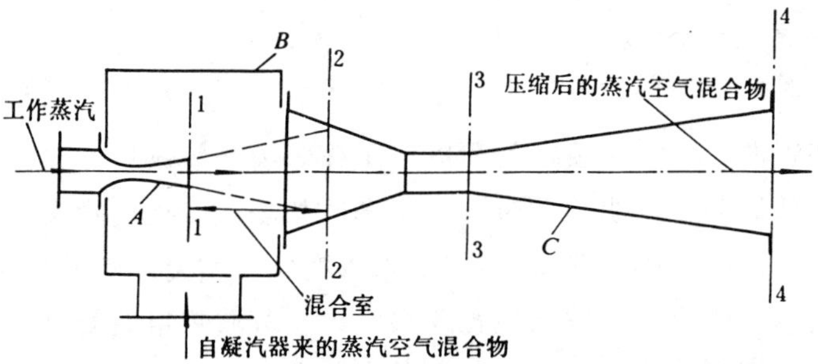

图 4.4.1　射汽抽气器示意图 [16]

A—工作喷嘴；B—外壳；C—扩压管

当抽气器扩压管的增压比太大时，效率较低。因此，长期运行的主抽气器均作成两级或三级，且使每一级的扩压管增压比都较小，效率较高，以减少工作蒸汽的总的消耗量。同等容量的三级射汽抽气器约比两级的少10％的工作蒸汽。

二、射水抽气器

短喉部射水抽气器结构示意图如图4.4.2所示。一般由专用水泵供给工作水，工作水进入水室1，然后进入喷嘴2，形成高速水流，在高速水流周围形成高度真空，凝汽器的蒸汽空气混合物被吸进混合室3，与工作水相混合，部分蒸汽立即在工作水表面凝结，然后一起进入扩压管4，速度减小、压力升高后排出扩压管。为了节省能量消耗，扩压管出口常接一直径与它相同的2.5～4 m长排水管6，插在排水井水面以下，这一排水管中的水柱借助重力下落，可使扩压管出口压力减小24.5～39.2kPa，从而节省工作水的能量消耗。

当专用水泵或其电动机故障或厂用电中断时，工作水室水压立即消失，混合室内就不能建立真空。这时凝汽器压力仍是很低的，而排水井水面的压力是大气压力，故不洁净的工作水（循环水）将从扩压管倒流入凝汽器，污染凝结水。为此在混合室入口处设置了逆止阀5，用以阻止工作水倒流。

射水抽气器结构简单，工作可靠，启动运行方便。通常需专设工作水泵，工作水量较大。被抽除的混合气体中蒸汽含量较大，不能回收，工质损失较多，但不像射汽抽气器需要考虑工作蒸汽来源。适用于滑参数启动和滑压运行的单元制再热机组。

东方汽轮机厂通过大量试验于1980年研制成长喉部射水抽气器❶，如图4.4.3所示。这种长喉部射水抽气器用于200 MW、300 MW机组时，消耗功率由原来短喉部射水抽气器的190 kW降为91 kW，单位功耗（即每小时抽1 kg空气量的功率消耗）由2.46 kW/(kg·h⁻¹)

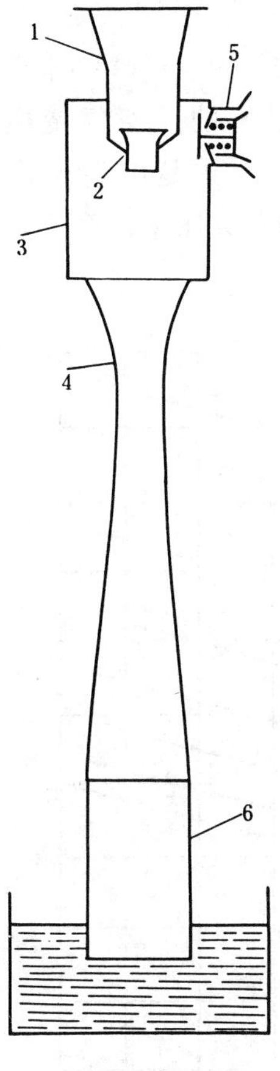

图 4.4.2 短喉部射水抽气器结构示意图

1—工作水室；2—喷嘴；3—混合室；4—扩压管；5—逆止阀；6—排水管

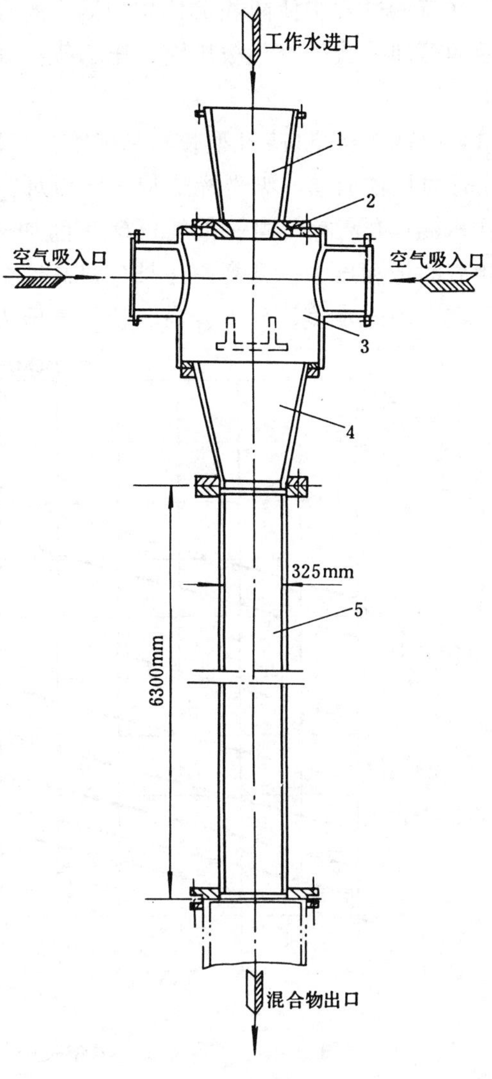

图 4.4.3 CS-4.5-75-1型长喉部射水抽气器

1—水室；2—喷嘴；3—吸入室；4—收缩管；5—喉部

❶ 长喉部射水抽气器的资料与分析，均承东方汽轮机厂谭顺科高工提供。

降至1.25kW/(kg·h^{-1})，达到当时法、意等国的同类产品的水平，被推广到全国200MW、300MW等大机组上使用。

一般认为提高射水抽气器经济性的关键在于高速流体降速、升压之前，流速能等于或大于当地音速，即达到临界工况，因为在临界工况下没有倒流损失，突然压缩损失最小，扩压充分，排出速度低，余速动能损失较小。获得临界工况又以在突然压缩区之前获得均匀的两相混合流为前提。流体在喉部进口处是混合得极不均匀的，长喉部提供了均匀混合的条件，在流动过程中使两相流体均匀混合的程度逐渐增加，从而达到临界工况。到喉部出口附近的区间，流体突然被压缩，压力提高到足以排出抽气器的程度，因而大大节省了功耗。

图4.4.4是CS-4.5-75-1型长喉部射水抽气器在工作水压p_w=0.255MPa不变，工作水温t_w变化时的特性曲线，纵坐标是抽气压力p_{ex}，横坐标是被抽除的干空气量D_a。由图可见，工作水温t_w升高时，同一抽气量D_a下的抽气压力p_{ex}将升高。这是因为工作水温t_w升高时，相应的饱和压力也升高，在抽气器高速水流所形成的相同负压下，会使更多的工作水汽化，混合室内水蒸汽分压升高，使抽气压力p_{ex}升高。

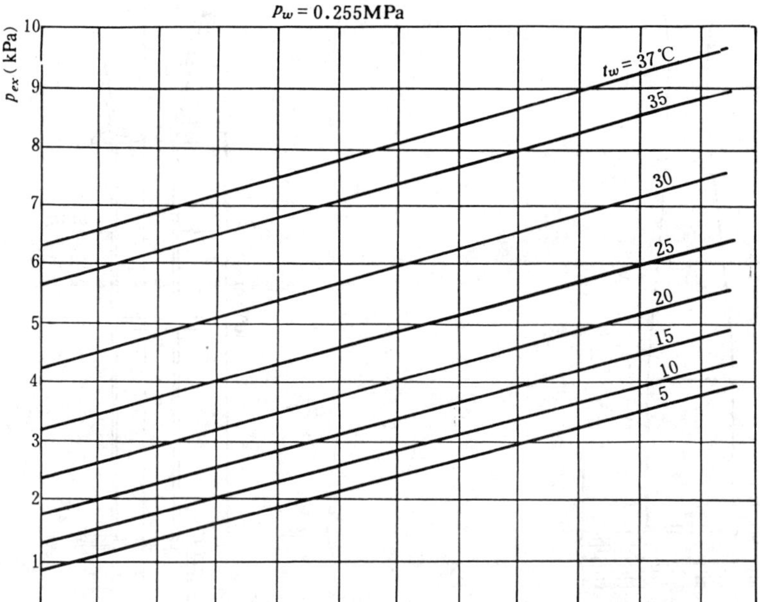

图 4.4.4 CS-4.5-75-1型长喉部射水抽气器的特性曲线

工作水温t_w升高的原因有二：一是射水泵的耗功由于工作水与管壁以及水分子之间的摩擦和碰撞而绝大部分转变为热能，加热工作水；二是从凝汽器抽出来的汽气混合物中的蒸汽在工作水流表面凝结时所放出的大量汽化潜热以及空气所含的很少量热量。随着工作水温t_w的不断升高，射水抽气器抽气压力p_{ex}升高，将使凝汽器真空降低。所以射水抽气器运行时必须监视工作水温的变化，定期地或连续地溢出高温工作水，补充低温工作水，防止工作水温过高。

图4.4.5是C-35-25-1型短喉部射水抽气器工作水温t_w不变，工作水压p_w改变时的特性曲线。由图可见，当工作水压p_w由98.1kPa增加到177 kPa时，抽气压力p_{ex}是逐渐降低的，这是因为工作水压升高时，工作水流量增加，喷嘴出口流速增大，故在抽吸同量空气D_a的

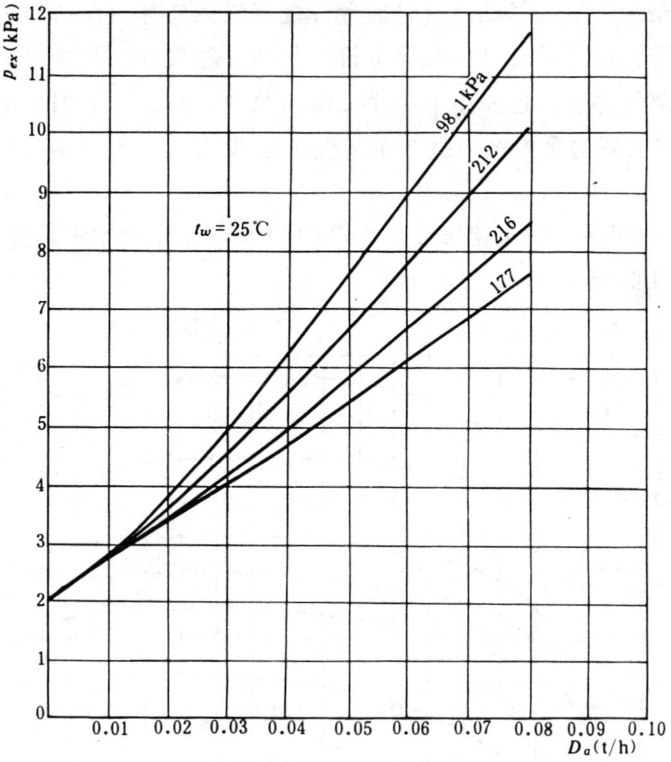

图 4.4.5 C-35-25-1型短喉部射水抽气器的特性曲线

条件下，抽气压力p_{ex}就会降低，凝汽器真空就会提高。但当工作水压由177kPa增加到216kPa时，抽气压力p_{ex}却升高了，这是因为抽气器结构尺寸已定，工作水压p_w继续升高使流量进一步增加，在扩压管出口会发生排水阻塞现象，使排水管水压升高，影响到混合室的抽气压力p_{ex}也升高。

通过试验还可以确定射水抽气器工作水压的最佳值（p_{ex}）$_{op}$。

三、水环式真空泵[1]

水环式真空泵的功耗低，运行维护方便，在西欧等国已较多地用在电站凝汽设备上。我国300MW与600MW反动式考核机组也是用它配套的。水环式真空泵的结构原理如图4.4.6所

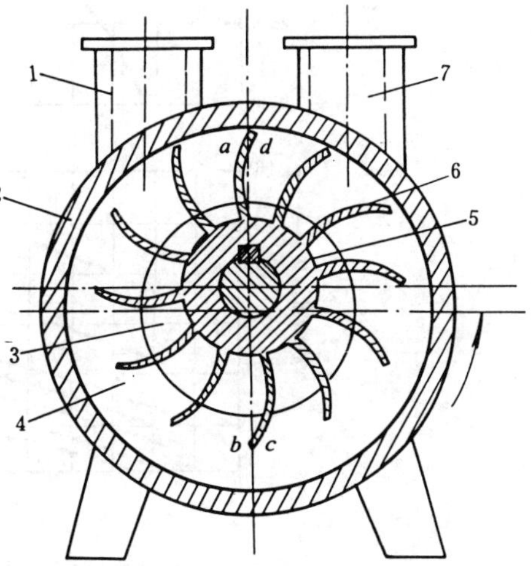

图 4.4.6 水环式真空泵结构原理

1—吃气管；2—泵壳；3—空腔；4—水环；5—叶轮；6—叶片；7—吸汽管

[1] 水环式真空泵资料来自武汉水泵厂。

示。叶轮偏心地安装在泵壳内，朝箭头方向转动，水的离心力所形成的旋转水环的近似圆与泵壳同心，水环、叶片与叶轮两端的侧板构成若干个小的密闭空腔。侧板上有吸入气体和压出气体的槽，所以侧板又称分配器。在前半转，即由图中 a 处转到 b 处时，在水活塞的作用下，空腔增大，压力降低，这时通过分配器吸入气体。在后半转，即由 c 转到 d 处，空腔减小，压力升高，这时通过分配器可排出气体。随气体一起排出的有一小部分水，经过气水分离器分离气体后，这一小部分水又送回泵内，所以水的损失很少。为了保证恒定的水环，在运行中需要向泵内补入凝结水，但补水量很少。转子两端用填料和凝结水密封。

图4.4.7是武汉水泵厂引进德国技术生产的2BE1－353-0型水环式真空泵（与300MW机组配套）的特性曲线。

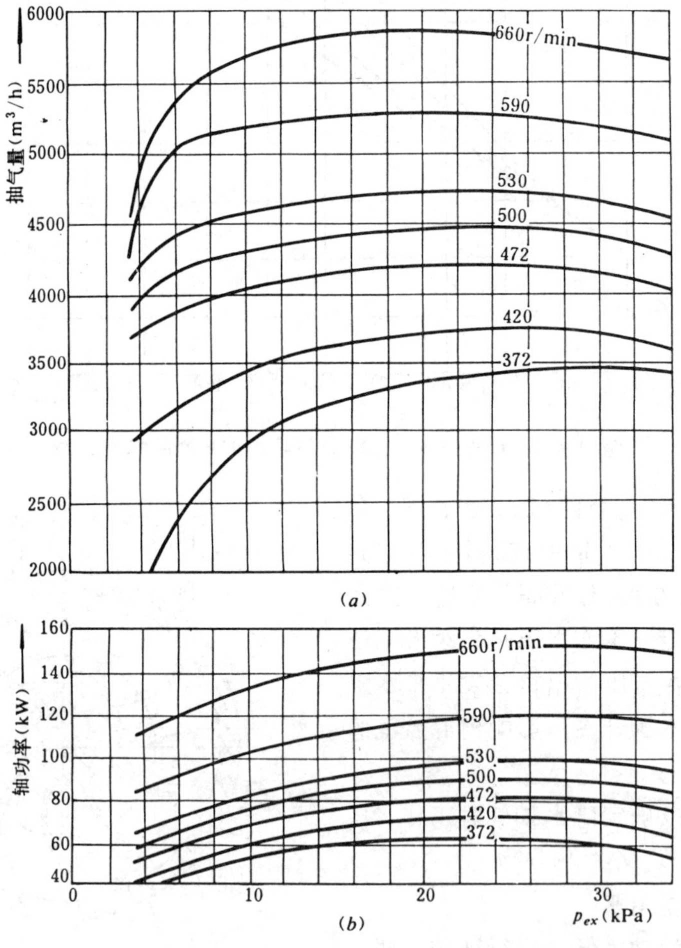

图 4.4.7　2BE1－353-0型水环式真空泵的特性曲线

（a）抽气量与转速和抽气压力的关系曲线；（b）轴功率与转速和抽气压力的关系曲线

水环式真空泵运行可靠方便，不易损坏，耗电量小，除真空泵外不需另设供水泵。但价格较贵，而且真空越高，抽吸的质量流量越小。

第五节 凝汽器的变工况

汽轮机组运行时，蒸汽负荷D_c、冷却水量D_w、冷却水进口温度t_{w1}等都要变化，漏入空气量也要变化，凝汽器的冷却表面可能变脏，等等，这些都将引起凝汽器的压力变化。凝汽器的工况离开了设计参数，称为凝汽器的变工况。

一、主要因素改变对凝汽器压力的影响

D_c、D_w、t_{w1}是决定凝汽器压力的主要因素，这些因素改变时，Δt和δt将改变，从而使t_s和凝汽器压力改变。

1. 变工况下Δt的变化规律

变工况下Δt的变化规律可用下式表示：

$$\Delta t=\frac{h_c-h'_c}{4.187D_w/D_c}=aD_c\ ;\qquad a=\frac{h_c-h'_c}{4.187D_w}\tag{4.5.1}$$

由于（$h_c-h'_c$）变化很小，可近似看作常数，故当D_w不变时，a是常数。也就是说，D_w不变时，Δt正比于D_c。D_w改变后，a也变了，在新的D_w下，算出新的a，确定Δt和D_c的新的比例关系。

2. 变工况下δt的变化规律

当D_w不变时，a为常数，由式（4.2.6）与式（4.5.1）得

$$\delta t=\frac{a}{e^{\frac{A_cK}{4187D_w}}-1}D_c\tag{4.5.2}$$

凝汽器已制造好，A_c不变。若K也不变，则δt与D_c成正比，也就是与d_c（$d_c=D_c/A_c$，称为比蒸汽负荷）成正比，如图4.5.1中的辐射线（包括虚线）所示。

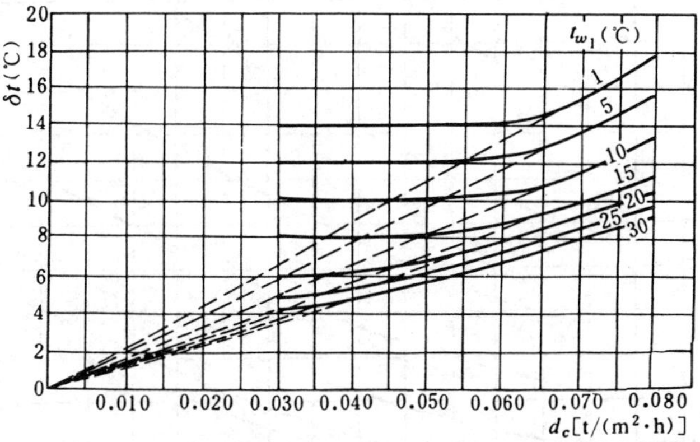

图 4.5.1 端差δt与d_c、t_{w1}的关系曲线

实验证明，当凝汽器负荷下降不大时，漏入空气量不变，δt确实与D_c成正比，如图4.5.1右侧实线倾斜段所示。当蒸汽负荷下降较多时，汽轮机处于真空下的级数增多，凝汽器真空提高，漏入的空气量增大，K减小，由式（4.5.2）可见δt增大。然而由式（4.5.2）

还可看出，D_c减小使δt减小。两方面共同作用的结果，δt下降缓慢或不变，如图4.5.1 的实线转折段和水平段所示。

对于凝汽器严密性很好的机组，随着负荷的降低，漏入的空气量几乎不变，所以图4.5.1中的倾斜实线将向左延长，转折段出现在更小的d_c处，每一根水平实线均向 左下方移动。

图4.5.1中，t_{w1}较小的曲线在上部，其原因可从式（4.2.11）中的ϕ_t看 出，t_{w1}较 小时，ϕ_t也小，K也小，这时由式（4.5.2）算出的δt较大，所以t_{w1}较小的曲线在上侧。t_{w1}较小的曲线的转折点出现在d_c较大处的原因是，t_{w1}较小时真空较高，漏入空气量较大，所以在d_c较大处就使K减小。

冷却水量D_w改变后，以新的D_w算出δt与D_c的关系，作出δt与d_c、t_{w1}的关系曲线。

3．变工况下p_c的确定

在冷却水量D_w一定时，根据不同的d_c和t_{w1}求出Δt和δt，由$t_s = t_{w1} + \Delta t + \delta t$算得$t_s$，求得$t_s$对应的饱和压力$p_s$，在主凝结区认为$p_c \approx p_s$误差很小，就可确定$p_c$，作出这一冷却水量$D_w$下的特性曲线，如图4.5.2所示。冷却水量$D_w$改变后，根据新的$D_w$再次计算，作出

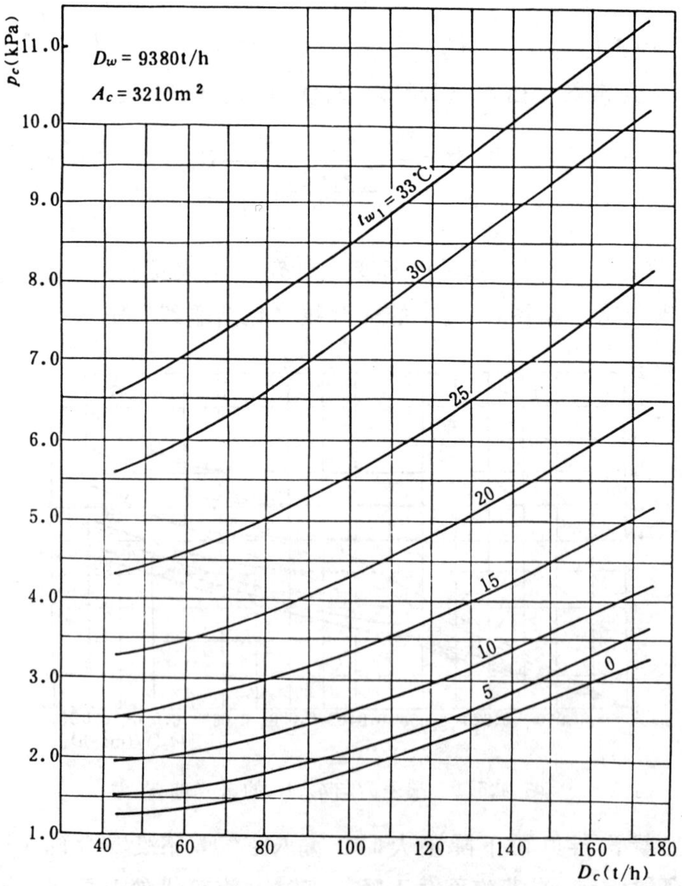

图 4.5.2　N-3500-1型凝汽器特性曲线

表 4.5.1　　凝汽器变工况特性举例

项　目	符号	单　位	来源或计算公式	蒸汽负荷（%）					
				40	60	80	100	120	140
蒸汽量	D_c	t/h	给　定	53.6	80.4	107.2	134	160.3	187.6
冷却水量	D_w	t/h	取　定	9380					
冷却面积	A_c	m^2	给　定	3210					
单位面积蒸汽负荷	d_c	$t/(m^2\cdot h)$	D_c/A_c	0.0167	0.025	0.0334	0.0417	0.0500	0.0584
冷却水温升	Δt	℃	$D_c(h_c-h'_c)/D_w$	2.92	4.83	5.84	7.31	8.77	10.23
冷却水进口温度	t_{w1}	℃	选　定	15					
清洁系数	ϕ		选　取	0.85					
系　数	x		$0.12\phi(1+0.15t_{w1})$	0.3315					
系　数	B		$1.1c_w/\sqrt[4]{d_1}$	0.814					
流速与管径修正系数	ϕ_w		B^x	0.9341					
水温修正系数	ϕ_t		$1-\frac{0.42\sqrt{\phi}}{1000}(35-t_{w1})^2$	0.8451					
流程修正系数	ϕ_z		$1+\frac{z-2}{10}\left(1-\frac{t_{w1}}{35}\right)$	1					
单位面积蒸汽负荷的临界值	d_c^c		$(0.9-0.012t_{w1})d_c^d$	30.024					
系　数	δ		$\frac{d_c}{d_c^c}$；当$d_c>d_c^c$时，$\delta=1$	0.556	0.833	1	1	1	1
蒸汽负荷修正系数	ϕ_d		$\delta(2-\delta)$	0.8029	0.9724	1	1	1	1
传热系数	K	$kJ/(m^2\cdot h\cdot K)$	$14650\phi\phi_w\phi_t\phi_z\phi_d$	7892.6	9558.8	9830	9830	9830	9830
传热端差	δt	℃	$\delta t=\frac{\Delta t}{e^{\frac{KA_c}{4187D_w}}-1}$	3.22	3.71	4.73	5.93	7.10	8.30
蒸汽温度	t_s	C	$t_{w1}+\Delta t+\delta t$	21.14	23.09	25.57	28.24	30.87	33.53
蒸汽压力	p_c	kPa	查水蒸气表	2.51	2.83	3.29	3.83	4.45	5.19

新的D_w下的另一张凝汽器特性曲线图。

二、凝汽器特性曲线绘制举例

以N-3500-1型凝汽器为例进行变工况计算。先设冷却水量$D_w=9380$t/h不变，冷却面积$A_c=3210m^2$，取一系列t_{w1}和D_c值，Δt可根据式（4.5.1）计算，计算传热系数K，再由式（4.5.2）计算δt，由$t_s=t_{w1}+\Delta t+\delta t$得$t_s$，查水蒸气表得$p_c$。表4.5.1中列出了$t_{w1}=15$℃时的计算步骤与数据。根据$p_c$可画成图4.5.2的凝汽器特性曲线。由图可见，当$D_w$和$t_{w1}$不变时，$D_c$降低，将使$\Delta t$和$\delta t$减小，因而$p_c$减小。当$D_c$和$D_w$均不变时，$\Delta t$和$\delta t$也不

变，若t_{w1}减小，则δt因K减小而增大，但δt的增大值小于t_{w1}的减小值，所以p_c仍然减小。

第六节　多压式凝汽器

有两个以上排汽口的大容量机组的凝汽器可以制成多压式凝汽器。图4.6.1是双压式凝汽器的示意图。冷却水由左侧进入，右侧排出。凝汽器汽侧用密封的分隔板隔成两部分。进水侧的冷却水温较低，汽侧压力p_{c1}也较低；出水侧冷却水温较高，汽侧压力p_{c2}也较高，这就构成了双压式凝汽器。以此类推，可以制成三压式、四压式，在美国最多有六压式的。

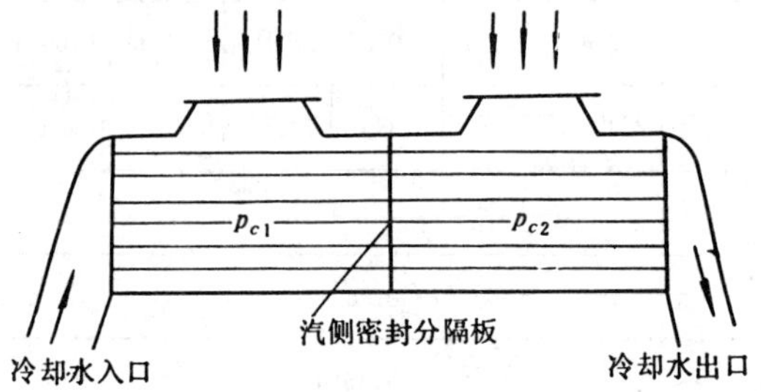

图 4.6.1　双压式凝汽器示意图

多压式凝汽器有下列优点：

1）一定条件下，多压式凝汽器的平均折合压力比单压式的低。这一平均折合压力是平均蒸汽凝结温度$\overline{t_s}=\frac{1}{2}(t_{s1}+t_{s2})$所对应的饱和压力，$t_{s1}$与$t_{s2}$是低压侧与高压侧的蒸汽凝结温度。之所以能有这样好的效果，是因为单压式凝汽器内汽轮机排汽的较大部分是在冷却水进口段冷凝的，冷却水出口段热负荷较小，而多压式的各部分排汽是按比例分配的，热负荷比较均匀，使总的冷却效果提高（见图4.6.2）。

2）多压式凝汽器可将低压侧凝结水引入高压侧加热，以提高凝结水温，减少低压加热器的抽汽量，减小发电热耗率。

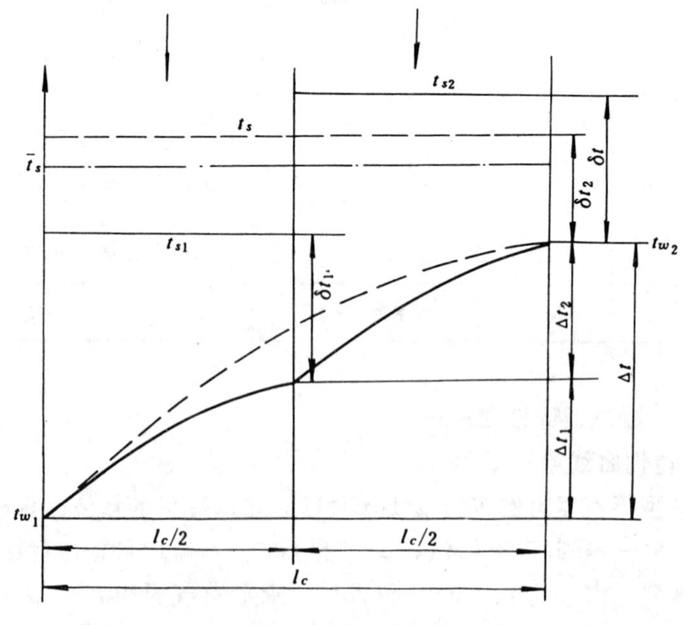

图 4.6.2　蒸汽和冷却水温度沿冷却水管长度的分布

- - - 单压式；——双压式

图4.6.2的虚线表示单压式凝汽器的蒸汽和冷却水温沿冷却水管长度的分布；实线是双压式凝汽器的。双压式凝汽器两侧的传热面积和热负荷各为单压式的一半，两侧冷却水量D_w相同，所以两侧冷却水温升也各为$\Delta t/2$。单压式凝汽器、双压式凝汽器低压侧与高压侧的蒸汽凝结温度t_s、t_{s1}与t_{s2}分别为

$$t_s = t_{w1} + \Delta t + \delta t \tag{4.6.1}$$

$$t_{s1} = t_{w1} + \frac{1}{2}\Delta t + \delta t_1 \tag{4.6.2}$$

$$t_{s2} = \left(t_{w1} + \frac{1}{2}\Delta t \right) + \frac{1}{2}\Delta t + \delta t_2 \tag{4.6.3}$$

三者的传热方程式分别为

$$Q = K A_c \Delta t_m \tag{4.6.4}$$

$$\frac{1}{2} Q = K_1 \times \frac{1}{2} A_c \Delta t_{m1} \tag{4.6.5}$$

$$\frac{1}{2} Q = K_2 \times \frac{1}{2} A_c \Delta t_{m2} \tag{4.6.6}$$

上六式中符号意义同式（4.2.1）与式（4.2.4），下角标“1”与“2”分别代表“低压侧”与“高压侧”。由于高压侧冷却水进口温度（$t_{w1} + \frac{1}{2}\Delta t$）高于低压侧$t_{w1}$，故由式（4.2.11）的$\phi_t$可见，高压侧传热系数$K_2$大于低压侧$K_1$。为了简化，近似认为$K_1 = K_2 = K$，由式（4.2.6）可见，$\delta t_1 = \delta t_2$。由式（4.6.4）、式（4.6.5）与式（4.6.6）三式比较可见

$$\Delta t_{m1} = \Delta t_{m2} = \Delta t_m \tag{4.6.7}$$

则

$$\Delta t_{m1} = \frac{\Delta t/2}{\ln\dfrac{\Delta t/2 + \delta t_1}{\delta t_1}} = \Delta t_m = \frac{\Delta t}{\ln\dfrac{\Delta t + \delta t}{\delta t}}$$

令

$$R = \frac{\Delta t}{\Delta t + \delta t} \tag{4.6.8}$$

得

$$\frac{\Delta t/2 + \delta t_1}{\delta t_1} = \left(\frac{\Delta t + \delta t}{\delta t} \right)^{\frac{1}{2}} = \left(\frac{1}{1 - R} \right)^{\frac{1}{2}} \tag{4.6.9}$$

由

$$\frac{1}{2}\Delta t + \delta t_1 = \left(\frac{1}{1 - R} \right)^{\frac{1}{2}} \delta t_1 \tag{4.6.10}$$

得

$$\delta t_1 = \frac{\Delta t}{2\left[\left(\dfrac{1}{1 - R} \right)^{\frac{1}{2}} - 1\right]} \tag{4.6.11}$$

则

$$\frac{1}{2}\Delta t + \delta t_1 = \frac{\Delta t/2 + \delta t_1}{\delta t_1}\delta t_1 = \frac{\Delta t}{2}\left[\frac{\left(\dfrac{1}{1 - R} \right)^{\frac{1}{2}}}{\left(\dfrac{1}{1 - R} \right)^{\frac{1}{2}} - 1} \right] \tag{4.6.12}$$

由式（4.6.1）~式（4.6.3）得双压式凝汽器的平均蒸汽凝结温度$\overline{t_s}$低于单压式的t_s的度数Δt_s为

$$\Delta t_s = t_s - \frac{1}{2}(t_{s1} + t_{s2}) = \Delta t + \delta t - \frac{\Delta t}{4} - \frac{\Delta t}{2}\left[\frac{\left(\frac{1}{1-R}\right)^{\frac{1}{2}}}{\left(\frac{1}{1-R}\right)^{\frac{1}{2}} - 1}\right] \tag{4.6.13}$$

对于具有几个汽室的凝汽器同样可推导得

$$\Delta t_s = \Delta t + \delta t - \frac{\Delta t}{n}\left(\frac{n-1}{2}\right) - \frac{\Delta t}{n} Y \tag{4.6.14}$$

其中

$$Y = \left[\frac{\left(\frac{1}{1-R}\right)^{\frac{1}{n}}}{\left(\frac{1}{1-R}\right)^{\frac{1}{n}} - 1}\right] \tag{4.6.15}$$

对于双压式凝汽器，当R分别是0.7、0.6、0.5、0.4和0.3时，Y分别是2.211、2.720、3.414、4.436和6.122。可见，δt增大时，R减小，Y增加较快；Δt增大时，R增大，Y减小较快。当t_{w1}减小时，δt增大，R减小，Y增大，式（4.6.14）中的δt和$\Delta t Y/n$虽然都增大，但（$\delta t - \Delta t Y/n$）将减小，使Δt_s减小。当t_{w1}小到一定程度时，Δt_s可能为负值，这时多压式凝汽器的热经济性比单压式的还差。反之，当t_{w1}较高时，多压式凝汽器的热经济性较好。循环倍率m越小，Δt越大，R越大，Y越小，因而使式（4.6.14）中的〔$\Delta t - \Delta t(n-1)/2n - \Delta t Y/n$〕越大，即$\Delta t_s$越大，所以多压式凝汽器的热经济性越高。

可见多压式凝汽器更适用于汽温高的地区（t_{w1}高）、缺水地区（m小）和回流供水（m小，Δt大）的机组。图4.6.3表示750 MW汽轮机采用三压式凝汽器比采用单压力凝汽器在额定功率下多发的电功率ΔP_{el}与t_{w1}的关系曲线。当$t_{w1}=21$℃时，可多发1910 kW电力。从图中可以看出，$t_{w1}=4$℃时，$\Delta P_{el}=0$，若$t_{w1}<4$℃，则ΔP_{el}为负。

图4.6.4表示采用多压式凝汽器热效率增大百分数与循环倍率m、汽室数（压力数）n、

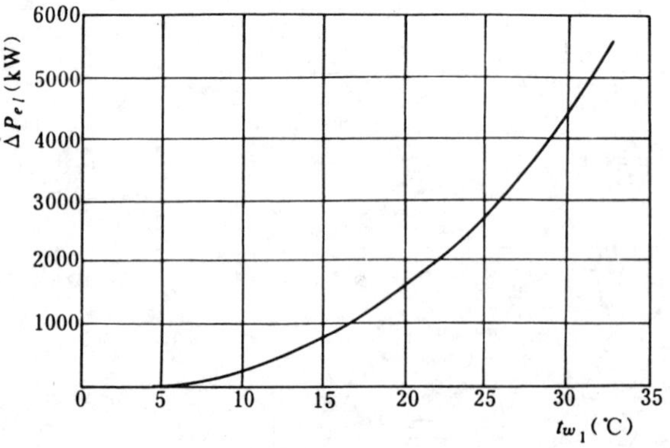

图 4.6.3 采用三压式凝汽器比采用单压式凝汽器多发的电功率ΔP_{el}与t_{w1}的关系

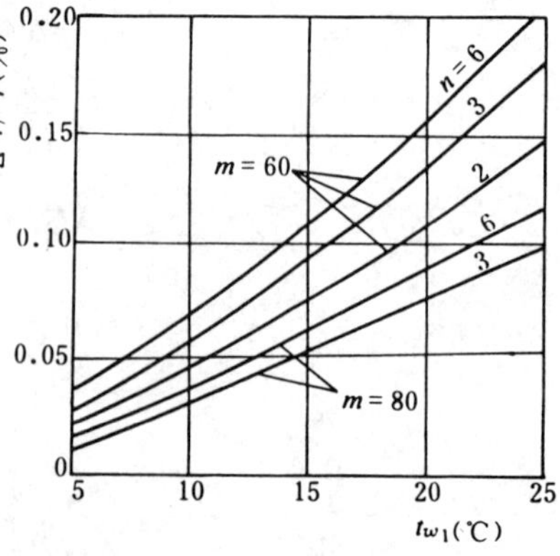

图 4.6.4 采用多压式凝汽器的效益

冷却水温t_{w1}的关系。由图可见，m越小，$\Delta\eta/\eta$越大；汽室数n越多，$\Delta\eta/\eta$越大。但汽室越多，多增加一个汽室所得的效益越小。

图4.6.5(*a*) 所示是一台三压式凝汽器。由于中间汽室压力p_{c2}大于左侧压力p_{c1}，凝结水可自流到左侧汽室，然后被水泵打到右侧压力p_{c3}最高的汽室加热，使全部凝结水温都较高。图4.6.5(*b*) 中，把低压侧凝结水位提高了一些，这样就可克服两汽室的压差，凝结水自流到高压侧的底盘 2 上，再从底盘 2 下的许多小孔中流出来被蒸汽加热。由凝结水回热所得到的效益约占多压式凝汽器总效益的10％～20％。多压式凝汽器的总效益可使热耗率减小约0.2％～0.3％。

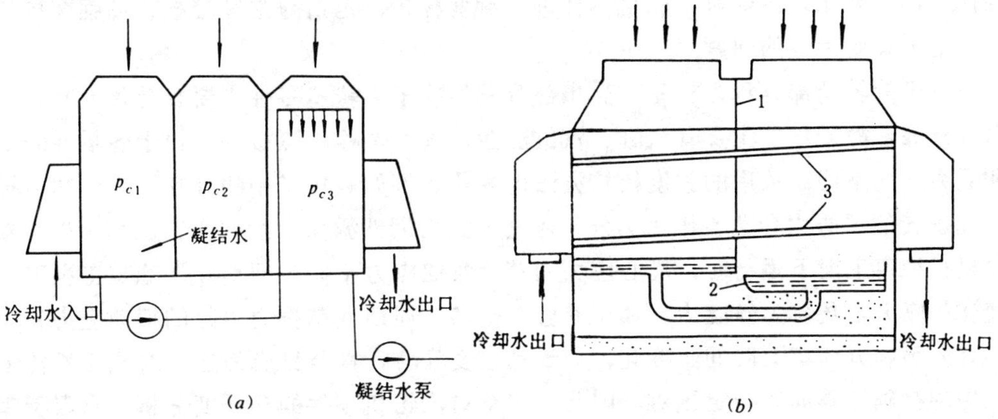

图 4.6.5 多压式凝汽器的凝结水回热方式

(*a*) 凭压差自流与水泵输送；(*b*) 凭水位差自流

1 —分隔板；2 —底盘；3 —冷却水管

对多压式凝汽器汽侧分隔板要进行密封，以保证各汽室的压力不同。靠凝结水来密封的液体密封法，是一项较为方便的方法（是一项专利），如图4.6.5(*b*)所示，将每根冷却水管 3 倾斜4/1000的坡度后放置，凝结水流到分隔板 1 处，因这里的流动阻力增大（如采用入口侧不倒圆角等方法加大阻力），凝结水流动速度减慢，起到密封作用。

第五章　汽轮机零件的强度校核

第一节　汽轮机零件强度校核概述

为了确保电站汽轮机安全运行，应该使汽轮机零件在各种可能遇到的运行工况下都能可靠地工作。因此，需要对汽轮机零件进行强度校核，包括静强度校核和动强度校核两方面，这是本章要讨论的问题。

汽轮机的转动部分称为转子，静止部分称为静子。转子零件主要有叶片、叶轮、主轴及联轴器等；静子零件主要有汽缸、汽缸法兰、法兰螺栓和隔板等。由于各零件的工作条件和受力状况不同，采用的强度校核方法也各异。例如，转子中的叶片、叶轮和主轴除了受高速旋转的离心力和蒸汽作用力外，还会受到周期性激振力的作用，从而产生振动。当汽轮机在稳定工况下运行时，离心应力和蒸汽弯曲应力不随时间变化。稳定工况下不随时间变化的应力，统称为静应力，属于静强度范畴；周期性激振力引起的振动应力称为动应力，其大小和方向都随时间而变化，属于动强度范畴。直至目前为止，对汽轮机转子零件动应力的精确计算尚有一定困难，因此，本章对汽轮机零件的动强度分析，只限于零件自振频率和激振力频率计算及安全性校核。一般来说，对汽轮机转子零件，应从静强度和动强度两方面进行校核；对汽轮机静子零件，只需进行静强度校核，包括零件静应力和挠度计算。

静强度校核时，一般应以材料在各种工作温度下的屈服极限、蠕变极限和持久强度极限，分别除以相应的安全系数得到各自的许用应力，并取这三个许用应力中最小的一个许用应力作为强度校核依据。如果计算零件在最危险工况的工作应力小于或等于最小许用应力，则静强度是安全的。对动强度，常用安全倍率和共振避开率来校核。

需要指出，大型汽轮机某些零件的强度校核要求随工况变化而变化。在稳定工况下，某一零件只需进行静强度和动强度校核。但是在冷热态启动、变负荷或甩负荷等变工况下，沿零件径向和轴向会有较大的温度梯度，从而产生很大的热应力，且零件内任一点的热应力的大小和方向随运行方式而变化。如汽轮机冷态启动时，转子外表面有压缩热应力，中心孔表面有拉伸热应力；停机时，转子外表面有拉伸热应力，中心孔表面有压缩热应力；在稳定工况运行时，转子内外表面温度趋于均匀，转子各截面内热应力趋于零。转子在启停过程中，承受交变热应力的作用，其材料的寿命有损耗。当损耗积累到一定程度时，就会萌生裂纹，导致零件损坏。因此对大型汽轮机某些零件，如转子、汽缸等，还应考虑热应力和热疲劳问题。

综上所述，通过汽轮机各零件强度的计算和校核，就可确定汽轮机安全运行的工况范围及应该控制的极限值，例如，允许的最大功率、监视段压力、低真空值、最高转速、许用温升（降）率和负荷变化率等，为拟定合理运行方式提供理论依据。对服役汽轮机进行技术改造和更换零件时，也须进行强度校核，以便保证安全。

因篇幅所限，本章着重介绍汽轮机的主要零件的强度，如叶片、叶轮、转子、汽缸、法兰等，并侧重于介绍动强度校核。

第二节　汽轮机叶片静强度计算

叶片是汽轮机的主要零件之一，它将高速汽流的动能转换成机械功。为了确保叶片安全工作，以及分析其损坏原因，必须掌握叶片静强度计算和动强度校核方法。本节只讨论叶片静强度计算，重点介绍叶片的离心应力和蒸汽弯曲应力的计算，以及讨论围带、拉筋等对叶片弯曲应力和离心应力的影响。

一、单个叶片叶型部分的应力计算

汽轮机叶片由叶顶、叶型（叶片型线，或称叶身）和叶根三部分组成，叶片是在高温、高转速和高速汽流绕流或湿蒸汽区的条件下工作的。作用在叶型部分的力主要有两类：其一是与叶型自身质量和围带、拉筋质量有关的离心力；其二是高速汽流通过叶型通道时产生的蒸汽作用力，以及围带、拉筋发生弯曲变形时对叶片的作用力等。前者是叶型内部的离心应力；后者是弯曲应力。当叶片离心力的作用点不通过计算截面的形心时，离心力除了引起拉伸应力外，还要产生离心力偏心导致的弯曲应力。

叶片分为等截面和变截面叶片两类。两者的结构和受力不同，因而其离心应力和弯曲应力的计算方法也有区别。

（一）离心应力计算

汽轮机叶片在高速旋转时产生很大的离心力，由离心力引起的应力称为叶片的离心应力。由于离心力沿叶高是变化的，所以离心应力沿叶高各个截面上也是不相等的。尽管离心力在叶型根部截面最大，但离心应力的大小要视叶型截面的变化规律而定。

1.等截面叶片的离心应力计算

等截面叶片如图 5.2.1所示，其叶型截面面积沿叶高不变。由于叶型根部截面承受整个叶型部分的离心力，所以根部截面的离心力F_c最大：

$$F_c = \rho A l R_m \omega^2 \qquad (5.2.1)$$

式中　ρ——叶片材料密度；

A——叶型截面积；

l——叶型高度；

R_m——级的平均半径；

ω——叶轮的旋转角速度。

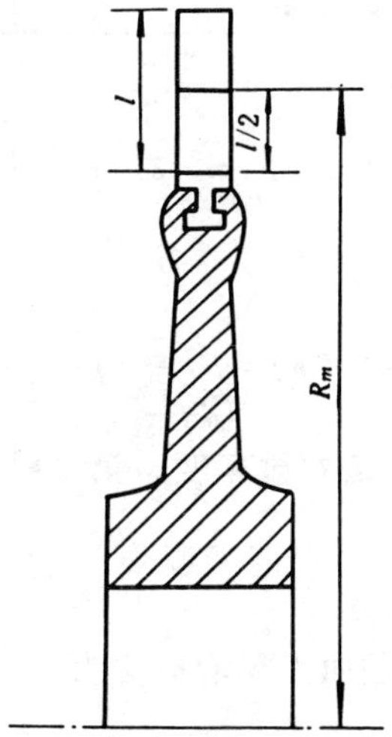

图 5.2.1　等截面叶片离心应力计算图

等截面叶片根部截面的离心应力最大，用$\sigma_{c.\max}$表示，即

$$\sigma_{c.\max} = F_c/A = \rho l R_m \omega^2 \qquad (5.2.2)$$

由上式可以得到几点有益的启示：

1）等截面叶片的离心应力与其截面面积大小无关，也

就是说对于等截面叶片不能用增加截面面积的方法来降低离心应力，因为随着截面积的增加其离心力也成比例增加，根部截面的最大离心应力保持不变。

2）当等截面叶片的材料和级的尺寸一定时，要想降低叶片的离心应力，只有采用变截面叶片。

3）采用低密度、高强度的叶片材料可提高末级叶片的高度，增大极限功率。如钛基合金的 $\rho=4.5\times10^3\,kg/m^3$，为一般不锈钢材密度的一半，可大大减小离心应力。我国研制的超硬铝合金材料LC4，其 $\rho=2.8\times10^3\,kg/m^3$，约为一般1Cr13、2Cr13叶片材料密度的35%，而其屈服极限 $\sigma_{0.2}=550MPa$，使用LC4材料可使末级叶高明显增加。

2.变截面叶片的离心应力计算

对于径高比 $\theta<8\sim12$的级，常把其叶片设计成变截面扭叶片。采用变截面是为了降低叶型截面上的离心应力，变截面叶片的最大离心应力比等截面叶片的小50%左右；采用扭叶片是为了满足气动特性要求，提高级的流动效率。

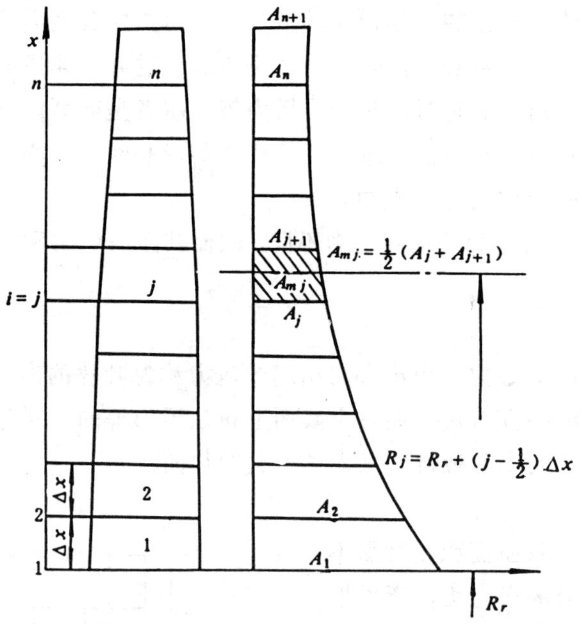

图 5.2.2 变截面叶片离心拉应力计算图

变截面扭叶片的叶型截面积沿叶高是变化的，其变化关系一般难于用简单函数式表达，因此，工程中计算变截面扭叶片的离心应力时，一般不用解析法求解，而常把叶片分成若干段，用数值积分法近似地求解，并能得到较满意的结果。

一般将叶片沿叶高等分成5～10段，设每段长度为Δx，共有 n 段，($n+1$)个截面。令 i 表示截面号，j 表示分段号，如图5.2.2所示。若求 i 截面的离心应力，则首先求出作用在 i 截面上第 j 段的离心力

$$\Delta F_{cj}=\rho R_j\omega^2 A_{mj}\Delta x$$

式中，$R_j=R_r+\left(j-\frac{1}{2}\right)\Delta x$是第 j 段平均半径；$A_{mj}=\frac{1}{2}(A_j+A_{j+1})$ 是 j 段平均面积；Δx是每段高度。第 i 截面上的离心力F_{ci}为该截面以上各段离心力之和，即

$$F_{ci}=\sum_j^n\Delta F_{cj}=\rho\omega^2\sum_j^n\left[R_r+\left(j-\frac{1}{2}\right)\Delta x\right]A_{mj}\Delta x \tag{5.2.3}$$

该截面上离心应力为

$$\sigma_{ci}=\frac{F_{ci}}{A_i}=\frac{1}{A_i}\rho\omega^2\sum_j^n\left[R_r+\left(j-\frac{1}{2}\right)\Delta x\right]A_{mj}\Delta x \tag{5.2.4}$$

应该指出：叶片分段数越多，计算结果越精确。变截面扭叶片的离心力和截面面积都

随叶高变化，尽管叶型根部截面上的离心力最大，但最大离心应力不一定在该截面上，而取决于截面积沿叶高的变化规律。只有算得各截面离心应力后，才能确定最大离心应力截面的位置。

值得注意的是，按式（5.2.4）计算所得的离心拉应力在叶型截面上是均匀分布的。实际上，变截面的扭曲长叶片在离心力的作用下，叶型截面有扭转恢复现象，即叶片原有的扭转变形有变直的趋势，扭转角变小，这时叶片进出口处的径向纤维受到压缩，引起一定的压应力；同时，在叶片截面内，因扭转恢复现象而产生切应力。由于上述两方面的影响，叶片截面上的离心拉应力不再是均匀分布的，叶型截面中心区的离心拉应力要大于进出口边的拉应力值。

（二）蒸汽弯曲应力计算

1.等截面叶片弯曲应力计算

图5.2.3（*a*）是等截面叶片的示意图。蒸汽对叶片的作用力可用轮周向和轴向两个分力F_u和F_z来表示，如图5.2.3（*b*）所示。对于等截面叶片，蒸汽参数按一元流动计算，

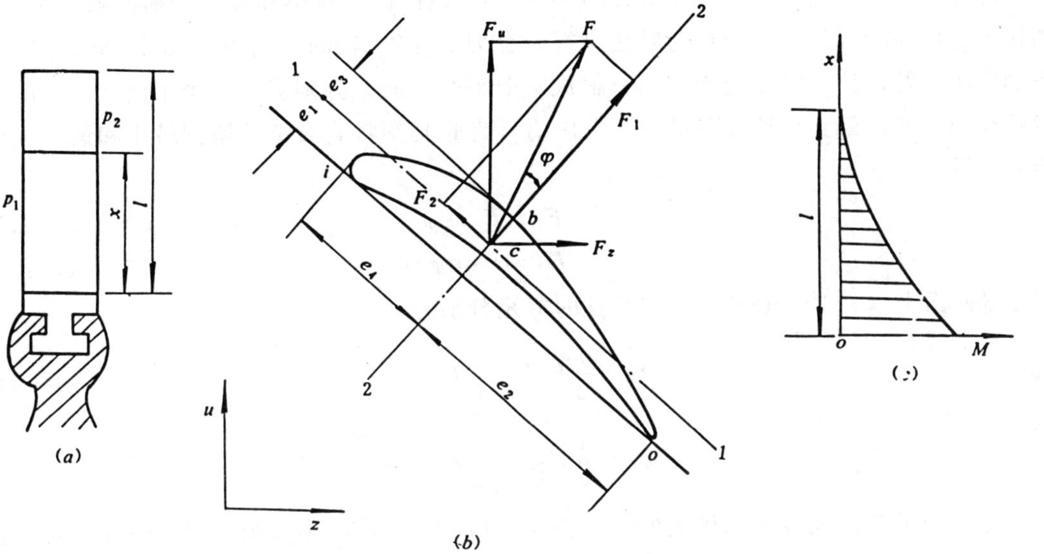

图 5.2.3 等截面叶片上的蒸汽力和弯矩

（*a*）等截面叶片示意图；（*b*）叶型受力分解；（*c*）等截面叶片弯矩沿叶高的变化

也就是忽略蒸汽对叶片作用力沿叶高的变化，按级的平均直径处的汽流参数进行计算，并认为蒸汽作用力集中在平均直径处。设通过级的流量为G，则蒸汽作用在每个叶片上的周向和轴向作用力F_{u1}与F_{z1}分别为

$$F_{u1}=\frac{G}{z_b e}(c_1\cos\alpha_1+c_2\cos\alpha_2)=\frac{G\Delta h_t\eta_u}{uz_b e}=\frac{1000P_u}{uz_b e}\qquad \text{N}\qquad(5.2.5)$$

$$F_{z1}=\frac{G}{z_b e}(c_1\sin\alpha_1-c_2\sin\alpha_2)+(p_1-p_2)t_b l\qquad \text{N}\qquad(5.2.6)$$

式中　Δh_t——级的理想比焓降，J/kg；

z_b——全级的动叶片数目；

P_u——级的轮周功率，kW。

应该指出：对于压力级，按最大流量工况来计算F_{u1}和F_{z1}；对于调节级，按第一调节汽门全开和第二调节汽门未开的工况进行计算，这时调节级的理想比焓降最大，部分进汽度最小，每个受力叶片上的蒸汽流量和比焓降都最大，蒸汽作用力最大，这是调节级叶片的危险工况。

既然认为蒸汽参数沿叶高是均匀分布的，那么单位叶高上蒸汽的轮周向和轴向作用力都是均匀分布载荷，分别为$q_u = F_{u1}/l$，$q_z = F_{z1}/l$。单位叶高上蒸汽作用力的合力 $q = \sqrt{F_{u1}^2 + F_{z1}^2}/l = F/l$，$F = \sqrt{F_{u1}^2 + F_{z1}^2}$是蒸汽作用在叶片上的合力。把叶片看作悬臂梁，蒸汽作用在距根部 x（见图5.2.3, a）处的截面上的弯矩为

$$M(x) = q(l - x)^2/2 \tag{5.2.7}$$

弯矩$M(x)$沿叶高的变化如图5.2.3(c) 所示。根部截面 $x = 0$、弯矩M_o最大，即

$$M_o = ql^2/2 = Fl/2 \tag{5.2.8}$$

设等截面直叶片的型线如图5.2.3(b)所示。该截面的最小和最大主惯性轴分别为1-1轴和2-2轴，可近似认为1-1轴与叶弦平行。合力F与2-2轴的夹角为φ，由材料力学知，这是斜弯曲问题，计算时常把斜弯曲分解成两个平面弯曲，分别算得两个平面弯曲的应力，然后叠加，就可得到根部截面的斜弯曲应力。为此必须将合力F分解到最小和最大主惯性轴上，得

$$F_1 = F\cos\varphi \tag{5.2.9}$$

$$F_2 = F\sin\varphi \tag{5.2.10}$$

则根部截面上以1-1轴和2-2轴为中性轴的弯矩分别为

$$M_1 = \frac{1}{2}F_1 l = \frac{1}{2}Fl\cos\varphi \tag{5.2.11}$$

$$M_2 = \frac{1}{2}F_2 l = \frac{1}{2}Fl\sin\varphi \tag{5.2.12}$$

令叶型根部截面最小和最大的主惯性矩为I_{min}、I_{max}，则弯距M_1与M_2在根部截面点 i、o和 b上的最大弯曲应力分别为

$$\sigma_o = \sigma_{o1} + \sigma_{o2} = \frac{M_1 e_1}{I_{min}} + \frac{M_2 e_2}{I_{max}} = \frac{M_1}{W_{min1}} + \frac{M_2}{W_{max1}} \tag{5.2.13}$$

$$\sigma_i = \sigma_{i1} + \sigma_{i2} = \frac{M_1 e_1}{I_{min}} - \frac{M_2 e_4}{I_{max}} = \frac{M_1}{W_{min1}} - \frac{M_2}{W_{max2}} \tag{5.2.14}$$

$$\sigma_b = -\frac{M_1 e_3}{I_{min}} = -\frac{M_1}{W_{min2}} \tag{5.2.15}$$

式中，W_{min1}和W_{min2}是点i、o和点b对轴1-1的抗弯截面模量；W_{max1} 和W_{max2} 是点 o和点 i对轴2-2的抗弯截面模量。

由此可知，如图5.2.3(b) 所示叶片，出口处点 o的蒸汽弯曲应力最大，所以从强度角度来看，叶片出口边不能太薄，一般不薄于 1～1.5mm。

应该指出：对于等截面叶片，合力 F 与2-2轴的夹角 φ 很小，可近似取 $\varphi\approx 0$，则 $F\approx F_1$，$F_2\approx 0$，$M_1\approx\frac{1}{2}Fl$，$M_2\approx 0$。按这些数值计算的弯曲应力是偏大的，即计算结果偏于安全。

2.扭叶片弯曲应力计算

当级的径高比 $\theta<8\sim 12$ 时，为了提高级效率和减小叶片的离心力，常把叶片设计成变截面扭叶片。这时，蒸汽参数和截面面积沿叶高都要变化，单位叶高的蒸汽作用力和各截面的主惯性矩或抗弯截面模量沿叶高也都是变化的，弯曲应力最大值不一定在叶型根部截面上，故对扭叶片来说，必须计算出蒸汽弯曲应力沿叶高的变化规律，然后对最大弯曲应力的截面进行强度校核。

一般扭叶片的蒸汽参数和抗弯截面模量沿叶高的变化规律很难用数学式子来表达，因此，沿叶高各截面的弯曲应力也不能用分析法求解。在工程中，常采用近似方法计算。首先将叶片等分成若干段，一般取10～15段，每段叶高为 Δx，设段号为 $j=1,2,\cdots,n$，截面号为 $i=1,2,\cdots,n+1$（参看图5.2.2）。然后用流线曲率法[10]求出气动参数 p_1、c_1、a_1、p_2、c_2、a_2 等沿叶高的变化规律，求出叶片上任一小段的 ΔG，则 j 段上蒸汽轮周向和轴向作用力分别为

$$\Delta F_{uj}=\frac{\Delta G_j}{z_b e}(c_1\cos a_1+c_2\cos a_2)_j \tag{5.2.16}$$

$$\Delta F_{zj}=\frac{\Delta G_j}{z_b e}(c_1\sin a_1-c_2\sin a_2)_j+(p_1-p_2)_j t_{bj}\Delta x \tag{5.2.17}$$

式中，t_{bj} 是第 j 段的节距。那么就可分别求出每个截面上的轮周向、轴向作用力弯矩及合成弯矩：

$$M_{ui}=\sum_{i=j}^{n}(j-i+0.5)\Delta x\,\Delta F_{uj} \tag{5.2.18}$$

$$M_{zi}=\sum_{i=j}^{n}(j-i+0.5)\Delta x\Delta F_{zj} \tag{5.2.19}$$

$$M_i=\sqrt{M_{ui}^2+M_{zi}^2} \tag{5.2.20}$$

将各截面合成弯矩 M_i 分别投影到计算截面的最小和最大主惯性轴上，根据该截面的 I_{min}、I_{max} 以及 e_1、e_2、e_3、e_4 计算出各截面上的进出口点 i、o 和叶背点 b 的弯曲应力（计算方法与等截面叶片计算弯曲应力的方法相同），然后以最大弯曲应力所在截面的弯曲与材料许用弯曲应力进行强度校核。

二、围带或拉筋成组叶片的应力计算

用围带或拉筋把若干个叶片连接成一组称叶片组，成组叶片的静应力计算也分离心应力和弯曲应力两方面。前者讨论围带或拉筋离心力对叶片离心应力的影响；后者讨论围带或拉筋离心力引起的自身弯曲应力的计算，以及围带或拉筋变形引起的弯矩对叶片弯曲应力的影响。

（一）围带或拉筋离心力对叶片离心应力的影响

设某级叶片用围带和拉筋连接成叶片组，如图5.2.4所示。计算叶型的离心应力时，应

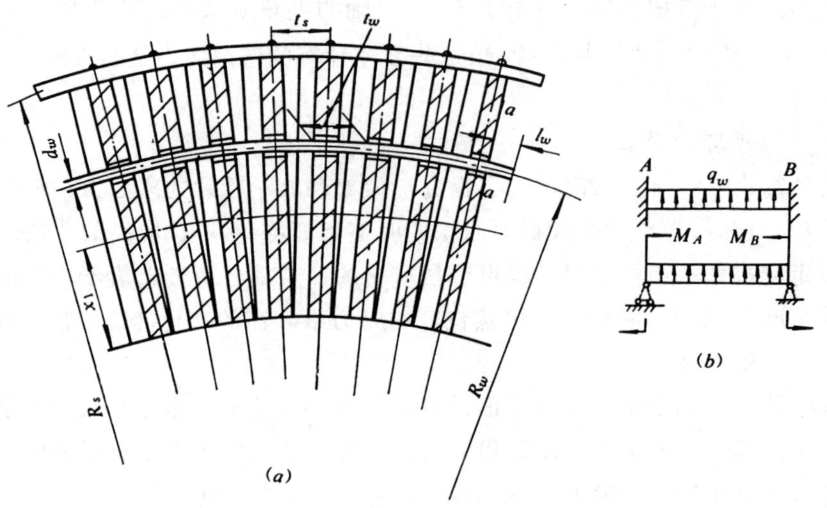

图 5.2.4 装拉筋、围带的叶片组

（a）叶片组；（b）一个节距的拉筋

把一个节距的围带和拉筋的离心力F_{cs}和F_{cw}叠加到叶片上，F_{cs}和F_{cw}为

$$F_{cs}=\rho_s A_s t_s R_s \omega^2 \tag{5.2.21}$$

$$F_{cw}=\rho_w A_w t_w R_w \omega^2 \tag{5.2.22}$$

式中　ρ_s,ρ_w——围带和拉筋的材料密度；

A_s,A_w——围带和拉筋的截面积；

t_s,t_w——围带和拉筋的节距；

R_s,R_w——围带和拉筋的旋转半径。

叶型x_1截面上的离心应力为

$$\sigma_{c_{x_1}}=\frac{F_{c_{x_1}}+F_{cs}+\sum F_{cw}}{A_{x_1}} \tag{5.2.23}$$

式中　$F_{c_{x_1}}$——x_1截面以上叶型部分的离心力；

F_{cs},F_{cw}——一个节距围带和拉筋的离心力，“Σ”表示多条拉筋离心力的和；

A_{x_1}——x_1截面叶型的面积。

（二）围带或拉筋的弯曲应力计算

把相邻两叶片间的拉筋当作两端固定和受均布载荷的梁，如图5.2.4（b）的 AB 段所示。将式（5.2.22）算得的拉筋离心力除以拉筋节距便得拉筋离心力对自身的均布载荷：

$$q_w=\rho_w A_w R_w \omega^2 \tag{5.2.24}$$

对围带则有

$$q_s=\rho_s A_s R_s \omega^2 \tag{5.2.25}$$

可把 AB 段视为静不定梁，在A、B两端附加一对大小相等、方向相反的弯矩M_A与M_B，与均布载荷q_w产生的弯矩相平衡，设该梁允许水平方向作微小移动，所以水平方向的支反力为零，该梁被简化成二次静不定梁。根据两端的变形协调条件，现以拉筋为例，在诸外力（M_A、M_B、q_w）作用下，A或B处的转角之和均为零，即$\theta_A=\theta_B=0$。若约定外力使A、

B处产生的转角反时针转为正，顺时针转为负，则有

$$\left.\begin{aligned}\theta_A &= -\frac{M_B t_w}{6EI_w}-\frac{M_A t_w}{3EI_w}+\frac{q_w t_w^3}{24EI_w}=0\\ \theta_B &= \frac{M_B t_w}{3EI_w}+\frac{M_A t_w}{6EI_w}-\frac{q_w t_w^3}{24EI_w}=0\end{aligned}\right\} \tag{5.2.26}$$

解上述方程式，求出拉筋固定处的附加弯矩为

$$M_A = M_B = \frac{q_w t_w^2}{12} = \frac{1}{12}\rho_w A_w R_w t_w^2 \omega^2 \tag{5.2.27}$$

同理，相邻两叶片间的两端固定的围带的附加弯矩为

$$M_A = M_B = \frac{q_s t_s^2}{12} = \frac{1}{12}\rho_s A_s R_s t_s^2 \omega^2 \tag{5.2.28}$$

拉筋或围带两头固定端A与B处的弯曲应力分别为

$$\sigma_A = \sigma_B = \frac{M_A}{W_w} \tag{5.2.29}$$

或

$$\sigma_A = \sigma_B = \frac{M_A}{W_s} \tag{5.2.30}$$

式中 W_w，W_s——拉筋与围带的抗弯截面模量。

叶片组两端的外伸拉筋可看成一端固定的悬臂梁，并设两叶片组的拉筋之间的间隙为δ，则悬臂梁长为$\frac{1}{2}(t_w-\delta)$，在离心力均布载荷q_w作用下，悬臂梁固定端的弯矩为

$$M_w = \frac{1}{2}q_w\left[\frac{1}{2}(t_w-\delta)\right]^2 = \frac{1}{8}q_w(t_w-\delta)^2 \tag{5.2.31}$$

对围带

$$M_s = \frac{1}{2}q_s\left[\frac{1}{2}(t_s-\delta)\right]^2 = \frac{1}{8}q_s(t_w-\delta)^2 \tag{5.2.32}$$

其弯曲应力也按式(5.2.29)与式(5.2.30)计算，显然，悬臂梁固定端的弯曲应力最大。

（三）围带或拉筋的反弯矩对叶片弯曲应力的影响

用围带或拉筋连成组的叶片，当叶片在蒸汽力作用下发生弯曲时，围带或拉筋也随着产生弯曲变形，以阻止叶片的弯曲，即围带或拉筋给叶片一个阻止弯曲的力矩，其方向与蒸汽的弯矩方向相反，称为围带或拉筋的反弯矩，它使叶型截面内的合成弯矩减小，合成弯应力也略有减小。

1.围带反弯矩

叶片受蒸汽力作用后最易绕最小主惯性轴弯曲，即在最大主惯性轴（2-2轴）平面内的挠度最大。设叶顶在2-2轴平面内位移为y_0，如图5.2.5(b)与(d)所示，2-2轴与轮周平面夹角为β，将y_0分解为轮周向和轴向的位移：

$$y_1 = y_0\cos\beta \tag{5.2.33}$$

$$y_2 = y_0\sin\beta \tag{5.2.34}$$

对于扭叶片，根部和顶部截面的最大主惯性轴与叶轮平面的夹角分别用β_r和β_t表示，

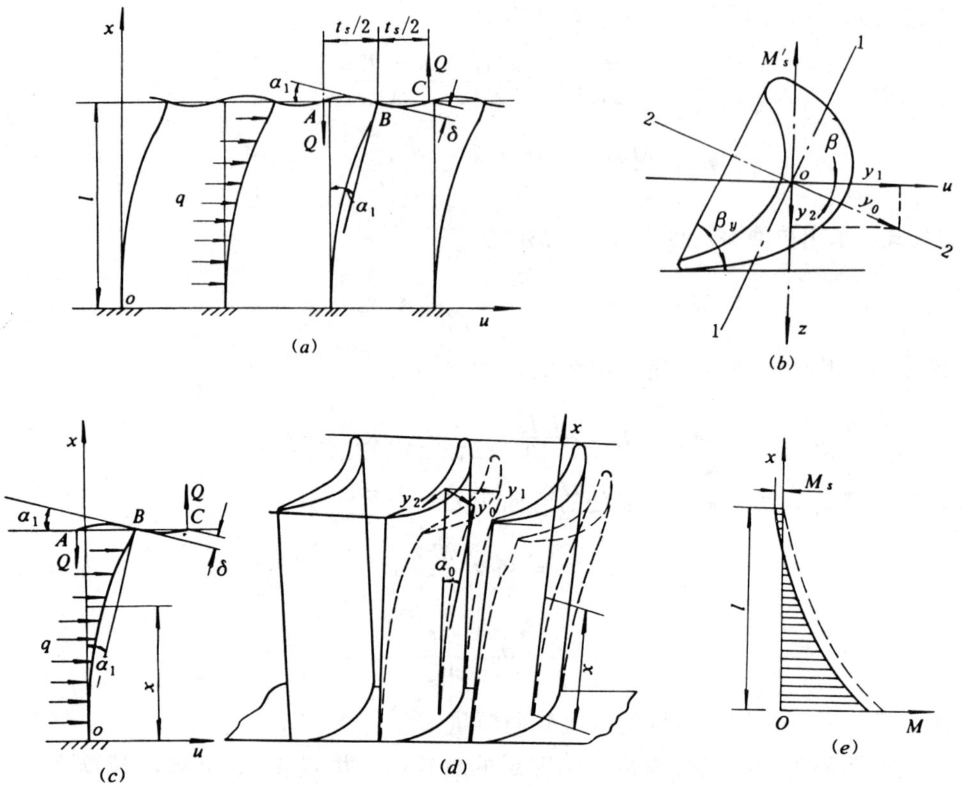

图 5.2.5 叶片与围带在汽流作用下的弯曲变形

（a）叶片组弯曲变形[11]；（b）叶型截面；（c）一个叶片的受力状况；（d）叶顶倾斜的立体图；（e）叶片的总弯矩

则下两式中的β为

$$\beta = \frac{2}{3}\beta_r + \frac{1}{3}\beta_t \tag{5.2.35}$$

图5.2.5（a）所示为叶片轮周向弯曲变形情况，是各个叶片的弯曲在叶轮平面上的投影。设叶顶与围带牢固连接，只有叶顶的轮周向位移分量y_1才会引起围带弯曲，叶顶的轴向位移y_2只会使围带作轴向整体倾斜，不会引起围带弯曲，故不产生反弯矩。

叶片在2-2轴平面内弯曲并带动围带也弯曲后，叶顶转角为α_0，如图5.2.5（d）所示。因叶片和围带弯曲很小，故

$$\alpha_0 \approx \mathrm{tg}\alpha_0 = \frac{\mathrm{d}y_0(l)}{\mathrm{d}x} \tag{5.2.36}$$

转角α_0在叶轮旋转平面上的投影为α_1，如图5.2.5（a）所示，则

$$\alpha_1 \approx \mathrm{tg}\alpha_1 = \frac{\mathrm{d}y_1(l)}{\mathrm{d}x} = \frac{\mathrm{d}y_0(l)}{\mathrm{d}x}\cos\beta = \alpha_0\cos\beta \tag{5.2.37}$$

若叶顶与围带牢固连接，则叶顶的倾斜迫使围带弯曲成波浪状，这一波浪状在叶轮旋转平面上的投影也如图5.2.5（a）所示。由于叶顶和围带牢固连接，互成90°，所以叶顶转角α_1等于围带倾角α_1。α_1的大小和方向决定了围带给叶片的反弯矩的大小和方向。

取一个节距围带为分离体，其受力状况如图5.2.5(c) 所示。A、C两点为叶片两侧围带弯曲变形的转折点，即在A、C两点处曲率半径为∞，曲率为零。由材料力学知，弯矩与曲率成正比，由此得出A、C截面内弯矩等于零，只有切力Q。若由叶片两侧围带的点A和点C取分离体，两侧看作两个悬臂梁，梁的端点A与C处分别作用着另半段围带的作用力Q，则两侧围带悬臂梁对叶片的反弯矩M'_s和点A、C处围带的挠度δ分别为

$$M'_s = t_s Q \tag{5.2.38}$$

$$\delta = \frac{Q\left(\frac{t_s}{2}\right)^3}{3(EI)_s} = M'_s \frac{t_s^2}{24(EI)_s} \tag{5.2.39}$$

或

$$M'_s = \frac{24(EI)_s\delta}{t_s^2} \tag{5.2.40}$$

式中 $(EI)_s$——围带的抗弯刚度。

围带的变形很小，从几何关系可得其挠度δ为

$$\delta = \frac{1}{2}t_s\sin\alpha_1 \approx \frac{1}{2}t_s\alpha_1 = \frac{t_s}{2}\alpha_0\cos\beta = \frac{t_s}{2}\left(\frac{\mathrm{d}y_0}{\mathrm{d}x}\right)_{x=l}\cos\beta \tag{5.2.41}$$

将式（5.2.41）代入式（5.2.40）中，得

$$M'_s = \frac{12(EI)_s}{t_s}\left(\frac{\mathrm{d}y_0}{\mathrm{d}x}\right)_{x=l}\cos\beta \tag{5.2.42}$$

由图5.2.5(c) 可见，围带上轮周平面内的一对Q力对叶片产生的弯矩，其方向与z轴相同，将它投影到叶片的1-1轴上后，才是能影响叶片挠度的反弯矩值，则有

$$M''_s = M'_s\cos\beta = \frac{12(EI)_s}{t_s}\left(\frac{\mathrm{d}y_0}{\mathrm{d}x}\right)_{x=l}\cos^2\beta \tag{5.2.43}$$

上两式是围带对叶片的反弯矩的理论计算值。

2.反弯矩修正系数

围带对叶片的反弯矩值还与围带和叶顶连接的牢固程度及叶片组内的叶片数有关，因此需要进行修正。

以H_s表示围带和叶顶连接牢固程度的牢固系数。对于整体围带，因两个叶片的围带间没有连接，故$H_s=0$；若叶片与围带用铆钉连接，则取$H_s=0.1\sim0.5$；若叶片与围带铆接加焊接，则取$H_s=0.6\sim1.0$。

常把级中叶片分成若干组，用围带连接，两叶片组之间的围带是断开的，断开处没有切力，故每个叶片组的围带两端没有切力。若一个叶片组中有z个叶片，则围带对叶片组的反弯矩只有（$z-1$）个，故叶片组内每一个叶片所受反弯矩按平均值近似计算时，要用$\frac{z-1}{z}$来修正。

经上述修正后，围带对叶片的实际反弯矩值为

$$M_s = \frac{(z-1)H_s}{z}M''_s = \frac{z-1}{z}\,\frac{12(EI)_sH_s}{t_s}\left(\frac{\mathrm{d}y_0}{\mathrm{d}x}\right)_{x=l}\cos^2\beta \tag{5.2.44}$$

对于拉筋，也可用上述方法求出拉筋对叶片的反弯矩。

3.围带反弯矩计算

当叶片组中的叶片数、叶型、围带结构尺寸及连接方式确定后，只要求出叶片顶部截面的转角$\left(\frac{\mathrm{d}y_0}{\mathrm{d}x}\right)_{x=l}$（$=a_0$），围带对叶片的反弯矩就可从式（5.2.44）求得，该反弯矩作用在叶顶，且沿叶高保持不变。

为了简便起见，设蒸汽作用力沿叶高为均布载荷q，且作用在最大主惯性轴平面内，使叶片绕最小主惯性轴弯曲，则叶片任一截面上的弯矩就是蒸汽力弯矩$q(l-x)^2/2$和围带反弯矩M_s的代数和，如图5.2.5(e)所示。距根部为x（如图5.2.5，d所示）的截面上的挠度与弯矩的关系由材料力学得

$$EI_x\frac{\mathrm{d}^2y_0}{\mathrm{d}x^2}=\frac{1}{2}q(l-x)^2-M_s \tag{5.2.45}$$

$$\frac{\mathrm{d}^2y_0}{\mathrm{d}x^2}=\frac{q}{2EI_0}(l-x)^2\frac{I_0}{I_x}-\frac{z-1}{z}\frac{12(EI)_sH_s}{EI_0t_s}\frac{I_0}{I_x}\cos^2\beta\left(\frac{\mathrm{d}y_0}{\mathrm{d}x}\right)_{x=l}$$

令
$$\pi_s=\frac{z-1}{z}\frac{12(EI)_sH_sl}{EI_0t_s}\cos^2\beta \tag{5.2.46}$$

则
$$\frac{\mathrm{d}^2y_0}{\mathrm{d}x^2}=\frac{q}{2EI_0}(l-x)^2\frac{I_0}{I_x}-\frac{\pi_s}{l}\frac{I_0}{I_x}\left(\frac{\mathrm{d}y_0}{\mathrm{d}x}\right)_{x=i} \tag{5.2.47}$$

式中 π_s——叶片组的反弯矩系数，包括了围带对叶片的相对刚度，π_s越大，M_s越大，见式（5.2.48）；

I_0，I_x——根部截面与叶高为x的截面的最小主惯性矩；

E，E_s——叶片和围带材料的弹性模数，一般取$E=E_s$。

将式（5.2.46）代入式（5.2.44）得

$$M_s=\frac{EI_0\pi_s}{l}\left(\frac{\mathrm{d}y_0}{\mathrm{d}x}\right)_{x=l} \tag{5.2.48}$$

上式简明地表达了影响围带反弯矩M_s的各项因素。

现以等截面叶片组为例说明围带反弯矩的计算过程。

因为是等截面叶片，所以$I_x=I_0=$常数，代入式(5.2.45)并进行积分，得转角方程为

$$\left(\frac{\mathrm{d}y_0}{\mathrm{d}x}\right)_x=\frac{1}{EI_0}\left[-\frac{1}{6}q(l-x)^3-M_sx\right]+C \tag{5.2.49}$$

令$x=0$，因根部截面的转角为零，故$\left(\frac{\mathrm{d}y_0}{\mathrm{d}x}\right)_{x=0}=0$，代入式（5.2.49）得$C=ql^3/6EI_0$，又因蒸汽的均布载荷在叶型根部截面的弯矩$M_0=ql^2/2$，所以$C=M_0l/3EI_0$。当$x=l$时，由式（5.2.48）与式（5.2.49）得

$$\left(\frac{\mathrm{d}y_0}{\mathrm{d}x}\right)_{x=l}=\frac{1}{EI_0}(-M_sl)+\frac{M_0l}{3EI_0}=-\pi_s\left(\frac{\mathrm{d}y_0}{\mathrm{d}x}\right)_{x=l}+\frac{M_0l}{3EI_0} \tag{5.2.50}$$

则
$$\left(\frac{\mathrm{d}y_0}{\mathrm{d}x}\right)_{x=l}=\frac{M_0l}{3(1+\pi_s)E_0}$$

代入式（5.2.48）中，得

$$M_s=\frac{\pi_s}{3(1+\pi_s)}M_0=\frac{\pi_s}{6(1+\pi_s)}ql^2 \tag{5.2.51}$$

由上式得M_s、M_0等之间的关系。可见，对于等截面叶片，当$\pi_s\to\infty$时，$M_s=\frac{1}{3}M_0$，实际上π_s很小，故M_s/M_0更小。π_s的大小主要根据叶片振动安全性要求来确定（详见叶片组自振频率计算），而不是从减小弯曲应力的角度来考虑的。

三、叶片离心力引起的弯矩及其偏装

一定条件下叶片离心力要产生弯矩，这对扭叶片很重要。

1.叶片离心力引起的弯矩

q_y和q_z为作用在叶片轮周向和轴向的蒸汽分布载荷，在q_y与q_z作用下沿叶高各截面的型心将发生位移，图5.2.6(a)与(b)分别表示型心连线在轮周向和轴向的弯曲变形情况。以叶高x_1处的截面（x_1截面）为应力计算截面，则由图可见，x_1截面以上叶片段的离心力作用线，不通过x_1截面的型心坐标（y_1，z_1），即离心力在x_1截面上的作用点与其型心有一偏心距，从而形成离心力对x_1截面的弯矩，该弯矩的方向常与蒸汽弯矩方向相反，使叶片截面上的合成弯曲应力减小。

蒸汽作用力使叶片弯曲后叶片离心力引起的弯矩和弯曲应力是可以计算出来的。

2.叶片的偏装

由上述分析可见：叶片弯曲变形引起的离心力弯矩可抵消部分蒸汽力弯矩，使叶片截面进、出汽边的合成弯曲应力有所减小，意味着叶片承载能力的提高。但对于扭曲长叶片，因为叶片各截面的型心连线不再是一条直线，而是一条空间曲线，该曲线各点更不可能与离心力作用线相重合，所以在各计算截面上引起的离心力弯矩的大小和方向必然是变化的。因此，离心力弯矩方向不一定与蒸汽弯矩方向相反，也可能相同，从而加大叶片的弯曲应力。在叶片设计中，为了减小叶片截面的合成应力，继叶片成型和动强度计算后，还需对叶片进行安装计算。其目的是通过改变叶型部分在叶轮上的安装位置，人为地调整叶片（包括围带和拉筋）的离心力弯矩的大小和方向，从而达到抵消或部分抵消蒸汽力弯矩，使叶片截面合成应减力小且趋于均匀。

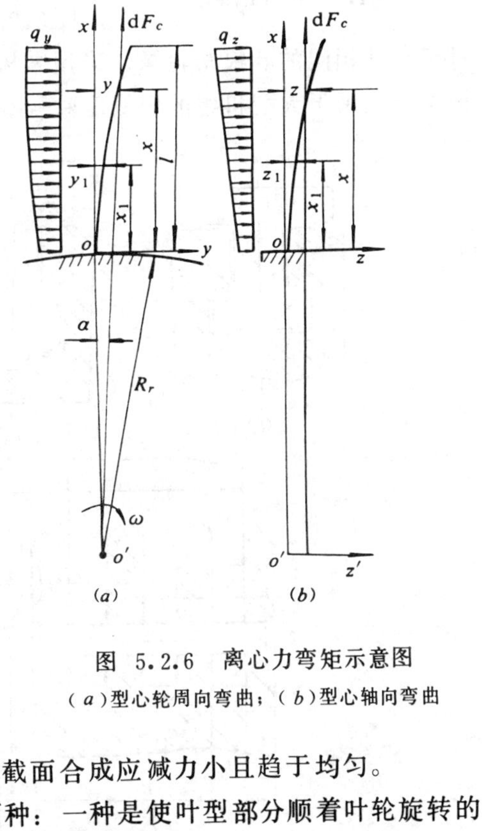

图 5.2.6 离心力弯矩示意图

（a）型心轮周向弯曲；（b）型心轴向弯曲

常用的调整叶片相对于叶轮的位置的方法有两种：一种是使叶型部分顺着叶轮旋转的轮周方向倾斜一角度，如图 5.2.7 中虚线叶片 A 倾斜到实线叶片 D；另一种是将叶型部分相对于叶根截面逆叶轮转动方向，在轮缘上平移一段距离，如图 5.2.7 中虚线叶片 B 平移

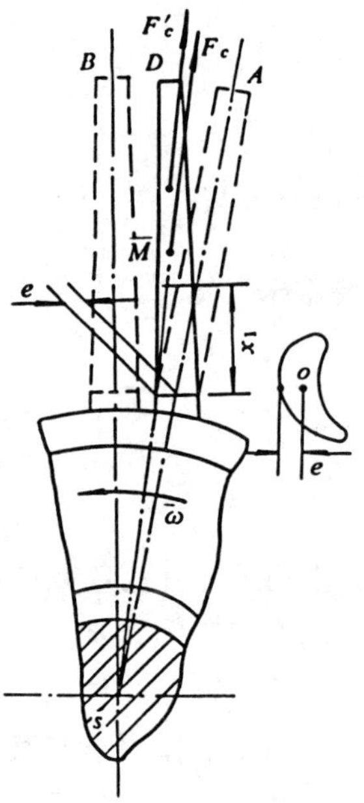

图 5.2.7 叶片的偏装

到D，使离心力F_c的作用线sM不通过根部截面型心，x_1截面以上的离心力F'_c，也不通过x_1截面的型心，这称为叶片的偏装。

四、叶根与轮缘的应力计算

叶片根部是叶片固定于轮缘或轮鼓上的联结部分。常用的叶根有T型、外包T型、纵树型和叉型等多种。T型叶根如图5.2.8(a)所示，结构简单，加工方便，离心力较小的短叶片都采用这种叶根。但叶片离心力对轮缘两侧产生弯矩（见图5.2.9)，产生较大弯曲应力，此应力使轮缘向两侧张开，为此将轮缘厚度增大，以减小弯曲应力，这就增大了汽轮机轴向长度。为克服这一缺点，当叶片较长，离心力较大时，可在T型叶根两侧加铣两个凸肩，如图5.2.8(b)所示，做成外包T型叶根，可减小轮缘弯曲应力。

中长叶片多采用叉型叶根，见图5.2.8(c)，叉尾插入轮缘并用铆钉固定。叉数随叶片离心力大小而增减。这种叶根加工简单，拆除方便，可用在大型机组末级叶片上。但装配费工，在整锻转子和焊接转子上钻铆钉孔不便。

图5.2.8(d)为纵树型叶根，叶根与轮缘都接近于等强度。对于尺寸相同的叶根与轮缘，采用纵树型叶根承载能力最高，因此哈尔滨汽轮机厂已将纵树型叶根用于大型机组的中低压缸各级。这种叶根的加工工艺复杂，加工精确度要求高。

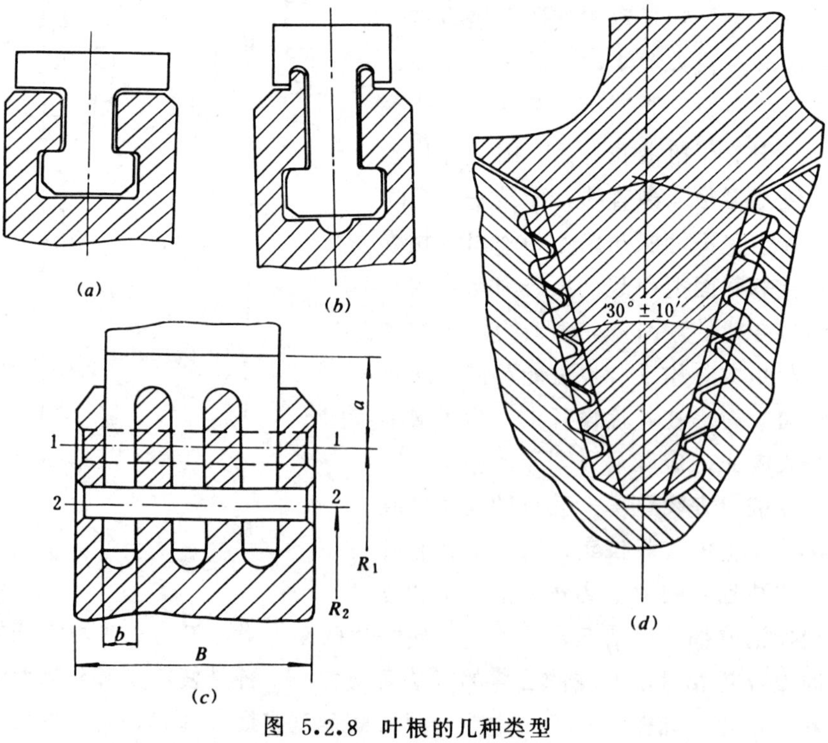

图 5.2.8 叶根的几种类型

(a)T型叶根；(b)外包T型叶根；(c)叉型叶根；(d)纵树型叶根

而过去只用在末几级长叶片上。下面着重分析外包T型叶根和轮缘的应力计算方法。

图5.2.9所示的外包T型叶根在叶根的缩颈处两侧有两个垂足，当轮缘受叶片和轮缘两侧离心力的作用时，轮缘两侧承受弯矩，将发生轴向张开的弹性变形，此时受到叶片两侧垂足的阻挡。垂足给轮缘凸起部分一个反作用力F_Q，F_Q力在轮缘2-2截面处产生弯矩$F_Q h$，其方向与离心力弯矩相反，使轮缘的2-2截面上的弯曲应力减小，以消除T型叶根在该截面上拉、弯合成应力过大的缺点。采用外包T型叶根后，在同一尺寸下可减小轮缘2-2截面的应力；在同一应力下可减小轮缘轴向尺寸。

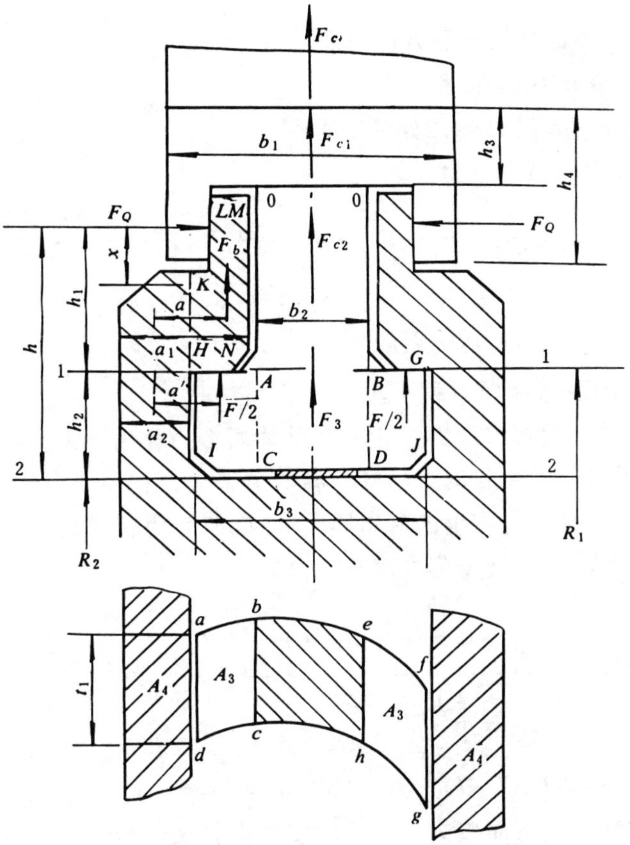

图 5.2.9 外包T型叶根与轮缘

1.叶根应力核算

（1）AB截面的离心拉应力

$$\sigma_1 = \frac{1}{A_1}(F_c + F_{c1} + F_{c2}) \tag{5.2.52}$$

其中 $A_1 = b_2 t_1$； $t_1 = 2\pi(R_2 + h_2)/z_b$

以上式中 F_c——叶型段（包括围带、拉筋）的离心力；

F_{c1}——0-0截面以上中间体和两垂足的离心力；

F_{c2}——叶根颈部的离心力；

A_1——AB截面面积；

t_1——AB截面的节距；

z_b——该级叶片数。

（2）AC和BD截面的切应力

$$\tau = \frac{1}{2A_2}(F_c + F_{c1} + F_{c2} + F_{c3}) \tag{5.2.53}$$

其中 $$A_2 = h_2 t_2; \quad t_2 = 2\pi\left(R_2 + \frac{h_2}{2}\right)/z_b$$

以上式中 F_{c3}——$ABCD$部分的离心力；

A_2——AC或BD截面面积；

t_2——AC和BD截面$h_2/2$处的节距。

（3）$abcd$和$efgh$面的挤压应力

$$\sigma_{cr} = \frac{1}{2A_3}(F_c + F_{c1} + F_{c2} + F_{c3} + F_{c4}) = \frac{F}{2A_3} \tag{5.2.54}$$

式中 F——整个叶片的离心力，$F = F_c + F_{c1} + F_{c2} + F_{c3} + F_{c4}$；

F_{c4}——$ACHI$和$BDGJ$部分的离心力；

A_3——$abcd$或$efgh$接触面面积，$A_3 = t_1(b_3 - b_2)/2$；

（4）AB截面上的蒸汽弯曲应力　轮缘在叶片离心力作用下发生的弹性变形使安装时互相贴紧啮合的叶根之间稍微松动，但叶片离心力很大，在离心力作用下叶根与轮缘的紧贴面不会松动，因此，蒸汽力产生的弯矩因在AB截面处力臂最长而数值最大。轮周向蒸汽作用力，在AB截面上产生的最大蒸汽弯曲应力为

$$\sigma_{sb} = \frac{F_u\left[\frac{1}{2}(l + h_4 + h_3) + h_1\right]}{\frac{1}{6}b_2 t_1^2} = 3F_u(l + h_4 + h_3 + 2h_1)/b_2 t_1^2 \tag{5.2.55}$$

（5）AB截面安装引起弯曲应力　叶片的安装设计使叶型部分（包括围带、拉筋）的离心力作用线不通过AB截面中心，而有一个偏心距e，如图5.2.10所示，所以偏心离心力在AB截面引起的弯曲应力为

$$\sigma_{cb} = \frac{(F_c + F_{c1} + F_{c2})e}{\frac{1}{6}b_2 t_1^2} = \frac{6(F_c + F_{c1} + F_{c2})e}{b_2 t_1^2} \tag{5.2.56}$$

AB截面上最大合成应力为离心应力与两弯曲应力之和，即

$$\sigma = \sigma_1 + \sigma_{sb} - \sigma_{cb} \tag{5.2.57}$$

应该指出：对于切向装紧的叶根，切向弯曲变形受到约束，实际上在AB截面处蒸汽弯曲应力要比按式（5.2.55）求得的小，故按式（5.2.57）进行AB截面强度校核偏于安全。

2.轮缘的应力核算

（1）2-2截面上的离心拉应力　由图5.2.9可见，作用在2-2截面上的离心力由两部分组成，一是叶片离心力；二是轮缘自身的离心力。前者等于全级叶片的离心力之和$z_b F$；后者指2-2截面以上两侧轮缘总的离心力 $F_{c.r}$。考虑到轮缘是一个圆环，在高速旋转时，除了径向拉力外，还有切向拉力，因此,在工程计算中常取叶片的全部离心力和2/3轮缘离心力作为引起2-2截面上离心拉应力的作用力，认为1/3轮缘离心力由轮缘切向应力平衡,所以2-2截面上的离心拉应力为

$$\sigma_{c.r}=\frac{z_b F+\frac{2}{3}F_{c.r}}{A_4} \tag{5.2.58}$$

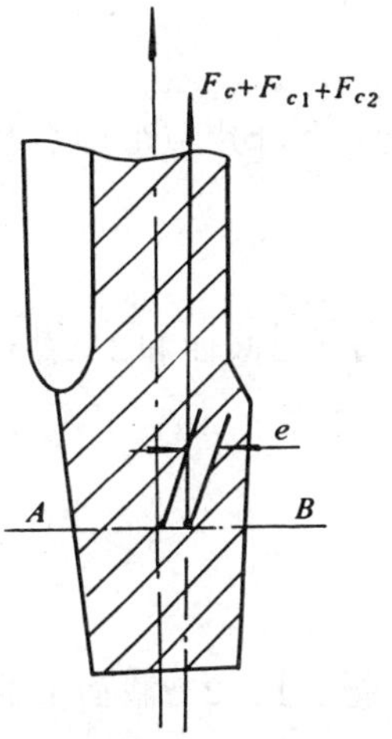

图 5.2.10　AB截面偏心距

式中，$A_4=4\pi R_2 a_2$是轮缘两侧2-2截面的总面积。

（2）轮缘的弯曲应力　为计算外包T型叶根的轮缘弯曲应力，首先应该求出垂足对轮缘的支反力F_Q，为此把轮缘一侧看成是在2-2截面固定的跨度为 h 的静不定梁,其多余的支反力为F_Q。利用垂足处挠度近似等于零的变形协调条件,根据材料力学的卡氏定理可求出F_Q值。

把轮缘看作是一受到力$F/2$与F_Q作用的弹性系统。将轮缘分成h_1、h_2两段，若两段的变形位能分别为V_1和V_2，则其总变形位能为

$$V=V_1+V_2=\int_0^{h_1}\frac{M_1^2}{2EI_1}\mathrm{d}x+\int_{h_1}^{h}\frac{M_2^2}{2EI_2}\mathrm{d}x \tag{5.2.59}$$

式中　M_1——h_1段梁的弯矩，$M_1=F_Q x$，$0\leqslant x\leqslant h_1$；

M_2——h_2段梁的弯矩，$M_2=F_Q x-F'a$（式中用 a，偏于安全，实际上 $a\approx a'$），$h_1<x\leqslant h$，其中$F'=\frac{F}{2}+\frac{2}{3}F'_{c,r}$，是轮缘梁上的偏心作用力，$F'_{c.r}$是一个叶片节距轮缘$HKLMNH$部分的离心力；

I_1,I_2——为h_1、h_2段梁截面的惯性矩，当轮缘尺寸一定时，它们都是常数。

根据卡氏定理，沿各力方向的广义位移等于整个弹性系统的变形能对广义力求一次偏导数，即

$$\delta_{F_Q}=\frac{\partial V}{\partial F_Q}=\frac{1}{EI_1}\int_0^{h_1}M_1\frac{\partial M_1}{\partial F_Q}\mathrm{d}x+\frac{1}{EI_2}\int_{h_1}^{h}M_2\frac{\partial M_2}{\partial F_Q}\mathrm{d}x$$

按变形协调条件，令$\delta_{F_Q}\approx 0$得

$$\frac{1}{EI_1}\frac{F_Q h_1^3}{3}+\frac{1}{EI_2}\left(F_Q\frac{h^3-h_1^3}{3}-F'a\frac{h^2-h_1^2}{2}\right)=0$$

则

$$F_Q=3aF'(h^2-h_1^2)/\left[2h^3+2\left(\frac{I_2}{I_1}-1\right)h_1^3\right] \tag{5.2.60}$$

求得垂足给轮缘的作用力F_Q后，轮缘任一段的弯矩即可求得，如1-1、2-2截面的弯矩

分别为

$$M_{1-1}=F_Q h_1-F'a; \qquad M_{2-2}=F_Q h-F'a$$

对应一个叶片节距的1-1、2-2截面的惯性矩为

$$I_1=\frac{\pi R_1 a_2^3}{6z_b}; \quad I_2=\frac{\pi R_2 a_2^3}{6z_b}$$

对应于1-1截面和2-2截面的弯曲应力分别为

$$\left.\begin{aligned}\sigma_{1r}&=\frac{M_{1-1}\dfrac{a_2}{2}}{I_1}=\frac{3(F_Q h_1-F'a)z_b}{\pi R_1 a_2^2}\\ \sigma_{2r}&=\frac{M_{2-2}\dfrac{a_2}{2}}{I_2}=\frac{3(F_Q h-F'a)z_b}{\pi R_2 a_2^2}\end{aligned}\right\} \tag{5.2.61}$$

把1-1、2-2截面上的弯曲应力和离心应力叠加，得1-1、2-2截面的拉、弯合成应力，作为强度校核的依据。

由于1-1截面上的弯矩绝对值比2-2截面上的大，而2-2截面上的离心拉应力大于1-1截面上的，所以轮缘的静强度校核在1-1、2-2截面都应进行。

图5.2.9中若没有两个垂足，则变为T型叶根，除去垂足支反力F_Q的计算，就得T型叶根与轮缘的强度计算方法。

第三节　汽轮机叶轮静强度概念

一、叶轮受力分析

汽轮机叶轮在工作状态下受到多种载荷的作用，如高速旋转产生的离心力（包括叶片离心力）、叶轮两侧压差的作用力、传递叶片机械功的切向作用力、套装叶轮过盈引起的作用力以及叶轮径向温度不均匀产生的热应力等。

一般冲动式汽轮机叶轮两侧压差较小，由该压差引起的叶轮弯曲应力很小，切向作用力引起的切应力也很小，都可忽略不计。汽轮机在稳定工况下运行时，叶轮内的温度场基本上是均匀的，因而热应力也可忽略。由此可知，叶轮内的应力通常主要是由离心力和套装过盈紧力（对套装叶轮而言）引起的。即使在这种简单受力情况下，叶轮内的精确应力值也要用三维弹性力学求解，计算相当复杂。叶轮内的应力还可用有限元法或光弹法求解，而这些方法都需作为专题来研究。本节只介绍较简单的叶轮应力的二次计算法。

二、一般方程式

设叶轮内的应力只是由离心力和过盈紧力引起的，其应力分布如图5.3.1所示。认为叶轮内应力沿叶轮宽度是均匀的，而且其值只随半径 r 变化，与 θ 角无关。所以叶轮内应力的分布是一维轴对称分布。

1.平衡方程式

在叶轮内取一微元体（见图5.3.1，b，c），其径向应力为σ_r和$\sigma_r+\mathrm{d}\sigma_r$，切向应力为$\sigma_\theta$。考虑到叶轮轴对称受力，所以微元体左右表面切应力为零。微元体离心力为

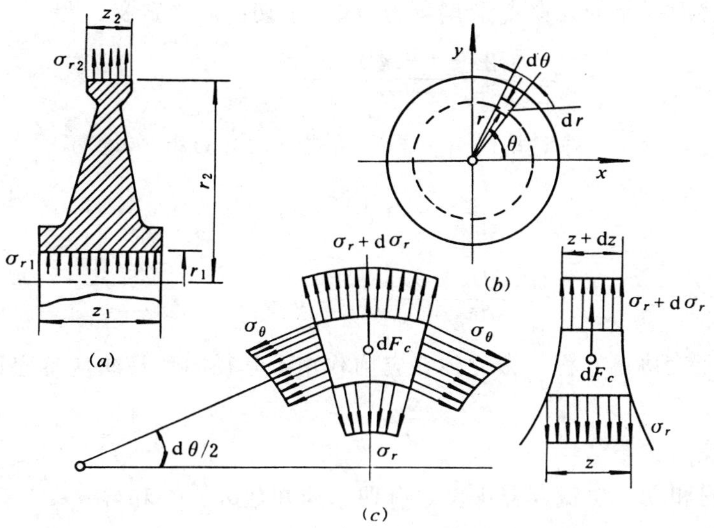

图 5.3.1 叶轮及其微元体的受力情况

（a）叶轮受力状况；（b）坐标系；（c）微元体受力状况

$$dF_c=\rho\left(r+\frac{dr}{2}\right)^2 d\theta\left(z+\frac{dz}{2}\right)\omega^2 dr \tag{5.3.1}$$

式中 ρ ——叶轮材料密度；

ω——角速度。

微元体内外表面的径向力为

$$\left.\begin{aligned}F_R&=\sigma_r zr d_\theta\\ F'_R&=\left(\sigma_r+\frac{d\sigma_r}{dr}dr\right)(z+dz)(r+dr)d\theta\end{aligned}\right\} \tag{5.3.2}$$

切向力为

$$F_T=\left(\sigma_\theta+\frac{1}{2}\frac{d\sigma_\theta}{dr}dr\right)\left(z+\frac{dz}{2}\right)dr \tag{5.3.3}$$

根据微元体力平衡条件，作用在微元体上所有力投影到通过其形心的径向坐标轴上的和应等于零。考虑到$d\theta$角很小，令$\sin\frac{d\theta}{2}\approx\frac{d\theta}{2}$,并略去高阶微量，得微元体力平衡方程式为

$$\frac{d(rz\sigma_r)}{dr}-z\sigma_\theta+\rho\omega^2r^2z=0 \tag{5.3.4}$$

式（5.3.4)建立了σ_r与σ_θ之间的关系，但一个方程式不能求σ_r和σ_θ两个未知数。为此观察微元体应变之间的关系。设在半径 r 处有一径向位移 ξ，则微元体在应力作用下dr的绝对变形量为$\frac{d\xi}{dr}dr$，根据径向应变定义，得

$$\varepsilon_r=\frac{d\xi}{dr}dr/dr=d\xi/dr \tag{5.3.5}$$

半径 r 处径向位移所引起的切向变形增量为$2\pi\xi$，按切向应变定义，得

$$\varepsilon_\theta=\frac{2\pi(r+\xi)-2\pi r}{2\pi r}=\frac{\xi}{r} \tag{5.3.6}$$

将式（5.3.6)写成$\xi=\varepsilon_\theta r$，并对其微分，再利用式（5.3.5)得

$$\frac{d\xi}{dr}=\varepsilon_\theta+r\frac{d\varepsilon_\theta}{dr}=\varepsilon_r$$

故

$$\frac{d\varepsilon_\theta}{dr}+\frac{\varepsilon_\theta-\varepsilon_r}{r}=0 \tag{5.3.7}$$

式（5.3.7)称为应变协调方程，微元体在应力作用下其径向和切向应变应该满足上述方程式。

2.应力与应变的关系

在力平衡方程和应变协调方程中，共有四个未知数σ_r、σ_θ和ε_r、ε_θ，不能求解，欲使问题求解，还需要列出二个补充方程式。利用虎克定律可以建立应力与应变的关系：

$$\left.\begin{aligned}\varepsilon_r&=\frac{1}{E}(\sigma_r-\nu\sigma_\theta)\\ \varepsilon_\theta&=\frac{1}{E}(\sigma_\theta-\nu\sigma_r)\end{aligned}\right\} \tag{5.3.8}$$

式中　E——叶轮材料的弹性模量；

ν——泊桑系数。

3.一般方程式

把式（5.3.8)代入式（5.3.7)中，得到用σ_r、σ_θ表示的应变协调方程式：

$$\frac{d\sigma_\theta}{dr}+(1+\nu)\frac{\sigma_\theta}{r}=\nu\frac{d\sigma_r}{dr}+(1+\nu)\frac{\sigma_r}{r} \tag{5.3.9}$$

联立式（5.3.4)和式（5.3.9)可以求出叶轮任一半径处的应力，称为一般方程式，它为一阶线性非齐次方程组：

$$\left.\begin{aligned}&\frac{d(rz\sigma_r)}{dr}-z\sigma_\theta=-\rho\omega^2r^2z\\ &\frac{d\sigma_\theta}{dr}-\nu\frac{d\sigma_r}{dr}+\frac{(1+\nu)}{r}(\sigma_\theta-\sigma_r)=0\end{aligned}\right\} \tag{5.3.10}$$

根据非齐次方程解相加原理，即用非齐次方程的特解和齐次方程的通解相加可求得方程组的解。式（5.3.10）的齐次方程组如下：

$$\left.\begin{aligned}&\frac{d(rz\sigma_r)}{dr}-z\sigma_\theta=0\\ &\frac{d\sigma_\theta}{dr}-\nu\frac{d\sigma_r}{dr}+\frac{(1+\nu)}{r}(\sigma_\theta-\sigma_r)=0\end{aligned}\right\} \tag{5.3.11}$$

令σ_r^{II}、$\sigma_\theta^{\text{II}}$为齐次方程的通解，分别乘以常数 k 后的$k\sigma_r^{\text{II}}$和$k\sigma_\theta^{\text{II}}$仍为该方程组的解，这很容易从式（5.3.11）中证实。

又令σ_r^{I}、$\sigma_\theta^{\mathrm{I}}$为式（5.3.10）非齐次方程的特解，则非齐次方程组的一般解形式如下：

$$\left.\begin{aligned}\sigma_r &= \sigma_r^{\mathrm{I}} + k\sigma_r^{\mathrm{II}} \\ \sigma_\theta &= \sigma_\theta^{\mathrm{I}} + k\sigma_\theta^{\mathrm{II}}\end{aligned}\right\} \tag{5.3.12}$$

用上式可以求出叶轮内各点的应力值。以上计算称为二次计算法。二次计算法的物理意义解释如下：所谓齐次方程组的一般解是指叶轮不转动（即 $\omega = 0$）时的应力值；非齐次方程组的特解是指叶轮转动（即 $\omega \neq 0$）时在任意条件（常不符合叶轮边界条件）下得到的应力值。将两个解相加如式（5.3.12），把已知的叶轮边界条件代入式（5.3.12）确定常数 k 值，最后可以求得叶轮内各点的真实应力值。

第四节　汽轮机转子零件材料及静强度条件

转子零件静强度安全性判别就是根据零件受力分析，计算出危险截面的静应力或相当应力，再与材料的许用应力相比较，从而判别出静强度是否安全。

一、对转子零件材料性能的要求

由于转子零件处在高温（或湿蒸汽区）、高转速、高应力水平及振动状态下工作，因此，要求转子零件材料在工作温度下具有较高的屈服极限、蠕变极限和持久强度极限；具有较高的韧性和塑性；具有良好的减振性能和抗腐蚀、抗侵蚀性能，还应具有良好的冷热加工性能。

二、叶片及其附件的材料和许用应力

1.叶片材料

叶片材料主要根据工作温度和应力水平选择，表5.4.1为常用叶片材料在常温和高温下的机械性能。常温下的机械性能指屈服极限$\sigma_{0.2}$、强度极限σ_b、延伸率δ_5、断面收缩率ψ与室温冲击韧性α_K；物理性能指材料密度 ρ 、线膨胀系数 β 与弹性模量 E；高温强度指标指蠕变极限σ_c、持久强度极限σ_l与高温屈服极限$\sigma_{0.2}^t$。蠕变极限是指钢材产生1×10^{-5} %/h〔或产生 1×10^{-7} mm/(mm·h)〕的第二蠕变阶段的蠕变速度的应力值，也就是在一定温度下工作10^5h后总共产生1%的塑性变形所对应的应力值，以$\sigma_{1\times10^{-5}}^t$ 表示。持久强度极限是指钢材在某一温度下工作10^5h刚好发生断裂（或破坏）时对应的应力值，以$\sigma_{10^5}^t$表示。

2.围带材料

围带材料与叶片用材料基本相同，首先应采用1Cr13；对围带应力较大的级才采用2Cr13；工作温度在450～500℃时采用Cr11MoV;级的工作温度高于500℃时采用Cr12WMoV。

3.拉筋材料

级的工作温度低于450℃时，都采用1Cr13。当拉筋应力超过其许用应力值时，改用2Cr13。当工作温度高于450℃时，采用Cr11MoV。

4.硬质合金片

工作在湿蒸汽区的级，尤其是末级长叶片，为了防止水滴对叶片的侵蚀，常在叶片顶部进口背面嵌镶硬质合金(又称司太立合金片)，它是一种钴基合金，化学成分是：Co60％～65％、Cr25%～28%、W4%～5%、Si2%～2.5%、C1.0%～1.5%，其余为Fe,其硬度用洛氏硬

表 5.4.1　　　　　　　　　　　　　叶片材料的机械性能

材料牌号		1Cr13	2Cr13	20CrMoA	Cr11MoV	Cr12WMoV
最高使用温度（℃）		475	450	500	550	580
常温机械性能	$\sigma_{0.2}$ (MPa)	410	520	686	490	662
	σ_b (MPa)	610	720	883	686	735
	δ_5 (%)	22	21	12	16	15
	ψ (%)	60	55	50	55	45
	a_K (J/cm²)	88	78	98	59	59
物理性能	ρ (kg/cm³)	7.75	7.75	7.85	7.75	7.85
	$\beta\times10^6$ (mm/mm ℃)	10.1	10.1		11.4	9.7
	$E\times10^{-4}$ (MPa)	22	22		21.6	21.2
高温强度	σ_c (MPa)	$\sigma^{450^\circ C}_{1\times10^{-5}}=103$	$\sigma^{450^\circ C}_{1\times10^{-5}}=127$	$\sigma^{420^\circ C}_{1\times10^{-5}}=284$	$\sigma^{550^\circ C}_{1\times10^{-5}}=88$	$\sigma^{580^\circ C}_{1\times10^{-5}}=69$
	σ_l (MPa)	$\sigma^{470^\circ C}_{10^5}=216$	$\sigma^{470^\circ C}_{10^5}=186$	$\sigma^{420^\circ C}_{10^5}=373$	$\sigma^{550^\circ C}_{10^5}=157$	$\sigma^{580^\circ C}_{10^5}=157$
	$\sigma^t_{0.2}$ (MPa)	$\sigma^{400^\circ C}_{0.2}=370$	$\sigma^{400^\circ C}_{0.2}=400$	$\sigma^{500^\circ C}_{0.2}=460$	$\sigma^{500^\circ C}_{0.2}=392$	$\sigma^{580^\circ C}_{0.2}=412$

度HR衡量，应大于HRC42。

5.叶片及其附件的许用应力

（1）许用应力　叶片及其附件的许用应力是静强度安全判别的依据，它是根据材料的机械性能和安全系数确定的。若叶片及其附件的工作温度不同，则静强度校核的标准也不同。一般以材料蠕变温度为分界线，如马氏体钢的分界温度为450℃，奥氏体钢的为480～520℃。若材料工作温度低于分界温度，其许用应力按工作温度下的屈服极限$\sigma^t_{0.2}$除以安全系数$n_{0.2}$确定，即

$$[\sigma]=\sigma^t_{0.2}/n_{0.2} \qquad (5.4.1)$$

若工作温度高于分界温度，除了材料屈服极限外，还需考虑蠕变极限σ^t_c和持久强度极限σ^t_l，并除以相应的屈服极限安全系数$n_{0.2}$、蠕变极限安全系数n_c和持久强度极限安全系数n_l，分别得到：

$$[\sigma]_{0.2}=\frac{\sigma^t_{0.2}}{n_{0.2}};\quad [\sigma]_c=\frac{\sigma^t_c}{n_c};\quad [\sigma]_l=\frac{\sigma^t_l}{n_l} \qquad (5.4.2)$$

取上述三者中最小一个作为静强度判别依据。为了保证叶片及其附件的安全，应满足下述静强度条件：

$$\sigma\leqslant[\sigma] \qquad (5.4.3)$$

（2）安全系数　安全系数的选取与许多因素有关，如应力计算式的精确程度，材料机械性能的测量精确度，材料的不均匀性，零件冷热加工工艺和装配工艺，以及零件工作条件与重要性等。因此，安全系数难以用公式进行精确计算。表5.4.2中所列的安全系数是根据长期设计和运行经验积累所得的推荐值。

表 5.4.2　　　　叶片及其附件的安全系数

名称与部位			应力形式＼安全系数＼工作温度	分界温度以下 $n_{0.2}$	分界温度以上 $n_{0.2}$	分界温度以上 n_c	分界温度以上 n_l
叶片	叶型		拉弯合成	≥1.6	1.6	1～1.25	1.65
			拉（拉筋孔）	≥2.5			
			拉（整体围带附近）	≥6			
	叶根	叉型	拉	3.0			
			拉弯合成	1.3	1.6	1～1.25	1.65
		其它	拉	2.5	1.6	1～1.25	1.65
			弯	2.5			
			剪　切	3.0	3.0	1.7	2.5
			挤　压	1.0	1.0	1.0	1.0
	铆钉头		拉	7.0			
围带与拉筋			弯	1.6	1.6	1.0～1.25	1.65
叶根铆钉			剪　切	2.7	3.0	1.7	2.5
			挤　压	1.0	1.0	1.0	1.0

三、叶轮或转子的材料和许用应力

1.叶轮或转子的材料

对汽轮机套装叶轮，常用材料为30CrMo、35CrMoV；对低压级大型套装叶轮，采用34CrNi3Mo或33Cr3MoWV材料。

对于大型汽轮机高中压转子或组合转子整锻部分，广泛采用27Cr2Mo1V、30Cr2MoV和20Cr3MoWV材料，它们可在540～550℃温度下长期工作。

对焊接转子采用17CrMo1V材料，可用于520℃以下。

常用叶轮、转子材料的机械性能列于表5.4.3中。

2.叶轮或转子的许用应力

与确定叶片及其附件许用应力的方法相同，当叶轮、转子的工作温度低于材料蠕变温度分界线时，它们的许用应力根据对应温度下的屈服极限$\sigma_{0.2}^t$除以安全系数得到：

$$[\sigma]=\frac{\sigma_{0.2}^t}{n_{0.2}} \tag{5.4.4}$$

式中，$n_{0.2}$为安全系数，对套装叶轮、整锻转子和焊接转子分别为1.8、2.2、3。

工作温度高于蠕变分界温度的叶轮或转子，其许用应力分别按屈服极限、蠕变极限、持久极限除以对应的安全系数得到：

表 5.4.3　　叶轮、转子材料的机械性能

材料牌号		34CrMo	35CrMoV	33Cr3MoWV	34CrNi3Mo	17CrMo1V	27Cr2Mo1V	30Cr2MoV	20Cr3MoWV
最高使用温度(℃)		500	500	500	450	520	540		550
常温机械性能	σ_{02} (MPa)	490	588	735	735	490	441	531	637
	σ_b (MPa)	657	765	853	853	637	637	704	748
	δ_5 (%)	15	14	12	12	15	15	22.3	13
	ψ (%)	35	35	35	35	40	40	68.6	40
	a_K (J/cm^2)	49	49	49	49	59	49	54	49
	$E\times10^{-4}$ (MPa)	22	22	21	21	22			
	$\beta\times10^6$ (1/K)	12.3		10.6	10.8	12.4			
高温机械性能	σ_c (MPa)					$\sigma_{1\times10}^{525℃}=98$	$\sigma_{1\times10^{-5}}^{550℃}\geqslant88$		$\sigma_{1\times10^{-5}}^{550℃}=88$
	σ_l (MPa)					$\sigma_{10^5}^{525℃}=147$	$\sigma_{10^5}^{550℃}=137$		$\sigma_{10^5}^{550℃}=181$
	$\sigma_{0.2}^t$ (MPa)					$\sigma_{0.2}^{540℃}=240$			$\sigma_{0.2}^{500℃}=400$
用途		叶轮、主轴、转子	叶轮	叶轮、主轴、转子	叶轮、主轴、转子	叶轮、轮鼓	转子	转子	转子

$$[\sigma]=\frac{\sigma_{0.2}^t}{n_{0.2}};\quad [\sigma]=\frac{\sigma_c^t}{n_c};\quad [\sigma]=\frac{\sigma_l^t}{n_l} \tag{5.4.5}$$

取三者中最小许用应力值作为强度校核依据。相应的安全系数为：$n_{0.2}=2.2$、$n_c=1.25$、$n_l=1.65$。

3.叶轮或转子的强度条件

由叶轮应力计算知道，各点承受应力σ_r、σ_θ作用，属平面应力状态，进行强度校核时必须通过强度理论求出等效应力$\sigma_{r\mathrm{III}}$，才能与许用应力进行比较。一般叶轮的静强度校核采用第三强度理论。当σ_r与σ_θ都为拉应力，且$\sigma_\theta>\sigma_r$时，叶轮的强度条件为

$$\sigma_{r\mathrm{III}}=\sigma_\theta\leqslant[\sigma] \tag{5.4.6}$$

如果σ_r和σ_θ为异号，则强度条件为

$$\sigma_{r\mathrm{III}}=\sigma_\theta-\sigma_r\leqslant[\sigma] \tag{5.4.7}$$

第五节　汽轮机静子零件的静强度

汽轮机静子零件包括汽缸、隔板、法兰及其螺栓等，下面只对法兰及其螺栓的静强度作较详细的分析。

一、水平法兰及其螺栓受力分析

因安装和检修需要，把汽轮机汽缸做成上下两半，用水平法兰和螺栓将它们连接起来。为保证运行期间水平法兰面不发生漏汽，法兰螺栓要有足够大的预紧力（又称初紧力）。汽缸水平法兰剖面图如图5.5.1所示。

图5.5.1（a）表示在螺栓紧力F_N作用下两法兰接合面之间的反作用力呈线性分布，如1-1′线所示。因 $a < c + \frac{\delta}{2}$，故法兰外侧的反作用力大于内侧。但此反作用力的合力与螺栓作用力相重合，且大小相等，方向相反。

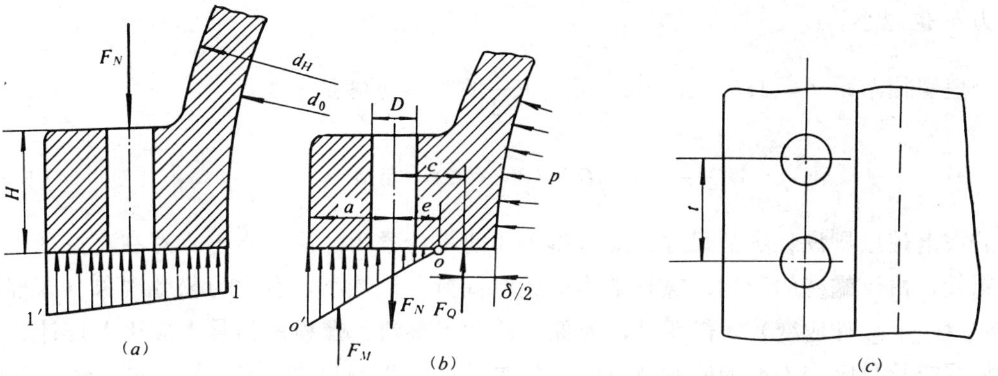

图 5.5.1 水平法兰受力示意图

（a）法兰面间全部接合；（b）法兰有内张口；（c）法兰螺栓节距t

当汽轮机正常运行时，在蒸汽压力($2F_Q = \Delta p d_0 t$)作用下，汽缸法兰内侧有张开趋势，即内侧反作用力减小。如果法兰和螺栓刚度足够大，则法兰外侧的反作用力增大，且仍呈线性分布，如图5.5.1（b）中$o'o$所示。这时反作用力的合力F_M的作用点向螺栓中心外侧偏移一距离。其中o点的反作用力为零，o点右侧表示上下法兰不接触（即有内张口），o点左侧是接触的。o点的位置与螺栓预紧力大小有关。为保证汽轮机两次大修期间不发生漏汽，要求运行时法兰接触点o不落在螺栓孔内，否则蒸汽通过法兰内张口流至螺栓孔而向外漏出。若要求法兰接触点o移至汽缸内径处（即Q力右侧），则意味着螺栓要有更大的紧力，对螺栓受力不利，甚至发生螺栓断裂事故。

现按图5.5.1（b）所示的反作用力分布（即$\frac{D}{2} < e < c$）求保证法兰面不漏汽所需的螺栓紧力F_N。根据法兰受力的平衡条件，得

$$\left.\begin{aligned} &F_N = F_M + F_Q \\ &F_Q c - F_M\left[a - \frac{1}{3}(a + e)\right] = 0 \end{aligned}\right\} \tag{5.5.1}$$

式中 F_Q——一个螺栓节距t受到的直径为d_0的汽缸内外压差Δp对法兰一侧的作用力，设作用点在$\frac{\delta}{2}$处，$F_Q = \Delta p d_0 t/2$；

F_M——下缸法兰面对上缸法兰面反作用力的合力；

F_N——螺栓紧力。

由式（5.5.1）得

$$F_N = F_Q\left[1+\frac{3c}{(2a-e)}\right] \tag{5.5.2}$$

由图5.5.1（b）可知：法兰面接触点 o 与螺栓轴线之间的距离 e 应满足不漏汽要求，即 e 值不应小于 $D/2$，但又不要大于 c。螺栓紧力应在下述范围内选择：

$$F_Q\left[1+3c\Big/\left(2a-\frac{D}{2}\right)\right] < F_N < F_Q\ \left[1+3c/(2a-c)\right] \tag{5.5.3}$$

由式（5.5.2）和 F_Q 计算式（$2F_Q=\Delta pd_0t$）可知：螺栓节距 t、e 和 c 值越小，所需螺栓紧力 F_N 也越小。

一般螺栓节距 $t=(1.5\sim1.7)D$，而 $c+\frac{\delta}{2}$ 的距离应满足下式：

$$c+\frac{\delta}{2}\geqslant 0.5D+(30\sim40)\quad \text{mm} \tag{5.5.4}$$

若按上述原则设计法兰尺寸，就可得到小的螺栓紧力。应该指出：对在高温区工作的法兰螺栓，由于蠕变的影响，螺栓紧力会随时间延长而减小，称之为松弛现象（即部分弹性应变转为塑性应变）。很明显，为保证法兰不漏汽，螺栓的初紧力应比上述计算值大些。根据螺栓总应变不变的原则及其材料蠕变性能，得到初紧力 F_{N0} 与两次大修运行时间内不漏汽的紧力 F_N 之间的关系式为

$$\frac{F_{N0}}{F_N}=\left[1-(m-1)E\sigma^{m-1}\Omega\right]^{-\frac{1}{1-m}} \tag{5.5.5}$$

式中 σ——在紧力 F_N 作用下的螺栓应力；

E——螺栓材料的弹性模量；

Ω——由螺栓材料蠕变曲线特征决定的时间函数，查材料手册；

m——由应力对蠕变曲线形状影响而确定的常数，查材料手册。

若已知运行时间和紧力 F_N，则由式（5.5.5）可求得螺栓初紧力 F_{N0} 及对应的初应力。

二、汽缸、法兰及螺栓的材料和许用应力

1.汽缸、法兰及螺栓材料

常用汽缸、法兰及螺栓材料的机械性能见表5.5.1。

2.法兰与螺栓许用应力及强度条件

（1）法兰许用应力　虽然法兰与汽缸是整体铸造而成的，但法兰的许用应力取值比汽缸的大些。当工作温度低于300～350℃时，铸铁法兰的许用应力 $[\sigma]=29\text{MPa}$；铸钢取 $[\sigma]=0.5\sigma^t_{0.2}$。工作温度高于350℃时，法兰材料的许用应力由表5.5.1查得 $\sigma_{0.2}$、σ_c、σ_l 分别除以 $n_{0.2}=1.65$、$n_c=1.25$、$n_l=1.65$ 后取最小一个值。

（2）螺栓许用应力　若螺栓的工作温度低于350～400℃，则其许用应力近似地取 $[\sigma]=0.5\sigma^t_{0.2}$；若工作温度高于上述值，则必须考虑松弛的影响，应根据两次大修间隔时间由式（5.5.2）和式（5.5.5）求得初紧力 N_0 和 N，再分别求出初应力 σ_0 和剩余应力 σ_R，按下式确定运行时间内的等效应力：

表 5.5.1　　汽缸、法兰及螺栓材料的机械性能

材料牌号	最高使用温度 (℃)	常温机械性能				高温机械性能				用途
		$\sigma_{0.2}$ (MPa)	σ_b (MPa)	δ_5 (%)	ψ (%)	试验温度 (℃)	σ_c (MPa)	σ_l (MPa)	$\sigma_{0.2}$ (MPa)	
HT28-48	250		280/480							铸缸、法兰
QT45-5	320	330	450	5						铸缸、密封环
HT28-48CrMo	300		275							铸缸、法兰
ZG25	350	235	539	19	30	400	68.6	150.0	157～196	铸缸、法兰
ZG20CrMo	480	245	461	18	30	470	159	255～273	294	铸缸、法兰
ZG20CrMoV	540	314	490	14	30	540	59～98	137	216	高中压外缸及法兰
ZG15CrMo1V	565	343	490	14	30	565	49～74	88～127	485	高中压内缸及法兰
45	300	275	510	16	35	400	81.4	186		
35CrMoA	400	588	765	14	35	450	103～127	235		
25Cr2MoVA	500	735.5	833.6	15	50	500	78	186～206	582.5	螺栓
20Cr1Mo1VTiB	570	686.5	784.5	12	45	570		173～212		
20Cr1Mo1VNbB	570	735.5	833.6	15	60	570		235	632.5	

$$\sigma_e = 0.5(\sigma_0 + \sigma_R) - 0.07(\sigma_0 - \sigma_R) - 0.005(\sigma_0 - \sigma_R)^2 \tag{5.5.6}$$

上式只适用于137MPa$\leqslant \sigma_0 - \sigma_R \leqslant$333MPa范围内，其等效应力误差不会超过±11%。螺栓的许用应力为$[\sigma] = \sigma_l / n_l$，其强度条件为

$$\sigma_e \leqslant [\sigma] \tag{5.5.7}$$

第六节　汽轮机叶片的动强度

一、叶片动强度概念

运行实践证明：汽轮机叶片除了承受静应力外，还受到因汽流不均匀产生的激振力作用。该力是由结构因素、制造和安装误差及工况变化等原因引起的。对旋转的叶片来说，激振力对叶片的作用是周期性的，导致叶片振动，所以叶片是在振动状态下工作的。当叶片的自振频率等于脉冲激振力频率或为其整数倍时，叶片发生共振，振幅增大，并产生很大的交变动应力。为了保证叶片安全工作，必须研究激振力和叶片振动特性，以及叶片在动应力作用下的承载能力等问题，这些属于叶片动强度范畴。

运行经验表明，在汽轮机事故中，叶片损坏占相当大比重，其中又以叶片振动损坏为主。据国外统计，叶片事故约占汽轮机事故25%以上。据国内1977年对1156台汽轮机统计，发生叶片损坏或断裂事故者约占31.7%。

应该指出，迄今为止还不能精确地对叶片动应力进行理论计算。因此，下面只介绍激振力和叶片自振频率、动频率的计算，以及叶片安全准则和调频方法。

二、激振力产生的原因及其频率计算

叶片的激振力是由级中汽流流场不均匀所致的。造成流场不均的原因很多，归纳起来可分为两类：一类是叶栅尾迹扰动，即汽流绕流叶栅时，由于附面层的存在，叶栅表面汽流速度近于零，附面层以外汽流速度为主流区速度，当汽流流出叶栅时在出口边形成尾迹，所以在动静叶栅间隙中汽流的速度和压力沿圆周向分布是不均匀的，如图5.6.1所示；另一类是结构扰动，如部分进汽、抽汽口、进排汽管以及叶栅节距有偏差等原因引起汽流流场不均匀，都将对叶片产生周期性的激振力，因而使叶片发生振动。

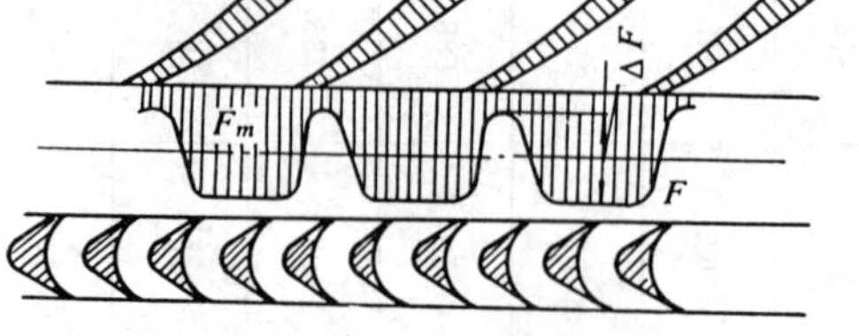

图 5.6.1　喷嘴后汽流力的分布

当叶片自振频率与激振力频率相等时，无论激振力是脉冲形式还是简谐形式，都会使叶片发生共振。当自振频率为激振力频率的整数倍时，只有脉冲形式激振力才会引起叶片共振。当自振频率等于激振力频率或前者是后者的整数倍而共振时，称为两者合拍。在汽轮机中，叶片的激振力都是以脉冲形式出现的。图5.6.2所示为叶片自振频率为脉冲激振力频率的三倍时的振幅变化情况。叶片受第一次脉冲力作用后，其振幅变大，然后叶片以自振频率作有阻尼的衰减自由振动，振幅逐渐减小，经三次振动后，又遇与第一次相位相同的脉冲力作用，叶片振幅再次增大。如果振幅的衰减值小于脉冲力作用时振幅的增大值，则叶片振幅逐渐增大，动应力随之增加。

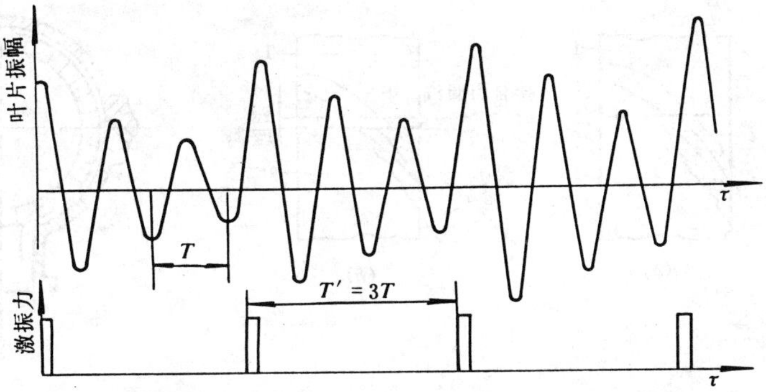

图 5.6.2 叶片自振频率为激振力频率三倍时的共振现象

以频率高低来分，激振力可分为低频激振力和高频激振力两大类。

（一）低频激振力

1.低频激振力产生的原因

低频激振力的产生主要与结构因素有关：

1）若个别喷嘴损坏或其加工尺寸有偏差，如节距或出口面积不均匀、喷嘴片安装角有偏差，则动叶片每旋转到这里就受到一次扰动力。

2）上下两隔板接合面处喷嘴错位，如图5.6.3（*a*）所示，或隔板接合面有间隙，如图5.6.3（*b*）所示，叶片每旋转到这里，同样受到一次扰动力。

3）级前后有抽汽口，在抽汽口附近喷嘴出口汽流的轴向速度比其他地方小，从而引起扰动，如图5.6.3（*c*）与（*d*）所示。

4）高压级采用窄喷嘴时，为了保证隔板的强度和刚度，在窄喷嘴前圆周向均匀地设置了加强筋，它对汽流产生扰动，如图5.6.3（*e*）所示。

5）采用喷嘴配汽方式，如图5.6.4所示，每两个喷嘴组之间被不通汽的弧段隔开，且沿圆周向不一定对称。叶片经过调节汽门开启的喷嘴弧段时，受到F_m的作用，叶片经过不通汽的弧段时，$F_m = 0$，引起低频激振力。

2.低频激振力频率的计算

（1）对称激振力　若引起汽流扰动的因素在圆周向是对称分布的，则低频激振力的频率为

$$f_{ex} = kn \tag{5.6.1}$$

式中，$k = 1, 2, 3\cdots$，指一个圆周内的激振力次数；n是动叶的转速，对电站汽轮机，$n = 50\text{r/s}$。

（2）非对称激振力　若引起汽流扰动的因素在圆周向是非对称的，这时低频激振力频率应按下述方法计算。如喷嘴配汽有两个不通汽弧段彼此相隔$\frac{\pi}{2}$角度，动叶以转速n(r/s)旋转，则每秒钟转过$2\pi n$弧度，动叶由第一个激振力至第二个激振力所需时间（即周期）为

$$T = \frac{\pi/2}{2\pi n} = \frac{1}{4n} \tag{5.6.2}$$

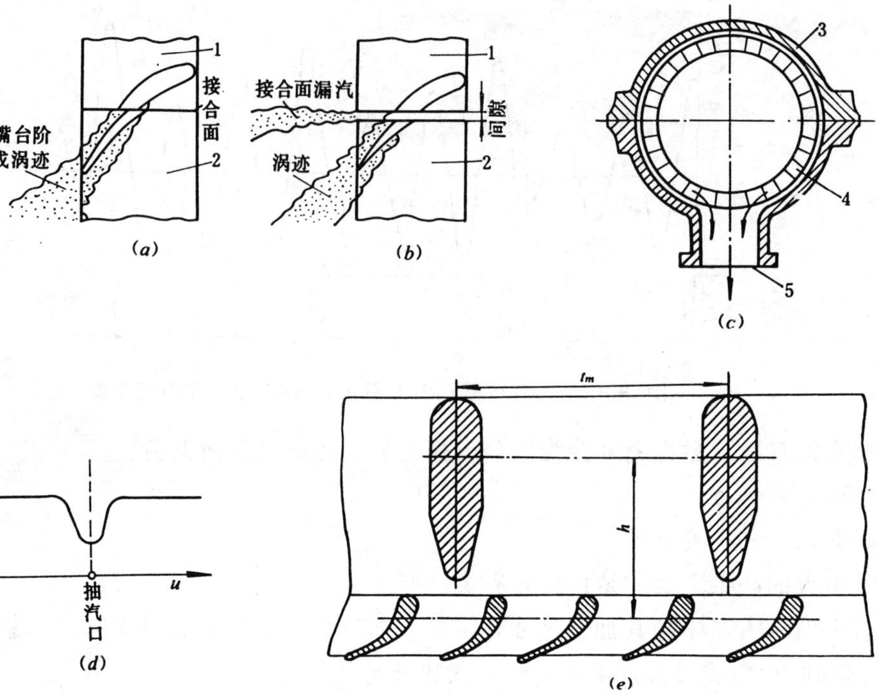

图 5.6.3 产生低频激振力的原因

（a）上下隔板结合面处喷嘴错位；（b）隔板结合面有间隙；（c）抽汽口处汽流扰动；
（d）抽汽口汽流速度变化；（e）具有加强筋的窄喷嘴隔板展开图
1—上隔板；2—下隔板；3—汽缸；4—喷嘴；5—抽汽口

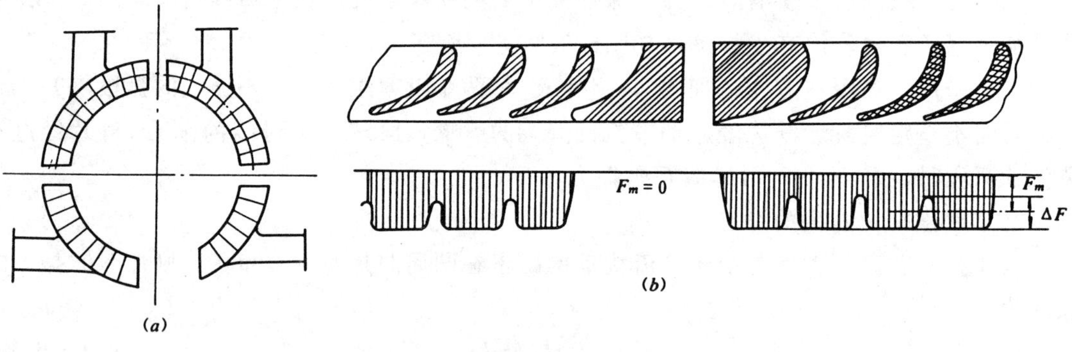

图 5.6.4 喷嘴配汽汽流力分布情况

（a）喷嘴组分布示意图；（b）喷嘴组之间和喷嘴后汽流力分布

即低频激振力频率 $f_{ex} = \dfrac{1}{T} = 4n$。当然，该两激振力也可以认为相隔 $\dfrac{3\pi}{2}$ 弧度，这时低频激振力频率应是 $f'_{ex} = \dfrac{3}{4}n$。

（二）高频激振力

高频激振力是由喷嘴尾迹引起的，它使喷嘴出口流速沿圆周向分布不均。由于尾迹区作用力比主流区小，如图5.6.1与图5.6.4(*b*)所示，所以动叶每经过一个喷嘴片受到一次扰动。

（1）全周进汽的级　该级喷嘴沿圆周向是均匀分布的，高频激振力频率为

$$f_{ex}=z_n n \tag{5.6.3}$$

式中，z_n是级的喷嘴数，一般$z_n=40\sim90$,因而引起的激振力频率较高，故称为高频激振力。

（2）部分进汽的级　调节级的未开调节汽门的喷嘴也包括在不进汽弧段内,设部分进汽度为e,进汽弧段内共有z'_n个喷嘴,级的平均直径为d_m,则平均直径上的节距$t_m=e\pi d_m/z'_n$，动叶每经过一个节距所需的时间（即周期）为

$$T=\frac{t_m}{\pi d_m n}=\frac{e}{z'_n n} \tag{5.6.4}$$

即部分进汽级喷嘴尾迹引起的高频激振力频率为

$$f_{ex}=\frac{1}{T}=\frac{z'_n}{e}n=z_n n \tag{5.6.5}$$

式中，$z_n=z'_n/e$称为当量喷嘴数，相当于按部分进汽喷嘴数z'_n的节距，把喷嘴片布满全周时的喷嘴数。

三、叶片与叶片组的振型

单个叶片或叶片组在激振力作用下发生强迫振动时，其振动类型分为两大类：一类是弯曲振动，包括切向和轴向弯曲振动；另一类是扭转振动。

（一）单个叶片的振型

1.单个叶片弯曲振动

（1）切向振动　叶片在激振力作用下最容易绕最小主惯性轴（即沿最大主惯性轴方向）振动。由于一般叶片的最大主惯性轴方向与轮周切向的夹角较小，故把叶片沿最大主惯性轴的振动称为切向振动，如图5.6.5所示。

若叶片在激振力作用下振动，其顶端也振动，统称为A型振动。随着共振频率由低到高，叶片A型振动的振型曲线上不动的节点数也随之增加，如图5.6.5（*a*）、（*b*）、（*c*）所示。按振型曲线上的节点数由少到多，依次称为A_0、A_1、A_2…型振动。节点两侧叶片的振动方向相反。

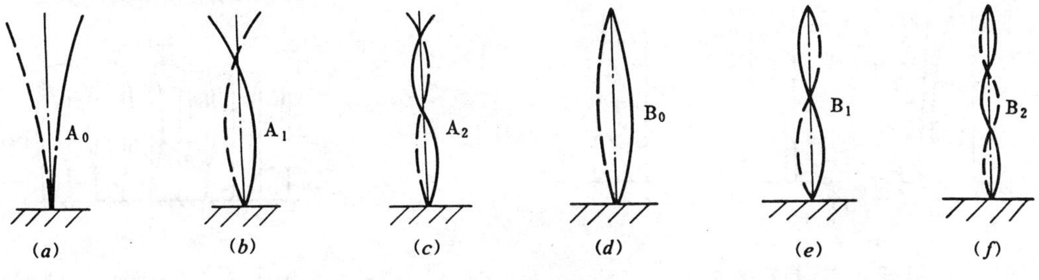

图 5.6.5　单个叶片的切向振动振型

(*a*)A_0型；(*b*)A_1型；(*c*)A_2型；(*d*)B_0型；(*e*)B_1型；(*f*)B_2型

若叶片在激振力作用下其叶身振动，顶端不振动，统称为B型振动，如图5.6.5（*d*）、（*e*）、（*f*）所示。根据B型振动的节点数目由少到多，依次称为B_0、B_1、B_2…型振动。

上述振型中，A_0型最危险，B_0型次之。

（2）轴向振动　叶片绕最大主惯性轴（即振幅沿最小主惯性轴方向）的振动称为轴向振动。由于轴向惯性矩大，振动频率高，一般不易出现有节点的轴向振动，但轴向振动易与叶轮振动联系在一起，可能不利于安全运行。

2．单个叶片扭转振动

叶片扭转振动是指叶片在激振力作用下，其截面绕径向线（又称节线）所作的往复扭转运动，这种振动常在长叶级中出现。在扭转振动中，可能出现一条或多条节线，如图5.6.6所示。节线越多，扭振频率越高，节线两侧叶片的扭振方向相反。图中有单、双、三节线的振型，分别称为T_1、T_2、T_3…型扭振。

（二）叶片组的振型

用围带或拉筋连接成组的叶片组振动，也可分为弯曲振动和扭转振动两种类型。

1．叶片组弯曲振动

叶片组的弯曲振动同样分切向振动和轴向振动两类：

（1）切向振动　叶片组的切向振动与单个叶片的相同。根据叶片顶部是否参加振动，也分为A型和B型两种。

叶片组A型振动如图5.6.7（*a*）、（*b*）、（*c*）所示。根据节点数由少到多分别称为A_0、A_1、A_2…振型。其中A_0型最危险。组内各叶片在围带的联系下，振动频率必然相同。

叶片组B型振动中，没有节点的B_0型振动最危险。若叶片组中心线两侧等距离的叶片振动相位双双相反，称为B_{01}型振动，如图5.6.7（*d*）所示，由图可见，中心线两侧等距离叶片对围带的作用力刚好相反，故两侧作用于围带的力相互抵消，因而围带不动。若叶片组中心线两侧等距离的叶片振动相位双双相同，称为B_{02}型振动，如图5.6.7

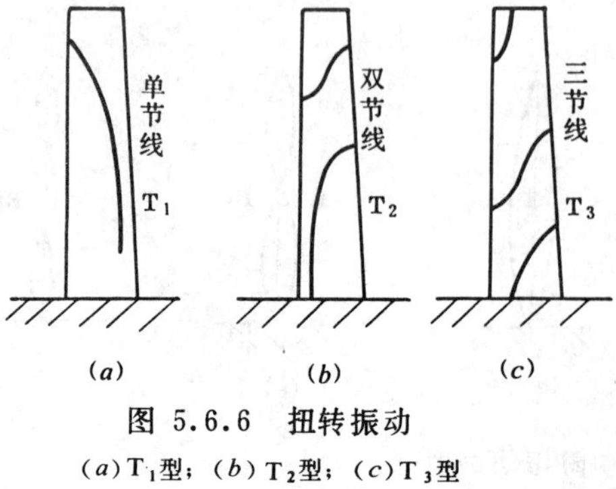

图 5.6.6　扭转振动

（*a*）T_1型；（*b*）T_2型；（*c*）T_3型

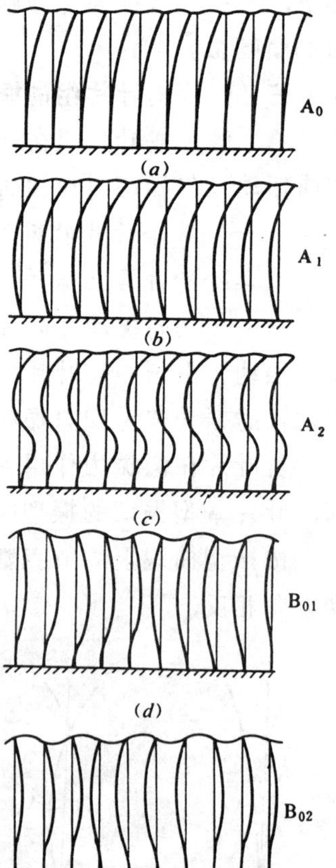

图 5.6.7　叶片组振型曲线

（*a*）A_0型；（*b*）A_1型；（*c*）A_2型；（*d*）B_{01}型；（*e*）B_{02}型

（e）所示，这时中心线左侧叶片对围带的作用力基本平衡，右侧亦然，两侧作用力综合后围带不动。由于叶顶不动，围带不起统一各叶片振动相位的作用（不像A型振动那样），故组内各叶片的振动频率不同，这就使所有叶片的振动频率都要避开激振力频率比较困难，共振区的范围增大了。随着共振频率由低变高，B型振动的节点数也随之增加，按节点数由少到多，依次称为B_1、B_2…振型。

（2）轴向振动　当叶片组作轴向振动时，同组中两部分叶片各作反方向振动，围带上出现不振动的节点，如图5.6.8（a）与（b）所示。这种振动往往与叶轮的振动类型有关，且每一叶片的振动同时伴随有叶片的扭转振动。

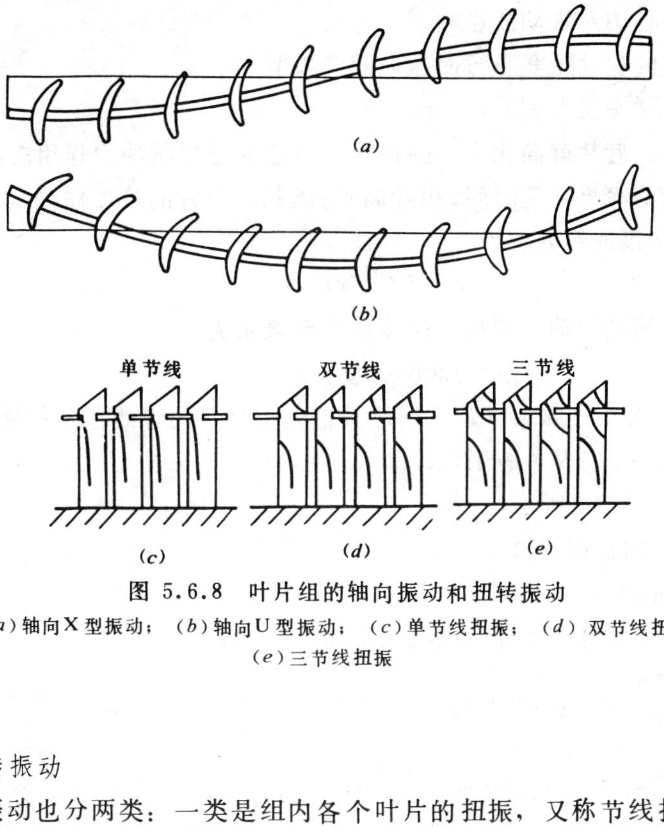

图 5.6.8　叶片组的轴向振动和扭转振动

（a）轴向X型振动；（b）轴向U型振动；（c）单节线扭振；（d）双节线扭振；（e）三节线扭振

2.叶片组扭转振动

叶片组扭转振动也分两类：一类是组内各个叶片的扭振，又称节线扭振，图5.6.8（c）、（d）、（e）所示分别为单节线、双节线与三节线扭振；另一类是叶片组扭振，又称节点扭振，图5.6.8（a）称为单节点扭振，图5.6.8（b）称为双节点扭振。后两种扭振都是轴向振动中伴随出现的各叶片的扭振。

四、单个叶片的自振频率计算

以上讨论了叶片激振力频率与叶片的危险振型。为了防止叶片发生危险共振，必须估算叶片的自振频率，以便使叶片的自振频率与激振力频率避开，从而避免产生危险共振。

（一）叶片弯曲振动的微分方程

1.基本假定

叶片的固定方式、叶型尺寸等各异，振动时的变形亦非常复杂，为了建立较简单的力学模型来描述叶片弯曲振动的规律，需对实际叶片作如下简化假定：

1）叶片根部为刚性固定，即根部截面处的挠度和转角等于零，也就是当 $x=0$ 时，$(y)_0=0$，$(\theta)_0=\left(\frac{\partial y}{\partial x}\right)_0=0$；

2）叶片高度方向的尺寸远大于其它方向的尺寸，这样可把叶片看作由无限个质点组成的弹性杆；

3）叶片只在一个平面内振动，只考虑弹性杆的弯曲变形，不考虑切力、扭矩产生的变形对弯曲变形的影响；

4）叶片振动是无阻尼的，即不考虑周围介质阻尼和材料内部阻尼对振动的影响；

5）不考虑离心力对振动的影响。

下述理论计算的振动频率为弯曲振动的静频率。

2.弯曲振动的微分方程式

根据上述假定，叶片可简化为一弹性杆。当它受外界脉冲力作用后，发生弯曲自由振动。叶片上任一点的挠度 y 是时间 τ 和叶高 x 的函数，叶片的挠度曲线（各点挠度的连线）如图5.6.9所示。挠度曲线方程为

$$y=f(\tau,x)$$

设叶片振动为简谐运动，则振动挠度曲线可表示为

$$y=y_0\cos(\omega_p\tau+a) \tag{5.6.6}$$

式中 y_0——叶片各质点振幅（距平衡位置最大位移）的连线，又称振型曲线，y_0 与时间无关，只是 x 的函数，即 $y_0=y_0(x)$；

ω_p——叶片振动圆频率；

a——振动的初相位角；

τ——时间。

由式（5.6.6）可求得叶片各质点的速度和加速度为

$$\left.\begin{aligned} v&=\frac{\partial y}{\partial \tau}=-y_0\omega_p\sin(\omega_p\tau+a)=y_0\omega_p\cos\left[\frac{\pi}{2}+(\omega_p\tau+a)\right] \\ a&=\frac{\partial^2 y}{\partial \tau^2}=-y_0\omega_p^2\cos(\omega_p\tau+a)=y_0\omega_p^2\cos[\pi+(\omega_p\tau+a)] \end{aligned}\right\} \tag{5.6.7}$$

由上式可知，速度和加速度分别超前位移 $\frac{\pi}{2}$ 和 π 弧度，它们的模分别为 $|y_0\omega_p|$ 和 $|y_0\omega_p^2|$，故惯性力方向与位移方向相同。

由于叶片作自由振动，只有叶片自身的弹性力和质量的惯性在起作用，所以同一瞬时单位长度上的弹性力与惯性力$\left(q=-ma=-\rho A\frac{\partial^2 y}{\partial \tau^2}\right)$始终是平衡的。根据达朗伯原理：一个非自由质点系运动时，作用于该质点系的主动力系、约束反力系与质点系的惯性力系在形式上组成平衡力系。由于叶片作自由振动，主动力系为零，弹性力系是内力，内力不需要考虑，故只有约束力系和惯性力系。惯性力系以单位长度上的分布载荷 q 表示，如图5.6.9所示。因此可把振动叶片看成在惯性力系 q 作用下且受约束的静止梁。

应用材料力学中弹性线性方程和弯矩M、切力Q和分布载荷q的关系式，且注意到振动质点的惯性力是x、τ的函数，弯矩、切力也是x、τ的函数，$\frac{\partial Q}{\partial x}=q$，$\frac{\partial M}{\partial x}=Q$，则有

$$\left.\begin{aligned}&\frac{\partial^2 M}{\partial x^2}=\frac{\partial Q}{\partial x}=q=-\rho A_x\frac{\partial^2 y}{\partial \tau^2}\\&EI_x\frac{\partial^2 y}{\partial x^2}=M\end{aligned}\right\}\tag{5.6.8}$$

则

$$\frac{\partial^2}{\partial x^2}\left[EI_x\frac{\partial^2 y}{\partial x^2}\right]=\frac{\partial^2 M}{\partial x^2}=-\rho A_x\frac{\partial^2 y}{\partial \tau^2}$$

$$\frac{\partial^2}{\partial x^2}\left[EI_x\frac{\partial^2 y}{\partial x^2}\right]+\rho A_x\frac{\partial^2 y}{\partial \tau^2}=0\tag{5.6.9}$$

式中，E是材料的弹性模量；I_x是距叶根x处叶型截面的惯性矩；ρ是材料密度；A_x是距叶根x处叶型截面面积。

式（5.6.9）称为叶片弯曲振动的微分方程式。对变截面叶片，由于A_x、I_x沿叶高是变化的，欲从上式求解，在数学上有困难，故变截面叶片的自振频率在工程中改用能量法计算，但可用上式求解等截面叶片的自振频率和振型曲线。

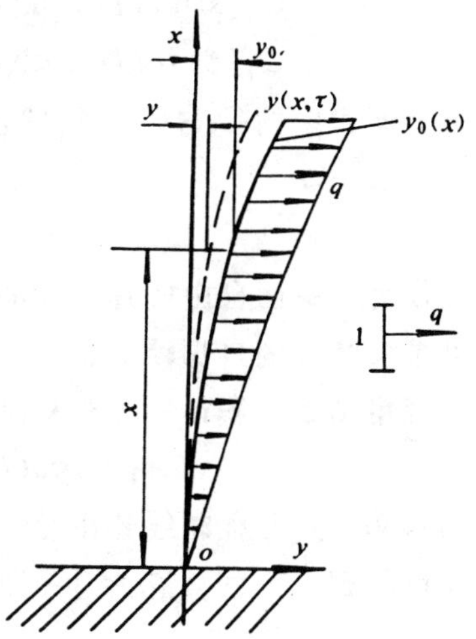

图 5.6.9 叶片自振时的挠度曲线

（二）等截面叶片的自振频率计算

等截面叶片A_x、I_x不随叶高变化，则式（5.6.9）可改写成

$$EI\frac{\partial^4 y}{\partial x^4}+\rho A\frac{\partial^2 y}{\partial \tau^2}=0\tag{5.6.10}$$

将式（5.6.6）分别对x与τ求偏导数后代入上式，得

$$\frac{\partial^4 y_0}{\partial x^4}-\frac{\rho A\omega_p^2}{EI}y_0=0\tag{5.6.11}$$

因y_0只是x的函数，与时间无关，故式（5.6.11）可写成导数形式。

令
$$k^4=\frac{\rho A}{EI}\omega_p^2\quad 或(kl)^4=\frac{\rho Al^4}{EI}\omega_p^2\tag{5.6.12}$$

则
$$\frac{\mathrm{d}^4 y_0}{\mathrm{d}x^4}-k^4 y_0=0\tag{5.6.13}$$

上式为一常系数线性微分方程式，其一般解为

$$\begin{aligned}y_0=&C_1\sin(kx)+C_2\cos(kx)+C_3\mathrm{sh}(kx)\\&+C_4\mathrm{ch}(kx)\end{aligned}\tag{5.6.14}$$

式中，C_1、C_2、C_3、C_4为积分常数，由边界条件确定。

对于自由叶片，根据基本假定，当$x=0$时，挠度和转角为零，即

当$x=0$时，$(y_0)_{x=0}=0$；$\left(\dfrac{dy_0}{dx}\right)_{x=0}=0$代入式（5.6.14）得

$$C_2+C_4=0\text{ 或 }C_2=-C_4 \tag{5.6.15}$$

$$C_1+C_3=0\text{ 或 }C_1=-C_3 \tag{5.6.16}$$

对于自由叶片，叶片顶端弯矩和切力都等于零，即

当$x=l$时，$(M_0)_{x=l}=0$，$\left(\dfrac{d^2y_0}{dx^2}\right)_{x=l}=0$；$(Q_0)_{x=l}=0$，$\left(\dfrac{d^3y_0}{dx^3}\right)_{x=l}=0$，

代入式（5.6.14）得

$$-C_1\sin(kl)-C_2\cos(kl)+C_3\text{sh}(kl)+C_4\text{ch}(kl)=0 \tag{5.6.17}$$

$$-C_1\cos(kl)+C_2\sin(kl)+C_3\text{ch}(kl)+C_4\text{sh}(kl)=0 \tag{5.6.18}$$

将式（5.6.15）与式（5.6.16）代入式（5.6.17）与式（5.6.18）得

$$\left.\begin{aligned}C_1[\sin(kl)+\text{sh}(kl)]&=-C_2[\cos(kl)+\text{ch}(kl)]\\C_1[\cos(kl)+\text{ch}(kl)]&=C_2[\sin(kl)-\text{sh}(kl)]\end{aligned}\right\} \tag{5.6.19}$$

消去上两式中的C_1与C_2，整理后得

$$\cos(kl)=-\frac{1}{\text{ch}(kl)} \tag{5.6.20}$$

上式称为等截面自由叶片振动的频率方程式。根据该式求得的kl值，代入式（5.6.12）中便可求出叶片的自振频率。

现用图解法解得一系列kl值。令频率方程为

$$y_1=\cos(kl)；\ y_2=-1/\text{ch}(kl)$$

分别将y_1、y_2方程曲线绘在图5.6.10中，两曲线交点的横坐标kl值即为频率方程式的解，由此可得到一系列kl值：

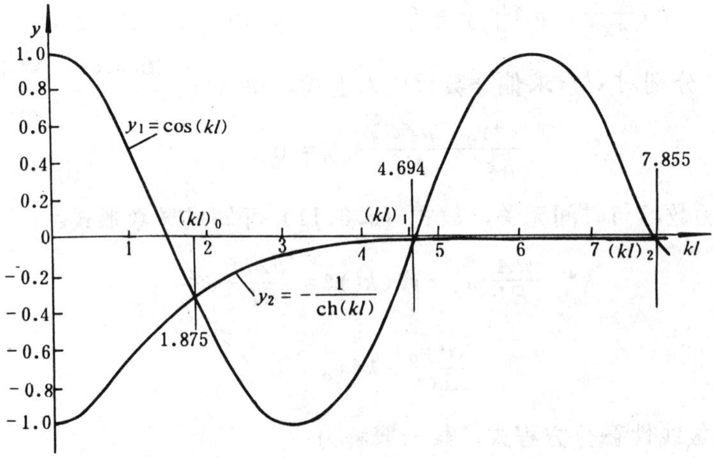

图 5.6.10　频率方程图解法

$(kl)_0$	$(kl)_1$	$(kl)_2$	$(kl)_3$	$(kl)_4$	$(kl)_5$	$(kl)_6$	…
1.875	4.694	7.855	10.996	14.137	17.279	20.421	…

将上述kl值代入式（5.6.12），得到相应的自振静频率：

$$\left.\begin{aligned}\omega_p&=(kl)^2\sqrt{\frac{EI}{\rho Al^4}}=(kl)^2\sqrt{\frac{EI}{ml^3}}\\ \text{或}\quad f&=\frac{\omega_p}{2\pi}=\frac{(kl)^2}{2\pi}\sqrt{\frac{EI}{\rho Al^4}}=\frac{(kl)^2}{2\pi}\sqrt{\frac{EI}{ml^3}}\end{aligned}\right\}\tag{5.6.21}$$

式中　$m=\rho Al$——参加振动的叶片质量。

与kl值相对应的振型曲线由式（5.6.14）确定。

现用$(kl)_0=1.875$代入式（5.6.21），得叶片A_0型振动的自振频率：

$$f_{A0}=\frac{(kl)_0^2}{2\pi}\sqrt{\frac{EI}{\rho Al^4}}=\frac{(1.875)^2}{2\pi}\sqrt{\frac{EI}{\rho Al^4}}\tag{5.6.22}$$

对结构尺寸相同的等截面自由叶片，其它振型（如A_1、$A_2\cdots$）的自振频率与A_0型自振频率之比值φ之间的关系为

$$\begin{aligned}\varphi_1:\varphi_2:\cdots:\varphi_n&=(kl)_1^2/(kl)_0^2:(kl)_2^2/(kl)_0^2:\cdots:(kl)_n^2/(kl)_0^2\\&=6.27:17.55:34.39:\cdots\end{aligned}$$

所以任一振型的自振频率都可用A_0型频率值来表示：

$$f_{An}=\varphi_n f_{A0}=\varphi_n\frac{(kl)_0^2}{2\pi}\sqrt{\frac{EI}{\rho Al^4}}=\varphi_n\frac{1.875^2}{2\pi}\sqrt{\frac{EI}{ml^3}}\tag{5.6.23}$$

由式（5.6.23）可知，影响自振频率理论计算值的因素仅是叶片材料（E、ρ）和结构尺寸（A、I、l）。减少叶片质量m或增加叶片抗弯刚度EI，都会使叶片频率增加；增加叶片高度，使叶片频率明显降低。

（三）对自振频率理论计算值的修正

上述叶片自振频率的理论计算式（5.6.23）是在基本假设条件下得到的，与实际工作叶片的自振频率有不可忽视的误差，故必须对上述计算值进行修正。

1.温度修正系数

叶片工作温度大都远高于室温，叶片材料的弹性模量E随工作温度升高而降低。若理论自振频率计算式中用工作温度下的E_t，则不必修正；若用常温下的E_0，则应进行温度修正。另外，实测叶片静频率都是在室温下进行的，实际工作温度较高时，也应进行温度修正。温度修正系数为

$$K_t=\sqrt{\frac{E_t}{E_0}}$$

应该指出：叶片材料不同，其弹性模量E随温度的变化也不同，图5.6.11所示，为常用叶片材料K_t与温度的关系曲线。

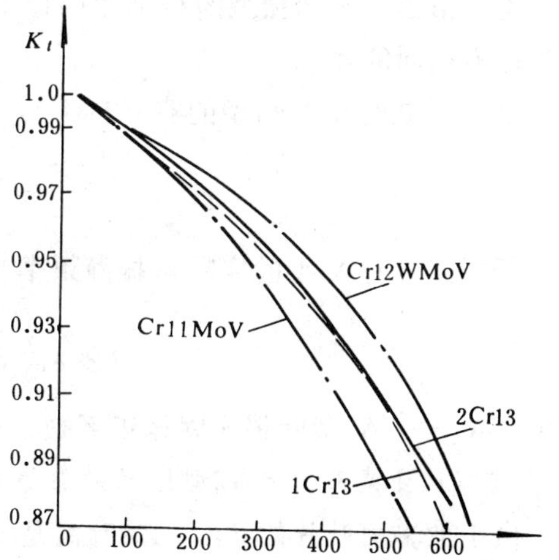

图 5.6.11　温度修正系数曲线

2.叶片根部牢固修正系数

理论自振频率计算式是在叶片根部刚性固定的假设条件下得到的。实际上，叶片根部安

装在弹性轮缘槽中，叶根也是弹性体，且叶根与轮缘之间总存在着间隙，故在离心力和激振力作用下，叶片根部截面的位移和转角不为零，即刚性减小，自振频率降低。因此要用叶片根部牢固修正系数K对理论计算的自振频率进行修正。A_0振型的K值与叶片的柔度$\lambda = l/i$和叶根形状的关系如图5.6.12所示。l为叶高；i为叶片惯性半径，$i=\sqrt{I/A}$，I是叶型截面的最小惯性矩，A为叶片截面面积。对变截面叶片，I和A可取平均截面上的值。

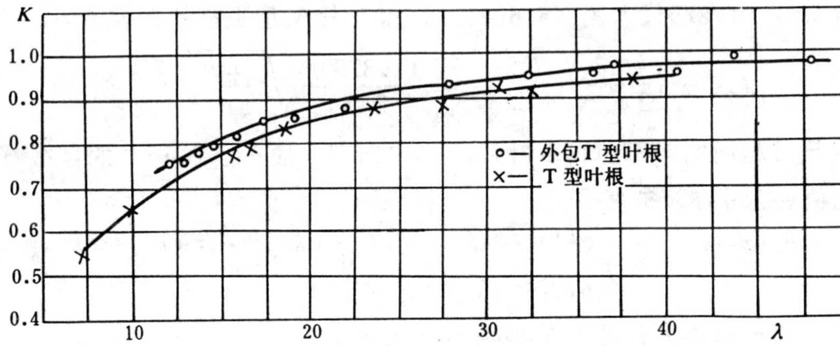

图 5.6.12 A_0型根部牢固修正系数

由于K值由试验确定，它不仅反映叶根连接刚性的影响，而且也反映了切力、扭转、阻尼等因素对自振频率的影响，故K也可理解为一个综合性修正系数。由图可知，当叶片较长、$\lambda \geqslant 40$时，根部固定对自振频率影响不大；当$\lambda \leqslant 20$时K值较小，说明短叶片根部固定对自振频率的影响较大。

还应指出，不同振型的根部牢固修正系数是不相同的。

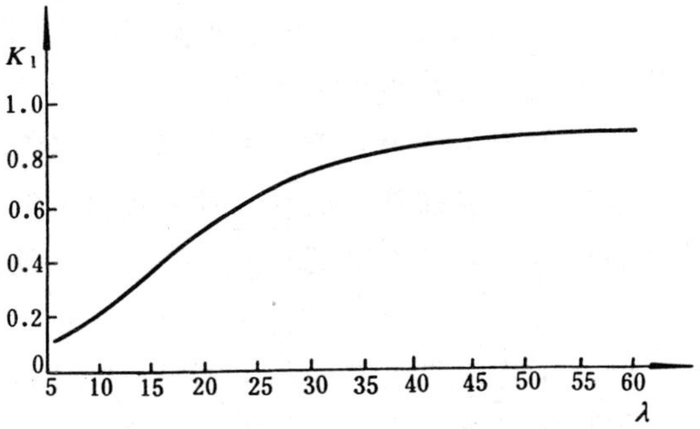

图 5.6.13 A_1型根部牢固修正系数

单个等截面叶片A_0型的实际自振静频率为

$$f'_{A_0} = K_t K \frac{0.56}{l^2}\sqrt{\frac{EI}{\rho A}} \tag{5.6.24}$$

单个等截面叶片A_1型的实际自振静频率为

$$f'_{A_1} = K_t K_1 \frac{3.51}{l^2}\sqrt{\frac{EI}{\rho A}} \tag{5.6.25}$$

式中 K_1——A_1型叶根牢固修正系数，由图5.6.13中查得。

（四）变截面叶片A_0型振动的自振频率计算

由于变截面叶片的A_x、I_x沿叶高是变化的，且它们与叶高的关系很难用一简单函数式表达，因此，根据式（5.6.9）用解析法求其自振频率是不可能的。在工程中常用能量法（又称瑞利法）近似计算单个变截面叶片A_0型的自振频率。

设一变截面叶片的根部被固定，当其受到激振力作用后，就在平衡位置周围作周期性运动，如图5.6.14所示。若不考虑阻尼对振动的影响，则振动将永远继续下去。当叶片运动到平衡位置时，叶片不发生弯曲变形，弹性位能$V=0$，而振动体的速度达到最大，即动能达到最大值T_{max}，这时振动体无法在平衡位置静止下来，向一侧继续运动，叶片开始发生弯曲变形，动能逐渐减少，而弹性位能随之增加。当叶片到达离平衡位置最远的极限位置时，振动体各质点的速度等于零，即动能$T=0$，而弹性位能达到最大值V_{max}，也就是说平衡位置的最大动能全部变成弹性位能。叶片在极限位置时，受到弹性恢复力作用，开始加速向平衡位置运动，如此往复。叶片运动到任一位置（如图5.6.14中虚线所示），既有动能T又有位能V时，根据能量守恒定律可得

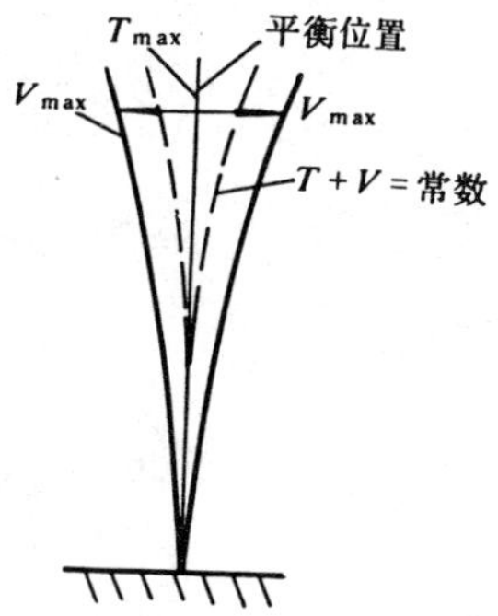

图 5.6.14　叶片振动时的能量转换

$$T_{max}=V_{max}=T+V \tag{5.6.26}$$

叶片振动为简谐运动时，振动体各质点的位移和速度见式（5.6.6）和式（5.6.7）。最大动能T_{max}只有在最大速度时得到。令式（5.6.7）第一式中的$\sin(\omega_p\tau+a)=1$，速度为最大，即$v_{max}=|-y_0\omega_p|$，则

$$T_{max}=\int_0^l\frac{1}{2}v_{max}^2\mathrm{d}m=\int_0^l\frac{1}{2}v_{max}^2\rho A_x\mathrm{d}x$$

$$=\frac{\rho}{2}\int_0^l(y_0\omega_p)^2A_x\mathrm{d}x \tag{5.6.27}$$

结构尺寸已定的叶片，圆频率为常数，则上式可改成：

$$T_{max}=\frac{\rho}{2}\omega_p^2\int_0^lA_xy_0^2\mathrm{d}x \tag{5.6.27a}$$

最大位能可按极限位置时的振型曲线求得。由材料力学可知，对于弯曲变形，最大弹性位能为

$$V_{max}=\int_0^l\frac{1}{2}M_{xmax}\mathrm{d}\theta_0 \tag{5.6.28}$$

式中　M_{xmax}——极限位置时x截面的弯矩，只是x的函数；

θ_0——极限位置时x截面处的转角。

又$\frac{M_{xmax}}{EI_x}=\frac{\mathrm{d}^2y_0}{\mathrm{d}x^2}=\frac{\mathrm{d}\theta_0}{\mathrm{d}x}$，故$\mathrm{d}\theta_0=\frac{M_{xmax}}{EI_x}\mathrm{d}x$，代入式（5.6.28）得

$$V_{max}=\frac{1}{2}\int_0^l\frac{M_{xmax}^2}{EI_x}\mathrm{d}x=\frac{1}{2}\int_0^l\frac{1}{EI_x}\left(EI_x\frac{\mathrm{d}^2y_0}{\mathrm{d}x^2}\right)^2\mathrm{d}x$$

$$=\frac{E}{2}\int_0^lI_x\left(\frac{\mathrm{d}^2y_0}{\mathrm{d}x^2}\right)^2\mathrm{d}x \tag{5.6.29}$$

将式（5.6.27a）和式（5.6.29）代入式（5.6.26）得

$$\omega_p=\sqrt{\frac{\int_0^l EI_x\left(\frac{d^2y_0}{dx^2}\right)^2dx}{\int_0^l \rho A_x y_0^2 dx}}$$

$$或 f_{A0}=\frac{\omega_p}{2\pi}=\frac{1}{2\pi}\sqrt{\frac{\int_0^l EI_x\left(\frac{d^2y_0}{dx^2}\right)^2dx}{\int_0^l \rho A_x y_0^2 dx}} \tag{5.6.30}$$

若上式中I_x、A_x、y_0与x的关系已知，就可用近似积分法求出变截面叶片的A_0型自振频率值。

用能量法计算变截面叶片A_0型自振频率时，叶片振型曲线y_0是不知道的，可先假定一条y_0曲线，写出这一曲线的函数式，代入式（5.6.30）得f_{A0}值，其精确程度取决于假定的y_0曲线形状与实际振型曲线的接近程度。采用不同的振型曲线计算，就有不同的频率值。实践证明，其中最低一个频率值与真实值最接近。可见，用能量法计算的自振频率是近似的。根据瑞利的计算表明，如果将y_0振型曲线用均布载荷q作用下的挠度曲线代之，算出的自振频率略高于真实值2％左右，说明振型曲线对自振频率值的影响不敏感。也正是这个原因，能量法被广泛用来计算变截面叶片的自振频率以及转子临界转速。但该法只能计算最低一阶A_0型振动的频率值。

应该指出：叶片自振频率只与叶片的结构尺寸和材料性能有关，而与激振力大小无关，亦即与振型曲线y_0的挠度大小无关。在式（5.6.30）中，y_0的曲线形状将影响计算结果，但y_0的挠度大小不影响计算结果，因为影响挠度大小的均布载荷q，最终正好从分子和分母中相互约去。

（五）叶片动频率

以上计算叶片自振频率的公式中，没有考虑叶轮旋转时叶片离心力的影响，所得的频率称为叶片的静频率。而实际工作中叶片随转子高速旋转，时刻受到离心力的作用。当旋转的叶片离开平衡位置时，离心力对叶片产生一个附加弯矩（参考图5.2.6)，其效果与弹性恢复力一样，阻止振动叶片的弯曲变形，也就是说，在相同激振力的作用下，旋转叶片的振幅比静止时小些，这意味着离心力的作用效果相当于增加叶片的抗弯刚度EI_x，使叶片振动频率升高。把考虑离心力影响后的叶片振动频率，称为叶片的动频率。

叶片的动频率也可用能量法计算。在叶片由平衡位置振动到极限位置时，除一部分动能转变为弹性位能外，另一部分动能用来克服离心力作功，这是因叶片振动弯曲后，与叶片直立时相比，各叶型截面均略移向旋转中心，移动方向与离心力方向相反。叶片由极限位置移到平衡位置时，弹性力和离心力都要使叶片加速，所以式（5.6.26）可改为

$$T_{max}=V'_{max}+W \tag{5.6.31}$$

式中，V'_{max}是考虑离心力后极限位置的最大位能；W是克服离心力所作的功。由于离心力与转速n的平方成正比，故W也与n^2成正比。经推导，可求出克服离心力所作的功W和V'_{max}，代入式（5.6.31），经整理后得到动频率计算式：

$$f_d=\sqrt{f^2+B_b n^2} \tag{5.6.32}$$

式中，f是叶片静频率；n是转子的转速；B_b是叶片的动频系数。由此可见，叶片的动频率高于其静频率。

动频系数B_b可以用解析式来表示，但先要假定振型曲线，所得值不够准确，故工程中常用经验公式计算。

对等截面叶片A_0型振动：

$$B_b=0.8\theta-0.85 \tag{5.6.33}$$

式中　$\theta=dm/l$——叶片的径高比。

对变截面叶片A_0型振动：

$$B_b=\frac{0.15x+0.049}{0.206x+0.051}\theta+\frac{0.091x+0.011}{0.206x+0.051}-\cos^2\beta \tag{5.6.34}$$

式中　x——叶片顶部和根部面积比，$x=A_t/A_0$；

　　β——与式（5.2.35）定义相同，$\beta=\frac{2}{3}\beta_r+\frac{1}{3}\beta_t$。

其它振型的B_b计算公式如下：

B_0型　　$B_b=2.14\theta+2.93-\sin^2\beta$　　(5.6.35)

A_1型　　$B_b=4.33\theta+6.48-\sin^2\beta$　　(5.6.36)

B_1型　　$B_b=9.20\theta+12.9-\sin^2\beta$　　(5.6.37)

A_2型　　$B_b=12.6\theta+18.1-\sin^2\beta$　　(5.6.38)

五、叶片组自振频率计算

多数级为了减小漏汽，动叶顶部加装了围带；某些级为了调整叶片振动频率，动叶中部穿了拉筋。叶片用围带或拉筋连接成组后，由于连接方式不同，叶片组的振型和振动频率也不相同。

（一）等截面叶片组B型振动自振频率计算

用围带连接成的等截面叶片组，其振动微分方程式和一般解与单个等截面叶片相同〔详见式（5.6.13）与式（5.6.14）〕，但叶片组顶端的边界条件与单个叶片不同，所以它们的频率方程和自振频率也各不相同。现只讨论B型振动的两种极端情况，以确定叶片组B_0型振动频率的范围。其它情况的频率值介于这两种极端情况之间，所以B_0型振动频率位于一个区间内。

1.顶端刚性固定

设叶片组顶端也是刚性固定的，与根部固定相同，则等截面叶片组根部和顶端的边界条件为

当$x=0$时　　$(y_0)_{x=0}=0$；$\left(\frac{dy_0}{dx}\right)_{x=0}=0$

当$x=l$时　　$(y_0)_{x=l}=0$；$\left(\frac{dy_0}{dx}\right)_{x=l}=0$

将上述边界条件分别代入式（5.6.14）中，得频率方程式：

$$\cos(kl)=\frac{1}{\mathrm{ch}(kl)} \tag{5.6.39}$$

用图解法（如图5.6.15，*a*）得频率方程式的一系列根为

$(kl)_0$	$(kl)_1$	$(kl)_2$	$(kl)_3$	$(kl)_4$	…
4.730	7.853	10.996	14.137	17.28	…

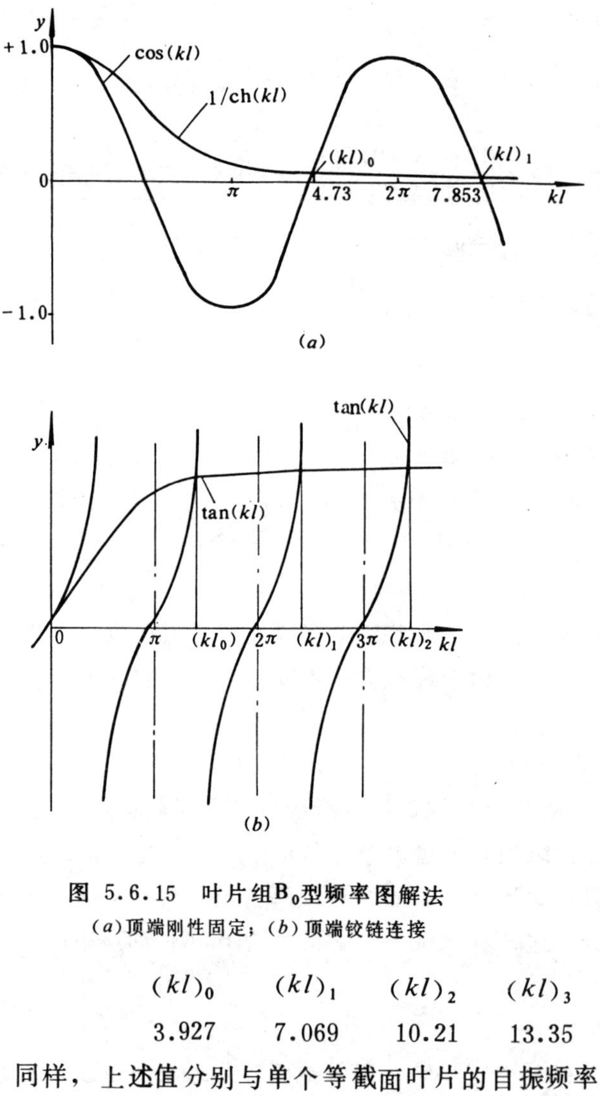

图 5.6.15 叶片组B_0型频率图解法
（*a*）顶端刚性固定；（*b*）顶端铰链连接

将上述kl值分别代入式(5.6.12)，可得一系列B型振动自振频率值，它们与单个等截面叶片A_0型振动的频率之比分别为 $\varphi_n=f_{Bn}/f_{A_0}=6.364$；17.542；34.393；56.848；84.935；…

2. 顶端铰链连接

围带与叶片连接不牢固时相当于铰链连接。这时，围带给叶片的反弯矩为零，即$M_s=0$，所以$\left(\frac{d^2y_0}{dx^2}\right)_{x=l}=0$。若根部仍为刚性固定，则叶片组的边界条件为

当$x=0$时 $(y_0)_{x=0}=0$；

$$\left(\frac{dy_0}{dx}\right)_{x=0}=0$$

当$x=l$时 $(y_0)_{x=l}=0$；

$$\left(\frac{d^2y_0}{dx^2}\right)_{x=l}=0$$

将上述边界条件代入式(5.6.14)中，得频率方程：

$$\tan(kl)=\mathrm{th}(kl) \tag{5.6.40}$$

用图解法（如图5.6.15，*b*）得频率方程的一系列根为

$(kl)_0$	$(kl)_1$	$(kl)_2$	$(kl)_3$	$(kl)_4$	…
3.927	7.069	10.21	13.35	16.49	…

同样，上述值分别与单个等截面叶片的自振频率之比为：

$$\varphi_n=f_{Bn}/f_{A_0}=4.387；14.214；29.652；50.694；77.346；\cdots$$

应该指出：实际上叶顶不可能用围带刚性固定，叶片组B_0型振动时围带总要弯曲，故围带连接叶片组的B_0型实际振动频率与单个叶片的f_{A_0}之比在4.387与4.88之间，如图5.6.17所示。

（二）等截面叶片组各种振动频率的计算

用围带连接而成的等截面叶片组振动时，叶片顶端可能往复振动，这时叶片顶端受围

带惯性力Q_s(集中力）和反弯矩M_s的作用，如图5.6.16所示。这样可把叶片组振动的频率计算简化为单个叶片的自振频率计算。设叶根仍为刚性固定，则根部和顶端的边界条件为

当$x=0$时　　$(y_0)_{x=0}=0$；$\left(\dfrac{dy_0}{dx}\right)_{x=0}=0$

$$\left.\begin{aligned}&\text{当}x=l\text{时}\quad\left(\frac{\partial^2 y}{\partial x^2}\right)_l=\frac{-M_s}{EI}=\frac{-\pi_s}{l}\left(\frac{\partial y}{\partial x}\right)_l\text{，即}\left(\frac{d^2y_0}{dx^2}\right)_l=-\frac{\pi_s}{l}\left(\frac{dy_0}{dx}\right)_l\\&\left(\frac{\partial^3 y}{\partial x^3}\right)_l=\frac{-Q_s}{EI}=\frac{m_s}{EI}\left(\frac{\partial^2 y}{\partial \tau^2}\right)_l\text{，即}\left(\frac{d^3y_0}{dx^3}\right)_l=-\frac{m_s}{EI}\omega_p^2(y_0)_l\end{aligned}\right\}\tag{5.6.41}$$

式中　m_s——一个节距围带的质量。

把上述边界条件代入式(5.6.14)中，得频率方程式：

$$\pi_s=\frac{a_s[\mathrm{ch}(kl)\sin(kl)-\mathrm{sh}(kl)\cos(kl)]-\dfrac{1}{kl}[1+\mathrm{ch}(kl)\cos(kl)]}{\dfrac{1}{kl}[\mathrm{ch}(kl)\sin(kl)+\mathrm{sh}(kl)\cos(kl)]-a_s[1-\mathrm{ch}(kl)\cos(kl)]}kl\tag{5.6.42}$$

式中　a_s——一个节距围带的质量m_s与一个叶片的质量m之比，即$a_s=m_s/m$；

π_s——叶片组反弯矩系数，由式（5.2.46）表示。

当叶片与围带的结构尺寸及连接方式确定后，π_s、a_s均为定值，由式（5.6.42）解得一系列kl值，代入式（5.6.12），得到对应的频率值。式（5.6.42）的解$(kl)_0$、$(kl)_1$、$(kl)_2$、$(kl)_3$、…依次对应A_0、B_0、A_1、B_1、…型振动的自振频率。

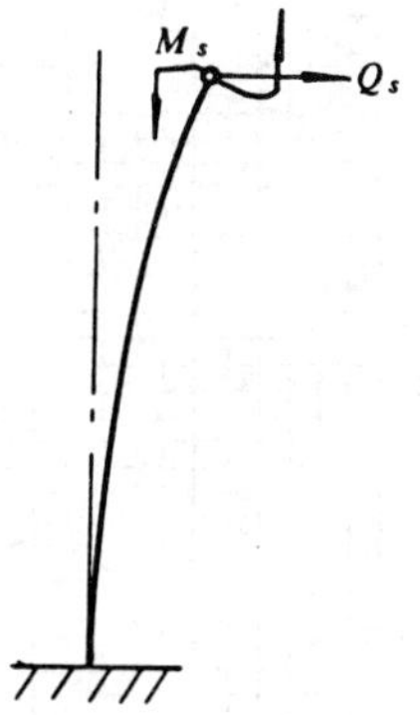

图 5.6.16　围带成组的叶片顶端边界条件

应当指出：频率方程式（5.6.42）实际上包含了频率方程式（5.6.20）、式（5.6.39）与式（5.6.40）等各种特殊情况。例如，自由叶片没有围带，故$m_s=0$，即$a_s=m_s/m=0$；$I_s=0$，即$\pi_s=0$；以$a_s=0$与$\pi_s=0$代入式(5.6.42)，得式(5.6.20)。对于叶顶刚性固定的B型振动，相当于$m_s\to\infty$，即$a_s\to\infty$或$\dfrac{1}{a_s}=0$；$E_sI_s\to\infty$，即$\pi_s\to\infty$或$\dfrac{1}{\pi_s}=0$；代入式（5.6.42），得式（5.6.39）。对于叶顶铰链连接的B型振动，相当于$a_s\to\infty$，即$\dfrac{1}{a_s}=0$；$\pi_s=0$；代入式(5.6.42)，得式(5.6.40)。也就是说，频率方程式（5.6.42)包括了等截面叶片组各种振型的解。实际上对于叶顶边界条件式(5.6.41)，只要设$\pi_s=0$，$m_s=0$；或$\pi_s\to\infty$，$m_s\to\infty$；或$\pi_s=0$，$m_s\to\infty$，就可由式（5.6.41)得到前三组顶部边界条件。例如，M_s与$\left(\dfrac{d^2y_0}{dx^2}\right)_l$总是有限值，当$\pi_s\to\infty$时，必然有$\left(\dfrac{dy_0}{dx}\right)_l=0$。

为了应用方便，将等截面叶片组A、B型各阶振动的频率值与结构尺寸相同的单个叶片A_0型振动频率之比统一写成

$$\varphi_n=\frac{f_n}{f_{A0}}=\frac{(kl)_n^2}{(1.875)^2}\text{或}\ (kl)_n=1.875\sqrt{\varphi_n}\tag{5.6.43}$$

并将A_0、B_0、A_1振型的φ_n与α_s、π_s的关系绘在图5.6.17中。

在实际计算中，只要求出单个等截面叶片A_0型振动的频率值及相应等截面叶片组的π_s、α_s值，就可利用图5.6.17曲线查得φ_n值，不同振型的等截面叶片组的自振频率则为

$$f_n = \varphi_n f_{A0} \tag{5.6.44}$$

从图5.6.17可知，对给定α_s值，φ_n随π_s（刚性）增加而增大，即意味着叶片组自振频率的升高是由于围带给叶片的反弯矩增大所致的；在一定的π_s下，随α_s增加，φ_n值反而减小，即在叶片质量一定时，增加一个节距的围带质量会使叶片组自振频率降低。可见围带连接的叶片组的自振频率取决于π_s和α_s的综合影响，叶片组A_0型振动的φ_n既可能大于1，也可能小于1。

（三）拉筋连接的叶片组自振频率的计算

用拉筋连接的等截面叶片组也可用式(5.6.13)求解自振频率，但应注意边界条件不同。由于拉筋装在叶片某一高度处，所以叶片顶端无约束，即顶端的弯矩和切力都为零；根部为刚性固定，即挠度和转角均为零；拉筋处叶片是连续的，拉筋上下两个截面处的挠度和转角应该相等，且在拉筋截面上受到拉筋给叶片的反弯矩和惯性力的作用。把这些边界条件代入式(5.6.14)得到频率方程式，从而求出一系列kl值，然后算出用拉筋连接的叶片组A_0、A_1、…振型的自振频率值。把这些频率值分别与单个等截面叶片A_0型的自振频率相比，得到一系列φ_w值，φ_w与π_w、α_w、l_1/l（拉筋相对高度）之间的关系如图5.6.18所示。π_w是拉筋连接叶片组的反弯矩系数；α_w是一个节距的拉筋质量与一个叶片的质量之比。

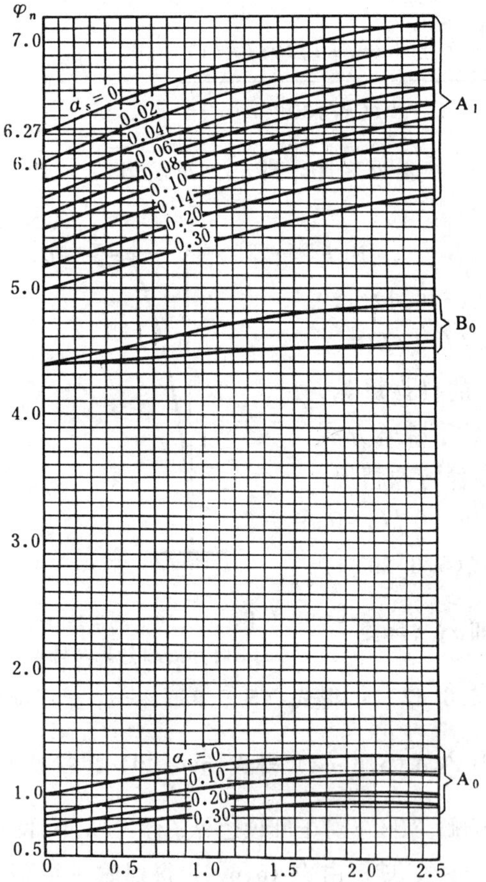

图 5.6.17 围带连接的叶片组A_0、B_0、A_1型振动的φ_n与π_s、α_s的关系

由于拉筋相对高度的位置l_1/l可以改变，故φ_w值除与π_w、α_w有关外，还随l_1/l改变而变化。图5.6.18(*a*)与(*b*)分别为拉筋连接的叶片组的A_0、A_1型振动的φ_w。由图可知，在相同的α_w值下，随π_w增加，φ_w增大；在相同的π_w值下，随α_s增加，φ_w减小。另外，改变拉筋位置可使叶片组频率发生较大变化。对A_0型振动，拉筋位置在$0.6l$附近时频率最高；对A_1型振动，拉筋位置在$0.8l$附近时频率最高。

（四）变截面叶片组的自振频率的计算

用围带或拉筋连接的变截面叶片组的自振频率计算与单个变截面叶片的频率计算相同，

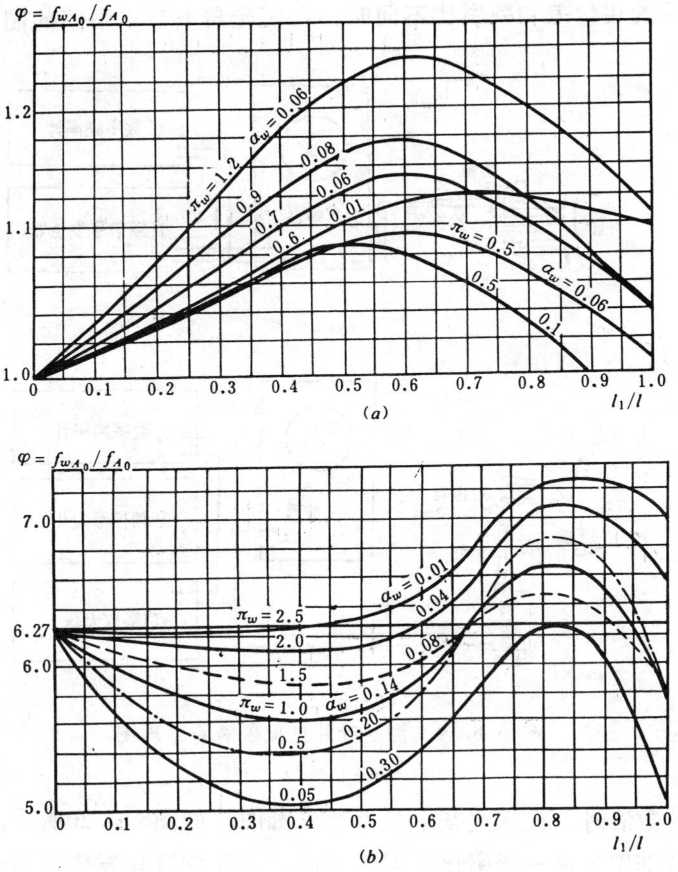

图 5.6.18 不同拉金位置下叶片组的自振频率

（a）A_0振型；（b）A_1振型

采用能量法。所不同的是计算最大动能和弹性变形位能时，应计及一个节距围带或拉筋的动能，以及围带或拉筋反弯矩对弹性变形位能的影响。计算时先假定振型曲线，再用数值积分法求近似频率值。

六、叶片频率的测定

叶片的自振频率还可用实验方法测定。对于新安装或大修后的汽轮机，都要对其叶片的自振频率进行测定，以便掌握运行后的各级叶片自振频率的变化情况。叶片频率的测定又分静频率和动频率测定两类。

（一）叶片静频率测定

叶片静频率的测定是指在汽轮机转子静止状态下测定叶片的自振频率值，常用自振法和共振法两种测定方法。

1. 自振法

自振法是一种简便、准确、迅速地测定叶片自振频率的方法，其测频的原理如图5.6.19（a)所示。用橡皮小锤轻击叶片，使被测叶片发生自由振动，用拾振器将叶片振动的机械量转换为与叶片振动频率相等的电信号，送至示波器y轴，或将电信号放大后输入y轴，同时将音频信号发生器输出的信号输至示波器x轴，两个输入信号在示波器内合成。x轴与y轴输入电信号的相位差和频率比不同时，在荧光屏上显示不同的图形。当x轴频率与

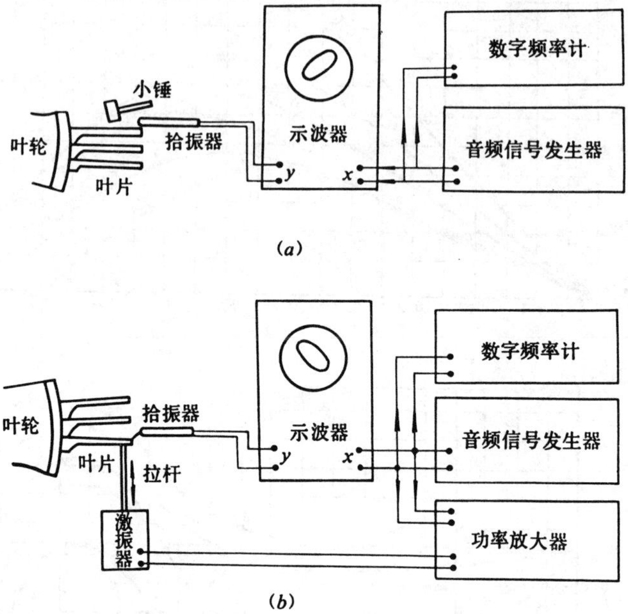

图 5.6.19 测定叶片自振频率的原理图

(a)自振法；(b)共振法

y轴频率之比为整数倍时，在荧光屏上显示李沙茹图，如图5.6.20所示。由音频信号发生器的频率值及李沙茹图可得知频率比。实测时应调节音频信号发生器的频率，使荧光屏上出现稳定的椭圆或圆，这时音频信号发生器的频率就是被测叶片的自振频率。

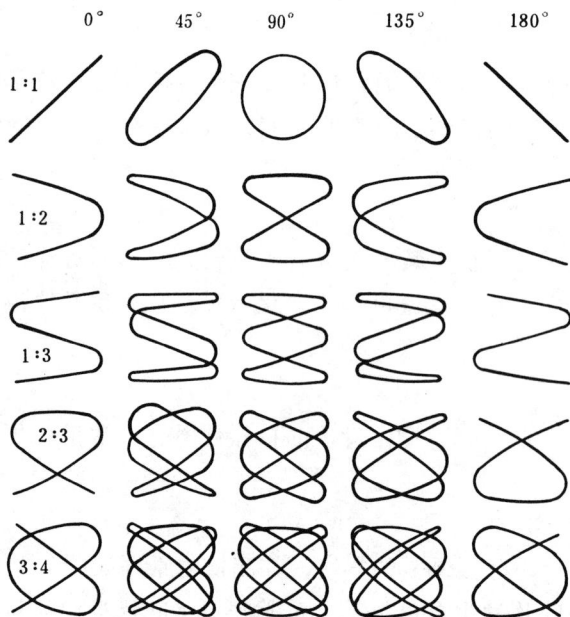

图 5.6.20 李沙茹图形

自振法只能测量A_0型振动的频率，常用来测量中长叶片的频率；对短叶片因频率高、振幅小且消失快，难以用自振法测定。

2. 共振法

共振法利用共振原理测得叶片各阶振动的静频率值，其测量原理如图5.6.19 (b)所示。由音频信号发生器产生的频率信号分别送至示波器、数字频率计及功率放大器，音频信号经功率放大后送至激振器，在激振器内音频信号转换为拉杆的机械振动。因拉杆与被测叶片固定在一起，所以被

测叶片随之发生强迫振动。当音频信号发生器输出的电信号频率与叶片某阶自振频率相等时，叶片发生共振，被测叶片振幅达最大值。拾振器将叶片振动的机械量信号转换为电信号，送至示波器 y 轴，根据李沙茹图及数字频率计读数，便可确定叶片的自振频率值。连续调节音频信号发生器输出的频率信号，依次使被测叶片共振，就可确定叶片各阶的自振频率值。

共振法亦可用压电晶体片作为激振器。将其贴在被测叶片根部，音频信号发生器输出的电信号经功率放大，通过压电晶体片使被测叶片发生强迫振动。

叶片的振型可用下述方法确定：将拾振器沿叶片高度作缓慢移动，测出叶片各处的振幅和相位的变化规律，即可判断对应叶片的振型。也可用撒沙子方法确定振型，如果沙子积集在叶片某处，该处便是不振动的节点。

应该指出，采用共振法时拉杆或压电晶体片的质量也参与了振动，对被测叶片的振动频率值有影响，使之略为偏低。

（二）叶片动频率的测定

用理论方法计算动频率时，由于动频率系数有误差，计算结果不够精确，故对新设计的和发生事故的叶片常需通过测试，确定其工作状态下的动频率。普遍采用无线电遥测方法测定动频率，其测量系统框图如图5.6.21所示，系统由发送和接收两部分组成。

发送部分通过贴在叶片上的应变片或晶体片感受叶片振动信号，此信号经过音频放大后输至射频压控振荡器进行频率调制，并以调频波向空间发射。

接收部分利用装在发射机附近的在汽缸内部的天线接收信号，此信号经高频电缆引出汽缸，至调频接收机被放大和解调还原为应变片频率信号，然后输入光线录波器和磁带录波仪。对测试数据进行分析，以确定叶片的动频率。

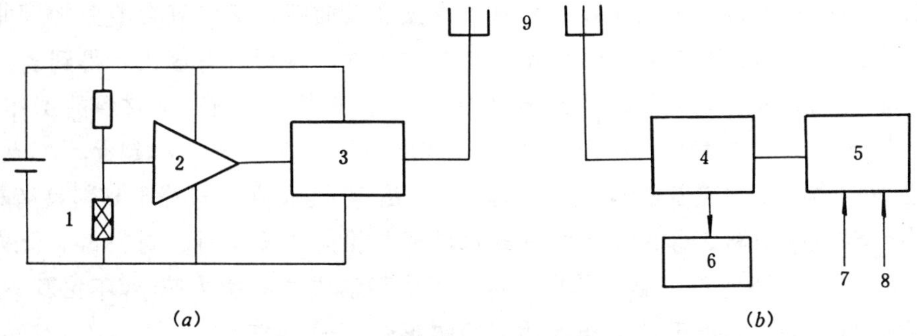

图 5.6.21　动频率测量系统框图

(a) 发送部分；(b) 接收部分

1—应变片；2—音频扩大器；3—射频压控振荡器；4—调频接收机；5—录波器；6—示波器；7—转速信号；8—标准频率信号；9—天线

七、叶片动强度的安全准则和调频

从50年代开始，我国对汽轮机叶片的安全评价一直沿用苏联1941年第三届叶片和叶轮会议通过的标准，简称旧标准。旧标准仅考虑叶片蒸汽弯曲应力小于许用应力及叶片临界转速避开工作转速某一范围，而没有考虑叶片材料承受动应力的能力和静应力大小的关系，且忽视叶片工作条件对动应力和材料耐振强度的影响，致使某些叶片即使符合旧标准，仍发生疲劳损坏，说明旧标准不够合理。

1977年我国着手制定汽轮机叶片振动安全准则，1980年完成了“汽轮机叶片振动强度安全准则”的制定工作，简称新准则。新准则是在系统地总结了我国20多年电站汽轮机制造和运行的实践经验，以及通过大量调查、统计分析，参照国外评价叶片的先进技术的基础上制定的。其主要特点是：①采用表征叶片抵抗疲劳破坏能力的安全倍率A_b这一新概念；②采用叶片材料在静动载荷联合作用下的耐振强度σ_a^*来衡量叶片的动强度，并考虑了实际叶片工作条件对耐振强度以及静应力（蒸汽弯曲应力）的影响。新标准比较充分地体现了静动应力联合承载的观点。

运行实践证明，叶片最危险的共振有三种：①切向A_0型振动的动频率与低频激振力频率kn合拍时的共振，称为第一种共振；②切向B_0型振动的动频率与高频激振力频率$z_n n$相等时的共振，称为第二种共振；③切向A_0型振动的动频率与$z_n n$相等时的共振，称第三种共振。上述几种振型又称为叶片振动的主振型。

理论与运行实际表明，对有些叶片允许其某个主振型频率与某类激振力频率合拍而处于共振状态下长期运行，不会导致叶片疲劳破坏，这个叶片对这一主振型，称为不调频叶片；对有些叶片要求其某个主振型频率避开某类激振力频率才能安全运行，这个叶片对这一主振型，称为调频叶片。对一具体叶片而言，它具有各种振型，对某一主振型为不调频叶片，对另一主振型可能是调频叶片。

（一）耐振强度

汽轮机叶片除了受到静应力作用外，还受到叶片振动时的动应力作用。评价叶片在静动应力复合作用下的安全性时，必须知道叶片材料在静动应力联合作用下的机械性能。用耐振强度σ_a^*表示叶片材料在静动应力复合作用下的动强度指标，它由材料试验确定。

图5.6.22所示为常用的三种叶片材料的耐振强度曲线，又称复合疲劳强度曲线，该曲线是根据类似材料的试验结果，结合我国材料的特性，进行适当修正后得到的。图中纵坐标为耐振强度σ_a^*，横坐标为静应力或称平均应力σ_m，曲线上的数字是材料的工作温度值。由图可知，耐振强度σ_a^*与静应力σ_m大小有关，在同一工作温度下，σ_m越大，σ_a^*越小，表示材料承受动应力的能力越差。当$\sigma_m=0$时，σ_a^*达到最大值，即等于材料疲劳极限σ_{-1}。当静应力σ_m达到该材料工作温度下的屈服极限或高温应力极限时，材料再无余力来承受动载荷，故$\sigma_a^*=0$。随着工作温度升高，材料承受静动应力的能力减小。不论哪一种情况下，叶片所承受的动应力σ_d小于该工作条件下的耐振强度σ_a^*才安全。

应该指出，上述复合疲劳曲线是在不同温度下对$\phi6$无缺口试件在空气中进行“弯-弯”试验得到的。所谓“弯-弯”试验是指试件先受一个静止纯弯曲应力σ_m，然后再在其上叠加一个交变弯曲应力，确定不同σ_m值下该材料能承受10^7次循环而不破坏的最大交变应力幅值σ_a^*，σ_a^*又称耐振强度。将同一温度下的试验点连接起来，得到一条复合疲劳曲线，在不同温度下作同样的试验，便可得到图中的一组复合疲劳曲线，按图查得的耐振强度，是“弯-弯”受力状态下的值。实际叶片受离心拉应力、蒸汽弯曲应力和振动交变弯曲应力联合作用，为“拉-弯”受力状态，与试验条件有差别。试验表明，弯曲载荷下高温屈服点的持久强度值要比拉伸载荷下的最小值高20%左右。为了将“弯-弯”试验结果应用到“拉-弯”

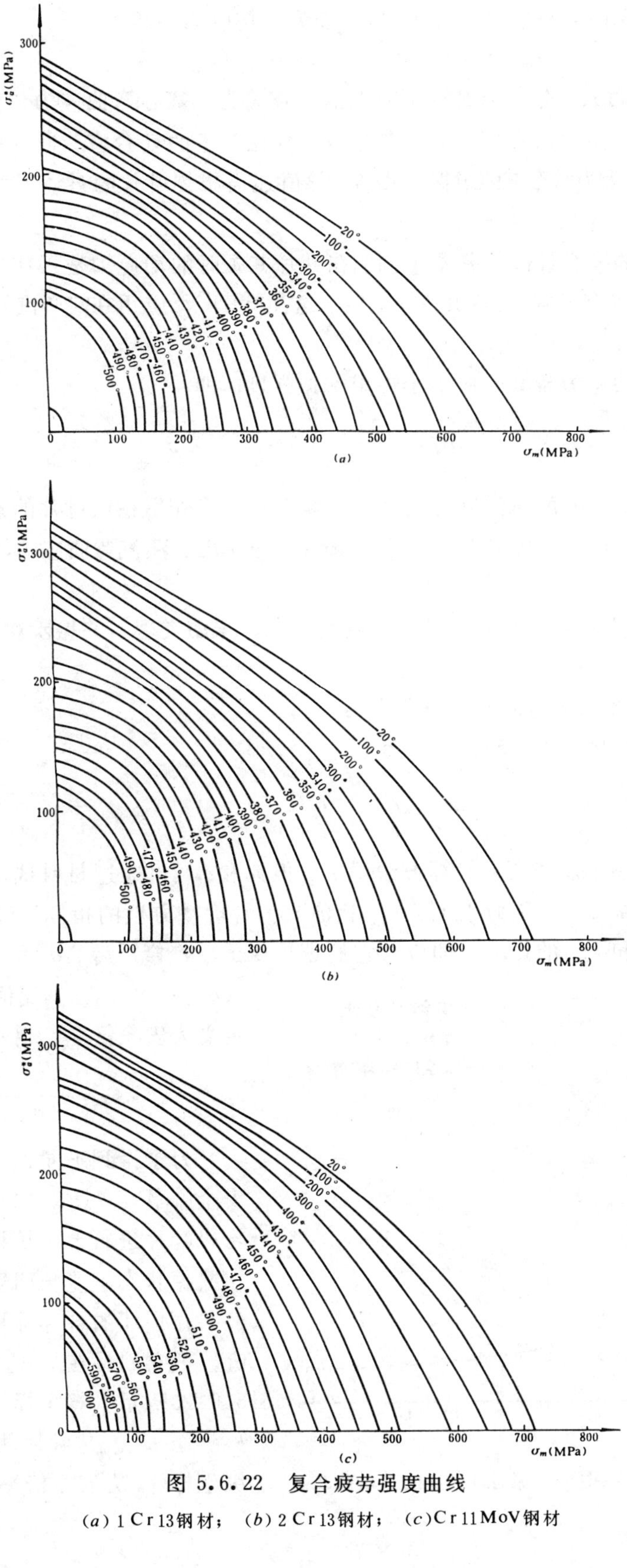

图 5.6.22　复合疲劳强度曲线

(a) 1Cr13钢材；（b) 2Cr13钢材；（c)Cr11MoV钢材

工况，将叶片计算截面上总的静应力乘以1.2作为平均应力，即

$$\sigma_m = 1.2\sigma_{s.t} = 1.2(\sigma_c + \sigma_{c.p} + \sigma_{s.b}) \tag{5.6.45}$$

式中，σ_c、$\sigma_{c.b}$、和$\sigma_{s.b}$分别为计算截面上的离心应力、离心弯曲应力和蒸汽弯曲应力。在横坐标上取σ_m值，通过该点作垂直线与相应工作温度下的复合疲劳曲线相交，交点的纵坐标即为“拉-弯”受力状态下的耐振强度σ_a^*。该值还需根据叶片的具体工作条件进行修正。

（二）不调频叶片的安全准则

对不调频叶片的安全评价，主要应判明在叶片共振时的动应力是否在许用耐振强度值以内,它对振动频率没有限制,允许共振下运行。这类叶片广泛应用在国产汽轮机高中压级中。

1.安全倍率A_b

不调频叶片的动应力幅值σ_d应小于许用耐振强度，即

$$\sigma_d \leqslant \frac{\sigma_a^*}{n_s} \tag{5.6.46}$$

式中，n_s是安全系数。一般认为叶片的激振力幅值正比于作用在该叶片的蒸汽弯曲应力，动应力是激振力引起的，因此叶片的动应力幅值σ_d也正比于蒸汽弯曲应力，即

$$\sigma_d = C_d \sigma_{s.b} \tag{5.6.47}$$

式中 C_d——动应力系数，与叶片结构、阻尼特性、振动类型、共振阶次及激振力水平等因素有关；

$\sigma_{s.b}$——叶片振动方向的蒸汽弯曲应力。

将式（5.6.47）代入式（5.6.46）得

$$\frac{\sigma_a^*}{\sigma_{s.b}} \geqslant C_d n_s \tag{5.6.48}$$

式中，$C_d n_s$值至今还不能用理论计算方法确定，但σ_a^*和$\sigma_{s.b}$可通过材料试验和式(5.2.13)～式（5.2.15）计算确定。因此用$\sigma_a^*/\sigma_{s.b}$比值作为评价动强度的指标是可行的，但必须考虑各种因素对σ_a^*和$\sigma_{s.b}$的影响，即应对它们进行修正，将修正后的σ_a^*和$\sigma_{s.b}$用(σ_a^*）和（$\sigma_{s.b}$）表示，其比值（σ_a^*)/($\sigma_{s.b}$）定义为安全倍率，用A_b表示，即

$$A_b = \frac{(\sigma_a^*)}{(\sigma_{s.b})} \tag{5.6.49}$$

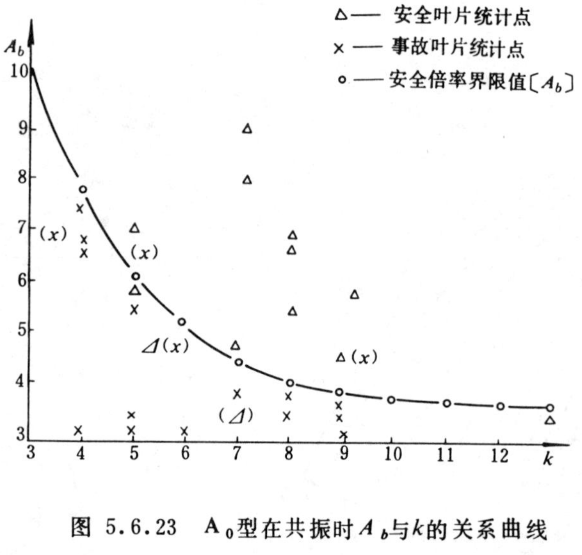

图 5.6.23 A_0型在共振时A_b与k的关系曲线

为了得到不同振动阶次下的许用安全倍率〔A_b〕，对国内已运行的汽轮机叶片进行大量统计计算，得到了在共振状态下能长期安全运行的和已经共振损坏的各种叶片的安全倍率A_b值，把它们标在k-A_b坐标系中，如图5.6.23所示。横坐标k是振动倍率，$k = f_d/n$，f_d是叶片动频率,n是转速；纵坐标A_b是安全倍率。发现在统计

的安全点和事故点之间，有一条较明显的分界线。位于该曲线以上的A_b值的叶片是安全的，位于该曲线以下的A_b值的叶片是危险的，曲线上的A_b值是叶片安全和危险的界限值，定义为安全倍率界限值，又称许用安全倍率，并用〔A_b〕表示。由此，可以得到一个判别不调频叶片的新的安全准则，其安全条件为

$$A_b=\frac{(\sigma_a^*)}{(\sigma_{s.b})}\geqslant[A_b] \tag{5.6.50}$$

应该指出，统计资料表明在不同k值下，叶片安全点和危险点之间存在着一个狭窄的区域。当振动倍率$k=5$、6、7、13时，曲线下面也有安全点，所以把曲线上A_b值定义为许用安全倍率，这对某些振动倍率的个别叶片是偏于保守的，也是偏于安全的。

2.σ_a^*与$\sigma_{s.b}$的修正

σ_a^*与$\sigma_{s.b}$用于具体叶片时应考虑各种因素的影响和修正。

（1）介质腐蚀修正系数k_1　当叶片由过热区过渡到湿蒸汽区时,原结在喷嘴和动叶上的盐垢将被水溶解,形成浓盐溶液,对叶片产生腐蚀。所以对交替在过热区和湿蒸汽区（称为过渡区）工作的叶片取$k_1=0.5$。过渡区的上限为动叶后的过热度$\Delta t_2\leqslant30$℃,下限为动叶前的干度$x\geqslant0.96$。叶片工作于湿蒸汽区时，盐溶液浓度较低，取$k_1=0.8$,过热区的叶片取$k_1=1$。

（2）叶片表面质量修正系数k_2　对一般抛光叶片不作修正，$k_2=1.0$;对表面镀铬叶片，因易产生龟裂，取$k_2=0.8$。

（3）应力集中修正系数k_3　根据叶型根部过渡圆角的大小而定，取$k_3=1.1\sim1.4$，一般$k_3=1.3$，拉筋孔处$k_3=2.0$。

（4）尺寸修正系数k_d　材料耐振强度σ_a^*按$\phi6$试件测得。当叶型的厚度大于该尺寸时，σ_a^*降低。k_d可按图5.6.24取定。

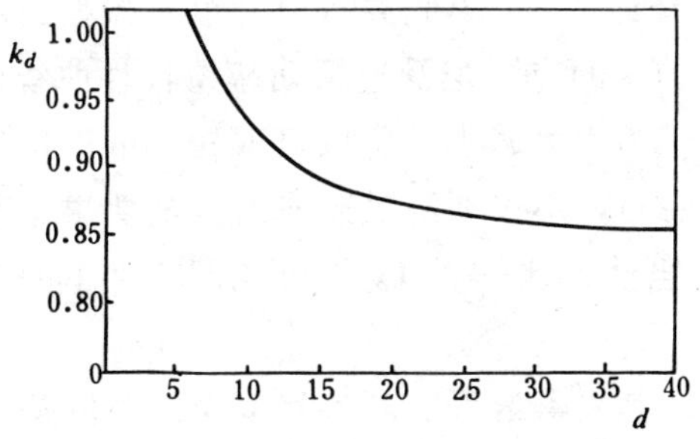

(a)

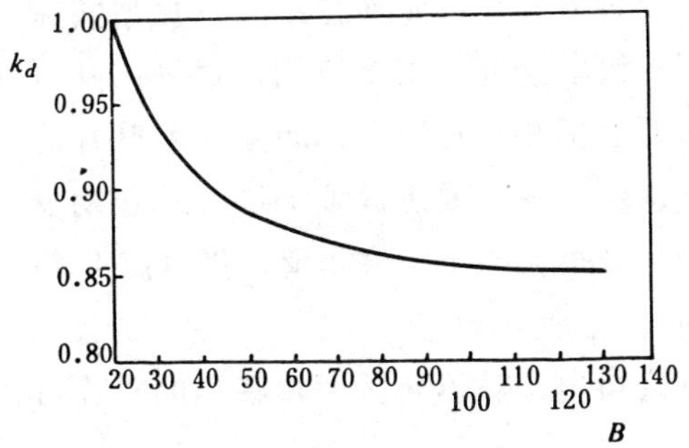

(b)

图 5.6.24　尺寸修正系数曲线

(a) k_d与叶型受弯截面厚度d的关系；(b) k_d与叶型轴向宽度B的关系

（5）通道修正系数k_4　因通流部分结垢，通道面积变小，从而使蒸汽弯曲应力略大于理论计算值。对过热区或过渡区，取$k_4=1.1$;对湿蒸汽区，取$k_4=1.0$。

（6）叶片成组影响系数k_μ　用围带或拉筋连接成组的叶片，其动应力比单个叶片小些，两者动应力之比称为成组系数，用μ表示。对于低频激振力，$\mu=\sin\left(z\frac{k\pi}{z_b}\right)/\left(z\sin\frac{k\pi}{z_b}\right)$，$z$和$z_b$分别为组内叶片数和全级叶片数，这时$k_\mu=\frac{1+\mu}{2}$；对于高频激振力，$\mu=\sin\left(z\frac{z_n\pi}{z_b}\right)/\left(z\sin\frac{z_n\pi}{z_b}\right)$，$z_n$为级的喷嘴数或当量喷嘴数。当$\mu<0.2$时，取$k_\mu=0.2$；当$\mu\geqslant0.2$时，取$k_\mu=\mu$；当组内叶片发生异相$B_0$型共振时，取$k_\mu=1.0$。

（7）流场不均匀修正系数k_5　考虑到级前后抽汽或进排汽引起流场不均匀对叶片弯曲应力的影响，对级前有进汽或抽汽，级后又有抽汽或排汽的级，取$k_5=1.1$；对级后有抽汽或排汽的级，取$k_5=1.0$；对级前有进汽或抽汽，级后有全周抽汽的级，取$k_5=0.9$；对级前后均无抽汽的中间级，取$k_5=0.8$；对于高频激振力与A_0型、B_0型振动共振的级，取$k_5=1.0$。

3. 不调频叶片的安全准则

经上述修正，不调频叶片的安全准则可改写成

$$A_b=\frac{(\sigma_a^*)}{(\sigma_{s.b})}=\frac{k_1k_2k_d\sigma_a^*}{k_3k_4k_5k_\mu\sigma_{s.b}}\geqslant[A_b] \tag{5.6.50a}$$

新准则对不同振型所推荐的许用安全倍率值如下：

对A_0型振动与kn共振的不调频叶片，〔A_b〕值见表5.6.1。当$k=2$（有时当$k=3$）时，不采用不调频叶片，而用调频叶片避开共振，以确保叶片安全运行。

对B_0型振动与z_nn共振的不调频叶片，取〔A_b〕= 10。

对A_0型振动与z_nn共振的不调频叶片，全周进汽级的〔A_b〕= 45，部分进汽级的〔A_b〕= 55。

（三）调频叶片的安全准则

由于调频叶片不允许在某一主振型共振下长期运行，因此要求叶片该主振型的动频率与激振力频率避开一安全范围，这样，从理论力学的有阻尼受迫振动幅频特性曲线可知，叶片振动的振幅迅速减小，即意味着叶片的动应力大为减小，所以可取较小的许用安全倍率值。也就是说，要想保证调频叶片长期安全运行，不仅要满足频率避开的要求，而且还要求安全倍率大于某一许用值，即$A_b\geqslant[A_b]$。当然，这一〔A_b〕值比相同条件下的不调频叶片的〔A_b〕值小许多。

应该指出，对不同振型和转速的工作叶片，其频率避开值和许用安全倍率值是不相同

表 5.6.1　不调频叶片A_0型振动的〔A_b〕值

k	2	3	4	5	6	7	8	9	10	11	12
〔A_b〕		10.0	7.8	6.2	5.0	4.4	4.1	4.0	3.9	3.8	3.7

的。下面介绍转速为3000r/min的电站汽轮机的几种主要振型的调频叶片安全准则。仍然对低频激振力频率用kn表示，对高频激振力频率用$z_n n$表示。

1.A_0型频率与kn的避开要求和安全倍率

首先介绍叶片的频率分散度。一个叶轮上各叶片或叶片组的制造尺寸、安装质量不可能绝对相同，因此各叶片或叶片组的振动频率必然有高有低，频率分散度Δf为

$$\Delta f=\frac{f_{max}-f_{min}}{(f_{max}+f_{min})/2}\times 100\% \qquad (5.6.51)$$

式中，f_{max}与f_{min}表示级中测得的叶片A_0型振动的最大与最小静频率。$\Delta f>8\%$，表示叶片装配质量不合格，应消除缺陷使$\Delta f<8\%$，才算装配合格，然后才能校核振动安全性。

还需说明，调频叶片的频率只能避开振动倍率$k=2\sim 6$的低频激振力频率。因动频率系数$B_b>1$，由式（5.6.32）可见，当$n=50$r/s时，$f_d>50$Hz，故$k\neq 1$。$k\geqslant 7$时，$f_d\geqslant 350$Hz，考虑到允许8%的频率分散度，Δf可达28Hz以上。因此，即使把叶片设计成$f_d=375$Hz，制造、安装好后，如只向上或只向下分散28Hz，仍可能有个别叶片的f_d是350Hz或400Hz等，无法避开与50r/s的整数倍共振。但运行时不允许任一叶片损坏，因此$k\geqslant 7$时，对于低频激振力（频率为kn）发生振动的叶片，只能制成不调频叶片。

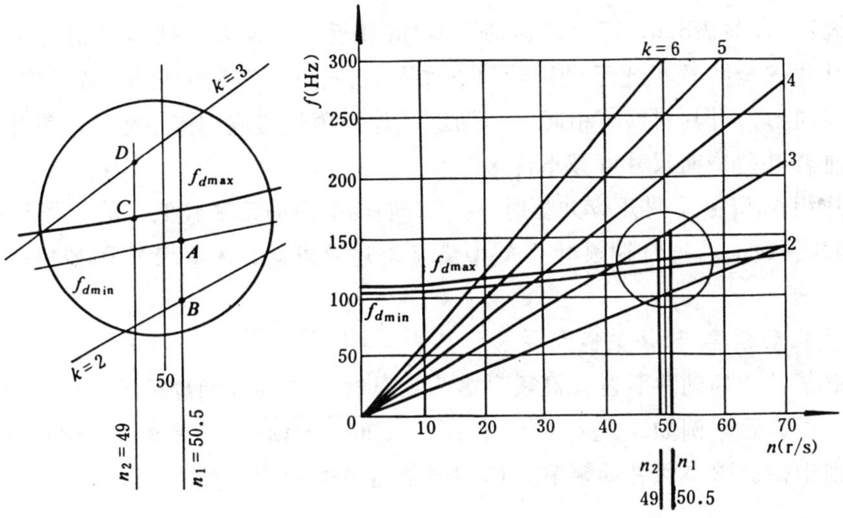

图 5.6.25 叶片频率特性图

图5.6.25是叶片的频率特性图。图中有倍率线5根（$k=2\sim 6$），倍率线上每点的频率数均是转速n的倍数，两根曲线是最大与最小动频率线，根据式（5.6.32）算得。两线上位于纵坐标上（$n=0$）的频率是最大和最小静频率。设工作转速下叶片动频率f_d介于kn与（$k-1$）n之间，图中所示例子是$k=3$，$k-1=2$，则动频率与激振力频率之间的避开要求应满足以下两式：

$$\left.\begin{aligned}f_{d1}-(k-1)n_1 \geqslant 7.5\text{Hz}\\ kn_2-f_{d2} \geqslant 7.5\text{Hz}\end{aligned}\right\} \tag{5.6.52}$$

式中　n_1, n_2——汽轮机转速变化的上下限值，$n_1=50.5\text{r/s}$，$n_2=49.0\text{r/s}$；

f_{d1}——$n_1=50.5\text{r/s}$时点A的最低动频率，Hz；

f_{d2}——$n_2=49.0\text{r/s}$时点C的最高动频率，Hz。

上式说明在n_1与n_2转速下，叶片动频率与激振力频率的频率差，即点A与点B之间和点C与点D之间的频率差必须大于等于7.5Hz，才满足避开要求。由理论力学的有阻尼受迫振动幅频特性曲线可知，当自振频率与激振力频率避开一定距离后，振幅放大倍数迅速减小，即振幅和振动应力都迅速减小，故安全倍率也可减小许多。

同时，该调频叶片的安全倍率〔按式（5.6.50a)算〕还应大于表5.6.2推荐的许用安全倍率值，只有这样才能保证调频叶片的安全性。

表 5.6.2　　调频叶片A_0型振动的〔A_b〕值

k		2～3	3～4	4～5	5～6
〔A_b〕	自由叶片	4.5	3.7	3.5	3.5
	成组叶片	3			

比较表5.6.2与表5.6.1可见，振动倍率k值相近，即两者动频率f_d相近（并非相等）时，调频叶片安全倍率A_b比不调频叶片小许多。由式（5.6.50a)可见，若工作条件相同（各修正系数相同），叶片材料σ_a^*相同，则调频叶片的蒸汽弯应力$\sigma_{s.b}$比不调频叶片的必然大许多，即前者叶型截面尺寸可减小许多。

当叶片组A_0型振动调开kn共振时，因切向A_0型振动频率较低，故一般其B_0型振动频率低于$z_n n$共振较远，这时调频叶片A_0型满足上述要求后，不必考核B_0型振动与$z_n n$共振时的动强度问题。

2. B_0型振动频率与$z_n n$的避开要求和安全倍率

当要求某叶片的动频率避开高频激振力频率时，该叶片的静频率已经很高，动频率与其静频率已很接近。例如，$f_d=\sqrt{f^2+B_b n^2}=\sqrt{2000^2+12\times 50^2}=2007(\text{Hz})$，可见$f_d\approx f$，所以新准则中用静频率代替动频率。$B_0$型频率避开率的要求如下：

$$\left.\begin{aligned}\Delta f_1=\frac{f_1-z_n n}{z_n n}\times 100\%>15\%\\ \Delta f_2=\frac{z_n n-f_2}{z_n n}\times 100\%>12\%\end{aligned}\right\} \tag{5.6.53}$$

叶片组B_0型振动的静频率中，最低的f_1值高于$z_n n$，考虑到运行一段时间后，大多数叶片频率要下降，故要求$\Delta f_1>15\%$；最高的f_2值低于$z_n n$，同理，只要求$\Delta f_2>12\%$。B_0型振动满足上述调频要求后，安全倍率按该叶片的A_0型与kn的不调频叶片确定，因为这种叶片组的A_0振型，对低频激振力而言，仍属共振的不调频叶片，其安全倍率不应低于表5.6.2的许用值〔A_b〕。

若叶片组B_0型振动的A_b值是小于10的较大值，如$A_b = 4 \sim 9$，则对B_0型振动的调频叶片频率避开率，推荐用下述经验公式计算：

$$\left.\begin{aligned}\Delta f_1 &= 18 - A_b \\ \Delta f_2 &= 15 - A_b\end{aligned}\right\} \tag{5.6.54}$$

对上式中的A_b进行计算时，取修正系数$k_5 = k_\mu = 1$。由上式可知，A_b较大说明动强度裕量较大，频率避开率可取得小些，这是根据振动理论综合考核的必然结果。

其它振型的安全准则尚需补充。应该指出，个别叶片也会出现安全倍率虽大于其许用值但仍被疲劳损坏的现象。

（四）叶片的调频

在运行实践中，可能遇到调频叶片的频率不能满足所需的避开率，这时应对该级叶片的振动频率进行调整。只有叶片频率分散度合格的级，才能进行调频。

一般说来，凡是能影响叶片频率的诸因素，都可作为调频手段。以下介绍电厂现场调频的几种方法：

（1）重新安装叶片、改善安装质量　叶片经过一段时间运行后，常出现叶根松动，频率下降或频率分散度$\Delta f > 8\%$的现象，这时要考虑研磨叶根间接合面，以增加接触面积及叶根与轮缘的紧力，改善安装质量。

（2）增加叶片与围带或拉筋的连接牢固度　重新打铆叶片与围带的铆钉，以及在围带或拉筋与叶片连接处加焊，增加紧固系数H_s或H_w，即增加它们对叶片的反弯矩，相当于增加抗弯刚度，使叶片组频率升高。

（3）加大拉筋直径或改用空心拉筋　加大拉筋直径及在连接处加焊，增加拉筋对叶片的反弯矩，或采用空心拉筋使振动体质量减小，提高频率。

（4）增加拉筋数目　若用一根拉筋连成的叶片组的频率不合格，可再设一根拉筋。若第一根拉筋在$0.6l$叶高处，则第二根可设在$0.8l$附近，能较明显地提高叶片组的频率。但拉筋会使叶道内的汽流发生扰动，级效率下降。试验表明，每条拉筋使级效率降低1%左右，所以应尽量不增设拉筋。

（5）改变成组叶片数目　试验表明，当组内叶片数在4～12以内时，增加组内叶片数会使叶片组频率提高。组内叶片数超过12片时，再增加组内叶片数对频率的影响甚小。

（6）增设拉筋或围带　对于单个叶片，为提高其频率，可增设拉筋或围带。

（7）叶顶钻孔　对具有整体围带的等截面叶片，为提高叶片频率，可采用叶顶钻孔的方法，即减小叶片质量。

（8）采用长弧围带　叶片组长度等于激振力谐波的一个或多个周期长度时，称其为长弧叶片组，其围带称为长弧围带。当围带长度等于一个激振力谐波长度时，称其为谐波围带。长弧围带可使成组系数$\mu = 0$，即$\sin\left(z\dfrac{k\pi}{z_b}\right) = 0$，故$z\dfrac{k\pi}{z_b} = \pi$，$k = \dfrac{z_b}{z}$。若某叶片$k = 6$时安全倍率不符合要求，则将全级叶片分成6组$\left(\dfrac{z_b}{z} = 6\right)$，围带长度取$zt$，这时成组影响系数$k_\mu$明显减小，安全倍率增大，叶片动强度提高。

第七节 叶 轮 振 动

叶轮的动强度主要分析叶轮振动时叶轮临界转速和叶轮共振转速，以及讨论它们与工作转速避开的要求。

一、叶轮的振型

正如本章第六节所指出的，作用在叶片上的气动载荷是不均匀的，因而导致轴向力的变化，引起叶轮弯曲振动。叶轮振动时总是带动叶片一起振动，实际上是叶轮、叶片弹性系统的振动，称为轮系振动。习惯上把轮系振动仍称为叶轮振动。叶轮振动也可能由主轴振动引起。

叶轮振动计算可根据圆板振动理论进行，这个问题是相当复杂的。因此下面只介绍叶轮振动的基本概念。

不转动叶轮的振型大致可归纳为四类：

（1）无节径和节圆的振动　叶轮振动时，整个轮面沿轴向作同方向振动，因此，轮面上既无不振动的节径，也无不振动的节圆，如图5.7.1(a) 所示。

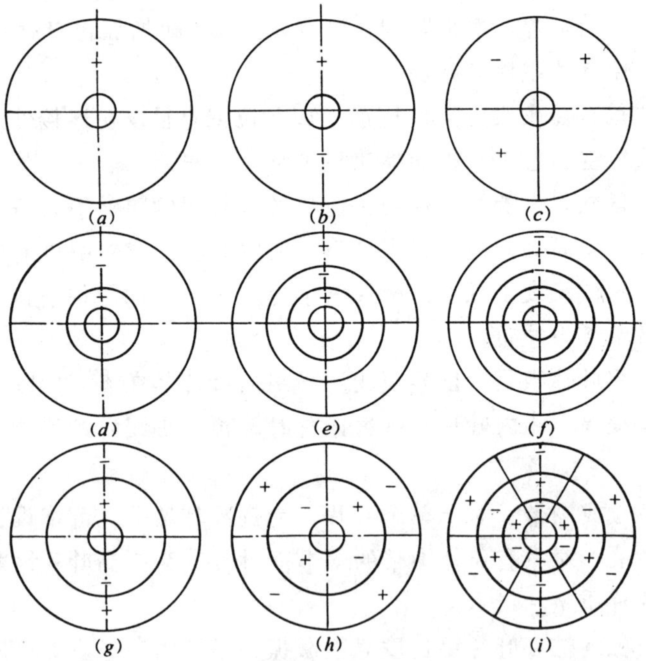

图 5.7.1　不转动叶轮的振型

（2）有节径的振动　叶轮振动时，在轮面上出现不振动的节径，节径两侧轮面上各点在轴向的位移是相反的（用正负号表示），图5.7.1(b) 与图5.7.1 (c)分别表示一条和两条节径的振动，节径越多，振动频率越高。

（3）有节圆的振动　叶轮振动时，轮面上出现不振动的节圆，节圆两侧各点的轴向位移相反，如图5.7.1(*d*)、(*e*)、(*f*)所示。节圆越多，振动频率也越高。

（4）有节径和节圆的振动　叶轮振动时，在轮面上既有节径，又有节圆,如图（*g*)、(*h*)、(*i*) 所示。

上述有节径的振动统称为扇型振动，而有节圆的振动称为伞型振动。振动频率最低的是无节径和节圆的振动，其次是只有一条节径的振动。

汽轮机运行实践表明扇型振动是最危险的振动。

二、不旋转叶轮的扇型振动

现在分析具有i条节径的不旋转叶轮的扇型振动，如图5.7.2所示。图（*a*)中示出三条节径，在极坐标（φ、r）系中，轮面上各点振动的挠度方程如下：

$$y = R\sin(i\varphi)\cos(\omega_p\tau) \tag{5.7.1}$$

式中　R——根据半径确定的叶轮振型函数；

φ——由某条节径算起的角度；

ω_p——叶轮自由振动的圆频率；

τ——时间。

给定时间τ后，位于半径r圆上的点的挠度可用正弦规律表示，将图5.7.2(*a*)中节径数$i=3$的振动沿圆周向展开为$ABCDEFA$，如图5.7.2(*b*) 所示。若振动有i条节径（图中$i=3$），则圆周展开后有i个（图中为三个）完整的正弦波。

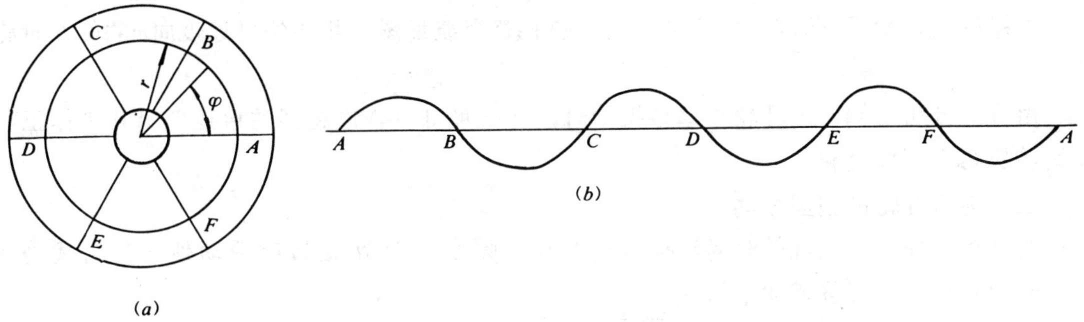

图 5.7.2　具有三条节径的叶轮振动

(*a*) 示意图；(*b*) 圆周向展开图

现把式（5.7.1）改写成如下形式：

$$y = \frac{R}{2}\sin i\left(\varphi - \frac{\omega_p}{i}\tau\right) + \frac{R}{2}\sin i\left(\varphi + \frac{\omega_p}{i}\tau\right) = y_1 + y_2 \tag{5.7.2}$$

式中

$$\left.\begin{aligned} y_1 &= \frac{R}{2}\sin i\left(\varphi - \frac{\omega_p}{i}\tau\right) \\ y_2 &= \frac{R}{2}\sin i\left(\varphi + \frac{\omega_p}{i}\tau\right) \end{aligned}\right\} \tag{5.7.3}$$

可见，叶轮振动的挠度可用y_1与y_2两个值之和来表示。

式（5.7.3）第一式确定了在τ时坐标（y、φ)点的y_1值,时间为$\tau+\tau_1$时，$\left(y, \varphi + \frac{\omega_p\tau_1}{i}\right)$

坐标点的y_1值为：

$$y_1\left(\gamma,\varphi+\frac{\omega_p\tau_1}{i},\ \tau+\tau_1\right)=\frac{R}{2}\sin i\left[\left(\varphi+\frac{\omega_p\tau_1}{i}\right)-\left(\frac{\omega_p\tau}{i}+\frac{\omega_p\tau_1}{i}\right)\right]$$

$$=\frac{R}{2}\sin i\left(\varphi-\frac{\omega_p}{i}\tau\right)=y_1(\gamma,\varphi,\tau)$$

可见，当时间为$\tau+\tau_1$时，在时间τ与坐标（γ、φ）点的挠度y_1将发生在坐标$\left(\gamma、\varphi+\frac{p}{i}\tau_1\right)$点处，即经时间$\tau_1$后，挠度$y_1$好像沿半径为$\gamma$的圆周，经过$\gamma\frac{p}{i}\tau_1$的路程。

因此，式（5.7.3）第一式反映整个波形图从角速度$\omega_1=\frac{\omega_p}{i}$顺着$\varphi$ 正方向旋转，这种运动称为行波。在行波中，节径也以角速度$\omega_1=\frac{\omega_p}{i}$旋转，节径的转速为

$$n'=\frac{\omega_1}{2\pi}=\frac{\omega_p}{2\pi i}=\frac{f_0}{i}$$

式中 f_0——不旋转叶轮的自振频率。

由式（5.7.3）第一式可知，行波的振幅为叶轮振幅的一半。

同样可以证明式（5.7.3）的第二式反映y_2整个波形图以相同的角速度向φ的负方向旋转。

由以上分析可知，当叶轮作扇型振动时，其挠度可看作以相同的角速度沿叶轮作正负向旋转的两个行波之和。

三、旋转叶轮的扇型振动

与叶片一样，叶轮旋转时的动频率大于其静频率。计算旋转叶轮动频率的公式与式（5.6.32）相仿，可写成如下形式：

$$f_d=\sqrt{f_0^2+B_dn^2} \tag{5.7.4}$$

式中 f_0——静止叶轮的自振频率；

B_d——叶轮动频系数，与叶轮的形状、尺寸及节径数有关；

n——叶轮每秒转速。

计算和实验表明叶轮的动频系数B_d始终大于1，旋转叶轮振动的挠度特征与静止叶轮振动完全一样。因此，旋转叶轮的振动也可用相对于叶轮以相同的角速度$\omega_1=\frac{\omega_p}{i}$（转速$n_1=\frac{f_d}{i}$）沿叶轮作正负方向旋转的两个行波的叠加来分析。

顺叶轮旋转方向移动的行波称为前行波；反之称为后行波。若叶轮以每秒转速n旋转，则前后行波的转速分别为

$$n_{F1}=\frac{f_d}{i}+n$$

$$n_{B2}=\frac{f_d}{i}-n$$

若$n_{B2}<0$意味着后行波转速小于叶轮转速，叶轮带着该波前行。前后行波的频率分别为

$$\left.\begin{aligned}f_{F1}&=i\,n_{F1}=f_d+i\,n\\f_{B2}&=i\,n_{B2}=f_d-i\,n\end{aligned}\right\}\tag{5.7.5}$$

后行波频率等于零意味着后行波不动，称为静止波。激起和维持静止波，只要有10～15N的静力作用在叶轮上即可，因此静止波较易激发和维持，是一种危险的振动波。发生静止波时的转速称为叶轮临界转速，以$n_{w.c}$表示。由式（5.7.5）第二式，令$f_{B2}=0$，得

$$n_{w.c}=\frac{f_d}{i}\tag{5.7.6}$$

把式（5.7.4）代入上式，并将n用叶轮临界转速表示，得

$$n_{w.c}=\frac{\sqrt{f_0^2+B_d n_{w.c}^2}}{i}\quad 或 n_{w.c}=\frac{f_0}{\sqrt{i^2-B_d}}\tag{5.7.7}$$

因叶轮动频系数$B_d>1$，故由式（5.7.7）可见，一个节径（$i=1$）的静止波不可能发生。对于不同节径数的叶轮，其工作转速避开叶轮临界转速的范围，推荐参考表5.7.1。

表 5.7.1　工作转速避开叶轮临界转速的范围

i	$\frac{n-n_{w.c}}{n}\times 100\%$
2	15
3～4	10
5～6	5～7

由本章第六节可知，叶片或叶轮的低频激振力频率与每秒转速成正比，即$f_{ex}=kn$。激振力频率与前行波频率相等时的转速称为上共振转速，以n_{wr1}表示；激振力频率与后行波频率相等时的转速称为下共振转速，以n_{wr2}表示。因此，根据式（5.7.5）第一式，令$f_{F1}=kn_{wr1}$，$n=n_{wr1}$；根据第二式，令$f_{B2}=kn_{wr2}$，$n=n_{wr2}$，则分别得到上下共振转速为

$$n_{wr1}=\frac{f_d}{k-i}\qquad n_{wr2}=\frac{f_d}{k+i}\tag{5.7.8}$$

很明显，叶轮临界转速式（5.7.6）也可从下共振转速式（令$k=0$）得到，即$n_{w\cdot c}=f_d/i$。

把叶轮的动频率式（5.7.4）代入式（5.7.8），并令$n=n_{wr1}$或$n=n_{wr2}$，分别得到：

$$n_{wr1}=\frac{\sqrt{f_0^2+B_d n_{wr1}^2}}{k-i}\ ;\ n_{wr2}=\frac{\sqrt{f_0^2+B_d n_{wr2}}}{k+i}$$

由此得上下共振转速为

$$\left.\begin{aligned}n_{wr1}&=\frac{f_0}{\sqrt{(k-i)^2-B_d}}\\n_{wr2}&=\frac{f_0}{\sqrt{(k+i)^2-B_d}}\end{aligned}\right\}\tag{5.7.9}$$

实践表明，激振力频率中$k=1$的共振转速是最危险的共振转速。当k为其他值时，要

求共振转速避开工作转速的范围与表5.7.1的推荐值一样。

对叶轮共振的检查也可利用频率图进行，如图5.7.3所示。利用式(5.7.4)和式(5.7.5)作出叶轮节径$i=2$，3，4，5的动频率和前后行波频率与n的关系曲线（图中f_d、f_{F1}和f_{B2}），然后由坐标原点o开始作不同倍率（$k=1$，2，3，4，5）的激振力频率与转速的倍率线。这些前后行波的频率曲线与倍率线相交点的横坐标值，即为上下共振转速；后行波的频率曲线与横坐标轴的交点为叶轮临界转速。计算和试验表明，叶轮的工作转速与共振转速或叶轮临界转速相等是危险的。若工作转速与临界转速或共振转速避开的范围不符合表5.7.1的要求，就要对叶轮自振频率进行调整，即要改变叶轮的自振频率。常用改变叶轮轮面型线的方法进行调频。试验证明，在轮缘附近改变叶轮宽度，对多节径叶轮振动的频率影响最大；在叶轮内径处改变叶轮宽度，对少节径叶轮振动频率的影响最大。

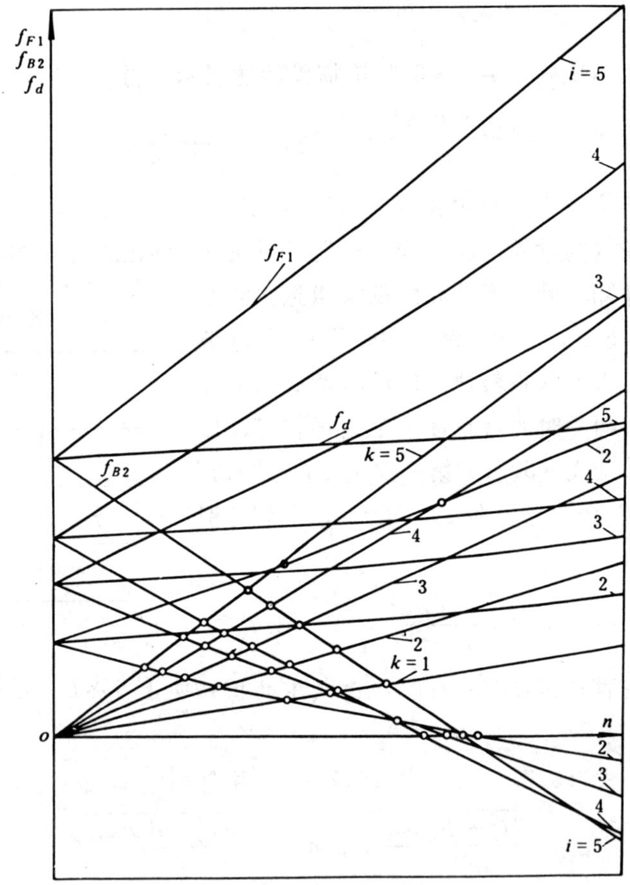

图 5.7.3 叶轮频率图

第八节 汽轮发电机组的振动

汽轮发电机转子是一个结构非常复杂的弹性系统，它由汽轮机转子、发电机转子和励磁机转子组成。它除受静载荷作用外，还受到转子质量不平衡引起的振动、轴承油膜失稳产生的油膜振荡以及电网扰动引起发电机气隙扭矩变化而产生的轴系扭振等作用。前者属弯扭联合作用下的静强度问题；后者属转子动力学问题。本节只讨论汽轮机转子质量不平衡引起的振动以及轴系的扭振问题。

汽轮机转子是在振动状态下工作的，其振动值的大小会直接影响汽轮机的安全运行。汽轮机转子振动超过某一限值时，轻者噪音增大，影响转子及其零部件的使用寿命；重者动静部分发生摩擦，损坏零部件，甚至造成整台机组毁坏事故。

一、汽轮机转子的横向振动

由于汽轮机转子的结构非常复杂，在此不可能对实际汽轮机转子进行振动分析。为了掌握转子振动的基本特性，现以单个轮盘转子为例，阐明转子振动中的一些共同特征。

（一）转子临界转速概念

如图5.8.1所示汽轮机转子的转速升高到n_{c1}时，转子会发生强烈振动，轴承座的振幅明显增加，转速高于n_{c1}后，振幅减小，转速继续升高至n_{c2}时，振幅又增加，转速高于n_{c2}后，振幅又减小，在工程中，把出现振幅峰值的转速称为转子临界转速，依次称为第一、二、…临界转速，并用n_{c1}、n_{c2}、…表示。近代的汽轮机转子升速至工作转速的过程中需通过2～3阶转子临界转速。

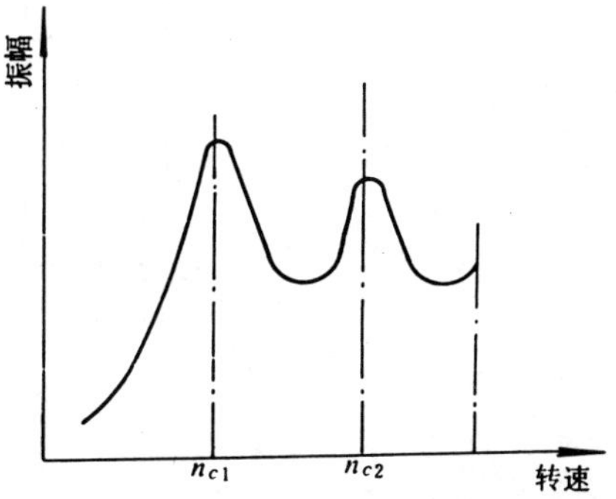

图 5.8.1 存在一、二阶不平衡分量时的振幅与转速的关系曲线

以汽轮机转子工作转速n_0高于还是低于第一临界转速分类，把转子分成挠性转子和刚性转子两大类。$n_0>n_{c1}$的转子称为挠性转子；$n_0<n_{c1}$的转子称为刚性转子。

若挠性转子的工作转速介于n_{c1}与n_{c2}之间，则临界转速应满足下列安全要求：

$$1.4n_{c1}\leqslant n_0\leqslant 0.7n_{c2}$$

对刚性转子、第一临界转速一般应为

$$n_{c1}=(1.25\sim1.8)n_0$$

（二）单个轮盘转子的自由振动

汽轮机转子振动可能是横向（垂直转子轴线方向）、轴向或扭转振动，也可能是以上几种情况的组合。一般情况下，转子振动以横向为主。由于转子质量不平衡离心力常常是横向的，且转子横向抗弯刚度较小，因此，转子容易发生横向弯曲振动。

为了讨论方便，现以单个轮盘转子为例，且不考虑转子自重对挠度的影响，将转子竖直放置，见图5.8.2。设主轴直径为d，跨度为l，轮盘位于中间，整个转子的质量为m，集中在轮盘中心s上，转子轴线与两轴承连线o_1-o_2相重合。当转子静止时，点s与轴承连线o_1-o_2的中点o相重合，取点o为坐标原点的直角坐标系xoz，x轴沿轮盘径向，z轴与转子轴线一致。

设转子在x轴方向受到激振力的扰动，轮盘中心s偏离点o的初位移为x_0（见图5.8.2,b）。若将激振力去掉，则转子在弹性恢复力和惯性力作用下开始作横向振动。若不考虑阻尼对振动的影响，则点s在平衡位置点o周围作等幅周期运动（与叶片振动相仿）。

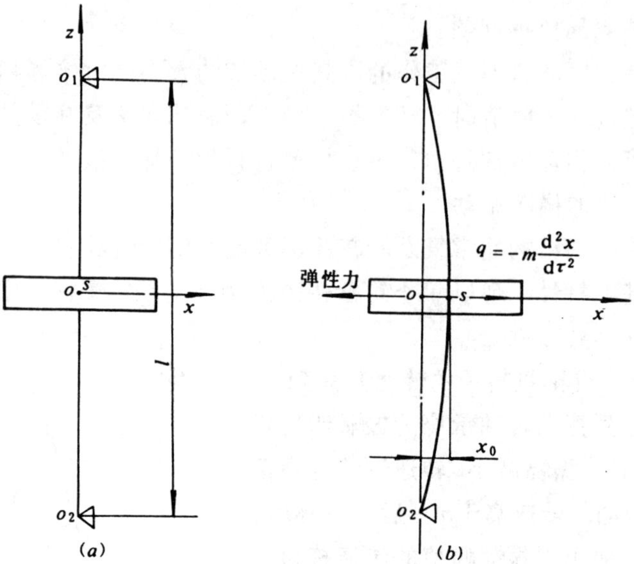

图 5.8.2 单轮盘转子示意图

（a）转速为零；（b）转速大于零

设点 s 在振动过程中任一时刻的位移为 x，轴的刚度系数 $k=48EI/l^3$，则根据转子振动中弹性恢复力和惯性力平衡的关系得出式 $kx=-m\frac{d^2x}{d\tau^2}$，即

$$\frac{d^2x}{d\tau^2}+\frac{k}{m}x=0 \tag{5.8.1}$$

令
$$\omega p_1^2=\frac{k}{m} \quad 或 \quad \omega_{p1}=\sqrt{\frac{k}{m}} \tag{5.8.2}$$

则
$$\frac{d^2x}{d\tau^2}+\omega_{p1}^2x=0 \tag{5.8.3}$$

式中 ω_{p1}——转子自由振动圆频率。

式（5.8.3）为二阶齐次方程，其解为

$$x=A\cos(\omega_{p1}\tau+\alpha) \tag{5.8.4}$$

式中，A 为振幅；τ为时间；α为初相位角。A、α值由初始条件决定。设$\tau=0$时，$x=x_0$（初位移），$v=v_0$（初速度），代入上式得

$$x_0=A\cos\alpha$$

$$v=\frac{dx}{d\tau}=-A\omega_{p1}\sin\alpha=v_0$$

联立求解上述两式，得

$$A=\sqrt{x_0^2+\left(\frac{v_0}{\omega_{p1}}\right)^2}$$

$$\mathrm{tg}a = -\frac{v_0}{x_0\,\omega_{p1}}$$

由此可见，转子自由振动的振幅A与初相位角a，初位移x_0和初速度v_0有关，令$\tau=0$时，$v_0=0$，$a=0$，则$A=x_0$，而转子的自振频率〔见式(5.8.2)〕只与转子质量和刚度系数有关，与初始条件无关，即与激振力大小无关。由式（5.8.2)得自振频率计算式：

$$f_1=\frac{\omega_{p1}}{2\pi}=\frac{1}{2\pi}\sqrt{\frac{k}{m}}=\frac{1}{2\pi}\sqrt{\frac{48EI}{ml^3}} \tag{5.8.5}$$

式中 E——材料弹性模量；

I——主轴截面对任一轴的惯性矩，$I=\frac{\pi d^4}{64}$；

m——整个转子质量；

l——转子跨度。

上式只适用于单轮盘弹性系统的最低一阶自振频率的计算。

（三）单个轮盘转子的强迫振动及其涡动现象

实践证明，汽轮机转子的质心与其轴线几何中心之间总会有偏心距e存在，当转子以角速度ω旋转时，偏心产生的离心力$me\omega^2$（随ω而变）作用在转子上，使轴产生弹性变形，使转子发生强迫振动。现仍以单个轮盘转子为例来讨论，且不考虑阻尼因素对振动的影响，如图5.8.3所示。

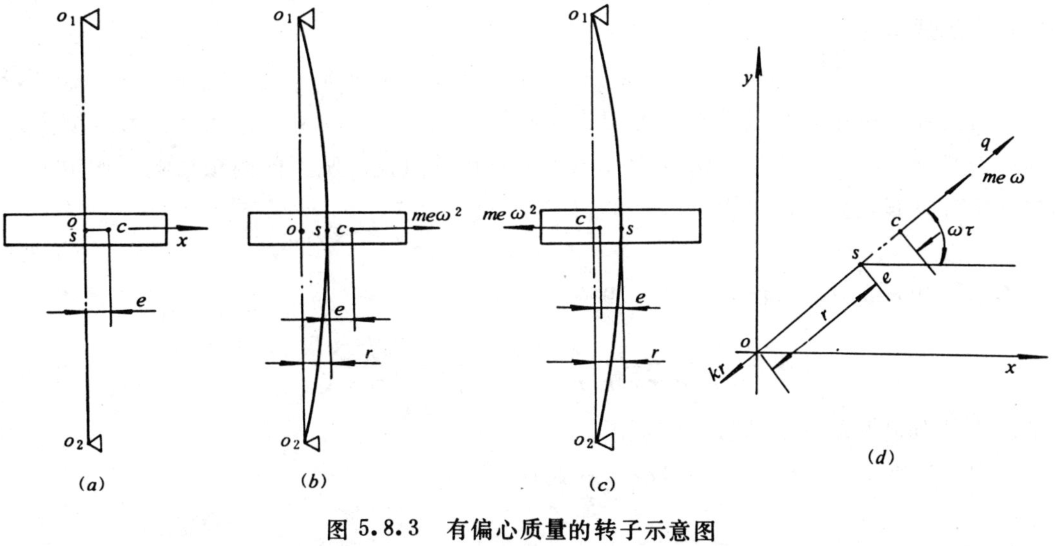

图 5.8.3　有偏心质量的转子示意图

（a）$\omega=0$；（b）$\omega<\omega_{c1}$；（c）$\omega>\omega_{c1}$；（d）$\omega<\omega_{c1}$

图（a)为转子静止（$\omega=0$）情况。两轴承连线o_1-o_2与转子几何中心重合，即o_1-o_2中点o与点s相重合，整个转子的质心在点c，它与点s之间有一偏心距e。

图（b）为转子转速ω小于转子一阶临界角速度ω_{c1}的情况。由于转子的偏心距为e，故质心c对转子几何中心s的离心力为$me\omega^2$，且该力以角速度ω旋转着作用于转子轴上，使轴发生弹性变形，点s将产生位移os，令$\overrightarrow{os}=\overrightarrow{r}$。当转子结构尺寸、质量和偏心距一定时，位移大小只与ω有关，即位移随ω而变。在无阻尼情况下,偏心离心力方向与位移方向一致，如图（b)、(d)所示。当$\omega > \omega_{c1}$时，在无阻尼情况下，点c 顺ω方向转过180°，如图（c）所示。现着重讨论$\omega < \omega_{c1}$的情况，图（d）中，通过点o 在轮盘平面内取xoy 坐标系，令τ瞬时偏心离心力与x 轴的夹角为$\omega\tau$，则对点s 而言，将受到弹性恢复力kr，偏心离心力$me\omega^2$和惯性力q的作用，且满足平衡关系。惯性力是由位移r 和向心加速度引起的。将这些力分别投影到x 、y 轴上，得到点s 在x、y轴方向的运动微分方程式：

$$\left.\begin{aligned} m\frac{d^2x}{d\tau^2}+k_x x &= me\omega^2\cos(\omega\tau) \\ m\frac{d^2y}{d\tau^2}+k_y y &= me\omega^2\sin(\omega\tau) \end{aligned}\right\} \tag{5.8.6}$$

或

$$\left.\begin{aligned} \frac{d^2x}{d\tau^2}+\frac{k_x}{m}x &= e\omega^2\cos(\omega\tau) \\ \frac{d^2y}{d\tau^2}+\frac{k_y}{m}y &= e\omega^2\sin(\omega\tau) \end{aligned}\right\} \tag{5.8.7}$$

式中　k_x，k_y——转子分别在x、y轴方向的刚度系数,因汽轮机转子为对称结构，故$k_x = k_y = k$；

$\frac{k_x}{m}=\frac{k_y}{m}=\omega_{p1}^2$ ——转子自由振动圆频率的平方，见式（5.8.2)。

式（5.8.7)运动方程式代表了点s 在空间的运动规律，它们是二阶非齐次方程，其第一表达式的通解为

$$x = C_1\cos(\omega_{p1}\tau)+C_2\sin(\omega_{p1}\tau)+A_x\cos(\omega\tau) \tag{5.8.8}$$

式中，前两项为转子自由振动微分方程式的通解，第三项为偏心离心力（作为激振力）引起的强迫振动的特解。在实际情况中，转子总存在着阻尼，所以前两项在阻尼作用下逐渐消失，最后只剩第三项，由式（5.8.8)得

$$x = A_x\cos(\omega\tau) \tag{5.8.8a}$$

将上式代入式（5.8.6)第一式，得

$$A_x=\frac{me\omega^2}{k-m\omega^2}=\frac{e\omega^2}{k/m-\omega^2}=\frac{e\omega^2/\omega_{p1}^2}{1-\omega^2/\omega_{p1}^2} \tag{5.8.9}$$

式中，A_x是强迫振动在x 轴方向的振幅，大小与ω有关。

同理，对点s 在y 轴方向的微分方程式求解，得

$$\left.\begin{aligned} y &= A_y\sin(\omega\tau) \\ A_y &= \frac{e\ \omega^2/\omega_{p1}^2}{1-\omega^2/\omega_{p1}^2} \end{aligned}\right\} \tag{5.8.10}$$

不难看出，因转子在x 、y 轴方向的刚度相等，即$A_x = A_y = A$，故强迫振动时点s 在x、y轴方向的运动规律为

$$
\left.\begin{aligned}
x&=\frac{me\omega^2}{k-m\omega^2}\cos(\omega\tau)\\
y&=\frac{me\omega^2}{k-m\omega^2}\sin(\omega\tau)
\end{aligned}\right\}\tag{5.8.11}
$$

将x、y轴方向的振动合成，得转子几何中心s在xoy平面内的运动轨迹是一个圆，圆心是o，圆的半径为

$$
r=\sqrt{x^2+y^2}=\frac{me\omega^2}{k-m\omega^2}=A \tag{5.8.12}
$$

由此可知，转子的运动可以看成是两种运动的合成：一是轮盘绕其几何中心点s作等速转动，其角速度为ω；另一是转子几何中心点s绕其轴承中心线点o作等速圆周运动，其角速度也为ω，即位移矢量$\overrightarrow{os}$以ω转动。

下面再讨论这两种运动的合成结果。设偏心转子的几何中心s_1以ω绕点o转动，而叶轮也以ω绕s_1旋转，如图5.8.4(a)所示。$\overrightarrow{os_1}$转过90°至$\overrightarrow{os_2}$，轮盘绕转子中心也转过90°，质心c仍位于s_2外侧，而旋转半径r(又称振幅）不变。当点s分别转至s_3、s_4时，轮盘绕自身几何中心也转至相应的位置，可见转子质心点c始终位于点s的外侧，转子弯曲变形方向始终不变，犹如把转子弯曲成固定的弓形绕轴承中心线o_1-o_2作等速转动，这种运动称为涡动。转子在不同位置时，点F始终受压应力，而点E始终受拉应力。

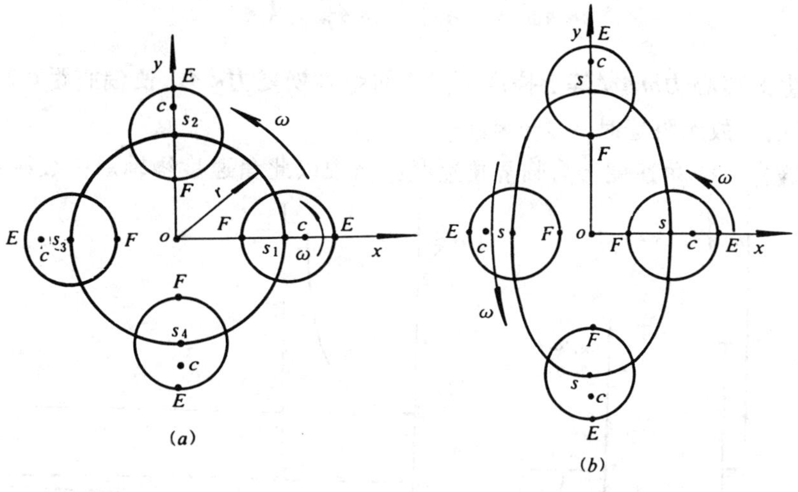

图 5.8.4　有偏心时轮盘中心的运动轨迹

（a）支座各向同性；（b）支座各向不同性

图5.8.4(a)表示轴承座刚度各向同性时的涡动，点s的运动轨迹为圆；图5.8.4(b)表示轴承座水平方向刚度比垂直方向大时的涡动情况，点s的轨迹为一立椭圆。

（四）振幅频率特性与临界转速

由式（5.8.12）知，强迫振动转子的振幅与激振力的角速度（又称激振力圆频率）有关，下面讨论它们之间的关系。

1. 无阻尼情况

转子在无阻尼情况下，当$\frac{\omega}{\omega_{p1}}<1$时，涡动质心$c$始终在转子弯曲变形的外侧，即$o$、$s$、$c$三点保持在一条直线上（见图5.8.3,$d$）。因上述两种转动的角速度相等，故它们的合成运动可看成点c绕点o转动，弯曲转子对点o的总离心力为$m(A+e)\omega^2$，而转子的弹性恢复力为Ak，按力平衡条件，两力大小相等，方向相反，见图5.8.5(a)，则

$$m(A+e)\omega^2=kA \tag{5.8.13}$$

注意到$\omega_{p1}^2=\frac{k}{m}$关系，可得出与式（5.8.12）相同的结果〔见式（5.8.9)〕:

$$\left.\begin{aligned} A&=\frac{e\omega^2/\omega_{p1}^2}{1-\omega^2/\omega_{p1}^2}\\ \text{或}\quad \frac{A}{e}&=\frac{\omega^2/\omega_{p1}^2}{1-\omega^2/\omega_{p1}^2}\end{aligned}\right\} \tag{5.8.14}$$

当$\frac{\omega}{\omega_{p1}}=0$时，$\frac{A}{e}=0$，为静止状态。

当$\frac{\omega}{\omega_{p1}}=1$时，$\frac{A}{e}\to\infty$，这是因为$\omega^2=\omega_{p1}^2=\frac{k}{m}$，得

$$mA\omega^2=mA\omega_{p1}^2=mA\frac{k}{m}=kA \tag{5.8.15}$$

即挠度A产生的离心力$mA\omega^2$等于挠度A产生的弹性恢复力kA，使偏心距e产生的离心力$me\omega^2$无法平衡，故无阻尼时，$A\to\infty$。

人们称这样一个角速度ω为临界角速度：当轴以此角速度绕轴承中心线旋转时，挠曲

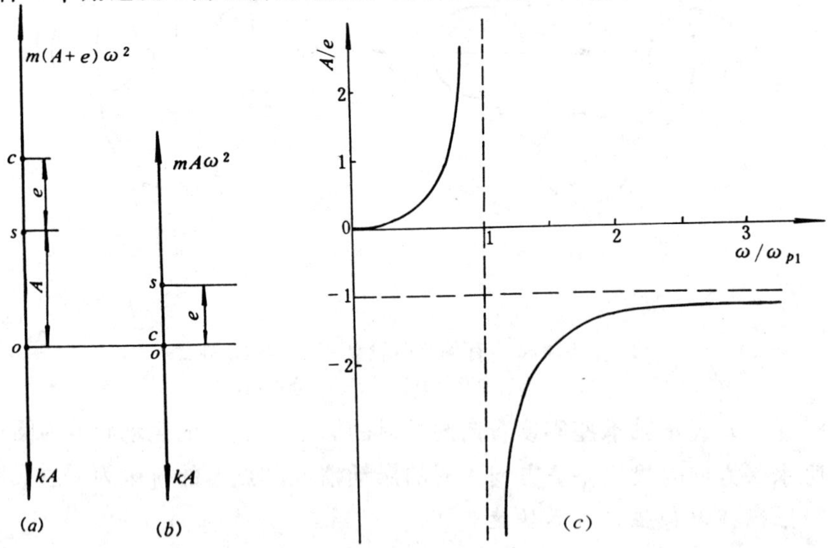

图 5.8.5 无阻尼时振幅频率特性

（a）$\frac{\omega}{p_1}<1$时力平衡；（b）$\frac{\omega}{p_1}\to\infty$时力平衡；（$c$）振幅频率特性曲线

产生的弹性恢复力和力矩将与质量惯性力和力矩相平衡[8]，因此，$\frac{\omega}{\omega_{p1}}=1$ 时的角速度称为临界角速度，以ω_c表示。转子临界转速为

$$n_c=\omega_c/2\pi \tag{5.8.16}$$

对于固定安装的电站汽轮机，转子临界角速度ω_c等于自振圆频率[8]。由式(5.8.2)得

$$\omega_c=\omega_{p1}=\sqrt{\frac{k}{m}} \tag{5.8.16a}$$

当$\frac{\omega}{\omega_{p1}}\to\infty$时，由式（5.8.14）可见，$\frac{A}{e}\to-1$。表示随着转速(或激振力频率）的升高，转子振幅逐渐减小,并趋于$A=-e$，即振幅等于偏心距,但方向相反。意味着偏心离心力方向绕点s顺时针转过180°，与弹性恢复力方向一致，并把转子质心c拉向轴承连线的中点o。于是质心点c与点o重合，见图5.8.5(b)。这种现象称为自动定心。

将式（5.8.14）的$\frac{A}{e}$与$\frac{\omega}{\omega_{p1}}$之间的关系，用图5.8.5($c$)中的曲线来表示，称之为无阻尼情况下振幅频率特性曲线。由图可见，$\frac{\omega}{\omega_{p1}}=\frac{\omega}{\omega_c}>1$，即$\omega>\omega_c$时，振幅的绝对值逐渐减小。这就说明了转子在转速高于临界转速时能够稳定运行的原因。如果把$\frac{A}{e}$取成绝对值，则$\left|\frac{A}{e}\right|$与$\frac{\omega}{\omega_{p1}}$的关系曲线都可绘在第一象限内（详见图5.8.6)。

2.有阻尼情况

汽轮机转子处在轴颈段的油膜中和各级叶轮两侧的蒸汽介质中高速旋转，这些介质对转子运动产生阻力，转子振动时也要受到这些阻力的作用，把这些阻力统称为阻尼。阻尼的存在对转子振动起着抑制和衰减的作用。

转子阻尼力的方向与其振动速度方向相反，当转子振动速度不太大时，可认为阻尼力的大小与速度成正比，取比例系数为c，c称粘滞阻尼系数。

考虑阻尼时偏心转子的涡动，亦可分解为x、y轴两个方向的运动来讨论。参考无阻尼运动微分方程式（5.8.6)，引入阻尼项，即得有阻尼时点s在x、y轴方向的运动微分方程式：

$$\left.\begin{aligned}m\frac{\mathrm{d}^2x}{\mathrm{d}\tau^2}+c\frac{\mathrm{d}x}{\mathrm{d}\tau}+kx&=me\omega^2\cos(\omega\tau)\\ m\frac{\mathrm{d}^2y}{\mathrm{d}\tau^2}+c\frac{\mathrm{d}y}{\mathrm{d}\tau}+ky&=me\omega^2\sin(\omega\tau)\end{aligned}\right\} \tag{5.8.17}$$

引入相对阻尼系数$\zeta=c/c_c$，其中$c_c=2m\omega_{p1}=2\sqrt{mk}$,称为临界阻尼系数，于是 $\frac{c}{m}=\frac{2c\omega_{p1}}{2m\omega_{p1}}=\frac{2c}{c_c}\omega_{p1}=2\zeta\omega_{p1}$，则$x$轴方向的运动微分方程式可改写为

$$\frac{d^2x}{d\tau^2}+2\zeta\omega_{p1}\frac{dx}{d\tau}+\omega_{p1}^2x=e\omega^2\cos(\omega\tau) \tag{5.8.18}$$

式中　$\omega_{p1}=\sqrt{\dfrac{k}{m}}$——无阻尼时转子的一阶自振圆频率。

该方程的一般解由有阻尼自由振动的通解和强迫振动的特解两部分组成。前者在阻尼情况下最终会衰减掉，可不予考虑；后者为稳定的强迫振动，始终存在于涡动的转子中，设其特解为

$$x=A\cos(\omega\tau-\varphi) \tag{5.8.19}$$

将式（5.8.19）代入式（5.8.18）中，同理将y的特解代入式（5.8.17）第二式中，联立求解得

$$A=\frac{e\dfrac{\omega^2}{\omega_{p1}^2}}{\sqrt{\left(1-\dfrac{\omega^2}{\omega_{p1}^2}\right)^2+\left(2\zeta\dfrac{\omega}{\omega_{p1}}\right)^2}} \tag{5.8.20}$$

$$\varphi=\arctan\frac{2\zeta\dfrac{\omega}{\omega_{p1}}}{1-\dfrac{\omega^2}{\omega_{p1}^2}} \tag{5.8.21}$$

下面讨论有阻尼存在时振幅与频率的关系，将式（5.8.20）改写成如下形式：

$$\left|\frac{A}{e}\right|=\frac{\left(\dfrac{\omega}{\omega_{p1}}\right)^2}{\sqrt{\left(1-\dfrac{\omega^2}{\omega_{p1}^2}\right)^2+\left(2\zeta\dfrac{\omega}{\omega_{p1}}\right)^2}} \tag{5.8.22}$$

给定一ζ值，便可求得$\left|\dfrac{A}{e}\right|$与$\dfrac{\omega}{\omega_{p1}}$关系的一条曲线。

当$\dfrac{\omega}{\omega_{p1}}=0$时，$\left|\dfrac{A}{e}\right|=0$，见图5.8.6中的实线；

当$\dfrac{\omega}{\omega_{p1}}=1$时，$\left|\dfrac{A}{e}\right|=\dfrac{1}{2\zeta}$，由图中实线可见，在有阻尼的振动系统中，即使在共振状态下，其振幅亦不会趋于无穷大，而是一个特定的值，振幅最大值随ζ增加而减少；

当$\dfrac{\omega}{\omega_{p1}}\to\infty$时，$\left|\dfrac{A}{e}\right|\to1$，即振幅$A$与偏心距$e$相等。

不同ζ值下，$\left|\dfrac{A}{e}\right|$与$\dfrac{\omega}{\omega_{p1}}$的关系见图5.8.6中一组实线曲线。从图中可见，有阻尼时，振幅的极大值对应的频率比$\dfrac{\omega_c}{\omega_{p1}}>1$，$\zeta$值越大，该比值偏离1越远，对式（5.8.22）求导，令$d\left|\dfrac{A}{e}\right|/d\left(\dfrac{\omega}{\omega_{p1}}\right)=0$，得共振频率比为

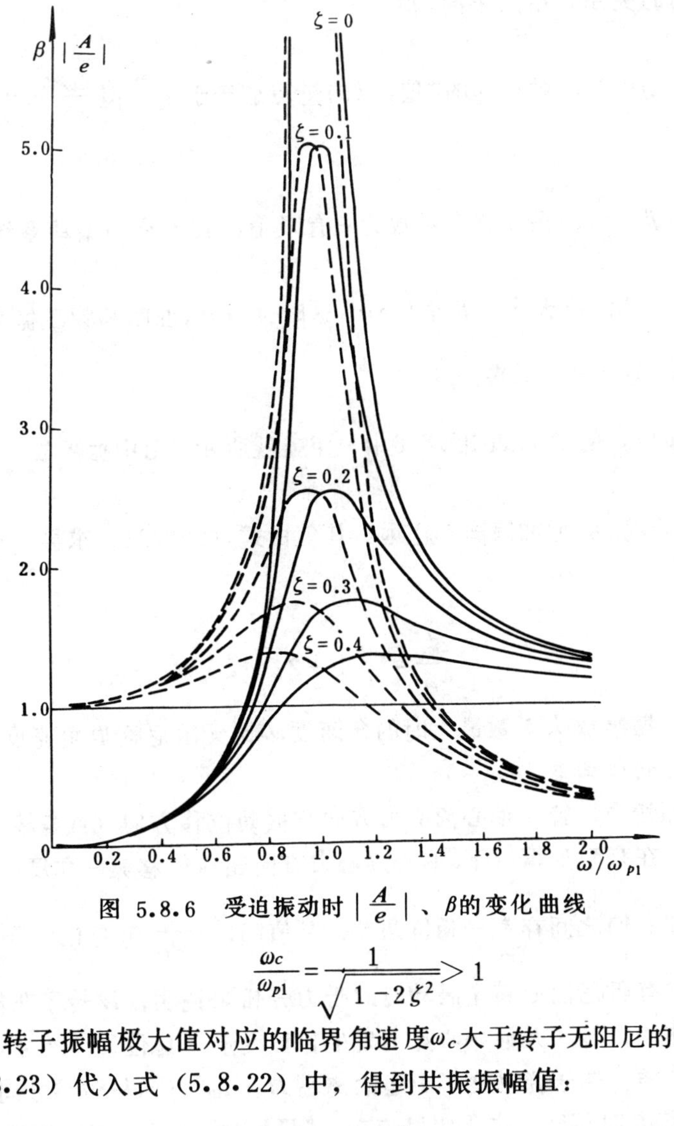

图 5.8.6 受迫振动时 $\left|\frac{A}{e}\right|$、β的变化曲线

$$\frac{\omega_c}{\omega_{p1}}=\frac{1}{\sqrt{1-2\zeta^2}}>1 \tag{5.8.23}$$

可见有阻尼时,转子振幅极大值对应的临界角速度ω_c大于转子无阻尼的临界角速度值ω_{p1}。

将式（5.8.23）代入式（5.8.22）中，得到共振振幅值:

$$|A_c|=\frac{e}{2\zeta\sqrt{1-\zeta^2}}$$

上式再次证明有阻尼振动时，即使在临界转速下，即共振转速下，其振幅不是无穷大，而是一有限值。

令$\beta=A/A_0$，其中$A_0=me\omega^2/k=e\omega^2/\omega_{p1}^2$，由式（5.8.6)知，$me\omega^2$ 为偏心离心力幅值，k 为转子刚度系数，故A_0为偏心离心力幅值$me\omega^2$作用下的振幅，A_0这一振幅中没有包含转子弹性变形A（即 r)引起的离心力的作用。β称为振幅放大系数,由式(5.8.20）得

$$\beta=\frac{1}{\sqrt{\left(1-\frac{\omega^2}{\omega_{p1}^2}\right)^2+\left(2\zeta\frac{\omega}{\omega_{p1}}\right)^2}} \tag{5.8.24}$$

现讨论β与$\frac{\omega}{\omega_{p1}}$之间的关系。给定不同$\zeta$值。

当$\frac{\omega}{\omega_{p1}}=0$时，$\beta=1$，对不同的$\zeta$值，$\beta$的起点都等于1，但$\frac{\omega}{\omega_{p1}}=0$时的振幅$A$都等于零；

当$\frac{\omega}{\omega_{p1}}=1$时，$\beta=\frac{1}{2\zeta}$，振幅放大系数为一有限值，其大小与振动系统阻尼大小有关；

当$\frac{\omega}{\omega_{p1}}\to\infty$时，不论$\zeta$值大小，都是$\beta\to o$，这时$A\to e$，说明高频激振力($\omega\gg\omega_{p1}$)对于自振频率低的转子，不会引起共振。

振幅放大系数β与$\frac{\omega}{p_1}$的关系如图5.8.6中一组虚线所示。图中振幅放大系数的极大值对应的$\omega_c'/\omega_{p1}<1$，并随ζ值增加偏离1越远。其值由式（5.8.24）求导，令$\mathrm{d}\beta/\mathrm{d}\left(\frac{\omega}{\omega_{p1}}\right)=0$求得

$$\frac{\omega_c'}{\omega_{p1}}=\sqrt{1-2\zeta^2}<1 \qquad (5.8.25)$$

可见有阻尼时，振幅放大系数最大时的角速度ω_c'比无阻尼临界角速度ω_{p1}小。

（五）相位频率特性曲线

在无阻尼振动系统中，转子偏心离心力方向与振动位移方向（或振幅方向）是一致的〔见图5.8.3(d)〕；在有阻尼情况下，偏心离心力方向超前位移某一角度φ〔见式(5.8.19)与式（5.8.21）〕，即它们之间存在一相位角差，其值随ζ和$\frac{\omega}{\omega_{p1}}$而变化。

这一现象可通过有阻尼偏心转子涡动时的受力分析来说明，设转子在角速度ω下旋转，由于偏心离心力的作用，转子几何中心点s发生弹性变形，其位移$\overrightarrow{os}=\overrightarrow{A}$，如图5.8.7($a$)所示。点$s$绕点$o$旋转，转子弹性变形引起的离心力$mA\omega^2$方向与位移方向一致，而弹性恢复力$kA$的方向与位移方向相反。由于阻尼存在，阻尼力的方向与点s的切向速度$A\omega$方向相反，且与速度成正比，所以阻尼力为$cA\omega$，方向如图所示。根据运动转子力平衡原理，为了平衡阻尼力，偏心离心力$me\omega^2$必须超前位移方向一个相位角φ。对点s写力平衡方程，得

$$\left.\begin{aligned} cA\omega-me\omega^2\sin\varphi=0 \\ mA\omega^2+me\omega^2\cos\varphi-kA=0 \end{aligned}\right\} \qquad (5.8.26)$$

联立求解，并注意$c=2\zeta m\omega_{p1}$〔见式（5.8.18）〕及$\omega_{p1}^2=\frac{k}{m}$，得

$$\tan\varphi=\frac{c\omega}{k-m\omega^2}=\frac{2\zeta\frac{\omega}{\omega_{p1}}}{1-\frac{\omega^2}{\omega_{p1}^2}}$$

所以

$$\varphi = \arctan\frac{2\zeta\frac{\omega}{\omega_{p1}}}{1-\frac{\omega^2}{\omega_{p1}}} \tag{5.8.27}$$

可见该式就是式（5.8.21）。现讨论相位角φ与ζ、$\frac{\omega}{\omega_{p1}}$之间的关系。给定某一$\zeta$值，就可绘出$\varphi$与$\frac{\omega}{\omega_{p1}}$的关系曲线。

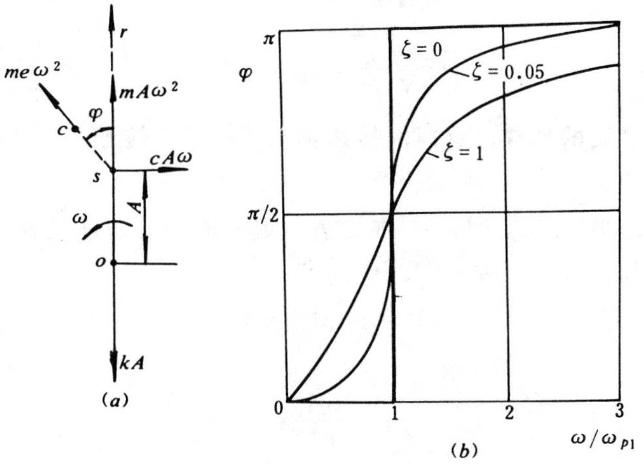

图 5.8.7 有阻尼偏心转子涡动受力分析与相频特性

（a）受力分析；（b）相频特性曲线

1.有阻尼情况

当$\frac{\omega}{\omega_{p1}}=0$时，$\varphi=0$；

当$\frac{\omega}{\omega_{p1}}=1$时，$\varphi=\frac{\pi}{2}$；

当$\frac{\omega}{\omega_{p1}}\to\infty$时，$\tan\varphi$从负方向趋于零，所以$\varphi\to\pi$。

由此可以绘出不同ζ值时φ与$\frac{\omega}{\omega_{p1}}$的一组曲线，如图5.8.7(b）所示。

2.无阻尼情况

当$\frac{\omega}{\omega_{p1}}=0$时，由式（5.8.27）可见$\varphi=0$；

当$\frac{\omega}{\omega_{p1}}=1$时，从有阻尼但阻尼很小的角度分析式（5.8.27）可知$\varphi=\frac{\pi}{2}$；

当$\frac{\omega}{\omega_{p1}}\to\infty$时，也从阻尼甚小的角度分析，$\varphi\to\pi$。

将上述关系绘在图5.8.7.（b）中，得到无阻尼（$\zeta=0$）时φ与$\frac{\omega}{\omega_{p1}}$的曲线。这些曲线称为相位频率特性曲线。

通过对相位频率特性的分析，可进一步了解临界转速概念的物理意义及转子的动平衡原理。

当$\frac{\omega}{\omega_{p1}}=1$时，不论阻尼值大小，$\varphi=\frac{\pi}{2}$总成立，即偏心离心力$me\omega^2$超前位移$\frac{\pi}{2}$〔见图5.8.7($a$)〕。那么，根据转子受力平衡条件，转子弯曲变形的离心力等于弹性恢复力，即

$$mA\omega^2=kA$$

即

$$\omega=\sqrt{\frac{k}{m}}=\omega_{p1} \tag{5.8.28}$$

正如式（5.8.15）所定义的那样，这时的转速称为转子临界转速。在工程中可以利用此关系实测转子的临界转速。

在无阻尼情况下，当$\omega>\omega_{p1}$时，$\varphi=\pi$，表示偏心离心力超前位移180°，即该力与弹性恢复力方向一致〔如图5.8.5(b)〕，由此可得

$$mA\omega^2=me\omega^2+kA$$

即

$$\frac{A}{e}=\frac{1}{1-\frac{\omega_{p1}^2}{\omega^2}} \tag{5.8.29}$$

当$\omega\to\infty$时，$A/e\to-1$，意味着转子的质心c与点o相重合，转子振幅等于偏心距，即$A=-e$，振幅明显减小，这是自动定心。

应该指出，式（5.8.20）和式（5.8.21）是汽轮机转子找动平衡的理论根据。若转子振动只限于质量不平衡情况，则前式反映振幅与偏心离心力成正比，后式反映偏心离心力超前振幅的相位角φ，当转子阻尼及转速一定时，该相位角φ是不变的。在动平衡中，称式（5.8.20）与式（5.8.21）为两个线性条件。目前，虽然无法直接测出偏心离心力与振幅之间的相位角，但通过试加质量和闪光测相法（具体测法参考动平衡专著）测出相对相位角（或一般相位角），就可间接确定不平衡质量的位置和应加的平衡质量值，实现转子动平衡。

（六）等直径轴的横向振动及其临界转速

以上讨论了转子涡动及其振动的主要特性，并指出转子空间涡动可以用两个平面内的横向振动来描述，且它们的频率特性是一样的。为了计算转子的临界转速（或自振频率），只需研究转子在一个平面内的横向振动。

实际汽轮机转子有许多叶轮，转子的长度和直径都相当大，不能用单轮盘的集中质量来代表。现在讨论一个最简单的分布质量转子——等直径均布质量轴的临界转速。如果沿轴的横向加上惯性力q，见图5.8.8，则转子横向振动微分方程式与等截面叶片振动的式（5.6.13）完全一样，只是边界条件不同。其一般解与式（5.6.14）相同，即

$$y_0=C_1\sin(kx)+C_2\cos(kx)+C_3\mathrm{sh}(kx)+C_4\mathrm{ch}(kx)$$

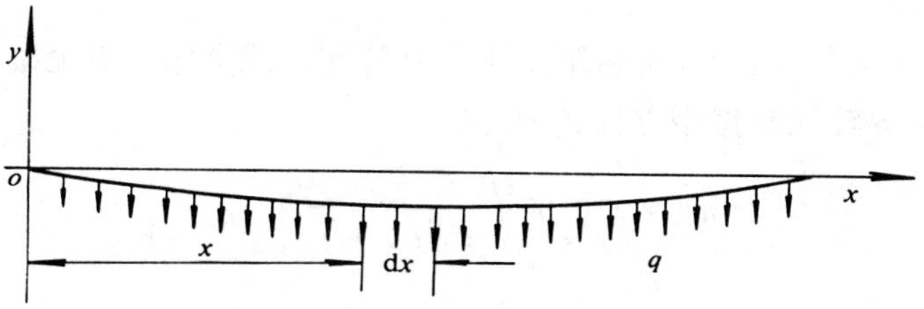

图 5.8.8 等直径轴横向振动示意图

式中，C_1、C_2、C_3、C_4 为积分常数，由转子边界条件确定。

设轴两端为刚性铰链支座，则

当$x=0$时 $\begin{cases} (y_0)_{x=0}=0\text{，代入式（5.6.14），得}\quad C_2+C_4=0 \\ M_{x=0}=0\text{，即}\left(\dfrac{d^2y_0}{dx^2}\right)_{x=0}=0\text{，代入式（5.6.14）得}-C_2+C_4=0 \end{cases}$

由以上两式得$C_2=C_4=0$。

当$x=l$时 $\begin{cases} (y_0)_{x=l}=0\text{，同法得}C_1\sin(kl)+C_3\text{sh}(kl)=0 \\ \left(\dfrac{d^2y_0}{dx^2}\right)_{x=l}=0\text{，同法得}-C_1\sin(kl)+C_3\text{sh}(kl)=0 \end{cases}$

从上两式解得 $2C_3\text{sh}(kl)=0$，因为$\text{sh}(kl)\neq 0$，所以$C_3=0$。

将$C_2=C_4=C_3=0$代入式（5.6.14），得

$$C_1\sin(kl)=0 \tag{5.8.30}$$

若取$C_1=0$，则微分方程的一般解为零，意味着转子不振动，不符合题意，所以$C_1\neq 0$，故只有

$$\sin(kl)=0 \tag{5.8.31}$$

即

$$kl=i\pi \quad i=1、2、3、\cdots \tag{5.8.32}$$

将式（5.8.32）代入式（5.6.12）中，得

$$\left.\begin{aligned} \omega_p&=(i\pi)^2\sqrt{\frac{EI}{\zeta Al^4}} \\ \text{或}\quad f&=\frac{\omega_p}{2\pi}=\frac{(i\pi)^2}{2\pi}\sqrt{\frac{EI}{\zeta Al^4}} \end{aligned}\right\} \tag{5.8.33}$$

这样便可求得转子横向振动的一系列自振频率。当转子的转速数值上（即不平衡质量引起的激振力频率）等于自振频率时，转子发生共振，其临界转速可从式（5.8.33）求得

$$n_c=60f=30\pi i^2\sqrt{\frac{EI}{\zeta Al^4}}\ \text{r/min} \tag{5.8.34}$$

下面讨论不同 i 值时的临界转速与对应的振型曲线。

当$i=1$时，其临界转速与振型方程式为

$$\left.\begin{aligned} n_{c1}&=94.25\sqrt{\frac{EI}{\zeta Al^4}} \\ y_{01}&=C_1\sin\left(\frac{\pi}{l}x\right) \end{aligned}\right\} \tag{5.8.35}$$

振型曲线如图5.8.9(*a*)所示，n_{c1}称为第一阶临界转速，或称第一音调振动转速。

当$i=2$时，得临界转速与振型方程式为

$$\left.\begin{aligned} n_{c2} &= 376.99\sqrt{\frac{EI}{\zeta Al^4}} \\ y_{02} &= C_1\sin\left(\frac{2\pi}{l}x\right) \end{aligned}\right\} \tag{5.8.36}$$

其振型曲线如图5.8.9(*b*)所示，n_{c2}称为第二阶临界转速，或称第二音调振动转速。

当$i=3$时，得临界转速和振型方程式为

$$\left.\begin{aligned} n_{c3} &= 848.23\sqrt{\frac{EI}{\zeta Al^4}} \\ y_{03} &= C_1\sin\left(\frac{3\pi}{l}x\right) \end{aligned}\right\} \tag{5.8.37}$$

其振型曲线如图5.8.9(*c*)所示，n_{c3}称为第三阶临界转速，或称第三音调振动转速。以此类推。

同一转子在作上述三种音调振动时，其临界转速之比为1:4:9:…

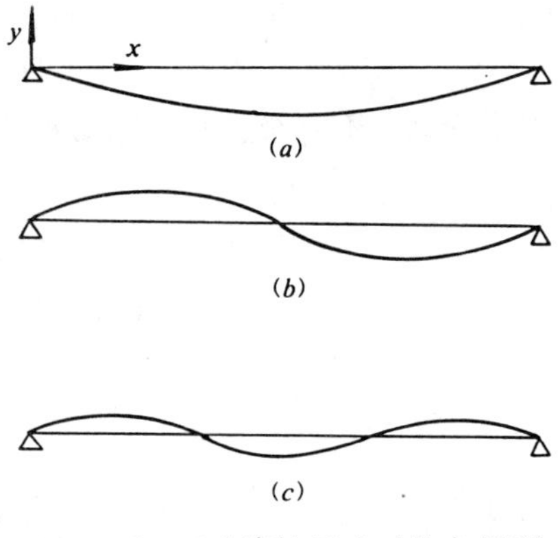

图 5.8.9 双支座轴振动时的主振型

(*a*) 第一音调振动；(*b*) 第二音调振动；(*c*) 第三音调振动

应该指出，横向振动的振型曲线是振型分理法找挠性转子动平衡的理论依据。

二、汽轮发电机组的轴系扭振

汽轮发电机组的轴系扭振是电力系统故障和运行方式变化引起的。如三相不平衡、短路、非同期并网等都可能引起发电机气隙扭矩变化，形成电气谐振。若谐振频率与汽轮发电机组轴系扭振频率合拍或起耦合作用，就会引起轴系扭振。所以说扭振起因在电气系统，而反映却在汽轮发电机轴系上。轴系扭振与电网和单机容量增大，轴系增长以及超高压、远距离输电等因素有关。

1969年美国Cleco Coughlin电站6号机组（西屋公司制造）低压缸末级584.2mm扭叶片突然发生原因不明的大量叶根断裂事故（该叶片曾被确认调频合格），经全部更换后，不到一年叶片再次发生断裂。1970年美国Mohave电站（通用电气公司制造）300MW机组突然发生励磁机轴断裂，修复后次年又再次发生类似损坏事故。近年来国内外一些运行的大机组中，多次出现过联轴器螺栓被切断事故，并有明显剪切疲劳特征。专家认为上述事故与汽轮发电机组的轴系扭振有关。

（一）电网与汽轮发电机组的非正常运行方式

电网与汽轮发电机组可能发生的非正常的运行方式归结为三类。

1.第一类非正常运行方式

如失磁异步运行，电压及频率偏差，强行励磁，正相运行以及调峰运行等。在这些非

正常运行方式下，发电机气隙中的电磁力矩基本上不发生突变，不易激起轴系扭振，因此危险性较小。

2. 第二类非正常运行方式

如失步振荡，汽门快关，甩负荷，线路单相、二相或三相突然短路，单相快速重合闸，非同期并网等。在这类非正常运行方式下，电网扰动引起发电机气隙中电磁力矩突变，使发电机力矩与汽轮机输入力矩之间不平衡，形成轴系扭振。这时轴系截面上的交变切应力迅速增大，导致轴或转子零件疲劳寿命消耗增加，甚至使机组损坏。

3. 第三类非正常运行方式

如超同步共振，次同步共振，二相或三相快速重合闸等。这类非正常运行方式的危险性最大，甚至一次事故就使轴的疲劳寿命消耗达100％，导致断轴事故。

（二）几种危险的扭振

电网和汽轮发电机组的非正常运行都可能导致轴系扭振，其中次同步共振、超同步共振以及短路引起的扭振对轴系的威胁最大。

1. 次同步共振（Subsynchronous Resonance）

为提高电力系统高压远距离输电能力，常采用串联补偿电容器。该电容器与被补偿的输电线路（包括同步发电机，但略去电路阻抗）构成L-C回路，由电压谐振时感抗和容抗的相等关系可确定电气谐振的频率：

$$f_e = f_0\sqrt{\frac{1}{LC}} \tag{5.8.38}$$

式中 f_0——电网频率，50或60 Hz；

L,C——线路（包括发电机）对应的电感和补偿电容值。

因电力系统接线复杂，运行方式也各不相同，所以有可能发生多个电气谐振频率，但频率值$f_e \leqslant f_0$。若某种原因使同步发电机与电力系统（包括串联补偿电容）参数之间正好满足式（5.8.38）的谐振条件，则同步旋转的发电机有可能产生自励磁（又称自激)现象。实践证明，其中异步自激导致汽轮发电机组轴系扭振的可能性最大。发生异步自激时，在发电机定子和电力系统中，除了有正常频率的电流i_{f0}外，还会出现电气谐振引起的频率为f_e的自激电流i_{fe}。因此，在发电机气隙中产生频率分别为f_0和f_e的两个旋转磁场。又因$f_e < f_0$，两个旋转磁场之间互相作用的结果，产生频率为$f_0 - f_e$的交变扭矩，如果此扭矩交变频率与轴系的某一固有扭振频率相等，就会导致汽轮发电机组轴系扭振（即扭振共振）。由于轴系扭振阻尼很小，故一旦扭振发生，对轴系安全就构成严重威胁。又因电网的谐振自激频率小于电网的正常频率，故由这种自激振荡引起的轴系扭振称为次同步共振。美国Mohave电站断轴事故原因属次同步共振。

2. 超同步共振（Super-Synchronous Resonance）

超同步共振又称倍频共振，这是交变扭矩频率等于两倍电网频率的共振，由电力系统三相负荷不平衡、各种不对称短路及断线故障等原因所致。这些原因都可能使发电机定子绕组中产生负序电流。与正序电流一样，负序电流将在发电机气隙中产生频率为f_0的旋转磁场（又称负序旋转磁场），但其旋转方向与正常转子旋转磁场的方向相反。因此，负序旋转磁场与转子旋转磁场之间有相对运动，其相对频率差为$f_0-(-f_0)=2f_0$。两个旋转磁场互相作用的结果，将在发电机气隙中产生频率为$2f_0$的交变扭矩作用在轴系上。如果该交变扭矩频率与轴系中某一固有扭振频率相等，就会引起轴系扭振。由于$2f_0>f_0$，故称这种扭振为超同步共振。由于负序电流相当于一个外力源，所以超同步共振与次同步共振的自激扭振不同，称为“强迫扭振”。

如果汽轮机转子上长叶片的自振频率因与叶轮耦合作用而有所下降，与超同步共振频率相等，就会发生叶片断裂事故，美国Cleco Coughlin电站6号机叶片断裂事故原因属超同步共振。

3.短路

若在发电厂近距离（包括发电机端）发生二相或三相短路而被迅速切除，以及不同相位并网等都会激起轴系扭振。以三相瞬时短路为例，在短路处电压下降接近于零，发电机因短路以振荡形式出现的暂态电磁扭矩激起轴系扭振，同时汽轮发电机组轴系在短路瞬时被加速，致使发电机定子电压与电网电压系统出现相位差，并逐渐增大，短路被切除后，故障处电压立即恢复，发电机被重新拉入同步。短路时两个电压系统出现的相位差又使发电机产生一个冲击性暂态电磁扭矩，使轴系在短路时激起的扭振基础上附加一个新的扭振。若两个扭振同相叠加，即在最坏条件下叠加，就会形成一个极大的扭矩，甚至使轴系中最大切应力远远超过材料的承受能力，致使轴系断裂。

（三）等直径圆轴的扭振自振频率计算

设一等直径圆轴作扭转振动，各截面始终为平面，并绕x轴作扭振，在x截面处τ时的角位移为$\theta(x,\tau)$，现取dx微段，两端面的相对转角为$\frac{\partial\theta}{\partial x}dx$，作用其上的扭矩为$M_t$和$M_t+\frac{\partial M_t}{\partial x}dx$，如图5.8.10所示。

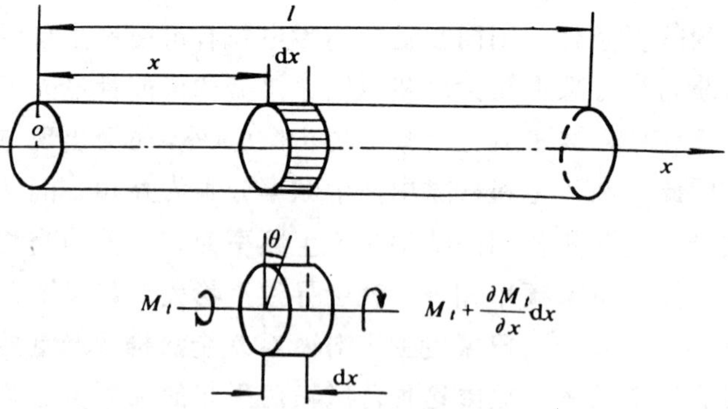

图 5.8.10　等直径轴扭振模型

根据材料力学中圆轴扭转公式：

$$\left.\begin{aligned}\frac{\partial\theta}{\partial x}dx&=\frac{M_t}{GI_p}dx\\ M_t&=GI_p\frac{\partial\theta}{\partial x}\end{aligned}\right\}\qquad(5.8.39)$$

即

式中　G——剪切弹性模量；

I_p——横截面对中心点的极惯性矩。

由转动方程得

$$J_x\frac{\partial^2\theta}{\partial\tau^2}=M_t+\frac{\partial M_t}{\partial x}\mathrm{d}x-M_t=\frac{\partial M_t}{\partial x}\mathrm{d}x \tag{5.8.40}$$

将式（5.8.39）关系代入上式得

$$J_x\frac{\partial^2\theta}{\partial\tau^2}=GI_p\frac{\partial^2\theta}{\partial x^2}\mathrm{d}x \tag{5.8.40a}$$

式中　J_x——微段对 x 轴的转动惯量。

根据转动惯量定义，有

$$J_x=\rho I_p\mathrm{d}x \tag{5.8.41}$$

式中　ρ——材料密度。

将式（5.8.41）代入式（5.8.40a），得

$$\frac{\partial^2\theta}{\partial\tau^2}=\frac{G}{\rho}\frac{\partial^2\theta}{\partial x^2}=a^2\frac{\partial^2\theta}{\partial x^2} \tag{5.8.42}$$

式中　$a=\sqrt{\frac{G}{\rho}}$——剪切弹性波沿x轴的传播速度。

式（5.8.42）的解为

$$\theta(x,\tau)=\Theta(x)T(\tau)=\left[A\sin\left(\frac{\omega}{a}x\right)+B\cos\left(\frac{\omega}{a}x\right)\right]\sin(\omega\tau+\varphi) \tag{5.8.43}$$

式中，A、B、ω、φ为待定常数，由端点边界条件和初始条件决定。

对于等直径圆轴，两端都为自由端，则

当$x=0$时　　$(M_t)_{x=0}=0$，即$\left(\frac{\partial\theta}{\partial x}\right)_{x=0}=0$

当$x=l$时　　$(M_t)_{x=l}=0$，即$\left(\frac{\partial\theta}{\partial x}\right)_{x=l}=0$

将上述边界条件代入式（5.8.43），得

$$A=0;\qquad \sin\left(\frac{\omega}{a}l\right)=0$$

则

$$\frac{\omega}{a}l=k\pi\qquad k=0,\ 1,\ 2,\ \cdots$$

即得等直径轴扭振时的自频率为

$$\left.\begin{aligned}\omega_k&=\frac{k\pi}{l}\sqrt{\frac{G}{\rho}}\\ f_k&=\frac{\omega_k}{2\pi}=\frac{k}{2l}\sqrt{\frac{G}{\rho}}\end{aligned}\right\} \tag{5.8.44}$$

当$k=1$，2，3，…时，分别得等直径轴1，2，3，…阶扭振的自振频率。

应该指出，汽轮发电机组的轴系远比上述复杂，目前普遍采用两种力学模型：一为集

中质量弹簧模型，如图5.8.11所示；另一为连续质量模型。前者可用二阶常系数微分方程组来描述，后者则需用传递矩阵法求解。

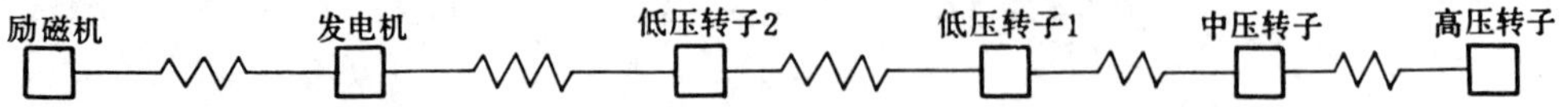

图 5.8.11　汽轮发电机组轴系集中质量弹簧扭振模型

三、汽轮发电机组振动标准

汽轮发电机组的振动大小是反映机组设计制造、安装检修及运行管理等方面的综合指标。为保证汽轮发电机组长期安全运行，要求对机组振动严格控制在允许范围内。

1.横向振动标准

1959年我国颁布了汽轮发电机组振动评价标准，见表5.8.1。轴承座上测得的水平、垂直和轴向三个方向上的最大一个双倍振幅值不应超过表中数值。

表 5.8.1　　**我国汽轮机振动评价标准**（1959年颁布）

汽轮机转速（r/min）	优等（mm）	良好（mm）	合格（mm）
1500	<0.03	<0.05	<0.07
3000	<0.02	<0.03	<0.05

在轴承座上测得的振幅值不能准确地反映转子的振动情况，随着测量技术的发展，现已有直接测量转轴振动的非接触式振动仪表，并在大型机组上安装使用。国家又规定了3000r/min汽轮机轴承和轴的振动标准，见表5.8.2。

表 5.8.2　　**轴的振动评价标准**

评价		优	良	正常	合格	须重找平衡	允许短时运行	立即停机
全振幅（mm）	轴承	<0.0125	<0.02	<0.025	<0.03	0.03～0.058	<0.05	0.05～0.063
	轴	<0.038	<0.064	<0.076	<0.089	0.102～0.127		0.152

1968年在伦敦召开的国际电工委员会会议规定了不同转速汽轮机振动良好的标准，见表5.8.3。

表 5.8.3　　**国际电工委员会汽轮机振动良好标准**

汽轮机转速（r/min）	1500	1800	3000	3600	6000以上
轴承双振幅（mm）	0.050	0.042	0.025	0.021	0.012
轴上双振幅（mm）	0.10	0.084	0.050	0.042	0.020

2. 扭振要求

对扭振还没有统一的标准，但要求轴系各阶扭振频率避开50、100Hz（对3000r/min 机组），即扭振频率应避开（0.9～1.1）倍和（1.9～2.1）倍工作频率（50Hz）这两个范围，以避免扭振共振。

第九节　汽轮机主要零件的热应力及汽轮机寿命管理

一、汽轮机主要零件的热应力

随着我国电力事业的发展，电网容量逐渐扩大，电负荷峰谷差也随之增大，已达到最高负荷的30％～50％。为了适应负荷变化的需要，要求原带基本负荷的高参数大容量汽轮发电机组参加调峰运行，致使这些机组启停次数增加，负荷变化频繁，经常处于变工况下运行。汽轮机主要零件（如转子、汽缸壁、法兰等）内的温度分布规律随着工况变化而变化，从而引起交变热应力，导致零部件低周疲劳损耗，缩短汽轮机的使用寿命。为了对汽轮机寿命有大概了解，首先对汽轮机零件的热应力作一般的介绍。

（一）产生热应力的原因

汽轮机的启动与停机过程，对其零部件而言，是加热与冷却过程。这些零部件由于温度变化而产生的膨胀或收缩变形称为热变形。如果零部件不能按温度变化规律进行自由胀缩，即热变形受到约束（包括金属纤维之间的约束），则在零部件内引起应力，这种由温度（或温差）引起的应力称为温度应力，又称热应力。

设一受热零件内各点的温度由t_0均匀加热至t，其热变形不受约束，可自由膨胀，见图5.9.1(a)，则零件虽然有热膨胀，但零件内不会引起热应力。零件长度的绝对热膨胀量为

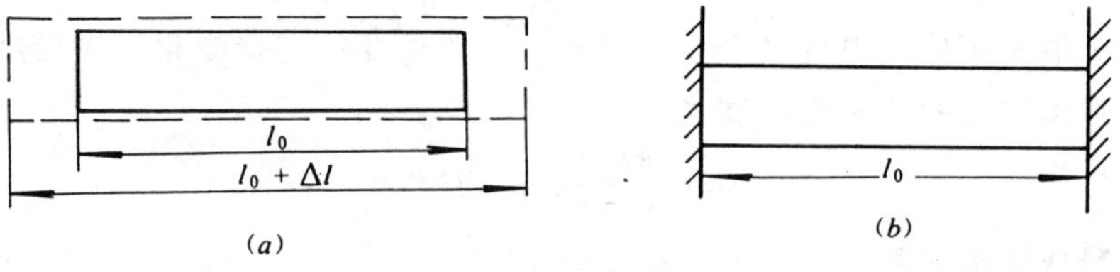

图 5.9.1　约束对热变形的影响

（a）无约束；（b）刚性约束

$$\Delta l=\beta l_0(t-t_0)=\beta l_0\Delta t \tag{5.9.1}$$

式中　β——材料线膨胀系数；

l_0——零件原始长度；

Δt——零件温升，$\Delta t=t-t_0$。

如果该零件两端受到刚性约束，即零件加热时两端不允许膨胀，那么刚性约束的作用相当于把图5.9.1(a)的绝对热膨胀量Δl压缩到原来长度l_0，可以想象零件内必然引起压缩热应力。设零件内的热应力仍在弹性范围以内，根据虎克定律便可求出零件内的热应力值。先由应变定义求应变：

$$\varepsilon=\frac{\Delta l}{l_0}=\beta\Delta t \tag{5.9.2}$$

则热应力值为

$$\sigma=-E\varepsilon=-E\beta\Delta t \tag{5.9.3}$$

式中 ε——受压缩时的应变量；

E——材料弹性模数。

式中负号表示压缩热应力（因加热时$\Delta t>0$）。若零件受到冷却（$\Delta t<0$），则零件内引起拉伸热应力。

如果零部件加热（或冷却）时温度不均匀，那么尽管零件不受刚性约束，但其内部各纤维（设想金属材料由若干纤维组成）也不能按温度分布规律进行自由伸缩。由于零件变形的连续性，故相邻纤维之间必然会受到约束，如高温区的纤维受到低温区纤维的约束，它的变形量比自由膨胀值小些，即在高温区纤维引起压缩热应力；反之，低温区的纤维受到高温区纤维内热膨胀的牵拉，它的变形量比自由膨胀值大些，即在低温区纤维内产生拉伸热应力。

由此可见，当汽轮机启停或变负荷运行时，汽缸、法兰和转子等部件都存在着温度差，由于纤维之间的约束，这些零部件内将产生热应力，热应力的大小和方向与零件内的温度场情况和运行方式有关。

（二）汽缸或法兰的热应力估算

图5.9.2为 K-200-130型汽轮机在启动至功率$P=80$MW时汽缸和法兰截面的温度分布情况，图（a）与（b）所示分别为不投与投入法兰和螺栓加热装置（加热蒸汽温度分别为370℃和350℃）时调节级汽室截面的温度分布规律，图（c）为前汽封截面的温度变化情况。

沿汽缸壁厚和法兰宽度方向存在温差，其内部一定会产生热应力。为理论计算方便，设汽缸和法兰为无限大平板，温度只沿汽缸壁厚和法兰宽度方向有变化。根据热弹性广义虎克定律得到汽缸和法兰的热应力估算式：

$$\sigma=\frac{\beta E}{1-y}(t_m-t) \tag{5.9.4}$$

式中 β——材料线膨胀系数；

E——材料弹性模量；

y——材料泊桑系数，一般取$y=0.3$；

t_m——沿汽缸壁厚和法兰宽度方向的平均温度，$t_m=\frac{1}{s}\int_0^s t\mathrm{d}x$，$s$ 代表汽缸壁厚或法兰宽度；

t——温度变化规律的函数式或计算点温度。

假设启动时温度沿汽缸壁厚和法兰宽度方向呈二次抛物线规律分布（不投法兰加热装置），如图5.9.3(a)所示，这时还假设汽缸和法兰外表面是绝热的，则

$$t=t_e+\left(\frac{x}{s}\right)^2\Delta t \tag{5.9.5}$$

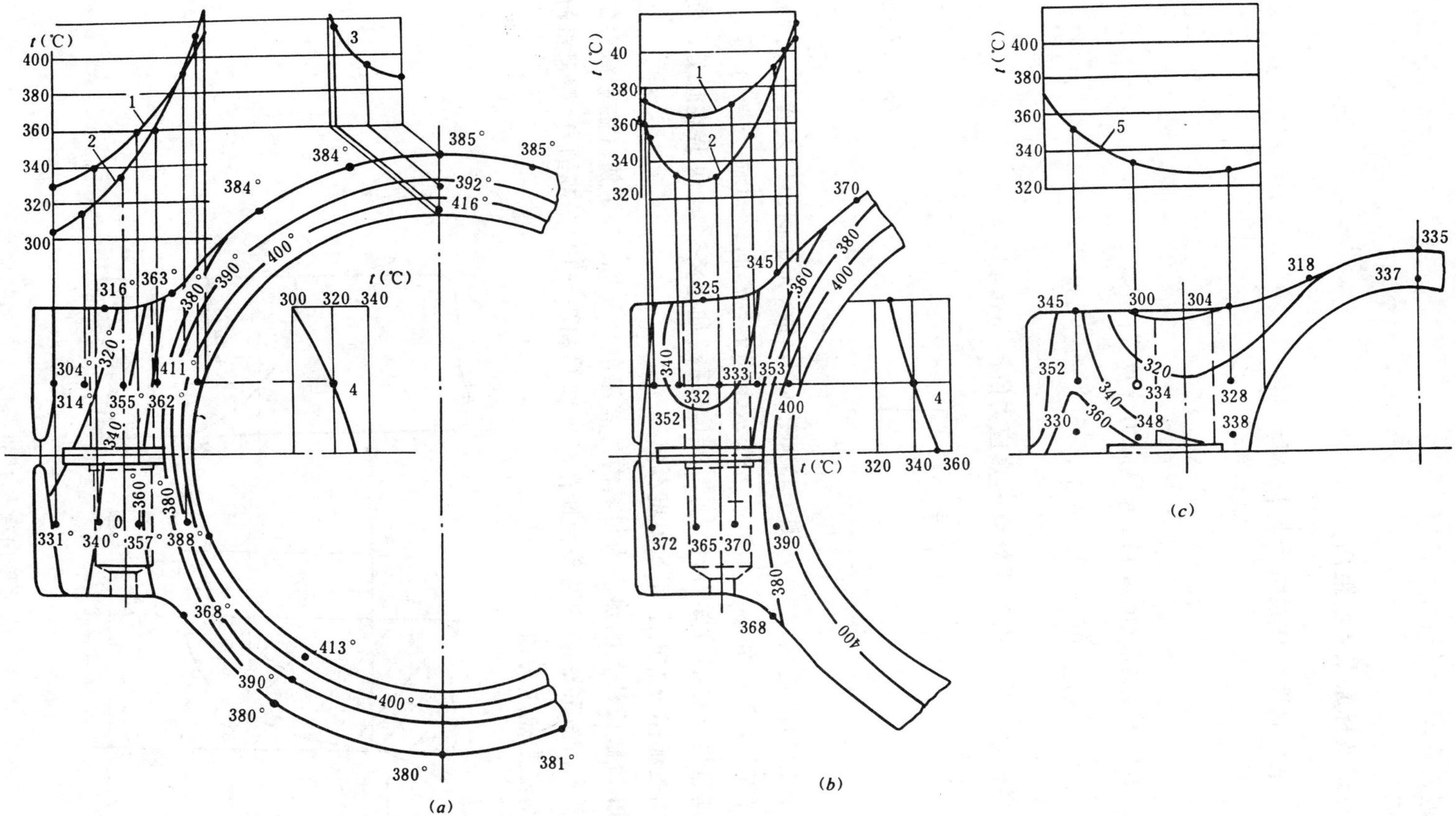

图 5.9.2 K-200-130型汽轮机启动过程中$P=80$ MW时汽缸截面的温度分布

(*a*) 不投法兰、螺栓加热装置时调节级汽室截面温度分布；(*b*) 投入法兰、螺栓加热装置时调节级汽室截面温度分布；(*c*) 前汽封截面温度分布

1 —下法兰平均高度处沿宽度的温度变化；2 —上法兰沿宽度的温度变化；3 —沿调节级汽室缸壁厚的温度变化；4 —沿调节级汽室区螺栓高度的温度变化；5 —沿前汽封室上法兰宽度的温度变化

式中 t_e——外侧温度；

s ——汽缸壁厚或法兰宽度；

Δt——内外侧温差，$\Delta t = t_i - t_e$；

t_i ——内侧温度；

x ——任意一点距坐标原点 0 的距离。

将式（5.9.5）代入平均温度表达式$t_m = \frac{1}{s}\int_0^s t\,dx$，得

$$t_m = t_e + \frac{1}{3}\Delta t \tag{5.9.6}$$

把式（5.9.5）和式（5.9.6）代入式（5.9.4），得热应力计算式：

$$\sigma = \frac{\beta E}{1-\gamma}\left(\frac{1}{3} - \frac{x^2}{s^2}\right)\Delta t \tag{5.9.7}$$

令$x = s$或$x = 0$，得汽缸、法兰内侧或外侧的热应力值σ_i与σ_e：

$$\left.\begin{aligned}\sigma_i &= -\frac{2}{3}\times\frac{\beta E}{1-\gamma}\Delta t\\ \sigma_e &= \frac{1}{3}\times\frac{\beta E}{1-\gamma}\Delta t\end{aligned}\right\} \tag{5.9.7a}$$

在启动时，$\Delta t > 0$，内侧为压缩热应力，外侧为拉伸热应力。取x为不同值代入式(5.9.7)，便可求得对应点的热应力值，如图5.9.3（b）所示。当 $t = t_m$时，热应力等于零，由式（5.9.7）求得平均温度t_m处的位置为$x = \sqrt{1/3}\,s = 0.577s$。如果将热电偶装在此处，便可测得温度呈二次抛物线规律分布时的平均温度t_m值。

由式（5.9.7）可知，汽缸或法兰的热应力与其内外壁温差成正比。为了使汽缸和法兰的热应力不至于过大，要求汽缸和法兰的温差控制在35～80℃和75～100℃范围内。控制汽缸和法兰的温差实质上是控制热应力值。

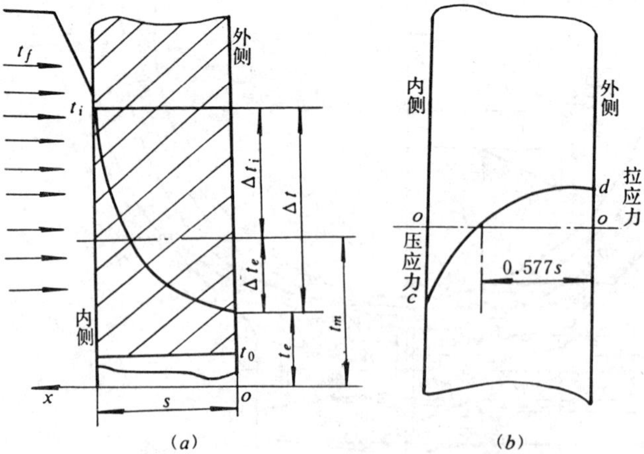

图 5.9.3 汽缸和法兰单向受热时的温度分布和热应力

（a）温度分布；（b）热应力分布

当汽轮机停机时，汽缸或法兰外侧温度t_e大于内侧温度t_i，根据温度分布规律，同样可以求出它们的热应力。这时，内侧为拉应力，外侧为压应力。可见汽轮机由启动工况至停机过程，其内外侧的热应力由“压”变“拉”或由“拉”变“压”，即热应力是交变的。如果汽轮机频繁启停，汽缸和法兰都会受到交变热应力的作用，其材料发生热疲劳损伤，甚至萌生裂纹，它们的使用寿命将缩短。

在稳定工况下运行时，认为汽缸和法兰的内外壁温差为零（或很小），这时热应力可以忽略不计。

（三）法兰螺栓热应力

汽轮机在启动或正常运行时，法兰螺栓的温度t_b总比法兰温度t_f低，即它们之间存在温差$\Delta t = t_f - t_b$。下面讨论存在这一温差时法兰与螺栓的热应力计算。

设启动过程中或正常运行时法兰和螺栓的温度分别为t_f和t_b，它们的初始温度都为$t_0 = 20℃$，则法兰和螺栓的自由热膨胀值分别为

$$\left.\begin{aligned}\Delta l_f &= kh\beta_f\Delta t_f\\ \Delta l_b &= l_b\beta_b\Delta t_b\end{aligned}\right\}\qquad(5.9.8)$$

式中 h——上法兰或下法兰高度；

k——系数，螺栓旋入下缸法兰时，取$k = 1$，对于贯穿上下法兰的螺栓，取$k=2$；

l_b——螺栓长度；

β_f, β_b——法兰和螺栓的线膨胀系数；

Δt_f——法兰温升，$\Delta t_f = t_f - t_0$；

Δt_b——螺栓温升，$\Delta t_b = t_b - t_0$。

法兰、螺栓受热后的自由膨胀值如图5.9.4(b)与(c)所示。实际上，拧紧螺栓对法兰的热膨胀起约束作用，使法兰实际变形值比自由膨胀小$\Delta l'_f$，而法兰热膨胀对螺栓的作用，使其实际变形值比自由膨胀大$\Delta l'_b$，最后在某一变形值Δl下平衡，见图5.9.4(d)。由图可知，法兰和螺栓之间的约束影响法兰和螺栓的变形值，其变形量之间的关系为

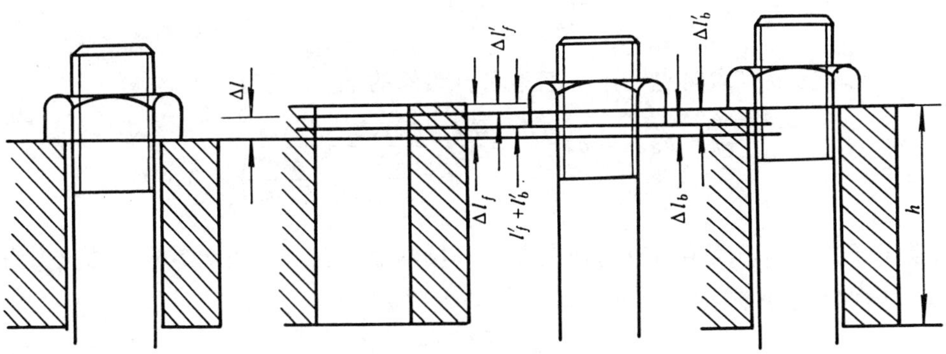

图 5.9.4 法兰与螺栓受热变形图

（a）受热前；（b）法兰单独受热自由膨胀；（c）螺栓单独受热自由膨胀；（d）法兰与螺栓拧紧时的受热膨胀

$$\left.\begin{aligned}\Delta l'_f &= \Delta l_f - \Delta l\\ \Delta l'_b &= \Delta l - \Delta l_b\end{aligned}\right\} \tag{5.9.9}$$

两式相加，得

$$\Delta l'_f + \Delta l'_b = \Delta l_f - \Delta l_b = kh\beta_f\Delta t_f - l_b\beta_b\Delta t_b \tag{5.9.10}$$

认为法兰和螺栓内应力仍在弹性范围以内，根据各自的约束变形，不难求得它们之间的作用力：

$$\left.\begin{aligned}F_f &= E_f\frac{\Delta l'_f}{kh}A_f\\ F_b &= E_b\frac{\Delta l'_b}{l_b}A_b\end{aligned}\right\} \tag{5.9.11}$$

式中 E_f, E_b——分别为法兰和螺栓材料的弹性模量；

A_f——两个螺栓距离内法兰的有效面积，$A_f = Ts - \frac{\pi d^2}{4}$；

T——螺栓节距；

s——法兰宽度；

$\frac{\pi d^2}{4}$——螺栓孔面积；

A_b——螺栓截面面积，$A_b = \frac{\pi d_0^2}{4}$。

根据作用力和反作用力原理，$|F_f| = |F_b|$，则有

$$E_f\frac{\Delta l'_f}{kh}A_f = E_b\frac{\Delta l'_b}{l_b}A_b \tag{5.9.12}$$

由式（5.9.10）和式（5.9.12）消去$\Delta l'_f$，得螺栓在此种约束下的绝对变形值：

$$\Delta l'_b = \frac{kh\beta_f\Delta t_f - l_b\beta_b\Delta t_b}{\frac{E_bA_b}{l_b} + \frac{E_fA_f}{kh}}\frac{E_fA_f}{kh} \tag{5.9.13}$$

根据螺栓单向受拉的虎克定律，不难求出螺栓的热应力值：

$$\sigma_b = E_b\varepsilon_b = E_b\frac{\Delta l'_b}{l_b} = \frac{kh\beta_f\Delta t_f - l_b\beta_b\Delta t_b}{A_b\left(\frac{kh}{E_fA_f} + \frac{l_b}{E_bA_b}\right)} \tag{5.9.14}$$

加上螺栓保证法兰接合面不漏汽的初应力σ_0（见本章第五节），法兰螺栓的总应力为$\sigma_0+\sigma_b$，应该小于其许用应力，即

$$\sigma_0 + \sigma_b \leqslant [\sigma] \tag{5.9.15}$$

由式（5.9.14）可以看出，欲使螺栓热应力减小，应该增加螺栓长度。

若取$kh \approx l_b$，且考虑到$A_f \gg A_b$，略去式（5.9.13）中的$\frac{E_bA_b}{l_b}$项，得

$$\sigma_b \approx (\beta_f\Delta t_f - \beta_b\Delta t_b)E_b$$

令$\beta=\beta_f=\beta_b$，$E=E_b$，上式进一步简化为

$$\sigma_b\approx\beta E\Delta t \tag{5.9.16}$$

式中，$\Delta t=\Delta t_f-\Delta t_b=t_f-t_b$，即为法兰与螺栓之间的温度差。由此可见，螺栓内的热应力与上述的温差成正比。为了不使热应力过大，汽轮机在启动和变工况运行时，必须严格控制法兰和螺栓之间的温差在规定的范围内，一般$\Delta t=20\sim45$℃。

（四）汽轮机转子的热应力

汽轮机在启停和变负荷工况运行时，转子调节级段或中压缸第一级处会产生很大的径向温度梯度，从而引起较大的热应力。图5.9.5(*a*)为国产125MW机组高压转子调节级区域的隔离体图，表示出冷态启动90min时的温度场，这时高压调节级处转子内外表面温差最大值达到100℃左右。图5.9.5(*b*)为国产200MW机组中压转子第一级区域的隔离体图，表示出中压缸冲转180min时的温度场，这时转子内外表面的最大温差达到120℃左右。对转子的温度场及应力场计算普遍采用差分法或有限元法。下面只介绍理论计算热应力的方法，假设转子为无限长的轴对称空心圆柱体，即为平面应变状态；温度分布是轴对称的，即温度只与半径有关。

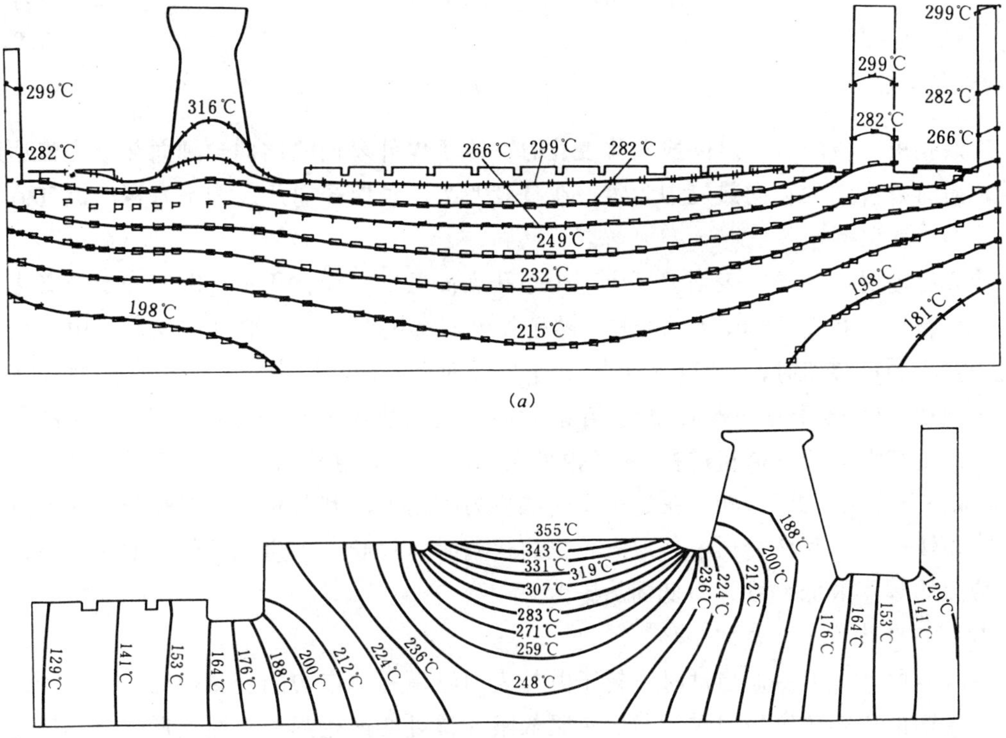

(*b*)

图 5.9.5　转子温度分布

(*a*) 125MW机组冷态启动至90min时高压调节级区域温度场；

(*b*) 200MW机组在中压缸冲转180min时中压第一级区域温度场

1.转子热应力表达式

根据上述假定，利用热弹性广义虎克定律和转子内外表面径向应力等于零的边界条件，经过较复杂的推导，得到转子计算截面内任一点的径向、切向和轴向的热应力表达式(用

圆柱坐标表示）：

$$
\left.\begin{aligned}
\sigma_r &= -\frac{\beta E}{1-\nu}\left(\frac{1}{r^2}\int_{r_i}^{r} t r \mathrm{d} r-\frac{r^2-r_i^2}{2 r^2} t_m\right) \\
\sigma_\theta &= \frac{\beta E}{1-\nu}\left(\frac{1}{r^2}\int_{r_i}^{r} t r \mathrm{d} r+\frac{r^2+r_i^2}{2 r^2} t_m-t\right) \\
\sigma_x &= \frac{\beta E}{1-\nu}\left(t_m-t\right)
\end{aligned}\right\} \tag{5.9.17}
$$

式中 t_m——计算截面体积平均温度，$t_m=\frac{2}{r_e^2-r_i^2}\int_{r_i}^{r_e} t r \mathrm{d} r$；

r_i, r_e——计算截面转子内外半径。

如果已知计算截面温度沿半径的分布规律，则任意半径 r 处的σ_r、σ_θ和σ_x不难求得。令$r=r_i$或$r=r_e$，代入式（5.9.17）第 1 、2 式，并将对应半径处温度$t=t_i$和$t=t_e$ 代入式（5.9.17）各式，得转子内外表面的$\sigma_{r_i}=\sigma_{r_e}=0$，而切向应力和轴向应力相等，即

$$
\left.\begin{aligned}
\sigma_{\theta_e} &= \sigma_{x_e}=\frac{\beta E}{1-\nu}\left(t_m-t_e\right) \\
\sigma_{\theta_i} &= \sigma_{x_i}=\frac{\beta E}{1-\nu}\left(t_m-t_i\right)
\end{aligned}\right\} \tag{5.9.18}
$$

应该指出，汽轮机在启停或负荷变化时，转子内外表面的切向和轴向热应力都达到最大值，而内外表面的径向热应力为零，在任意 r 处，虽然径向热应力不为零，但其值仍较小。

冷态启动时，转子外表面温度大于中心孔表面温度，而体积平均温度介于两者之间，即$t_e>t_m>t_i$。由式（5.9.18）可知，转子外表面有压缩切向和轴向热应力，中心孔表面有拉伸热应力；停机时，$t_e<t_m<t_i$，转子外表面有拉伸热应力，中心孔有压缩热应力；稳定工况运行时,转子内外表面温度相等,这时各处的热应力都等于零。可见,汽轮机由冷态启动→稳定工况运行→停机过程,转子内外表面的热应力由拉（或压)到零最后变为压（或拉)完成一个热应力循环,转子在这种交变热应力作用下，其材料会疲劳损伤，甚至出现裂纹，缩短转子使用寿命。由于一般汽轮机的运行时间较长，由启动至停机的周期很长，交变热应力的频率很低，故称为低周热疲劳。

2.冷态启动时热应力的变化

图5.9.6(a）为冷态启动时，转子内外表面温度和热应力的变化情况。若启动过程中转子外表面的压缩热应力超过材料的屈服极限，该处会产生局部塑性变形。随着启动过程结束转入稳定工况运行，按理热应力逐渐减小至零，但由于塑性变形无法自行恢复，在周围弹性区影响下出现残余拉伸热应力，如图中曲线 7 所示。在高温条件下，该残余应力随时间增加而逐渐减小，即所谓松弛现象。停机时,转子表面有拉伸热应力,而中心孔表面有压缩热应力。

3.热态启动时热应力的变化

图5.9.6(b）为热态启动时转子内外表面温度与热应力的变化情况。由于多数转子不

得不采用负向温度匹配（主蒸汽温度低于转子金属温度）进行热态启动，所以在一次启动结束时，转子内外表面热应力完成一个交变循环。若热态启动过程中，转子表面的压缩热应力超过材料屈服极限，与冷态启动一样，在稳定工况运行时，该处也会出现残余拉应力和松弛现象。

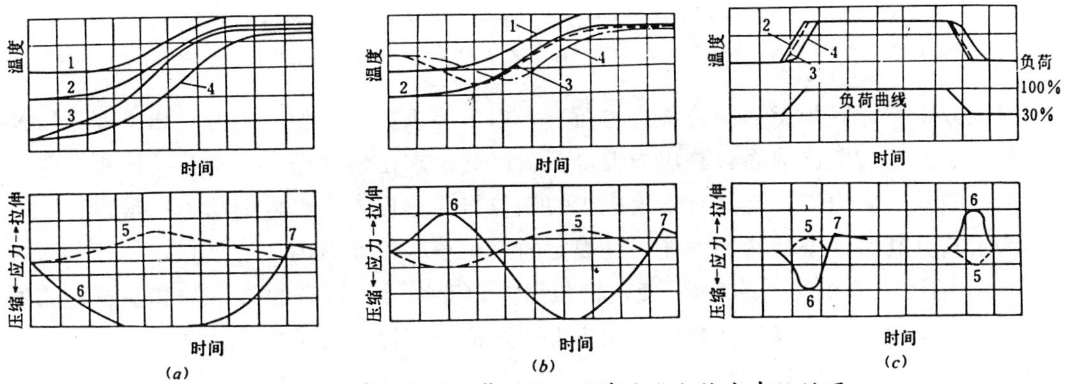

图 5.9.6　启停与变负荷时转子温度变化与热应力的关系

（a）冷态启动时，（b）热态启动时；（c）负荷变化时

1—新蒸汽温度；2—第一级后汽温；3—转子表面温度；4—转子中心孔温度；5—中心孔应力；6—表面应力；7—残余应力

4. 变负荷时热应力的变化

大型汽轮机在变负荷或两班制运行时，24 h时间内的汽轮机负荷有较大变化。图5.9.6(c)为汽轮机负荷在30%～100%之间变化时，转子内外表面温度和热应力的变化情况。负荷由30%增至100%的过程中，转子外表面温度高于中心孔表面温度，即$t_e>t_m>t_i$，转子外表面有压缩热应力，中心孔表面有拉伸热应力；在稳定工况运行时，两者热应力为零或出现残余拉应力；当负荷由100%减至30%时，由于$t_e<t_m<t_i$，转子外表面有拉伸热应力，中心孔表面有压缩热应力。可见，汽轮机负荷变化一个循环，转子内外表面的热应力也完成一个交变应力循环。

当汽轮机冷态和热态启动以及变负荷运行时，汽缸或法兰的热应力也与转子相仿作交变变化。

5. 等效应力

汽轮机转子除了受热应力作用外，还受离心应力、自重弯曲应力以及传递扭矩的切应力等作用，后者统称为机械应力。转子截面内各点的热应力和机械应力各不相同，首先将不同工况下各点的对应应力进行叠加，得到合成的径向、切向和轴向应力以及切应力，分别用$\sigma_{r.c}$、$\sigma_{\theta.c}$、$\sigma_{x.c}$和τ_{xr}来表示，然后用强度理论算出各种运行工况下转子截面内各点的等效应力值，从中取最大等效应力值与转子材料的许用应力进行比较，就可判断转子是否安全，运行工况是否合理，这里推荐用第四强度理论的Misses公式计算等效应力值。对轴对称零件有

$$\sigma_{eq}=\frac{1}{\sqrt{2}}\sqrt{(\sigma_{r.c}-\sigma_{\theta.c})^2+(\sigma_{\theta.c}-\sigma_{x.c})^2+(\sigma_{x.c}-\sigma_{r.c})^2+6\tau_{xr}^2} \tag{5.9.19}$$

式中　$\sigma_{r.c},\sigma_{\theta.c},\sigma_{x.c}$——热应力和机械应力叠加后的径向、切向和轴向应力；

τ_{xr}——切应力。

转子内外表面的$\sigma_{r.c}=0$，又令$\tau_{xr}=0$，则式（5.9.19）可以改写成如下形式：

$$\sigma_{eq}=\sqrt{\sigma_{\theta.c}^2+\sigma_{x.c}^2-\sigma_{\theta.c}\sigma_{x.c}} \tag{5.9.19a}$$

与式（5.9.19）相对应的等效应变为

$$\varepsilon_{eq}=\frac{1}{(1+\nu)\sqrt{2}}\sqrt{(\varepsilon_r-\varepsilon_\theta)^2+(\varepsilon_\theta-\varepsilon_x)^2+(\varepsilon_x-\varepsilon_r)^2+\frac{3}{2}r_{xr}} \tag{5.9.20}$$

以上分析和计算均指轴面公称应力而言，由于转子某些部位，如叶轮根部、轴肩及弹性槽等部位的应力要比轴面公称应力大得多，因此，求出轴面公称应力后，应进一步求得这些部位的最大应力值，将具有最大应力的部位作为热应力及热疲劳的监视重点。

为了充分利用转子材料的性能，在规定的汽轮机服役期限内，应该根据机组负荷的性质,合理地消耗汽轮机转子的寿命,使汽轮机启停和变负荷运行时的热应力和机械应力联合作用的等效应力接近或等于材料的许用应力，这样既可保证转子安全，又可缩短启停和变负荷时间，提高机组运行的经济性。

二、汽轮机的寿命管理

1.汽轮机寿命

当汽轮机零部件不再有继续使用的经济价值和安全裕量时,该零部件的寿命即告终结。机组寿命由两部分组成，其一是无裂纹的新零件投入运行至零件出现第一条宏观裂纹（一般指裂纹深度$a_0=0.2\sim0.5$mm）的工作时间，称为无裂纹寿命L_1；其二是由初始裂纹a_0开始在交变热应力作用下逐渐扩展至临界裂纹a_c的工作时间，称为裂纹扩展寿命L_2，零部件的总寿命为L_1+L_2。由断裂力学分析知，L_2占总寿命相当大的部分,因此，当零部件出现初始裂纹时，并不意味着已丧失工作能力或寿命终止。

当转子出现初始裂纹后，还可在一定控制条件下继续运行相当长时间。若有条件将初始裂纹车削掉，则可延长其无裂纹时间。

在汽轮机零部件中，转子的受载最为复杂。当汽轮机启停及变负荷时，转子受到交变热应力作用，引起材料低周疲劳损伤；在稳定工况运行时，转子在高温、高速下受到机械应力作用，导致材料蠕变损伤。所以对汽轮机寿命损耗的估算，应同时考虑疲劳损伤和蠕变损伤两方面因素。

2.转子钢材低周疲劳曲线和疲劳寿命损耗率

为估算汽轮机转子疲劳寿命损耗，首先应对转子钢材作低周疲劳试验。图5.9.7所示为试件的交变应变循环和应力应变循环，图（a）中曲线3是试验时有保持时间的应变循环1的应力循环，表示在高温较大应变时应力出现松弛现象，所以应力幅值不能保持常数，而用应变作为试验控制参数；图（b）为应力应变循环，应变幅值可分解为弹性应变ε_e和塑性应变ε_p两部分，即$\varepsilon_t=\varepsilon_e+\varepsilon_p$,图中所示应力应变循环是对应无保持时间的应变循环作出的，总的应变范围$\Delta\varepsilon_t=2\varepsilon_t$。对某种转子钢材，在不同温度和应变幅值（$\varepsilon_t$）下作低周（0.024～0.5Hz）疲劳试验，测得一系列试件出现宏观裂纹（$a_0=0.1\sim0.38$mm）或稳定载荷开始明显下降（下降5％）时的循环周次N_c,N_c作为试件的失效寿命。将一系列总应变范围$\Delta\varepsilon_t$与对应的失效循环周次N_c的点绘在双对数坐标中，并用曲线连接起来，得到低周疲劳曲线。图5.9.8为国内外汽轮机转子钢材低周疲劳曲线实例。

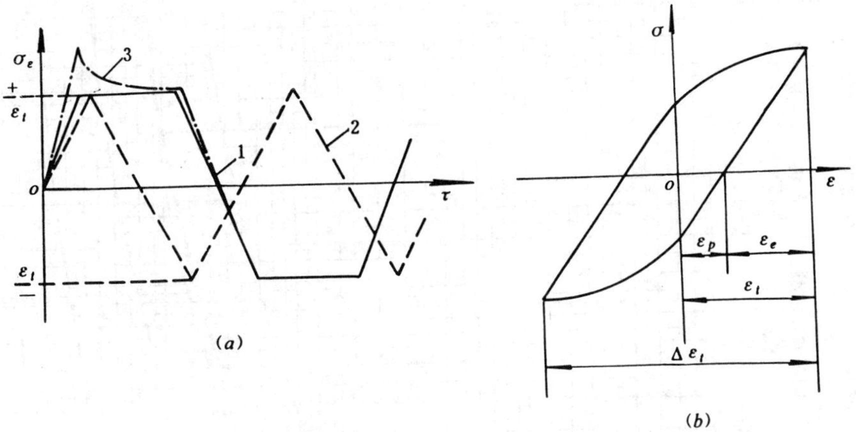

图 5.9.7　低周疲劳试验交变应变循环及应力应变循环

（a）交变应变循环；（b）应力应变循环

1 —有保持时间的应变循环；2 —无保持时间的应变循环；3 —与 1 对称的应力循环

利用该曲线可对汽轮机各种变工况（如冷态、热态、变负荷及甩负荷等）运行进行疲劳寿命损耗估算和寿命分配。首先应该计算汽轮机在某工况运行时危险截面的交变热应力和总应变范围$\Delta\varepsilon_t$，在图纵坐标中找到对应点，作平行线与曲线相交，得到横坐标上对应点的N_{c1}，其倒数$1/N_{c1}$就表示该工况下应力(或应变)交变一个完整循环的疲劳寿命损耗率。如果汽轮机在整个服役期内（一般20～30年）出现上述工况运行有n_1次，则该工况总疲劳损耗率为n_1/N_{c1}；同理，求出另一变工况时危险截面的应力、应变幅ε_t和总应变范围$\Delta\varepsilon_t$，查得N_{c2}，若在规定期限内这种工况有n_2次，则该工况运行总疲劳寿命损耗率为n_2/N_{c2}。如果已知汽轮机服役期内各种变工况运行对应的失效循环周次N_{ci}及总次数n_i，那么疲劳寿命总损耗率按线性累积准则（又称Miner准则）为

$$L_f=\frac{n_1}{N_{c1}}+\frac{n_2}{N_{c2}}+\cdots=\sum_{i=1}^{k}\frac{n_i}{N_{ci}} \tag{5.9.21}$$

式中，$i=1,2,3,\cdots,k$，是指该汽轮机在服役期内可能的变工况运行方式。

应该指出：图5.9.8中各低周疲劳曲线差别很大，即在同一$\Delta\varepsilon_t$值下，从不同曲线上查得的各自疲劳寿命次数N_c,在不同的应变范围内，它们的寿命损耗率$1/N_c$之比是不相同的，例如，在小应变范围($\Delta\varepsilon_t<0.02$)时，寿命损耗率比值甚至达100倍以上;在$0.002<\Delta\varepsilon_t<0.01$时，寿命损耗率比值为 9 ～100倍之间；在$0.01<\Delta\varepsilon_t<0.026$时，寿命损耗率比值为 9 ～ 12倍。造成上述寿命损耗率偏差的原因主要有下列几方面：

（1）疲劳寿命失效标准不同　如Timo曲线即图中A曲线以试件达到断裂的循环周次作为疲劳寿命（实际上这是疲劳总寿命）；而苏联疲劳曲线D、E定义宏观裂纹尺寸达0.1～1.0 mm时为疲劳寿命失效循环周次；西安热工研究所曲线B则以应力松弛 5 %的相应循环周次作为失效寿命。由于疲劳寿命失效标准不同，各试验曲线自然不一样。

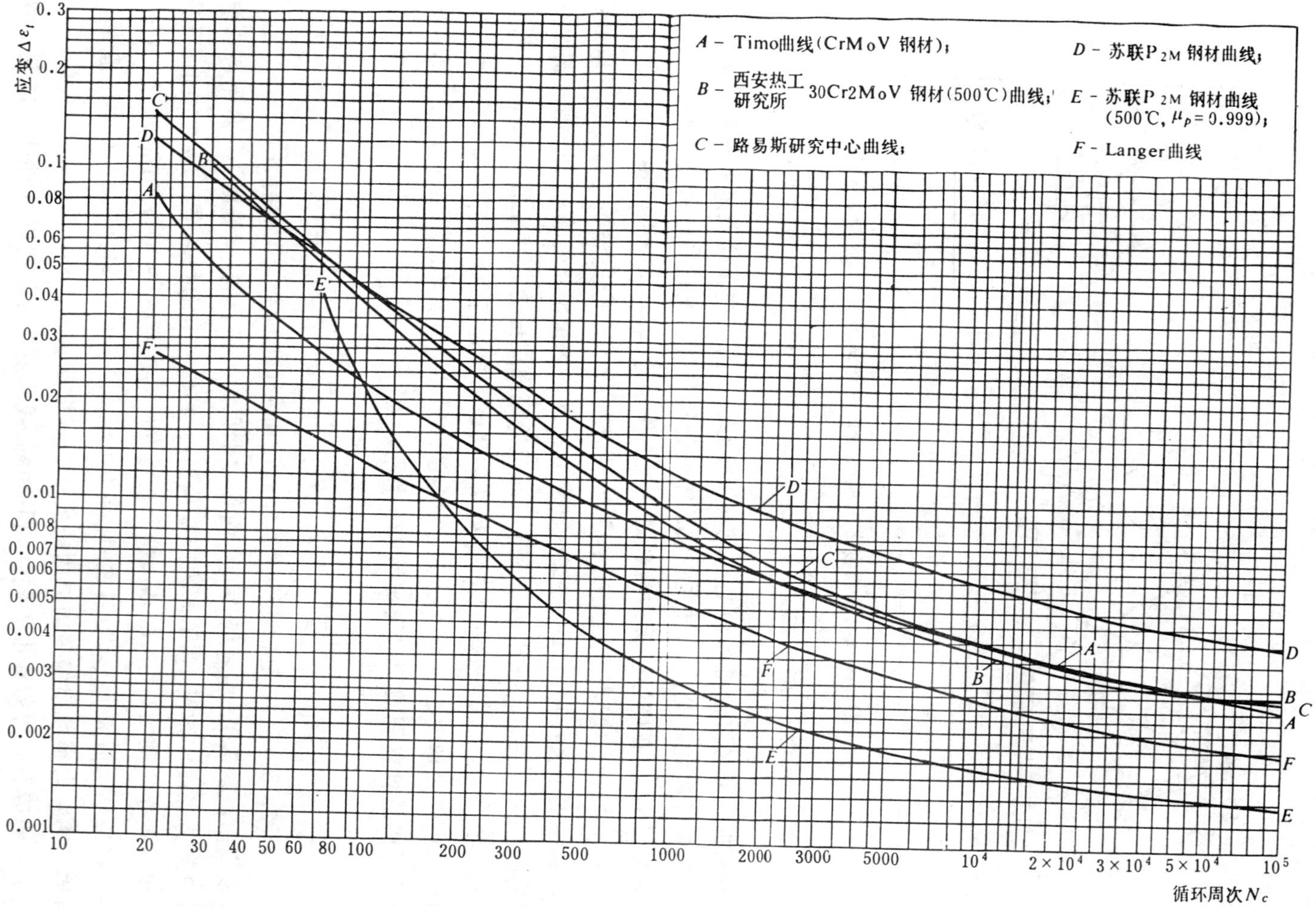

图 5.9.8 汽轮机转子钢材低周疲劳曲线

（2）试验的保持时间不同　如Timo曲线是根据不同的应变保持时间（0～24h）整理而成的；苏联曲线*D*、*E*的保持时间为4 h，而*B*曲线为无保持时间。试验证明，在相同的$\Delta\varepsilon_t$下，保持时间越长，疲劳寿命周次越短。由此可知，试验保持时间不同，得到的曲线也各不相同。

（3）试件材料不同　Timo曲线为CrMoV转子钢材，苏联P_{2M}钢材相当国内的27Cr2Mo1V钢材，而*B*曲线为30Cr2MoV钢材。由于材料不同，试验结果也会不同。

（4）材料的不均匀性　试验表明，即使相同材料，在相同条件下作疲劳试验，各试件测得的结果亦有较大分散性，这是由于各试件材料的不均匀性所致。

由于上述原因，以致低周疲劳曲线各不相同，且有时相差很大。国内多采用*A*、*B*、*E*曲线。对采用不同计算方法进行比较时，建议最好用同一条低周疲劳曲线，以便比较。

3.转子钢材蠕变寿命曲线与蠕变寿命损耗率

转子在稳定工况运行时，热应力可以不计，但在高温和机械应力作用下（如高中压转子第一级区域），材料会发生蠕变损伤，即塑性应变值随时间增加而增大。一般把蠕变第一、二期（即蠕变速度减速和等速阶段）时间之和τ_B定义为蠕变寿命。试验表明，随着温度和应力不同，其蠕变寿命亦不等。若温度一定，蠕变寿命随应力增加而缩短，反之，应力一定，蠕变寿命随温度升高而减小。图5.9.9为CrMoV转子钢材的蠕变寿命曲线，根据应力和工作温度便可从图中查得蠕变寿命τ_B。

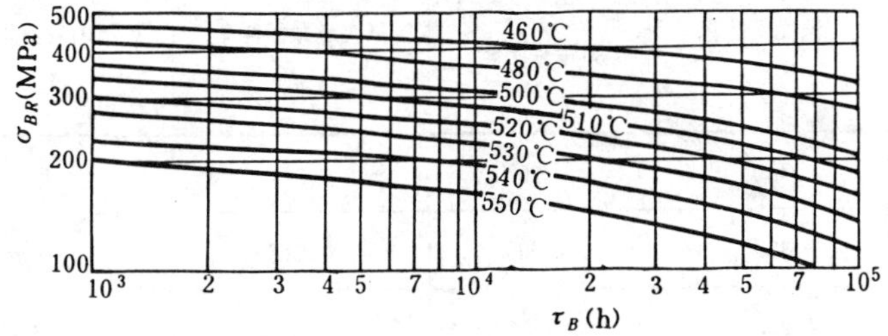

图 5.9.9　CrMoV转子钢材蠕变寿命曲线

若汽轮机转子在某一稳定工况（即应力和温度一定）下的蠕变寿命为τ_{B1}，其倒数$1/\tau_B$就表示在该工况下运行单位小时的蠕变寿命损耗率。若在汽轮机服役期内该稳定工况共运行τ_1 h，则该工况下蠕变寿命的总损耗率为τ_1/τ_{B1}；若在不同温度和应力下有*g*个稳定工况，则汽轮机转子在服役期内的总蠕变寿命损耗率按线性累积准则（又称Robinson准则）为

$$L_c=\frac{\tau_1}{\tau_{B1}}+\frac{\tau_2}{\tau_{B2}}+\cdots=\sum_{j=1}^{g}\frac{\tau_j}{\tau_{Bj}} \tag{5.9.22}$$

式中，$j=1,2,3,\cdots$，*g*表示该汽轮机在服役期内可能的稳定工况种类。

4.转子疲劳-蠕变寿命损耗累积准则（又称Miner Robinson准则）

汽轮机在服役期内既有各种不同的变工况，又有各种稳定工况。前者引起转子疲劳寿命损耗，后者引起蠕变寿命损耗。如果不考虑两种损伤性质的区别以及疲劳和蠕变交互作用的影响，那么根据上述线性累积准则，转子总寿命损耗率为两者之和，即

$$L_1 = L_f + L_c = \sum_{i=1}^{k} \frac{n_i}{N_{ci}} + \sum_{j=1}^{g} \frac{\tau_j}{\tau_{Bj}} \tag{5.9.23}$$

如果两者寿命损耗率之和达到100％，则认为转子钢材的无裂纹寿命已经耗尽，转子表面（或应力集中处）有可能出现宏观裂纹。式（5.9.23）比较简单，常用作汽轮机寿命分配、报警和监测的依据。

5.汽轮机寿命分配

为了合理地消耗汽轮机寿命，必须对汽轮机寿命进行有计划的科学管理，对不同用途的汽轮机在服役期内的寿命损耗作出明确的、切合实际的分配规划，并拟定出各种运行工况方案（如冷热态启动曲线等），提出寿命损耗允许条件下的控制指标（如蒸汽和金属温升率或温降率、负荷变化率及零部件内外表面允许的温差等），达到既安全又经济的目的。

汽轮机寿命分配与机组在电网中承担的负荷性质、国家能源政策以及设计制造和运行技术水平等因素有关。对我国汽轮机的使用年限一般认为30年比较合适。若在此年限内疲劳寿命损耗率占80％，则由式（5.9.23）得总蠕变寿命损耗率为20％。在此基础上，对疲劳寿命损耗率再作进一步分配，如确定该机冷态、温态、热态启动及甩负荷、变负荷等各自的运行次数和疲劳寿命损耗率的分配，表5.9.1为国产200MW汽轮机带基本负荷的疲劳寿命损耗分配情况。

表 5.9.1　200MW汽轮机带基本负荷疲劳寿命分配结果

汽轮机运行方式	温度变化量（℃）	30年总次数	每次寿命损耗率（%）	30年内寿命损耗率（%）	控制等效应力值（MPa）
冷态启动	480	202	0.024	5	441
温态启动	320	900	0.016	15	417
热态启动	235	1875	0.014	28	402
变负荷运行	50	12840	0.002	30	255
甩 负 荷				2	

根据表中各种运行方式疲劳寿命损耗率和控制等效应力值，就可定出汽轮机的控制指标。

为提高国内汽轮机寿命管理水平，在国产大型汽轮机中急待发展转子寿命在线（正在运行的机组上）监测装置，使实际寿命损耗率控制在计划分配允许值附近，这样既可保证汽轮机安全运行，又可减轻运行人员的劳动强度和缩短启动时间。

第六章　汽轮机调节系统

第一节　汽轮机自动调节和保护的基本原理

一、自动调节的概念

1.自动调节的任务

电能生产无法储存的特点，决定了发电厂必须随时根据电力用户的需要来改变电能的产量。也就是当用户的用电量变化时，汽轮机的输出功率必须作相应的变化，以使发电机发出的电能适应电力用户的要求。

汽轮发电机组的电功率$P_{el}=D_0\Delta h_t^{mac}\eta_{el}/3.6$，如果汽轮机的进汽参数和排汽压力均保持不变，那么机组发出的电功率基本上与汽轮机的进汽量成正比。因此，当电力用户的用电量（即外界电负荷）增加时，汽轮机的进汽量应增大，反之亦然。

如果外界电负荷增加（或减少）时，汽轮机进汽量不作相应增大（或减小），那么汽轮机的转速将会减小（或增大），以使汽轮发电机组发出的电功率与外界电负荷相适应，机组将在另一转速下运行，这就是汽轮机的自调节性能。

若仅依靠自调节性能，将会使汽轮机转速产生很大的变化。这是因为外界电负荷的变化常是很大的，例如，用户中午休息，或晚间工矿企业停工等，此时汽轮机转速上升很大，使发出的电力频率和电压发生很大变化，特别是当发电机出线端故障，甩去全部负荷时，汽轮机将产生最大的转速飞升，所以仅依靠汽轮机的自调节性能，必将发生严重事故。此外，仅依靠自调节性能还与汽轮机运行的客观要求有矛盾，除不能保证电能质量（电频率、电压）外，还会使发电机组并列困难。当转速变化很大时，汽轮机速比变化很大，效率降低。所以，汽轮机的自调节性能无法满足运行要求。

这样，就必须在汽轮机上安装自动调节系统，利用汽轮机转速变化的信号对汽轮机进行调节。因此，调节系统的任务是当外界电负荷改变，汽轮机转速有一很小变化时，自动改变进汽量，使发出的功率与外界电负荷相适应，且保证调节后机组转速的偏差不超过规定的小范围。

2.直接调节和间接调节

图6.1.1(*a*)为汽轮机直接调节系统示意图。外界电负荷的减小将导致汽轮机转速升高，离心式调速器1的飞锤向外扩张，使滑环*A*上移，通过杠杆2关小调节汽门3，汽轮机的进汽量减小，汽轮发电机组发出的电功率也相应减小，从而和外界电负荷建立起新的平衡；反之亦然。由此可知，自动调节系统不仅能使机组转速保持在一定范围内，而且还能使进汽量与功率平衡。该系统的基本原理可用图6.1.1(*b*)的方框图来表示。

在图6.1.1(*a*)中，调节汽门是由调速器本身直接带动的，所以称为直接调节。由于调速器的能量有限，一般难以直接带动调节汽门，所以都将调速器滑环的位移在能量上加

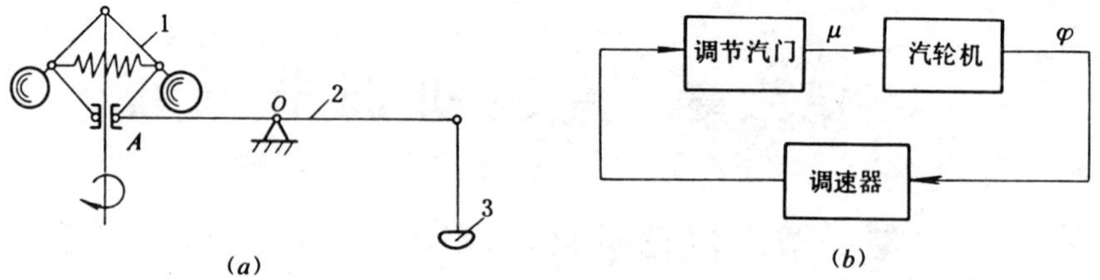

图 6.1.1　直接调节示意图和方框图

(a) 示意图；(b) 方框图

1—调速器；2—杠杆；3—调节汽门；φ—转速；μ—调节汽门开度

以放大，从而构成间接调节系统。

图6.1.2(a)是最简单的一级放大间接调节系统。调速器滑环带动的是错油门滑阀，再借助压力油的作用，使油动机带动调节汽门。当外界电负荷减小转速升高时，调速器滑环A向上移动，通过杠杆2带动错油门5的滑阀向上移动。此时错油门的上油口和压力油相通，而下油口则和排油相通，压力油进入油动机上腔，其下腔与回油相接，在油动机活塞上形成较大的压差，推动活塞向下移动，关小调节汽门，减小汽轮机进汽量，以使机组功率与外界电负荷相适应；反之亦然。

当转速升高，调速器滑环带动错油门滑阀上移时，油动机活塞向下移动，而油动机活塞的位移又通过杠杆带动错油门滑阀向下移动。当错油门滑阀恢复至居中位置时，压力油不再与油动机相通，活塞停止运动，此时，汽轮机实现了新的功率平衡，调节系统也达到了新的平衡状态。

油动机活塞的运动是错油门滑阀位移引起的，而活塞位移反过来又影响错油门滑阀的位移，这种作用称为反馈，杠杆2称为反馈杠杆。由于油动机活塞对错油门滑阀的反馈作用与调速器滑环对错油门滑阀的作用是相反的，所以称为负反馈。

图6.1.2(b)为间接调节原理方框图。

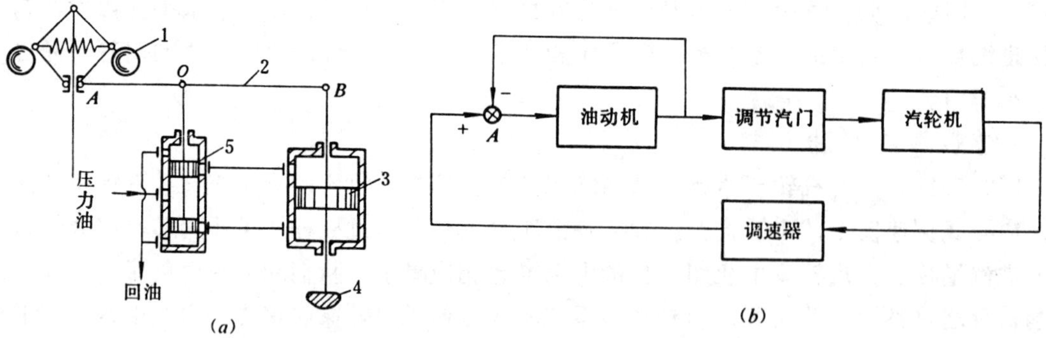

图 6.1.2　间接调节示意图和方框图

(a) 示意图；(b) 方框图

1—调速器；2—杠杆；3—油动机；4—调节汽门；5—错油门

3. 有差调节和无差调节

从图6.1.2（a）可以看出，当调节系统处于不同负荷的稳定工况时，调节汽门的开度各不相同，油动机活塞的位置也相应改变。而在调节过程结束，调节系统处于稳定状态时，错油门滑阀必处于居中位置。因此，通过杠杆的联系，调速器滑环也必处于与油动机活塞位置相对应的另一位置，即汽轮机的转速必将改变。也就是说，当外界电负荷改变，调节系统动作结束后，机组并不能维持转速不变，不同的负荷对应不同的稳定转速，只是转速的变动较小，这种调节是有差调节。

在有差调节中采用的是刚性反馈，只要油动机活塞位置一定，就有一定的反馈量，而且不随时间的变化而变化。还有一种反馈，其反馈作用只发生在油动机活塞最初运动阶段。当调节过程结束后，反馈作用也就消失，这种反馈称为弹性反馈。采用弹性反馈可以做到无差调节。

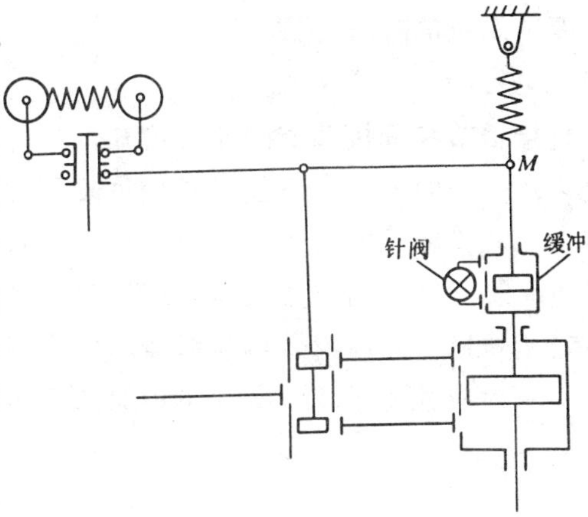

图 6.1.3　弹性反馈（无差）调节系统原理图

图6.1.3为弹性反馈调节系统原理图。缓冲油缸中活塞上下油腔中的油通过针阀控制的小孔相通，流动甚慢，当外界电负荷改变引起转速改变时，可认为缓冲油缸与其中的活塞没有相对移动，相当于一个整体，此时的调节系统与图6.1.2（a）的杠杆反馈间接调节系统相同。稳定时错油门滑阀居中，油动机活塞和调节汽门的不同位置所对应的调速器滑环位置也不相同，是有差调节。但此时，因M点位置改变，上部与之相连的弹簧的拉力改变，缓冲活塞慢慢移动，移动速度受活塞上下腔中的经针阀流过的油流量决定。弹簧力使M点缓慢移动，与此同时也移动错油门滑阀及油动机活塞，进行缓慢调节，直至M点恢复至原位，弹簧力消失后方能不动，这时错油门滑阀也在居中位置不变，调速器滑环恢复至原来位置，即转速不变，为无差调节。总的说来，这种调节系统在最初是有差调节，保证系统的稳定，然后缓慢让反馈量变小，静态偏差变小，成为无差调节。

无差调节常被应用于供热汽轮机的调压系统中，使供热压力维持不变，而汽轮机的速度调节系统中一般不采用无差调节。

4. 速度调节和功率调节

图6.1.1和图6.1.2所示的直接调节和间接调节系统，都是以汽轮机转速作为调节信号，根据转速的变化来控制调节汽门的开度的，因此称为速度调节系统。

在功频电液调节系统中，除测量速度信号外，还测取汽轮机的功率信号。如图6.1.4所示，通过电子测量元件测得的汽轮机转速和功率，在转换成电压信号U_f和U_P后，在A点进行比较。当外界电负荷发生变化时，汽轮机转速将有所改变，但此时汽轮机功率还没有来得及变化，因此有一偏差信号U_{fP}（$U_{fP}=U_f-U_P$）。这一信号经过比例-积分（PI）调

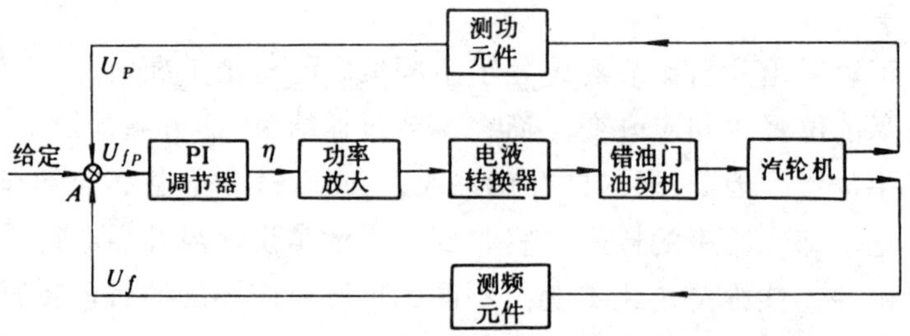

图 6.1.4 功频电液调节系统的简化方框图

节器放大转换为输出信号η，该信号经功率放大、电液转换器转换，成为液压信号，去控制错油门和油动机，改变汽轮机的功率。当$U_P = U_f$，即$U_{fP} = 0$时，PI调节器的输出信号η不再改变，油动机达到新的平衡。有关功频电液调节的原理将在本章第五节说明。

二、调节系统的静态特性

（一）静态特性曲线及四方图

根据直接调节和间接调节的原理可知，当外界电负荷变化时，简接调节系统动作后，转速的变化范围虽明显减小，但在不同负荷下所对应的转速是不同的，如图6.1.5所示。在稳定状态下，汽轮机的功率与转速之间的关系，称为调节系统的静态特性，静态特性曲线可以通过计算或试验的方法获得。这里以间接调节系统为例，说明静态特性曲线的绘制。

当汽轮机转速n升高时，调速器滑环的位移Δz相应增大，反之亦然。转速n与滑环位移Δz存在一一对应的关系，如图6.1.6中第二象限曲线所示，该关系曲线称为调速器的特性曲线。

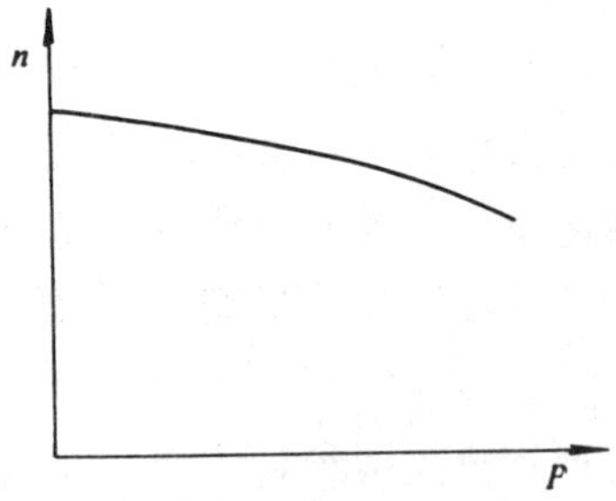

图 6.1.5 汽轮机调节系统的静态特性

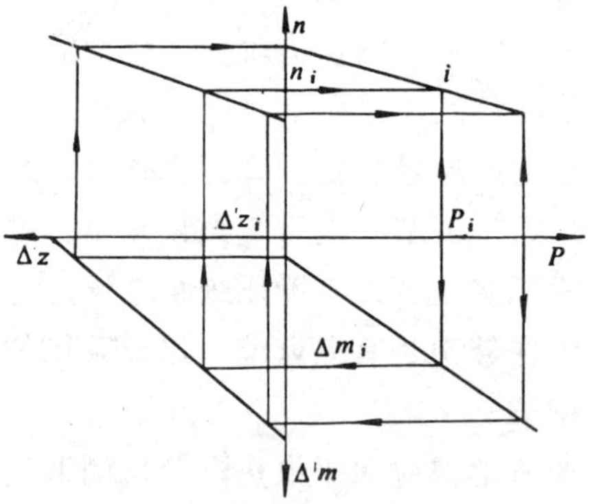

图 6.1.6 汽轮机调节系统的四方图

在稳定工况下，油动机活塞停止运动，错油门滑阀必处于居中位置，此时调速器滑环位移Δx和油动机活塞行程Δm之间也存在着一一对应关系，如图6.1.6中第三象限曲线所示。该关系曲线称为传递特性曲线，由此可知滑环位移愈大，油动机活塞所带动的调节汽门开度愈小。

油动机活塞行程Δm和汽轮机功率P之间也存在着一一对应关系。由于油动机活塞行程相当于调节汽门的开度，因此，随着调节汽门开度，即油动机活塞行程的增大，汽轮机功率也随之增加，如图6.1.6中第四象限曲线所示，Δm与P之间的关系曲线称为配汽机构特性曲线。

在某一功率P_i下，根据配汽机构特性曲线可得到相对应的油动机活塞行程Δm_i，由Δm_i通过传递特性曲线可得到相对应的调速器滑环位移Δz_i，再由Δz_i通过调速器特性曲线可得到相对应的转速n_i。P_i和n_i在第一象限的交点i即为调速系统静态特性曲线上的一个点。再根据不同的功率，用同样的方法可得到调速系统静态特性曲线上的许多点，将这些点连接起来就可得到汽轮机功率P和转速n的关系曲线，这就是汽轮机调节系统的静态特性曲线。图6.1.6称为调节系统的四方图。

（二）速度变动率

由上面的讨论可知，对应于汽轮机不同的功率，即使安装了调节系统，转速仍是变化的，随着机组功率的增大，转速将减小，也就是调节系统的静态特性曲线是向右下方倾斜的。那么，特性曲线的斜率大一些或小一些是否可行呢？由此引出速度变动率的概念。

汽轮机空负荷时所对应的最大转速n_{max}和额定负荷时所对应的最小转速n_{min}之差，与汽轮机额定转速n_0之比，称为调节系统的速度变动率δ，或称为速度不等率，即

$$\delta=\frac{n_{max}-n_{min}}{n_0}\times 100\% \tag{6.1.1}$$

对不同的汽轮机，要求有不同的速度变动率。对带尖峰负荷的机组，要求其静态特性曲线平一些，即速度变动率应小一些，以使机组能承担较大的负荷变动，一般$\delta=3\%\sim4\%$。若速度变动率δ过小，即曲线很平坦，则在不大的转速变化范围内，机组负荷的变化很大，机组进汽量的变化也相应很大，机组内部各部件的受力、温度应力等的变化也都很大，有可能损坏部件。极端情况是$\delta=0$，这时当外界负荷变化，电网频率改变时，机组运行将不稳定，从额定负荷到空负荷，或从空负荷到额定负荷，产生负荷晃动，机组无法运行。因此，速度变动率应大于3%。

对于带基本负荷的机组，不希望机组负荷有较大的变动，要求静态特性曲线陡一些，即速度变动率大一些，以使机组的负荷变化较小，保持基本负荷，一般$\delta=4\%\sim6\%$。根据试验，汽轮机甩负荷时的转速升高将是正常速度变动率的1.5倍。也就是说，设计条件下速度变动率$\delta=6\%$，机组突然甩负荷时的速度变化的实际值将是9%，此时机组的最大转速将达3270r/min，离超速保险的动作转速3300r/min已很接近，如图6.1.7所示。因此，速度变动率应小于6%，以保证机组突然甩负荷时，超速保险不致动作。

对于一般机组而言，不是带尖峰负荷，便是带基本负荷，所以速度变动率一般取$\delta=3\%\sim6\%$。

以上讨论的是机组从空负荷到满负荷时的速度变动率。实际调节系统的静态特性曲线不是一根直线，机组在不同负荷下有不同的速度变动率，也就是说，只有当静态特性曲线是一根直线时，机组在各负荷下的速度变动率才都相等。因此，还应注意机组的局部速度变动率。

如图6.1.8所示，机组的速度变动率很不均匀，即使从额定负荷到空负荷时的速度变动率满足要求（如$\delta=5\%$），该机组的调节系统仍不能符合运行的要求。在静态特性曲线接

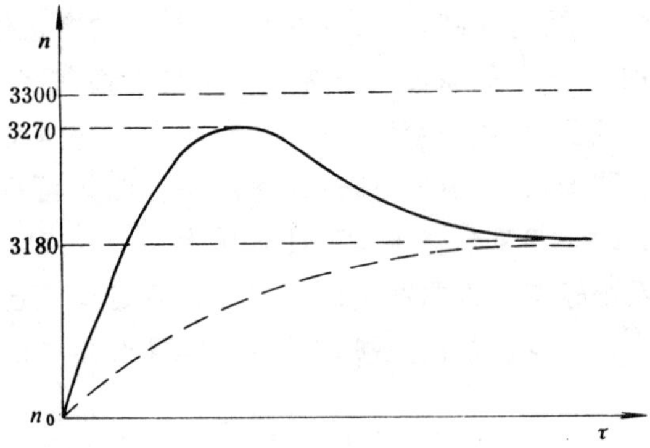

图 6.1.7　汽轮机甩负荷时的转速飞升曲线

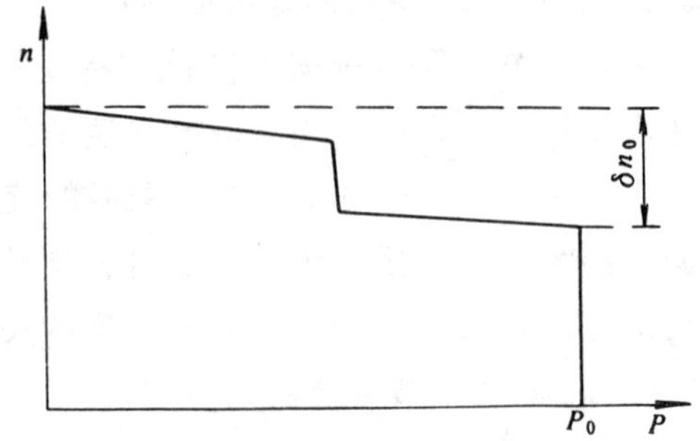

图 6.1.8　局部速度变动率

近水平的部分，局部速度变动率很小，当机组在相应负荷下运行时，将产生负荷晃动，即负荷突然增大或减小。而在静态特性曲线的陡直部分，局部速度变动率很大，负荷的变化很小。因此，具有这样的静态特性曲线的调节系统是不能满足运行要求的。

此外，汽轮机在电网中总是并列运行的。当外界电负荷增加时，如果各台机组的负荷都不变，则电网频率将要下降，这时就要求机组增加负荷，以保证电网频率的稳定。如图6.1.9所示，若有两台速度变动率不同的机组并列运行，在某个时刻，机组的转速均为3000r/min，此时外界电负荷与两台机组的总负荷相适应。当外界电负荷增加ΔP时，并列运行机组的转速都下降Δn，电网频率降低，并列运行的两台机组的负荷均有所增加。Ⅰ号机的速度变动率δ_1较大，增加的负荷ΔP_1较小，而Ⅱ号机的速度变动率δ_2较小，增加的负荷ΔP_2较大，但两台机组增加的总负荷（$\Delta P_1+\Delta P_2$）与外界电负荷的增加ΔP相等。

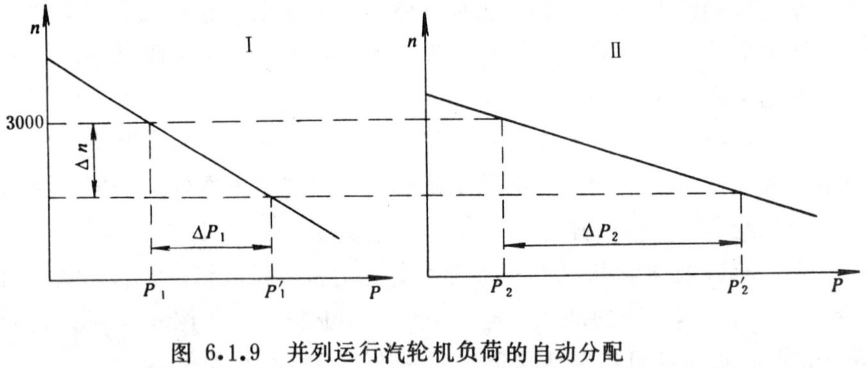

图 6.1.9　并列运行汽轮机负荷的自动分配

因此，电网中负荷变化时，并列运行各机组间的负荷自动分配是根据它们各自的速度变动率δ进行的，δ越大，分配给该机组的负荷越小（指百分数，而不是绝对值，绝对值的大小与机组容量成正比），δ越小的机组将承担较大的负荷变动。

（三）迟缓率

当考虑了调节系统的阻力或相当于阻力作用的因素（如连接件之间的间隙等），调节系统的静态特性曲线将发生变化。

如图6.1.10所示，当外界电负荷由P_0减小时，机组转速将从n_A升高，由于调节系统存在阻力，在转速升高的同时，机组发出的功率并不立即沿AB向减小，而只有当转速升高到足以克服系统阻力时，即 $n>n_1$ 时，调节汽门才开始关小，减小机组功率，以适应外界电负荷的减小。由此可知，当机组稳定到某个较低负荷时，转速将比调节系统没有阻力时的 n_B 要高。

同理，当外界电负荷增大时，虽然机组转速将会减小，但发出的功率并不立即沿AC向增大，只有当转速 $n<n_2$ 时，机组功率才开始增大，以适应外界电负荷的增大。

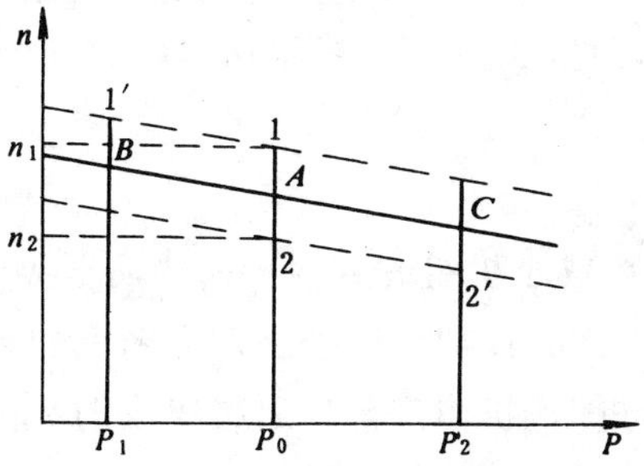

图 6.1.10 调节系统迟缓的产生

因此，在考虑了机组所有负荷和各种阻力后，调节系统的静态特性曲线将不是一根，而是一个带状区域，如图6.1.10中两条虚线之间的区域所示。在调节系统试验时，升速过程和降速过程各有一根静态特性曲线，不相重合，形成一条带状，它表示该调节系统阻力的大小，通常用调节系统的迟缓率 ε 来表示：

$$\varepsilon=\frac{n_1-n_2}{n_0}\times 100\%=\frac{\Delta n}{n_0}\times 100\% \qquad (6.1.2)$$

式中，n_1、n_2 分别表示在机组同一功率下的最高和最低转速，如图6.1.10中所示；n_0 是汽轮机的额定转速。

迟缓率过大会引起调节系统晃动，并使调节过渡过程恶化。因此，希望迟缓率 ε 越小越好。目前，液压式调节系统可做到 ε 不大于0.2%～0.5%，国际电工会规定 ε=0.06%，功频电液调节系统的 ε 可以达到甚至小于0.06%。

迟缓率对机组运行产生不良影响。汽轮机单机运行时，机组发出的功率决定于外界电负荷，因此，迟缓率的存在将会引起机组转速的自振。ε 越大，转速自振的范围 Δn（$\Delta n=\varepsilon n_0$）也越大，如图6.1.11（*a*）所示。由于 ε 一般不超过 0.5%，因此迟缓率的存在对转速自振的影响是不大的。当汽轮机在 $n=3000$r/min下运行时，转速自振的范围只有 $\Delta n=\varepsilon n_0=15$r/min。

当多台汽轮机在电网中并列运行时，机组的转速决定于电网的频率，基本保持不变。此时，迟缓率的存在将会引起机组功率在较大范围内晃动。ε 越大，功率的晃动范围 ΔP（见图6.1.11，*b*）也越大。

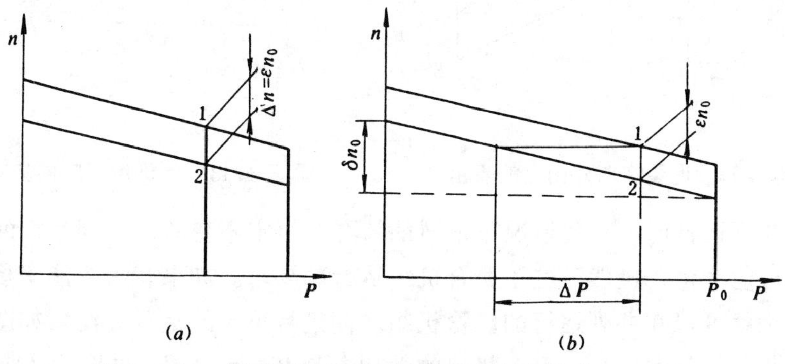

图 6.1.11 调节系统迟缓对汽轮机运行的影响

（*a*）单机运行；（*b*）并列运行

另外,机组功率的晃动还与速度变动率δ有关。δ越小，功率的晃动范围越大。如图6.1.11(b)所示,机组功率的晃动为

$$\Delta P = \frac{\varepsilon}{\delta} P_0 \tag{6.1.3}$$

为了减小机组并列运行时的功率晃动，不仅要求ε较小，而且希望δ不要太小。

图6.1.12为迟缓在四方图上的表示，由图可知，调节系统的迟缓是由调速器、传递机构和配汽机构三部分迟缓组成的。因此,减小调节系统的迟缓应从减小各部分的迟缓着手。

（四）特性曲线的平移——同步器

从调节系统的静态特性曲线可以看出，当汽轮机的功率改变时，虽有调节系统，但在不同功率下，机组相对应的转速是不相等的。显然，这种情况是不能满足汽轮机运行对调节系统的要求的，即不能满足供电频率不变这一要求。

如图6.1.13所示，汽轮机单机运行，在功率为P_1时，机组在n_0 = 3000r/min下运行，工作点是A。当外界电负荷增大，机组功率为P_2时，汽轮机转速降为n_B，将不能维持在额定转速下运行，电网频率也将降低，此时工作点为B，这称为一次调频，显然，仅一次调频是不能满足用户对电能质量的要求的。当外界电负荷增大至P_2后,若能将静态特性曲线向上平移至C点,那么,机组功率虽增大了,但机组转速并没有变化,仍将保持在n_0=3000r/min下运行，这后一个调整称为二次调频，这就使电能质量得到了保证。因此，单机运行机组需要一个能平移静态特性曲线的装置。

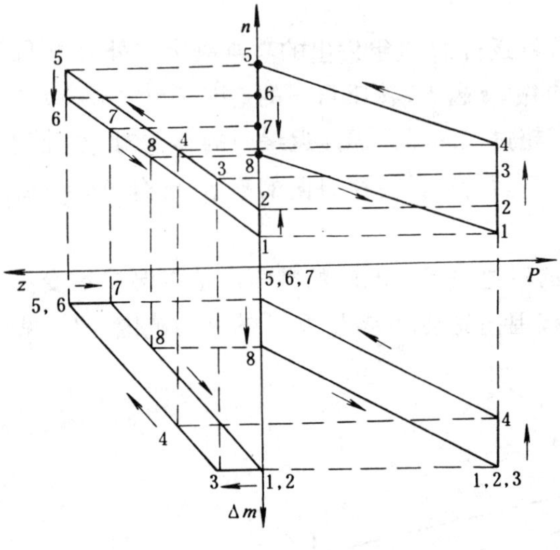

图 6.1.12 迟缓在四方图上的表示

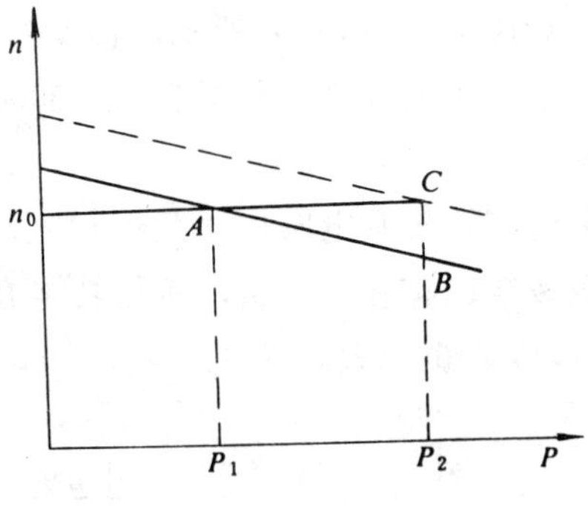

图 6.1.13 单机运行时同步器的作用

汽轮机并列运行时，一般情况下电网的频率是恒定不变的，并列运行的机组已承担的负荷也就不可能变化，显然，这不符合机组运行的要求。如果有一个能平移静态特性曲线的装置，那么就可以在并列运行的汽轮机组之间进行负荷的重新分配。如图6.1.14所示，在平移特性曲线前（实线），两台机组的总功率为$P = P_1 + P_2$,平移特性曲线后（虚线），两台机组的总功率为$P' = P_1' + P_2'$。若ΔP_1（$\Delta P_1 = P_1' - P_1$）与ΔP_2（$\Delta P_2 = P_2' - P_2$）的绝

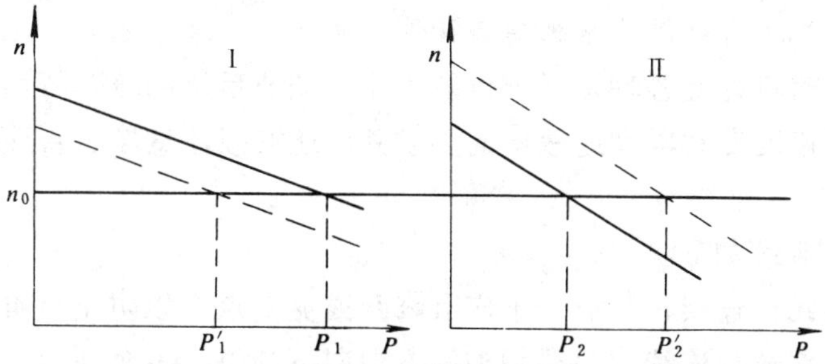

图 6.1.14 并列运行时同步器的作用

对值相等，则可知$P' = P$，这时总功率没有变化，但每台机组所承担的负荷改变了，即负荷进行了重新分配。

这种平移调节系统静态特性曲线的装置称为同步器。同步器的作用在于：

1）汽轮机在单机运行时，使用同步器可以确保机组在任何负荷下保持转速不变；

2）汽轮机在并列运行时，通过同步器可以进行负荷在各机组间的重新分配，此时机组转速保持不变。

可见，有了同步器后，汽轮机调节系统的静态特性曲线就不再是一根，而是一簇。

调节系统静态特性曲线的平移可以通过平移调速器特性曲线或传递特性曲线来实现，分别称之为第一类同步器或第二类同步器。下面以第一类同步器为例，说明其基本原理。

如图6.1.15所示为辅助弹簧同步器，它平移的是调速器特性曲线，属于第一类同步器。图中调速器的弹簧有两个，一个是随调速器一起旋转的主弹簧1，另一个是不随调速器旋转的辅助弹簧2，重锤的离心力由主弹簧和辅助弹簧两者的紧力所平衡。辅助弹簧的紧力可通过操作同步器手轮3加以调整。若负荷P不变，则调节汽门开度、油动机活塞行程Δm都不改变，调速器滑环位移Δz也就不能改变。这时若把同步器手轮向上旋，使辅助弹簧紧力减小，那么为了保持滑环位移Δz不变，转速应由图6.1.16中点1的n_1降为点2的n_2，使飞锤的离心力也减小才行，也就是说调速器特性曲线将由aa变为bb。根据一一对应的关系，可求得调节系统的静态特性曲线，它将由AA平移至BB。这样，通过对辅助弹簧紧力的调整可以实现调节系统静态特性曲线的平移。

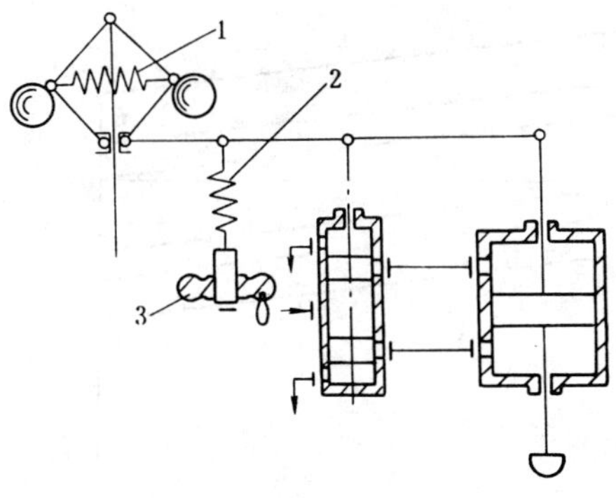

图 6.1.15 辅助弹簧同步器

1—主弹簧；2—辅助弹簧；3—同步器手轮

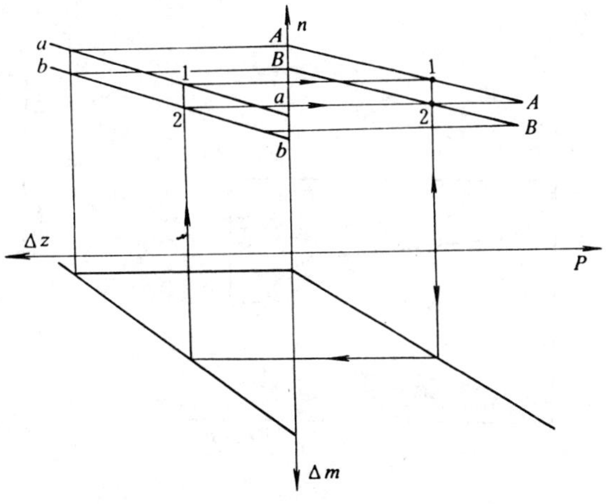

图 6.1.16 静态特性曲线的平移

（五）汽轮机运行对调节系统静态特性的要求

为了保证汽轮机能在各种工况下可靠工作，调节系统的静态特性应满足一定的要求。除了前面所述对速度变动率和迟缓率的要求外，还必须注意静态特性曲线的形状和同步器的调节范围。

1.静态特性曲线的形状

静态特性曲线应连续、平滑，不应有跳跃或突变点，以防止机组负荷在该处的突然变动。静态特性曲线还应连续向功率增加的方向向下倾斜，不允许有水平段。除此以外，要求静态特性曲线在零负荷、低负荷及满负荷处较陡，这是因为：

（1）并列容易　汽轮机启动时常用同步器控制转速进行并网，若零负荷处静态特性曲线较陡，当调节系统内部参数（如油压）有一些波动时，油动机活塞移动和调节汽门启闭均较小，机组进汽量改变也就较小，转速较稳定，使机组容易并列。

（2）低负荷时负荷变动较小　汽轮机启动后的低负荷阶段仍是加热较强的阶段，为避免在刚带负荷后机组加热过快而产生过大的热应力和差胀，机组初带负荷时加负荷不能太快。调节系统静态特性曲线在低负荷区段较陡，即使电网频率发生变化，引起机组负荷的变动也较小，有利于机组启动后安全地带小量负荷。

（3）满负荷时不会过载　在满负荷附近，静态特性曲线也应较陡，当电网频率有所降低时，机组不会自动带上过大负荷，以免机组过载而发生危险。

总之，要求在空负荷和满负荷附近的静态特性曲线较陡，但是为保证机组的速度变动率在允许范围内，还要求特性曲线的中间部分较为平坦。合理的静态特性曲线的形状如图6.1.17所示。

2.同步器的调节范围

同步器的调节范围，也就是静态特性曲线的上下限位置，应满足下列要求：

（1）同步器调节的最小范围　为保证机组在额定转速、正常参数下能带满负荷，并能通过同步器卸去全部负荷，同步器的最小调节范围至少应使特性曲线在图6.1.18中的*AA-BB*之间。

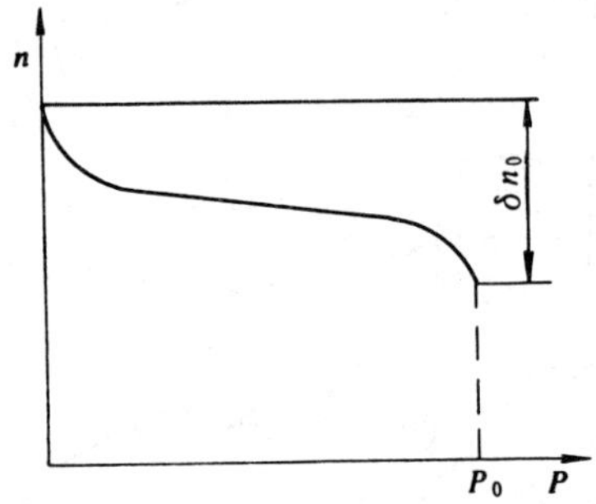

图 6.1.17　典型的静态特性曲线

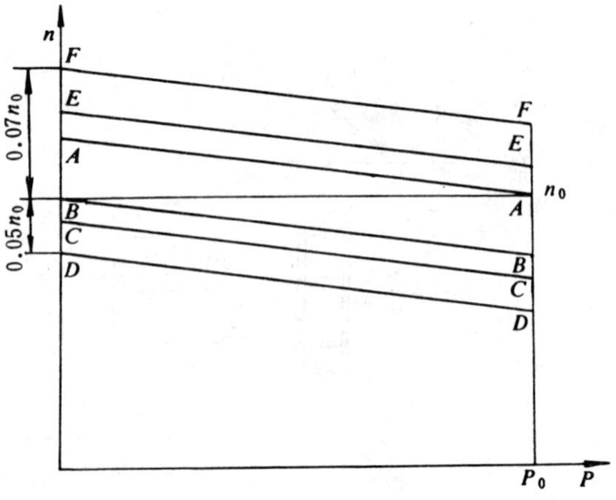

图 6.1.18　同步器的调节范围

（2）静态特性曲线的下限线位置　下限线位置应符合下述要求：

1）当电网频率较额定值低2.5％时，为使机组仍能维持空负荷运行，静态特性曲线的下限位置应为CC（图6.1.18），这样能保证已并列机组在必要时可用同步器将负荷减至零，此时也可将刚启动的汽轮机用同步器控制机组转速并列，并带上负荷。

2）当新汽参数升高及真空提高时，在同一调节汽门开度，即同一个油动机活塞位移Δm条件下，机组的进汽量将增加，蒸汽的理想比焓降也将增大，机组发出的功率也相应增大，配汽机构特性曲线的实际位置将右移（也就是上移），此时调节系统的静态特性曲线也将上移，如图6.1.19中的细实线所示，相当于图6.1.18中的特性曲线CC上移。如果系统静态特性曲线最低只能移至CC，那么就不能保证机组在低于额定转速下维持空负荷运行，也就不能用同步器减负荷至零。因此，静态特性曲线的下限还需再向下移至如图6.1.18中DD所示的位置。这样，即使新汽参数升高、真空提高、且电网频率减小几种情况同时发生，也能用同步器减负荷至零。

通常要求同步器最低位置下静态特性曲线对应的空负荷时的转速为2850r/min，即处于额定转速的－5％处。

（3）静态特性曲线的上限线位置　上限线位置也应符合一定要求。当电网频率在允许范围内升高时，应仍能控制同步器带上满负荷，这就要求静态特性曲线的上限位置为EE（见图6.1.18）。若同时新汽参数降低、真空降低、且电网频率升高，显然静态特性曲线的上限位置还需提高到FF，即图6.1.19中的高参数细实线处。这样，当电网频率及新汽参数均正常时，在机组强度条件允许的情况下，也可控制同步器使机组过负荷运行，如图6.1.19的粗实线所示。

通常要求同步器最高位置下静态特性曲线对应的空负荷时的转速为3210r/min，即处于额定转速的＋7％处。

三、调节系统的动态特性

（一）动态特性概念

前面讨论的调节系统静态特性是指汽轮机在稳定状态下功率和转速的关系。但从一个稳定状态如何过渡以及能否过渡到另一个稳定状态，则是调节系统动态特性所研究的问题。

汽轮机调节系统在运行中常发生某些缺陷，例如，同步器工作范围调整不当，低频率时汽轮机不能减负荷到零；速度变动率太大，使机组甩负荷时超速保险动作；速度变动率太小，使调节系统晃动，等等。这些缺陷通过静态特性的研究都可得到消除。但某些缺陷，如调节系统连续晃动，甩负荷后机组转速飞升超过超速保险的动作转速等不是在稳定状态下发生的，因此必须研究调节系统的动态过程。

根据调节系统的静态特性可知，如某台汽轮机调节系统的速度变动率是5％，在额定负荷下机组转速是3000r/min，那么该机组空负荷下的转速应为3150r/min。但机组以额定负荷变至零负荷时转速是如何从3000r/min上升至3150r/min的？对其过渡过程，用静态特性是无法说明的。各种可能的过渡过程如图6.1.20所示，其中曲线a是非周期过程，曲线b是微振的过渡过程，曲线c是振荡的过渡过程，这三种过程经过一定时间τ后，最后均能稳定在一个新的转速稳态值，所以称为稳定过程。曲线d为等幅振荡，曲线e为发散振荡，即幅值越来越大，曲线 f 一直飞升，它们均是不稳定过程。显然，不稳定的过渡过程是不能满足运行要求的。

在汽轮机负荷变动时，不仅转速会发生变化，调节系统的其它部件，如油动机活塞、错油门滑阀等都会产生相应的运动，有各自的过渡过程，这些过程必须都是稳定的。因此，调节系统的稳定性是动态特性的研究内容之一。

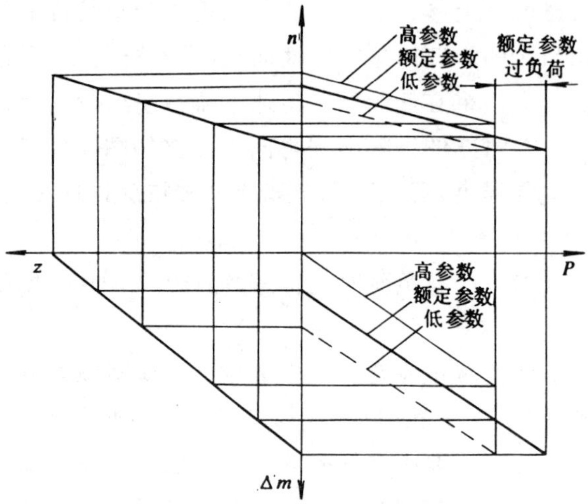

图 6.1.19 参数改变时静态特性曲线的改变

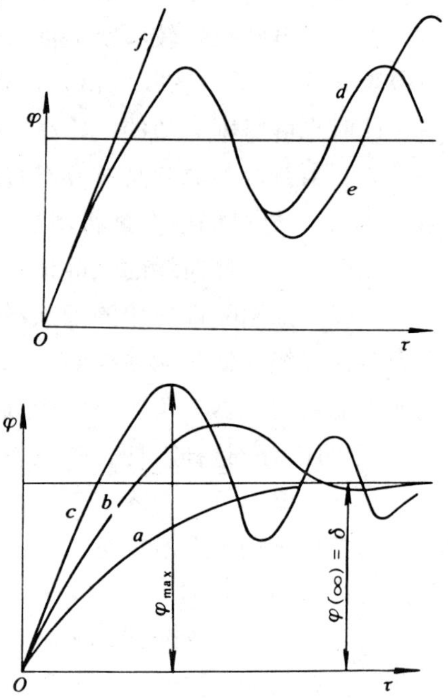

图 6.1.20 各种可能的过渡过程

φ —转速 n 变化的相对值，$\varphi = n/n_0$；τ —时间

除此之外，汽轮机运行还要求机组在甩负荷后的最高转速不超过超速保险的动作转速，这是调节系统动态特性研究的又一内容。从汽轮机零部件的强度安全考虑，机组的最高转速不应超过额定转速的11%～12%。汽轮机的转速调节系统是保证汽轮机不发生超速的第一保护装置。当汽轮机转速调节系统的动态特性不能满足上述要求时，汽轮机的超速保护就只有超速保险系统。转速调节系统与超速保险系统相比，前者经常处于工作状态，动作灵活，可靠性较高，后者动作以后，汽轮机需重新挂闸启动，增加了汽轮机重新并列的时间。汽轮机的事故记录表明，甩负荷后调节系统不能维持汽轮机空转，超速保险系统动作后自动主汽门又卡涩拒绝动作，从而造成汽轮机飞车的事故是曾经发生过的。

汽轮机调节系统动态特性的优劣，取决于正确设计这一系统及其结构因素、动态参数（如时间常数、变动率等），取决于加工制造及装配的质量（它将影响迟缓率）。另外，运行上的一些因素，如油压波动、油质好坏等也有影响。

（二）对调节系统动态特性的要求

调节系统的动态特性能否满足汽轮机运行的要求，一般可根据下列指标进行评定。

1.稳定性

汽轮机运行中，当受到扰动而离开原稳定工况后能很快地过渡到新的稳定工况，或在扰动消除后能恢复到原来的稳定工况，这样的调节系统是稳定的。不稳定的调节系统是不能应用的，所以稳定性好是调节系统正常工作的必要条件。

对稳定性的判别方法甚多，可根据自动调节原理中稳定性判别式进行，而对稳定性的衡量，则可应用自动调节原理中稳定裕度的概念。

2.动态超调量

在汽轮机调节系统中，被调量（转速）的动态超调量σ可用下式表示：

$$\sigma = \frac{\phi_{max} - \delta}{\delta} \times 100\% \qquad (6.1.4)$$

式中，φ_{max}为被调量的最大动态相对值，即汽轮机最大飞升转速的相对值。根据前述，为了不引起超速保险动作而停机，甩全负荷时的最大飞升转速应低于超速保险整定的动作转速。一般情况下，超速保险的动作转速为（110%～112%）n_0，因此，φ_{max}取7%～9%，或σ取40%～80%（取$\delta = 5\%$）。

3.静态偏差值$\varphi(\infty)$

在汽轮机转速调节系统中，有差调节系统的静态偏差值$\varphi(\infty) = \delta$，如图6.1.20所示。

4.过渡过程的调整时间T

外界扰动作用于调节系统后，从调节过程开始到被调量满足下列不等式的最短时间称为过渡过程的调整时间，用T表示：

$$|\varphi(\tau) - \varphi(\infty)| \leqslant \Delta \qquad (6.1.5)$$

式中，Δ为一个给定的转速微小偏差，有时也可为零；$\varphi(\tau)$为经时间T后的转速相对值。

要求调节系统绝对稳定是不可能的，所以调节系统满足式（6.1.5）后，即可认为动态过渡过程基本完成。微小偏差在汽轮机调节系统中一般取为静态偏差的5%，即$\Delta = 5\% \delta n_0$。不希望过渡过程的调整时间过长，一般为几秒到几十秒，最长不应超过1min。

5.振荡次数

这是指在调整时间T内被调量的振荡次数。对汽轮机调节系统而言，明显的被调量振荡不能超过2～3次。

（三）影响动态特性的一些主要因素

通过长期的理论研究和实际试验可知，汽轮机甩负荷时的动态最大飞升转速（如图6.1.21所示）一般可用下式估算：

$$\Delta n_{max} = \frac{n_0}{T_a}\left[\lambda\left(T_1 + \frac{T_2}{2}\right) + T_V\right] \qquad (6.1.6)$$

其中

$$T_a = \frac{J\omega_0}{M_{T_0}}$$

$$T_V = \frac{\sum W_i}{P_0}$$

上三式中 λ —— 甩负荷时负荷下降的百分数；

T_1, T_2 —— 油动机的滞后时间和关闭时间；

T_a—— 转子飞升时间常数；

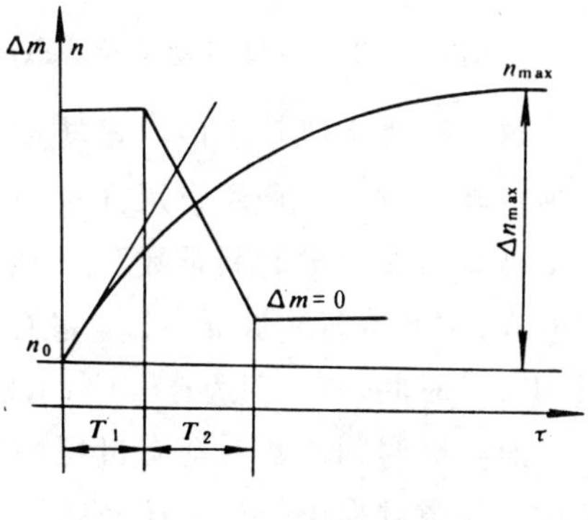

图 6.1.21 动态估算曲线

J——汽轮发电机组转子的转动惯量；

ω_0——额定角速度；

M_{T_0}——汽轮机额定转矩；

T_V——蒸汽容积时间常数；

$\sum W_i$——调节汽门后各中间容积中的蒸汽膨胀功；

P_0——汽轮机的额定功率。

根据上式中各量的物理意义即可分析这些因素对动态特性的影响。

1.调节对象对动态特性的影响

（1）转子飞升时间常数T_a　影响转子飞升时间常数T_a的主要因素有汽轮发电机组转子的转动惯量J及汽轮机的额定转矩M_{T_0}。J越小，M_{T_0}越大，则T_a越小，机组越容易加速。随着机组容量的不断增大，M_{T_0}成倍或成十倍地增加，但J却增加不多，因而T_a越来越小，例如，中压机组的T_a约为11～14s，高压机组的约为7～10s，中间再热机组的仅有5～8s。所以，机组功率越大，超速的可能性也越大，甩负荷后动态超速的控制越来越困难。

（2）蒸汽容积时间常数T_V　在额定功率一定的条件下，T_V越大，调节汽门后各中间容积中储存的蒸汽量越多，其作功能力越大。甩负荷时，虽然调节汽门已关闭到空负荷位置，但各中间容积的蒸汽仍继续在汽轮机内膨胀作功，使机组转速的额外飞升增大。因此，除尽量缩小蒸汽容积时间常数外，还必须采取某些措施限制转速飞升，如在中间再热机组中装设中压调节汽门等。

2.调节系统对动态特性的影响

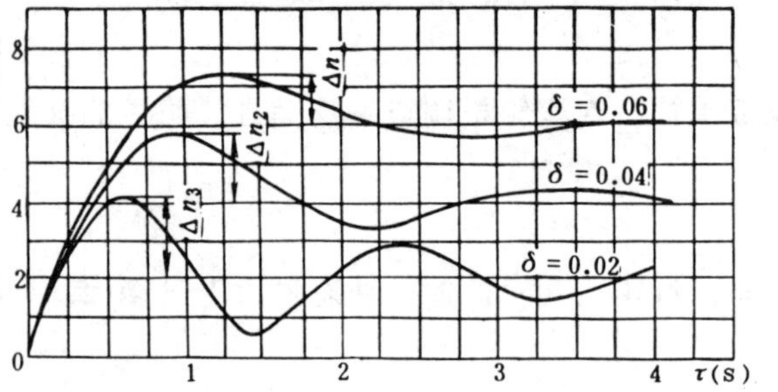

图 6.1.22　速度变动率对动态过程的影响

（1）速度变动率δ　速度变动率对动态过程的影响如图6.1.22所示。当δ值较大时，动态过程中的最高转速及稳定转速均较高，使调节系统静态及动态的转速偏差较大。同时，δ大时反馈率高，动态稳定性好，调节过程将是非周期性的，或者振荡衰减得较快，动态超调量Δn变小，如图6.1.22中$\Delta n_1 < \Delta n_2 < \Delta n_3$。反之，当$\delta$值较小时，虽转速飞升的绝对值较小，但动态超调量却较大，且振荡次数增加，衰减较慢，动态稳定性较差。

（2）油动机时间常数T_m　油动机时间常数T_m表示在错油门滑阀油口开度最大时，油动机活塞在最大进油量条件下走完工作行程Δm_{max}所需的时间。它综合反映了油动机的滞后时间和关闭时间，T_m一般在0.1～0.3s左右。

油动机时间常数对动态过程的影响如图6.1.23所示。当T_m较大时，调节汽门关闭时间较长，动态过程中的最大转速较高，过渡过程曲线的摆动也较大，过渡时间较长，调节品质较差。但另一方面，油动机动作较慢，可减小油压波动对调节系统摆动的影响，主油泵功率也可减小。

（3）迟缓率ε　调节系统的迟缓对动态特性是不利的。由于迟缓率的存在，调节汽门关闭迟缓，超调量增大。对于原非周期过程，过程时间延长，动态偏差增大，但仍是非周期过程；对于原周期性过程，则振荡加剧，甚至造成不稳定振荡。

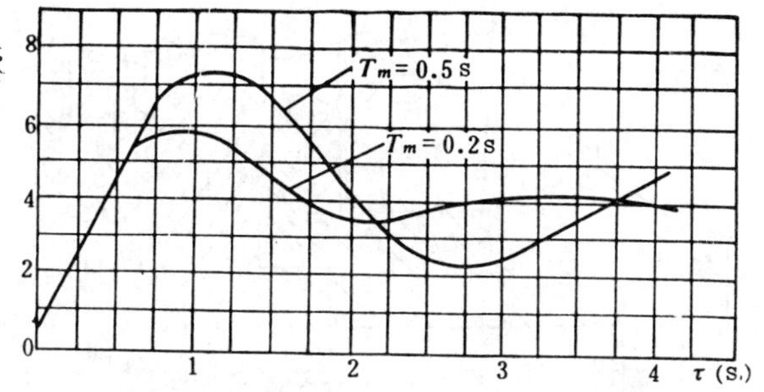

图 6.1.23　油动机时间常数对动态过程的影响

此外，调速器及错油门滑阀的质量也会对动态过程产生影响。当其质量较大时，惯性影响不能忽视，它将增大初始动作时的迟缓，而在动作后又不易停止，因此调节系统的动态超调量将增大。

四、汽轮机的保护装置

为确保汽轮机的安全运行，防止设备损坏事故，除要求调节系统动作可靠外，汽轮机还配置有各种保护装置，以便在机组遇到事故或出现异常时，能及时动作，避免造成设备损坏或事故扩大。

每台汽轮机配置保护装置的类型和数量，目前还无统一规定，机组类型不同，容量和运行条件不同，对保护装置也有不同的要求。下面就汽轮机的主要保护装置予以简要说明。

1.超速保护装置

汽轮机是一高速旋转机械。当转速增大时，离心应力迅速增加，例如，转速升高到额定转速的120%时，汽轮机转子所承受的应力将接近于额定转速的1.5倍。如果转速升高到不能允许的数值，将导致汽轮机设备的严重损坏。

汽轮机调节系统按一般的设计要求，应能保证机组在甩全负荷后其动态超速不高于额定转速的7%～9%。但是，当调节系统由于某种原因发生问题时，机组仍有可能发生超速。因此，在调节系统之外，又设计了完全独立的汽轮机超速保护装置。

这种超速保护装置通常称为超速保险，或危急遮断器、危急保安器。当汽轮机转速超过一定限度时（一般规定为额定工作转速的1.10～1.12倍），超速保险就立即动作，并迅速切断向汽轮机的供汽，迫使汽轮机停止运转。在超速保险动作时，还必须同时将汽轮发电机从电网中解列，否则在汽轮机停止进汽后汽轮发电机仍在电网中同步运行，会导致事故的扩大。

超速保险根据其结构特点可分为飞锤式和飞环式两类。图6.1.24是飞锤式超速保险的结构图，它装在主轴前端，由撞击子4，撞击子壳1，弹簧6及调整螺帽3等组成。撞击子的重心与旋转轴中心偏离6.5mm，所以又称为偏心飞锤，偏心飞锤被弹簧6压在塞头9上。在转速低于撞击子飞出转速时，弹簧力大于飞锤离心力，飞锤处于图示位置不动作；当转速升高到等于或大于撞击子飞出转速时，飞锤离心力增大并超过弹簧力，撞击子动作，向外飞出。只要撞击子动作了，随着偏心距的增大，离心力也不断增大，直到撞击子走完全部行程。撞击子的行程由限位衬套8的凸肩限制，正常情况下全行程为 6mm。撞击子

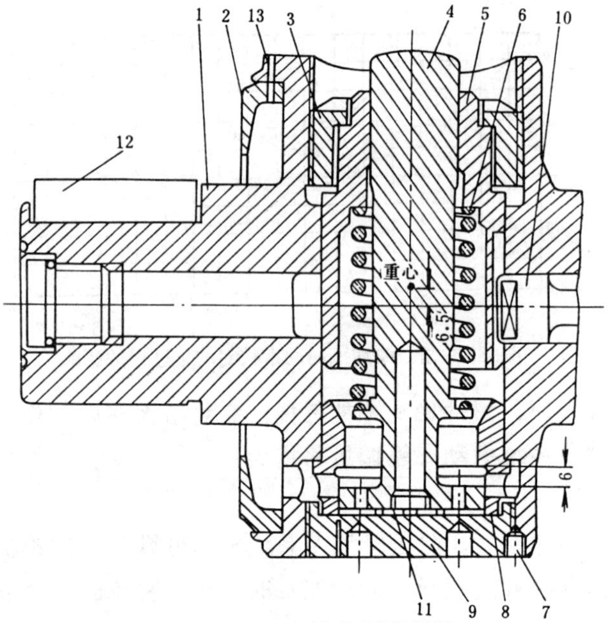

图 6.1.24 飞锤式超速保险

1—撞击子壳；2—两半环；3—调整螺帽；4—撞击子；5—导向衬套；6—弹簧；7—螺钉；8—限位衬套；9—塞头；10—特制键；11—特制螺塞；12—键；13—排油孔口

飞出后撞击脱扣杠杆，使危急遮断滑阀动作，关闭自动主汽门和调节汽门，使汽轮机停止运行。

汽轮机转速降低，飞锤离心力减小，当转速降低到某一数值时，离心力将小于弹簧力，飞锤在弹簧力的作用下回到原来位置，这一转速称为复位转速，一般在3050r/min左右。撞击子的动作转速可通过改变弹簧6的紧力，即转动调整螺帽3使导向衬套5移动来进行调整。

图6.1.25为飞环式超速保险的结构图。它与飞锤式超速保险的区别，主要在于用一个套在汽轮机主轴上的具有偏心质量的飞环1代替偏心飞锤。当汽轮机转速升高到动作转速时，偏心飞环的离心力超过弹簧的作用力，飞环向外飞出。飞环飞出的转速调整可通过专用工具调整螺母2以改变弹簧力来实现。

可见，超速保险实际上是一种不稳定的调速器。当达到某一转速时，飞锤（或飞环）只能从一个极限位置移动到另一极限位置。

由于超速保险在汽轮机正常运行时是静止不动的，所以动作是否可靠，必须通过试验才能判定。试验方法通常有下列三种：

（1）手动试验　在汽轮机运行状态或静止时的挂闸状态，手动或远距离电动脱扣。

（2）超速试验　将汽轮机转速提升到超速保险应当动作的转速，检查超速保险的动作是否符合运行要求，该项试验应在同一运转状态下进行两次，两次动作转速之差应不超过规定转速的0.6%。

（3）注油试验　在汽轮机运行状态下，不提升机组转速也可检查超速保险动作是否灵活，这就是一般

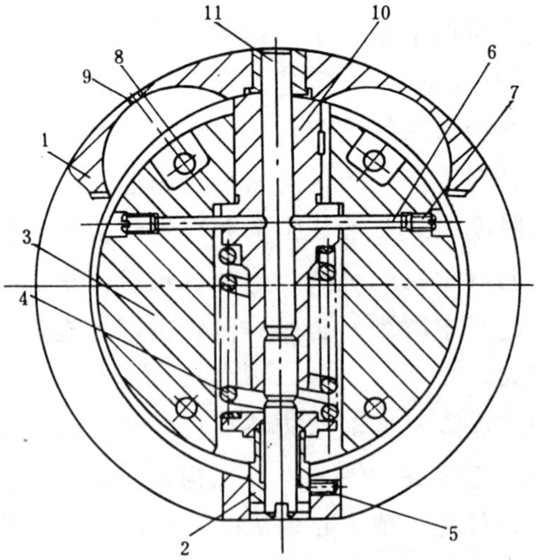

图 6.1.25 飞环式超速保险

1—飞环；2—调整螺帽；3—主轴；4—弹簧；5—螺钉；6—圆柱销；7—螺钉；8—油孔；9—排油孔口；10—套筒；11—导杆

大容量机组都具有的超速保险喷油试验系统。其喷油试验的原理是将压力油喷入超速保险的油室（或油囊），如果超速保险动作灵活，则在油压和离心力的作用下撞击子动作。喷油前应将超速保险撞击子打击的杠杆移开，或将保安油路切断，以防自动主汽门和调节汽门关闭 。

2.轴向位移保护装置

在汽轮机运行中，若转子轴向推力过大或供油中断，有可能造成推力轴承巴氏合金熔化，此时转子将产生较大的轴向位移，导致动静部分摩擦，造成严重事故。因此，在汽轮机上装有轴向位移测量和保护装置，它可以在转子轴向位移达到一定数值时首先发出报警信号。当轴向位移增大到某一危险值时保护装置动作，自动停机。

轴向位移保护装置多为电气式或液压式。图6.1.26（a）为电气式轴向位移保护装置。其位移发讯器是一个差动电磁感应变压器，初级线圈 2 布置在铁芯的中心导磁柱上，次级保护线圈 3 分别对称布置在铁芯的两侧导磁柱上。汽轮机轴凸肩 1 位于铁芯正中部。当转子产生轴向位移时，转子凸肩和位移发讯器铁芯间的两侧空隙 a 和 b 的大小发生改变，空气隙改变，磁阻改变，反之亦然，次级线圈中的感应电势也随之改变。感应电势经放大后控制磁力断路滑阀的电磁铁。当轴向位移超过一定数值后，电磁铁拉动磁力断路油门的滑阀，使保护系统掉闸停机。

图6.1.26（b）为液压式轴向位移保护装置示意图。当转子处于正常位置时，喷油嘴 6 因与主轴 5 的间隙较小，喷油量也较少，因此节流孔 9 到轴向位移控制滑阀 7 下部的油压将滑阀顶起，使来自危急遮断油门的压力油经滑阀 7 进入并作用在滑阀 8 的上部。另一路压力油经滑阀 8 通往自动主汽门操纵座活塞下部,保证自动主汽门处于全开状态。当转子轴向位移超过某一数值时，喷油嘴与主轴间隙增大，使排油量增大，在滑阀 7 上部弹簧的作用下，通往滑阀 8 上部的油路被切断，在滑阀 8 下部弹簧的作用下，滑阀 8 上移并切断通往自动主汽门的压力油路，迫使主汽门关闭。

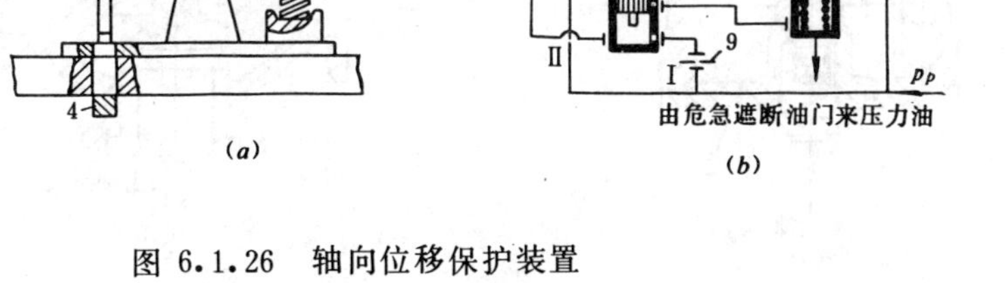

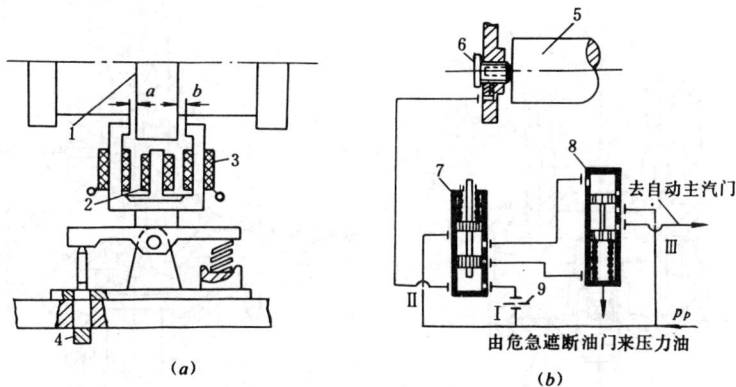

图 6.1.26　轴向位移保护装置

（a）电气式；（b）液压式

1—汽轮机轴凸肩；2—初级线圈；3—保护线圈；4—调节螺钉；5—主轴；6—喷油嘴；7、8—滑阀；9—节流孔

3. 低油压保护装置

润滑油压过低将会使汽轮机轴承不能正常工作，严重时不但要损坏轴瓦，而且可能造成动静部分摩擦等重大事故。因此，在汽轮机润滑系统中常设置低油压保护装置。

当润滑油压低于规定值时，装置将发出信号，提醒运行人员注意并采取相应措施；当油压继续降低到某一数值时，装置将自动投入辅助润滑油泵以提高润滑油压；当油压仍继续降低至某一数值时，装置将使盘车停止或使保安系统掉闸停机。

常用的油压感受元件为波形管及弹簧元件，它们借不同压力时的不同变形量，分别接通不同的电触点，使继电器动作而实现相应的操作。

4. 安全防火保护

随着汽轮机单机容量的增大，调节汽门阀芯口径随之增大，相应的提升力也明显增大，油动机的作功能力也要求提高。此时，如果仅加大油动机结构尺寸，那么油动机耗油量增大，油动机时间常数也随之加大，对调节系统性能不利，同时也增大了油泵的负荷。所以，通常提高调节系统的工作油压，例如，国产300 MW汽轮机已采用1.962 MPa的压力等级。但调节油压的提高，漏油的危险性增大，伴随着油系统火灾危险性加大，因此在油系统中采用遥控的或同时可就地控制的防火油门。

图6.1.27（*a*）为高压防火油门，它装设在主油泵压力油通向油动机的供油管道上。正常运行时，防火油门如图示处于全开位置，压力油自主油泵来，经过防火油门送往油动机。当高压调速油漏油失火时，运行人员打闸停机，安全油失压，使主汽门和调节汽门立即关闭，并使高压防火油门也关闭，切断主油泵来的压力油至各油动机的通路，防止高压油继续喷漏而扩大火灾。图6.1.27（*b*）为低压防火油门，它装设在油动机至主油泵进口的回油管道上。正常工作时，油动机回油经低压防火油门排至主油泵进口，如图所示。当安全油失

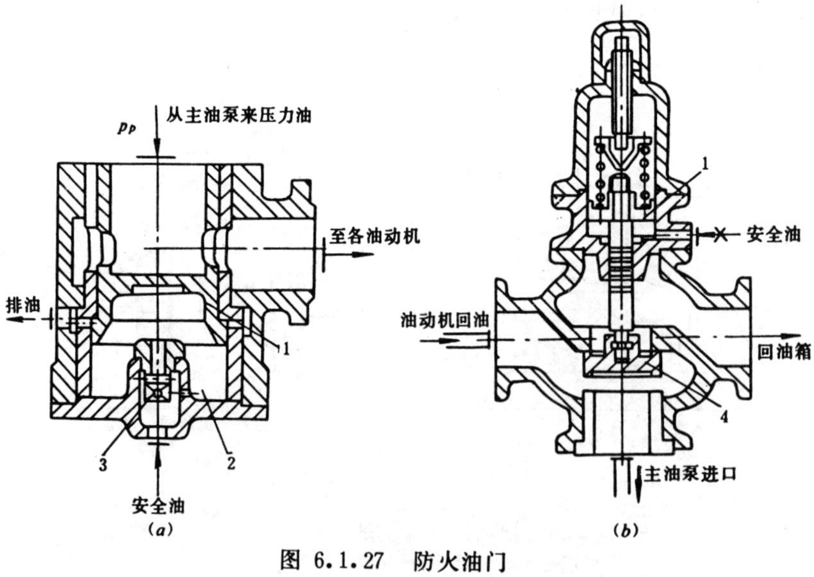

图 6.1.27　防火油门

（*a*）高压防火油门；（*b*）低压防火油门

1—活塞；2—*C*孔；3—逆止球；4—油阀

压时，低压防火油门在上部弹簧力作用下动作，切断油动机回油至主油泵入口的通路，将油动机回油排至油箱。因为主油泵入口有0.1MPa左右的油压(表压),如果不设低压防火油门，这一低压油可能倒流回油动机开启调节汽门或继续漏油，以致扩大事故。而回油排至油箱，回油管路内的表压为零，不可能扩大事故。

有的引进汽轮机组采用20MPa左右的高压调节保安油系统，并采用抗燃油以适应机组功率增大的要求，这就从根本上避免了油系统失火事故。

除上述保护装置外，不少现代大型汽轮机还配有低汽压保护、低真空保护等，这里不再一一说明。

第二节　液 压 调 节 系 统

一、液压调节系统典型元件分析

（一）转速感受元件

1.高速弹性调速器

高速弹性调速器是一种转速高、体积小、灵敏度高的机械离心式调速器，其工作转速为3000r/min，因此它可和汽轮机主轴直接连接，不用配备减速机构。

图6.2.1为高速弹性调速器的结构图。它由重锤3、弹簧板2、弹簧4和调速块5等组成，调速器与汽轮机主轴一道旋转，重锤的离心力与弹簧的拉力相平衡。当转速变化引起重锤离心力改变时，弹簧伸长或缩短，引起弹簧板变形，使弹簧板前端的调速块向后或向前移动。调速块的位移控制下一级差动活塞的油口面积，并通过调节系统控制汽轮机的转速。因此，调速块的作用和图6.1.2中一般调速器的滑环相当。

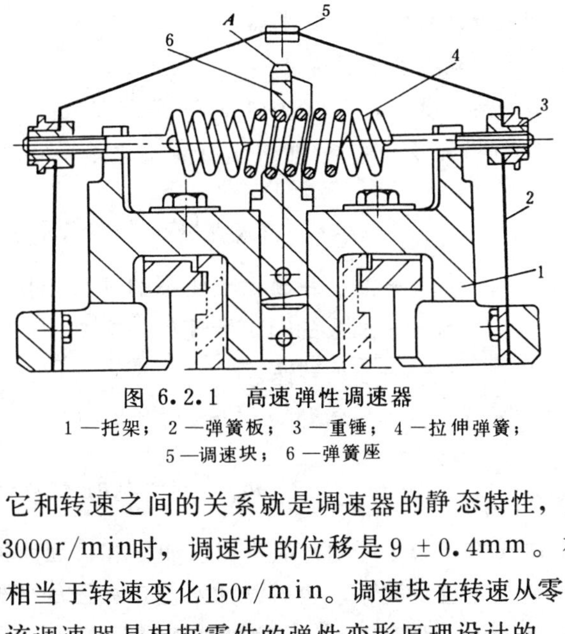

图 6.2.1　高速弹性调速器

1—托架；2—弹簧板；3—重锤；4—拉伸弹簧；5—调速块；6—弹簧座

调速块的位移是调速器的输出信号，它和转速之间的关系就是调速器的静态特性，如图6.2.2所示。由图可知，转速从零升高到3000r/min时，调速块的位移是9±0.4mm。在3000r/min附近，调速块每移动1mm大约相当于转速变化150r/min。调速块在转速从零开始就有位移输出,因此有全速调速器之称。该调速器是根据零件的弹性变形原理设计的，没有铰链等各种摩擦元件，所以灵敏度很高。在正常情况下，调速器的迟缓率$\varepsilon<0.1\%$。

高速弹性调速器和汽轮机其它旋转零件一样，也应避免在汽轮机工作转速下发生共振。某一高速弹性调速器的振动频率特性如图6.2.3所示。在额定转速下，调速器的横向振动固有频率f_1约为225Hz,轴向振动固有频率f_2约为137Hz。当转速降低时,固有频率将有所提高;当汽轮机转速为2800r/min时，轴向振动的固有频率数值上等于转速的三倍；当汽轮机转速为3360r/min时，横向振动的固有频率数值上等于转速的四倍。因此,在上述转速下应避

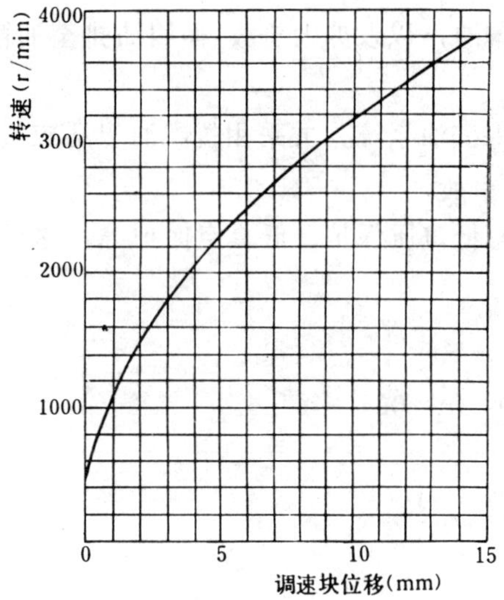

图 6.2.2 调速器的静态特性

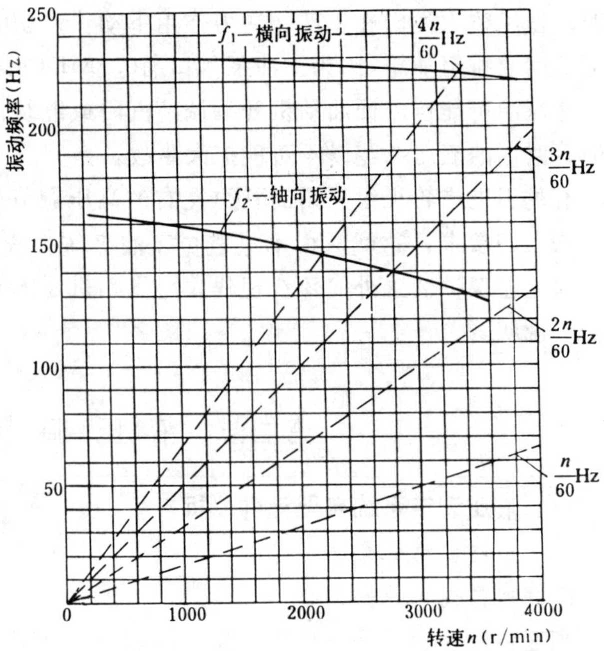

图 6.2.3 某一弹性调速器的振动频率特性

免长期运行，以免损坏调速器。

2.径向钻孔式脉冲泵

径向钻孔式脉冲泵(见图6.2.4)是离心泵的一种。根据离心泵的工作原理,在油泵出口阻力不变时,泵轮的压增(即进出口油压之差)和油泵转速的平方成正比，即其出口油压为

$$p_2 = p_{10} + (p_{20} - p_{10})\left(\frac{n}{n_0}\right)^2 \tag{6.2.1}$$

式中 p_{10}, p_{20}——油泵在额定转速下的进口和出口油压；

n_0——油泵的额定转速；

n——油泵转速。

$(n/n_0)^2 = (n_0 + \Delta n)^2/n_0^2 \approx (n_0 + 2\Delta n)/n_0$，则油泵出口油压的变化值为

$$\Delta p = p_2 - p_{20} \approx 2(p_{20} - p_{10})\left(\frac{\Delta n}{n_0}\right) \tag{6.2.2}$$

由式(6.2.1)可知，油泵出口油压和转速成抛物线关系。当转速变化范围不大时，可近似看成是直线关系，也就是油泵出口油压的变化基本上和油泵转速的变化成正比，因此可用油泵出口油压变化来反映转速的变化。

图6.2.4为径向钻孔式脉冲泵的构造图。脉冲泵由泵轮、壳体、稳流网等部分组成,它和主油泵泵轮一起固定在一根挠性轴上,由汽轮机的主轴直接带动。这种泵的特点是特性曲线较为平坦，如图6.2.5所示,在同一转速下，当调节系统用油量在工作油量变化范围内改变时，其压头与用油量的关系曲线几乎成一水平直线，即可认为压头只是转速的函数，与用油量无关，所以调节信号的准确性较高。

脉冲泵的主要缺点是它的油压有时发生低频周期性波动，从而会引起整个调节系统的

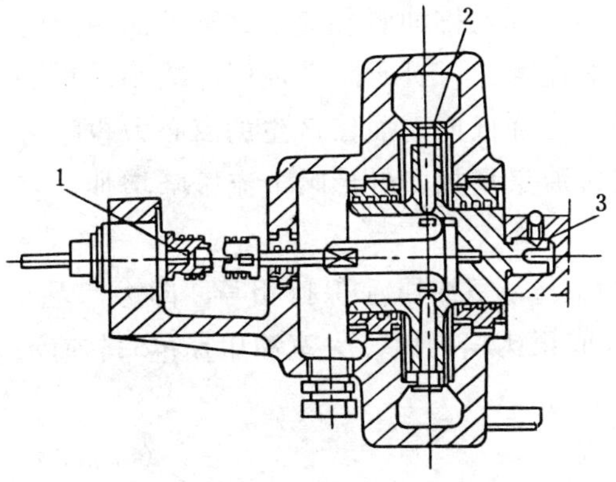

图 6.2.4 径向钻孔式脉冲泵

1—挠性联轴器；2—稳流网；3—主油泵轴

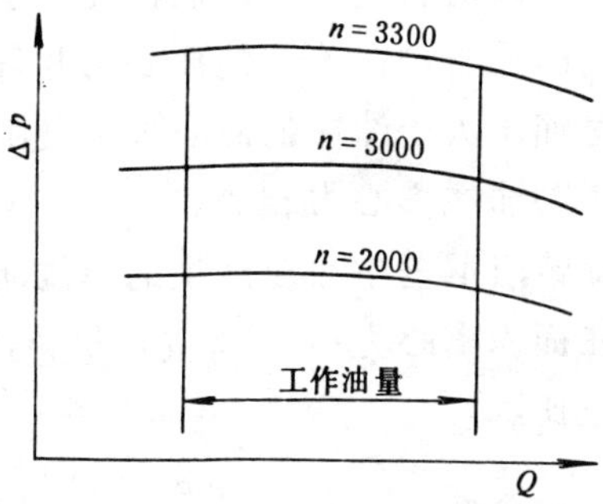

图 6.2.5 脉冲泵特性曲线

晃动。稳流网的作用正是在于稳定油泵的出口压力。试验表明，在没有稳流网时，油泵出口压力波动可达0.0059～0.0078MPa，而安装稳流网后出口油压波动只有0.0029MPa。

3.旋转阻尼器

旋转阻尼器是液压转速感受元件的一种，其工作原理与脉冲泵相似，只是由主油泵来的压力油经针形阀节流后的油压大于旋转阻尼器的压头，油由外向内流。旋转阻尼器的结构如图6.2.6所示，它直接与主轴相连，在旋转阻尼体上有8根阻尼管，来自主油泵的压力油

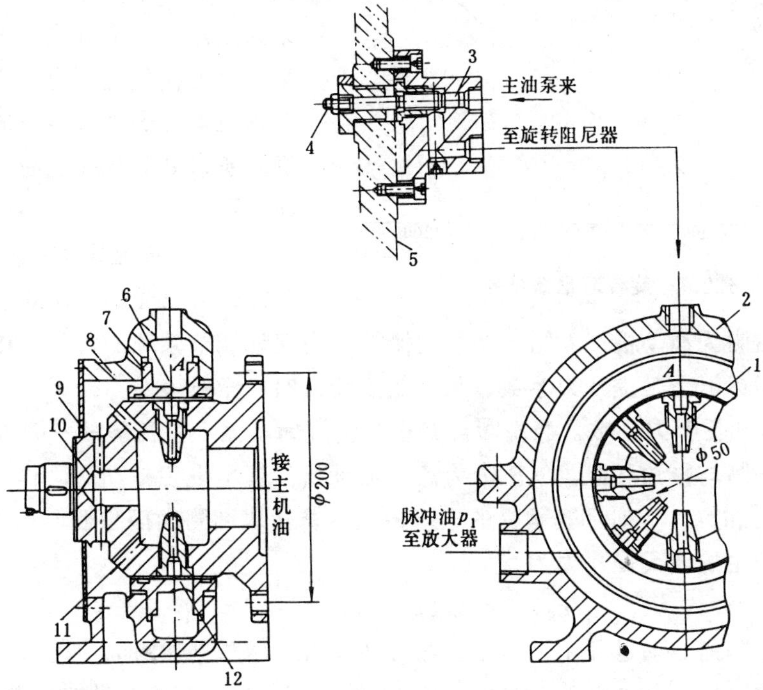

图 6.2.6 旋转阻尼器

1、6—阻尼管；2、8—壳体；3—针形阀；4—调节螺丝；5—前轴承座；7—油封环；9—挡油板；10—阻尼体；11—排油孔；12—交叉油孔

经针形阀节流后进入阻尼管外的油室A，因阻尼体的中间与排油管相通，A室的油便经阻尼管排出。当阻尼管旋转时，油柱便产生离心力，油流减少，针形阀节流压降减小，直到A室油压与阻尼管油柱产生的离心力相等为止。当转速降低时，油柱产生的离心力也随之降低，A室油压大于油柱的离心力，使阻尼管中的排油量增加，针形阀节流压降增加，直至A室油压与油柱离心力相等。

由于旋转阻尼器中油柱产生的单位面积离心力F_1与A室油压p_1保持相等，即$p_1=F_1$，而单位油柱面积离心力F_1又与汽轮机转速n的平方成正比，因此，A室油压p_1也与转速n的平方成正比：

$$p_1 = kn^2 \tag{6.2.3}$$

即油压p_1可以反映转速n的变化。

图6.2.7为旋转阻尼器的转速n与油压p_1间的关系曲线，可以看出，当转速在额定转速附近变化时，n与p_1近似成一直线关系。

（二）传动放大元件

1.油动机

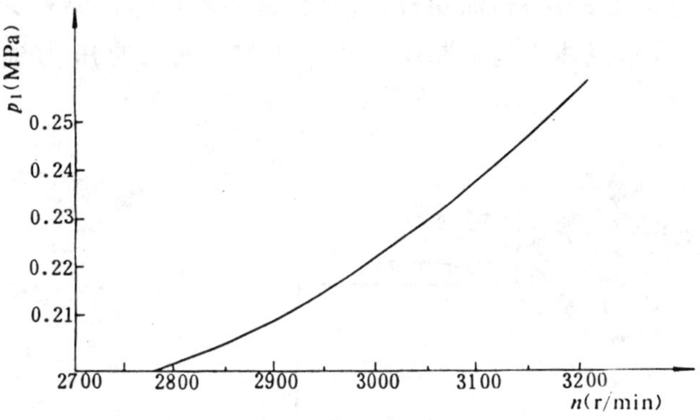

图 6.2.7　旋转阻尼器特性

油动机的特点是力量大、动作迅速、体积小、启动快，因此，它是汽轮机调节系统中带动调节汽门的唯一执行机构。根据作用原理，油动机可分为断流式和节流式；根据结构形式又可分为往复式和旋转式。由于我国汽轮机上几乎都采用断流往复式油动机，所以其它形式的油动机这里就不作介绍。

（1）断流式双侧进油油动机　图6.2.8为常见的断流式双侧进油油动机结构，图中右侧为油动机，左侧为错油门滑阀。为保证调节系统的可靠工作，油动机有两个重要技术指标，一是提升力系数，另一是油动机时间常数。

1）提升力和提升力系数。当滑阀离开中间位置时，油动机活塞的一侧进入压力为p_p的压力油；另一侧与排油相通，其压力为p_b。油动机活塞未发生移动时，作用于活塞两侧的压力分别为p_p和p_b，这时活塞承受的压差最大。若活塞两侧的面积近似相同，均为A_m，则油动机可能产生的最大提升力为

$$F_{q\max} = A_m(p_p - p_b) \tag{6.2.4}$$

显然，在活塞的运动过程中，由于存在流动阻力，活塞进油侧的油压p_1小于p_p，而排油侧的油压p_2大于p_b，如图6.2.9所示。在这种情况下，油动机的提升力将为

$$F_q = A_m(p_1 - p_2) = A_m[(p_p - p_b) - (\Delta p_1 + \Delta p_2)] = A_m \cdot [(p_p - p_b) - \Delta p] \tag{6.2.5}$$

式中，$\Delta p = \Delta p_1 + \Delta p_2$，当活塞移动不快时约为0.05～0.1MPa。

由上式可以看出，双侧进油油动机的提升力只与活塞面积和两侧的压差有关，而与油

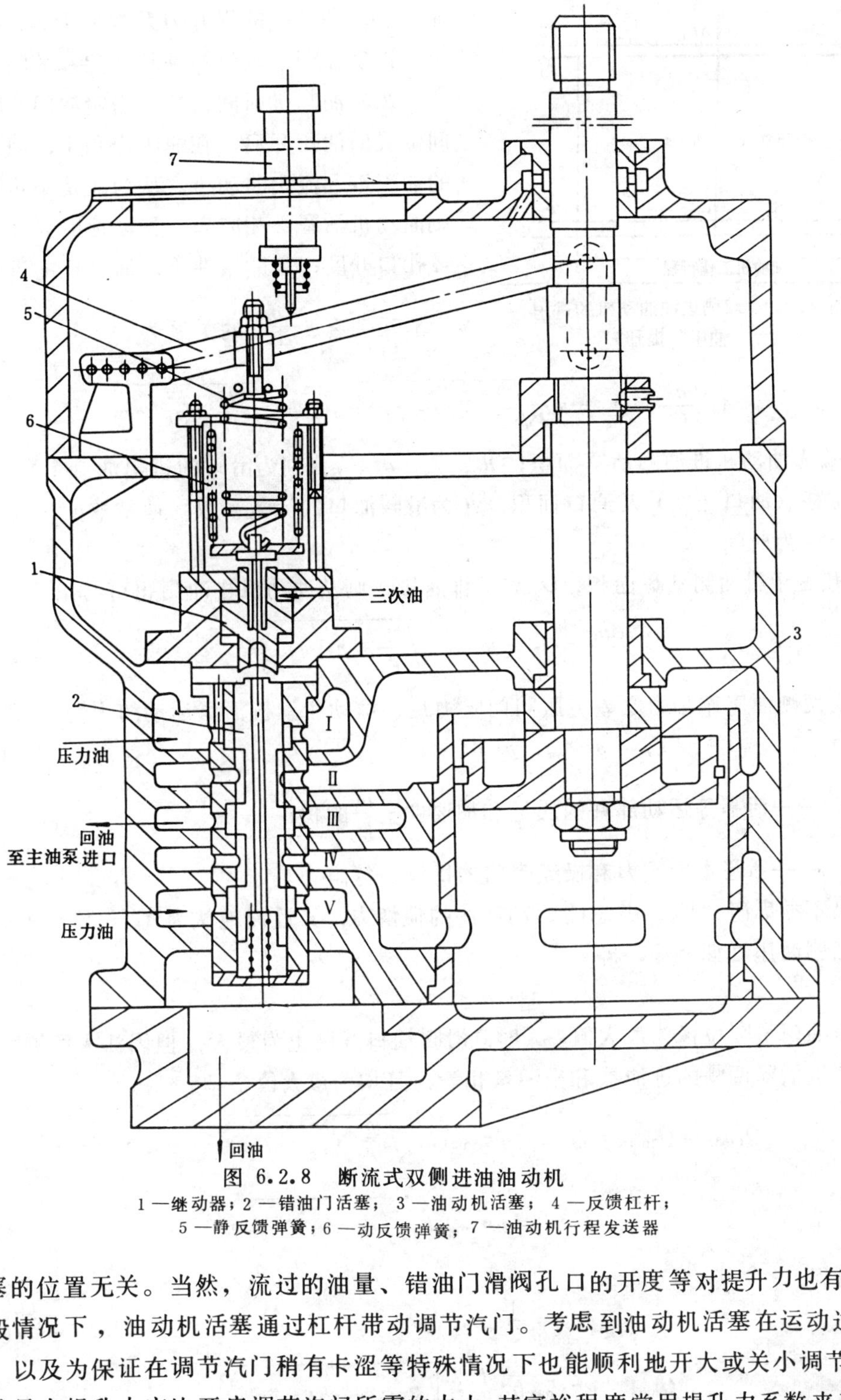

图 6.2.8 断流式双侧进油油动机

1—继动器；2—错油门活塞；3—油动机活塞；4—反馈杠杆；5—静反馈弹簧；6—动反馈弹簧；7—油动机行程发送器

动机活塞的位置无关。当然，流过的油量、错油门滑阀孔口的开度等对提升力也有影响。

一般情况下，油动机活塞通过杠杆带动调节汽门。考虑到油动机活塞在运动过程中存在阻力，以及为保证在调节汽门稍有卡涩等特殊情况下也能顺利地开大或关小调节汽门，油动机的最大提升力应比开启调节汽门所需的力大，其富裕程度常用提升力系数来表示：

$$提升力系数 = \frac{油动机的提升力 \times 杠杆比例系数}{开启汽门所需的最大力} \qquad (6.2.6)$$

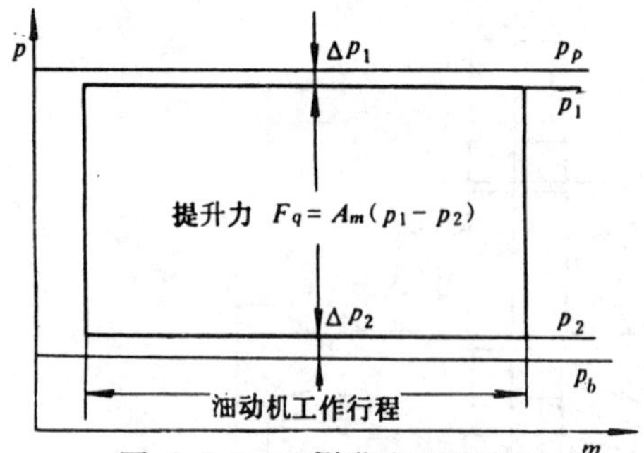

图 6.2.9 双侧进油油动机的进出油压与提升力

通常要求油动机的提升力系数大于2，甚至达到4，以确保调节汽门的顺利开启和关闭。

2）油动机时间常数。当错油门滑阀离开中间位置时油孔开启，在油压作用下，将有一定量的油流进、流出油动机。认为油是不可压缩的，则油动机活塞必相应有一移动速度。在错油门滑阀孔口开度一定的条件下，油动机的进油量Q_1和活塞运动速度$\frac{dm}{d\tau}$的关系为

$$A'_m\frac{dm}{d\tau}=Q_1=\mu a_s\sqrt{\frac{2}{\rho}(p_p-p_1)}=\mu nsb_s\sqrt{\frac{2}{\rho}(p_p-p_1)} \tag{6.2.7}$$

式中，A'_m为油动机进油侧活塞面积；n、s、b_s、a_s分别为滑阀的进出油口个数、宽度、滑阀的位移（油口开度）及油口面积；μ为滑阀油口的流量系数，通常取$\mu=0.7$；m为油动机行程；τ为时间。

以A''_m表示排油侧活塞面积，Q_2表示排油量，则从油动机排油侧也可写出

$$A''_m\frac{dm}{d\tau}=Q_2=\mu nsb_s\sqrt{\frac{2}{\rho}(p_2-p_b)} \tag{6.2.7a}$$

活塞两侧油压作用力之差克服阀门阻力后，推动油动机活塞运动的力为

$$F_m=p_1A'_m-p_2A''_m-F_R \tag{6.2.8}$$

式中 F_m——活塞等运动部件的质量和加速度$\frac{d^2m}{d\tau^2}$的积；

F_R——活塞本身重力和操纵阀门的操纵力等阻力。

如果不考虑阻力F_R，并忽略运动部件的惯性力，又近似地认为$A'_m=A''_m=A_m$，则油动机活塞两侧油压近似相等，即

$$p_1=p_2=p$$

当错油门滑阀位移为最大值s_{max}时，滑阀油口开度也为最大，但因活塞两侧面积相等，所以油动机活塞两侧的进油量和出油量相等，且均为最大值，即

$$Q_{1max}=Q_{2max}=Q_{max}=\mu ns_{max}b_s\sqrt{\frac{2}{\rho}(p_p-p)}$$
$$=\mu ns_{max}b_s\sqrt{\frac{2}{\rho}(p-p_b)} \tag{6.2.9}$$

由上式可得

$$p=\frac{1}{2}(p_p+p_b) \tag{6.2.10}$$

于是

$$Q_{max}=\mu ns_{max}b_s\sqrt{\frac{2}{\rho}\left[p_p-\frac{1}{2}(p_p+p_b)\right]}$$
$$=\mu ns_{max}b_s\sqrt{\frac{1}{\rho}(p_p-p_b)} \tag{6.2.11}$$

油动机时间常数T_m表示在滑阀油口开度为最大时，油动机活塞在最大进油量条件下走完整个工作行程m_{max}所需的时间，即

$$T_m=\frac{m_{max}A_m}{Q_{max}}=\frac{m_{max}A_m}{\mu n s_{max}b_s\sqrt{\frac{1}{\rho}(p_p-p_b)}} \tag{6.2.12}$$

油动机时间常数一般为0.1～0.3s左右。显然，T_m较大表示油动机活塞的移动速度较慢，调节汽门开度及负荷的变化较慢，机组调频性能较差；若T_m过大，则机组甩负荷时越容易引起超速。

为减小油动机时间常数，可加大错油门滑阀的油口宽度b_s和最大位移s_{max}；也可提高压力油的油压p_p，使进出油动机的油流量增大；也可在保证最大提升力$F_{q\,max}$条件下，缩小活塞面积，使油动机活塞的运动速度增大。

在油动机尺寸一定的条件下，油动机时间常数减小后，将要求增大主油泵的出力。若主油泵出口按此流量设计，则在正常运行时主油泵流量是不经济的。此外，双侧进油油动机开大与关小调节汽门均是依靠压力油推动油动机活塞实现的，因而一旦油泵发生故障或油管破裂等情况下失去压力油时，调节汽门便不能关闭，这些都是双侧进油油动机的缺点。为此，在双侧进油油动机的调节汽门处装有弹簧，用以在上述情况下关闭汽门。这时，虽使开启汽门的有效力减小，但关闭汽门的力增大，有利于安全。

（2）断流式单侧进油油动机　图6.2.10是断流式单侧进油油动机的原理和结构图。在汽轮机转速降低时，滑阀向下移动，压力油经滑阀油口进入油动机活塞下部，克服蒸汽和弹簧的阻力，开大调节汽门。转速升高时，滑阀向上移动，油动机下侧与排油管相通，

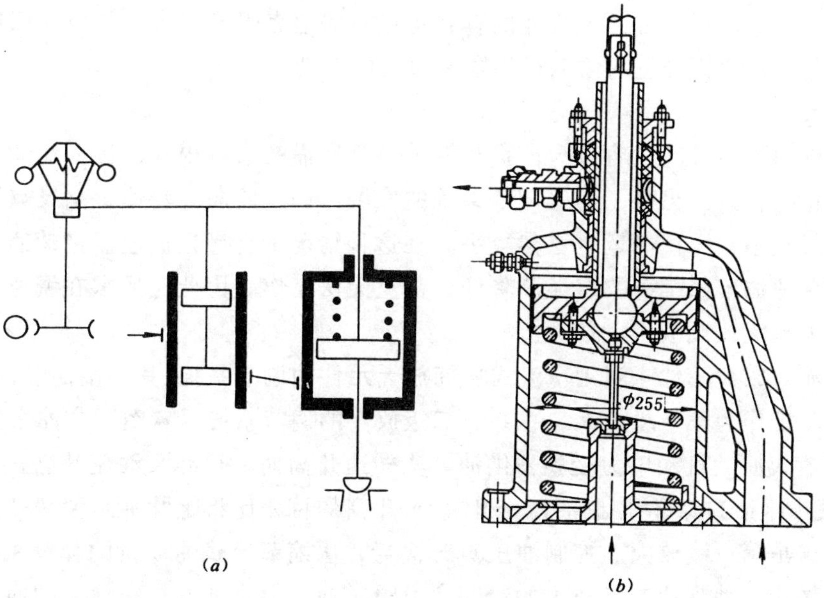

图 6.2.10　断流式单侧进油油动机

（a）原理图；（b）结构图

油动机活塞在弹簧力的作用下向下移动，关小汽门。

和双侧进油油动机相比，单侧进油油动机的优点在于：

1）由于关闭汽门是依靠弹簧力进行的，因此，在压力油管破裂等事故情况下，油动机仍能自动关闭调节汽门，从而保证机组安全。

2）汽轮机的加负荷速度一般较慢，关汽门的速度可能要求很快。单侧进油油动机加负荷依靠油压，减负荷依靠弹簧，正符合这一要求，而且耗油量可大大减小。

单侧进油油动机的缺点在于开启汽门时除要克服提升力外，还需克服弹簧力；为保证汽门有较大的关闭速度，一般要求弹簧力很大，所以单侧进油油动机的尺寸要比双侧进油油动机的大得多。

2. 错油门滑阀

错油门滑阀和油动机一样，也可分为断流式和节流式两种。节流式滑阀常作为中间放大元件。这里只介绍断流式滑阀。

图6.2.8左侧所示即为断流式滑阀。它的特点是，当汽轮机处于稳定工况时，滑阀处于居中位置，即滑阀的凸肩盖住油口，切断滑阀至油动机上腔和下腔的通路。为此，滑阀上的凸肩应比油口稍高，这个高出的数值称为盖度，如图6.2.11所示。为了使油动机一侧进油前，另一侧能稍许提前排油，故其进油盖度（Δ_1、Δ_3）应大于排油盖度（Δ_2、Δ_4）。考虑到作用在调节汽门上的作用力及弹簧力欲使汽门关闭，因而在稳定工况下，油动机活塞上下应有一油压差，以维持汽门的开启。因此，活塞上下总是有一些漏油，这使得断流式滑阀并不能真正居于几何中间位置，而是偏向使进油盖度变小一些、排油盖度变大一些的位置，以保证漏油量的平衡。

由于盖度的存在，只有在滑阀移动的距离大于盖度后，才能使油动机进油，因此降低了调节系统的灵敏度；另一方面，盖度的存在可以有效地克服或减小各种原因引起的滑阀的微小上下摆动及由此而产生的油动机活塞和负荷的晃动。

3. 中间放大元件

近代汽轮机由于参数高、容量大，提升调节汽门所需的力也很大，因而油动机、错油门滑阀的尺寸也都较大。另外，随着调节系统的发展，调速器向高转速、高灵敏度方向发展，其尺寸一般较小，输出能量也必然较小。在这种情况下直接用调速器带动油动机的错油门滑阀往往会使调节系统灵敏度显著降低，甚至无法工作。因此，通常在调速器和油动机滑阀之间加上一级或几级中间放大。

（1）节流式放大元件　利用节流式中间放大元件的调节系统，其类型很多，图6.2.12是用节流式油动机作为第一级放大、总共有二级放大的调节系统示意图。主油泵出口经节流孔板a_0向节流式油动机和压力变换器供油。当转速升高时，脉冲泵油压升高，压力变换器向上移动，关小排油口a_n，使控制油压p_x升高，p_x升高的百分比将比脉冲泵油压升高的百分比大若干倍，这是第一级放大。控制油压p_x升高后，压缩节流式油动机的弹簧3，使油动机活塞1向上移动，并带动二级放大的错油门滑阀，使压力油进入二级放大的油动机，迫使油动机活塞2向上移动关小调节汽门。油动机活塞向上移动的同时，又开大反馈油口a_m，使控制油压p_x降低，错油门滑阀4恢复至居中位置。

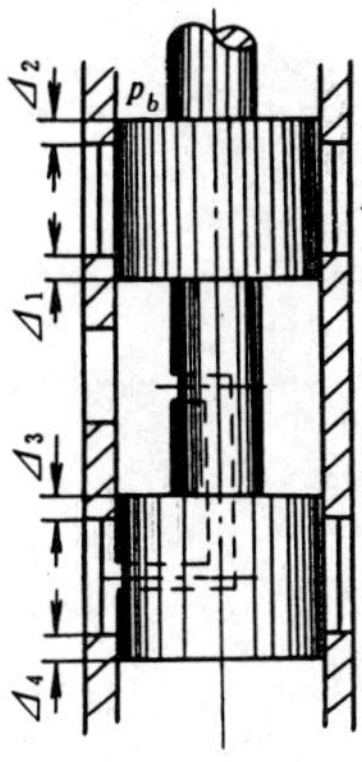

图 6.2.11 断流式滑阀的盖度

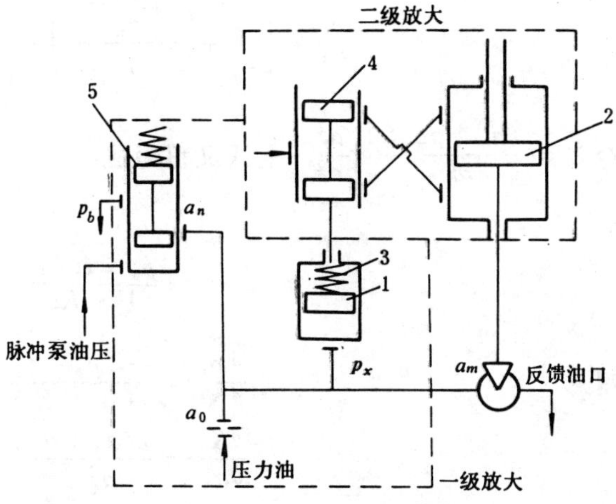

图 6.2.12 节流式中间放大的原理

1 —节流式油动机活塞；2 —二级放大油动机活塞；3 —弹簧；
4 —二级放大错油门滑阀；5 —压力变换器

由图6.2.12可以看出，一个控制油口的滑阀与受其控制的活塞构成一个放大级，例如，控制油口a_n的滑阀到节流式油动机活塞 1，以及滑阀 4 到油动机活塞 2 各是一个放大级。但常常是同一元件既是活塞，又是控制下一放大级油口开度的滑阀，两者合为一体，如图6.2.13中的滑阀就是把图6.2.12中的活塞 1 和滑阀 4 做为一体的。可以用控制前一油口的滑阀到受其控制的后一个活塞构成一个放大级的道理，分辩出液压调节系统中的各个放大级。

控制油压p_x与压力变换器滑阀控制的排油口a_n开度和反馈油口a_m开度间的关系可由流量方程来确定。若不考虑漏油，则从油口a_n和a_m排出的油量应等于由固定节流孔 a_0 流入的油量，即

$$\mu_0 a_0 \sqrt{\frac{2}{\rho}(p_p - p_x)} = \mu_n a_n \sqrt{\frac{2}{\rho}(p_x - p_b)} + \mu_m a_m \sqrt{\frac{2}{\rho}(p_x - p_b)} \qquad (6.2.13)$$

式中 μ_0, μ_n, μ_m——分别为进油口、排油口、反馈油口处的流量系数；

a_0, a_n, a_m——分别为进油口、排油口、反馈油口的面积；

p_p, p_b ——分别为主油泵出口压力和排油压力。

若近似认为$\mu_0 = \mu_n = \mu_m$，则上式可写成

$$a_0{}^2 (p_p - p_x) = (a_n + a_m)^2 (p_x - p_b) \qquad (6.2.14)$$

还近似认为控制油路的进油和排油压力p_p、p_b不变，在油动机活塞稳定时错油门滑阀居中，p_x也不变，故在选定一p_x后，由流量平衡知（$a_n + a_m$）也应为一不变的常数。选定不同的p_x值时，将有不同的（$a_n + a_m$）值，因此在设计调节系统时有一选择p_x值的问题。为运算方便，令$a_x = a_n + a_m$，则由式（6.2.14）可得

$$\frac{p_x}{p_p}=\left[1+\frac{p_b\left(\frac{a_x}{a_0}\right)^2}{p_p}\right]\frac{1}{\left(\frac{a_x}{a_0}\right)^2+1} \tag{6.2.15}$$

再令$K=\frac{(a_n+a_m)^2}{a_0^2}=\frac{a_x^2}{a_0^2}$，上式又可写成：

$$p_x=\frac{p_p+Kp_b}{1+K} \tag{6.2.16}$$

可得
$$\frac{\partial p_x}{\partial K}=\frac{-(p_p-p_b)}{(1+K)^2} \tag{6.2.17}$$

而
$$\frac{\partial K}{\partial a_n}=\frac{2(a_n+a_m)}{a_0^2} \tag{6.2.18}$$

转速变化时，a_n改变一个Δa_n，p_x相应改变一个Δp_x，则可有

$$\begin{aligned}\Delta p_x&=\frac{\partial p_x}{\partial a_n}\Delta a_n=\frac{\partial p_x}{\partial K}\frac{\partial K}{\partial a_n}\Delta a_n\\&=\frac{-(p_p-p_b)}{(K+1)^2}\frac{2(a_n+a_m)}{a_0^2}\Delta a_n\\&=\frac{-(p_p-p_b)}{(K+1)^2}\frac{2(a_n+a_m)^2}{a_0^2}\frac{\Delta a_n}{a_n+a_m}\\&=-2(p_p-p_b)\frac{K}{(K+1)^2}\frac{\Delta a_n}{a_n+a_m}\end{aligned} \tag{6.2.19}$$

p_x值的选择应使压力变换器滑阀在同一位移下引起的控制油压变化Δp_x为最大，此时错油门滑阀位移也相应最大，可使调节系统动作迅速。为此，将Δp_x对K求导，并令其等于零，即

$$\frac{\partial\Delta p_x}{\partial K}=2(p_p-p_b)\frac{K-1}{(K+1)^3}\frac{\Delta a_n}{a_n+a_m}=0 \tag{6.2.20}$$

可得$K=1$，这是使Δp_x为最大的条件，代入式（6.2.16）得

$$p_x=\frac{p_p+Kp_b}{K+1}=\frac{1}{2}(p_p+p_b) \tag{6.2.21}$$

也就是说控制油压p_x应设计成等于主油泵出口油压p_p和排油压力p_b的平均值。这个结论已被很多制造厂采用。

采用节流式油动机作为第一级放大，其优点在于完全可以采用液压联系，取消杠杆，因而布置方便，且动作灵敏，不易损坏。在结构设计中，实际上是将第二级放大的错油门滑阀4和第一级放大的节流式油动机1合并成一个部件，并将弹簧3移到滑阀顶部，形成图6.2.13所示系统。

（2）差动活塞　差动活塞作为高速弹性调速器第一级放大机构的原理如图6.2.14所示。压力为p_p的压力油经节流孔a_1进入活塞后油室，再经节流孔a_2流入活塞前油室，最后

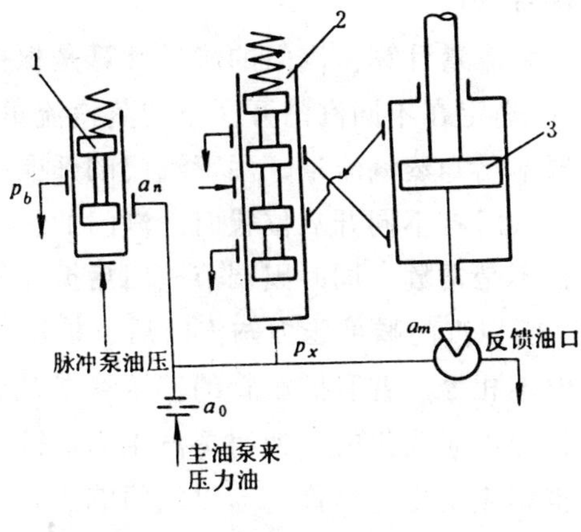

图 6.2.13　节流式中间放大元件应用示意图

1—压力变换器；2—滑阀；3—油动机

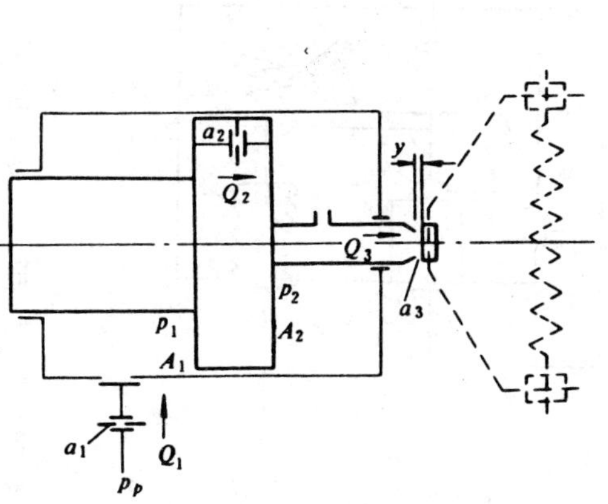

图 6.2.14　差动活塞原理

从喷油嘴和调速块之间的间隙 y 处流出。

当汽轮机转速改变时，喷油嘴和调速块之间的间隙 y 也随之改变，引起喷油嘴排油量改变，而喷油嘴进口处油压 p_2 的改变破坏了差动活塞两侧的力平衡，差动活塞即发生移动，直至喷油嘴和调速块之间的间隙重新等于原来数值，p_2 也随之恢复至原来数值。由于差动活塞运动的结果总是要保持间隙 y 数值不变，所以差动活塞总是跟随调速块一道移动，故称之为随动活塞。由油压差形成的差动活塞移动时的作用力比调速块移动的作用力大了许多，使作用力得到放大。

为提高差动活塞动作的灵敏度，应合理选择活塞前后的压力比和面积比。通常取 $p_2 \approx \frac{1}{2}p_1$，即 $A_2 \approx 2A_1$。根据油的流量平衡方程可知，若 $p_2 = \frac{1}{2}p_1$，则节流孔面积 $a_1 = \pi d_3 y$，其中 d_3 为喷油嘴的外径。已知节流孔 a_1 的直径 d_1 和喷油嘴的外径 d_3，即可求得间隙 y。

缩小节流孔 a_1 的直径 d_1 也可提高差动活塞的灵敏度，这是因为 d_1 愈小，间隙 y 也愈小，调速块移动同样距离所引起的油压变化 Δp（$\Delta p = p_1 - p_2$）愈大。但 d_1 太小时节流孔易堵塞，因此应留有余地。

（3）碟阀放大器　碟阀放大器作为一级放大机构常与旋转阻尼器配合使用，其工作原理如图6.2.15（a）所示，它是由波纹管3、碟阀4、杠杆2等组成的，图6.2.15（b）为其结构图。

压力油经节流孔 a_0，再经碟阀间隙 s 排油，在油室 A 中形成二次油压 p_2，而来自旋转阻尼器作用于波纹管的油压称为一次油压 p_1。在稳定状态下，作用于杠杆支点的正反方向的两个力矩平衡。当汽轮机转速变化时，一次油压 p_1 随之变化，破坏了杠杆的力平衡，使碟阀移动，改变了二次油的排油间隙 s，引起二次油压 p_2 变化，同时也改变了二次油压作用在碟阀上的力，使杠杆建立起新的平衡。

由于波纹管面积比碟阀面积大，以及它在杠杆上力的作用点对支点的距离也大，所以二次油压 p_2 的变化幅度比一次油压 p_1 的变化幅度大大增加，起到了放大油压变化的作用。这放大了的二次油压信号去控制二级放大机构，进而操纵调节汽门。

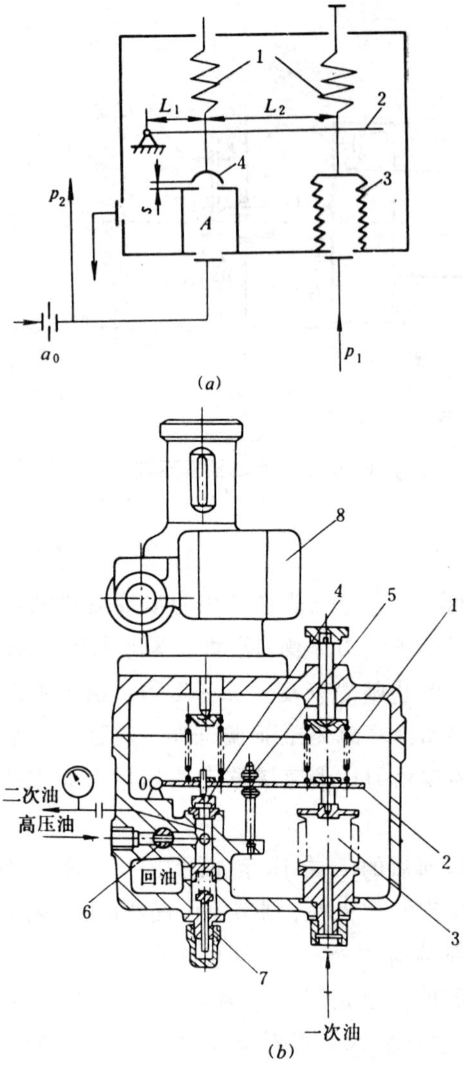

图 6.2.15 碟阀放大器

(a) 原理图；(b) 结构图

1—弹簧；2—杠杆；3—波纹管；4—碟阀；5—限位螺母；6—节流孔；7—过压阀；8—转速变换器

（三）配汽机构

1.调节汽门

（1）流量计算　汽门的流量计算是根据已知条件，确定在不同汽门开度下的蒸汽流量，或者是根据已知蒸汽流量，确定汽门的开度。

由于汽门在不同开启位置时，汽门的最小通流面积不是常数，同时因调节汽门后扩压管的存在，所以汽门喉部压力与汽门后（扩压管后）压力不相等，并且扩压管的扩压效率是随着工况的变化而变化的，使得蒸汽压力沿扩压管流程也相应变化。这样，通过汽门的流量就不能简单地看成和喷嘴流量一样是汽门前后压力比的函数，给理论计算带来困难。所以在汽门流量计算时，通常要借助试验曲线。在应用试验曲线时，首先应注意绘制曲线时各参变数的定义。我国常用的汽门计算曲线有两种，一种汽门计算曲线多用于高压机组，汽门公称直径D_V和汽门公称面积A_V按汽门芯与汽门座接触处直径计算，相对流量系数χ是汽门实际流量G与汽门理论流量G_x之比，理论流量G_x是按汽门公称面积和汽门前后参数（包括扩压管）用理想喷嘴流量公式计算的，汽门的相对升程为汽门升程L与公称直径D_V之比。另一种球形阀多用于中压机组，其公称直径是扩压管的喉部直径，相对流量系数χ是实际流量G与按汽门公称面积和汽门前参数计算的理论临界流量G_c之比。现以球形阀（如图6.2.16所示）为例说明如下：

相对流量系数为

$$\chi=\frac{G}{G_c} \tag{6.2.22}$$

而

$$G_c=0.648\,A_V\sqrt{\frac{p_0'}{v_0'}} \tag{6.2.23}$$

式中　p_0'，v_0'——分别为调节汽门前的蒸汽压力和比容；

A_V——按公称直径D_V计算出的公称面积；

G——通过汽门的实际流量。

图6.2.17为球形阀的相对流量系数χ与$\Delta p/p_0'$、L/D_V的关系曲线（其中$\Delta p=p_0'-p_0''$，p_0''为扩压管后即喷嘴组前压力，由调节级变工况计算决定）。可以看出，在同一压降Δp

条件下，相对流量系数 χ 将随着升程 L 的增大而增大。但当汽门基本全开（$L/D_V=0.25\sim0.3$）后，升程 L 虽继续增大，但通流面积基本上已不再增大，故流量增加趋于缓慢，χ 值接近一水平线。另外，在同一升程 L 下，压降 Δp 越大，χ 越大，通过汽门的流量也越大，但当 Δp 增大到某一范围后，流量的增加变慢，这表明汽门喉部已接近临界压力。当 $\Delta p/p_0'>30\%$，$p_0''<0.7p_0'$ 后，流量的增加已很少，这时因扩压管的存在，p_0'' 大于汽门芯后的最低压力，所以 p_0'' 虽高于临界压力，但在最小流通截面处已达到或近于临界压力，故流量不再增加，或增加极小。

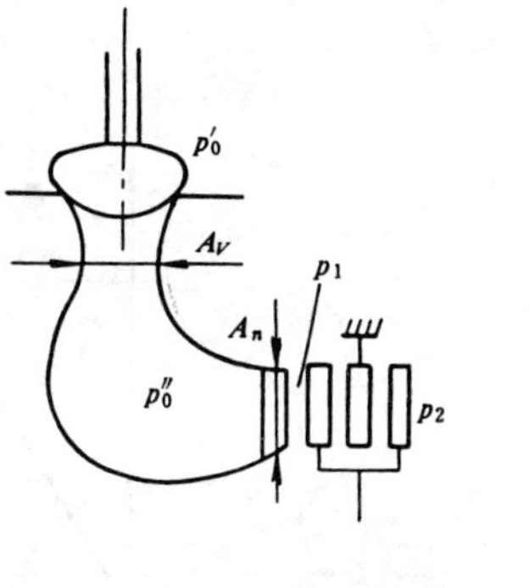

图 6.2.16 带扩压管的球形阀调节汽门及复速级原理图

在进行调节汽门的流量与其开度的关系等计算时，通常是给定调节级的总流量，要求计算各调节汽门的开度和分流量。

根据第三章第六节的方法计算出调节级各喷嘴组的流量和各喷嘴组前的压力，即汽门扩压管后压力 p_0''，就可由流量、p_0' 和 p_0'' 通过图6.2.17，求得汽门升程。

（2）升程流量特性　在一只调节汽门开启过程中，当升程 $L=0$ 时，流量 $G=0$，当升程很小时，汽门后压力很低，汽门内为临界流动，若汽门前压力不变，流量和面积成正比，即 G 随着 L 的增大而增加，如图6.2.18（a）所示。当汽门继续开大时，通流面积虽

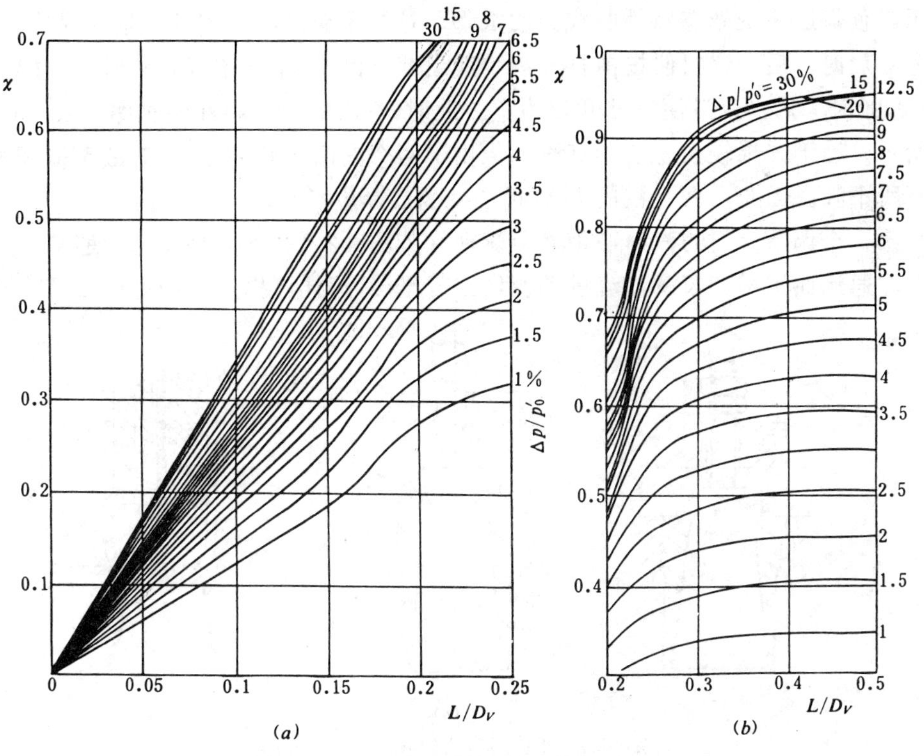

图 6.2.17 球形阀的相对流量系数

（a）$L/D_V<0.25$；（b）$L/D_V=0.2\sim0.5$

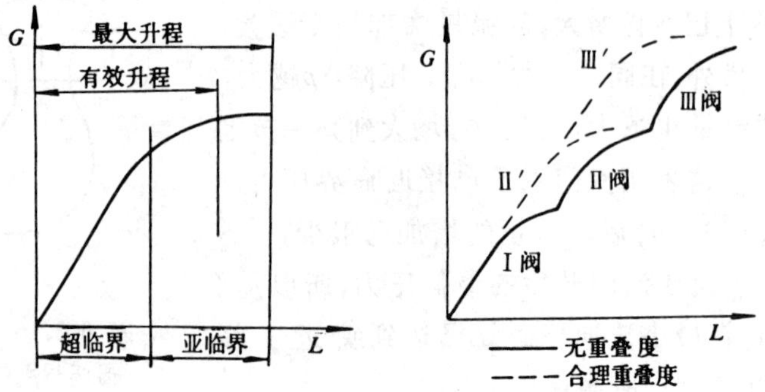

(a)　　　　(b)

图 6.2.18　调节汽门的升程流量特性

（a）一个调节汽门由开启到开完；（b）三个调节汽门逐个开完

仍在变大，但汽门后压力也不断增大，使Δp变小，故随着L的增加G的增大趋于缓慢。随后，虽汽门开度L继续增大，但由于受到汽门喉部直径的限制，G将增加得很小。通常认为，当汽门前后的压力比$p_0''/p_0'=0.95\sim0.98$时，汽门就算全开。

汽轮机采用喷嘴调节时，调节汽门是依次启闭的。如果后一个汽门是在前一个汽门全开后再开启，那么总的升程和流量特性曲线将是一根曲折较大的线，如图6.2.18（b）中的实线所示，使调速系统静态特性曲线为波浪形，这是不允许的。因此，通常是在前一汽门还未完全开启时，后一汽门便提前打开，一般当前一汽门开至汽门前后压力比$p_0''/p_0'=0.85\sim0.90$时，后一汽门便开始开启为宜。此时，汽门的流量特性便如图6.2.18（b）中的虚线所示，趋于一根较为光滑的直线。但由于两个汽门同时部分开启，故节流损失增大，经济性有所下降。因此，两个汽门开启重叠度的选择应适当。

一般第一个调节汽门的汽门芯带有节流锥（如图6.2.19（b）所示），使第一个调节汽门刚开时，通流面积增加较慢，流量的变化比较平缓，这样可提高机组空载运行的稳定性。

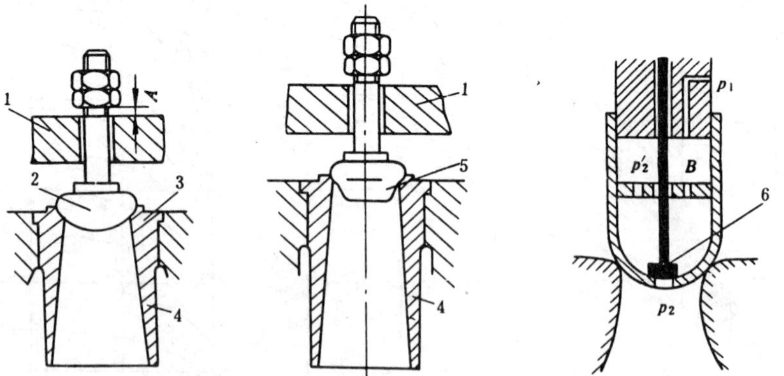

(a)　　(b)　　(c)

图 6.2.19　调节汽门形状

（a）汽门芯不带节流锥；（b）汽门芯带节流锥；（c）带预启汽门的调节汽门

1—提板；2—汽门芯；3—汽门座；4—扩压管；5—带节流锥的汽门芯；6—预启汽门

（3）提升力计算　在调节系统的计算中，需要知道调节汽门在不同升程时，开启汽门所需的提升力。调节汽门前的压力基本上是一定的，但在不同的汽门开度下，门芯下部所受的压力和扩压管后的压力是不同的，而且，门芯下部沿流程上各点的压力也是变化的。这样，就使得提升力的计算极为复杂，和汽门的流量计算一样，通常也是使用试验曲线来进行汽门提升力的计算。

图6.2.20为球形阀的相对提升力系数曲线。相对提升力系数π 的定义式是

$$\pi = \frac{\text{开启汽门实际需要的提升力}F_q}{\text{汽门的公称面积}A_V \times \text{汽门前压力}p_0'} \tag{6.2.24}$$

π 是$\Delta p/p_0'$和L/D_V的函数，由图6.2.20曲线可求出在不同L/D_V及$\Delta p/p_0'$条件下的提升力F_q。由图可以看出，当$L/D_V=0$，$\Delta p/p_0'=1$时，π 值最大，并且大于1，这是因汽门芯下的压力低于汽门后压力所致，此时所需的提升力F_q最大。随着汽门的开启，p_0''升高，$\Delta p/p_0'$下降，π 减小，提升力也减小。此外，在同一L/D_V条件下，$\Delta p/p_0'$开始增大时，π 值随压差的增大成比例地增大，但当$\Delta p/p_0'$再逐渐增大时，π 值的增大逐渐变慢，最后成为常数。这是因为随着$\Delta p/p_0'$的增大，汽门后压力虽在降低，但汽门芯处已接近或达到临界状态，汽门后的压力降低不再影响到汽门芯处压力，故π 值不变，所需提升力也不变。

对于高压机组，为减小开启汽门时的提升力，多采用带有预启汽门的结构，如图6.2.19（*c*）所示。预启汽门尺寸较小，开启时所需提升力较小；在预启汽门开启后，主汽门芯内腔B中压力降低到等于汽门芯后压力，使开启汽门的提升力变小。

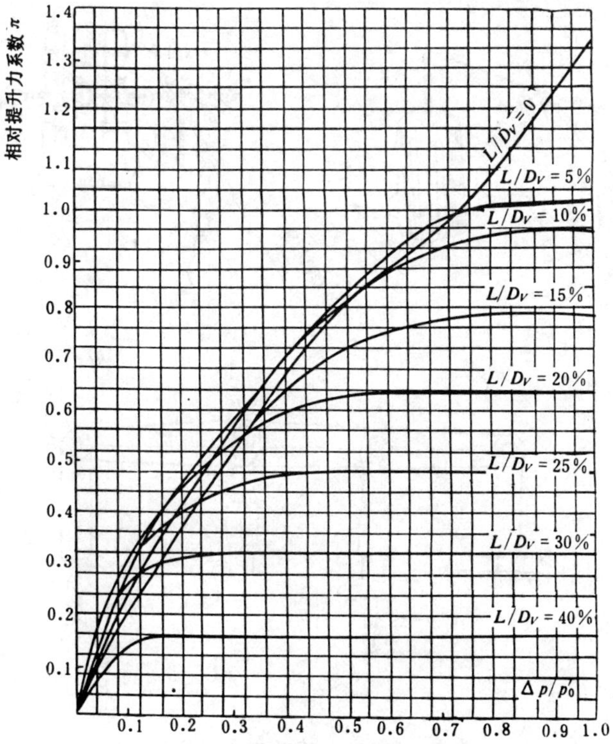

图 6.2.20　球形阀相对提升力系数曲线

当一油动机控制多个调节汽门，并使各汽门依次开启时，第一汽门刚开启时汽门前后压差为最大，故所需提升力较大，汽门逐渐开启后，汽门后压力的升高使提升力变小；当再开第二汽门时，由于第二汽门前后压差仍较大，故所需总提升力F_q变大；随着各汽门的依次开启，所需提升力变大后再变小。由于各汽门的直径并不相同，开启时汽门前后压差也不相同，所需总的最大提升力应根据各汽门的提升力计算，最后可作出各汽门连续依次开启时总的提升力和升程的关系曲线，如图6.2.21所示。

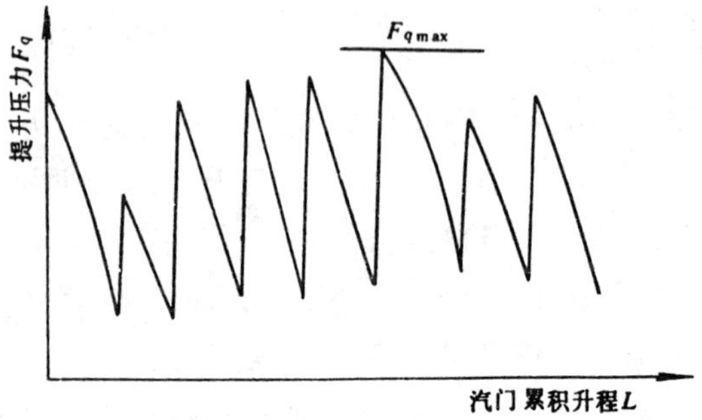

图 6.2.21 提升力和升程关系曲线

2.带动调节汽门的传动机构

图6.2.22(a)为提板传动机构示意图。调节汽门的开启顺序是由调节汽门门杆上的螺帽的位置决定的，汽门的关闭依靠门芯的重力和蒸汽作用力的作用。这种传动机构的最大优点是结构简单，一般用于调节级半周进汽、且所需提升力较小的中低参数机组上。

图6.2.22(b)是凸轮传动机构示意图。油动机活塞的位移通过齿条和齿轮传动，带动凸轮轴转动，从而控制调节汽门的启闭。调节汽门的开启顺序是由凸轮型线确定的，调节汽门的关闭则借助于汽门上弹簧力的作用。

对于超高压大型机组，由于开启汽门所需的提升力很大，常用几只油动机分别通过杠

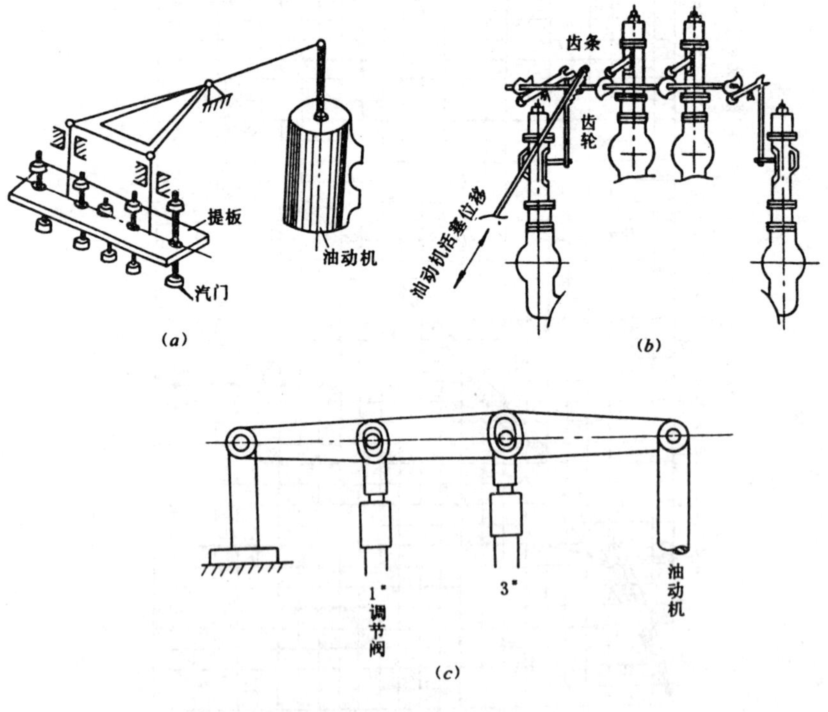

图 6.2.22 传动机构示意图

(a)提板传动；(b)凸轮传动；(c)杠杆传动

杆开启2～3只调节汽门，如图6.2.22(*c*)所示，汽门开启的顺序由杠杆上椭圆孔与汽门杆上销子之间的间隙大小决定。

（四）反馈机构

反馈机构是汽轮机调节系统的重要组成部分。如果没有反馈机构，调节系统将不能正常工作。有的调节系统有专门的反馈机构，有的虽没有专门的反馈机构，但存在着反馈作用。这里就油动机活塞对错油门滑阀的典型反馈机构作一简要说明。

1.机械反馈机构

应用旋转阻尼作转速感受元件的调节系统采用的是杠杆弹簧反馈系统，它属于机械反馈机构。

如前所述，从旋转阻尼来的一次油压p_1经碟阀放大器放大后成为二次油压p_2，作用于继动器1的活塞上（参看图6.2.23)。在稳定工况下，作用在继动器活塞上的压力p_2和静反馈弹簧（拉弹簧）2的拉力相平衡。当汽轮机转速改变时，二次油压p_2变化，继动器活塞移动，改变了碟阀3的排油面积，使压力油经节流后作用于错油门滑阀上的三次油压p_3改变，破坏了它与滑阀下压弹簧4的力平衡，滑阀移动，压力油进入油动机，从而使调节汽门开大或关小。

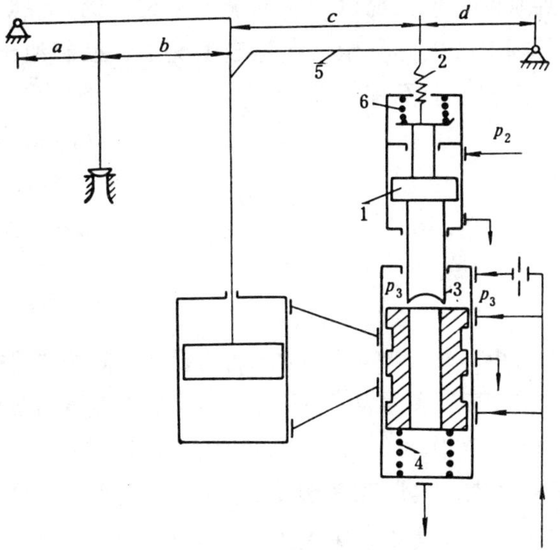

图 6.2.23 杠杆弹簧反馈原理图

1—继动器；2—静反馈弹簧；3—碟阀；4—错油门弹簧；5—反馈杠杆；6—动反馈弹簧

当油动机活塞移动时，它带动反馈杠杆5，反方向改变反馈拉弹簧2的拉力，使继动器活塞向反方向移动，相应地碟阀排油面积也反向改变，最终使错油门滑阀处于居中位置。显然，油动机的反馈作用是通过反馈杠杆和反馈拉弹簧2共同实现的。

在稳定工况下，错油门滑阀应居于中间位置，三次油压p_3不变，继动器活塞必居于某一确定位置不变，二次油压p_2对继动器活塞作用力的改变应与反馈拉弹簧2作用力的改变相平衡，即

$$A_3\Delta p_2 = K_3\Delta z_3 \tag{6.2.25}$$

式中 $A_3, \Delta p_2$——继动器活塞承受二次油压的面积和二次油压改变量；

$K_3, \Delta z_3$——反馈拉弹簧的刚度和变形。

根据图6.2.23中所示的杠杆比例关系有

$$\Delta z_3 = \Delta m\frac{d}{c+d} = \frac{a+b}{a}\ \frac{d}{c+d}\ \Delta L \tag{6.2.26}$$

式中 Δm——油动机活塞位移；

ΔL——调节汽门开度的变化。

将式（6.2.26）代入式（6.2.25），可得

$$\Delta p_2=\frac{K_3}{A_3}\Delta z_3=\frac{K_3}{A_3}\ \frac{d}{c+d}\Delta m=\frac{K_3}{A_3}\ \frac{a+b}{a}\ \frac{d}{c+d}\Delta L \qquad (6.2.27)$$

二次油压的改变和油动机位移之间的关系，即为旋转阻尼调节系统的传递特性。改变静反馈弹簧 2 的刚度K_3或反馈杠杆比，均可改变该调节系统的传递特性。

2.液压反馈机构

高速弹性调速器和脉冲泵的调节系统中的控制油路都是液压反馈机构。两者的区别在于前者改变的是进油窗口面积，而后者改变的是排油窗口面积，结果都是使控制油压p_x恢复到原稳定值。现以脉冲泵调节系统为例，说明液压反馈机构的原理。

如图6.2.13所示，在稳定工况下，控制油压p_x是不变的。因进油节流孔面积不变，故排油面积也应不变，即

$$a_n+a_m=\text{常数} \qquad (6.2.28)$$

所以

$$\Delta a_n+\Delta a_m=0 \qquad (6.2.28a)$$

$$\Delta z b_n+\Delta m b_m=0 \qquad (6.2.29)$$

则

$$\Delta m=-\Delta z\frac{b_n}{b_m} \qquad (6.2.29a)$$

上四式中，Δz、Δm 分别为压力变换器滑阀和油动机活塞的位移；b_n、b_m 分别为 a_n 油口和 a_m 油口的宽度；负号表示负反馈。压力变换器滑阀在转速升高时作正位移，使排油口 a_n 关小时，油动机活塞作负位移，使负荷减小，反馈排油口a_m开大。改变排油窗口宽度，可改变 Δz 和 Δm的比值，也即改变传动放大特性。例如，增加b_n或缩小b_m时，较小的Δz即可产生同样的Δm，使传动放大比增大。

当主油泵出口油压变化而使控制油进油量改变时，传动放大特性将受到影响。当转速升高时，若主油泵与脉冲泵合一，出口油压增大，压力变换器滑阀产生一个位移，使得排油口a_n的排油量减小，同时，由于主油泵出口压力增大，使得控制油的进油量也相应增大，而且反馈油口 a_m 的排油量的增大值等于排油口a_n的排油量的减小值与控制油进油量的增大值之和。这时，反馈油口a_m开度的改变，即油动机活塞的位移量Δm要比不考虑主油泵压力升高（而使进入控制油路油量的增加）来得大，也就是说传动放大比要比计算值大些。

3.动反馈机构

上面讨论的机械反馈机构和液压反馈机构都是在错油门滑阀移动使油动机活塞运动后才产生反馈作用的。另外还有一种反馈机构称为动反馈机构，例如，在图6.2.23中，继动器活塞处除有反馈拉弹簧（静反馈弹簧 2 ）外，还有一压弹簧 6 ，起着动态反馈的作用。在稳定工况下，继动器活塞位置不变，压弹簧的受力不变，故压弹簧 6 不影响二次油压改变量Δp_2和油动机活塞位移Δm的关系，也就不影响传动放大机构的静特性。但在继动器活塞移动的动态过程中，压弹簧作用在继动器活塞上的力是变化的，从而影响继动器活塞移动的大小，起到反馈作用，故称为动反馈弹簧。例如，当p_2升高时，继动器活塞下移，静反馈弹簧伸长，向上的拉力增大，与此同时压弹簧也伸长，其向下的作用力减小，相当于增

加了一个向上的拉力，继动器所受弹簧力的改变值是两弹簧力改变值之和，因此，在调节系统动作过程中，压弹簧作用力的变化相当于使拉弹簧刚度变大，从而使得同一个二次油压的改变量Δp_2所引起的油动机位移变小，相当于负反馈量加大，也就是说，在同一个转速变化之下，瞬时引起的负荷变化比较小，相当于在动态过程中速度变动率δ变大，从而使动态过程更加稳定。

二、机械液压式调节系统

以国产100MW汽轮机为例说明调节系统的原理和静态计算。

（一）系统原理

国产100MW汽轮机的调节保安系统如图6.2.24所示，图6.2.25为该系统的原理图。它主要由高速弹性调速器4、调速器滑阀7、滑阀5、油动机8、反馈滑阀6、差动活塞3等基本元件组成。

当汽轮机转速升高时，调速块向右移动，其位移通过差动活塞带动调速器滑阀也向右移动，调速器滑阀的位移使控制油压p_x下降，引起错油门滑阀向下移动，压力油经油口进入油动机活塞上部，迫使油动机活塞向下移动，关小调节汽门。与此同时，油动机活塞杆上倾斜的反馈滑槽使反馈滑阀向右移动，控制油压升高，错油门滑阀又回到中间位置。当汽轮机转速下降时，其动作原理相同，动作方向相反。

在反馈滑阀的端部装有功率限制器（参看图6.2.24），旋转其手柄，使调整螺杆与反馈滑阀相接触，功率限制器便投入工作。在汽轮机功率低于所限制的功率时，功率限制错油门将附加排油口遮住，功率限制器对调节系统的动作没有影响。在负荷增加到某一预定值时，反馈错油门推动功率限制错油门，将控制油路的附加排油口打开，使控制油压迅速降低，油动机开度则不能继续增加，因而限制了汽轮机负荷的进一步增长。功率限制器的投入，相当于在调速器滑阀的排油口旁并列了一个宽度相当大的起反馈作用的排油口，使系统的局部变动率大大增加，从而起到限制汽轮机功率的作用。

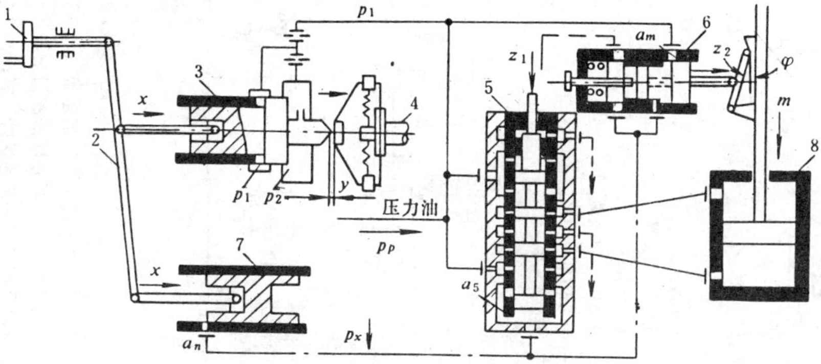

图 6.2.25 高速弹性调速器调节系统原理图

1—同步器；2—传动杠杆；3—差动活塞；4—调速器；5—错油门滑阀；6—反馈滑阀；7—调速器滑阀；8—油动机

为改善调节系统的动态特性，系统中还设置了微分器。它的作用是在汽轮机甩负荷时加速调节汽门的关闭，避免汽轮机转速的过度升高。

由于该系统的基本元件都具有较高的灵敏度，同时又采用了液压传动方式，因此整个

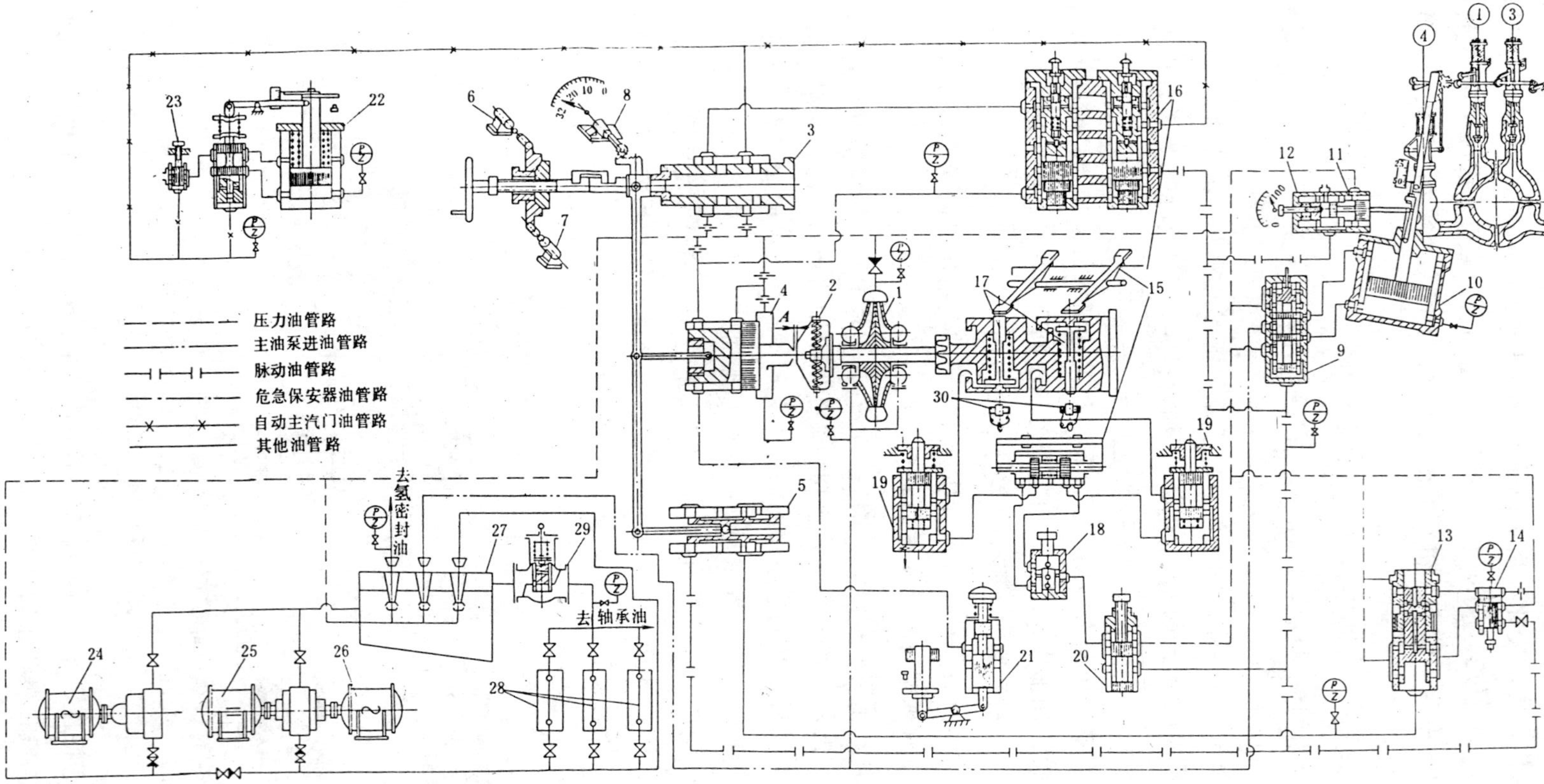

图 6.2.24 国产100MW汽轮机调节保安系统图

1—主油泵；2—高速弹性调速器；3—同步器滑阀；4—差动活塞；5—调速器滑阀；6—快速同步器电动机；7—慢速同步器电动机；8—同步器滑阀指示器；9—错油门滑阀；10—油动机；11—反馈滑阀；12—功率限制器；13—微分器滑阀；14—从动滑阀；15—超速保险杠杆；16—超速保险滑阀；17—飞锤；18—喷油试验滑阀；19—飞锤喷油滑阀；20—超速试验滑阀；21—停机滑阀；22—自动主汽门；23—活动滑阀；24—高压电动油泵；25—直流油泵；26—润滑油泵；27—油箱；28—冷油器；29—减压器；30—电指示器

调节系统具有较高的灵敏度和可靠性。可以看出，该调节系统实际上为三级放大，其中第二级是通过调速器滑阀完成的节流式放大，最后一级则是由错油门滑阀和油动机实现的断流式放大。

（二）静态计算

静态计算的目的是确定调节系统动作结束后汽轮机功率和转速之间的关系。

该调节系统设计的原始数据包括由汽轮机的变工况计算和配汽计算提供的机组功率-蒸汽流量特性和蒸汽流量-凸轮转角特性，分别如图6.2.26和图6.2.27所示；还有主油泵的供油压力，油动机的排油压力，其它部件的排油压力，控制油压，油动机和各滑阀的尺寸和行程等。

调节系统的速度变动率分别取为3%、4.5%、6%。

根据上述数据即可求得在不同速度变动率下，对应于不同工况时各油口的开度及相互关系，进一步求得油动机行程Δm，根据所选定的速度变动率，也可求得某一功率所对应的汽轮机转速。

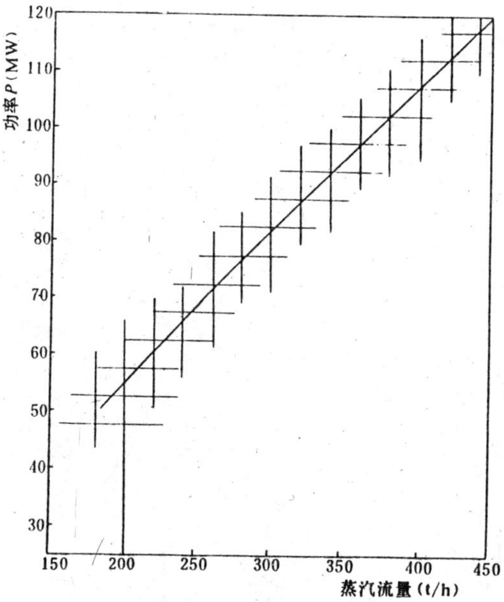

图 6.2.26 功率-蒸汽流量特性

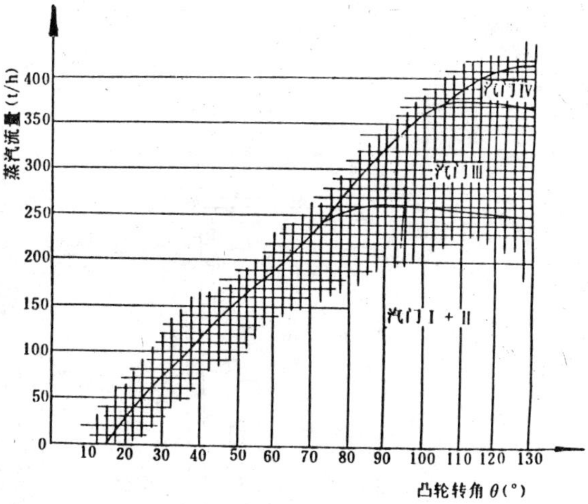

图 6.2.27 蒸汽流量-凸轮转角关系曲线

根据计算，将功率P和转速n的关系（即调节系统静态特性）画在第一象限，调速块位移z和转速n的关系（即调速器静态特性）画在第二象限，调速块位移z和油动机行程Δm的关系（即传递机构特性）画在第三象限，油动机位移Δm和功率p的关系（即配汽机构特性）画在第四象限，就得到该调节系统的四方图，如图6.2.28所示。

三、全液压调节系统

以国产300MW汽轮机为例说明调节系统的原理和静态计算。

（一）系统原理

国产300MW汽轮机的调节系统如图6.2.29（书末）所示，图6.2.30为该系统的原理图。由图6.2.30可以看出，该系统主要由旋转阻尼2、放大器3、继动器7错油门滑阀4和油动

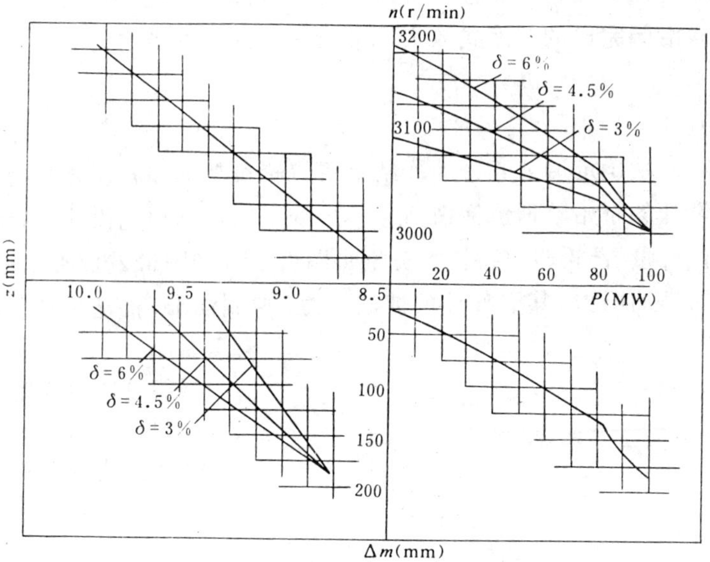

图 6.2.28 国产100MW汽轮机四方图

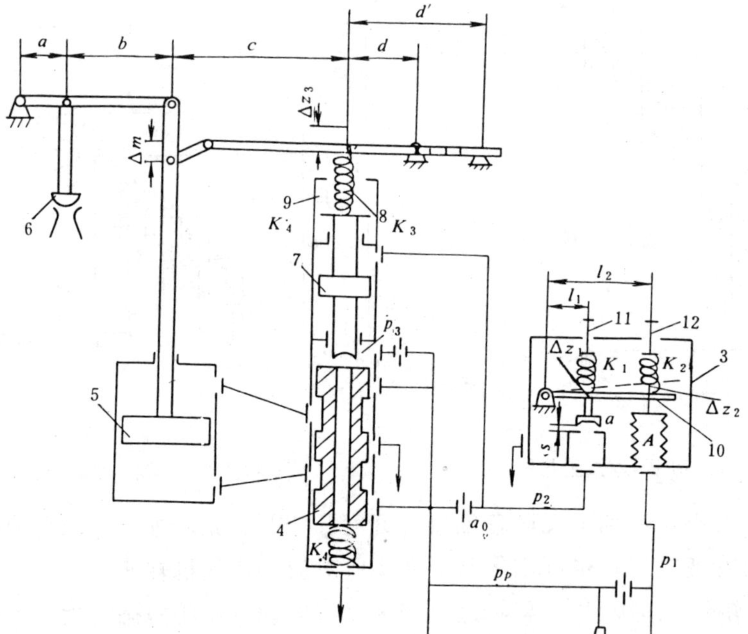

图 6.2.30 旋转阻尼调节系统原理图

1—主油泵；2—旋转阻尼；3—放大器；4—错油门滑阀；5—油动机；6—调节汽门；7—继动器；8—静反馈弹簧；9—动反馈弹簧；10—放大器平衡板；11—主同步器；12—辅助同步器

机 5 等组成。主油泵出口压力油除作为调节系统动力油外，还通向三处。一路经可调针阀（图中以主油泵 1 出口到旋转阻尼器 2 的节流孔板表示）通往旋转阻尼，产生一次油压 p_1；另一路经过一个固定的节流孔a_0后作为二次油，进入放大器经碟阀所控制的泄油间隙 s 流出、形成二次油压p_2；第三路则经过另一个固定的节流孔供油至错油门滑阀4上部，然后从继动器活塞7控制的碟阀间隙中排出，形成三次油压p_3。当汽轮机转速升高时，旋转阻尼管中油柱所产生的离心力相应增大，一次油压p_1增大，通过波形筒破坏了平衡板10力矩的平衡，使碟阀间隙 s 增大，二次油的泄油量增大，二次油压p_2降低，相应又破坏了继动器活塞上二次油压和反馈弹簧作用力的平衡，使继动器活塞上移，三次油的泄油间隙增大，三次油压p_3降低。根据错油门滑阀的力平衡，在下部压弹簧的作用下，滑阀离开居中位置而上移，压力油进入油动机上腔，使油动机活塞下移，关小调节汽门，机组发出的功率减小，直至与外界负荷相适应。油动机活塞下移的同时，通过反馈杠杆使静反馈弹簧的拉力减小，继动器活塞下移，三次油压p_3升高，恢复至原来数值，错油门滑阀又处于居中位置。

（二）静态计算

该系统的计算主要包括旋转阻尼计算、放大器计算、调节汽门计算以及油动机计算等，扼要作一说明。

1. 旋转阻尼计算

根据阻尼管中油柱产生的离心力与一次油压p_1作用在油柱面上的力相平衡，可有

$$p_1 = \frac{\rho}{2}(R_1^2 - R_2^2)\left(\frac{\pi}{30}\right)^2 n^2$$

式中　R_1, R_2——阻尼管中油柱的外径和内径；

ρ——油的密度。

2. 放大器计算

如图6.2.30所示，根据放大器的力矩平衡，可有

$$K_1 l_1 \Delta z_1 + K_2 (l_2) \Delta z_2 = \Delta p_1 \frac{\pi}{4} d_H^2 (l_2) + \Delta p_2 \frac{\pi}{4} d_1^2 l_1$$

式中，K_1、K_2为主、辅同步器弹簧刚度；Δz_1、Δz_2为主、辅弹簧被压缩量；d_H为玻纹管的当量直径；Δp_1、Δp_2为一、二次油压改变量；d_1为碟阀直径。

根据放大器的流量平衡，在稳定状态下，通过节流孔a_0的流量应等于碟阀处的排油量，即$a_0\sqrt{2(p_0 - p_2)/\rho} = s\pi d\sqrt{2(p_2 - 0)/\rho}$，则碟阀排油间隙 s 为

$$s = \frac{a_0}{\pi d_1}\sqrt{\frac{p_0}{p_2} - 1}$$

式中　a_0——节流孔面积；

p_0——主油泵出口油压。

当机组转速 n 改变引起一次油压p_1改变时，作用在放大器横梁上的力矩发生变化，引起碟阀间隙 s 的改变，二次油压p_2也随之改变。

3. 调节汽门升程和流量计算

该机组的传动机构为杠杆提升式，调节汽门共八只，每两只为一组，四组阀门分别控制四组喷嘴，如图6.2.31(a)所示，第1、2组各控制7只喷嘴，第3、4组各控制6只喷嘴。左侧油动机控制第3、4、5、6调节汽门，右侧油动机控制第1、2、7、8调节汽门。开启顺序为1、3、5、6、2、4、7、8。

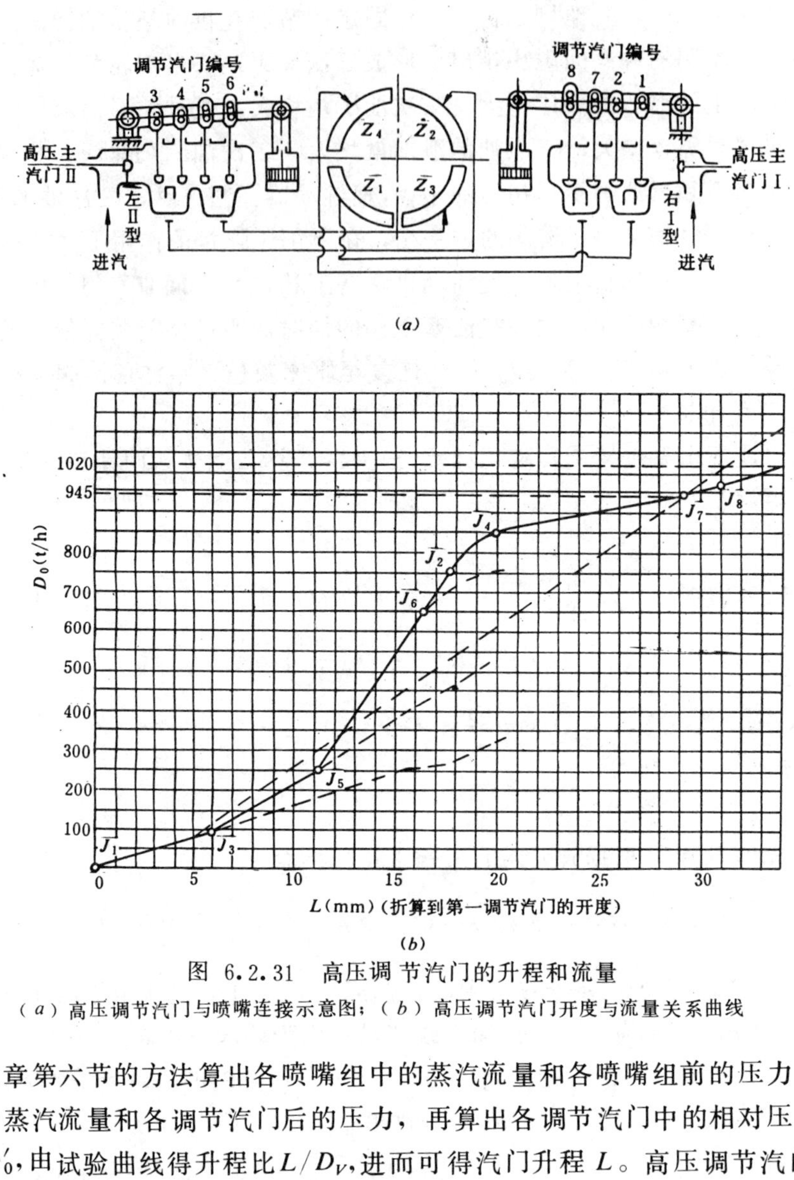

(a)

(b)

图 6.2.31 高压调节汽门的升程和流量

（a）高压调节汽门与喷嘴连接示意图；（b）高压调节汽门开度与流量关系曲线

根据第三章第六节的方法算出各喷嘴组中的蒸汽流量和各喷嘴组前的压力，这就是各调节汽门中的蒸汽流量和各调节汽门后的压力，再算出各调节汽门中的相对压力降$\Delta p/p_0'=(p_0'-p_0'')/p_0'$，由试验曲线得升程比$L/D_V$，进而可得汽门升程 L。高压调节汽门开度与流量的关系曲线如图6.2.31（b）所示。

4.油动机行程计算

取定空载流量，由调节汽门计算可得相应的汽门开度 L，由 L可求出相应的油动机行程Δm。

第三节 中间再热式汽轮机的调节

一、中间再热式汽轮机调节的特点

1.中间再热容积的影响

对于中间再热式汽轮机，高压缸的排汽不是直接进入中低压缸，而是引入锅炉的再热器，经再热后的蒸汽温度一般可达到新汽的温度值，然后再经中压主汽门、调节汽门进入中低压缸作功。由于采用了中间再热，汽轮机被中间再热器分成两段，即再热器前的高压段（高压缸）和再热器后的低压段（中低压缸），这就对汽轮机的动态过程产生很大影响。

中间再热器和与之相联通的管道形成一个巨大的中间容积。当机组功率从P_1增大至P_2时，即使高压调节汽门按比例相应地增大开度，但由于中间再热容积的存在，中间再热机组的功率变化也会产生很大的“延滞”，从而降低了机组的负荷适应性。

如图6.3.1(a)所示，当机组功率从P_1增大至P_2时，高压调节汽门立即开大，高压段的功率P_H可认为是瞬间增大的，但低压段的功率P_L只能随着中间容积中压力p_π的增大而逐渐增大。与此同时，P_H将随着p_π的增大而略有减小。显然，机组变化后的功率P_2($P_2=P_H+P_L$)在动态过程中受到“延滞”，延滞功率如图6.3.1(a)中的阴影部分所示。在设计工况下，通常中低压缸的功率约占机组总功率的2/3至3/4，而高压缸的功率只占1/3至1/4，也就是说中间再热式汽轮机发出的大部分功率要受到“延滞”的影响，即机组参加电网一次调频的能力减弱了。

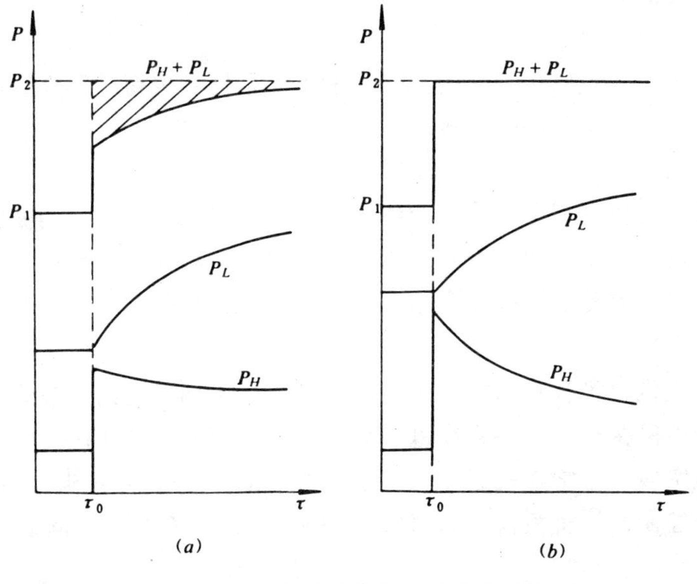

图 6.3.1 中间再热机组功率滞后及过调

(a) 低压段功率滞后；(b) 高压段动态过开

此外，中间再热式汽轮机的中压缸前若没有中压调节汽门，则当汽轮机甩去全负荷时，中间再热容积所储存的巨大能量足以使汽轮机转速超过额定转速的40%以上，这是绝不允许的。

2. 中间再热式机组采用单元制后的影响

对于中间再热式机组，由于中间再热压力是随着机组功率的变化而变化的，因此不同机组的再热器之间不能联通。同时，为使锅炉能正常运行，必须使新汽流量与流经再热器的流量之间保持严格比例，这样，不同机组之间各锅炉的主蒸汽管道也不能相互联通。因此，中间再热的应用必然导致单元制，即一机配一炉。

采用单元制后会产生一些新的问题：

1）电力系统的负荷变化是一个随机过程，当负荷变化速度较快时，只能利用锅炉的蓄存能量，而来不及通过改变锅炉燃烧率来调节机组功率。在单元制机组中，汽轮机既不能利用其它锅炉的蓄存能量，又不可能利用蒸汽母管的蓄存能量。因此，当汽轮机功率变化时，势必引起锅炉出口压力的激烈变化，影响单元制机组的负荷适应性。不仅如此，当锅炉出口压力下降时，还可能发生“汽水共腾”,使带水的蒸汽进入汽轮机，危及机组的安全运行。

2）为保证锅炉的稳定燃烧，若不采取其他措施，锅炉稳定燃烧的最低负荷约为额定值的30％～50％，甚至更大。而对于汽轮机，其空载流量仅为额定值的5％～8％，甚至可小到2％。这就在单元制机组中出现机炉之间最小负荷的不一致，在汽轮机空负荷或低负荷运行时，锅炉出口的大量蒸汽不得不损失掉，这显然是不适宜的。

此外，中间再热器处于锅炉烟道中烟温较高的区域，需要有足够大的蒸汽量冷却其管道。而中间再热器所需的最小冷却流量也比汽轮机的空载流量大得多，因此必须考虑在启动过程中对中间再热器的保护问题。

二、中间再热式汽轮机的调节

根据前述，中间再热式汽轮机调节的突出问题主要是提高负荷适应性、改善动态超速性能以及解决机炉之间最小负荷的不一致。

1.中压调节汽门的应用

对于中间再热式汽轮机，在甩负荷时即使高压调节汽门立即关闭，切断进入汽轮机的汽源，但在中间再热器中所蓄存的大量蒸汽仍可进入中低压缸作功，足以引起汽轮机的严重超速。所以中间再热式汽轮机必须设置中压调节汽门，在甩负荷时它也能迅速关闭，以防汽轮机超速。

为保证中间再热式汽轮机有较高的经济性，应减小中压调节汽门的节流损失，要求它在较大的负荷范围内保持全开，而只在甩负荷时能与高压调节汽门一起参与调节，迅速关闭，以维持汽轮机空转。通常在机组负荷小于30％额定负荷时，中压调节汽门开始关闭，和高压调节汽门一起控制汽轮机负荷，如图6.3.2（a）所示，而在30％额定负荷以上时，

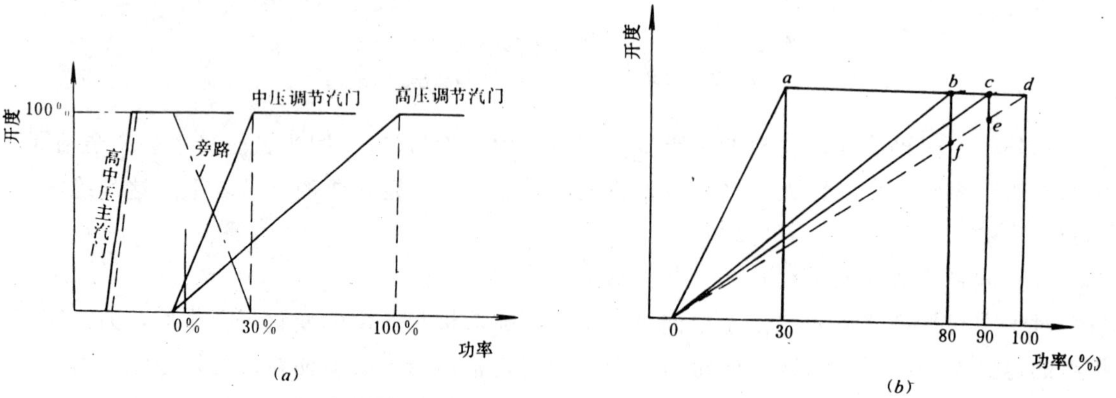

图 6.3.2 高中压调节汽门的配合及中压调节汽门甩负荷时的关闭

（a）高中压调节汽门开启顺序；（b）甩负荷时中压调节汽门关闭过程曲线

中压调节汽门保持全开，只由高压调节汽门控制机组负荷。

除此以外，还应考虑在负荷快速变动时，中压调节汽门的快关作用。当甩全负荷时，调速器可立即感受转速变化信号使高压调节汽门在满负荷位置下关闭，但中压调节汽门却一直要等转速升高到相应于高压调节汽门关到30％开度的位置才开始关闭，如图6.3.2(*b*)中 *a* 点所示，也就是说在*da*这段时间内中压调节汽门不起作用，必然会有一定量的蒸汽流入中低压缸而发生动态超速，因此要求在甩全负荷时，中压调节汽门也能和高压调节汽门一样沿*d*0线关闭。对于在90％或80％额定负荷下运行的汽轮机，甩负荷时中压调节汽门就应沿*c*0或*b*0线关闭。当甩部分负荷时，例如从100％甩到90％负荷，显然，中压调节汽门应先按*d*0线立即关到 *e* 点，以减少流入中低压缸的蒸汽量，然后再由 *e* 点慢慢回复到 *c* 点，使汽轮机在90％负荷时中压调节汽门仍然全开，以减小节流损失，提高机组经济性。为了实现上述中压调节汽门的快关作用，需在调节系统中接入中压校正器。

2.旁路系统

考虑到汽轮机的空载流量与锅炉的最低负荷不一致，以及低负荷时中间再热器的保护问题，中间再热式机组应设置旁路系统，每一级旁路中都装有减温减压器。当汽轮机的负荷低于锅炉稳定燃烧的最低负荷时，锅炉多送出的蒸汽可通过旁路减温减压后排入凝汽器，以回收工质。当汽轮机负荷很低而使流经中间再热器的蒸汽量不足以冷却中间再热器时，绕过高压缸且经过旁路系统减温减压器冷却的蒸汽，可进入中间再热器进行冷却，起到保护中间再热器的作用。

图6.3.3为国产200MW中间再热机组旁路系统示意图。当机组在低负荷运行时，随着中压调节汽门的关小，Ⅰ级小旁路（高压旁路）和Ⅱ级小旁路（低压旁路）均应开启，以维持锅炉的最低负荷，此时锅炉出口流量有一部分经Ⅰ级旁路进入中间再热器，起到冷却再热器的作用。当机组负荷继续下降时，Ⅰ、Ⅱ级旁路就进一步打开。空载时，该汽轮机的空载流量仅为5％额定流量，而再热器的最小冷却流量为额定流量的14％，因此Ⅰ、Ⅱ级小旁路的流量应为9％。汽轮机甩负荷后，锅炉的最小蒸发量为50％额定流量。为避免

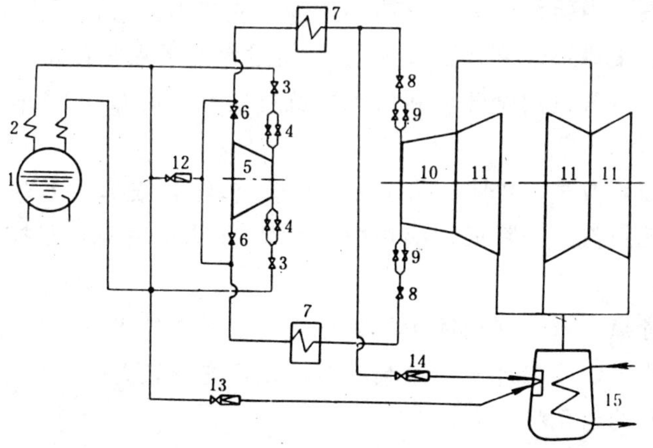

图 6.3.3 国产200MW中间再热机组旁路系统示意图

1—汽包；2—过热器；3—高压主汽门；4—高压调节汽门；5—高压缸；6—高压排汽逆止门；7—再热器；8—中压主汽门；9—中压调节汽门；10—中压缸；11—低压缸；12—Ⅰ级小旁路；13—Ⅲ级大旁路；14—Ⅱ级小旁路；15—凝汽器

多余蒸汽排入大气，造成汽水损失，此时Ⅲ级大旁路打开，显然大旁路的容量应为36％额定流量。由此可知，旁路系统的开启面积与调节汽门的开度成反比，如图6.3.2(*a*)所示。

3.过调节法的应用

中低压缸功率延滞是导致中间再热式汽轮机负荷适应性差的主要原因。因此，当汽轮机负荷变化时，高压调节汽门的开度变化应超过静态要求的数值，其超过部分的功率用来补偿中低压缸的功率延滞，以提高机组的负荷适应性，这就是“过调节法”。

当外界电负荷增大，要求汽轮机负荷也相应增大时，高压调节汽门的开度超过静态值过开，此时高压段功率P_H将大于静态值，如图6.3.1(*b*)所示。随着中间再热压力的提高，低压段功率P_L逐渐增大，就让高压调节汽门的“过开度”逐渐减小，使高压段功率逐渐减小，以适应低压段功率的逐渐增大。这样，高压段在动态中多发出的功率就可补偿低压段在动态中延滞的功率，即机组的功率从P_1增加至P_2时就不会出现延滞。当然，在汽轮机负荷减小时，高压调节汽门应“动态过关”，再逐渐减小“过关度”，这就可能消除机组在减负荷时的延滞。在新的稳定工况下，“过开”或“过关”均将消失。

过调节法的基本点在于改变高压段功率的动态变化量以补偿低压段功率的延滞。考虑到高压段功率一般只占机组功率的1/4～1/3，当机组功率的变化很大，或者P_L/P_H很大时，高压段功率的动态变化量就很大，高压调节汽门通过的流量也相应变化很大，这就会对锅炉、汽轮机的安全、经济运行带来影响，例如，锅炉出口压力迅速下降，由于动态过开量很大而不得不增大调节级喷嘴组面积而使额定工况下调节级部分进汽损失明显增大等，因此应寻求更优越的控制系统以提高中间再热式汽轮机的负荷适应性。

4.汽轮机、锅炉的控制方式

单元机组负荷适应性的提高主要取决于对锅炉蓄存能量的利用程度，而汽轮机、锅炉的控制方式关系到锅炉蓄存能量的利用，目前采用的机炉控制方式有下列几种：

（1）汽轮机跟随控制方式　如图6.3.4(*a*)所示，外界负荷改变的信号先送给锅炉，待锅炉出力改变使新汽压力改变后，汽轮机根据新汽压力的改变再相应改变负荷。这种方式可维持新汽压力不变，当新汽压力一有微小增加（或减小）时，压力调节器即开大（或关小）调节汽门开度，使流量改变，但是，锅炉燃烧过程的迟滞将使机组功率的响应延滞。当汽轮机滑压运行时，调节汽门全开，新汽压力就随功率（流量）的增减而变化，如图6.3.4(*b*)所示。

（2）锅炉跟随控制方式　如图6.3.4(*c*)所示，汽轮机根据功率调节信号增加负荷，此时蒸汽流量的增大使新汽压力降低，锅炉根据流量、压力的变化信号控制燃烧调节系统，以维持新汽压力不变。

这种控制方式的特点是暂时利用锅炉的蓄存能量以适应外界负荷的变化。当负荷变化较小时，能实现快速响应，可参加一次调频，但在负荷变化较大时，由于锅炉燃烧的延迟时间较长，主蒸汽压力的变化将较大。

（3）机炉协调控制方式　如图6.3.4(*d*)所示，这种控制方式和汽轮机跟随方式相同，采用调节汽门来控制新汽压力；和锅炉跟随方式相同，根据新汽压力变化率及允许变动范围来利用锅炉的蓄存能量。所以这种控制方式的特点在于它一方面可利用锅炉蓄存能

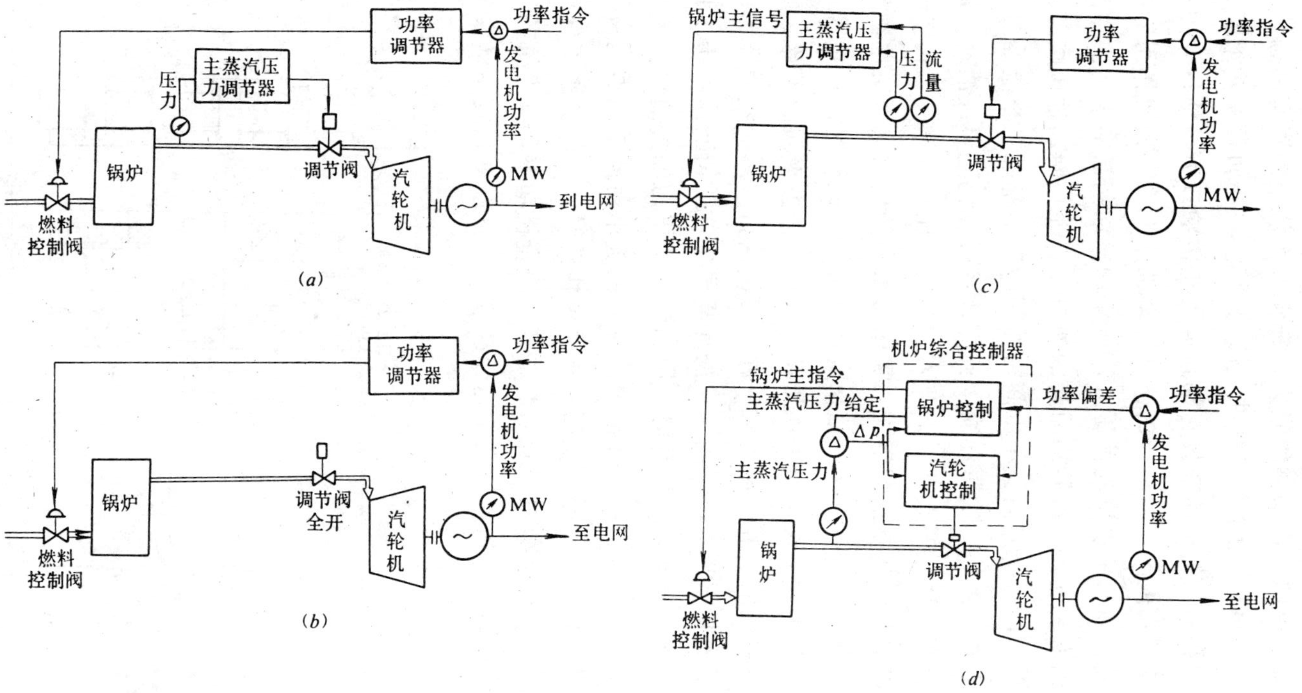

图 6.3.4 汽轮机、锅炉的控制方式

(a)、(b)汽轮机跟随控制方式；(c)锅炉跟随控制方式；(d)机炉协调控制方式

量，使汽轮机迅速发出功率；另一方面又可同时改变锅炉的出力，共同适应外界负荷变化的要求，使新汽压力波动较小。

三、中间再热式汽轮机调节系统

图6.3.5(书末)为国产200MW中间再热式汽轮机调节系统。

为改善机组参加电网一次调频的能力，在调节系统中配置有动态校正器，其构造原理如图6.3.6所示，它类似于一个具有排油反馈的油动机。当负荷突然增大，转速减小时，分配错油门滑阀向左移动，关小动态校正油口 a 及正常油口 b，油口 a 的一次脉动油路（见图6.3.5)经动态校正切换阀与油口 b 的一次脉动油路汇合，共同作用于中间错油门滑阀底部，油口 a 和 b 关小后，一次脉动油压升高，中间错油门活塞上移。中间错油门活塞上移后，一方面关小压力油进入一次脉动油路的油口 e，使一脉动油压恢复，中间错油门活塞便稳定在新的位置上；另一方面关小中间错油门活塞上部的三个泄油口 f 、g 和 h，使高压油动机错油门活塞下部的二次脉动油压升高，错油门活塞上移，油动机活塞下侧进油（上侧排油)，油动机活塞上移，开大高压调节汽门，使机组功率增大。由于油口 a 的宽度是油口 b 的两倍，所以这时中间错油门滑阀（见图6.3.5)的位移只有 b 单独作用时引起位移的三倍，而使高压调节汽门以相应于三倍稳定值过开。与此同时，校正器顶部至分配错油门的泄油口 c 也同时关小，使校正油压 p_x 升高，滑阀 1 失去平衡而下移，可变压力油 p'_p 通过油路 Ⅰ 进入校正活塞 2 的上腔，使活塞下移，反馈油口（p_x 油室的排油口）开大而使校正油压 p_x 下降，直至恢复正常值，滑阀 1 又恢复至居中位置切断油路 Ⅰ，此时校正活塞稳定在一个新的平衡位置。当活塞 2 下移时，压力为 p_p 的压力油进油口 e 关小，使一次脉动油压降低，从而关小高压调节汽门，抵消由油口 a 的关小而产生的高压调节汽门的过开量。适当选择窗口 e 和 c 等尺寸，可使校正活塞停止移动时，e 的关小正好抵消 a 的作用，至稳定时过开量为零。高压调节汽门的动态过开可使全机功率 P_H+P_L 能符合外界的需要。

动态过调消失的时间可以通过两个途径改变：一是改变供校正活塞的可变压力油油压

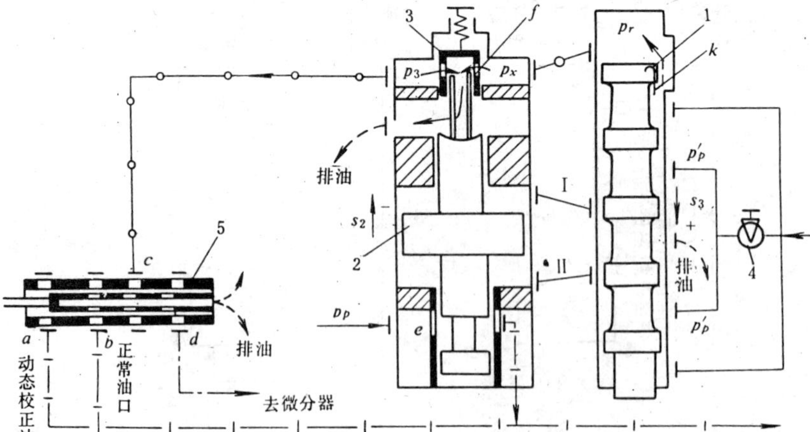

图 6.3.6　动态校正器原理图

1 —滑阀；2 —校正活塞；3 —反馈套筒；4 —节流阀；5 —分配错油门

p'_p；另一是调整动态校正器滑阀1下的调整螺钉，使滑阀的位移减小或增大。

在机组负荷高于35％额定负荷时，该系统的动态校正器投入工作；在负荷低于35％额定负荷时，利用电磁铁将动态校正器切换阀（见图6.3.5)吸上，切断了分配错油门的动态校正油口 a 的控制作用，此时，中间错油门滑阀仍只由油口 b 控制，高中压油动机在中间错油门滑阀控制下同时开大或关小高中压调节汽门。

当汽轮机甩负荷时，为防止机组动态超速过大，该系统中还配置有微分器。图6.3.7为微分器的工作原理图。当转速增大时，分配滑阀向右移动，分配错油门控制微分器的辅助泄油口 d 开大（见图6.3.6)，使与中心滑阀3做成整体的差动活塞因下腔 E 中油压 p_x 下降而在 D 室压力油作用下下移，又开大油口 G，使 p_x 恢复。与此同时，油口 C 打开，使空心差动活塞下腔 B 泄油，p_B 下降，在 A 室压力油压作用下，空心差动活塞又重新关闭油口 C，停止移动。若转速上升较快，则中心滑阀下移较快，而油口 C 的尺寸很小，限制了流量，使空心差动活塞下移较慢，最终使中心滑阀与空心差动活塞下移量的差距增大，当此差距大于中心滑阀顶部原封着泄油口的盖度 Δ 时，泄油口 F 打开，继动滑阀2因上腔失压而上移，将使中间错油门滑阀和中压油动机滑阀下的控制油经继动滑阀泄去，快速关闭高中压调节汽门。

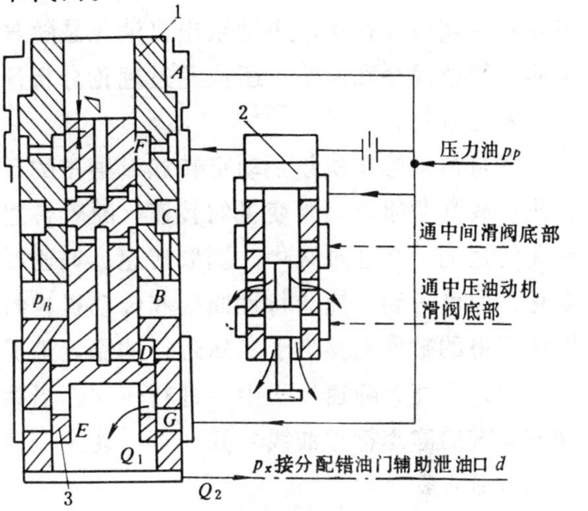

图 6.3.7 微分器原理图

1—空心差动活塞；2—继动滑阀；
3—中心滑阀与差动活塞

该系统的动作原理与国产100MW汽轮机调节系统相仿，这里不再赘叙。

第四节 调节系统的试验和调整

一、调节系统的静态特性试验

调节系统静态特性试验的目的在于检查调节系统的静态工作性能是否符合要求。当发现有缺陷时，应立即分析其产生的原因，提出消除的正确措施。通过静态特性试验可以测求调节系统的静态特性曲线，即在各稳定工况下汽轮机转速和功率的关系曲线。静态特性试验主要包括静止试验、空负荷试验和带负荷试验，现分别说明如下。

1.静止试验

该试验是在汽轮机不转动的条件下进行的，此时因主油泵不能供给压力油，因此应先启动高压辅助油泵，以代替主油泵供应压力油。供油压力应调节到主油泵在额定转速下的供油压力，再用人工产生转速信号的办法使调节系统动作，具体做法因不同的调节系统而异。例如，对全液压调节系统,应切断原转速信号的油路，另用人工产生一可调节的油压，此油压通常可由压力表校验台供给,以使调节系统动作。若脉冲油漏油使油压不易稳定时，可将压力油经针形阀节流后供给。对机械液压式调节系统，则应拆去调速器弹簧，改装调速器滑环可控设备，调节滑环位置即可使调节系统动作。

静止试验可测定不同同步器位置（上限、中限、下限）条件下的转速感受机构特性（此时转速信号为模拟量)、传动放大机构特性。当已知调节汽门升程和负荷关系时，可作出调节系统的静态特性曲线。应该指出，在静止试验时高压辅助油泵的供油压力是不变的，而调节系统在实际运行中，主油泵出口油压是随着转速的变化而有所改变的，因而试验结果与实际运行情况存在偏差，还应通过理论分析计算加以修正。

2.空负荷试验

空负荷试验在机组启动空转和无励磁的条件下进行。当同步器处于某一位置时，控制主汽门或其旁通汽门改变机组转速。随着转速的改变，调节系统各部件将发生相应于负荷变化的运动。在这过程中，测取转速、调速器滑环行程、油动机位移、调节汽门开度等的变化，即可得到调速器特性曲线和传动机构特性曲线。试验时在各测点处应稳定一定时间，以使测得的数值更接近于实际运行的稳定工况。该试验通常也在同步器上限、中限、下限位置下，升速、降速过程中各进行一次。当调节汽门开度和机组负荷关系已知时，可作出调节系统的静态特性曲线，并计算出速度变动率、迟缓率等。

3.带负荷试验

该试验是在机组并网、带负荷条件下进行的，此时汽轮机转速已不再变化。试验的目的主要是测求负荷与油动机行程之间的关系，获得配汽机构特性曲线。此外，还应测求油动机活塞上下压差，即油动机的提升力与调节汽门开度间的关系、同步器位置与功率的关系以及各调节汽门开度与汽门前后压差的关系等。在试验时，汽轮机进汽、排汽等参数和电网频率应尽可能稳定，并保持额定值，或控制在额定值允许变动的范围内。低压加热器应在机组启动前投入，并及时向除氧器及高压加热器等供汽，以免投入回热系统时，在同一同步器位置，即油动机位移不变条件下功率发生变动，而使负荷特性线不连续。

除上述试验外，在静态特性试验中还可在额定蒸汽参数、真空和额定转速下进行主汽门、调节汽门的严密性试验，以及在无蒸汽力作用下的静止状态和空负荷状态下进行主汽门、调节汽门的关闭时间试验。

二、调节系统的动态特性试验

调节系统除应具有良好的静态工作性能外，还应具有良好的过渡过程品质（即动态特性)，这是衡量调节系统工作好坏的另一重要指标，通常要通过甩负荷试验以求直观、准确地进行评价，其主要目的是：

1）检查汽轮机在甩全负荷时转速的动态升高值是否仍在危急保安器动作转速以下，并测取甩负荷后的最大飞升转速和稳定转速；

2）测取汽轮机甩负荷后的过渡过程时间，即甩负荷后转速飞升至稳定转速所需的时间，以及过渡过程的振荡次数；

3）测求调节系统各部套在甩负荷后相互动作的时间关系等。

甩负荷试验既能评价调节系统动态品质，又可为分析各部套缺陷、改进调节系统动态品质提供依据。

为确保在甩负荷过程中汽轮机的安全运行，必须具备下列试验条件后才可进行甩负荷试验：

1）调节系统速度变动率、迟缓率以及各部套行程范围符合要求；

2）自动主汽门、调节汽门应通过严密性试验，关闭时间符合要求，抽汽逆止门动作性能良好，严密性试验合格；

3）试验前手拍超速保险动作可靠，超速试验时其动作转速符合要求；

4）发电机掉闸按钮工作可靠。

甩负荷试验一般可分三次进行，先甩1/2负荷，然后依次甩3/4及全负荷，也可根据实际需要，确定甩负荷次数及负荷等级。甩负荷试验机组的运行方式应与正常情况相同，回热系统应按正常运行方式投入，电网频率、新汽参数、真空等均应保持额定值，并力求稳定。

三、调节系统的调整

通过试验，若调节系统静态特性不符合要求，则应进行调整，下面就几种常见情况予以说明。

（一）速度变动率的调整

改变调速器特性曲线、传递放大机构特性曲线、配汽机构特性曲线中任一特性曲线的斜率，均可改变调节系统特性曲线的斜率，即改变调节系统的速度变动率。

1.改变调速器特性曲线

如图6.4.1（*a*）所示，对机械式转速感受机构，可采用改变调速器弹簧刚度的办法调整速度变动率，弹簧刚度与速度变动率成正比，刚度增大，速度变动率增大，反之亦然。弹簧刚度的改变一般是改变弹簧的有效工作圈数，弹簧工作圈数与刚度成反比，即弹簧有效工作圈数的改变与速度变动率成反比。对于液压式转速感受元件，如旋转阻尼调节系统，则可采用改变碟阀直径，波纹管直径、旋转阻尼内外径或压力油通往二次油油室的节流孔孔径的办法来调整速度变动率。

2.改变传递放大机构特性曲线

如图6.4.1（*b*）所示，改变传递放大机构特性曲线斜率的较方便的办法是改变反馈率，增大同一油动机活塞位移所产生的反馈量，将使速度变动率增大。例如，使控制反馈油口

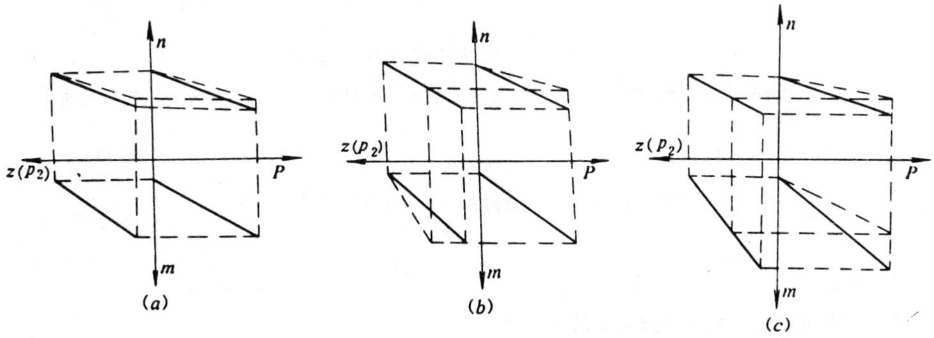

图 6.4.1 速度变动率的调整

（*a*）改变调速器特性线；（*b*）改变传递放大机构特性线；（*c*）改变配汽机构特性线

开度的反馈锥、反馈斜板的斜率增大，或加大反馈杠杆的传动比，或增大反馈凸轮在相同转角下的升程等，均可使速度变动率增大。

3.改变配汽机构特性曲线

如图6.4.1（c）所示，改变配汽机构特性曲线的斜率，也可改变调节系统静态特曲性的斜率，即改变速度变动率。此时要求在通流面积不变的条件下，即发同样的功率而使油动机活塞位移改变。对于带节流锥型线的调节汽门可通过计算改变节流锥的型线；对于采用凸轮机构的调节系统，由于凸轮的回转角正比于油动机活塞位移，而凸轮径向半径的改变将影响调节汽门的升程，因此可改变调节汽门达到满负荷最大升程时的凸轮回转角，而使油动机活塞位移改变。更为方便的办法是改变调节汽门的重叠度。调节汽门重叠度改变了，也就改变了油动机活塞的位移，但应注意，此时局部速度变动率将有所改变。

（二）同步器工作范围的调整

当同步器上限位置满足机组运行的要求时，同步器工作范围扩大是有利的，即同步器低限位置降低，只会给机组运行带来方便。因此，这里主要是指同步器工作范围不足的调整。若因调节系统速度变动率过大，同步器工作范围不足，则应改变速度变动率；若同步器限制点位置不当，则应调整限制点位置；更常见的是同步器弹簧的初紧力调整不当，此时应改变弹簧垫片的厚度，即改变同步器弹簧的初紧力。

（三）静态特性曲线上下限位置的调整

当同步器工作范围满足运行要求，而上下限位置却同时偏高或偏低时，要改变静态特性曲线起始点的位置，可通过改变弹簧的初紧力、油口的初始高度、反馈锥在油动机活塞杆上的位置、同步器初始动作位置等措施来实现，使各中间环节特性曲线的位置改变，进而改变静态特性曲线的上下限位置，如图6.4.2所示。

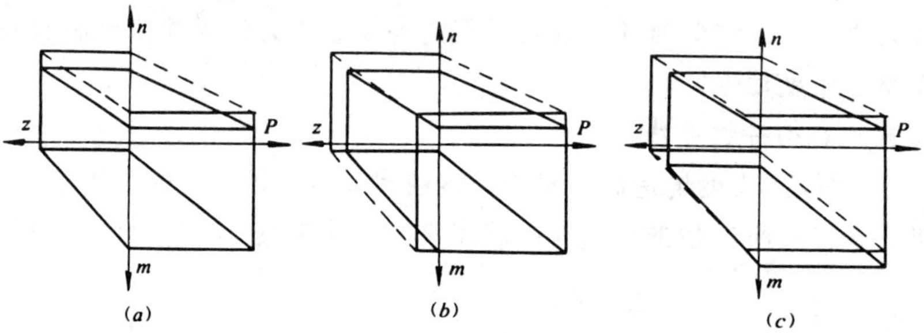

图 6.4.2 特性曲线位置的调整

（a）改变调速器特性曲线；（b）改变传递放大机构特性曲线；（c）改变配汽机构特性曲线

第五节 汽轮机功频电液调节

一、一般原理

（一）功频电液调节系统的采用

对于机械液压式调节系统，在外界负荷变化（外扰）时，它是以转速变化(频率偏差)作为唯一的信号来控制汽轮机调节汽门的，从而改变进汽量，使之产生一个相应的功率变化。而对于单元制中间再热机组，当外扰较大引起机组负荷较大的变化时，势必引起锅炉出口压力的激烈变化。此时，蒸汽压力的变化将影响蒸汽的作功能力，使蒸汽流量和机组功率之间的比例关系受到影响，也就是说，压力波动和蒸汽作功能力的变化，使得同样的转速变化得不到相应的功率变化，不能适应外界负荷变化的要求，这样，机组转速仍将继续变化，易引起电网频率和调节系统的不稳定。

此外，对于机械液压式调节系统，机组功率变化和转速变化之间没有时间滞后，即外界负荷变化产生机组转速变化时，调节系统立即动作，机组功率随之改变。而单元制中间再热机组却存在巨大的中间蒸汽容积，在外界负荷变化时，中低压缸的功率变化存在明显的滞后，因而机组总功率不能迅速适应外界负荷变化的需要，将削弱机组的调频能力。即使电网频率稳定，调节系统不动作，但当机组进汽参数变化时，机组的功率也将产生相应的改变，也就是说机组缺乏抗“内扰”的能力。

因此，通常的机械液压式调节系统不仅无法适应单元制中间再热机组对调节系统的要求，而且没有能力自动维持功率稳定不变。如图6.5.1所示，若在保留转速偏差信号的同时，引入功率大反馈，即功率偏差信号，也就是将功率值与功率给定值相比较，以其差值通过PID调节器控制机组增减负荷，则能排除“内扰”，自动维持功率稳定。这就是所谓功率-频率调节。

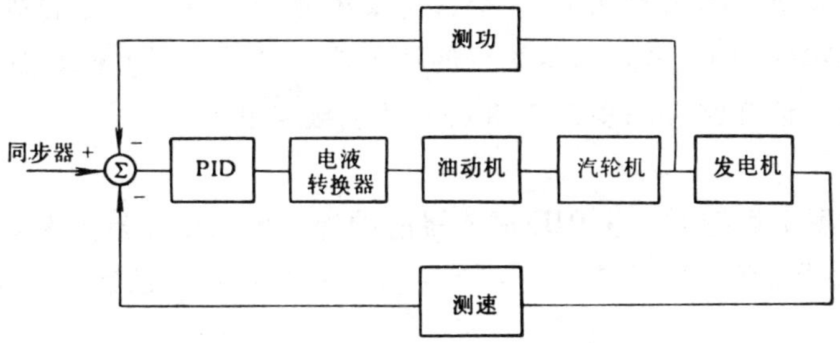

图 6.5.1 采用功率反馈的系统框图

随着机组容量的增大，对运行的可靠性、经济性相应提出更高的要求，对机组自动化水平的要求也不断提高。考虑到电子元件具有测量调整方便，便于综合运算，精确度高等优点，随着其可靠性的不断提高，电子元件常被用于测量和运算。特别是调节系统采用功率-频率调节后，调节信号不再仅是一个频率偏差，而是要综合比较更多的信号了，因此，电子元器件得到广泛应用。由于油动机具有尺寸小、力量大、速度快、启动与反应迅速等优点，所以电子元件目前还无法替代油动机。这样，调节系统采用功率-频率调节后，最后的执行机构仍是错油门和油动机。调节系统的电液两部分之间用电液转换器相连接，将电气信号转换为液动信号，整个系统就成为功率-频率电液调节系统，简称功频调节或电液调节。

（二）功频电液调节系统的功能

功频电液调节系统能自动调节和控制汽轮发电机组的功率和频率，图6.5.2为其原理图。现将在各种主要工况下的系统功能说明如下。

1. 启动工况

机组启动由启动回路控制，它可将汽轮机从盘车转速提升至额定转速。当汽轮机冲转升速时，可选定目标转速n^{**}并输入到升速率限制器与其输出的反馈量进行比较。启动中的升速率可根据冷态、温态和热态启动的要求由升速率限制器给定。给定转速信号n_s和汽轮机的实际转速信号在综合器中比较，相减的转速差信号输入启动PID调节器，通过功率放大器和电液转换器动作油动机，控制升速。当转速 n 与初次给定的n_s值相等时，启动PID调节器的输出保持不变，维持转速稳定。再根据需要继续提升目标转 速n^{**}，或另选一种升速率，直至将机组转速升到额定转速。此时，由于$n^{*}=n=3000$r/min,所以主PID 调节器也将起作用。若继续将目标转速n^{**}升高至102%n_0，则启动PID调节器的输出大于主PID调节器的输出，此时主PID调节器通过“低选”起作用，启动回路自动退出，从而实现从启动工况过渡到正常运行工况的无扰动平滑转移。

2. 并网及带负荷工况

当机组转速达额定转速，机组由主控回路控制时，即可进行并网操作。当转速给定n^*与实际转速存在偏差$\Delta n=n^*-n$时,此偏差通过频差放大器和主PID调节器(此时功率给定及实测功率信号均为零）控制汽门开度，调节机组转速，$n=n^*$时就可并网。

并网后，可通过功率给定P^*来增加负荷。功率给定P^*将经过功率变化率限制器、功率限幅器和机组允许最大功率P_{max}的修正。当给定功率P_s增大，使主PID调节器输出增加时，调节汽门开大，机组功率增大。由测功器测得的功率信号 P 反馈到主PID调节器的输入端，与功率给定P_s相平衡。这样就可逐步将机组功率升至额定值。

3. 调频工况

当机组在额定功率下运行时，主PID调节器前的综合输入量保持为零。此时转速给定n^*和功率给定P^*均为额定值固定不变，电网频率变化对机组功率的影响将取决于频差放大器的静态特性线。

频差放大器有三种静态特性可供选择，如图6.5.3所示，图中Δf为频率偏差信号，$\Delta f=f^*-f$, f^*是频率给定值，f是电网频率值；ΔP为功率改变量，$\Delta P=-\Delta f/\delta$，负号表示$\Delta f$为负时，机组功率增大，反之亦然。特性线（$a$）为一条通过原点的直线，在并网时使用。当机组转速与电网频率不一致时，可通过偏差信号进行调整，因此特性线不应有死区或限幅。在机组并网运行时，使用特性线（b）。当电网频率下降时，参加一次调频的所有机组均应增加功率，以满足用户需要。但考虑到单元制中间再热机组的负荷适应性受到锅炉限制，因此采取了限幅措施。限幅大小可以调整，也可双向限幅。对于大功率机组，若不希望影响机组出力,则可采用存在死区的特性线（c），死区的宽度决定于频率波动范围。通过控制功率给定P^*可使机组参加二次调频。甩负荷时，所有特性均自动切换到特性线（a），以利再同步并网。

4. 调压工况

如图6.5.2所示，汽压控制回路中加法器的输入为$\Delta p_0+p_0-p_{0g}$,其中Δp_0为主蒸汽压力偏差给定值，即允许值，p_0为压力变送器测取的机组前的主蒸汽压力,p_{0g}为压力给定值。当锅炉正常运行时，p_0与p_{0g}相近或相等，加法器以Δp_0（正值）输入汽压回路的PI调节器

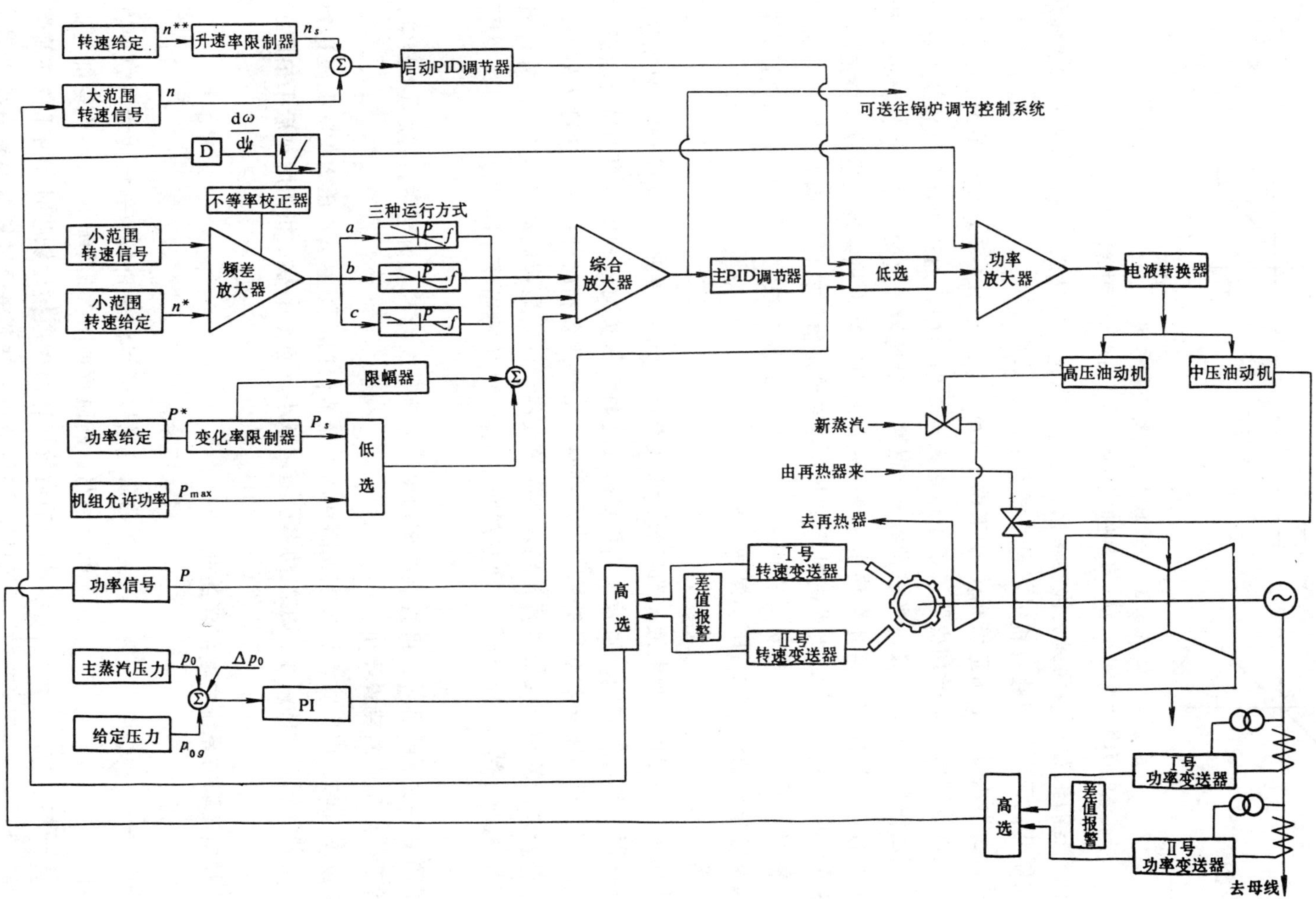

图 6.5.2 功频电液调节系统原理图

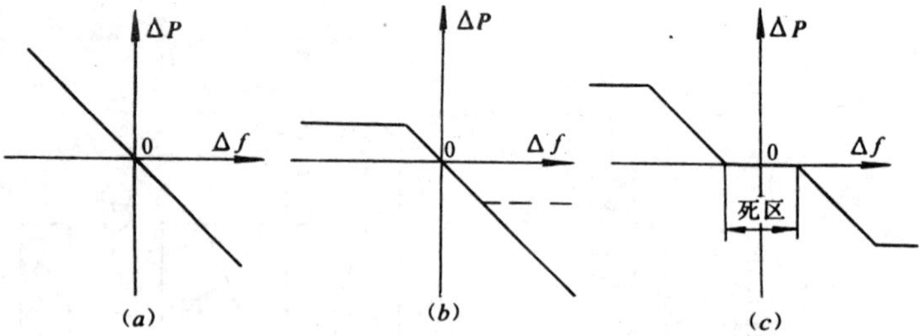

图 6.5.3 频差放大器的静态特性线

(a) 过原点的直线；(b) 有限幅的特性线；(c) 有死区的特性线

中，使PI调节器的输出一直为最大饱和输出。此时，通过“低选”，机组由主PID调节器的输出信号控制，汽压控制回路对机组不起控制作用。

当主蒸汽压力p_0虽低于给定值p_{0g}，但其偏差$\Delta p = p_{0g} - p_0$不大于给定偏差Δp_0时，即压力降落在允许范围内，此时加法器仍以正值输入PI调节器中，通过“低选”，汽压回路对机组仍不起控制作用。可知，只有当锅炉等发生故障或负荷增加过快，使主蒸汽压力有较大幅度的下降时，汽压控制回路才会使机组调节汽门关小，减少机组进汽量以维持汽压偏差在给定值Δp_0的范围内，此时实测机组功率小于功率给定值。这样，当锅炉故障等造成主蒸汽压力下降时，不是根据机组负荷去调节锅炉汽量，而只能根据锅炉可提供的汽量去调节机组功率，使机组前的主蒸汽压力保持不变。

5.甩负荷工况

对于中间再热机组的功频电液调节系统，甩负荷时，继电器立即将功率给定信号切除，只保留转速给定信号，最后的稳定转速为额定值，这将使甩负荷过程中转速的最大动态偏差值变小，有利于机组安全和重新并网发电。同时，由于甩负荷时转子的加速度为最大，由转速微分器D测得的加速度信号直接输入功率放大器，可明显抑制动态超速。此外，当转速大于102%n_0时，通过“低选”，启动控制回路也将动作使调节汽门关闭。

6.停机工况

机组在额定参数下停机时，可直接改变功率给定值，逐渐减负荷至零，切除功率给定，机组解列后手拍危急遮断装置停机。

当滑参数停机时，应先将汽压控制回路切除。调节汽门将随主蒸汽压力的降低而达到全开位置，随着蒸汽流量的减小，机组功率也随之减小，直至空载。机组解列后手拍危急遮断器停机。

二、功频电液调节系统主要部件简介

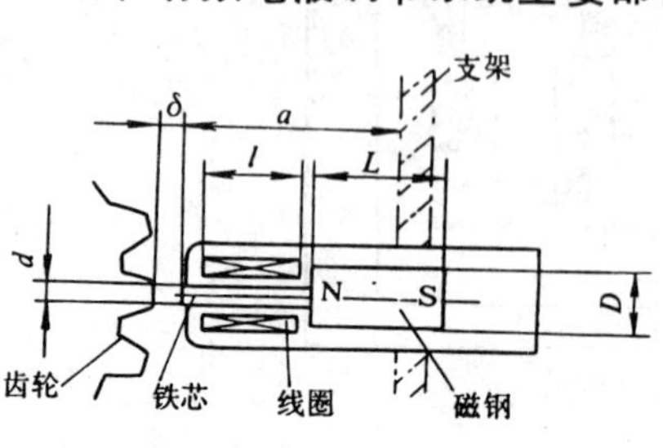

图 6.5.4 磁阻发送器

1.磁阻发送器

磁阻发送器可将汽轮机转速转换成相应频率的电压信号，其原理如图6.5.4所示。当与汽轮机主轴相连的齿轮旋转而齿顶接近铁芯时，由于铁芯前端的磁阻骤然减小，铁芯将通过较多的磁力线。这样，在齿顶靠近和离开铁芯时，磁力线发生增减，线圈中将感应出电动势，其频率等于齿数和转速的乘积。

当齿轮采用60齿时，汽轮机每分钟转数在数值上即为信号电压的频率。信号电压的大小与汽轮机转速和间隙大小有关，此即为磁阻发送器的输出特性，机组转速越高，铁芯与齿顶的间隙越小，输出电压值越大。

2.频率变送器

频率变送器的原理框图如图6.5.5所示，它的作用是将与转速成正比的频率信号输入，转换成直流电压的模拟量输出，实为一数模转换器。

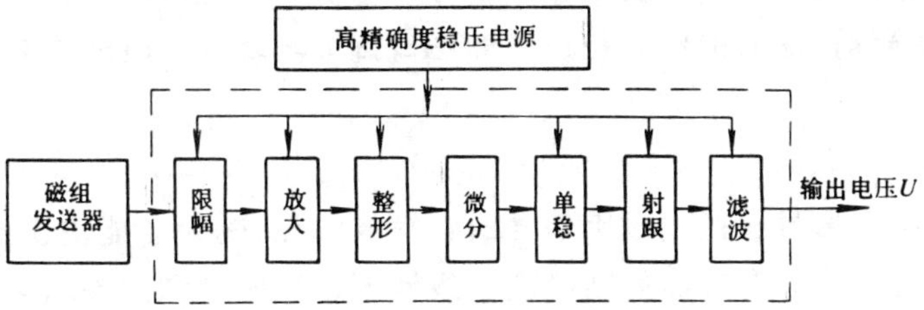

图 6.5.5 频率变送器方框图

3.功率变送器

功率变送器的作用是测取发电机输出功率作为系统的调节信号，常用的有霍尔功率变送器和FS-27型功率变送器。这里只简要介绍霍尔功率变送器的原理。

霍尔功率变送器的应用是基于霍尔效应。如图6.5.6所示，一半导体薄片置于磁场中，并让磁力线与薄片垂直，当在1、2端通入电流 i 时，将在3、4端产生电动势 E_H，这一物理现象称为霍尔效应。因此，若将发电机出线电压经电压互感器转换成电流信号，并沿1、2方向通入霍尔元件，同时让发电机电流经电流互感器产生一个垂直于霍尔元件平面的磁场，则在3、4方向必产生霍尔电动势，其大小比例于发电机电流和电压的乘积，即比例于发电机的有功功率，因而可实现发电机的功率测量。

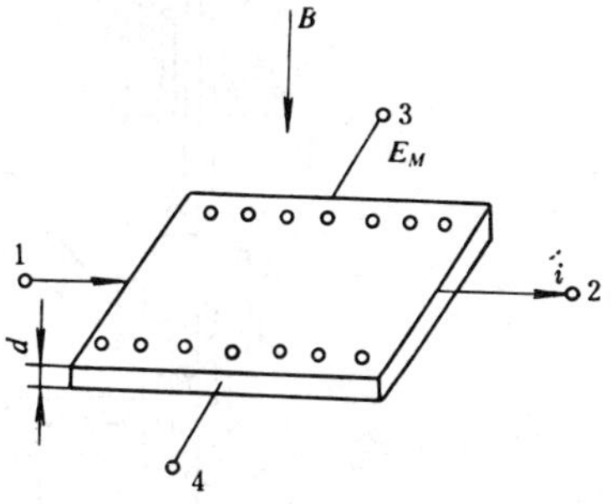

图 6.5.6 霍尔功率变送器原理

4.PID调节器

PID调节器是比例调节（P）、积分调节（I）和微分调节（D）的综合。对于比例调节器，输出量Δy和输入量Δx成比例地变化，即$\Delta y = k\Delta x$，其特点是根据输入量的偏差来进行调节，调节的结果存在静态偏差。因此，比例调节器只能调节系统的增益，而不改变其相位。随着增益的增大，系统静态精确度可得到改善，但稳定性变坏，甚至可导致系统不稳定，所以需配以积分、微分修正。

对于微分调节器，输出量Δy按照比例于输入量Δx对时间的微分规律进行变化，即$\Delta y = T_D \frac{d(\Delta x)}{d\tau}$，其特点是可以根据被调量变化的速度来进行调节，不待被调量有一改变值，而只要有一开始变化的速度，就有信号输出进行调节，因而微分调节器属于超前校正文件，可减小动态偏差，改善调节品质，缩短调节时间。

对于积分调节器，它的输出量Δy比例于输入量Δx对时间的积分，即$\Delta y=\frac{1}{T_i}\int \Delta x \mathrm{d}\tau$ 。当输入量为一恒定值不变时，输出量随时间积分越来越大，只有当输入量为零时，调节才停止。它属于滞后校正，可做到无差调节。

由此可知，超前校正（微分调节器）可使系统响应速度得到改善，减小动态过调量，但对静态性能的改善作用不大；滞后校正（积分调节器）响应较慢，但可使静态性能得到很大改善,因此采用超前-滞后的综合校正，即PID调节器就可同时改善系统的动态响应和静态性能。

5. 电液转换器

电液转换器是将电信号转换成液压信号的转换放大元件。为了能快速不失真地完成电-液转换，要求电液转换器具有较高的精确度、线性度、灵敏度和动态响应，因此它是功频电液调节系统中的关键部件。

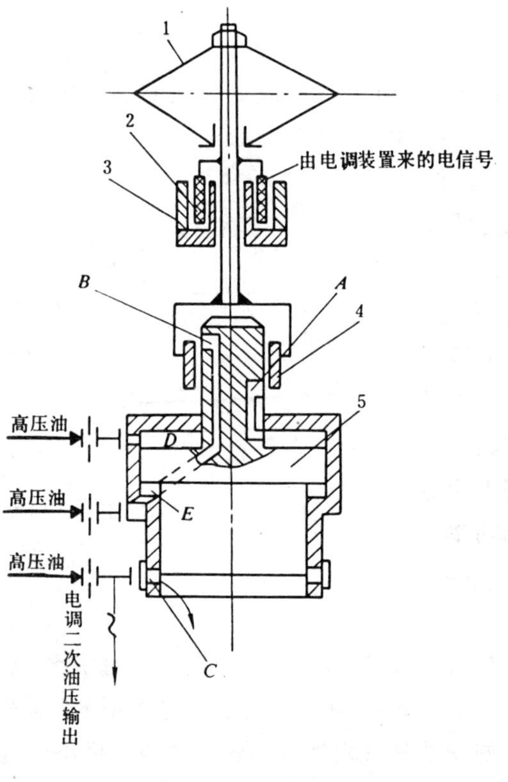

图 6.5.7 电液转换器

1 —十字平衡弹簧； 2 —控制线圈； 3 —磁钢；
4 —控制套环； 5 —差动活塞

电液转换器的种类很多，例如，动圈式、动铁式；永磁式、外激式；断流式、继流式等。图6.5.7所示为国产机组配用的动圈式电液转换器的结构原理图。它主要由控制线圈 2 、十字平衡弹簧 1 、磁钢 3 、差动活塞 5 、控制套环 4 等组成。由电调装置输出的电信号进入控制线圈 2 ，在磁场和电流作用下线圈产生位移。当电流增大时，线圈下移，通过导杆带动控制套环 4 ，使差动活塞 5 的控制喷油口 *A*关小，*B*开大，破坏了差动活塞上下腔*D*、*E*的油压平衡,差动活塞下移,只有当油口*A*、*B*恢复至原来静态的开启面积，差动活塞上下油压作用力达到平衡时，活塞才保持不动。此时，线圈的位移使上部十字弹簧产生变形，增加的弹簧力与线圈的电磁力平衡，控制线圈则处于新的平衡位置。当差动活塞下移时，所控制的二次油泄油口*C*关小，电调系统输出的二次脉冲油压升高，以此控制液动执行机构。

三、反调现象及消除

功频电液调节系统常测取发电机功率作为功率信号。在稳态下，发电机功率和汽轮机功率相近，只相差一发电机损失。但在动态过程中，当发电机功率因电力系统的变化而突然改变，如发电机输出功率突然变大,而转子的转速因转子惯性的影响在瞬时却变化较小，转速信号也变化较小时，功频电液调节系统不但不会开大调节汽门来增大负荷，相反却会因当时发电机的功率大于给定值而欲关小调节汽门，这就是所谓的“反调现象”。它的产生从根本上讲是因为功率信号变化快于转速信号的变化，为了消除“反调”,可采取下列一些措施：

1）除转速信号外，增加采用转速的微分信号，即加速度信号。当负荷突变时，即使转速变动很小，但由于加速度较大，也可测取转速变动趋势，给出转速的提前信号，使转速与功率的反应信号在速度及大小上基本一致，便可抑制反调。但应注意，转速微分信号不可取得过大，否则在转速测量的电气回路中，微小的干扰信号极易串入，对电调系统产生影响，甚至可能使系统无法正常工作。

2）在功率测量中加惯性延迟，可防止测功信号反应速度快于转速信号。但功率惯性信号也不可太大，因为功率信号在电调系统中是一个大反馈信号，若反馈信号过慢，将使调节动作持续进行，发生过调。

3）在功率信号中加上负的功率微分信号。在功率瞬时变化的初期，功率信号同样会突然改变，在加上负微分信号后，最初阶段合成的功率信号变小，随着微分信号的逐渐消失，净输出的功率信号逐渐增大，当它与转速信号相匹配时可抑制反调。

4）在调节系统中增加一些电网故障的逻辑判断，以区别是甩全负荷从电网解列，还是电网瞬时故障暂时失去负荷，在确定电负荷突然变化的原因后，再决定调节系统的动作方式。

在调节系统中常综合应用上述措施达到消除反调的目的，以期取得较好的调节效果。

四、功率-频率电液调节系统的发展

功频电液调节系统具有很多优点,例如，启动方便，转速不会因锅炉压力波动而改变，有利于并网；有较好的抗内扰能力，可确保机组参加一次调频；可根据电网要求方便地改变运行方式；灵敏度高，综合能力强，等等，因此功频电液调节系统得到了广泛应用。

计算机技术的发展，为大功率汽轮发电机组提供更迅速、更精确的控制系统创造了条件，新一代的数字式电液调节系统（DEH）也应运而生，并得到应用。

图6.5.8为DEH控制系统简图。数字控制装置接受机组的三个反馈参量,即转速、发电机功率和调节级压力（相当于汽轮机功率）。它的核心部分是数字控制器，由模拟系统、数字系统和选用功能三部分组成。

模拟系统由阀位指令的数模转换器、手动备用控制系统、阀门伺服环节的放大器部分和超速保护装置（OPC）组成。数字系统包括数模转换部件、计算机监视系统、DEH应用程序、自动同步、中央调度自动控制、汽轮机自启动和加载（ATC)、CRT显示等。选用功能包括数据传输线，双通道数字系统以及双通道CRT显示。

数字式电液调节系统具有改进控制特性，适应工艺流程改进的灵活性，带负荷时可从喷嘴调节转换为节流调节，汽轮机自启动、自动加负载，参数显示和趋势记录,CRT显示等显著特点，可以预见，它必将在我国得到迅速发展和广泛应用。

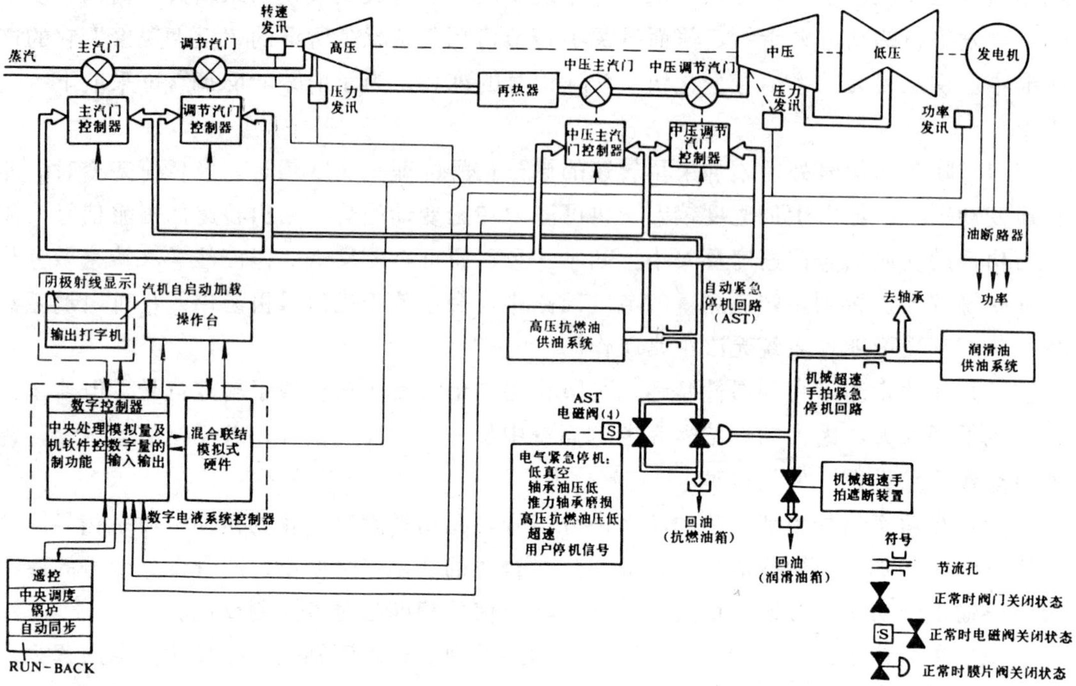

图 6.5.8 威斯汀豪斯公司的数字电液调节系统（DEH）

第六节 背压式和抽汽式汽轮机的调节

一、背压式汽轮机调节概念

背压式汽轮机是既供电又供热的汽轮机的一种。显然，热用户所需要的蒸汽量和电用户对汽轮机功率的要求是不可能完全一致的。在一般情况下，背压式汽轮机是按照热负荷运行的，也就是根据热用户的需要决定汽轮机的运行工况，此时，汽轮机的进汽量由热用户所消耗的蒸汽量决定，并随供热量的变化而作相应的改变，汽轮机的功率将随热负荷变化，而电网频率将由电网中并列运行的其它凝汽式机组来维持。

背压式汽轮机进汽量的调节由调压器来实现。当热用户消耗的蒸汽量增大时，供热压力降低，调压器接受这一压力信号后，通过中间放大机构开大调节汽门，以增加汽轮机进汽量，反之亦然。由于调压器的作用，背压式汽轮机的排汽压力将维持在一定范围内。

图6.6.1（*a*）为背压式汽轮机调节示意图。错油门 4 既可由调压器 2 控制，也可由调速器 1 控制。当机组运行工况由热负荷决定时，汽轮机并列在电网中，转速保持不变，调速器滑环位置不变。此时，热负荷的变化将使排汽压力改变，在弹簧力的作用下，调压器活塞移动，带动错油门使高压油进入油动机 5 的上腔或下腔，油动机活塞移动，将调节汽门开大或关小，以适应热负荷的需要。

调压系统的静态特性和调速系统静态特性相仿，如图 6.6.1（*b*）所示。此时，机组背压（排汽压力）p 相当于转速 n，调压器活塞位移 z 相当于调速器滑环位移 z，而蒸汽

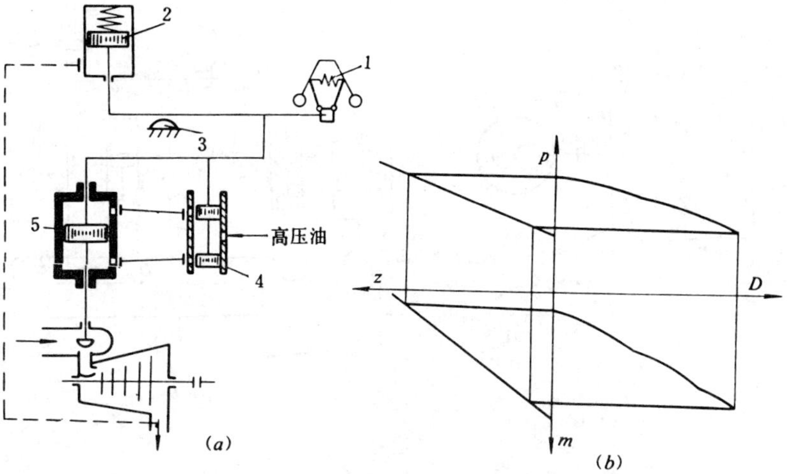

图 6.6.1 背压式汽轮机调节

（*a*）调节系统示意图；（*b*）调压系统的静态特性

1—调速器；2—调压器；3—支点；4—错油门；5—油动机

量D则相当于机组功率P。由此可得到调压系统的不等率δ_p，即压力不等率，它表示最小蒸汽流量时的最高背压p_{max}与最大蒸汽流量时的最低背压p_{min}之差与额定压力p_e之比，即

$\delta_p = \dfrac{p_{max} - p_{min}}{p_e} \times 100\%$，通常此值可达10%～20%，甚至更大。

值得注意的是，当背压式汽轮机突然甩负荷时，转速迅速升高，调速器滑环向上移动，关小调节汽门。但与此同时，供汽量减小，排汽压力相应降低，调压器将力图开大调节汽门，增加进汽量，因此，调压器对调速器存在一个反作用。为了限制调压器的反作用，图6.6.1中设有一支点3，当调压器位移使杠杆与支点3相遇时，调压器活塞就不会再向下移动，此时调速器可单独控制汽轮机，以维持空负荷运行。

二、具有一段抽汽的抽汽式汽轮机的调节概念

抽汽式汽轮机与背压式汽轮机相比，它不仅能供电，还能供热，而且电能和热能可以分别调整。图6.6.2(*a*)为具有一段抽汽的抽汽式汽轮机的工作原理图。可以看出，在稳定状态下，汽轮机的总功率$P = P_1 + P_2$，而供热蒸汽量$D_n = D_1 - D_2$。

当供热蒸汽量D_n增加时，抽汽管道中的压力P_n减小，压力调节系统工作，将开大高压缸1的调节汽门5，并关小低压缸2的调节汽门6，此时高压缸流量为$D_1 + \Delta D_1$，低压缸流量为$D_2 - \Delta D_2$，而供热汽量为$D_n + \Delta D_n = D_1 + \Delta D_1 - D_2 + \Delta D_2$。高压缸功率将增加$\Delta P_1$，低压缸功率将减小$\Delta P_2$，适当调节高低压缸调节汽门开度，可使$\Delta P_1 - \Delta P_2 = 0$，即高压缸功率的增大值等于低压缸功率的减小值，而在抽汽量变化时汽轮机的总功率将维持不变。

当电负荷变化时，如汽轮机功率增大，调节系统应同时开大高低压缸调节汽门，高低压缸流量分别为$D_1 + \Delta D_1$和$D_2 + \Delta D_2$，而功率分别为$P_1 + \Delta P_1$和$P_2 + \Delta P_2$。为保证在电负荷变化$\Delta P = \Delta P_1 + \Delta P_2$时，向热用户提供的蒸汽量不变，应满足$\Delta D_n = \Delta D_1 - \Delta D_2 = 0$。

图6.6.2(*b*)为具有一段抽汽的调节系统示意图。该系统中调速器和调压器都能同时控制高压缸和低压缸的调节汽门。根据抽汽式汽轮机的工作原理，当电负荷变化时，应让

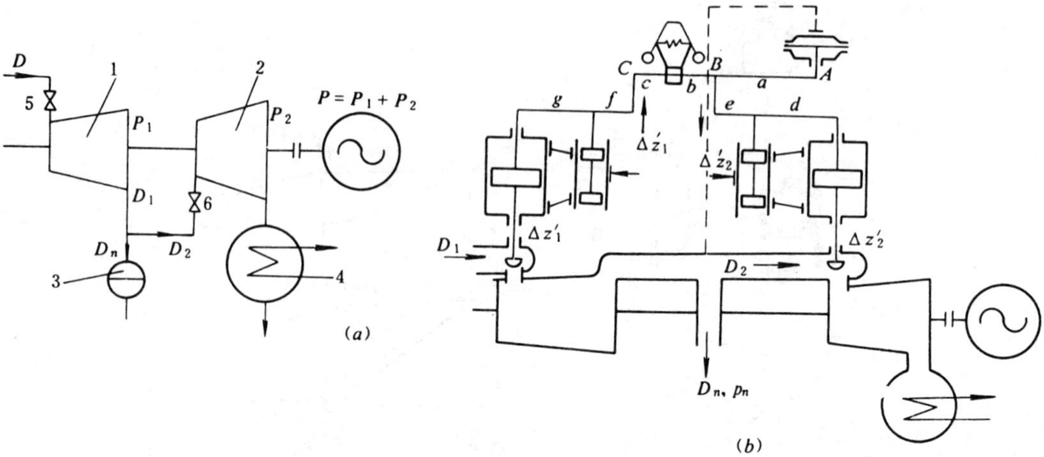

图 6.6.2 具有一段抽汽的抽汽式汽轮机调节

（ a ）工作原理图；（ 2 ）调节系统示意图

1 —高压缸； 2 —低压缸； 3 —热负荷； 4 —凝汽器； 5 —高压调节汽门； 6 —低压调节汽门

高压和低压调节汽门向同一方向运动，以使$D_n = D_1 - D_2$保持常数；而当热负荷变化时，应让高压和低压调节汽门作相反方向的运动，以使$P = P_1 + P_2$保持常数。

调节系统满足上述要求的静态性能称为系统的静态自整性，满足上述要求的条件称为静态自整条件。显然，对于图6.6.2所示系统，只需调整杠杆的各段比例关系就可满足抽汽式汽轮机对静态自整的两个要求。对于液压式调节系统，选择合适的油口宽度之比，即可满足静态自整要求。

在机组从一个稳定工况过渡到另一个稳定工况的过程中，应满足热负荷改变而电负荷不变，以及电负荷改变而热负荷不变的要求，这就是动态自整。由于动态过程的时间很短，而且过渡过程中抽汽量或电负荷的暂时变化一般不会引起不良影响，因此实际设计调节系统时，往往可以不满足或只基本满足动态自整条件即可。

参 考 文 献

[1] 动力工程学会秘书处，现代动力工程技术，动力工程，1988.3。

[2] 汪玉林，试论我国小功率汽轮机的发展，动力工程，1988.3。

[3] 曹祖庆、潘武威、钱为民合编，汽轮机原理，中国工业出版社，1962。

[4] 华中工学院主编，汽轮机，电力工业出版社，1980。

[5] 翦天聪主编，汽轮机原理，水利电力出版社，1986。

[6] 蔡颐年主编，蒸汽轮机，西安交通大学出版社，1988。

[7] [瑞士] W.特劳佩尔著，郑松宇、郑祺选译，热力透平机（特性与强度结构），机械工业出版社，1988。

[8] [苏]Л. А. 舒本柯-舒宾主编，卢沛鎏译，杨光海校，汽轮机强度，机械工业出版社，1980。

[9] А. Г. Костюка и В·В·Фролова, Паровые и Газовые турбины, Москва энергомиздат, 1985.

[10] 王乃宁、张志刚编著，汽轮机热力设计，水利电力出版社，1987。

[11] 日利茨基著，李启恩、应凌翔译，汽轮机零件结构和强度计算，机械工业出版社，1958。

[12] 曹祖庆，汽轮机变工况特性，水利电力出版社，1991。

[13] [苏] 萨莫依洛维奇、特罗杨诺夫斯基著，张仲方译，汽轮机在非设计工况下的运行，水利电力出版社，1959。

[14] 蔡颐年主编，蒸汽轮机装置，机械工业出版社，1982。

[15] 刘高联、王甲升主编，叶轮机械气体动力学基础，机械工业出版社，1980。

[16] В. П. 勃留多夫著，龚家彪等译，汽轮机的凝汽设备，中国工业出版社，1961。

[17] А. В. 雪格里雅耶夫著，陈大燮、陈丹之译，蒸汽透平，中国工业出版社，1961。

[18] [西德] W.特劳班尔著，陆振国译，热力透平机，第一卷，热力学和流体力学计算，上海科学技术出版社，1965。

[19] 张保衡著，大容量火电机组寿命管理与调峰运行，水利电力出版社，1988。

[20] 西安交通大学、浙江大学合编，大型汽轮机起停及试验调整，电力工业出版社，1982。

[21] 吴厚钰主编，透平零件结构和强度计算，机械工业出版社，1982。

[22] Л. А. Щубенко-Шубина, Прочность элементов паровых турбин, Машгиз, 1962.

[23] Н. Н. Малинин, Прочность турбомашин, Машгиз, 1962.

[24] К. П. Селезнева, Тепловое состояние роторов и цилиндров паровых и газовых турьин, Машинострение, 1964.

[25] 机械工程手册第72篇，汽轮机，机械工业出版社，1978。

[26] 康松主编，汽轮机习题集，水利电力出版社，1988。

[27] Г. С. Самойлович, Б. М. Трояновский, Переменные и переходные режимы в паровых турбинах, Эиергоиздат, 1982.

[28] В. И. Абрамов. Г. А. Филиппов. В. В. Фролов, Тепловой расчет турбин, Машиностроение, 1974.

[29] [瑞士] W.特劳佩尔著，张洪瀛等译，热力透平机，第一卷，热力学和流体力学计算（第三版，重新修改增订版），水利电力出版社，1985。

[30] 顾泽同、葛永乐等编，工程热应力，国防工业出版社，1987。

[31] 庄贺庆、胥建群等，汽轮机转子变物性热弹塑性有限元分析，热力发电，1989.5。

[32] 杜秉乾、李康等，汽轮机转子寿命的分配设计，热力发电，1989.5。

[33] [日] 平修二主编，郭廷玮、李安定译，热应力与热疲劳，国防工业出版社，1984。
[34] 丁有宇、徐涛、周宏利、刘振田编，汽轮机强度计算，水利电力出版社，1985。
[35] 张为杰、沈梁伟，网机关系及其协调，动力工程，1987.4。
[36] Ronald L.Eshleman, Torsional Vibration of Machine System,Turbomachinery Symposium, 1977.
[37] IEEE Working Group Interim Report, Effect of Switching Network Disturbances on Turbine-Generator Shaft System, IEEE Tans.Pas.V01.101 No.9 Sept.1982.
[38] [美] Y.K ishinevsky等著，旷仲和译，周可校，提高凝汽器除氧效果减少汽侧腐蚀,电站辅机，1986年第1期。
[39] 丁文镜著，工程中的自激振动，吉林教育出版社，1988。
[40] J·P.邓哈陀著，谈峰译，机械振动学，科学出版社，1956。
[41] [美] 布莱文斯著，吴恕三等译，流体诱发振动，机械工业出版社，1983。
[42] 孙息生，多背压冷凝器，电站辅机，1985年第1期。
[43] A. Г. Костюк著，郑叔琛译，汽轮机末级动叶栅非计算工况下的振动，国外透平,1984年第24期。
[44] 倪仕铿，大型凝汽器的管板布置，电站辅机，1984年第2期。
[45] 李维特，变工况下汽轮机热力计算的计算机解法，电力技术，1987.4。
[46] 胡德明，汽轮机变工况热力核算的逆顺序混合算法，汽轮机技术，1988年第6期。
[47] 齐复东，大功率汽轮机凝汽器的发展趋势及其考核指标，电站辅机，1984年第3期。
[48] 大河内功等著，王一陆译，高性能凝汽器的研究，汽轮机凝汽器译文集，1987.12。
[49] 林顺卿，大功率汽轮机结构优化，动力工程，1988.4。
[50] 上原春男等著，朱永荃译，表面式凝汽器总传热系数和热力计算，电站辅机，1984年第1期。